Tatiana Ionova | André Scholz

Rechnungslegung in Russland

Vermögens-, Finanz- und Ertragslagen
richtig bewerten

GABLER

Bibliografische Information Der Deutschen Nationalbibliothek
Die Deutsche Nationalbibliothek verzeichnet diese Publikation in der
Deutschen Nationalbibliografie; detaillierte bibliografische Daten sind im Internet über
<http://dnb.d-nb.de> abrufbar.

1. Auflage 2008

Alle Rechte vorbehalten
© Betriebswirtschaftlicher Verlag Dr. Th. Gabler | GWV Fachverlage GmbH, Wiesbaden 2008

Lektorat: RA Andreas Funk

Der Gabler Verlag ist ein Unternehmen von Springer Science+Business Media.
www.gabler-steuern.de

 Das Werk einschließlich aller seiner Teile ist urheberrechtlich geschützt. Jede
Verwertung außerhalb der engen Grenzen des Urheberrechtsgesetzes ist ohne
Zustimmung des Verlags unzulässig und strafbar. Das gilt insbesondere für
Vervielfältigungen, Übersetzungen, Mikroverfilmungen und die Einspeicherung und
Verarbeitung in elektronischen Systemen.

Die Wiedergabe von Gebrauchsnamen, Handelsnamen, Warenbezeichnungen usw. in diesem Werk
berechtigt auch ohne besondere Kennzeichnung nicht zu der Annahme, dass solche Namen im Sinne der
Warenzeichen- und Markenschutz-Gesetzgebung als frei zu betrachten wären und daher von jedermann
benutzt werden dürften.

Umschlaggestaltung: KünkelLopka Medienentwicklung, Heidelberg
Druck und buchbinderische Verarbeitung: Wilhelm & Adam, Heusenstamm
Gedruckt auf säurefreiem und chlorfrei gebleichtem Papier
Printed in Germany

ISBN 978-3-8349-0701-1

Tatiana Ionova | André Scholz

Rechnungslegung in Russland

Geleitwort

Russlands Wirtschaft boomt. Das scheint mittlerweile eine Binsenweisheit zu sein und im Allgemeinen wird dieses Wachstum mit den seit Jahren hohen Weltmarktpreisen für Erdöl und Erdgas in direkten Zusammenhang gebracht. In der Tat ist dies einer der Motoren der Entwicklung im flächenmäßig größten Land der Erde, aber nur auf Rohstoffpreise und sich füllende staatliche Fonds sowie wachsende Devisenreserven zu schauen, hieße nur einen Teil des Bildes sehen. Geld wird in Russland nicht nur eingenommen, sondern auch reinvestiert – privat und geschäftlich.

Das Konsumverhalten der russischen Bevölkerung ist wesentlich weniger von Zurückhaltung geprägt als wir dies beispielsweise aus Deutschland kennen. 70 Prozent des verfügbaren Einkommens geben Russen für Konsumgüter aus. An erster Stelle stehen dabei Autos, gefolgt von hochwertigen Haushaltsgeräten, Home-Entertainment, Kleidung, Möbeln, Baumaterialien und nicht zuletzt Lebensmitteln – eben jene Konsumguter, die verstärkt auch aus Deutschland importiert oder bereits vor Ort durch deutsche Firmen produziert werden. Besonders deutlich wird diese Entwicklung bei einem Blick auf die Zuwachsraten im Einzelhandel: von 2004 auf 2007 hat sich der Umsatz fast verdoppelt.

Bei den Investitionen russischer Produktionsbetriebe geben nicht nur die großen russischen Konzerne den Ton an, es sind auch oder gerade die kleinen und mittleren Unternehmen, die zunehmend in modernere Maschinen und Anlagen investieren. 70 Prozent aller derzeit im Einsatz befindlichen Maschinen und Anlagen sind veraltet und nicht mehr wettbewerbsfähig. Dies birgt gute Chancen für deutsche Anlagenbauer, die diese auch weidlich nutzen: 30 Prozent aller jährlich durch russische Firmen importierten Maschinen und Anlagen stammen aus Deutschland.

Über 4.500 Firmen mit deutscher Beteiligung sind gegenwärtig auf dem russischen Markt aktiv.

Drei Trends lassen sich beobachten:

- das Gros der Firmen stellt der deutsche Mittelstand,
- Orientierung der Firmen in die Regionen der Russischen Föderation
- Produktion vor Ort mit Tochtergesellschaften oder in Gemeinschaftsunternehmen

Gerade der letzte Umstand ist von immenser Bedeutung, zeigt er doch, dass deutsche Firmen die Russische Föderation nicht nur als Markt für kurzfristige Liefergeschäfte betrachten, sondern als einen langfristig wachsenden und stabilen Markt, für den es sich auch vor Ort zu produzieren lohnt.

Bereits „normale" Handelsgeschäfte mit russischen Firmen zeigen sehr schnell, dass trotz der viel zitierten Gemeinsamkeiten von Russen und Deutschen große Unterschiede im Verständnis der strategischen Ausrichtung und im Alltagsgeschäft bestehen. Hier ist gerade bei Erstgeschäften Beratung vonnöten, um Missverständnisse und vor allen Dingen Verzögerungen und daraus entstehende Mehrkosten zu vermeiden.

Bei der Produktion vor Ort – als russische juristische Person, den Möglichkeiten der russischen Bürokratie ausgesetzt – ist Beratung, ist Information umso mehr gefragt. Zum einen, um auch hier transparent agieren zu können und zum anderen, um trotz einer teilweise anderen Philosophie von Buchhaltung und Rechnungswesen dem Mutterhaus in Deutschland verständliche und vor allen Dingen verlässliche Zahlen liefern zu können.

Das vorliegende Buch wird dem Leser nicht alle Fragen beantworten können – aber dies ist auch nicht das Ziel der Autoren. Vielmehr soll es ein Leitfaden sein, der wie es der Begriff Leitfaden suggeriert, Handreichung zum Verständnis der russischen Rechnungslegung ist, und dies ist den Autoren hervorragend gelungen. Dieses Kompendium ist die derzeit aktuellste deutschsprachige Darstellung dieser Problematik und den Autoren ist für ihre akribische Arbeit zu danken. Ich bin mir sicher, dass die vorliegende Publikation deutschen Firmen den Einstieg in die russische Rechnungslegung erleichtern wird – den russischen Buchhalter wird, will und kann es nicht ersetzen.

Jörg Hetsch
Vorstandsvorsitzender der Deutsch-Russischen Auslandshandelskammer

Vorwort

Deutschland ist der größte Handelspartner Russlands und derzeit mit über 4.500 Unternehmen, die in Russland tätig sind, auch einer der wichtigsten Investoren. Deutsche Unternehmen sind in Russland gerne gesehen, wie überhaupt die Deutschen pauschal als die bestbeleumdetsten Ausländer gelten.

Die russische Wirtschaft entwickelt sich rasant. Ausländische Investoren partizipieren in nicht unerheblichem Maße an diesem Wachstum. Dabei handelt es sich durchaus nicht um einen sog. leichten Markt, wenn man allein nur die geographische Dimension und die klimatischen Unterschiede in Betracht zieht. Der Wettbewerb wird zunehmend stärker und dies insbesondere auch von russischer Seite. Dabei haben die russischen Unternehmen immer einen Heimvorteil, sei es bei der Sprache, dem Verständnis des Umfeldes und natürlich auch beim Zugang bzw. schnelleren Verständnis von Gesetzen und Verordnungen.

Ein ausländisches Unternehmen muss dies durch eigene Wettbewerbsvorteile ausgleichen und zusätzlich immer in Betracht ziehen, dass eine russische Tochtergesellschaft aus der Ferne gesteuert werden muss. Dabei ist heute nicht mehr die Rede von kleinen Vertriebstöchtern, sondern der Trend geht zum Produktionsaufbau und zur Regionalisierung mit nicht selten mehr als 20 Standorten. Auch das in der Vergangenheit eher in der Nische existierende oder oft gar in die Schmuddelecke gestellte Joint-Venture erlebt eine neue Blüte, da das Vertrauen in die russischen Partner und deren langfristige Orientierung wächst.

Um eine effektive Steuerung überhaupt zu ermöglichen, bedarf es verlässlicher Informationen, die dann in konkrete Handlungsanweisungen überführt werden können. Einer der Teilbereiche, aus denen diese Informationen gewonnen werden, ist das Rechnungswesen. Im Idealfall will man eben in Stuttgart, München oder Hamburg zu jeder Zeit wissen, wie es um Liquidität und Rentabilität der russischen Tochtergesellschaft bestellt ist. Hierzu hat fast jedes Unternehmen ein Berichtswesen entwickelt und bei der Tochter implementiert. Ein solches Berichtswesen ist allerdings immer nur so gut wie die Informationen, die hineinfließen. Dabei stellt sich die Aufgabe, Daten aus dem russischen Rechnungswesen für die Informationsgewinnung aufzubereiten und im übertragenen Sinne auch zu übersetzen. Diese Aufgabe ist nicht immer einfach, wenn man sich die Gegebenheiten und die historische Entwicklung in der russischen Rechnungslegung vor Augen führt. In der Unternehmensrealität wird der Beachtung handelsrechtlicher Normen oft keine Bedeutung beigemessen und der Schwerpunkt liegt auf der Erfüllung fiskalischer Anforderungen. Dabei ist nicht der Mangel an Regelungen, sondern deren Nichtbeachtung das Problem. Konkret ist die „harmonische Beziehung" zur Steuerbehörde für den Buchhalter meist wichtiger als die Versorgung von Geschäftsführung und Muttergesellschaft mit entscheidungsrelevanten Informationen. Dabei muss man anmerken, dass ein entsprechender handelsbilanzieller Rahmen existiert, der sich in seiner Grundkonzeption an den International Accounting Standards (IAS) orientiert. Hierzu sind ein Rechnungslegungsgesetz mit Klammerfunktion ähnlich dem Framework der IAS und so genannte Rechnungslegungsstandards (RLS) geschaffen worden, die sich ebenfalls an wichtige IAS anlehnen. Das Regelungswerk ist nicht auf dem neuesten Stand der IAS oder besser der International Financial Reporting Standards (IFRS), gibt aber einen Rahmen vor, der eine verlässliche handelsrechtliche Berichterstattung zulässt.

Auch die gedankliche Trennung von Handels- und Steuerbilanz wurde mit Einführung des neuen Steuergesetzbuches ab 1999 bzw. 2001 vollzogen. So existiert z.B. in Russland ein Buchhaltungsstandard (ähnlich IAS 12), der sich mit Steuern und hier insbesondere auch mit den latenten Steuern beschäftigt.

Der Rahmen, der durch das Rechnungslegungsgesetz, die Buchhaltungsstandards und eine Vielzahl von Verordnungen des Finanzministeriums vorgegeben wird, ist allerdings relativ starr. Sowohl Kontenplan als auch eine Vielzahl von Buchungssätzen sind vorgeschrieben. Die Gliederung von Bilanz sowie Gewinn- und Verlustrechnung ist ebenso de facto durch das Finanzministerium vorgegeben. Dies führt für Zwecke der Informationsgewinnung oft zu Mehraufwand bei der Konzeption und ggf. notwendigen Anpassungen.

Wir werden in unserer täglichen Arbeit oft gefragt, wo man denn diese Unterschiede (in deutscher Sprache) nachlesen könnte und ob es nicht ein Kompendium zur russischen Rechnungslegung gibt. Eine aktuelle Darstellung gibt es nicht und wir haben uns daher entschlossen, für den deutschen oder deutschsprachigen Nutzer der russischen Rechnungslegung einen Leitfaden zu schreiben, der die Unterschiede herausstellt und damit die Nutzbarkeit sowie Verlässlichkeit der Daten aus der russischen Rechnungslegung erhöht. Um auch das Verständnis für manche Besonderheiten zu erhöhen, haben wir den Leitfaden mit einer Vielzahl von Beispielen versehen, an denen deutlich wird, wie das jeweilige Buchungsvorgehen in der russischen Rechnungslegung ist. Daneben haben wir Praxishinweise und viele Exkurse in den steuerlichen Bereich aufgenommen. Diese sollen zum einen Hintergründe und Auswirkungen beleuchten und zum anderen die jeweilige steuerliche Behandlung darstellen.

Zum Vorgehen bei der Nutzung von Begriffen und bei der unvermeidlichen Übersetzung noch einige Hinweise:

Bei den Begrifflichkeiten haben wir versucht, uns weitgehend an der Terminologie des deutschen Handels- und Steuerrechts sowie der IFRS zu orientieren. Dazu haben wir oft auf eine direkte Übersetzung verzichtet, um dem Leser eine Terminologie zu bieten, die ihm vertraut ist und in der er die jeweiligen Begriffe nicht erst übersetzen muss. Dies war leider nicht an allen Stellen möglich, sodass im Leitfaden auch Begriffe auftauchen, die in der deutschen Terminologie nicht vorhanden sind. Diese haben wir dann jeweils erläutert. Dem besonderen Verständnis der Begrifflichkeiten dient außerdem ein Glossar am Ende des Buches.

Unser besonderer Dank gilt Herrn Igor Schikow für steuerliche Hinweise und Herrn Fritz Scholz für die sprachliche Begleitung und kritische Korrektur. Darüber hinaus bedanken wir uns herzlich bei Herrn Dr. Ernst-Günther Hagenmeyer, der mit vielfältiger Unterstützung und Anregungen wesentlich zum Gelingen dieses Projektes beigetragen hat.

Moskau und Berlin, im April 2008

Tatiana Ionova

André Scholz

Inhaltsübersicht

Abkürzungsverzeichnis

AG	Aktiengesellschaft
AfA	Abschreibung für Abnutzung
AK/HK	Anschaffungskosten/Herstellungskosten
ARAP	aktiver Rechnungsabgrenzungsposten
BudgetGB	Budgetgesetzbuch der Russischen Föderation
BMF	Bundesministerium für Finanzen
bzw.	beziehungsweise
DBA	Doppelbesteuerungsabkommen
EDV	Elektronische Datenverarbeitung
ERP	Enterprice Resource Planning
FiBu	Finanzbuchhaltung
GbR	Gesellschaft des bürgerlichen Rechts
ggf.	gegebenenfalls
GmbH	Gesellschaft mit beschränkter Haftung
GoB	Grundsätze der ordnungsmäßigen Buchführung
Goskomstat	Staatliches Komitee für Statistik der Russischen Föderation
GWG	geringwertige Wirtschaftgüter
HB I	ein handelsrechtlicher Abschluss (Handelsbilanz) für lokale Zwecke
HB II	ein handelsrechtlicher Abschluss (Handelsbilanz) für Konsolidierungszwecke, enthält bereits die Überleitungsbuchungen vom russischen Abschluss HB I
IAS	International Accounting Standard
i.d.R.	in der Regel
IFRS	International Financial Reporting Standard
INN	Identifikationsnummer des Steuerpflichtigen (russisch)
IVG	immaterieller Vermögensgegenstand
KMU	kleine und mittlere Unternehmen
OWiGB	Ordnungswidrigkeitengesetzbuch der RF
PRAP	passiver Rechnungsabgrenzungsposten
RF	Russische Föderation
RHB	Roh-, Hilfs- und Betriebsstoffe
RLS	Rechnungslegungsstandard (Russisch)
StGB	Strafgesetzbuch der Russischen Föderation
SteuerGB	Steuergesetzbuch der Russischen Föderation
u.a.	unter anderem
USt	Umsatzsteuer
vGA	verdeckte Gewinnausschüttung
VG	Vermögensgegenstand
vgl.	vergleiche
z.B.	zum Beispiel
ZGB	Zivilgesetzbuch der Russischen Föderation

§ 1 Die gesetzlichen und konzeptionellen Grundlagen der russischen Rechnungslegung

Im Vergleich zu vielen Rechtssystemen besitzt Russland kein historisch gewachsenes Handels- 1
recht. Ein Handelsgesetzbuch als solches existiert nicht. Dennoch beruht die russische Buchfüh-
rungspraxis auf kodifizierten Grundlagen. Die einzelnen Regelungen über die Rechnungslegung
sind im Gesetz über die Buchführung sowie in den einzelnen Rechnungslegungsstandards (RLS)
enthalten.

Seit 1998 ist Russland dabei, seine Buchführungsgrundsätze an die internationalen Rechnungs- 2
legungsstandards (IFRS) anzupassen. Aufgrund eines Erlasses des damaligen Präsidenten Jelzin
hatte die Regierung eine Verordnung mit den Anpassungsmaßnahmen verabschiedet[1]. Das davor
existierende Rechnungslegungssystem hat lediglich einem Adressaten genutzt, und zwar dem Fiskus. Dies hat weitgehend historische Hintergründe. In der Sowjetunion wurden alle Bereiche der
Wirtschaft vom Staat kontrolliert. Alle Unternehmen waren im staatlichen Eigentum und unterlagen in ihrer Produktionsplanung und Preisfestsetzung der staatlichen Kontrolle. Auch heute noch
reichen Unternehmen ihre Abschlüsse bei der Steuerbehörde ein.

Mit der Entwicklung der Marktwirtschaft wurde die Notwendigkeit eines anderen Rechnungswe- 3
sens erkannt, das den Anforderungen von weiteren Adressaten (Eigentümern, Kreditoren, Lieferanten, Kunden usw.) gerecht wird. Rechnungslegungsstandards, die im Wesentlichen den alten
IAS ähneln, wurden vom Finanzministerium der RF eingeführt. Eine Modernisierung, wie sie im
Zuge der IFRS-Einführung erfolgte und weiter erfolgt, gab es nicht. Daher unterscheiden sich die
russischen Standards in einigen Aspekten von denen der internationalen Rechnungslegung und
gehen weniger in die Breite. Zurzeit existieren insgesamt 22 RLS. Eine Aufstellung der RLS kann
der Anlage 2 entnommen werden.

Es war lange umstritten, inwieweit die Internationalisierung der Rechnungslegung auch für rus- 4
sische Unternehmen erfolgen sollte: komplette Übernahme oder doch mit einer eigenen Lösung,
die einzelne Regelungen und Grundsätze der IFRS in die russische Rechnungslegung einarbeitet.
Die Tendenz geht zur zweiten Variante. Die IFRS werden nicht direkt übernommen. Eine Ausnahme davon könnte nach dem Gesetzesentwurf über konsolidierte Jahresabschlüsse Nr. 55792-4
die Rechnungslegung für Kreditorganisationen sowie börsennotierte Unternehmen bilden. Für
diese Unternehmen wäre die Erstellung konsolidierter Abschlüsse (falls zutreffend) nach IFRS
zwingend. Für andere Unternehmen wäre die Anwendung der IFRS-Regelungen ebenfalls zwingend, falls die Erstellung eines konsolidierten Abschlusses gesetzlich oder in ihren Gründungsunterlagen vorgesehen ist.

Für Kreditorganisationen ist die Erstellung der Abschlüsse, und zwar Einzelabschlüsse, nach IFRS 5
bereits seit 2004 obligatorisch. Diese Anforderung ist von der Zentralbank der RF eingeführt
worden, die u. a. die Funktion einer Bankaufsicht ausübt. Die Erstellung der Abschlüsse soll auf
Grundlage der russischen Regelung mit anschließender Überleitung zu den IFRS erfolgen.[2]

---

1 Programm der Reformierung der Rechnungslegung nach Internationalen Rechnungslegungsrichtlinien, eingeführt
   durch die Regierungsanordnung Nr. 283 vom 06. März 1998
2 Offizielle Mitteilung der Zentralbank der RF vom 02. Juni 2003

6   Die methodische Leitungshoheit für die Rechnungslegung hat die Regierung der RF auf der Grundlage des Gesetzes über die Buchführung. Zugleich wurden folgende Fragen an das Finanzministerium der RF (das Finanzministerium) delegiert[3]:

- Ausarbeitung des Kontenrahmens (Kontenplan) und der Anweisungen zu dessen Anwendung;

- Einführung einzelner Rechnungslegungsstandards;

- Verabschiedung von anderen Anordnungen und Anweisungen zur Fragen der Rechnungslegung;

- Verabschiedung von Regelungen für die Buchführung für Zollzwecke.

7   Das Finanzministerium der RF ist ein föderatives Exekutivorgan und für die Durchführung der einheitlichen staatlichen Politik im Finanzbereich zuständig. Das Finanzministerium ist 1992 gegründet worden und handelt auf Grundlage der Verfassung der RF, föderaler Verfassungsgesetze, föderaler Gesetze, Erlasse des Präsidenten der RF und Anordnungen der Regierung der RF im Finanzbereich.

8   Neben der Buchführung und Rechnungslegung ist das Finanzministerium unter anderem für folgende Bereiche zuständig[4]:

- Haushaltsfragen

- Steuern

- Versicherungswesen

- Devisenkontrolle

- Wirtschaftsprüfung

- Zollgebühren.

9   Dem Finanzministerium ist u. a. der Föderale Steuerdienst unterstellt, der das Ministerium für Steuern und Abgaben der RF im Laufe der administrativen Reform 2004 abgelöst hat. Der Föderale Steuerdienst hat eine Reihe von Funktionen. Darunter sind folgende zu erwähnen[5]:

- Kontrolle über die Einhaltung von steuerlichen Gesetzen und Regelungen, die Richtigkeit der Berechnung und der Entrichtung von Steuern und Abgaben;

- Kontrolle über die Produktion von Äthylalkohol sowie von alkoholhaltigen Erzeugnissen;

- Devisenkontrolle in Bezug auf Personen und Gesellschaften, die keine Kreditinstitute oder Börsen sind;

- Kontrolle über die Kassentechnik, darunter die Registrierung von Kassenapparaten;

- staatliche Registrierung von Gesellschaften und Einzelunternehmern;

- steuerliche Anmeldung aller Steuerpflichtigen;

- Führung des „Einheitlichen staatlichen Registers der Gesellschaften" (juristische Personen), des „Einheitlichen staatlichen Registers der Einzelunternehmer" sowie des „Einheitlichen staatlichen Registers der Steuerpflichtigen";

- Sanktionierung sämtlicher steuerlicher Formulare und Formularvorschriften, darunter auch der Steuererklärungen;

---

3   Art. 5 Gesetz über die Buchführung Nr. 129-FZ vom 21. November 1996
4   Anordnung der Regierung der RF zu den Fragen des Finanzministeriums der RF Nr. 185 vom 07. April 2004, Anordnung der Regierung der RF über das Finanzministerium der RF Nr. 329 vom 30. Juni 2004
5   Anordnung der Regierung der RF über den Föderalen Steuerdienst Nr. 506 vom 30. September 2004

- Durchführung von Betriebsprüfungen;
- Informierung Steuerpflichtiger auf unentgeltlicher Basis (auch schriftlich) über gültige Steuern und Abgaben, entsprechende Gesetzgebung, Regelungen zur Berechnung der Steuern und Abgaben, Rechte und Pflichten der Steuerpflichtigen, Befugnisse der Steuerbehörden; Verteilung der Steuerformulare und Erläuterung der Regelungen für das Ausfüllen der Steuerformulare.

Praxishinweis:

Hier ist zu beachten, dass das Finanzministerium und Steuerbehörden viele Anweisungen in Form von Schreiben erlassen, in denen sie versuchen, Unklarheiten in der Gesetzgebung zu klären bzw. einzelne Gesetze zu interpretieren. Dabei kommt es vor, dass diese Anweisungen unterschiedliche Positionen zu strittigen Fragen enthalten, was in der Praxis einige Schwierigkeiten bereitet. In 2007 ist eine wesentliche Regelung in dieser Hinsicht in das SteuerGB eingeführt worden, welche die Interessen der Steuerpflichtigen schützen soll. Falls der Steuerpflichtige schriftlichen Anweisungen der Steuerbehörde bzw. einer anderen bevollmächtigten Finanzbehörde (meistens sind das das Finanzministerium, der Föderale Steuerdienst bzw. territoriale Steuerbehörden) gefolgt ist, die diese Behörde innerhalb ihrer Zuständigkeit und auf Grundlage der vollständigen und wahrheitsgetreuen Information entweder diesem Steuerpflichtigen oder einem offenen Personenkreis erteilt hat, ist ein Verschulden des Steuerpflichtigen in Bezug auf ein damit im Zusammenhang stehendes steuerliches Vergehen ausgeschlossen[6].

Der Föderale Steuerdienst ist ein einheitliches System von Steuerbehörden. Im weiteren wird die Struktur der Steuerbehörden veranschaulicht: 10

Abbildung 1:   Struktur der Finanz- und Steuerbehörden

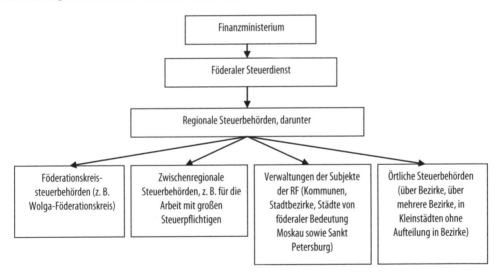

Neben dem Finanzministerium sowie dem Föderalen Steuerdienst bestehen die so genannten Außerbudgetfonds. Es handelt sich dabei um staatliche Sozialversicherungsträger wie den Rentenfonds, Sozialversicherungsfonds sowie den Fonds für die obligatorische Krankenversicherung. Diese Fonds sind der Regierung der RF unterstellt.   11

---

6   Punkt 1.3) Art. 111 SteuerGB

1

€ **Steuern:**

Die Steuern werden im Wesentlichen durch das Steuergesetzbuch (SteuerGB) geregelt. Das gegenwärtige russische Steuerrecht ist ein junges Recht. Im Jahr 1999 wurde der erste („Allgemeine") Teil des SteuerGB verabschiedet. Der zweite („Spezielle") Teil folgte 2001. Bei dem SteuerGB handelt es sich um eine umfassende Kodifikation der Steuergesetze. Davor wurden einzelne Steuern durch Einzelgesetze und -bestimmungen geregelt.

Am SteuerGB wird ständig weiter gearbeitet. Regelmäßig werden umfassende Änderungen vorgenommen. Einzelne Bereiche müssen erst noch eingeführt werden. Bis dahin gelten noch solche Bereiche und Steuern betreffende Einzelgesetze, z. B. zur Besteuerung von Privatvermögen.

Das SteuerGB delegiert in einzelnen Fällen die Regelung von steuerlichen Sachverhalten an die Regierung der RF. Als Beispiele können das Klassenverzeichnis der Sachanlagen für die Festlegung von Nutzungsdauern der Sachanlagen sowie die Verordnung über Pauschalen zu Aufwandsentschädigung bei dienstlich veranlasster Nutzung von Privatfahrzeugen genannt werden.

Seit der Einführung des Kapitels 25 SteuerGB in 2002 wird die Trennung zwischen der Handelsbilanz und der Steuerbilanz vollzogen. Vor 2002 war die Handelsbilanz die Grundlage für die Steuerbilanz. Es gab daher nicht viele Differenzen zwischen dem steuerlichen und dem handelsrechtlichen Ergebnis.

Wie in vielen anderen Rechtssystemen gehen nach russischem Recht bilaterale und multilaterale Doppelbesteuerungsabkommen den nationalen Steuerrechtsbestimmungen vor und reduzieren üblicherweise die Sätze der sonst anfallenden russischen Einkommen- und Gewinnsteuern sowie der Vermögensteuer.

§ 2 Grundsätze der ordnungsmäßigen Buchführung

RLS 1/98 *Rechnungslegungspolitik eines Unternehmens*, eingeführt durch die Anordnung des Finanzministeriums der RF Nr. 60n vom 09. Dezember 1998, enthält Grundsätze der ordnungsmäßigen Buchführung (GoB). Diese entsprechen im wesentlichen den zugrunde liegenden Annahmen nach dem IFRS Framework sowie IAS 1 *Darstellung des Abschlusses*. 1

Im Punkt 6 des RLS 1/98 sind die vier grundlegenden GoB festgelegt. Diese sind 2

■ **Vermögensabgrenzung**:

das Vermögen sowie die Schulden des bilanzierenden Unternehmens sollen gesondert vom Vermögen und den Schulden seiner Anteilseigner/Aktionäre oder anderer Unternehmen erfasst werden.

■ **Unternehmensfortführung** (Going Concern): 3

es wird von der Annahme der Unternehmensfortführung für einen absehbaren Zeitraum ausgegangen. Es wird angenommen, dass das Unternehmen weder die Absicht hat noch gezwungen ist, seine Tätigkeiten einzustellen oder deren Umfang wesentlich einzuschränken. Die Schulden des Unternehmens können daher ordnungsgemäß beglichen werden.

Besteht eine Absicht oder Notwendigkeit, die Tätigkeiten des Unternehmens einzustellen oder einzuschränken, so muss der Abschluss ggf. auf einer anderen Grundlage gemäß RLS 16/02 *Information zur Aufgabe von Geschäftsbereichen* erstellt werden, die dann anzugeben ist. Auf RLS 16/02 wird im Kapitel „Sonstige Anforderungen an Ausweis und Erläuterung" eingegangen.

■ **Darstellungsstetigkeit**: 4

Die Darstellung und der Ausweis von Posten im Abschluss sind von einer Periode zur nächsten beizubehalten, es sei denn im RLS 1/98 vorgesehene Gründe für eine Änderung der Bilanzierungs- und Bewertungsmethoden liegen vor. Auf die Änderungen der Bilanzierungs- und Bewertungsmethoden wird im weiteren noch eingegangen.

■ **Periodenabgrenzung**: 5

Die Auswirkungen von Geschäftsvorfällen und anderen Ereignissen werden erfasst, wenn sie auftreten, und zwar unabhängig davon, wann Zahlungsmittel zu- bzw. abfließen. Sie werden in der Periode in der Buchhaltung erfasst und im Abschluss ausgewiesen, der sie zuzurechnen sind.

Eine Ausnahme bilden kleine und mittlere Unternehmen (KMU), die ihre Umsätze nach Zahlungseingang buchen dürfen.

Weitere GoB sind (Punkt 7 RLS 1/98): 6

■ **Vollständigkeit**;

■ **Zeitnähe**:

Geschäftsvorfälle müssen zeitnah erfasst werden;

■ **Vorsichtsprinzip**: 7

eine höhere Bereitschaft, Aufwendungen und Schulden als Erträge und Vermögensgegenstände zu erfassen. Diese Vorgehensweise gestattet allerdings nicht, stille Reserven zu legen oder Rückstellungen überzubewerten;

8   ■ **Wirtschaftliche Betrachtungsweise** („Substance over Form"):

Geschäftsvorfälle müssen gemäß ihrem tatsächlichen wirtschaftlichen Gehalt und nicht allein gemäß der rechtlichen Gestaltung bilanziert und dargestellt werden;

🛈 Praxishinweis:

Der Grundsatz „Substance over Form" wird zwar im RLS deklariert und soll ähnlich wie im IFRS verstanden werden, in der Praxis wird er aber weniger angewandt. Im Gegenteil wird in der Praxis vorwiegend das Steuerrecht angewandt, und somit herrscht das umgekehrte Prinzip „Form over Substance". Da die Bilanz bei der Steuerbehörde eingereicht wird, wird dies zumindest seitens des Fiskus nicht weiter bemängelt. Ein klassisches Beispiel dafür sind die Rückstellungen z. B. für ausstehende Rechnungen bzw. für Beratungsdienstleistungen, die nach IFRS bei der Abschlusserstellung zu bilden sind. Im russischen Abschluss werden sie kaum gebildet. Der entsprechende Aufwand wird erst dann gebucht, wenn alle Unterlagen über die erbrachte Leistung vorliegen: Vertrag, Protokoll über die Leistungserbringung, Rechnung sowie Faktura-Rechnung (USt-Rechnung).

9   ■ **Konsistenz**:

die Salden des Hauptbuches (so genannte synthetische oder zusammenfassende Konten, Konten der ersten Ebene) und der Nebenbücher (so genannte analytische Konten, Konten der zweiten Ebene) müssen übereinstimmen;

10 ■ **Wirtschaftlichkeitsprinzip** (Abwägung von Kosten und Nutzen):

Bücher müssen in Abwägung der geschäftlichen Bedingungen und Größe des Unternehmens geführt werden;

11 ■ **Wesentlichkeit**:

Auf das Prinzip der Wesentlichkeit wird im Punkt 11 des RLS 1/98 sowie in einzelnen RLS eingegangen. Eine Information ist wesentlich, falls sich ohne ihr Vorhandensein für die Nutzer des Jahresabschlusses kein verlässliches Bild der Vermögens-, Finanz- und Ertragslage des Unternehmens darstellen lässt. Die Entscheidung, ob ein Ereignis oder Geschäftsvorfall wesentlich ist, hängt von der Bewertung des Ereignisses bzw. Geschäftsvorfalles, seines Charakters sowie konkreter Umstände seiner Entstehung ab. Über die Wesentlichkeit entscheidet das Unternehmen selbständig, sie muss allerdings in der Bilanzierungsrichtlinie des Unternehmens festgelegt werden. Das Maß der Wesentlichkeit bezieht sich u. a. auf das quantitative Ausmaß der Information. Ein Unternehmen kann z.B. beschließen, dass wesentliche Ereignisse solche sind, welche mindestens 5% der entsprechenden Bilanz- oder GuV-Posten ausmachen[1]. Das Unternehmen kann aber auch einen anderen Prozentsatz für die Bestimmung der Wesentlichkeit auswählen und in seiner Bilanzierungsrichtlinie festlegen.

12 In Bezug auf den Abschluss sind weitere GoB im RLS 4/99 *Abschluss eines Unternehmens*, eingeführt durch die Anordnung des Finanzministeriums der RF Nr. 43n vom 06. Juli 1999, verankert. Es handelt sich um folgendes:

■ **Verlässlichkeit** und **Vollständigkeit**:

der Abschluss soll verlässliche und vollständige Information zu der Vermögens-, Finanz– und Ertragslage des Unternehmens liefern. Der Abschluss ist verlässlich und vollständig, wenn er in Übereinstimmung mit den Buchführungsregelungen erstellt ist.

---

1   Punkt 1 Anweisungen über die Erstellung und Vorlage der handelsrechtlichen Abschlüsse, eingeführt durch die Anordnung des Finanzministeriums der RF Nr. 67n vom 22. Juli 2003

- **Neutralität**: 13

  die im Abschluss enthaltenen Informationen müssen neutral sein. Sie dürfen nicht zugunsten einer Gruppe der Adressaten beeinflusst und verzerrt werden. Abschlüsse sind nicht neutral, wenn sie durch Auswahl oder Darstellung der Informationen eine Entscheidung oder Beurteilung beeinflussen, um so ein vorher festgelegtes Resultat oder Ergebnis zu erzielen.

- **Vergleichbarkeit:** 14

  bei der Erstellung der Abschlüsse müssen Unternehmen Inhalt und Darstellung der Abschlüsse über die Zeit hinweg stetig halten. Die Änderung des Inhaltes und der Darstellung der Abschlüsse ist nur in Ausnahmefällen, wie z. B. bei Veränderung der Tätigkeit des Unternehmens zulässig. Das Unternehmen muss eine solche Veränderung begründen. Falls wesentlich, müssen eine solche Veränderung sowie die Gründe dafür im Anhang angegeben werden.

€ Steuern:

Die Grundsätze des Steuerrechts sind im Art. 3 SteuerGB festgelegt. Sie beziehen sich sowohl auf Personen als auch auf Gesellschaften und können wie folgt zusammengefasst werden:

- *legale Grundlage:* Steuern und Abgaben müssen legal festgelegt werden, d. h. direkt durch ein Gesetz oder im gesetzlich vorgesehenen Verfahren.

- *Allgemeinheit und Gleichheit:* Jede Person soll Steuerlasten tragen, unabhängig davon, ob sie eine natürliche oder juristische, eine inländische oder eine ausländische Person ist. Dabei sollen Steuerlasten tragbar sein. Es ist nicht zulässig, eine Person oder eine Personengruppe von der Besteuerung freizustellen bzw. umgekehrt steuerlich ungleich zu belasten. Das letztere schließt die Gewährung von steuerlichen Vergünstigungen für einzelne Kategorien von Steuerpflichtigen gemäß gesetzlich festgelegtem Verfahren (Art. 56 SteuerGB) nicht aus.

- *keine Diskriminierung:* Steuern und Abgaben dürfen niemanden diskriminieren oder in Abhängigkeit von sozialen, nationalen, religiösen, Rassen- und sonstigen ähnlichen Hintergründen erhoben werden. Es ist nicht zulässig, unterschiedliche Sätze der Steuern und Abgaben sowie Steuervergünstigungen in Abhängigkeit von der Eigentumsform (insbesondere staatlich oder nicht staatlich) der Gesellschaften, der staatlichen Zugehörigkeit der natürlichen Personen bzw. dem Herkunftsort des Kapitals (inländisch oder ausländisch) festzulegen.

- *wirtschaftliche Grundlage:* Steuern und Abgaben müssen eine wirtschaftliche Grundlage haben und dürfen nicht willkürlich festgelegt werden. Steuern und Abgaben, die Bürger an der Ausübung ihrer Grundrechte hindern, sind unzulässig.

- *klare Regelung:* Bei der Festlegung der Steuern müssen alle Steuerelemente festgelegt werden. Es handelt sich dabei um die Person des Steuerpflichtigen, Besteuerungsobjekt, Steuerbemessungsgrundlage, Veranlagungszeitraum, Steuersatz sowie die Fälligkeit der Steuerschuld. Jeder Steuerpflichtige soll genau erkennen, welche Steuern oder Abgaben wann und in welchem Verfahren zu entrichten sind;

- alle nicht behebbaren Zweifel, Widersprüche und Unklarheiten der steuerlichen Gesetze und Regelungen sind zugunsten des Steuerpflichtigen (Abgabepflichtigen) auszulegen.

❗ Praxishinweis:

Insbesondere der zuletzt erwähnte Grundsatz spielt in der praktischen Anwendung eine wesentliche Rolle. Im russischen Steuerrecht kommen oft unklare bzw. nicht ausreichend konkretisierte Formulierungen vor, da es ein relativ junges Recht ist. Die Steuerbehörden tendieren naturgemäß dazu, diese Unklarheiten zugunsten des Fiskus auszulegen. Das genannte Prinzip ist daher zum Schutz der Steuerpflichtigen gedacht und wird oft von diesen bei ihren Verhandlungen mit den Steuerbehörden bzw. im Wege der gerichtlichen Auseinandersetzung angewandt.

§ 3 Organisatorische Anforderungen an die Buchführung und Rechnungslegung

A. Zuständigkeiten für die Buchführung und Rechnungslegung des Unternehmens

1   Für die Organisation der Buchhaltung sowie die Einhaltung der Gesetze ist der Geschäftsführer persönlich verantwortlich.

Der Geschäftsführer kann die Buchführung auf vier verschiedene Arten gestalten:

1. eine Buchhaltungsabteilung, geführt durch einen Hauptbuchhalter, einrichten;

2. eine Position des Buchhalters (bzw. eines Hauptbuchhalters auch ohne eine Buchhaltungsabteilung) schaffen;

Der Buchhalter (Hauptbuchhalter) kann sowohl fest angestellt sein als auch auf freiberuflicher Basis arbeiten.

3. die Bücher der Gesellschaft durch eine spezialisierte Buchführungsgesellschaft führen lassen (Outsourcing);

4. persönlich die Bücher der Gesellschaft führen[1].

Die meisten Unternehmen entscheiden sich für die ersteren drei Wege, abhängig von der Größe des Unternehmens.

2   Dem Hauptbuchhalter steht eine besondere Rolle im Unternehmen zu. Er ist per Gesetz unmittelbar dem Geschäftsführer des Unternehmens unterstellt. Der Hauptbuchhalter ist für die Ausarbeitung der Bilanzierungsrichtlinie, die Buchführung, die Erstellung vollständiger und verlässlicher Abschlüsse sowie die Einhaltung aller Abgabefristen zuständig[2].

3   Zugleich ist der Hauptbuchhalter (parallel zum Geschäftsführer) für die Einhaltung der Gesetze verantwortlich und muss Kontrolle über die Bewegung der Vermögensgegenstände sowie Begleichung der Schulden ausüben. In dieser Aufsichtsfunktion ist der Hauptbuchhalter von der Geschäftsführung quasi unabhängig. Falls es zur Nichtübereinstimmung der Meinungen der Geschäftsführung und des Hauptbuchhalters in Bezug auf einzelne Geschäftsvorfälle kommt, kann der Hauptbuchhalter solche Geschäftsvorfälle nur mit einer schriftlichen Anweisung der Geschäftsführung ausführen bzw. erfassen[3].

4   Die Anordnungen des Hauptbuchhalters in Bezug auf die Ausfertigung sowie die Zurverfügungstellung von Belegen und Informationen sind für alle Mitarbeiter verbindlich. Alle Belege zum Erhalt und zur Ausgabe von Geldern, Waren sowie Finanz- und Kreditunterlagen sind durch den Hauptbuchhalter gegenzuzeichnen. Ohne seine Unterschrift gelten diese Belege als unwirksam und dürfen nicht zur Ausführung entgegengenommen werden[4].

---

1   Punkt 2 Art. 6 Gesetz über die Buchführung Nr. 129-FZ vom 21. November 1996
2   Punkte 1 und 2 Art. 7 Gesetz über die Buchführung Nr. 129-FZ vom 21. November 1996
3   Punkte 3 und 4 Art. 7 Gesetz über die Buchführung Nr. 129-FZ vom 21. November 1996
4   Punkt 3 Art. 7 Gesetz über die Buchführung Nr. 129-FZ vom 21. November 1996

Es ist zu berücksichtigen, dass insbesondere der Geschäftsführer, aber auch der Hauptbuchhalter   5
bzw. weitere für die Einhaltung der gesetzlichen Vorschriften Verantwortliche des Unternehmens persönlich haften. Die persönliche Haftung bestimmt sich gemäß dem russischen Ordnungswidrigkeitengesetzbuch (OWiGB) sowie dem Strafgesetzbuch (StGB).

Für eine grobe Verletzung der Buchführungs- und Abgabenregelungen wird eine Strafe in Höhe   6
von 2.000 bis 3.000 Rubel erhoben. Unter einer groben wird eine solche Verletzung verstanden,

■ die zu einer Verminderung der Steuern und Abgaben um mindestens 10 % geführt hat, bzw.

■ die zu einer Verzerrung einer Abschlussposition um mindestens 10 % geführt hat[5].

€ **Steuern:**

Die steuerliche Haftung für eine grobe Verletzung der Regeln für die Erfassung der Steuerbemessungsgrundlage ist im Art. 120 SteuerGB vorgesehen. Dabei ist die höchste Strafe in Höhe von 10 % der zu zahlenden Steuer und mindestens 15.000 Rubel festgelegt. Für die Nichteinreichung der Steuererklärung beträgt die Höchststrafe 30 % der zu zahlenden Steuer und ab dem 180 Tag nach der Fälligkeit der Steuererklärung 10 % der zu zahlenden Steuer für jeden Monat der Verzögerung (Art. 119 SteuerGB). Diese Haftung erstreckt sich auf alle Steuerpflichtigen, d. h. abhängig von der Steuerart sind das Unternehmen, Einzelunternehmer bzw. natürliche Personen.

Wesentlich härtere Strafen sind im Strafrecht vorgesehen, wobei die Höhe der Strafe vom Ausmaß   7
der Hinterziehung (in bedeutender oder besonders bedeutender Höhe) abhängig ist.

Eine Hinterziehung von Steuern und Abgaben in **bedeutender Höhe** durch das Nichteinreichen   8
der Steuererklärungen oder anderer gesetzlich vorgeschriebener Unterlagen bzw. durch die absichtliche Angabe von falschen Informationen in der Steuererklärung wird

■ mit einer Geldstrafe in Höhe von 100.000 bis 300.000 Rubel; bzw.

■ in Höhe von einem oder zwei Jahreseinkommen; bzw.

■ mit Haft von vier bis sechs Monaten; bzw.

■ mit Haft bis zu zwei Jahren, die von einem nachfolgenden Verbot, bis zu drei Jahren gewisse Positionen einzunehmen bzw. gewisse Tätigkeiten auszuüben, begleitet werden kann,

bestraft[6].

Für eine strafrechtliche Verfolgung ist die bloße Tatsache der Nichtzahlung der Steuern und   9
Abgaben nicht ausreichend. Eine Verletzung der Gesetze sowie der Vorsatz des Steuerpflichtigen müssen bewiesen werden[7].

Für eine Hinterziehung von Steuern und Abgaben in **besonders bedeutender Höhe** wird   10
eine Geldstrafe in Höhe von 200.000 bis 500.000 Rubel bzw. in Höhe von einem bis zu drei Jahreseinkommen verhängt. Es kann ebenfalls Haft von bis zu sechs Jahren verhängt werden, die von einem nachfolgenden Verbot begleitet werden kann, bis zu drei Jahren gewisse Positionen einzunehmen bzw. gewisse Tätigkeiten auszuüben[8].

Ausschlaggebend für die **bedeutende Höhe** ist dabei ein Betrag von Steuern und Abgaben in   11
Höhe von über 500.000 Rubel innerhalb von drei aufeinander folgenden Berichtsjahren, wobei dieser Betrag über 10 % der gesamten Steuerschuld liegen muss bzw. in Höhe von über 1.500.000 Rubel (ohne den zehnprozentigen Schwellenwert).

5   Art. 15.11 OWiGB
6   Punkt 1 Art. 199 StGB
7   Beschluss des Verfassungsgerichtes Nr. 9-P vom 27. Mai 2003, Richtlinie des Obersten Gerichtes der RF Nr. 64 vom
      28. Dezember 2006
8   Punkt 2 Art. 199 StGB

12   **Besonders bedeutend** ist ein Betrag in Höhe von über 2.500.000 Rubel innerhalb von drei aufeinander folgenden Berichtsjahren, wobei dieser Betrag über 20 % der gesamten Steuerschuld liegen muss bzw. von über 7.500.000 Rubel (ohne den zwanzigprozentigen Schwellenwert)[9].

13   Während die strafrechtliche Schuld ausschließlich auf gerichtlichem Wege bewiesen werden kann, erfolgt die Bestrafung auf Grundlage von OWiGB sowie SteuerGB direkt durch die Steuerbehörde.

14   Ein Register der disqualifizierten (mit zeitlichem Berufsverbot belegten) Geschäftsführer wurde 2007 eingeführt. Unternehmen sind ab April 2007 verpflichtet, vor Ernennung des Geschäftsführers zu prüfen, ob der Kandidat in diesem Register geführt wird. Eine disqualifizierte Person kann nicht als Führungskraft angestellt werden. Das Gleiche gilt für Mitglieder des Vorstandes und des Aufsichtsrates[10].

15   Eine Disqualifizierung kann bei folgenden Rechtsverstößen ausgesprochen werden[11]:

- Verletzung der Arbeitsrechts;
- unberechtigte Einholung und Bekanntgabe von Kredithistorien;
- fiktive bzw. vorsätzliche Insolvenz;
- rechtswidrige Handlungen im Insolvenzverfahren;
- Verletzung der gesetzlichen Regelungen über die staatliche Registrierung;
- nicht rechtzeitige Erfüllung von Anordnungen staatlicher Aufsichtsorgane;
- Kartellvereinbarungen, Missbrauch einer marktbeherrschenden Stellung und weitere Verstöße gegen das russische Wettbewerbsrecht.

16   Bei einem Verstoß gegen das Disqualifizierungsverbot kann gegen die disqualifizierte Person ein Bußgeld in Höhe von 5.000 Rubel und gegen die Gesellschaft ein Bußgeld in Höhe von bis zu 100.000 Rubel verhängt werden[12].

B.   Funktionen des Buchhalters bzw. der Buchhaltungsabteilung

17   Neben der Hauptfunktion - der Finanzbuchhaltung – erfüllt der Buchhalter eines Unternehmens eine Reihe von weiteren Funktionen. Diese Funktionen lassen sich wie folgt beschreiben:

- Steuerdeklaration und -gestaltung

  Da die Finanzbuchhaltung praktisch sehr stark an das Steuerrecht angelehnt ist, muss sich der Buchhalter sehr gut im das Unternehmen betreffenden Steuerrecht auskennen. Der Buchhalter ist oft zuerst bzw. direkt mit der eher aggressiven Haltung der Steuerbehörden gegenüber dem Steuerpflichtigen konfrontiert. Um so mehr ist sein Wissen zum russischen Steuerrecht von Bedeutung. Die Steuererklärungen werden oft persönlich durch den Buchhalter bei der Steuerbehörde eingereicht, da gleichzeitig eventuell damit verbundene Fragen gelöst sowie der persönliche Kontakt zum zuständigen Sachbearbeiter (Steuerinspektor) gepflegt werden können.

9   Anmerkung zu Art. 199 StGB
10   Art. 3.11 und Art. 32.11 OWiGB
11   Art. 5.27, 5.53, 14.12, 14.13, 14.25, 14.32, 19.5 OWiGB
12   Art. 14.23 OWiGB

- Lohnbuchhaltung und Personalwesen   18

  Die Lohnbuchhaltung gehört ebenfalls zur Funktion des Buchhalters. Hierbei ist wie bei den Steuern eine umfangreiche Kommunikation mit den Behörden erforderlich. Personalakten werden, in Abhängigkeit von der Unternehmensgröße, oft durch den Buchhalter geführt. Separate Personalsachbearbeiter bzw. -abteilungen sind bei kleinen und mittleren Unternehmen in Russland kaum anzutreffen.

- Zahlungsverkehr   19

  Der Buchhalter erledigt alle notwendigen Formalitäten in Bezug auf den Zahlungsverkehr.

- Berichterstattung an das Staatliche Komitee für Statistik (Goskomstat)   20

- Vertragsprüfung mit Kunden und Lieferanten.

  Zusammengefasst, muss der russische Buchhalter bzw. die Buchhaltungsabteilung oft eine Vielzahl von Funktionen wahrnehmen, die in westlichen Unternehmen entweder automatisiert sind oder aber von Spezialisten ausgeübt werden. Neben der überbordenden Bürokratie und dem damit verbundenen Anfall von Unterlagen und Zusatzprozessen ist dies einer der Gründe, warum Buchhaltungen in Russland aus westlicher Sicht oft größer oder gar überdimensioniert erscheinen.

C. Bilanzierungsrichtlinie des Unternehmens

I. Allgemeines

Die Bilanzierungs- und Bewertungsmethoden eines Unternehmens sind gemäß RLS 1/98   21
Rechnungslegungspolitik eines Unternehmens schriftlich zusammenzufassen und durch eine Anordnung des Geschäftsführers einzuführen. Das entsprechende Dokument wird im Russischen mit dem Namen „Rechnungslegungspolitik" versehen. Im vorliegenden Leitfaden wird das Dokument als „Bilanzierungsrichtlinie" bezeichnet.

II. Festlegung der Bilanzierungsrichtlinie

Verantwortlich für die Erstellung der Bilanzierungsrichtlinie sowie der zugehörigen Anlagen ist   22
der Hauptbuchhalter bzw. der Buchhalter des Unternehmens. Sie wird allerdings erst durch eine Anordnung des Geschäftsführers in Kraft gesetzt.

Die Bilanzierungsrichtlinie eines Unternehmens legt fest, welche Bilanzierungs- und Bewertungs-   23
methoden, die innerhalb der russischen Rechnungslegung erlaubt sind, vom Unternehmen in seinen Büchern angewandt werden. Sie besteht aus zwei Teilen, und zwar aus

1. einem organisatorischen Teil, in dem es sich um Folgendes handelt:

   - die Organisation der Buchführung (durch eine separate Buchhaltungsabteilung bzw. einen Buchhalter, Outsourcing, persönlich durch den Geschäftsführer);

   Wenn ein Outsourcing der Buchführung erfolgt, muss gewährleistet sein, dass die Buchhaltungsunterlagen der russischen Finanzverwaltung kurzfristig zur Verfügung gestellt werden können.

- Buchführungsverfahren (z. B., automatisiert, vereinfacht, auf Papierdatenträgern, u. a. das Journal-Order-System);

🛈 Praxishinweis:

Bei einer automatisierten Form der Buchführung in Russland handelt es sich meistens um EDV-unterstützte Programme für die Finanzbuchhaltung (FiBu) und nicht um ERP-Systeme. Einheimische Anbieter sind dabei Markführer für standardisierte FiBu-Software, wobei immer mehr, insbesondere größere Unternehmen mit ausländischen Investitionen bestrebt sind, die ERP-Systeme ihrer Stammhäuser einzusetzen. Dabei sind allerdings oft umfangreiche Anpassungen an den russischen Rechtsrahmen notwendig. ERP-Systeme ermöglichen i.d.R. eine übergreifende Automatisierung des Buchführungsprozesses, von der Erhebung der Primärdaten bis zur Erstellung des Jahresabschlusses und vernetzen die Rechnungslegung mit Daten aus Einkauf, Vertrieb usw. In der russischen Praxis steht oft nur die Erhebung sowie Auswertung der Primärdaten im Vordergrund. Die Erstellung der Abschlüsse sowie der Steuererklärungen erfolgt in vielen Unternehmen noch manuell.

24 Bei einer vereinfachten Buchführungsform handelt es sich um die Vereinfachungen für KMU. Auf diese Vereinfachungen wird im Kapitel *„Vereinfachende Regelungen für kleine und mittlere Unternehmen"* eingegangen.

25 Die Buchführung auf Papierdatenträgern ist in der Form des so genannten „Journal-Order" noch verbreitet. Es handelt sich dabei um ein System der Journale, die für jedes Konto geführt werden. In den einzelnen Journalen werden die Haben-Buchungen des jeweiligen Kontos sowie die entsprechenden Soll-Buchungen der korrespondierenden Konten in chronologischer Reihenfolge aufgezeichnet. Die Soll-Buchungen des jeweiligen Kontos werden im Hauptbuch gezeigt. An jedem Monatsende werden die Umsätze für jedes korrespondierende Konto ermittelt.

❯ Beispiel:

Journal zum Konto 50 *Kasse*

Nr.	Datum	Haben 50, Soll:					Gesamt
		10	26	51	70	71	
1.	10.12.07	5.000		6.000		3.000	14.000

Hauptbuch Konto 50 *Kasse*

Monat	Soll 50, Haben:						Haben 50	Saldo	
	10	26	51	70	71	Gesamt		Soll	Haben
01. 12.07								1.000	
12.07			8.000		6.000	14.000	14.000	1.000	

- die eingesetzten Belege (standardisierte durch das Staatliche Komitee für Statistik bzw., falls diese fehlen, selbständig entworfene);
- Bewertung des Vermögens und der Schulden (in Rubeln und Kopeken bzw. in Rubeln, wobei die Kopeken erfolgswirksam erfasst werden);
- die Art, in welcher der Abschluss an die Adressaten übergeben wird (in Papierform, in elektronischer Form);
- Formblätter des Abschlusses (durch das Finanzministerium der RF empfohlene bzw. selbständig entwickelte, wobei Letzteres so gut wie nicht vorkommt).

2. einem methodischen Teil, in dem einzelne angewandte Bilanzierungs- und Bewertungsregelungen bzw. Wahlrechte festgelegt werden.

Mit der Bilanzierungsrichtlinie müssen folgende Unterlagen als Anlage zur Anordnung des   26
Geschäftsführers über die Bestätigung der Bilanzierungsrichtlinie verabschiedet werden:

- Kontenplan;
- Inventurrichtlinie;
- Formblätter der einzusetzenden Belege, die durch das Unternehmen selbständig entworfen worden sind, sowie Formblätter der Berichterstattung für interne Zwecke;
- Bewertungsmethoden für Vermögensgegenstände und Schulden, falls diese nicht bereits direkt in der Bilanzierungsrichtlinie des Unternehmens festgelegt worden sind;
- Regelungen für den Dokumentenumlauf;
- Verfahren für die Kontrolle der richtigen Erfassung der Geschäftsvorfälle und
- weitere Unterlagen für die Organisation der Buchführung.

Diese Anlagen, bis auf den Kontenplan, werden in der Praxis selten erstellt. In Bezug auf die   27
Inventurrichtlinie wird oft auf *Methodische Anweisungen zur Durchführung der Inventur des Vermögens und Schulden*, eingeführt durch die Anordnung des Finanzministeriums der RF Nr. 49 vom 13. Juni 1995, verwiesen.

Bei der Führung der Bücher und der Erstellung des Abschlusses sind die oben aufgeführten   28
GoB anzuwenden. Falls dies nicht der Fall sein sollte, sind andere zugrunde liegende Annahmen sowie die Gründe für ihre Anwendung offen zu legen.

Die vom Unternehmen verabschiedeten Bilanzierungs- und Bewertungsmethoden sind ab   29
dem ersten Tag des Folgeberichtsjahres anzuwenden. Die Bilanzierungsrichtlinie wird daher normalerweise mit einem Datum von Ende Dezember versehen.

Das Berichtsjahr bzw. das Geschäftsjahr ist grundsätzlich identisch mit dem Kalenderjahr. Ein   30
abweichendes Geschäftsjahr ist nur im Jahr der Gründung der Gesellschaft vorstellbar. Hierzu gibt es folgende Regelungen:

- liegt die Gründung der Gesellschaft vor dem 01. Oktober eines Jahres, ist der verbleibende Zeitraum bis zum 31. Dezember des Jahres das Rumpfgeschäftsjahr;
- liegt die Gründung der Gesellschaft nach dem 01. Oktober eines Jahres, ergibt sich ein verlängertes Geschäftsjahr aus dem Zeitraum bis zum 31. Dezember des Folgejahres. In letzterem Fall ist es also vorstellbar, dass ein Geschäftsjahr einen Zeitraum von bis zu 15 Monaten umfasst.

Alle Niederlassungen, Repräsentanzen sowie Betriebsstätten müssen den durch die Zentrale   31
verabschiedeten Bilanzierungs- und Bewertungsmethoden folgen, und zwar unabhängig von ihrem Sitz.

Niederlassungen und Repräsentanzen ausländischer Unternehmen in der RF dürfen dagegen   32
ihre Bilanzierungs- und Bewertungsmethoden nach den Regelungen des Sitzes ihrer ausländischen Zentrale anwenden, falls diese nicht gegen IFRS verstoßen.

Ein neu gegründetes Unternehmen muss die Bilanzierungsrichtlinie vor der ersten   33
Veröffentlichung des Abschlusses (falls zutreffend) verabschieden, allerdings spätestens 90 Tage nach der staatlichen Registrierung der Gründung.

€ Steuern:

Bilanzierungs- und Bewertungsmethoden für steuerliche Zwecke müssen ebenfalls festgelegt werden. Sie werden sich zum Teil von den handelsrechtlichen Bilanzierungs- und Bewertungsmethoden unterscheiden. Dies wird im Wesentlichen die Gewinnsteuerermittlung betreffen. Im Sinne der Klarheit und Übersichtlichkeit ist es empfehlenswert, die beiden Unterlagen – die handelsrechtliche und die steuerliche Bilanzierungsrichtlinien - von einander zu trennen und nicht in einem Dokument zusammenzufassen.

III.   Änderung der Bilanzierungs- und Bewertungsmethoden

34   Die Bilanzierungs- und Bewertungsmethoden sollen grundsätzlich nach dem Prinzip der Darstellungsstetigkeit nicht geändert werden. Es gibt allerdings Fälle, in denen dies erlaubt ist. Das sind

- ▪ Änderungen der Gesetzgebung bzw. der RLS

- ▪ die Einführung einer neuen Form der Buchführung

- ▪ wesentliche Veränderung der Geschäftsbedingungen auf Grund von Umwandlung, Wechsel der Eigentümer, Wechsel der Geschäftstätigkeiten usw.

35   Die Anwendung einer Bilanzierungs- und Bewertungsmethode auf Geschäftsvorfälle, die sich grundsätzlich von früheren Geschäftsvorfällen oder sonstigen Ereignissen oder Bedingungen unterscheiden, bzw. die früher nicht vorgekommen sind, ist keine Änderung der Bilanzierungs- und Bewertungsmethoden.

36   Eine Änderung der Bilanzierungs- und Bewertungsmethoden muss begründet sein und mit einer Anordnung des Geschäftsführers eingeführt werden. Die Änderung der Rechnungslegungspolitik tritt im Folgejahr nach dem Jahr in Kraft, in dem diese Veränderung durch die Anordnung verabschiedet worden ist.

37   Der wesentliche Einfluss der Änderungen der Rechnungslegungspolitik auf die Vermögens-, Finanz- und Ertragslage des Unternehmens ist zum Tag des Inkrafttretens der Veränderungen monetär zu bewerten.

38   Bei Änderung der Bilanzierungs- und Bewertungsmethoden wegen einer Änderung der Gesetzgebung sind ggf. bestehende spezifische Übergangsvorschriften in Gesetzen bzw. RLS zu berücksichtigen.

39   Sofern die Gesetzgebung keine spezifischen Übergangsvorschriften zur entsprechenden Änderung enthält oder die Bilanzierungs- und Bewertungsmethoden aus anderen oben beschriebenen Gründen freiwillig geändert werden, ist die Änderung grundsätzlich rückwirkend anzuwenden. Das Unternehmen hat dann die entsprechenden Posten des Abschlusses für mindestens zwei Vorjahre so anzupassen, als ob die neue Bilanzierungs- und Bewertungsmethode stets angewandt worden wäre. Diese Anpassung ist nur im Abschluss und nicht im Buchwerk des Unternehmens vorzunehmen. Sie ist nur erforderlich, falls die Folgen der Änderung der Bilanzierungs- und Bewertungsmethoden eine wesentliche Auswirkung auf die Vermögens-, Finanz- und Ertragslage des Unternehmens haben.

40   Falls eine solche Anpassung nicht zuverlässig durchführbar ist, so hat das Unternehmen die neue Bilanzierungs- und Bewertungsmethode prospektiv in der Periode nach der Änderung der Bilanzierungs- und Bewertungsmethode anzuwenden.

41   Die Änderung der Bilanzierungs- und Bewertungsmethoden, die eine wesentliche Auswirkung auf die Vermögens-, Finanz- und Ertragslage des Unternehmens hat, ist gesondert im Anhang anzugeben.

IV.   Angabepflichten

Ein Unternehmen hat alle wesentlichen Bilanzierungs- und Bewertungsmethoden im Anhang   42
zum Jahresabschluss offen zu legen. Die Bilanzierungs- und Bewertungsmethoden gelten dann
als wesentlich, wenn sich ohne ihre Kenntnis für die Adressaten des Jahresabschlusses kein
verlässliches Bild der Vermögens-, Finanz- und Ertragslage des Unternehmens ergibt. Die
Angabepflichten sind durch einzelne RLS vorgegeben.

Falls andere zugrunde liegende Annahmen im Vergleich zu dem oben aufgeführten GoB bei   43
der Erstellung des Abschlusses angewandt wurden, ist diese Tatsache gemeinsam mit den
dazugehörigen Gründen sowie der Beschreibung der zugrunde liegenden Annahmen offen zu
legen.

Beim Bestehen einer Unsicherheit, dass der Grundsatz der Unternehmensfortführung im   44
absehbaren Zeitraum eingehalten wird, ist diese Unsicherheit ebenfalls anzugeben. Es wird eine
eindeutige Erläuterung der Zusammenhänge, die zu der Unsicherheit geführt haben, verlangt.

Zwischenabschlüsse (Quartalsabschlüsse) müssen keine Information zu den Bilanzierungs-   45
und Bewertungsmethoden des Unternehmens enthalten, es sei denn, es hat eine Änderung
der Bilanzierungs- und Bewertungsmethoden im Vergleich zum letzten Jahresabschluss
stattgefunden.

D.   Buchhaltungsbelege

Russische Unternehmen haben im Rahmen der gesetzlichen Buchführungspflicht das Haupt-   46
und Kassenbuch sowie die Buchungsjournale zu führen. Die Buchführung soll grundsätzlich in
russischer Sprache erfolgen.

Im russischen Buchhaltungssystem gilt das gleiche Prinzip wie wohl in jedem anderen: Keine   47
Buchung ohne Beleg. Diese Regelung wird eher strikt und eng ausgelegt. Grundsätzlich sind
keine Eigenbelege zulässig. Für einen Geschäftsvorfall benötigt man oft mehrere Belege, z. B. für
eine Dienstleistung: einen Vertrag, eine Rechnung, eine weitere Rechnung für umsatzsteuerliche
Zwecke (Faktura-Rechnung) und ein Abnahmeprotokoll über die erbrachte Leistung.

Bei Dienstreisen sollen ebenfalls neben einer Reisekostenabrechnung eine Reihe von Unterlagen   48
vorbereitet werden: eine Anordnung des Geschäftsführers über die Dienstreise mit der Angabe
des Zieles der Dienstreise, ein Dienstreiseausweis (Formular T-10), der von jeder (in Russland)
besuchten Stelle unterschrieben und abgestempelt werden muss.

Für umsatzsteuerliche Zwecke haben Unternehmen Journale der erhaltenen und ausgestellten   49
Faktura-Rechnungen, Einkaufsbücher und Verkaufsbücher zu führen.

Grundsätzlich sind Belege und Formulare in der festgelegten Form zu verwenden, es sei denn, die   50
Form für den Beleg bzw. das Formular ist von den entsprechenden Behörden (z. B. Goskomstat)
nicht vorgegeben worden.

Im letzteren Fall soll der Beleg mindestens die Bezeichnung, das Datum, den Namen des   51
Unternehmens, die Beschreibung der Ware, Maßeinheiten, Geldeinheiten, die Namen der
Verantwortlichen und die Unterschriften der Verantwortlichen enthalten[13].

---

13   Art. 9 Gesetzes der RF über die Buchführung Nr. 129-FZ vom 21. November 1996

52   Die Belege sollen in russischer Sprache erstellt sein. Belege, die aus dem Ausland stammen, müssen ins Russische übersetzt werden. Seit Anfang 2006 dürfen betriebliche Aufwendungen mit Auslandsbezug zur Minderung der Steuerbemessungsgrundlage führen, wenn sie durch Belege nachgewiesen werden, die den Gebräuchen des jeweiligen ausländischen Staates entsprechen. Dies enthebt i.d.R. aber nicht von der Verpflichtung zur Übersetzung des Beleges.

E.   Kontenplan

53   Grundlage der Rechnungslegung ist ein vom Finanzministerium der RF herausgegebener Kontenrahmen bzw. Kontenplan. Im weiteren Text wird er als „Kontenplan" bezeichnet. Der Kontenplan ist vom Finanzministerium der RF in der Anordnung Nr. 94n vom 31. Oktober 2000 festgelegt worden. An diesen Kontenplan sind alle Unternehmen gebunden. Daneben wurden für spezielle Wirtschaftszweige, wie z. B. Banken und Versicherungen, eigene Kontenrahmen entwickelt.

54   Der Kontenplan ist für alle Unternehmen verbindlich, obwohl er hauptsächlich für Industrieunternehmen entwickelt wurde, was aus den Bezeichnungen einiger Konten ersichtlich wird. Die direkte Übersetzung der Bezeichnung des Kontos 20 ist z. B. *Herstellungskosten der Hauptproduktion.*

55   Der Kontenplan legt die Kontenklassen (Konten der ersten Ebene, z. B. 01, 02, 03, 08) und die Konten bzw. Unterkonten (Konten der zweiten Ebene, z. B. 08-1, 08-2, 08-3 usw.) fest.

56   Die Kontenklassen müssen unverändert bleiben. Das Unternehmen darf, in Absprache mit dem Finanzministerium der RF, neue Kontenklassen anstelle der im Kontenplan unbesetzten Kontenklassen (z. B. Kontenklassen 06, 12, 13, 17, 18) einführen. Diese Änderungen sind schwer durchsetzbar und daher praktisch unmöglich. Die Unterkonten dürfen dagegen vom Unternehmen zwecks Analyse neu eingeführt, gruppiert, eliminiert und geändert werden[14].

57   So kann z. B. der Kontenplan eines ausländischen Gesellschafters auf der Unterkontenebene installiert werden, soweit eine Zuordnung innerhalb des russischen Kontenplans möglich ist.

58   Es bestehen neben den Sach- und Erfolgskonten auch so genannte außerbilanzielle Konten bzw. außerhalb der Bilanz geführte Konten. Diese sind u. a. für die Bilanzierung der dem Unternehmen nicht gehörenden Vermögensgegenstände bestimmt, z. B. gemietete Gebäude. Diese Konten sind ebenfalls im Kontenplan erfasst. Auf diese Konten wird im weiteren Text eingegangen.

59   Es wird zwischen synthetischen (das sind die oben beschriebenen Kontenklassen und Konten, d. h. Konten der ersten und der zweiten Ebene) und analytischen Konten (Konten der dritten Ebene - die Sub-Konten zu den Konten) unterschieden.

60   Während die Kontenklassen und Konten in Geldeinheiten (Rubel bzw. Rubel und Fremdwährung) geführt werden, müssen die analytischen Konten sowohl in Geldeinheiten als auch in physischen Einheiten (z. B. Kilogramm) geführt werden können.

61   Summen- und Saldenlisten sind sowohl für synthetische als auch für analytische Konten zu führen.

> Beispiel für eine Summen- und Saldenliste für synthetische (nur Werte) Konten:

Kontonr.	Kontobez.	Anfangsbestand		Umsatz		Endbestand	
		Soll	Haben	Soll	Haben	Soll	Haben

---

14   Anweisung des Finanzministeriums der RF über die Anwendung des Kontenplans, eingeführt durch die Anordnung des Finanzamts Nr. 94n vom 31. Oktober 2000

> Beispiel für eine Summen- und Saldenliste für analytische (Mengen und Werte) Konten:

Kontonr.	Meßeinheit	Preis	Anfangsbestand		Umsätze		Endbestand	
					Zugänge	Abgänge		
			Menge	Betrag	Menge/Betrag	Menge/Betrag	Menge	Betrag

F.   Buchführung zu steuerlichen Zwecken

Seit der Einführung des Teils 25 *Gewinnsteuer* des SteuerGB in 2002 wird die Trennung zwischen der Handelsbilanz und der Steuerbilanz vollzogen. Vor 2002 war die Handelsbilanz die Grundlage für die Steuerbilanz. Es bestanden daher nicht viele Differenzen zwischen dem steuerlichen und dem handelsrechtlichen Ergebnis.   62

Der Steuerpflichtige muss die Steuerbemessungsgrundlage seit 2002 anhand von steuerlichen relevanten Angaben ermitteln. Diese sind in den so genannten Steuerregistern enthalten. Die Steuerregister können auf zweierlei Arten geführt werden[15]:   63

■   entweder auf Grundlage der buchhalterischen Kontenanalysen (die Kontenanalysen werden ebenfalls neben Journalen und Büchern als Register und zwar handelsrechtliche Register bezeichnet[16]) ggf. an die steuerlichen Vorschriften angepasst oder

■   separate Steuerregister.

Unter den letzteren Steuerregistern sind Sammelformblätter für die Systematisierung der steuerlich relevanten Angaben zu verstehen. Die Angaben sind gemäß den Anforderungen des Kapitels 25 SteuerGB zu gruppieren, ohne sie auf buchhalterischen Konten zu erfassen[17]. Die Form, Art und Weise der Führung der Steuerregister ist dem Steuerpflichtigen überlassen.   64

In der Praxis hat sich die erste Variante durchgesetzt. Diese ist der in Deutschland gängigen Praxis der Überleitungsrechnung im Wege einer Mehr-oder-Weniger-Rechnung sehr ähnlich. Gemäß dem Wortlaut des Teils 25 des SteuerGB hat das Finanzministerium kein Anrecht auf eine vollständig separate Aufzeichnung der Steuerbilanz, sofern die Überleitungsrechnung sachlich und inhaltlich nachvollziehbar ist. Es ist zu berücksichtigen, dass eine solche Überleitungsrechnung nur dann möglich ist, wenn nicht viele Unterschiede in der steuerlichen und handelsrechtlichen Behandlung der Geschäftsvorfälle vorhanden sind.   65

Das SteuerGB stellt folgende Anforderung an die Ausfertigung der Steuerregister. Sie werden entweder in EDV-unterstützten Systemen oder in Papierform geführt und müssen folgende Pflichtangaben enthalten: 66

■   Bezeichnung;

■   Berichtsperiode bzw. Zwischenberichtsperiode[18], für die sie erstellt werden;

■   Maßeinheiten in Rubel und, soweit möglich in Naturaleinheiten (z. B. Kilogramm);

■   Bezeichnung der Geschäftsvorfälle;

■   Unterschrift und Name des für die Erstellung der Steuerregister Verantwortlichen (zuständiger Buchhalter bzw. Steuersachbearbeiter).

---

15   Art. 313 SteuerGB
16   Art. 10 Gesetz über die Buchführung Nr. 129-FZ vom 21. November 1996
17   Art. 314 SteuerGB
18   Eine Berichtsperiode ist im Sinne der Gewinnsteuer ein Kalenderjahr, eine Zwischenberichtsperiode sind Quartale auf kumulativer Basis. Für Steuerpflichtige, die die Gewinnsteuer monatlich auf der Grundlage tatsächlich erzielter Gewinne vorauszahlen, ist die Zwischenberichtsperiode Monate auf kumulativer Basis. Unter einer Berichtsperiode wird im weiteren Text zusammenfassend ein Geschäftsjahr (gleich Kalenderjahr) und/oder eine Zwischenberichtsperiode verstanden.

3

67   Das Ministerium für Steuern und Abgaben der RF (der Vorgänger des Föderalen Steuerdienstes der RF) hat in 2001 ein System der Steuerregister empfohlen, wobei diese auf keinen Fall als endgültige Register, sondern eher als eine Vorlage für die Erstellung eigener Steuerregister zu betrachten sind[19].

68   Im weiteren wird anhand von Beispielen die Vorgehensweise bei der Ausarbeitung von Steuerregistern veranschaulicht.

> Beispiel:

Ein Fahrzeughersteller A hat seinem Händler B im Januar 2008 zehn Fahrzeuge zu einem Preis von 4,13 Mio. Rubel (davon 0,63 Mio. Rubel USt) geliefert. Der Eigentumsübergang fand im Januar statt, daher können handelsrechtlich die Umsätze gebucht werden:

62 *Forderungen aus Lieferungen und Leistungen*

an

90-1 *Umsatzerlöse (Bruttobuchung):* 4,13 Mio. Rubel

Umsatzsteuer:

90-3 *Umsatzsteuer*

an

68 *Forderungen/Verbindlichkeiten aus Steuern:* 0,63 Mio. Rubel

Die Umsätze für steuerliche Zwecke werden nach dem Realisationsprinzip ermittelt. Somit unterscheiden sich die handelsrechtliche und die steuerliche Behandlung des Geschäftsvorfalles nicht. Das handelsrechtliche Kontenblatt (Journal) zu dem Konto 90-1 *Umsatzerlöse* kann als Steuerregister benutzt werden.

69   Falls allerdings die steuerliche Behandlung sich von der handelsrechtlichen unterscheidet, werden die Angaben der handelsrechtlichen Kontenanalysen entsprechend angepasst.

> Beispiel (Fortsetzung):

Der Fahrzeughersteller A aus dem obigen Beispiel hat einem anderen Unternehmen C im Januar 2008 RHB-Stoffe für 59.000 Rubel (davon 9.000 Rubel USt) verkauft. Verkäufe, die sich nicht auf die Hauptgeschäftstätigkeit beziehen, werden handelsrechtlich als sonstige Erträge (Konto 91-1) erfasst:

76 *Sonstige Forderungen/Verbindlichkeiten*

an

91-1 *Sonstige Erträge:* 59.000 Rubel

Im Steuerrecht werden diese Verkäufe im Rahmen der Umsätze ausgewiesen. Somit können die Kontenblätter 90 *Umsatzerlöse* sowie 91-1 *Sonstige Erträge* als Steuerregister fungieren, allerdings müssen sie mit entsprechenden Anpassungen ergänzt werden.

Anpassung zum Kontenblatt 90-1 *Umsatzerlöse:*

Nr.	Bezeichnung	Betrag, Rubel
1.	Einnahmen aus gewöhnlicher Geschäftstätigkeit (Konto 90-1)	3.500.000
2.	Einnahmen aus gewöhnlicher Geschäftstätigkeit werden um Einnahmen aus dem Verkauf von RHB-Stoffen erhöht (Konto 91-1)	50.000
3.	Zu versteuernde Einnahmen	3.550.000

---

19   Mitteilung des Ministeriums für Steuern und Abgaben der RF vom 19. Dezember 2001

Anpassung zum Kontenblatt 91-1 *Sonstige Erträge:*

Nr.	Bezeichnung	Betrag, Rubel
1.	Sonstige Erträge	50.000
2.	Vermindert um Einnahmen aus dem Verkauf von RHB-Stoffen	50.000
3.	Zu versteuernde sonstige Einnahmen	0

Alternativ kann das Unternehmen A separate Steuerregister führen:

Bezeichnung: Register für die Erfassung des Abgangs der Vermögensgegenstände sowie entsprechenden Einkommens aus Betriebsleistung

Steuerpflichtiger: _____

Berichtsperiode: vom 01. bis zum 31. Januar 2008

Nr.	Datum	Bedingung für den Abgang (Zahlungsbedingung)	Beschreibung	Beleg	Bezeichnung des abgehenden VG	Betrag, Tausend Rubel	Anzahl
1.	15.01.2008	Zahlungsziel 30 Tage	Einnahmen aus dem Verkauf von fertigen Erzeugnissen	Lieferschein vom 15.01.2008 Nr. 111	Fahrzeuge Typ B	3.500	10
2.	25.01.2008	Zahlungsziel 30 Tage	Einnahmen aus dem Verkauf von RHB-Stoffen	Lieferschein vom 25.01.2008 Nr. 112	RHB-Stoffe	50	100

G.   Aufbewahrungspflichten

Gemäß den Anforderungen des Gesetzes über die Buchführung sind die Buchhaltungsunterlagen mindestens fünf Jahre aufzubewahren. 70

Die Gründungsunterlagen eines Unternehmens (Satzung mit sämtlichen Änderungen, Gesellschaftsvertrag, Registrierungsurkunden, Niederlassungsordnung, Repräsentanzordnung) sind dauerhaft aufzubewahren. Ebenfalls sind Jahresabschlüsse des Unternehmens dauerhaft aufzubewahren. Quartalsabschlüsse sind fünf Jahre, Monatsabschlüsse ein Jahr aufzubewahren. Wenn Jahresabschlüsse aus irgendeinem Grund fehlen, ist in diesem Fall die Zwischenberichterstattung dauerhaft aufzubewahren[20]. 71

Steuerliche Unterlagen sind gemäß SteuerGB vier Jahre aufzubewahren[21]. Zugleich müssen analog mit den handelsrechtlichen Abschlüssen die Jahressteuererklärungen dauerhaft aufbewahrt werden. Quartalssteuererklärungen müssen ebenfalls fünf Jahre, monatliche Steuererklärungen ein Jahr aufbewahrt werden. Falls die Jahressteuererklärung fehlt (z. B. weil ein Unternehmen 72

---

20 Punkte 13 bis 16 der Liste von aufbewahrungspflichtigen Unterlagen eines Unternehmens, eingeführt durch den Archivierungsdienst der RF am 06. Oktober 2000
21 Art. 23 Punkt 1.8) SteuerGB

bzw. eine Betriebsstätte weniger als ein Jahr existierte), müssen vierteljährliche sowie monatliche Steuererklärungen ebenfalls dauerhaft aufbewahrt werden. Für die statistische Berichterstattung gilt die gleiche Regelung[22].

73   Personalakten der Mitglieder des Exekutivorgans (Geschäftsführer, Vorstand) sowie des Aufsichtsrates sind dauerhaft, Personalakten sonstiger Mitarbeiter 75 Jahre aufzubewahren[23].

---

22 Punkt 170 sowie 198 der Liste von aufbewahrungspflichtigen Unterlagen eines Unternehmens, eingeführt durch den Archivierungsdienst der RF am 06. Oktober 2000
23 Punkt 377 der Liste von aufbewahrungspflichtigen Unterlagen eines Unternehmens, eingeführt durch den Archivierungsdienst der RF am 06. Oktober 2000

§ 4 Jahresabschluss und Zwischenberichterstattung

A. Grundsatz

RLS 4/99 *Abschluss eines Unternehmens* trat bereits am 01. Januar 1999 in Kraft. Er lieferte eine Grundlage für die Erstellung eines handelsrechtlichen Abschlusses, der für weitere Adressaten und nicht nur für den Fiskus nützlich ist. Dennoch wurden vor 2002 die Abschlüsse ausschließlich für steuerliche Zwecke erstellt. Durch den jeweiligen Abschluss wurden die Bemessungsgrundlagen für Steuern bestimmt. Ab dem Januar 2002 – mit der Einführung des Kapitels 25 SteuerGB – wurde die Trennung zwischen der Handelsbilanz und der Gewinnsteuerberechnung ermöglicht.   1

Der Jahresabschluss besteht aus   2

- der Bilanz
- der Gewinn- und Verlustrechnung
- Anlagen zu der Bilanz und der Gewinn- und Verlustrechnung (Eigenkapitalspiegel, Kapital- flussrechnung sowie weiterer Zusatzinformationen und Erläuterungen wie Anlagespiegel, Information zu Forschungs-, Entwicklung- und Technologieaufwendungen, Finanzanlagen, Forderungs- und Verbindlichkeitenspiegel, Aufstellung der Aufwendungen, Bericht über die Verwendung von staatlichen Beihilfen)
- dem Anhang
- prüfungspflichtige Unternehmen haben neben dem Jahresabschluss auch den Bestätigungs- vermerk eines in der RF zugelassenen Wirtschaftsprüfers vorzulegen.

Prüfungspflichtig sind: 3

- Aktiengesellschaften des offenen Typs (OAO)
- Banken und andere Kreditinstitute
- Versicherungen
- Investmentfonds
- Börsen
- Unternehmen, deren Umsätze im Geschäftsjahr über 50.000.000 Rubel lagen und / oder deren Bilanzsumme 20.000.000 Rubel übersteigt.
- staatliche Unternehmen.

Einige Unternehmen können branchenspezifisch prüfungspflichtig sein. Die Prüfungspflicht ist dann separat gesetzlich festgelegt.

Gemäß RLS 4/99 kann der Abschluss auf der Grundlage der vom Finanzministerium   4
der RF empfohlenen Formblätter erstellt werden. Alternativ kann das Unternehmen die Abschlussformblätter selbständig entwickeln. Die entsprechenden Regelungen des RLS 4/99 sind dabei zu berücksichtigen. Die meisten Unternehmen wählen die erstere Variante. Diese Wahl muss in der Bilanzierungsrichtlinie des Unternehmens festgehalten werden. Zugleich enthält das Gesetz über die Buchführung eine Regelung, wonach die Abschlussformblätter (imperativ) durch

das Finanzministerium der RF festzulegen sind[1].

5 Durch das Finanzministerium der RF wurden folgende Formblätter empfohlen[2]:

- Bilanz (Formblatt Nr. 1)
- Gewinn- und Verlustrechnung (Formblatt Nr. 2)
- Bericht über die Eigenkapitalveränderung (Formblatt Nr. 3)
- Kapitalflussrechnung (Formblatt Nr. 4)
- Anlage zur Bilanz (Formblatt Nr. 5): Anlagespiegel, Finanzanlagen, Forderungen und Verbindlichkeiten, Aufwendungen aus gewöhnlicher Tätigkeit, Sicherungen, staatliche Beihilfen
- Bericht über Nutzung von Zuwendungen (Formblatt Nr. 6).

In der Praxis werden diese Bestandteile des Abschlusses als Formblatt (im Russischen „Forma") Nr. 1, 2, 3, 4, 5 und 6 bezeichnet.

Übersetzungen der Formblätter 1 bis 5 ins Deutsche sind als Anlage 3 beigefügt.

6 Jeder Bilanzposten sowie jede GuV-Position ist in den Formblättern des Finanzministeriums der RF nummeriert. Diese Nummerierung soll nicht verändert werden.

7 Durch das Finanzministerium der RF sind ebenfalls einige Anforderungen an die äußerliche Gestaltung der Formblätter vorgegeben[3]:

- die Bezeichnung des entsprechenden Teils des Abschlusses (Bilanz, Gewinn- und Verlustrechnung usw.);
- der Stichtag des Abschlusses, wobei die Formulierungen wie z. B. „zum 31. Dezember 2007 bzw. „für 2007" vorgegeben sind;
- die vollständige Firma der Gesellschaft gemäß ihren Gründungsunterlagen;
- die Identifikationsnummer des Steuerpflichtigen (INN);

  Diese Nummer gilt zurzeit für alle Steuerarten und wird bei der steuerlichen Anmeldung durch die Steuerbehörde vergeben.

- Art der Tätigkeit gemäß dem Code-Verzeichnis von Goskomstat[4];

  Es handelt sich um zwei- bis sechsstellige Codes für die Identifizierung der Tätigkeitsarten, die an die Statistical classification of economic activities in the European Community (NACE Rev. 1) angepasst worden sind.

- die Rechtsform des Eigentums;

  Hier sind zwei Codes anzugeben:

  1. nach dem Verzeichnis der Rechtsformen der Gesellschaften (OK 028-99 bzw. OKOPF)[5] sowie

  2. nach dem Verzeichnis der Eigentumsformen (OKFS)[6].

---

1 Punkt 3 Art. 13 Gesetz über die Buchführung Nr. 129-FZ vom 21. November 1996
2 Anlagen zur Anordnung des Finanzministeriums der RF Nr. 67n vom 22. Juli 2003
3 Punkt 6 Anweisungen zum Umfang der Berichterstattung, verabschiedet durch die Anordnung des Finanzministeriums der RF Nr. 67n vom 22. Juli 2003
4 Das Verzeichnis der Arten der Wirtschaftstätigkeiten (OK 029-2001 bzw. OKBED), eingeführt durch die Anordnung des Staatlichen Standardisierungsdienstes Nr. 454-st vom 06. November 2001
5 Das Verzeichnis der Rechtsformen der Gesellschaften (OK 028-99 bzw. OKOPF), eingeführt durch die Anordnung des Staatlichen Standardisierungsdienstes Nr. 97 vom 30. März 1999
6 Das Verzeichnis der Eigentumsformen (OKFS), eingeführt durch die Anordnung des Staatlichen Standardisierungsdienstes Nr. 97 vom 30. März 1999

- die Zahleneinheiten nach dem Verzeichnis der Maßeinheiten (OK 015-94 bzw. OKEI)[7]. Die Zahlen werden in Tausend Rubel (Code 384) bzw. in Millionen Rubel (Code 385) ohne Dezimalstellen, abhängig von der Unternehmensgröße eingetragen.

  Diese Codes sind ebenfalls in den vom Finanzministerium des RF empfohlenen Formblättern des Abschlusses zu finden.

  - der Sitz der Gesellschaft (ist in der Bilanz anzugeben);
  - das Datum der Bestätigung des Abschlusses;
  - das Abgabedatum des Abschlusses.

Als Abgabedatum gilt entweder das Datum der eigentlichen Übergabe, was durch die Abnahmestelle   8
zu bescheinigen ist, bzw. das Datum der Postsendung, mit welchem der Beleg (Quittung) über die Postsendung versehen ist. Insbesondere bei der Abgabe des Abschlusses per Post ist darauf zu achten, dass eine Auflistung der verschickten Unterlagen beigefügt ist.

Falls der Abschluss elektronisch verschickt wird, gilt das Datum der Absendung der E-Mail   9
als Abgabedatum, wobei der Empfang des Abschlusses durch die Abnahmestelle ebenfalls zu bestätigen ist.

Seit 2002 ist es aufgrund der Verabschiedung des Gesetzes über die elektronische Unterschrift   10
Nr. 1-FZ vom 10. Januar 2002 möglich, Abschlüsse sowie Steuererklärungen in elektronischer Form an die Steuerbehörden zu versenden. Steuerpflichtige, die in 2007 durchschnittlich mehr als 100 Mitarbeiter beschäftigten, sind vom 01. Januar 2008 an verpflichtet, ihre Steuererklärungen in elektronischer Form einzureichen. Anzuwenden haben das Gesetz auch alle neu gegründeten oder im Wege einer Umwandlung entstandene Unternehmen. Die Regelung galt bereits seit 2007 für alle Unternehmen, deren durchschnittliche Mitarbeiterzahl in 2006 über 250 Personen lag[8].

Neben dem Jahresabschluss sind auch monatliche und vierteljährliche Zwischenabschlüsse zu   11
erstellen. Sie werden auf kumulativer Basis erstellt. Die Zwischenabschlüsse bestehen aus der Bilanz und der Gewinn- und Verlustrechnung, es sei denn die Gesellschafter benötigen weitere Information.

🛈 Praxishinweis:

Monatliche Abschlüsse werden in der Praxis meistens nicht erstellt, da dies steuerlich nicht verlangt wird. Auf Anforderung des Mutterunternehmens werden sie meist nur für Controlling-Zwecke erstellt, wobei in dem Fall nur für das Mutterunternehmen bestimmte Controlling-Unterlagen erstellt bzw. ausgefüllt werden.

Die Abschlüsse sind in Rubel aufzustellen.   12

Neben dem Abschluss sowie den Steuererklärungen sind die Unternehmen zur Berichterstattung   13
an das Staatliche Komitee für Statistik (Goskomstat) verpflichtet. Die Berichte sind nach dem vom Goskomstat festgelegten Muster einheitlich zu erstellen. Dabei legt Goskomstat Formulare für separate Bereiche fest. Es bestehen Formulare, die regelmäßig eingereicht werden müssen und es gibt daneben auch solche, die einmalig einzureichen sind, z. B. für Leasing[9].

---

7   Das Verzeichnis der Messeinheiten (OK 015-94 bzw. OKEI) eingeführt durch die Anordnung des Staatlichen Standardisierungsdienstes Nr. 366 vom 26. Dezember 1994
8   Punkt 3 Art. 80 SteuerGB, Art. 5 Gesetz Nr. 268-FZ vom 30. Dezember 2006
9   Anordnung des Staatlichen Komitees für Statistik Nr. 123 vom 22. Mai 2002

4

B.   Bilanz

14   Die Bilanz stellt die Finanz- und Vermögenslage des Unternehmens zum Stichtag dar. Auf der Aktivseite wird die Mittelverwendung zunächst nach der Zugehörigkeit zum Anlagevermögen und zum Umlaufvermögen unterteilt. Die Verbindlichkeiten sind ebenfalls nach ihrer Fristigkeit getrennt. Grundsätzlich sind solche Vermögensgegenstände und Verbindlichkeiten kurzfristig, die innerhalb von 12 Monaten verbraucht bzw. beglichen werden.

15   Die Bilanz soll bestimmte Posten enthalten, wobei die GoB wie Verlässlichkeit und Vollständigkeit sowie Wesentlichkeit zu berücksichtigen sind. Falls durch den vorgeschriebenen Inhalt der Bilanz diese GoB (Verlässlichkeit und Vollständigkeit) nicht erfüllt werden können, sind die Inhalte der Bilanz entsprechend zu ergänzen bzw. zu vervollständigen. In Ausnahmefällen (z. B. Enteignung), wenn die durch RLS 4/99 vorgegebenen Inhalte die Abbildung des verlässlichen und vollständigen Bildes der Vermögens-, Finanz- und Ertragslage nicht ermöglichen können, darf das Unternehmen von diesen Inhalten abweichen.

16   Sind Positionen nicht wesentlich, kann das Unternehmen sie in der Bilanz zusammenfassen, wobei sie in der Anlage zum Abschluss (Formblatt Nr. 5) bzw. im Anhang zu erläutern sind. Wesentliche Vermögensgegenstände und Verbindlichkeiten sind im Gegensatz dazu gesondert in der Bilanz auszuweisen. Bei fehlenden Angaben zu den einzelnen Bilanzposten werden die entsprechenden Bilanzposten in den durch das Finanzministerium der RF empfohlenen Formblättern gestrichen, in selbständig entwickelten Formblättern ausgelassen.

17   Folgende Inhalte der Bilanz sind durch RLS 4/99 vorgegeben:

Tabelle 1:   Inhalte der Bilanz gemäß RLS 4/99

Abschnitt	Bilanzpostengruppen	Einzelne Bilanzposten
Aktiva		
Anlagevermögen	Immaterielle Vermögensgegenstände	Zu aktivierende Forschungs-, Entwicklungs- und Technologieaufwendungen
		Patente, Lizenzen, Waren- und Dienstleistungszeichen, sonstige ähnliche Rechte und Vermögensgegenstände
		Organisatorische Vorgründungsaufwendungen
		Goodwill
	Sachanlagen	Grundstücke und Naturnutzungsobjekte
		Gebäude, Maschinen, technische Anlagen und sonstige Sachanlagen
		Anlagen im Bau
	Investitionen in Leasing- und Mietgegenstände	Vermögensgegenstände zur Überlassung ins Leasing
		Bewegliche Vermögensgegenstände zur Überlassung in die Miete
	Langfristige Finanzanlagen	Investitionen in Tochtergesellschaften
		Investitionen in assoziierte Gesellschaften
		Investitionen in sonstige Gesellschaften
		Für mehr als 12 Monate gewährte Darlehen
		Sonstige Finanzanlagen

Abschnitt	Bilanzpostengruppen	Einzelne Bilanzposten
Aktiva		
Umlaufvermögen	Vorräte	Roh-, Hilfs- und Betriebsstoffe
		Unfertige Erzeugnisse, unfertige Leistungen
		Fertige Erzeugnisse, Handelswaren und Waren unterwegs
		Aufwendungen zukünftiger Perioden (ARAP)
	Vorsteuer	
	Forderungen	Forderungen aus Lieferungen und Leistungen
		Forderungen an Tochtergesellschaften sowie assoziierte Gesellschaften
		Forderungen aus Einlagen der Gesellschafter ins Grund- oder Stammkapital
		Geleistete Anzahlungen
		Sonstige Forderungen
	Kurzfristige Finanzanlagen	Für bis zu 12 Monate gewährte Darlehen
		Eigene Aktien[10]
		Sonstige Finanzanlagen
	Geldmittel	Bankkonten in Rubel
		Bankkonten in Fremdwährung
		Sonstige Geldmittel
Passiva		
Kapital und Rücklagen	Grund- oder Stammkapital	
	Zusatzkapital	
	Rücklagen	Gesetzliche Rücklagen
		Satzungsmäßige Rücklagen
	Gewinn- oder Verlustvortrag	
Langfristige Verbindlichkeiten	Darlehen und Kredite	Kredite mit einer Tilgungsfrist von über 12 Monaten nach dem Bilanzstichtag
		Darlehen mit einer Tilgungsfrist von über 12 Monaten nach dem Bilanzstichtag
	Sonstige Verbindlichkeiten	
Kurzfristige Verbindlichkeiten	Darlehen und Kredite	Kredite mit einer Tilgungsfrist von bis 12 Monaten nach dem Bilanzstichtag
		Darlehen mit einer Tilgungsfrist von bis 12 Monaten nach dem Bilanzstichtag
	Verbindlichkeiten	Verbindlichkeiten aus Lieferungen und Leistungen
		Wechsel
		Verbindlichkeiten gegenüber Tochtergesellschaften und assoziierten Gesellschaften
		Verbindlichkeiten gegenüber Mitarbeitern
		Verbindlichkeiten aus Steuern und sozialen Abgaben
		Verbindlichkeit gegenüber Gesellschaftern aus Dividenden
		Erhaltene Anzahlungen
		Sonstige Verbindlichkeiten
	Erträge zukünftiger Perioden (PRAP)	
	Rückstellungen	

---

10 Eigene Aktien, die durch die Aktiengesellschaft zwecks Weiterverkauf oder Annullierung von den Aktionären zurückgekauft worden sind, gehören gemäß RLS 19/02 weder zu den langfristigen noch zu den kurzfristigen Finanzanlagen. Diese Aktien werden auf dem Konto 81 Eigene Anteile (Aktien) gebucht und in der Bilanz vom Grundkapital abgezogen.

18   Die einzelnen Posten der Bilanz müssen durch eine Inventur belegt werden. Die jährliche Anzahl der Inventuren, das Datum der Inventurdurchführung und die Vermögensgegenstände, die einer Inventur unterliegen, sind vom Geschäftsführer festzulegen, es sei denn es handelt sich um eine Pflichtinventur. Eine Pflichtinventur ist in den folgenden Fällen durchzuführen[11]:

- Erstellung des Jahresabschlusses;

19   Ausgenommen davon sind Vermögensgegenstände, die nach dem 01. Oktober des Berichtsjahres bereits einer Inventur unterzogen wurden. Somit ist eine vorverlagerte Inventur möglich, wobei die Methoden des Abgleichs der Inventurergebnisse mit den Mengen zum Stichtag nicht beschrieben sind. Eine nachverlagerte Inventur ist zwar nicht ausdrücklich erwähnt, ist aber möglich, da über den Termin der Inventurdurchführung der Geschäftsführer der Gesellschaft entscheidet. Eine Zwischeninventur bzw. permanente Inventur ist ebenfalls möglich.

20   Sachanlagen können einmal in drei Jahren, Bücher einmal in fünf Jahren inventarisiert werden.

- Überlassung von Vermögensgegenständen zur Miete, beim Kauf bzw. Verkauf der Vermögensgegenstände;

- beim Wechsel der direkten Verantwortlichen (so genannte materielle Verantwortlichkeit oder Haftung für Lagermitarbeiter oder Kassierer);

- bei der Feststellung eines Diebstahls, von Unregelmäßigkeiten bzw. Beschädigung der Vermögensgegenstände;

- in Falle einer Naturkatastrophe, eines Brandes oder bei anderen außerordentlichen Situationen;

- bei der Umwandlung oder Liquidation eines Unternehmens;

- bei der Umwandlung eines staatlichen Unternehmens.

Das Finanzministerium der RF hat zur Durchführung der Inventur methodische Anweisungen herausgegeben[12].

C.   Gewinn- und Verlustrechnung

21   Für die Erstellung der Gewinn- und Verlustrechnung ist wie auch für die Bilanz ein spezielles Formblatt durch das Finanzministerium der RF vorgesehen. Der Aufbau der Gewinn- und Verlustrechnung geht grundsätzlich vom Umsatzkostenverfahren aus.

22   Die Gewinn- und Verlustrechnung soll folgende Positionen enthalten:

- Umsatzerlöse aus der Verkaufstätigkeit (ohne USt, Verbrauchsteuer und sonstige ähnliche Steuern und Abgaben, so genannte Netto-Umsatzerlöse);

- Anschaffungs- bzw. Herstellungskosten im Zusammenhang mit dem Verkauf von Waren und Leistungen

  - Bruttogewinn

- Vertriebskosten

- Verwaltungskosten

  - Gewinn/Verlust aus der Vertriebstätigkeit

---

11   Art. 12 Gesetz über die Buchführung Nr. 129-FZ vom 21. November 1996, Punkt 26 RLS 34n
12   Methodische Anweisungen zur Inventur der Vermögenswerte und finanzieller Verpflichtungen, verabschiedet durch die Anordnung des Finanzministeriums der RF Nr. 49 vom 13. Juni 1995

- Zinserträge
- Zinsaufwand
- Erträge aus Beteiligungen
- sonstige Erträge
- sonstige Aufwendungen
  - Gewinn/Verlust vor Steuern
- Gewinnsteuer und sonstige ähnliche Pflichtabgaben
- Jahresüberschuss/Jahresfehlbetrag
  - Gewinnvortrag/Verlustvortrag.

D.   Anlagen und Anhang

Die Anlagen zum Abschluss sind auf separate Formblätter verteilt. Dabei handelt es sich um die   23
durch das Finanzministerium der RF empfohlenen Formblätter 3, 4 und 5. Für Unternehmen, die
staatliche Beihilfen erhalten, ist zusätzlich das Formblatt 6 obligatorisch.

Die Anlagen zum Abschluss sowie der Anhang werden im RLS 4/99 zusammenfassend als   24
„Erklärungen zum Abschluss" bezeichnet. Das Formblatt 5 enthält viele Angaben, die in der
internationalen Praxis dem Anhang zugeordnet werden.

Die Kapitalflussrechnung ist nach der direkten Methode aufgebaut.   25

Im Anhang ist neben den Informationen, die durch die einzelnen RLS vorgeschrieben sind,   26
folgendes anzugeben:

- den Sitz der Gesellschaft, falls er nicht bereits in den einzelnen Abschlussformblättern (Bilanz) angegeben wurde;
- die Haupttätigkeitsarten;
- Mitarbeiterzahl im Jahresdurchschnitt bzw. die Anzahl der Mitarbeiter zum Stichtag;
- Zusammensetzung (Familiennamen und Positionen) der Mitglieder der Exekutivorgane (Geschäftsführer, kollegiales Exekutivorgan: Vorstand) sowie der Aufsichtsorgane (Aufsichtsrat).

E.   Lagebericht

Jedes Unternehmen hat ein Wahlrecht, zusätzliche Informationen zum Abschluss zu liefern.   27
Diese Informationen sind vergleichbar mit einem Lagebericht. Dabei handelt es sich um
Kennzahlen der wirtschaftlichen und finanziellen Entwicklung des Unternehmens für
mehrere Jahre, Pläne für die Entwicklung des Unternehmens, geplante Investitionen ins
Anlagevermögen, Finanzierungsstrategien, Risk-Management, Forschungs-, Entwicklungs-
und Technologiearbeiten, Maßnahmen im Bereich des Umweltschutzes u. ä. Der Lagebericht
ist auf Entscheidung des Exekutivorgans (Geschäftsführer, Vorstand) zu erstellen, wenn dieses
die im Lagerbericht enthaltenen Informationen für die Adressaten des Abschlusses für deren
wirtschaftliche Entscheidungen als nützlich erachtet.

F.   Abgabe- und Veröffentlichungspflichten

28   Der Jahresabschluss ist den Gesellschaftern, dem Goskomstat sowie der Steuerbehörde vorzulegen. Er ist innerhalb von neunzig Tagen nach dem Geschäftsjahresschluss vorzulegen. Die Zwischenabschlüsse sind spätestens dreißig Tage nach dem Ende des jeweiligen Quartals einzureichen.

❗ Praxishinweis:

Die russische Gesetzgebung gibt den Unternehmen ausreichend Zeit, um die Abschlüsse zu erstellen. Auf diese Zeiten ist normalerweise der gesamte Erstellungsprozess ausgerichtet: Saldenabstimmungen, die Einholung von einzelnen ausstehenden Rechnungen (Telekommunikation, Kommunaldienstleistungen usw.), die noch im Berichtsjahr zu erfassen sind. Dies stellt ein Problem bei der Konsolidierung der Abschlüsse russischer Tochterunternehmen dar, insbesondere wenn es sich um börsennotierte ausländische Muttergesellschaften handelt. Die für Konsolidierungszwecke erstellten Abschlüsse basieren i.d.R. nicht auf abschließenden Zahlen, wenn sie der Muttergesellschaft vorgelegt werden. Oft werden die zugrunde liegenden russischen Abschlüsse beim Eingang von Rechnungen bzw. nach den Saldenabstimmungen noch geändert. Der endgültige Steueraufwand wird somit ebenfalls oft erst nach dem Eingang der Unterlagen bzw. nach der Prüfung des Abschlusses für Konsolidierungszwecke (HB II) feststehen. Dieses Problem kann zum Teil durch die Bildung von entsprechenden Rückstellungen gelöst werden, eine Lösung, die beim russischen Buchhalter, insbesondere wegen dem zusätzlichen Aufwand in Bezug auf dadurch entstehende latente Steuern, meist nicht willkommen ist. Eine weitere Lösung wäre die Bildung der Rückstellungen im handelsrechtlichen Abschluss für Konsolidierungszwecke. Diese Lösung zieht eine Reihe von entsprechenden Überleitungen nach sich, die dann in den Folgeperioden immer zu berücksichtigen sind.

29   Der Jahresabschluss des Unternehmens soll grundsätzlich frei zugänglich sein für seine Adressaten: Gesellschafter, Investoren, Banken, Kreditoren, Kunden, Lieferanten usw. Das Unternehmen muss den Adressaten die Möglichkeit gewähren, sich mit dem Jahresabschluss vertraut zu machen.

30   Aktiengesellschaften offenen Typs, Banken und andere Kreditinstitute, Versicherungen, Börsen, Investitionsfonds sind verpflichtet, ihren Jahresabschluss spätestens am 01. Juni des Folgejahres zu veröffentlichen. Der Jahresabschluss ist in der Presse in einer Weise zu veröffentlichen bzw. unter den Adressaten als Broschüren o. ä. so zu verteilen, dass er allen Adressaten zugänglich ist. Darüber hinaus ist der Abschluss, wie bereits erwähnt, bei Goskomstat einzureichen.

§ 5 Bilanzierung und Bewertung einzelner Bilanzposten

A. Anlagevermögen

I. Immaterielle Vermögensgegenstände

Tabelle 2: Immaterielle Vermögensgegenstände

Beschreibung[1]	Grundlage
Zu aktivierende Forschungs-, Entwicklungs- und Technologieaufwendungen	RLS 17
Patente, Lizenzen, Waren- und Dienstleistungszeichen, sonstige ähnliche Rechte und Vermögensgegenstände	RLS 14
Organisatorische Vorgründungsaufwendungen	RLS 14
Goodwill	RLS 14

1. Grundsatz

Zur Bilanzierung von immateriellen Vermögensgegenständen wurde ab dem 01. Januar 2001 erstmals ein RLS 14/2000 *Bilanzierung von immateriellen Vermögensgegenständen* in Kraft gesetzt. Davor gab es keinen RLS zu diesem Thema. Der RLS 14/2000 basiert im Wesentlichen auf IAS 38 *Intangible Assets*, wurde aber an die russischen Gegebenheiten angepasst.

RLS 14/2000 wird nicht auf Ergebnisse von Forschung, Entwicklungs- und Technologieaufwendungen angewandt, zu denen kein Rechtsschutz erworben wurde. Zu diesen Sachverhalten wird der nachfolgend beschriebene RLS 17/2002 *Forschungs-, Entwicklungs- und Technologieaufwendungen* angewandt.

2. Ansatz

Die Definition immaterieller Vermögensgegenstände stützt sich auf folgende sieben Kriterien:

- nicht-monetär und nicht-körperlich;
- Abgrenzbarkeit;
- müssen für die Herstellung von Gütern und Dienstleistungen oder für Verwaltungszwecke benutzt werden;
- müssen über einen längeren Zeitraum, in der Regel über 12 Monate, benutzt werden;
- sind nicht für den Weiterverkauf bestimmt;
- Vorhandensein künftigen wirtschaftlichen Nutzens;

1 Punkt 20 RLS 4/99

- Vorhandensein entsprechender Dokumentationen, die Immaterialgüterrechte des Unternehmens bestätigen, z. B. Patente der Russischen Patentagentur, Lizenzvertrag, Patentkaufvertrag etc.

4   Der Begriff „künftiger wirtschaftlicher Nutzen" ist weder gesetzlich noch in den russischen Rechnungslegungsstandards definiert, wird aber oft insbesondere in diesen Standards verwendet. Im Rahmen der allgemeiner Anpassung der russischen Rechnungslegung an internationale Standards wurde ein Konzept für die Buchführung im Rahmen der Marktwirtschaft in der Russischen Föderation vom Ausschuss für methodische Fragen der Rechnungslegung beim Finanzministerium der Russischen Föderation sowie vom Institut der professionellen Buchhalter entworfen. Im Rahmen dieses Konzeptes wurde der Begriff „künftiger wirtschaftlicher Nutzen" wie folgt erläutert: Der einem Vermögenswert innewohnende künftige wirtschaftliche Nutzen repräsentiert das Potenzial, direkt oder indirekt zum Zufluss von Zahlungsmitteln und Zahlungsmitteläquivalenten beim Unternehmen beizutragen. Ein Vermögensgegenstand kann in folgenden Fällen über das Potenzial verfügen, dem Unternehmen künftigen wirtschaftlichen Nutzen zu bringen[2]:

a) der Vermögensgegenstand kann separat oder zusammen mit anderen Vermögensgegenständen für die Leistungserstellung als Teil der laufenden Geschäftstätigkeit des Unternehmens benutzt werden;

b) der Vermögensgegenstand kann gegen einen anderen Vermögensgegenstand eingetauscht werden;

c) der Vermögensgegenstand kann für die Begleichung von Verbindlichkeiten des Unternehmens (Barter) benutzt werden;

d) der Vermögensgegenstand kann unter den Eigentümern des Unternehmens verteilt werden.

Falls eines der oben aufgeführten Kriterien nicht erfüllt ist, darf der immaterielle Vermögensgegenstand nicht aktiviert werden.

5   Des Weiteren enthält der RLS 14/2000 eine abschließende Aufzählung immaterieller Vermögensgegenstände. Dazu gehören immaterielle Vermögensgegenstände, welche die oben aufgeführten Kriterien erfüllen.

6   Es ist zu berücksichtigen, dass die russischen Immaterialgüterrechte insbesondere das Patentrecht und das Urheberrecht zwischen den Persönlichkeitsrechten und ausschließlichen sowie nicht ausschließlichen Vermögensrechten (z. B. Nutzungsrecht) unterscheiden. Die Persönlichkeitsrechte können nicht auf andere Personen oder Gesellschaften übertragen werden[3]. Sie sind auf natürliche Personen bezogen und nicht Gegenstand des RLS 14/2000. In der nachfolgenden Aufzählung sind somit die Vermögensgüterrechte gemeint:

- ausschließliches Vermögensrecht eines Patentinhabers an Erfindung, gewerblichem Modell, Gebrauchsmuster;

- ausschließliches Urheberrecht (Vermögensrecht) an Computerprogrammen, Datenbanken;

- ausschließliches Vermögensrecht an integrierten Schaltkreisen;

- ausschließliches Vermögensrecht eines Inhabers an Waren- und Dienstleistungszeichen sowie Herkunftszeichen;

- ausschließliches Vermögensrecht eines Patenteninhabers am Züchtungsergebnis;

---

2   Punkt 7.2.1 „Konzept für die Buchführung im Rahmen der Marktwirtschaft in der Russischen Föderation", empfohlen durch den Ausschuss für methodische Fragen der Rechnungslegung beim Finanzministerium der Russischen Föderation sowie vom Institut der professionellen Buchhalter am 29. Dezember 1997

3   Art. 15 Gesetz der RF über das Urheberrecht und verwandte Rechte, dass bis zum Ende 2007 gültig war, sowie Art. 1265 ZGB, der seit dem 01. Januar 2008 in Kraft ist.

- Vorgründungsaufwendungen, die gemäß den Gründungsunterlagen ein Anteil des Gesellschafters am Grund- oder Stammkapital einer Gesellschaft sind. Zu verstehen sind darunter alle Dienstleistungen wie z. B. Beratung, Werbung, Rechtsanwaltsleistungen, Aufwendungen in Bezug auf die Vorbereitung der Dokumentation und weitere Aufwendungen, die vor der Gründung der Gesellschaft getragen worden sind;

- Positiver Geschäfts- oder Firmenwert.

Praxishinweis:

Damit die Vorgründungsaufwendungen als eine Einlage ins Grund- oder Stammkapital einer Gesellschaft handelsrechtlich akzeptiert werden können, muss diese Einlage bereits in den Gründungsunterlagen der Gesellschaft (Gesellschaftsvertrag und Satzung einer GmbH oder Satzung einer AG) vorgesehen werden.

Es ist nicht zulässig, die Vorgründungsaufwendungen, die eventuell von der Muttergesellschaft getätigt, aber in den Gründungsunterlagen der russischen Tochtergesellschaft nicht vorgesehen wurden, der Tochtergesellschaft im Nachhinein in Rechnung zu stellen. Wie in den steuerlichen Ausführungen noch erwähnt wird, gehören die Vorgründungsaufwendungen nicht zu den IVG im Sinne des SteuerGB. Daraus ergibt sich, dass sie im Rahmen der steuerlichen AfA nicht abzugsfähig sind.

Es ist aber oft der Fall, dass die Muttergesellschaft für ihre Tochtergesellschaft in der Gründungsphase eine Reihe von Dienstleistungen erbringt oder erbringen lässt. Diese sind möglichst erst nach der Gründung der russischen Tochtergesellschaft zu tätigen. Eine Reihe von Belegen (direkter Vertrag mit der russischen Tochtergesellschaft, Rechnung, Abnahmeprotokoll) sind ebenfalls notwendig, damit die steuerliche Abzugsfähigkeit möglich ist. Eine weitere Voraussetzung für die steuerliche Abzugsfähigkeit der Aufwendungen ist ihre wirtschaftliche Begründetheit (Art. 252 SteuerGB).

Zu den immateriellen Vermögensgegenständen zählen nicht Lizenzen für Geschäftstätigkeiten, **7** erworbene Lizenzen für die Nutzung von Computerprogrammen (oft 1-C Buchhaltungssoftware, Windowspakete), Datenbanken (Datenbanken wie Garant und Consultant), an denen das Unternehmen ein nicht ausschließliches Vermögensrecht (Nutzungsrecht) hat. Diese werden abweichend von den Bilanzierungsregeln nach IFRS unter dem aktiven Rechnungsabgrenzungsposten (ARAP) auf dem Konto 97 *Aufwendungen zukünftiger Perioden* erfasst. Die rechtliche Grundlage für diesen Posten enthält Punkt 65 RLS 34n, wonach Aufwendungen, die in einer Berichtsperiode angefallen sind, aber zu den folgenden Berichtsperioden gehören, als Sonderposten Aufwendungen zukünftiger Perioden in der Bilanz (Zeile 216) zu erfassen sind. Sie werden in einer durch das Unternehmen festgelegten Weise (linear, verbrauchsabhängig usw.) den entsprechenden Berichtsperioden zugeordnet. Sinngemäß entsprechen sie daher einem ARAP.

Verschiedene weitere Rechte wie z. B. Mietrechte, Nutzungsrechte an Bodenschätzen, Gebäuden, **8** Anlagen etc. zählen ebenfalls nicht zu den immateriellen Vermögensgegenständen. Solche Rechte dürfen z. B. auch nicht als Einlage ins Stamm- oder Grundkapital einer Gesellschaft eingebracht werden. Grundsätzlich dürfen nur solche Vermögensgegenstände im Rahmen des Anlagevermögens aktiviert und/oder ins Stamm- oder Grundkapital einer Gesellschaft eingebracht werden, die im Eigentum eines Unternehmens stehen[4].

Steuern:

Das SteuerGB wiederholt im Wesentlichen die Kriterien für die Aktivierung immaterieller Vermögensgegenstände. Es enthält ebenfalls eine Aufzählung der immateriellen Vermögensgegenstände, die sich allerdings in einigen Punkten von der handelsrechtlichen Liste unterscheidet. Unten sind diese Unterschiede zusammengefasst.

---

4   Punkt 2 Art. 8 Gesetz über die Buchführung Nr. 129-FZ vom 21. November 1996, Punkt 1 Art. 66 ZGB

Tabelle 3:   Unterschiede der steuerlichen und der handelsrechtlichen Bilanzierung von immateriellen Vermögensgegenständen

Immaterielle Vermögensgegenstände	Handelsrecht	Steuerrecht
Positiver Geschäfts- oder Firmenwert	Bilanzierungspflicht	Bilanzierungsverbot
Vorgründungsaufwendungen	Bilanzierungspflicht*	Bilanzierungsverbot

* Siehe auch den Praxishinweis RN 5 in diesem Paragrafen.

9   RLS 34n enthält ebenfalls eine Aufzählung möglicher immaterieller Vermögensgegenstände[5]. Allerdings ist diese Liste nicht abschließend und zählt im Unterschied zu RLS 14/2000 das Know-how zu den immateriellen Vermögensgegenständen. Die rechtlichen Grundlagen für Know-how werden im Kapitel 75 ZGB, das am 01. Januar 2008 in Kraft getreten ist, geregelt. Unter Know-how werden beliebige Informationen, z. B. produktionsbezogene, technische, wirtschaftliche, organisationsbezogene u. ä., darunter auch die Ergebnisse der wissenschaftlich-technischen Forschung, sowie Informationen über die Art der Ausführung der beruflichen Tätigkeit verstanden. Hierzu gelten folgende Kriterien:

- die Informationen stellen wegen ihrer Dritten unbekannten Art einen gegenwärtigen oder potenziellen wirtschaftlichen Wert dar;

- Dritte haben keinen freien legalen Zugang

- die Einstufung dieser Information als Geschäftsgeheimnis durch den Inhaber.

€ Steuern:

Zum Know-how lässt sich sagen, dass einerseits das SteuerGB im Unterschied zu RLS 14/2000 dieses zu den immateriellen Vermögensgegenständen zählt. Andererseits verlangt es, dass für die Aktivierung eines immateriellen Vermögensgegenstandes eine ordnungsgemäße Dokumentation erforderlich ist, welche die Existenz dieses immateriellen Vermögensgegenstandes und/oder das Urheberrecht an dem immateriellen Vermögensgegenstand belegt. Als Beispiele für die Belegung des Urheberrechtes werden Patente, Zeugnisse, andere Rechtsschutzunterlagen, Patentkaufvertrag oder Warenzeichenkaufvertrag genannt. Zurzeit ist gesetzlich kein spezieller Rechtstitel für Know-how vorgesehen und keine festgelegte Dokumentation für die Belegung der Existenz des Know-how. Daher kann eine wichtige steuerliche Aktivierungsvoraussetzung nicht erfüllt werden. Das gilt insbesondere für selbst geschaffenes Know-how.

Allerdings kann Know-how erworben werden. Dadurch entsteht eine derivative Bestätigung der Existenz des Know-how, die im Sinne des SteuerGB akzeptabel ist.

3.   Bewertung

a)   Anschaffung

10   Aktivierungspflichtige immaterielle Vermögensgegenstände sind mit den Anschaffungskosten anzusetzen. Zu den Anschaffungskosten gehören alle direkt zurechenbaren Aufwendungen, die dazu dienen, den Vermögensgegenstand in den Zustand seiner geplanten Nutzung zu versetzen. Das sind folgende Aufwendungen:

- der Anschaffungspreis einschließlich Zölle und ähnlichen Zahlungen zzgl. nichtabziehbarer Steuern (Umsatzsteuer). Die Umsatzsteuer wird bei denjenigen Unternehmen zu den Anschaf-

---

5   Punkt 55 RLS 34n

fungskosten der immateriellen Vermögensgegenstände gehören, die keine Steuerpflichtigen der Umsatzsteuer sind;

- Informations- und Beratungsdienstleistungen;
- Vermittlungsgebühren;
- weitere, direkt zurechenbare Aufwendungen.

b)   Herstellung

Für selbst erstellte immaterielle Vermögensgegenstände gelten folgende Aktivierungskriterien.   11

- Das ausschließliche Vermögensrecht an dem immateriellen Vermögensgegenstand gehört der Gesellschaft und ist im Rahmen der Mitarbeiterbeauftragung oder spezieller Beauftragung dritter Personen (Subunternehmer) im Namen der Gesellschaft entstanden.
- Die Urkunde über das Warenzeichen oder das Herkunftszeichen der Waren ist auf den Namen der Gesellschaft ausgestellt.

Zu den Herstellungskosten gehören alle direkt zurechenbaren Aufwendungen, die dazu dienen, den Vermögensgegenstand in den Zustand seiner geplanten Nutzung zu versetzen, wie z. B.:

- Roh, Hilfs- und Betriebsstoffe;
- Löhne und Gehälter der Mitarbeiter, die an der Herstellung immaterieller Vermögensgegenstände gearbeitet haben. Dies schließt Sozialabgaben und Pflichtabgaben für die Versicherung gegen Unfälle am Arbeitsplatz ein;
- Abschreibung auf Sachanlagen und immaterielle Vermögensgegenstände, die für die Herstellung der immateriellen Vermögensgegenstände benutzt wurden;
- Leistungen von Subunternehmern;
- Patent- und sonstige ähnliche Gebühren.

c)   Schenkung

Die Schenkung unter gewerblichen Organisationen ist zivilrechtlich nur in unwesentlicher Höhe   12
von 5 Mindestlöhnen (derzeit insgesamt 500 Rubel) zulässig[6]. Es handelt sich daher bei den nachfolgenden Erläuterungen um eine Schenkung zwischen einer natürlichen Person und einer gewerblichen Organisation. Eine Schenkung unter gewerblichen Organisationen kommt aber in manchen Fällen de facto vor und ist auch steuerlich sowie handelsrechtlich zugelassen. Ein Beispiel dafür sind untrennbar mit dem Mietgegenstand verbundene Mietereinbauten, die dem Vermieter übergeben werden und für die der Mieter nicht entschädigt wird.

🛈 Praxishinweis:

Im russischen Recht wird oft Bezug auf den „monatlichen Mindestlohn" genommen. Dieser dient der Berechnung unterschiedlicher Werte wie des Grund- oder Stammkapitals einer Gesellschaft, aber auch für die Berechnung staatlicher Gebühren. Dieser Wert hat nichts mehr mit dem Mindestarbeitslohn zu tun, obwohl er seinen Ursprung in dem Bereich hat. Für soziale Zwecke wird ein separater monatlicher Mindestlohn festgelegt, der sich an den Lebensverhältnissen und der Inflation orientiert. Der beschriebene monatliche Mindestlohn für Verwaltungszwecke beträgt zurzeit 100 Rubel.

---

6   Art. 575 ZGB

13 Gehen immaterielle Vermögensgegenstände im Wege der Schenkung zu, so werden diese zum Marktwert aktiviert.

14 **<u>Bilanzielle Behandlung:</u>**

Der Zugang erfolgt auf dem Konto 04 *Immaterielle Vermögensgegenstände*. Gegenkonto hierzu ist das Konto 98 *Erträge zukünftiger Perioden*, wobei für die immateriellen Vermögensgegenstände ein separates Subkonto zu verwenden ist. Im Laufe der Abschreibung der immateriellen Vermögensgegenstände werden die den Abschreibungen entsprechenden Beträge über das Konto 98 in den sonstigen Ertrag gebucht.

15 Das Gegenstück zum Konto 97 *Aufwendungen zukünftiger Perioden* ist das Konto 98 *Erträge zukünftiger Perioden*. Dem Sinne nach ist es ein passiver Rechnungsabgrenzungsposten (PRAP). Gemäß Punkt 81 RLS 34n werden die Erträge, die in einer Berichtsperiode erzielt wurden, aber zu nachfolgenden Berichtsperioden gehören, in der Bilanz (Zeile 640) gesondert als Erträge zukünftiger Perioden ausgewiesen. Diese Erträge werden in das Ergebnis der Berichtsperiode einbezogen, zu der sie gehören.

€ Steuern:

Gemäß dem SteuerGB unterliegen Erträge aus dem unentgeltlichen Zugang von Vermögensgegenständen nicht der Gewinnsteuer, falls eine der folgenden Bedingungen erfüllt ist:

■ der Anteil der übergebenden Seite am Grund- oder Stammkapital der übernehmenden Seite beträgt über 50 %;

■ der Anteil der übernehmenden Seite am Grund- oder Stammkapital der übergebenden Seite beträgt über 50 %.

Außerdem muss die Weiterveräußerung mindestens ein Jahr unterbleiben.

Falls die oben genannten Bedingungen nicht erfüllt sind, wird der Marktwert oder der Restbuchwert aus der Bilanz der übergebenden Seite (der höhere der beiden Werte ist anzusetzen) der unentgeltlich erhaltenen abnutzbaren Vermögensgegenstände bzw. die Anschaffungs- oder Herstellungskosten der nicht abnutzbaren Vermögensgegenstände in die steuerliche Bemessungsgrundlage für Zwecke der Gewinnsteuerermittlung einbezogen.

Unentgeltlich erhaltene Vermögensgegenstände können, soweit sie einer Abnutzung unterliegen auch steuerlich wirksam abgeschrieben werden[7].

❗ Praxishinweis:

Der Buchwert oder der Marktwert des abnutzbaren Vermögensgegenstandes bzw. die Anschaffungs- oder Herstellungskosten eines nicht abnutzbaren Vermögensgegenstandes müssen daher in einem Abnahmeprotokoll festgelegt werden.

16 Neben dem Marktwert oder dem Buchwert werden auch alle zurechenbaren Aufwendungen aktiviert, die dazu dienen, den Vermögensgegenstand in den Zustand seiner geplanten Nutzung zu versetzen.

d) Tausch

17 Immaterielle Vermögensgegenstände, die im Rahmen eines Tauschgeschäftes (Barter) erworben werden, sind mit dem Marktwert der übergebenen Vermögensgegenstände zu aktivieren.

---

7   Punkt 1 Art. 257 SteuerGB

e)   Einlage ins Grund- oder Stammkapital

Die Einlage ins Grund- oder Stammkapital wird anhand einer Vereinbarung zwischen den Anteilseignern (Aktionären) bewertet. Übersteigt der Wert einer Einlage ins Stammkapital einer GmbH 200 Mindestlöhne (derzeit umgerechnet ca. 600 EUR), ist die Bewertung durch einen Sachverständigen notwendig. Bei einer Einlage in eine Aktiengesellschaft ist eine Bewertung durch einen Sachverständigen unabhängig von der Höhe der Einlage vorgeschrieben.   18

Zum Zeitpunkt der staatlichen Registrierung muss das Stammkapital einer GmbH zu mindestens 50 % einbezahlt sein. Der restliche Teil des Stammkapitals muss innerhalb eines Jahres nach der staatlichen Registrierung eingezahlt werden[8]. Das Grundkapital einer AG muss innerhalb von drei Monaten nach der staatlichen Registrierung zu mindestens 50 % bezahlt sein. Der restliche Teil des Grundkapitals ist ebenfalls innerhalb eines Jahres nach der staatlichen Registrierung einzubringen[9].   19

5

Bilanzielle Behandlung:

Die Forderung gegenüber den Gesellschaftern und die Höhe des Stamm- oder Grundkapitals werden zum Zeitpunkt der Registrierung der Gesellschaft wie folgt erfasst:

75 *Forderungen/Verbindlichkeiten gegenüber Gesellschaftern*

an

80 *Stamm(Grund)kapital*

Die Einbringung des Grund- oder Stammkapitals, wird wie folgt gebucht:

in Geldform

51 *Bank Rubel* oder 52 *Bank Devisen*

an

75 *Forderungen/Verbindlichkeiten gegenüber Gesellschaftern*

in Form von Sacheinlagen

08 *Geleistete Anzahlungen auf das Anlagevermögen*, 10 *Roh-, Hilfs- und Betriebsstoffe*, 41 *Handelswaren*

an

75 *Forderungen/Verbindlichkeiten gegenüber Gesellschaftern*

€ Steuern:

Immaterielle Vermögensgegenstände werden nach SteuerGB zu Anschaffungskosten zuzüglich Aufwendungen, die dazu dienen, den Vermögensgegenstand in den Zustand seiner geplanten Nutzung zu versetzen, aktiviert. Falls das Unternehmen den immateriellen Vermögensgegenstand selbst erstellt hat, wird er zu tatsächlichen Herstellungskosten inklusive Roh- Hilfs- und Betriebsstoffe, Lohn- und Gehalt, Dienstleistungen, Patent- und Zeugnisgebühren aktiviert.

Die Einlagen ins Grund- oder Stammkapital werden mit ihrem steuerlichen Buchwert bzw. Restbuchwert (AHK/steuerliche AfA) anhand der Angaben des einbringenden Gesellschafters durch die Tochtergesellschaft bewertet. Der Buchwert (Restbuchwert) wird zum Zeitpunkt der Eigentumsübertragung auf den Vermögensgegenstand ermittelt. Zusätzliche mit der Einlage verbundene und steuerlich abzugsfähige Aufwendungen des Gesellschafters erhöhen den Wert der Einlage unter der Voraussetzung, dass diese zusätzlichen Aufwendungen als Einlage ins Grund- oder Stammkapital definiert sind. Die russische Gesellschaft muss den Buchwert

---

8   Art. 16 Gesetz über Gesellschaften mit beschränkter Haftung
9   Art. 34 Gesetz über Aktiengesellschaften

(den Restbuchwert) der erhaltenen Einlagen belegen können. Falls sie diesen Nachweis nicht führen kann, wird der Buchwert mit Null angesetzt. Dementsprechend kann das eingelegte Vermögen nicht steuerlich wirksam abgeschrieben werden.

Bezüglich der Einlagen ins Grund- oder Stammkapital einer russischen Gesellschaft durch einen ausländischen Gesellschafter besteht ebenfalls eine Nachweispflicht. Die Abschreibung der aus dem Ausland eingebrachten Vermögensgegenstände ist nur dann steuerlich abzugsfähig, wenn der steuerliche Buchwert anhand von Angaben des ausländischen Gesellschafters (nach den steuerlichen Regelungen seines Sitzlandes) eindeutig nachgewiesen wird. Der Buchwert des eingebrachten Vermögens darf dabei nicht höher sein als der Marktwert, was durch ein Wertgutachten aus dem Sitzland des Einbringenden bestätigt werden muss[10].

20 Werden immaterielle Vermögensgegenstände erworben, deren Kaufpreis in fremder Währung nominiert ist, so ist dieser zum Kurs der Zentralbank der Russischen Föderation am Tag der Anschaffung in Rubel umzurechnen. Unter dem Tag der Anschaffung wird der Tag der Eigentumsübertragung verstanden, der seinerseits im Regelfall mit dem Datum auf dem Lieferschein bestimmt wird, es sei denn die Parteien haben im Kaufvertrages anderes vereinbart.

21 Nachträgliche Anschaffungs- oder Herstellungskosten dürfen nicht aktiviert werden. Diese Regelung unterscheidet sich von IAS 38 *Intangible Assets*, wonach nachträgliche Anschaffungs- oder Herstellungskosten aktiviert werden dürfen, falls durch sie erreicht wird, dass der voraussichtliche Zufluss wirtschaftlichen Nutzens aus dem immateriellen Vermögensgegenstand über den ursprünglichen Umfang hinaus erweitert wird.

4.   Abschreibung

22 Immaterielle Vermögensgegenstände sind planmäßig über die Nutzungsdauer abzuschreiben.

23 Grundsätzlich wird von den meisten Unternehmen die lineare Abschreibungsmethode gewählt. Es sind aber insgesamt drei Abschreibungsmethoden zulässig:

- linear (auf der Basis der Anschaffungs- und Herstellungskosten);
- degressiv (auf den Restbuchwert); der Abschreibungssatz darf das Dreifache des Abschreibungssatzes bei der linearen Abschreibungsmethode nicht übersteigen; der Koeffizient kann seit 2006 durch Unternehmen selbständig festgelegt werden;
- verbrauchsabhängig (auf der Basis der Anschaffungs- und Herstellungskosten).

24 Die Festlegung der Nutzungsdauer kann auf drei Wegen erfolgen:

Erstens, wenn die Nutzungsdauer eines immateriellen Vermögensgegenstandes durch einen Rechtstitel oder einen Lizenzvertrag verbrieft ist, darf die Nutzungsdauer die Laufzeit dieses Rechtstitels oder des Lizenzvertrages nicht überschreiten. Ein Patent für ein Züchtungsergebnis wird zur Beispiel für 30 Jahre ausgestellt, für Erfindungen 20 Jahre, für gewerbliche Modelle 10 Jahre, für Warenzeichen und Herkunftszeichen 10 Jahre, für Gebrauchsmuster 5 Jahre.

25 Zweitens, kann das Unternehmen selbst über den Zufluss des wirtschaftlichen Nutzens und somit über die Nutzungsdauer eines immateriellen Vermögensgegenstandes entscheiden. Diese Entscheidung wird in einer Anordnung des Geschäftsführers oder in der Bilanzierungsrichtlinie des Unternehmens festgelegt.

26 Drittens, falls die wirtschaftliche Nutzungsdauer nicht bestimmt werden kann, wird eine Nutzungsdauer von 20 Jahren angenommen.

---

10 Punkt 1 Art. 277 SteuerGB

Die Nutzungsdauer des Firmenwertes sowie der Vorgründungsaufwendungen beträgt grundsätz-   27
lich 20 Jahre.

Die Nutzungsdauer eines Vermögensgegenstandes kann nicht länger als die Bestandsdauer des   28
Unternehmens sein.

Bilanzielle Behandlung:

Die Abschreibungen erfolgen entweder direkt auf dem Konto 04 *Immaterielle Vermögensgegen-*   29
stände, oder über ein separates Konto 05 *Kumulierte Abschreibungen auf immaterielle Vermögens-*
gegenstände. Dabei ist für Firmenwerte sowie für Vorgründungsaufwendungen die direkte Methode vorgesehen.

Immaterielle Vermögensgegenstände werden ab dem 1. des Folgemonats abgeschrieben, nachdem   30
sie in Betrieb genommen worden sind. Die Abschreibungen werden ab dem 1. des Folgemonats
eingestellt, nachdem der immaterielle Vermögensgegenstand voll abgeschrieben worden ist bzw.
nachdem der immaterielle Vermögensgegenstand abgegangen ist.

> Beispiel:

Im Juni 2007 hat ein Jogurthersteller einen Vertrag mit einem Subunternehmer für die Entwicklung eines Warenzeichens abgeschlossen. Die Vergütung laut dem Vertrag beträgt 23.600 Rubel inklusive 3.600 Rubel Umsatzsteuer. Die Aufwendungen für die Registrierung des Warenzeichens bei „Rospatent" (Patentagentur) betragen 15.000 Rubel. Die Unterlagen wurden im Oktober 2007 eingereicht. Im Januar 2008 wird das Warenzeichen registriert. Die Lizenz für das Warenzeichen wurde für 10 Jahre ausgestellt.

Der Buchhalter des Jogurtherstellers macht folgende Buchungssätze.

Juni 2007

Buchung der Subunternehmeraufwendungen:

08 *Geleistete Anzahlungen auf das Anlagevermögen;* Unterkonto 08-5 *Anschaffung immaterieller Vermögensgegenstände,*

19 *Vorsteuer*

an

60 *Verbindlichkeiten aus Lieferungen und Leistungen*: 23.600 Rubel

Oktober 2007

Die Verbindlichkeit gegenüber Rospatent:

08 *Geleistete Anzahlungen auf das Anlagevermögen* Unterkonto 08-5 *Anschaffung immaterieller Vermögensgegenstände*

an

76 *Sonstige Forderungen/Verbindlichkeiten*: 15.000 Rubel

Januar 2008

Aktivierung des Warenzeichens:

04 *Immaterielle Vermögensgegenstände* Unterkonto *Warenzeichen*

an

08 *Geleistete Anzahlungen auf das Anlagevermögen* Unterkonto 08-5 *Anschaffung immaterieller Vermögensgegenstände*: 35.000 Rubel

5

Die Vorsteuer wird mit der zu zahlenden Umsatzsteuer verrechnet:

68 *Forderungen/Verbindlichkeiten aus Steuern*

an

19 *Vorsteuer*: 3.600 Rubel

Februar 2008

Die monatliche Abschreibung auf das Warenzeichen beginnt im Folgemonat nach der Inbetriebsetzung:

20 *Herstellungskosten der Haupttätigkeit*

an

05 *Abschreibung auf immaterielle Vermögensgegenstände*: 292 Rubel

31   Wenn ein immaterieller Vermögensgegenstand durch einen Rechtstitel verbrieft ist, kann der Rechtstitel verlängert werden, nachdem der immaterielle Vermögensgegenstand voll abgeschrieben worden ist. Die Verlängerung erfolgt im letzten Jahr der Gültigkeit des Rechtstitels und beträgt z. B. für ein Patent 3 Jahre, für ein gewerbliches Modell 5 Jahre, für ein Warenzeichen 10 Jahre. Im Falle einer Verlängerung des Rechtstitels wird die Nutzungsdauer des immateriellen Vermögensgegenstandes nicht verlängert. Das Unternehmen muss den abgeschriebenen immateriellen Vermögensgegenstand mit einem angenommenen Wert in der Bilanz ansetzen. Der Betrag dieses angenommenen Wertes ist in den sonstigen Ertrag einzubeziehen[11].

❗ Praxishinweis:

Wie dieser angenommene Wert zustande kommen soll, ist nicht definiert. Falls der Betrag wesentlich ist, erscheint es sinnvoll, einen unabhängigen Sachverständigen einzubeziehen. Ansonsten würde das Unternehmen diesen Wert selbständig definieren und in der Bilanzierungsrichtlinie festlegen.

32   1/12 der jährlichen Abschreibung wird monatlich gebucht. Falls ein Unternehmen eine saisonabhängige Tätigkeit ausübt (z. B. 8 Monate im Jahr), wird 1/8 der jährlichen Abschreibung monatlich, innerhalb der 8-monatigen Saison gebucht.

€ Steuern:

Die Nutzungsdauer für steuerliche Zwecke wird anhand der Laufzeiten von Patenten, Zeugnissen, Lizenzverträgen festgelegt. Falls die wirtschaftliche Nutzungsdauer eines Vermögensgegenstandes nicht festgestellt werden kann, wird eine Nutzungsdauer von 10 Jahren angenommen.

Steuerrechtlich sind zwei Abschreibungsmethoden vorgesehen:

- linear;
- nicht linear.

Während die steuerliche und buchhalterische Behandlung der linearen Abschreibungsmethode übereinstimmen, ist die nicht lineare Abschreibungsmethode rein steuerlich motiviert. Die nicht lineare Abschreibungsmethode beinhaltet eine erhöhte lineare Abschreibung in den ersten Jahren und niedrigere ab dem Zeitpunkt, ab dem der Restbuchwert 20 % der ursprünglichen Anschaffungskosten erreicht.

Der Abschreibungssatz wird nach der Formel 2/ND x 100 % berechnet und wird auf den Restbuchwert des Vermögensgegenstandes angewandt. ND ist die Nutzungsdauer in Monaten. Sobald der Restbuchwert 20 % der ursprünglichen Anschaffungskosten erreicht, wird der Vermögensgegenstand ab dem Folgemonat und bis zu dem Ende seiner Nutzungsdauer linear abgeschrieben.

---

11   Kommentar zu den Rechnungslegungsstandards unter der Redaktion von A. S. Bakaev, 2. Auflage, Jurait-Isdat, 2005

> Beispiel:

Die Herstellungskosten eines Gebrauchsmusters betrugen 1.000.000 Rubel. Das Patent wurde im Januar 2004 für 5 Jahre ausgestellt. Steuerlich wurde die nicht-lineare Abschreibungsmethode in der Bilanzierungsrichtlinie festgelegt.

Die Abschreibung beginnt im Februar 2004 und beträgt 33.333 Rubel (1.000.000 x (2/60 x 100 %) = 33.333), im März beträgt sie 32.222 Rubel (1.000.000 – 33.300 = 966.667; 966.667 x (2/60 x 100 %) = 32.222) usw. Im Januar 2008 beträgt der Restbuchwert 196.464 Rubel. Ab Februar 2008 beträgt die monatliche Abschreibung 16.372 Rubel (196.464/12).

5. Abgang von immateriellen Vermögensgegenständen

Ein Abgang liegt vor, falls immaterielle Vermögensgegenstände nicht mehr für die Geschäftstätigkeit eines Unternehmens genutzt werden. Dies kann aus folgenden Gründen geschehen: Wenn die Nutzungsdauer abgelaufen ist, der immaterielle Vermögensgegenstand veräußert, als Einlage ins Stamm- oder Grundkapital eines anderen Unternehmens eingebracht oder unentgeltlich an eine andere Gesellschaft übergeben bzw. im Rahmen eines Tauschgeschäftes veräußert wurde. 33

Bilanzielle Behandlung:

Die kumulierte Abschreibung auf den abgegangenen immateriellen Vermögensgegenstand wird vom Konto 05 *Kumulierte Abschreibungen auf immaterielle Vermögensgegenstände* auf das Konto 04 *Immaterielle Vermögensgegenstände* umgebucht. Der Restbuchwert auf dem Konto 04 wird als *sonstiger Aufwand* (Konto 91-2) gebucht. Die Aufwendungen und Erträge aus der Veräußerung eines immateriellen Vermögensgegenstandes sind als *sonstige Erträge* oder *Aufwendungen* (Konto 91-1 und 91-2) darzustellen. 34

€ Steuern:

Die Erträge aus der Veräußerung eines immateriellen Vermögensgegenstandes sind gewinnsteuerpflichtig. Sie sind um den Restbuchwert des veräußerten Vermögensgegenstandes sowie um im Zusammenhang mit der Veräußerung getragene Aufwendungen zu mindern.

Verluste aus der Veräußerung eines immateriellen Vermögensgegenstandes sind steuerlich abzugsfähig. Sie sind gleichmäßig innerhalb einer nachfolgend definierten Frist in den sonstigen Betriebsaufwand zu buchen. Diese Frist wird als Differenz zwischen der gesamten Nutzungsdauer und der vom veräußernden Unternehmen tatsächlich in Anspruch genommenen Nutzungsdauer des immateriellen Vermögensgegenstandes berechnet.[12]

Einlagen ins Stamm- oder Grundkapital anderer Unternehmen sowie die Buchwerte unentgeltlich übergebener Vermögensgegenstände sind nicht abzugsfähig.

Die Einlagen ins Stamm- oder Grundkapital anderer Unternehmen sind nicht USt-bar. Die unentgeltliche Übergabe immaterieller Vermögensgegenstände dagegen unterliegt der USt.

6. Lizenzvereinbarungen

Ein Unternehmen kann die Nutzung seiner Urheberrechte auf immaterielle Vermögensgegenstände über eine Lizenzvereinbarung an Dritte abtreten. Durch diese Lizenzvereinbarung kann entweder eine ausschließliche oder eine nicht ausschließliche Berechtigung zur Nutzung dieser immateriellen Vermögensgegenstände eingeräumt werden. 35

---

12   Punkt 3 Art. 268 SteuerGB

a)   Nicht ausschließliche Berechtigung

36   Der Lizenzgeber bilanziert den Vermögensgegenstand weiter in seiner Bilanz. Der überlassene Vermögensgegenstand wird auf einem Unterkonto des Kontos 04 *Immaterielle Vermögensgegenstände* gebucht. Die Abschreibung wird weitergeführt.

Der Lizenznehmer bucht den Vermögensgegendstand auf dem außerbilanziellen Konto 012. Die Bewertung erfolgt anhand des Wertes im Lizenzvertrag.

Die Vermögensgegenstände auf außerbilanziellen Konten werden nicht abgeschrieben. Die Lizenzgebühren sind als Aufwand zu buchen.

Falls die Lizenzgebühr im Rahmen einer einmaligen Zahlung abgegolten wird, erfasst der Lizenznehmer sie buchhalterisch im Rahmen des ARAP. Diese Beträge werden innerhalb der Laufzeit des Lizenzvertrages gleichmäßig als Aufwand gebucht.

b)   Ausschließliche Berechtigung

37   Eine ausschließliche Berechtigung zur Nutzung immaterieller Vermögensgegenstände wird bei Erfüllung der weiter oben beschriebenen Kriterien für die Aktivierung immaterieller Vermögensgegenstände als eigenständiger immaterieller Vermögensgegenstand anerkannt.

In diesem Fall hat der Lizenznehmer den immateriellen Vermögensgegenstand in seiner Bilanz zu aktivieren und über die Nutzungsdauer gemäß Lizenzvertrag abzuschreiben.

€ Steuern:

Die Einnahmen aus einem Lizenzvertrag gehören zur Bemessungsgrundlage der Gewinnsteuer.

Lizenzzahlungen sind unter Einhaltung der übrigen allgemeinen Voraussetzungen für Betriebsausgaben abzugsfähig. Bei den Lizenzzahlungen ins Ausland sind die Bestimmungen der jeweiligen Doppelbesteuerungsabkommen zu beachten. Gemäß dem Doppelbesteuerungsabkommen zwischen Deutschland und Russland werden die Lizenzzahlungen, die an ein deutsches Unternehmen ohne Betriebsstätte in Russland gezahlt werden, in Deutschland besteuert.

Beispiel:

Einem russischen Tochterunternehmen hat eine deutsche Muttergesellschaft für fünf Jahre die Nutzung ihres Warenzeichens in der Russischen Föderation überlassen. Gemäß dem Lizenzvertrag beträgt die Vergütung 1.180.000 Rubel inklusive 180.000 Rubel Umsatzsteuer. Der Lizenzvertrag wurde von der Patentagentur registriert. Die Ansässigkeitsbescheinigung der Muttergesellschaft liegt vor.

Die Lizenzzahlungen sind für die deutsche Muttergesellschaft in Russland gewinnsteuerfrei. Sie sind allerdings umsatzsteuerpflichtig. Die USt wird von dem russischen Tochterunternehmen im Steuerabzugsverfahren an den russischen Fiskus entrichtet. Diese Steuer wird für das russische Tochterunternehmen zur Vorsteuer, d. h. sie wird mit der vom Unternehmen zu zahlenden USt verrechnet.

Folgende Buchungen werden bei dem Tochterunternehmen vorgenommen.

Bilanzierung des Warenzeichens auf einem außerbilanziellen Konto:

Soll 012: 1.000.000

Die Lizenzzahlungen werden im Rahmen des ARAP bilanziert:

97 *Aufwendungen zukünftiger Perioden*

an

76 *Sonstige Forderungen/Verbindlichkeiten*: 1.000.000 Rubel

Die Umsatzsteuer, die an den russischen Fiskus im Steuerabzugsverfahren zu zahlen ist (1.180.000 x 18%/118%):

19 *Vorsteuer*

an

76 *Sonstige Forderungen/Verbindlichkeiten*: 180.000 Rubel

Die Verrechnung der Vorsteuer (die an den russischen Fiskus gezahlte Umsatzsteuer) mit der zu zahlenden Umsatzsteuer:

68 *Forderungen/Verbindlichkeiten aus Steuern*

an

19 *Vorsteuer*: 180.000 Rubel

Die Lizenzzahlungen für das erste Quartal werden als Aufwand gebucht:

26 *Verwaltungsgemeinkosten*

an

97 *Aufwendungen zukünftiger Perioden*: 50.000 Rubel

❗ Praxishinweis:

Lizenzverträge sind bei der Patentagentur (Rospatent) registrierungspflichtig. Ohne Registrierung sind sie nichtig, was unter anderem die Nichtabzugsfähigkeit der Lizenzzahlungen zur Folge hat.

Um die Freistellung der Lizenzzahlungen von der russischen Gewinnsteuer (Quellensteuer) gemäß einem Doppelbesteuerungsabkommen (DBA) in Anspruch nehmen zu können, muss der ausländische Lizenzgeber dem russischen Lizenznehmer eine Ansässigkeitsbescheinigung in seinem Land sowie einen schriftlichen formlosen Antrag vorlegen. 38

Vor April 2006 gab es keine offizielle Form der Ansässigkeitsbescheinigung. Die deutschen Finanzämter haben formlos die Ansässigkeit bescheinigt, wobei oft der Zeitraum der Ansässigkeit ausgelassen wurde. Nach den russischen Regelungen war die Angabe des Zeitraums der Ansässigkeit zwingend erforderlich. Seit April 2006 sollen die deutschen Finanzämter eine neue zweisprachige Ansässigkeitsbescheinigung (deutsch-russisch) verwenden[13]. Dadurch entfällt die davor erforderliche notariell beglaubigte Übersetzung der Ansässigkeitsbescheinigung, was für deutsche Unternehmen und Privatpersonen eine Erleichterung bei dem Nachweis der Ansässigkeit bedeutet. Die Ansässigkeitsbescheinigungen müssen nicht mit einer Apostille versehen werden. Da der russische Fiskus aber weiterhin auf Beglaubigung und Apostille bestand, gab es eine weitere Verständigungsvereinbarung zwischen dem Bundesministerium für Finanzen und dem russischen Finanzministerium. Nach dieser sollen die zusätzlichen Formerfordernisse ab 2008 nun tatsächlich entfallen. 39

Die Ansässigkeitsbescheinigung kann in elektronischer Form von der offiziellen Internet-Seite des Bundesministeriums für Finanzen herunter geladen werden: (www.bundesfinanzministerium.de/Steuern/Veröffentlichungen/Internationales Steuerrecht, Anlage zum BMF-Schreiben vom 09. März 2006). Die Vorlage für die Ansässigkeitsbescheinigung ist ebenfalls als Anlage 10 diesem Leitfaden beigefügt. 40

Falls die Auszahlung bereits erfolgt und der russische Lizenznehmer die Quellensteuer bereits einbehalten und an den russischen Fiskus abgeführt hat, kann ein Anspruch auf Steuererstattung geltend gemacht werden. 41

---

13   Schreiben des Bundesministeriums für Finanzen, Az.: S 1301 RUS-3 St 32 / St33 sowie IV B 3 – S 1301 RUSS – 8/06 vom 09. März 2006

42   Das gleiche Prozedere gilt im Übrigen für die Auszahlungen von Zinsen und Dividenden. Zinsen sind gemäß dem deutsch-russischen DBA von der Besteuerung im Quellenstaat freigestellt. Für Dividendeneinkünfte aus qualifizierten Beteiligungen ist der Steuersatz in Russland auf 5 % reduziert. Unter qualifizierten Beteiligungen versteht man im Sinne des deutsch-russischen DBA eine mindestens 10-prozentige Beteiligung einer deutschen Kapitalgesellschaft am Stamm- oder Grundkapital einer russischen Gesellschaft, die zum Zeitpunkt der Einlage mindestens 81.806,7 Euro beträgt. Dieser Betrag muss später, z. B. bei der Auszahlung von Dividenden, nicht mehr dem o.g. Gegenwert entsprechen (Wertsicherung auf den Zeitpunkt der Einlage)[14].

43   Für ausgewählte Länder gelten folgende DBA-Regelungen für Dividendeneinkünfte:

Deutschland

44   Wenn der Gesellschafter eine Kapitalgesellschaft und mit mindestens 10 % sowie mindestens 81.806,70 Euro am Stammkapital beteiligt ist, reduziert sich der Steuersatz im Quellenstaat auf 5 %.

Wenn der Gesellschafter eine Kapitalgesellschaft und zu weniger als 10 % und/oder mit weniger als 81.806,7 Euro am Stammkapital beteiligt ist, gilt ein Steuersatz von 15 %.

Wenn der Gesellschafter eine natürliche Person ist, gilt im Quellenstaat ein Steuersatz von 15 %.

Österreich

45   Wenn der Gesellschafter eine Kapitalgesellschaft und mit mindestens 10 % sowie mindestens 100.000 US$ am Stammkapital beteiligt ist, reduziert sich der Steuersatz im Quellenstaat auf 5 %.

Wenn der Gesellschafter eine Kapitalgesellschaft und zu weniger als 10 % und/oder mit weniger als 100.000 US$ am Stammkapital beteiligt ist, gilt ein Steuersatz von 15 %.

Wenn der Gesellschafter eine natürliche Person ist, gilt im Quellenstaat ein Steuersatz von 15 %.

Schweiz

46   Wenn Gesellschafter eine Kapitalgesellschaft und mit mindestens 20 % sowie mindestens 200.000 SFR am Stammkapital beteiligt ist, reduziert sich der Steuersatz im Quellenstaat auf 5 %.

Wenn der Gesellschafter eine Kapitalgesellschaft und zu weniger als 20 % und/oder mit weniger als 200.000 SFR am Stammkapital beteiligt ist, gilt ein Steuersatz von 15 %.

Wenn der Gesellschafter eine natürliche Person ist, gilt im Quellenstaat ein Steuersatz von 15 %.

Italien

47   Wenn Gesellschafter eine Kapitalgesellschaft und mit mindestens 10 % sowie mindestens 100.000 US$ am Stammkapital beteiligt ist, reduziert sich der Steuersatz im Quellenstaat auf 5 %.

Wenn der Gesellschafter eine Kapitalgesellschaft und zu weniger als 10 % und/oder mit weniger als 100.000 US$ am Stammkapital beteiligt ist, gilt ein Steuersatz von 10 %.

Wenn der Gesellschafter eine natürliche Person ist, gilt im Quellenstaat ein Steuersatz von 10 %.

Niederlande

48   Wenn Gesellschafter eine Kapitalgesellschaft und mit mindestens 25 % sowie mindestens 75.000 Euro am Stammkapital beteiligt ist, reduziert sich der Steuersatz im Quellenstaat auf 5 %.

---

14 Punkt 4 Schreiben des Ministeriums für Steuern und Abgaben der RF (Vorgänger des Föderalen Steuerdienstes) Nr. 23-1-10/9-419@ vom 06. Februar 2004

Wenn der Gesellschafter eine Kapitalgesellschaft und zu weniger als 25 % und/oder mit weniger als 75.000 Euro am Stammkapital beteiligt ist, gilt ein Steuersatz von 15 %.

Wenn der Gesellschafter eine natürliche Person ist, gilt im Quellenstaat ein Steuersatz von 15 %.

7.   Goodwill

Der Geschäfts- oder Firmenwert (Goodwill) ist die Differenz zwischen dem Verkaufspreis des Unternehmens als Ganzes und seinem Eigenkapital. Der Geschäfts- oder Firmenwert kann nicht auf den Kauf von einzelnen Aktiva berechnet werden.   49

Ein selbst geschaffener Geschäfts- oder Firmenwert darf nicht aktiviert werden.

Die Nutzungsdauer des Geschäfts- oder Firmenwertes ist mit 20 Jahren festgelegt, allerdings darf sie die Bestandsdauer des Unternehmens nicht überschreiten.

Der positive Geschäfts- oder Firmenwert wird linear abgeschrieben.

Der negative Geschäfts- oder Firmenwert wird dagegen als Ertrag zukünftiger Perioden im Rahmen des PRAP passiviert und als sonstiger Ertrag gleichmäßig über die entsprechenden Perioden verteilt.

Steuerrechtlich darf ein Geschäfts- oder Firmenwert nicht aktiviert werden.

8.   Angabepflichten

Folgende Angaben sind für immaterielle Vermögensgegenstände vorgeschrieben.   50

In der Bilanzierungsrichtlinie:

- die für immaterielle Vermögensgegenstände angewandten Bilanzierungsmethoden sind anzugeben. Insbesondere gilt das für die Bewertung von immateriellen Vermögensgegenständen, die nicht entgeltlich erworben wurden. Dazu zählen immaterielle Vermögensgegenstände, die unentgeltlich oder im Rahmen eines Tauschgeschäfts zugegangen sind;

- die jeweilige Nutzungsdauer gesondert für jede Kategorie immaterieller Vermögensgegenstände;

- die angewandten Abschreibungsmethoden getrennt für jede Kategorie immaterieller Vermögensgegenstände;

- die Buchungsmethode der Abschreibungen auf immaterielle Vermögensgegenstände (mit oder ohne Zuhilfenahme des Kontos 05 *Kumulierte Abschreibungen auf immaterielle Vermögensgegenstände*).

Im Abschluss: 51

- die Restbuchwerte (Bruttobilanzwerte abzüglich kumulierter Abschreibungen) für jede Kategorie der immateriellen Vermögensgegenstände zu Beginn und zum Ende des Geschäftsjahres (im Formblatt Nr. 1 Bilanz).

- Entwicklung der Buchwerte während des Geschäftsjahres (im Formblatt Nr. 5 Anhang, Abschnitt Immaterielle Vermögensgegenstände).

- Ausgaben für den Erwerb immaterieller Vermögensgegenstände, Verkaufserlöse aus dem Abgang immaterieller Vermögensgegenstände (im Formblatt Nr. 4 Kapitalflussrechnung).

9. Forschungs-, Entwicklungs- und Technologieaufwendungen

a) Ansatz

52 Die Bilanzierung und Bewertung von Forschungs-, Entwicklungs- und Technologieaufwendungen ist in einem separaten RLS 17/02 *Bilanzierung der Aufwendungen für Forschung, Entwicklung und Technologie* geregelt. RLS 17/02 ist zum 01. Januar 2003 in Kraft getreten. Er deckt Sachverhalte ab, die nicht Gegenstand des RLS 14/2000 *Immaterielle Vermögensgegenstände* sind, und zwar, Forschungs-, Entwicklungs- und Technologieaufwendungen, die zu Ergebnissen geführt haben, und

- die zwar Rechtsschutz genießen, zu denen aber kein Rechtstitel erworben wurde; oder
- die keinen Rechtsschutz genießen.

Der RLS 17/02 stützt sich auf IAS 9 *Accounting for Research and Development Activities*. Die Regelungen des IAS 9 wurde allerdings für Geschäftsjahre, die nach dem 01. Juli 1999 beginnen, durch den IAS 38 *Intangible assets* ersetzt.

Die Definition der Begriffe Forschung, Entwicklung und Technologie fehlt im RLS 17/02. Diese Begriffe werden teilweise in anderen Quellen gesetzlich definiert.

aa) Forschung

53 Der Begriff Forschung wird im Gesetz Nr. 127-FZ vom 23. August 1996 *Über die Wissenschaft und die staatliche wissenschaftlich-technische Politik* definiert.

Der Begriff Forschung umfasst die Forschung an sich sowie wissenschaftlich-technische Tätigkeiten und experimentelle Arbeiten.

54 Forschung wird als eine Tätigkeit definiert, die auf Erwerb und Verwendung neuen Wissens ausgerichtet ist, und zwar,

- fundamentale Forschung ist eine experimentelle oder theoretische Tätigkeit, die auf Erwerb neuen Wissens über grundlegende Gesetze der Struktur, Funktion und Entwicklung des Menschen, der Gesellschaft und der Umwelt ausgerichtet ist;
- angewandte Forschung ist auf die Anwendung neuen Wissens für die Erzielung praktischer Ziele und die Lösung konkreter Aufgaben ausgerichtet.

55 Wissenschaftstechnische Tätigkeit ist auf den Erwerb und die Anwendung neuen Wissens für die Lösung technologischer, ökonomischer, sozialer, humanitärer, ingenieurtechnischer und sonstiger Aufgaben sowie auf die Sicherstellung des Funktionierens der Wissenschaft, der Technik und der Produktion im Rahmen eines Systems gerichtet.

56 Experimentelle Arbeit ist eine Tätigkeit, die auf dem Wissen basiert, welches im Laufe der Forschung erzielt wird. Diese Tätigkeit ist auf das Aufrechterhalten des Lebens und der Gesundheit des Menschen, die Schaffung neuer Materialien, Produkte, Prozesse, Anlagen, Dienstleistungen, Systeme oder Methoden und deren Anwendung gerichtet.

Als Ergebnis der Forschung wird üblicherweise ein Bericht vorgelegt.

bb)   Entwicklung und Technologie

Es existiert keine ausführliche gesetzliche Definition der Begriffe Entwicklung und Technologie.   57
Im Artikel 769 Punkt 1 des ZGB wird lediglich ausgeführt, dass das Ergebnis solcher Arbeiten ein
Modell eines neuen Produktes, die Entwicklungsdokumentation dazu oder eine neue Technologie
sein kann.

Zur negativen Abgrenzung sind im Punkt 4 des RLS 17/02 Aufwendungen aufgeführt, die aus-   58
drücklich nicht Gegenstand dieses RLS sind, weil sie ihrem Charakter nach Aufwendungen aus
gewöhnlicher Geschäftätigkeit darstellen. Es handelt sich um folgende Aufwendungen:

- Erschließungsarbeiten (geologische Untersuchung von Bodenschätzen, geologischer Auf-
  schluss und Erweiterungsbohrungen, weitere vorbereitende Arbeiten in extrahierenden In-
  dustriezweigen),

- Vorbereitung und Aufnahme von Produktion, neuer Organisationen, Anlagen oder Aggregate
  (Inbetriebnahmearbeiten),

- Aufwendungen für die Vorbereitung und Aufnahme der Produktion für die nicht serienmäßi-
  ge Herstellung und die Massenfertigung von Waren,

- Verbesserung der Technologie und Organisation der Produktion, Verbesserung der Qualität
  der Produktion, Veränderung des Designs und weiterer Eigenschaften von Produkten.

Die Aufwendungen für Forschungs-, Entwicklungs- und Technologiearbeiten müssen folgenden   59
Kriterien entsprechen, damit sie als solche anerkannt werden:

- die Aufwendungen können den einzelnen Projekten direkt zugerechnet und separat ermittelt
  werden;

- die Erfüllung der Arbeiten ist dokumentiert (Abnahmeprotokoll usw.);

- die Nutzung der Ergebnisse der Arbeiten innerhalb der Produktion oder Verwaltung bringt
  künftigen wirtschaftlichen Nutzen;

- die Nutzung der Ergebnisse der Forschungs-, Entwicklungs- und Technologiearbeiten kann
  nachgewiesen werden.

Die Aufwendungen für Forschungs-, Entwicklungs- und Technologiearbeiten sind auf dem Kon-   60
to 08 *Geleistete Anzahlungen auf das Anlagevermögen* auf einem separaten Subkonto 08-8 *For-
schungs-, Entwicklungs- und Technologiearbeiten* für jedes Projekt zu erfassen. Falls das Ergebnis
der Forschungs-, Entwicklungs- und Technologiearbeiten den Kriterien eines immateriellen Vermögensgegenstandes im Sinne des Punktes 3 des RLS 14/2000 entspricht, insbesondere wenn ein
Rechtstitel erworben wurde, ist auf dem Konto 04 ein immaterieller Vermögensgegenstand zu
aktivieren. Falls das Ergebnis hingegen allen Kriterien des Punktes 7 des RLS 17/02 entspricht,
werden diese Aufwendungen auf dem Konto 04 *Immaterielle Vermögensgegenstände* auf einem
separaten Unterkonto *Forschungs-, Entwicklungs- und Technologiearbeiten* aktiviert.

Somit können auf dem Konto 04 *Immaterielle Vermögensgegenstände* parallel zwei Arten von Ver-   61
mögensgegenständen aktiviert werden:

- immaterielle Vermögensgegenstände an sich und

- Forschungs-, Entwicklungs- und Technologieaufwendungen, die theoretisch zwar nicht zu
  den immateriellen Vermögensgegenständen gehören, aber als solche behandelt werden.

Falls kein für das Unternehmen verwertbares Ergebnis erzielt wird, werden die auf dem Konto   62
08 Unterkonto 08-8 gesammelte Aufwendungen als sonstige Aufwendungen über das Konto 91-2
Sonstige Aufwendungen in der Gewinn- und Verlustrechnung erfasst.

Das oben gesagte lässt sich in der nachfolgenden graphischen Darstellung zusammenfassen.

Abbildung 2:   Forschungs-, Entwicklungs- und Technologiearbeiten.

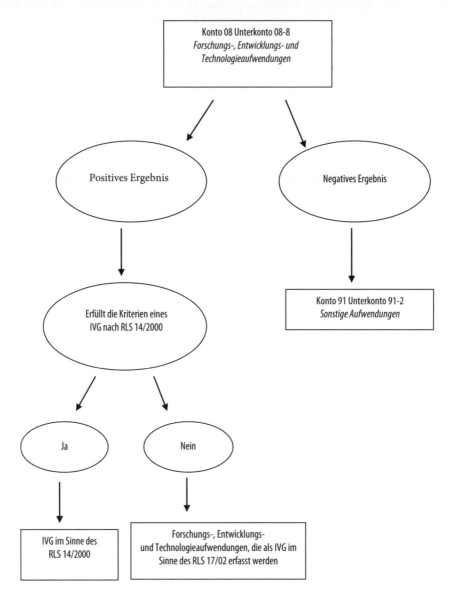

€ Steuern:

> Forschungs-, Entwicklungs- und Technologieaufwendungen, die zu einem positiven Ergebnis geführt haben, aber durch keinen Rechtstitel gesichert sind, werden innerhalb eines Jahres ab dem ersten Tag des Folgemonats, nachdem solche Forschungs-, Entwicklungs- und Technologiearbeiten beendet wurden, gleichmäßig in den sonstigen Betriebsaufwand gebucht. Voraussetzung ist, dass diese Ergebnisse für die Produktion oder die sonstige Tätigkeit des Unternehmens tatsächlich eingesetzt werden.

Forschungs-, Entwicklungs- und Technologieaufwendungen, die zu einem negativen Ergebnis geführt haben, werden ebenfalls innerhalb eines Jahres gleichmäßig in den sonstigen Betriebsaufwand gebucht.

Falls Forschungs-, Entwicklungs- und Technologieaufwendungen zu einem rechtlich geschützten Ergebnis (z. B. Patent) geführt haben, werden sie auch steuerlich als immaterieller Vermögensgegenstand aktiviert und abgeschrieben.[15]

b) Bewertung

Die zu aktivierenden Forschungs-, Entwicklungs- und Technologieaufwendungen umfassen sämtliche zurechenbaren Einzelkosten sowie Gemeinkosten, soweit sie mit der Forschungs-, Entwicklungs- und Technologietätigkeit in Zusammenhang stehen. Der RLS 17/02 enthält eine Liste solcher Aufwendungen, die allerdings nicht abschließend ist.   63

Der RLS 17/02 verbietet nicht ausdrücklich, Vertriebs- und Finanzierungskosten im Rahmen der Forschungs-, Entwicklungs- und Technologieaufwendungen zu aktivieren, was einen Unterschied zu der Regelung in IAS 9 darstellt. Hier ist davon auszugehen, dass im Rahmen der Übernahme der Regelung das Aktivierungsverbot vergessen worden ist. Da sich die russische Rechnungslegung ihrem Postulat nach aber an der internationalen Rechnungslegung orientiert, wird allgemein empfohlen, diese Aufwendungen nicht zu aktivieren[16].   64

c) Abschreibung

Die Nutzungsdauer der Ergebnisse der Forschungs-, Entwicklungs- und Technologiearbeiten wird von Unternehmen selbstständig anhand der Dauer des Zuflusses von wirtschaftlichem Nutzen festgelegt. Diese Frist darf allerdings fünf Jahre bzw. die kürzere Bestandsdauer des Unternehmens nicht überschreiten.   65

Die Ergebnisse der Forschungs-, Entwicklungs- und Technologiearbeiten werden ab dem 01. des Folgemonats abgeschrieben, nachdem sie in Betrieb genommen worden sind. Sie können entweder   66

- linear auf der Basis der Anschaffungs- und Herstellungskosten oder
- verbrauchsabhängig auf der Basis der Anschaffungs- und Herstellungskosten

abgeschrieben werden.

€ Steuern:

Steuerlich waren die Ergebnisse der Forschungs-, Entwicklungs- und Technologieaufwendungen bis zum Jahre 2006 innerhalb von zwei Jahren linear abzuschreiben. Ab dem Jahr 2007 gilt eine lineare Abschreibung von einem Jahr.

› Beispiel:

Ein Schokoladenproduzent hat mit Hilfe eines Subunternehmers im Laufe des Jahres 2007 eine neue Produktionstechnologie für Milchschokolade entwickelt. Ein positives Ergebnis wurde erzielt – die Qualität der Milchschokolade hat sich wesentlich erhöht, was von anerkannten Qualitätsprüfern bestätigt wurde. Der Schokoladenproduzent erwartet, dass als Ergebnis besserer Qualität der Umsatz innerhalb von vier Jahren um jährlich 20 % steigen wird. Die Aufwendungen betrugen 3.000.000 Rubel. Die Ergebnisse wurden dokumentiert. Ein Übernahmeprotokoll für die neue Technologie wurde am 20. November 2007 unterschieben. Die Nutzungsdauer beträgt vier Jahre, wobei die lineare Abschreibungsmethode festgelegt wurde.

---

15 Art. 262 SteuerGB
16 Kommentar zu den Rechnungslegungsstandards unter der Redaktion von A. S. Bakaev, 2. Auflage, Jurait-Isdat, 2005

Die 3.000.000 Rubel wurden auf dem Konto 08 Geleistete Anzahlungen auf das Anlagevermögen, Unterkonto 08-8 Forschungs-, Entwicklungs- und Technologiearbeiten wie folgt gesammelt.

Die Abschreibung für Abnutzung der Sachanlagen, die für die Entwicklung der Technologie benutzt wurden:

08-8

an

02 *Kumulierte Abschreibung auf das Sachanlagevermögen*: 500.000 Rubel

Roh-, Hilfs- und Betriebsstoffe, die für die Entwicklung der Technologie benutzt wurden:

08-8

an

10 *Roh-, Hilfs- und Betriebsstoffe*: 400.000 Rubel

Die Gehälter der Mitarbeiter, die bei der Entwicklung der Technologie mitgewirkt haben, sowie die Sozialabgaben darauf:

08-8

an

70 *Verbindlichkeiten aus Lohn und Gehalt* sowie 69 *Forderungen/Verbindlichkeiten aus sozialen Abgaben*: 900.000 Rubel

Vergütung des Subunternehmers:

08-8

an

60 *Verbindlichkeiten aus Lieferungen und Leistungen*: 1.200.000 Rubel.

Am 20. November werden die 3.000.000 Rubel vom Konto 08-8 auf das Konto 04 Immaterielle Vermögensgegenstände, Unterkonto Forschungs-, Entwicklungs- und Technologiearbeiten umgebucht.

Ab dem 01. Dezember erfolgt die Abschreibung über das Konto 20 in Höhe von 62.500 Rubel (3.000.000 Rubel/4/12) monatlich.

d) Angabepflichten

67 Zu den Forschungs-, Entwicklungs- und Technologieaufwendungen sind folgende Angaben erforderlich:

- der Betrag der als Aufwand aus der gewöhnlichen Tätigkeit und sonstiger Aufwand erfassten Forschungs-, Entwicklungs- und Technologieaufwendungen;
- der Betrag der Forschungs-, Entwicklungs- und Technologieaufwendungen, der nicht als Aufwand aus der gewöhnlichen Tätigkeit und (oder) sonstigem Aufwand erfasst worden ist;
- der Wert der noch unvollendeten Forschungs-, Entwicklungs- und Technologiearbeiten.

Diese Informationen sind in der Anlage zur Bilanz (Formblatt Nr. 5) im Abschnitt *Immaterielle Vermögensgegenstände* anzugeben.

68 Falls die Beträge der Forschungs-, Entwicklungs- und Technologieaufwendungen wesentlich sind, werden sie in einer separaten Zeile in der Bilanz im Anlagevermögen ausgewiesen, und zwar unter sonstigem Anlagevermögen (Zeile 150).

69 Im Anhang ist folgende Information über die Bilanzierungsmethoden erforderlich:

- angewandte Abschreibungsmethoden;
- Nutzungsdauer.

II.   Sachanlagen

Tabelle 4   Sachanlagen

Beschreibung[17]	Grundlage
Grundstücke und Naturnutzungsobjekte	RLS 6/01
Gebäude, Maschinen, technische Anlagen und sonstige Sachanlagen	RLS 6/01
Anlagen im Bau	RLS 2/94

1.   Ansatz

Zur Bilanzierung von Sachanlagen wurde ab dem 01. Januar 2001 ein RLS 6/01 in Kraft gesetzt. 70
Dieser RLS hat den bisherigen RLS 6/97 ersetzt. Der RLS 6/01 basiert auf IAS 16 *Property, Plant and Equipment.*

Ähnlich wie IAS 16 definiert RLS 6/01 Sachanlagen als solche Vermögensgegenstände, die zu- 71
gleich folgenden Kriterien entsprechen:

■ ein Unternehmen besitzt den Vermögensgegenstand zur Herstellung von Gütern, Lieferungen von Arbeiten und Dienstleistungen bzw. zu Verwaltungszwecken oder zur Vermietung an Dritte*;

■ der Vermögensgegenstand wird über längere Zeit benutzt, d. h. länger als 12 Monate bzw. über den Produktionszyklus des Unternehmens, falls der Produktionszyklus ebenfalls länger als 12 Monate dauert;

■ das Unternehmen beabsichtigt nicht, den Vermögensgegenstand zu veräußern;

■ dem Unternehmen kann ein mit dem Vermögensgegenstand verbundener wirtschaftlicher Nutzen (Einkommen) zufließen.

> * *Hier handelt es sich um die Herstellung von Gütern usw. Die Lieferung von Gütern wird im Gesetzestext nicht ausdrücklich erwähnt. In der Praxis wird aber der Besitz eines Vermögensgegenstandes, der zur Lieferung von Gütern benutzt wird, ebenfalls als ein Kriterium für die Bilanzierung der Sachanlage anerkannt.*

Der RLS ist auf folgende Sachverhalte nicht anzuwenden: 72

■ Maschinen, Anlagen und sonstige betriebliche Ausstattung, die als fertige Erzeugnisse und Handelswaren bei Herstellern und Lieferanten bilanziert werden. Diese Sachverhalte werden im RLS 5/01 *Bilanzierung von Vorräten*, verabschiedet durch die Anordnung des Finanzministeriums Nr. 44n vom 09. Juni 2001, geregelt.

■ Vermögensgegenstände, die montiert werden oder in die Montage gehören und unterwegs sind.

■ Kapitalanlagen und Finanzanlagen. Die Kapitalanlagen sind Gegenstand des RLS 2/94 *Bilanzierung von Verträgen über die Errichtung von Gegenständen des Sachanlagevermögens*, verabschiedet durch die Anordnung des Finanzministeriums Nr. 167 vom 20. Dezember 1994. Finanzanlagen sind im RLS 19/02, eingeführt durch die Anordnung des Finanzministeriums der RF Nr. 126n vom 10. Dezember 2002, geregelt.

---

17 Punkt 20 RLS 4/99

73 Falls ein Vermögensgegenstand, i.d.R. eine Immobilie, sich im Eigentum von zwei oder mehreren Unternehmen befindet und nicht trennbar ist, wird der Vermögensgegenstand von jedem Eigentümer entsprechend seinem Anteil am Vermögensgegenstand auf dem Konto 01 *Sachanlagen* bilanziert. Der Anteil ergibt sich dabei meist aus der vertraglichen Vereinbarung zwischen den Eigentümern.

74 Falls eine Sachanlage aus mehreren Teilen besteht, die sich in Bezug auf die Nutzungsdauer wesentlich unterscheiden, werden diese Teile separat bilanziert. Zum Beispiel werden Werkzeugsatz und Ersatzreifen zusammen mit einem Fahrzeug bilanziert. Die Turbine eines Flugzeuges hingegen wird separat von diesem bilanziert, da sie in der Regel eine abweichende Nutzungsdauer hat[18].

€ **Steuern:**

Im SteuerGB werden abschreibungsfähige Vermögensgegenstände (u. a. Sachanlagen) als Vermögen definiert, das Eigentum des Steuerpflichtigen ist (oder z. B. im Weg des Leasing genutzt wird) und zur Erzielung von Einkommen dient. Abnutzbare Vermögensgegenstände werden über ihre Nutzungsdauer abgeschrieben. Diese Vermögensgegenstände haben eine Nutzungsdauer von über 12 Monaten und einen Wert von über 20.000 Rubel[19].

75 Gemäß dem ZGB und dem Föderalen Gesetz über die Registrierung der Rechte an immobilem Besitztum Nr. 122-FZ vom 21. Juli 1997 müssen der Eigentumstitel und alle weiteren Sachenrechte an Sachanlagen staatlich registriert werden. Die Registrierung erfolgt im Einheitlichen Staatlichen Immobilienregister. Grund und Boden unterliegt der staatlichen Katastererfassung. Erst nach dieser Registrierung kann die Sachanlage auf dem Konto 01 *Sachanlagen* aktiviert werden. Bis zur Registrierung wird die Sachanlage auf dem Konto 08 *Geleistete Anzahlungen auf das Anlagevermögen* erfasst.

! **Praxishinweis:**

Falls Investitionen bereits vollständig getätigt wurden, die Belege über die Anschaffung oder die Herstellung vollständig vorliegen und die Unterlagen zur staatlichen Registrierung eingereicht wurden, ist es bereits gestattet, die Sachanlage zu aktivieren und ab dem Folgemonat nach dem Monat der Aktivierung abzuschreiben[20]. Steuerlich dürfen die Sachanlagen ebenfalls abgeschrieben werden, sobald der Nachweis vorliegt, dass die Unterlagen zur staatlichen Registrierung eingereicht worden sind[21].

Mietverträge unter einem Jahr sind nicht registrierungspflichtig[22]. Da der Registrierungsprozess oft langwierig ist, ziehen es viele Vermieter vor, den Mietvertrag für die Frist von unter einem Jahr abzuschließen. Solche Verträge werden immer wieder neu abgeschlossen, allerdings ohne vertragliche Verlängerungsklauseln, da eine solche als Gestaltungsmissbrauch angesehen werden könnte. Bei solcher Gestaltung der Mietverhältnisse muss genau auf das Datum des Vertrages geachtet werden. Falls ein Mietvertrag z. B. vom 01. Juni 2007 bis zum 31. Mai 2008 abgeschlossen wurde, handelt es sich bei dieser Frist um ein Jahr im Sinne des Art. 651 ZGB. Der Vertrag wird damit registrierungspflichtig[23].

---

18 Methodische Anordnung zur Anwendung des RLS 6/01, eingeführt durch die Anordnung des Finanzministeriums der RF Nr.91n vom 13. Oktober 2003
19 Ab 1. Januar 2008, vorher 10.000 Rubel.
20 Punkt 52 Methodische Anordnung zur Anwendung des RLS 6/01, eingeführt durch die Anordnung des Finanzministeriums der RF Nr.91n vom 13. Oktober 2003
21 Punkt 8 Art. 258 SteuerGB
22 Punkt 2 Art. 651 ZGB
23 Punkt 3 Informationsbrief des Obersten Arbitrage-Gerichts Nr. 66 vom 11. Januar 2002

2.   Bewertung

a)   Bewertung bei Zugang

Aktivierungsfähige Sachanlagen sind mit ihren Anschaffungs- oder Herstellungskosten an-   76
zusetzen. Ähnlich wie immaterielle Vermögensgegenstände können Sachanlagen auch als Einlage
ins Grund– oder Stammkapital einer Gesellschaft, unentgeltlich oder im Laufe eines Tauschgeschäftes zugehen. Die Bewertungsregeln wiederholen im Wesentlichen die für immaterielle Vermögensgegenstände geltenden Grundsätze.

Zu den Anschaffungs- und Herstellungskosten gehören unter anderem Zinsen, die bis zu dem   77
Zeitpunkt der Aktivierung der Sachanlage angefallen sind. Voraussetzung ist, dass über die Darlehen und Kredite ausschließlich die Anschaffung oder Herstellung der konkreten Sachanlage
finanziert wurde. Solange die Sachanlage auf dem Konto 08 *Geleistete Anzahlungen auf das Anlagevermögen* bilanziert wird, erhöhen die Zinsen die Anschaffungs- und Herstellungskosten der
Sachanlage. Nachdem die Sachanlage im Wert ihrer Anschaffungs- und Herstellungskosten auf
dem Konto 01 aktiviert worden ist, werden die Zinsen als *sonstiger Aufwand* behandelt.

Überbestände an Sachanlagen, die in Laufe einer Inventur festgestellt werden, sind mit ihrem   78
Marktwert zu bilanzieren. Sie werden auf dem Konto 01 *Sachanlagen* ausgewiesen und als *sonstiger Ertrag* auf dem Konto 91-1 erfasst[24].

€ **Steuern:**

> Überbestände an Sachanlagen (das gleiche gilt ebenfalls für Vorräte), die weiter veräußert oder als Bauelemente verwendet werden,
> sind zum Marktwert zu aktivieren und führen dementsprechend zu gewinnsteuerpflichtigen Einnahmen bei dem Unternehmen[25].
> Sollten solche Bauelemente, Teile etc. für innenbetriebliche Zwecke (z. B. bei Umbaumaßnahmen) weiter verwendet werden, so
> kann die bei der Besteuerung von gewinnsteuerpflichtigen Einnahmen berechnete Gewinnsteuer als Materialaufwand steuerlich
> abgezogen werden[26].

Falls der Preis der Sachanlage in fremder Währung definiert ist, muss er zum Wechselkurs der   79
Zentralbank der RF am Tag der Bilanzierung in Rubel umgerechnet werden.

▶ **Beispiel:**

> Eine russische Gesellschaft hat von einem österreichischen Lieferanten eine technische Anlage im Wert von 50.000 Euro
> erworben. Die Anlage wurde am 01. Februar 2007 geliefert. Die russische Gesellschaft hat Zollabfertigungskosten und
> Zollgebühren in Höhe von 300.000 Rubel getragen sowie die Einfuhrumsatzsteuer bezahlt. Die Verbindlichkeit wurde am
> 15. März beglichen. Der Wechselkurs der Zentralbank der RF betrug am 01. Februar 2007 34,3802 Rubel, am 28. Februar
> 2007 34,518 Rubel und am 15. März 2007 34,509 Rubel.
>
> Die russische Gesellschaft macht folgende Buchungen.
>
> Die Anschaffungskosten der Anlage werden auf dem Konto 08 Geleistete Anzahlungen auf das Anlagevermögen gesammelt:
>
> 08 *Geleistete Anzahlungen auf das Anlagevermögen*
>
> an
>
> 60 *Verbindlichkeiten aus Lieferungen und Leistungen*: 1.719.010 Rubel

---

24 Punkt 36 Methodische Anordnung zur Anwendung des RLS 6/01, eingeführt durch die Anordnung des Finanz-
    ministeriums der RF Nr.91n vom 13. Oktober 2003
25 Punkt 13 Art. 250 SteuerGB
26 Abs.2 Punkt 2 Art. 254 SteuerGB

08 *Geleistete Anzahlungen auf das Anlagevermögen*

an

70 *Sonstige Forderungen /Verbindlichkeiten*: 300.000 Rubel

Die Anlage wird aktiviert:

01 *Sachanlagen*

an

08 *Geleistete Anzahlungen auf das Anlagevermögen*: 2.019.010 Rubel

Die Anlage wird nicht mehr mit dem wechselnden Kurs neu bewertet Die Verbindlichkeit dagegen wird zum Monatsende und bei der Bezahlung neu bewertet. Die Verbindlichkeit betrug am 01. Februar 2007 1.719.010 Rubel, am 28. Februar 2007 1.725.900 Rubel und am 15. März 2007 1.725.450 Rubel. Die Kursdifferenzen werden erfolgswirksam erfasst.

🛑 **Praxishinweis:**

Es gibt Aufwendungen, die unmittelbar mit dem Erwerb der Sachanlage verbunden sind, die handelsrechtlich aktivierungspflichtig, aber steuerrechtlich unmittelbar als Betriebsausgabe zu erfassen sind.

Tabelle 5:   Unterschiede bei der Aktivierung der Sachanlagen nach russischen RLS und SteuerGB

Aufwendung	Handelsrecht	Steuerrecht
Zinsen vor der Aktivierung der Sachanlage auf dem Konto 01	Bilanzierungspflicht	Bilanzierungsverbot
Versicherungsaufwendungen, die unmittelbar mit der Anschaffung der Sachanlagen verbunden sind	Bilanzierungspflicht	Bilanzierungsverbot

80   Grundsätzlich werden die Sachanlagen zu fortgeführten Anschaffungs- oder Herstellungskosten bewertet. Entstehen dem Unternehmen für eine Sachanlage, die bereits aktiviert worden ist, in Folge eines Ausbaus, eines Nachrüstens, einer Rekonstruktion, Modernisierung o. ä. weitere Ausgaben, dann sind sie als nachträgliche Anschaffungs- oder Herstellungskosten des Vermögensgegenstandes zu aktivieren. Dies darf allerdings nur dann erfolgen, wenn die Maßnahmen zur Verbesserung der Funktionseigenschaften der Sachanlagen (Nutzungsdauer, Kapazität, Qualität u. ä.) geführt haben. Instandhaltungs- und Renovierungsaufwendungen sind periodengerecht als Aufwand zu erfassen.

81   Die Anschaffung- und Herstellungskosten einer Sachanlage können auch in Folge einer Teilliquidation oder Neubewertung geändert werden. Die russische Rechnungslegung kennt keine Abwertungstests im Sinne der IFRS.

b)   Neubewertung

82   Grundsätzlich werden Sachanlagen zu fortgeführten Anschaffungs- oder Herstellungskosten bewertet. Es ist alternativ möglich, eine Neubewertung zum Jahresanfang vorzunehmen. Diese Methode entspricht der alternativ zulässigen Methode in IAS 16.

83   Die gesamte Gruppe von Sachanlagen ist mit Wiederbeschaffungskosten (Anschaffungs- oder Herstellungskosten) der Ersatzvermögensgegenstände im Zeitpunkt der Neubewertung korrigiert um angefallene Abschreibungen anzusetzen. Die Wiederbeschaffungskosten sind der Betrag, der

im Zeitpunkt der Neubewertung für einen Ersatzvermögensgegenstand bezahlt werden müsste[27].

Neubewertungen sind in regelmäßigen Abständen durchzuführen, um zu vermeiden, dass der   84
Buchwert wesentlich von den AK/HK der Ersatzvermögensgegenstände abweicht. Bis auf dieses
Kriterium (wesentliche Abweichung vom beizulegenden Zeitwert) wird nicht weiter definiert, wie
oft die Neubewertung stattfinden soll.

Auf das Thema Wesentlichkeit in der russischen Buchhaltung wurde bereits weiter oben einge-   85
gangen. Es wird daher empfohlen, bei Anwendung der Neubewertungsmethode den Buchwert
jährlich mit den AK/HK der Ersatzvermögensgegenstände zu vergleichen, auf Wesentlichkeit zu
prüfen und bei wesentlichen Abweichungen die Neubewertung durchzuführen.

Praxishinweis:

In der Praxis wird die Neubewertungsmethode extrem selten angewandt.

Die Ergebnisse der Neubewertung sind zum Jahresanfang zu erfassen. Der Vorjahresabschluss   86
wird nicht entsprechend angepasst.

Führt die Neubewertung zu einer Erhöhung des Buchwertes, ist der Unterschiedsbetrag erfolgs-   87
neutral in eine Neubewertungsrücklage (Zusatzkapital) im Rahmen des Eigenkapitals einzustellen. Wird durch die Werterhöhung eine aufgrund der Neubewertung in einer früheren Periode
entstandene Wertminderung, die als Aufwand im Rahmen des Bilanzgewinnes (Bilanzverlustes)
erfasst worden ist, rückgängig gemacht, so ist der darauf entfallende Teil der Werterhöhung ertragswirksam im Rahmen des Bilanzgewinnes (Bilanzverlustes) zu erfassen (Punkt 15 RLS 6/01).

Hat die Neubewertung eine Wertminderung des Buchwertes zur Folge, dann ist der Unterschieds-   88
betrag als Aufwand im Rahmen des Bilanzgewinnes (Bilanzverlustes) zu erfassen. Ist für die Sachanlage in früheren Berichtsperioden bereits eine Neubewertungsrücklage gebildet worden, so ist
der Unterschiedsbetrag zunächst mit dieser Neubewertungsrücklage zu verrechnen. Ist die Wertminderung höher als die in den früheren Berichtsperioden gebildete Neubewertungsrücklage, ist
der Unterschiedsbetrag als Aufwand im Rahmen des Bilanzgewinnes (Bilanzverlustes) zu erfassen
(Punkt 15 RLS 6/01).

Beim Abgang der Sachanlage ist die Neubewertungsrücklage aufzulösen, indem die in sie einge-   89
stellten Beträge als Ertrag im Rahmen des Bilanzgewinnes (Bilanzverlustes) erfasst werden.

3.   Abschreibung

Es wird zwischen abnutzbarem und dem nicht abnutzbarem Sachanlagevermögen unterschieden.   90
Zum nicht abnutzbaren Sachanlagevermögen zählt solches Vermögen, dessen Nutzungseigenschaften sich im Laufe der Zeit nicht verändern. Als Beispiele werden Grund und Boden,
Bodenschätze, Museumsexponate, Museumskollektionen u. ä. genannt. Solche Sachanlagen werden nicht abgeschrieben. Informativ wird die Abschreibung auf einem außerbilanziellen Konto
010 *Abschreibung auf Sachanlagen* gezeigt.

Steuern:

Steuerlich gehören solche Vermögensgegenstände ebenfalls zum nicht abnutzbaren Vermögen[28].

---

27 Punkt 43 Methodische Anordnung zur Anwendung des RLS 6/01, eingeführt durch die Anordnung des Finanzministeriums der RF Nr.91n vom 13. Oktober 2003
28 Punkt 2 Art. 256 SteuerGB

5

91 Abnutzbares Sachanlagevermögen ist über seine Nutzungsdauer planmäßig abzuschreiben. Restwerte (Liquidationswerte) im Sinne der IFRS sind in der russischen Rechnungslegung nicht vorgesehen. Die Nutzungsdauer wird vom Unternehmen selbständig bei der Aktivierung der Sachanlage festgelegt.

92 Die Nutzungsdauer wird anhand folgender Kriterien definiert:

■ voraussichtliche Nutzungsdauer der Sachanlage im Zusammenhang mit ihrer Produktivität und Kapazität;

■ voraussichtliche Abnutzung, abhängig von der Betriebsart (Schichtzahl), Umweltbedingungen, Reparaturplan;

■ rechtliche oder sonstige Nutzungseinschränkungen (z. B. Mietdauer).

93 Unternehmen können die Nutzungsdauer der Anordnung des Ministerrates der UdSSR Nr. 1072 vom 22. Oktober 1990 entnehmen. Für Sachanlagen, die nach dem 01. Januar 2002 erworben wurden, dürfen Unternehmen die Nutzungsdauer anhand eines Klassenverzeichnisses der Sachanlagen der Regierung der RF Nr. 1 vom 01. Januar 2002 (Klassenverzeichnis) festlegen.

€ Steuern:

Das Klassenverzeichnis ist für die Sachanlagen im Sinne des SteuerGB obligatorisch. Art. 258 des SteuerGB legt zehn Gruppen des abnutzbaren Sachanlagevermögens fest.

Tabelle 6:   Gruppen des abnutzbaren Sachanlagevermögens anhand des Klassenverzeichnisses des SteuerGB für Sachanlagen

Gruppe	Nutzungsdauer	Beispiele
1	Über 1 bis 2 Jahre	Verschiedene Werkzeuge und Anlagen
2	Über 2 bis 3 Jahre	Computer, medizinische Technik, Maschinen, Pumpen, Kompressoren
3	Über 3 bis 5 Jahre	Anlagen der holzverarbeitenden Industrie, Fahrstühle, Gabelstapler, Pkw, Lkw bis 0,5 Tonnen
4	Über 5 bis 7 Jahre	Bauten (keine Wohnbauten), z. B. Kioske. Pipelines, manche landwirtschaftliche Technik, Lkw, Busse bis 12 Meter einschließlich
5	Über 7 bis 10 Jahre	Bauten (keine Wohnbauten) zerlegbar und mobil, ferngesteuerte Anlagen, Mähdrescher, Lkw über 5 Tonnen, Gasleitungen, Öfen
6	Über 10 bis 15 Jahre	verschiedene Pressen, Telefonstationen, Lkw über 15 Tonnen
7	Über 15 bis 20 Jahre	Gebäude, z. B. Holzbauten; Eisenbahnbrücken, Verpackungsanlagen
8	Über 20 bis 25 Jahre	Leichte skelettlose Gebäude (keine Wohnbauten), Metallzäune, Schiffe, Safes
9	Über 25 bis 30 Jahre	Gebäude (keine Wohnbauten), z. B. Obst- und Gemüselager mit Steinwänden und Betonböden; Aluminiumgasbehälter, Wasserreinigungsanlagen
10	Über 30 Jahre	Gebäude mit Eisenbetongerippe oder Metallskelett, mehrjährige Wald- und Parkanlagen, U-Bahnwaggons, Wohnbauten

Praxishinweis:

Für die Harmonisierung der Buchhaltung zu handelsrechtlichen und steuerlichen Zwecken wird oft die handelsrechtliche Nutzungsdauer an die steuerliche angepasst. Auf diese Weise entstehen keine temporären Differenzen im Sinne der latenten Steuern (RLS 18/02). Diese Politik kann allerdings sowohl mit der wirtschaftlichen Nutzungsdauer oder aber auch mit konzerneinheitlicher Abschreibungsdauer in Konflikt geraten, falls die tatsächliche oder die konzernintern festgelegte Nutzungsdauer sich von der steuerlichen in Russland unterscheiden. Ggf. werden Wirtschaftsprüfer und/oder Muttergesellschaft darauf dringen, dass die handelsrechtliche Nutzungsdauer der Sachanlagen bei der russischen Tochtergesellschaft mit der konzerninternen übereinstimmt, damit Vergleichbarkeit gewährleistet ist und keine zusätzlichen Überleitungen bei der Erstellung des Konzernabschlusses notwendig sind.

Es sind insgesamt vier Abschreibungsmethoden vorgesehen, wobei meist die lineare Methode gewählt wird. **94**

- linear auf der Basis der Anschaffungs- oder Herstellungskosten;
- degressiv auf den Restbuchwert; der Abschreibungssatz darf das Dreifache des Abschreibungssatzes bei der linearen Abschreibungsmethode nicht übersteigen; der Koeffizient kann seit 2006 durch das Unternehmen selbständig festgelegt werden;
- Sum of the Digits auf der Basis der Anschaffungs- oder Herstellungskosten;
- Leistungsabhängig auf der Basis der Anschaffungs- oder Herstellungskosten.

Beispiel:

Eine Maschine wurde zu Anschaffungskosten von 700.000 Rubel aktiviert. Die Nutzungsdauer wurde mit 5 Jahren festgelegt.

Linear

Die jährliche Abschreibung beträgt 20 % (100%/5) oder 140.000 Rubel.

Degressiv

Der Koeffizient wurde in Höhe von 3 festgelegt. Die jährliche Abschreibung beträgt 420.000 Rubel (700.000 x 3 x 20 %) im ersten Jahr, 168.000 Rubel ((700.000-420.000) x 3 x 20 %) im zweiten Jahr usw.

Bei dieser Abschreibungsmethode verbleibt am Ende der Nutzungsdauer des Vermögensgegenstandes immer ein Restbuchwert. In diesem Beispiel wird er 7.168 Rubel betragen. RLS 6/01 bietet nicht explizit die Möglichkeit der kompletten Abschreibung des Vermögensgegenstandes bis zum Nullwert auf Basis der degressiven Abschreibungsmethode. Es sind kein Übergang zur linearen Methode bzw. keine weiteren Lösungen vorgesehen. Daher erscheint diese Abschreibungsmethode eher unpraktikabel und wird in der Praxis selten angewandt.

Sum of the Digits

Die Summe der Zahlen in der Nutzungsdauer beträgt 15 (1+2+3+4+5). Im ersten Jahr beträgt die Abschreibung 233.333 Rubel (700.000 x 5 / 15), im zweiten Jahr 186.667 (700.000 x 4 / 15) usw.

Leistungsabhängig

Die voraussichtliche Laufleistung der Maschine beträgt 40.000 Stunden. Im ersten Jahr läuft sie 7.000 Stunden, im zweiten Jahr 8.500. Die Abschreibung beträgt im ersten Jahr 122.500 Rubel (700.000 / 40.000 x 7.000), im zweiten Jahr 148.750 Rubel (700.000 / 40.000 x 8.500).

Die der Abschreibung zugrunde liegende Abschreibungsmethode einer Sachanlage darf innerhalb der Nutzungsdauer der Sachanlage normalerweise nicht geändert werden. Die Nutzungsdauer einer Sachanlage darf nur infolge eines Ausbaus, eines Nachrüstens, einer Rekonstruktion oder Modernisierung erhöht werden. **95**

Steuern:

Die Abschreibungsmethoden (linear und nicht linear) zu steuerlichen Zwecken wurden im Kapitel „Immaterielle Vermögensgegenstände" bereits beschrieben.

Gebäude, Anlagen und Übertragungs- und Transportvorrichtungen der Steuergruppen acht bis zehn dürfen zu steuerlichen Zwecken nur linear abgeschrieben werden[29].

In Bezug auf Pkw und Lkw mit Anschaffungs- oder Herstellungskosten von über 300.000 Rubel bzw. 400.000 Rubel wird der Koeffizient 0,5 auf den Abschreibungssatz angewandt[30].

Das Steuerrecht sieht erhöhte Abschreibungssätze von Sachanlagen vor, die z. B. in der Klimawechsel- oder aggressiver Umgebung oder bei mehrschichtiger Produktion eingesetzt werden, im Leasing stehen, von landwirtschaftlichen Betrieben bzw. von Unternehmen, die in Sonderwirtschaftszonen ansässig sind, benutzt werden. Die Erhöhung beträgt maximal das Dreifache des Abschreibungssatzes für Sachanlagen im Leasing und maximal das Zweifache des Abschreibungssatzes in anderen Fällen. Diese Regelung betrifft nicht solche Sachanlagen, die in die erste, zweite oder dritte Abschreibungsgruppen gehören und nicht linear abgeschrieben werden[31].

Seit dem 01. Januar 2006 dürfen Steuerpflichtige bis zu 10 % der Anschaffungs- oder Herstellungskosten der Investitionen in Sachanlagen direkt in den Periodenaufwand abschreiben (so genannte Amortisationsprämie). Dies gilt für alle Sachanlagen sowie nachträgliche Anschaffungs- oder Herstellungskosten bis auf unentgeltlich erworbene Sachanlagen. Die Bemessungsgrundlage für die laufende Abschreibung sind die restlichen 90 % der Anschaffungs- bzw. Herstellungskosten, die über die gewöhnliche steuerliche Nutzungsdauer abgeschrieben werden[32].

Falls infolge einer Rekonstruktion oder einer Modernisierung einer Sachanlage die Nutzungsdauer erhöht wurde, darf die steuerliche Nutzungsdauer innerhalb der Amortisierungsgruppe, zu der diese Sachanlage gehört, erhöht werden. Falls infolge der Rekonstruktion oder Modernisierung die Nutzungsdauer nicht erhöht wurde, wird die Sachanlage innerhalb der restlichen Nutzungsdauer abgeschrieben[33].

96   Die Abschreibung beginnt im Folgemonat, nachdem die Sachanlage aktiviert worden ist. Die Abschreibung wird im Folgemonat eingestellt, nachdem die Sachanlage vollständig abgeschrieben worden bzw. abgegangen ist. Innerhalb der Nutzungsdauer einer Sachanlage darf die Abschreibung nur in zwei Fällen eingestellt werden:

- der Geschäftsführer des Unternehmens beschließt, die Sachanlage für die Dauer von mehr als drei Monaten außer Betrieb zu setzen;

- die Sachanlage wird über einen Zeitraum von mehr als 12 Monaten instand gesetzt.

4.   Steuerliche Wirksamkeit von Grundstücksanschaffungskosten

97   2007 ist Art. 264.1 SteuerGB in Kraft getreten, wonach die Anschaffungskosten für Grundstücke, die von der öffentlichen Hand erworben werden, steuerlich geltend gemacht werden können. Diese Regelung gilt für Verträge, die im Zeitraum vom 01. Januar 2007 bis 31. Dezember 2011 abgeschlossen werden.

98   Bei den Grundstücksanschaffungskosten handelt es sich um die folgenden Aufwendungen

- für den Erwerb der bebauten Grundstücke bzw. des Baulandes sowie

---

29   Punkt 3 Art. 259 SteuerGB
30   Punkt 9 Art. 259 SteuerGB
31   Punkt 7 Art. 259 SteuerGB
32   Punkt 1.1 und Punkt 2 Art. 259 SteuerGB
33   Punkt 1 Art. 258 SteuerGB

■ im Zusammenhang mit dem Abschluss eines Grundstückpachtvertrages mit der öffentlichen Hand; für das Pachtrecht wird im Voraus eine einmalige Zahlung erhoben.

Bei der Absetzung von Grundstücksanschaffungskosten wird dem Steuerpflichtigen ein Wahlrecht gewährt, die Anschaffungskosten entweder   **99**

■ über eine von dem Steuerpflichtigen selbstständig festgelegte Dauer von mindestens 5 Jahren linear abzuschreiben oder

■ in Höhe von 30% des steuerlichen Vorjahresgewinns jährlich steuerlich geltend zu machen.

Falls für den Erwerb der Grundstücke längere Zahlungsziele als fünf Jahre vorgesehen sind, sind diese für die Dauer der linearen Abschreibung der Grundstücksanschaffungskosten maßgebend.   **100**

Bei einer Weiterveräußerung des Grundstückes wird der Gewinn oder Verlust aus der Veräußerung als Verkaufspreis abzüglich des steuerlichen Buchwertes des Grundstückes sowie der im Zusammenhang mit der Veräußerung getragenen Aufwendungen ermittelt.   **101**

Erträge aus der Veräußerung des Pachtrechts sind ebenfalls gewinnsteuerpflichtig. Sie werden als Differenz zwischen dem Veräußerungspreis und den von dem Steuerpflichtigen bis zu der Veräußerung noch nicht abgesetzten Grundstücksanschaffungsaufwendungen ermittelt.   **102**

5.   Geringwertige Wirtschaftgüter

Handelsrechtlich gehören zu den geringwertigen Wirtschaftsgütern (GWG) Sachanlagen im Wert von bis zu 20.000 Rubeln. Es gibt zwei Varianten der Bilanzierung von GWG. Falls sie die Aktivierungskriterien für Sachanlagen erfüllen, können sie im Rahmen der Sachanlagen aktiviert und entsprechend ihrer Nutzungsdauer abgeschrieben werden. Alternativ dürfen sie zuerst als Vorräte bilanziert und in der gleichen Berichtsperiode im Aufwand erfasst werden. Diese beiden Varianten gelten ebenfalls für Bücher und Broschüren.   **103**

€ **Steuern:**

Steuerrechtlich gehören zum abnutzbaren Vermögen Sachanlagen mit einer Nutzungsdauer von über 12 Monaten und mit Anschaffungs- oder Herstellungskosten von über 10.000 Rubel bis zum 31. Dezember 2007. Ab dem 01. Januar 2008 ist die Wertgrenze übereinstimmend mit dem Handelsrecht 20.000 Rubel.

6.   Abgang von Sachanlagen

Sachanlagen sind auszubuchen, falls diese tatsächlich abgegangen sind oder dem Unternehmen keinen künftigen wirtschaftlichen Nutzen bringen. Dies kann aus folgenden Gründen geschehen: Verkauf, Überholung, physische Abnutzung, Liquidation infolge eines Unfalls, einer Naturkatastrophe oder in einem anderen Fall höherer Gewalt, Einlage ins Stamm- oder Grundkapital eines anderen Unternehmens, Übergabe im Rahmen einer Schenkung, eines Tauschgeschäftes, eines Joint-Venture-Vertrages, negative Inventurdifferenzen und Schadhaftigkeit, Teilliquidation im Laufe einer Rekonstruktion und bei weiteren ähnlichen Sachverhalten.   **104**

Bilanzielle Behandlung:

Die Buchung des Abgangs der Sachanlagen erfolgt vom Konto 01 *Sachanlagen*. Zum Konto 01 kann ein Unterkonto *Abgang von Sachanlagen* angelegt werden. Die kumulierte Abschreibung   **105** wird im Haben dieses Unterkontos bzw. im Haben des Kontos 01 und im Soll des Kontos 02 *Kumulierte Abschreibungen* gebucht.

106 Die Gewinne oder Verluste aus dem Abgang der Sachanlagen werden als *sonstige Erträge oder Aufwendungen* auf dem Konto 91-1 oder 91-2 gebucht. Im Soll des Kontos 91 (91-2) werden der Restbuchwert der Sachanlage sowie alle mit dem Abgang verbundenen Aufwendungen gebucht. Im Haben des Kontos 91 (91-1) werden alle im Zusammenhang mit dem Abgang stehenden Erträge erfasst.

> **Beispiel:**
>
> Ein Unternehmen hat eine Sachanlage mit historischen Anschaffungskosten von 100.000 Rubel für 20.000 Rubel verkauft. Die kumulierte Abschreibung betrug zum Verkaufszeitpunkt 90.000 Rubel.
>
> Folgende Buchungssätze sind erforderlich:
>
> Die historischen Anschaffungskosten der Sachanlage werden ausgebucht.
>
> 01 *Sachanlagen* Unterkonto *Abgang von Sachanlagen*
>
> an
>
> 01 *Sachanlagen*: 100.000 Rubel
>
> Kumulierte Abschreibung wird ausgebucht.
>
> 02 *Abschreibung auf das Sachanlagevermögen*
>
> an
>
> 01 *Sachanlagen* Unterkonto *Abgang von Sachanlagen*: 90.000 Rubel
>
> Der Restbuchwert der Sachanlage wird ausgebucht:
>
> 91-2 *Sonstige Aufwendungen*
>
> an
>
> 01 *Sachanlagen* Unterkonto *Abgang von Sachanlagen*: 10.000 Rubel
>
> Der Verkaufserlös wird gebucht:
>
> 62 *Forderungen aus Lieferungen und Leistungen*
>
> an
>
> 91-1 *Sonstige Erträge*: 20.000 Rubel

> **€ Steuern:**
>
> Erträge aus der Veräußerung einer Sachanlage sind gewinnsteuerpflichtig. Sie sind um den Restbuchwert des veräußerten Vermögensgegenstandes sowie um die im Zusammenhang mit der Veräußerung getragenen Aufwendungen zu mindern.
>
> Verluste aus der Veräußerung einer Sachanlage sind abzugsfähig. Sie werden gleichmäßig auf die theoretisch verbleibende Restnutzungsdauer verteilt. Aufwendungen in Bezug auf die Liquidation von Sachanlagen inklusive der noch ausstehenden Abschreibung sowie Aufwendungen in Bezug auf die Liquidation von Anlagen im Bau und sonstiger Vermögensgegenstände, deren Montage noch nicht abgeschlossen ist (Demontage, Abbau, Ausfuhr der abgebauten Vermögensgegenstände) sind abzugsfähig[34].
>
> Bei Einlagen ins Stamm- oder Grundkapital anderer Unternehmen sowie unentgeltlich übergebenen Vermögensgegenständen sind deren Buchwerte nicht abzugsfähig.
>
> Einlagen ins Stamm- oder Grundkapital anderer Unternehmen unterliegen nicht der Umsatzsteuer. Dagegen ist die unentgeltliche Übergabe von Vermögensgegenständen umsatzsteuerpflichtig.

---

34 Punkt 1.8 Art. 265 SteuerGB

Aufwendungen im Zusammenhang mit negativen Inventurdifferenzen oder Schadhaftigkeit der **107** Sachanlagen werden auf Grundlage entsprechender Belege wie Inventurprotokoll oder Verlustanzeige gebucht. Der Nettobuchwert (nach der Umbuchung der kumulierten AfA vom Konto 02 auf das Konto 01 *Sachanlagen*) wird vom Konto 01 auf das Konto 94 *Verluste an Vorräten und Sachanlagen* umgebucht. Inventurdifferenzen im Rahmen eines natürlichen Schwundes sind als Aufwendungen aus der gewöhnlichen Geschäftstätigkeit (z. B. 20 *Herstellungskosten der Haupttätigkeit* an 94) zu erfassen. Inventurdifferenzen über den Rahmen des natürlichen Schwundes hinaus sind von den Verantwortlichen zu erstatten (siehe unten). Falls keine Verantwortlichen festgestellt werden können, die in Regress zu nehmen wären, sind diese Differenzen oder Schäden als *sonstige Aufwendungen* (Konto 91-2) zu buchen.

Russische Arbeitgeber machen i.d.R. ihre Mitarbeiter für Inventurdifferenzen und Schäden ver- **108** antwortlich, soweit dies rechtlich möglich ist. Diese Vorgehensweise wird auch gesetzlich unterstützt, indem eine so genannte materielle Verantwortlichkeit oder Haftung für Lagermitarbeiter oder Kassierer arbeitsvertraglich festgelegt werden kann. Falls festgestellt worden ist, dass die Mitarbeiter an Inventurdifferenzen oder Schäden schuld sind, werden die ausstehenden Beträge auf dem Konto 73 *Sonstige Forderungen/Verbindlichkeiten gegenüber Mitarbeitern* Unterkonto *Forderungen aus Schadenersatz* (d. h. Soll 73 an Haben 94) gebucht.

€ Steuern:

Gemäß Art. 254 SteuerGB gehören Inventurdifferenzen sowie Transportschäden im Rahmen des natürlichen Schwundes zu abzugsfähigen Betriebsaufwendungen. Die Normen des natürlichen Schwundes werden im von der Regierung der RF verabschiedeten Verfahren von einzelnen Ministerien festgelegt.

Die Teilliquidation einer Sachanlage wird ebenfalls als Abgang behandelt. **109**

▶ Beispiel:

Ein Gebäude mit Anschaffungs- oder Herstellungskosten von 6.000.000 Rubel, kumulierte Abschreibung 2.000.000 Rubel, Gesamtfläche 100 m², wird umgebaut. Im Laufe des Umbaus wird ein Teil des Gebäudes (10 m²) abgerissen. Die Aufwendungen für den Abriss betrugen 10.000 Rubel. Der Gebäudeteil wurde nicht ersetzt. Aus dem Abriss ergaben sich einige Teile im Wert von 1.000 Rubel, die noch benutzt werden können.

Folgende Buchungen sind erforderlich:

Die Anschaffungs- oder Herstellungskosten des abgebauten Gebäudeteiles werden ausgebucht.

01 *Sachanlagen* Unterkonto *Abgang von Sachanlagen*

an

01 *Sachanlagen*: 600.000 Rubel (6.000.000 / 100 x 10)

Die anteiligen kumulierten Abschreibungen sind umzubuchen:

02 *Kumulierte Abschreibung auf das Sachanlagevermögen*

an

01 *Sachanlagen* Unterkonto *Abgang von Sachanlagen*: 200.000 Rubel (2.000.000 / 100 x 10)

Der Restbuchwert des abgebauten Gebäudeteiles wird abgeschrieben.

91-2 *Sonstige Aufwendungen*

an

01 *Sachanlagen* Unterkonto *Abgang von Sachanlagen*: 400.000 Rubel

Aufwendungen in Bezug auf den Abbau werden gebucht.

91-2 *Sonstige Aufwendungen*

an

70 *Verbindlichkeiten aus Lohn und Gehalt*, 69 *Forderungen/Verbindlichkeiten aus sozialen Abgaben*, 60 *Verbindlichkeiten aus Lieferungen und Leistungen*: 10.000 Rubel

Die Vorräte werden bilanziert:

10 *Vorräte*

an

91-1 *Sonstige Erträge*: 1.000 Rubel

Ergebnis des Teilabrisses:

91-9 *Saldierung sonstiger Erträge und Aufwendungen*

an

91-1 *Sonstige Erträge*: 409.000 Rubel

Das Konto 91 *Sonstige Erträge/Aufwendungen*

Subkonto 91-2 *Sonstige Aufwendungen*:		Subkonto 91-1 *Sonstige Erträge*:	
Restbuchwert	400.000 Rubel	Vorräte	1.000 Rubel
		Differenzbetrag auf das Konto 91-9 *Saldierung sonstiger Erträge und Aufwendungen*	
Aufwendungen	10.000 Rubel		409.000 Rubel
	410.000 Rubel		410.000 Rubel

7. Angabepflichten

110 In der Anlage zum Jahresabschluss, Formblatt Nr. 5, sind im Abschnitt *Sachanlagen* folgende Angaben erforderlich:

- für die einzelnen Kategorien des Sachanlagevermögens die Anschaffungs- oder Herstellungskosten sowie kumulierte Abschreibungen zu Beginn und zu Ende des Geschäftsjahres;
- Entwicklung des Sachanlagevermögens während des Geschäftsjahres (Zugänge, Abgänge usw.);
- Buchwerte der vermieteten und gemieteten Sachanlagen;
- Buchwerte der Sachanlagen, die außer Dienst gestellt wurden;
- Buchwerte der Sachanlagen, die in Betrieb genommen wurden und tatsächlich genutzt werden, allerdings noch im Prozess der staatlichen Registrierung sind;
- Veränderungen des Sachanlagevermögens infolge eines Ausbaus, einer Nachrüstung, einer Rekonstruktion, Modernisierung, Teilliquidation, Neubewertung.

Im Formblatt Nr. 4 *Kapitalflussrechnung* werden die Auszahlungen für den Erwerb von Sachanla-   111
gen im Jahresvergleich gezeigt.

Im Anhang zum Jahresabschluss sind folgende Angaben erforderlich: 112

- Bewertungsmethoden im Bezug auf Sachanlagen, die im Laufe eines Tauschgeschäftes erworben wurden;

- Sachanlagen, die nicht abgeschrieben werden;

- Nutzungsdauer (für Hauptkategorien der Sachanlagen);

- angewandte Abschreibungsmethoden für die einzelnen Kategorien des Sachanlagevermögens.

8.   Aktivierung von Mietereinbauten

Mietereinbauten (bzw. Mieterumbauten, weiterhin gemeinsam als „Mietereinbauten" bezeichnet)   113
sind Investitionen in gemietete Sachanlagen. Sie sind als Sachanlagen zu aktivieren, wenn die
oben genannten Aktivierungskriterien vorliegen.

a)   Aktivierung beim Mieter

Der Mieter aktiviert die Mietereinbauten, falls gemäß dem Mietvertrag die Mietereinbauten zu   114
seinem Eigentum gehören. Der Bilanzansatz der Mietereinbauten erfolgt grundsätzlich zu den
jeweiligen Anschaffungs- oder Herstellungskosten.

Die Nutzungsdauer der Mieterbauten, insbesondere solcher, die untrennbar mit dem Mietgegen-   115
stand verbunden sind, ist von den Einschränkungen für die Nutzung des Mietgegenstandes abhängig (z. B. Dauer des Mietvertrages)[35].

Bei der oben beschriebenen Gestaltung der Mietverträge (Abschluss der Mietverträge für die Frist   116
von unter einem Jahr) kann das Unternehmen auf Grund ihrer fachlichen Einschätzung beim
Bestimmen der handelsrechtlichen Nutzungsdauer von Mietereinbauten von der Dauer ausge-
hen, für die es plant, diese Mietereinbauten unter Berücksichtigung eines sehr wahrscheinlichen
späteren neuen Abschlusses der Mietverträge in seiner Tätigkeit zu benutzen. Soweit das Unternehmen plant, die Mieteinbauten weniger als 12 Monate oder weniger als den gewöhnlichen
Betriebszyklus, der länger als 12 Monate dauert (eine der Bedingungen für die Aktivierung der
Sachanlagen), zu benutzen (z. B. beim nicht gesicherten Abschluss eines neuen Mietvertrages),
können die Aufwendungen in diesem Fall im Rahmen des ARAP ausgewiesen und innerhalb der
restlichen Vertragsdauer gleichmäßig erfolgswirksam aufgelöst werden.

Bilanzielle Behandlung:

Die Mietereinbauten werden auf dem Konto 08 *Geleistete Anzahlungen auf das Anlagevermögen*   117
gesammelt:

08 *Geleistete Anzahlungen auf das Anlagevermögen*

an

60 *Verbindlichkeiten aus Lieferungen und Leistungen* oder 76 *Sonstige Forderungen/Verbindlich-
keiten*

---

35 Punkte 3 und 59 Methodische Anordnung zur Anwendung des RLS 6/01, eingeführt durch die Anordnung des Fi-
    nanzministeriums der RF Nr.91n vom 13. Oktober 2003

Die Mietereinbauten werden beim Mieter wie folgt aktiviert:

01 *Sachanlagen*

an

08 *Geleistete Anzahlungen auf das Anlagevermögen*

Buchung der Abschreibung:

20 *Herstellungskosten der Haupttätigkeit bzw. andere Aufwandskonten*

an

02 *Kumulierte Abschreibung auf das Sachanlagevermögen*

118   Die im Fall der Liquidation von Mietereinbauten verbleibenden Konstruktionselemente, Teile usw. können in der Regel auch weiter verwendet werden. Bei Weiterverwendung sind diese im Vorratsvermögen (Konto 10 *Roh-, Hilfs und Betriebsstoffe*) zum Marktwert erfolgswirksam (Konto 91-1 *Sonstige Erträge*) zu aktivieren[36].

 Steuern:

Untrennbar mit dem Mietgegenstand verbundene Mietereinbauten gehören zu den abschreibungsfähigen Vermögensgegenständen, falls der Mieter sie mit Einwilligung des Vermieters getätigt hat[37]. Solche Mietereinbauten, für die der Mieter außerdem vom Vermieter keine Entschädigung erhält, werden über die Restlaufzeit des Mietvertrages und gemäß dem Klassenverzeichnis für Sachanlagen von der Regierung der RF Nr. 1 vom 01. Januar 2002 abgeschrieben[38]. Dementsprechend gilt, falls die Restlaufzeit des Mietvertrages geringer ist als die im Klassenverzeichnis festgelegte Nutzungsdauer, dass der nicht ausgenutzte Abschreibungsbetrag nicht mehr steuerlich abzugsfähig sein wird[39].

Der Abschluss eines neuen Mietvertrages gefährdet infolgedessen den steuerlich abzugsfähigen Betrag. Eine Verlängerung des langfristigen Mietvertrages wird dagegen als unschädlich angesehen und lässt dementsprechend einen weiteren gewinnsteuerlichen Abzug von den Abschreibungen zu[40].

Elemente des liquidierten Vermögensgegenstandes (Konstruktionselemente, Teile usw.), die weiter veräußert oder als Bauelemente verwendet werden, sind zum Marktwert zu aktivieren und führen dementsprechend zu gewinnsteuerpflichtigen Einnahmen bei dem Unternehmen[41]. Sollten solche Bauelemente, Teile etc. für innenbetriebliche Zwecke (z. B. bei Umbaumaßnahmen) weiter verwendet werden, so kann die bei der Besteuerung von gewinnsteuerpflichtigen Einnahmen berechnete Gewinnsteuer als Materialaufwand steuerlich abgezogen werden[42].

Beim Verkauf der Elemente des liquidierten Vermögensgegenstandes ist die Höhe von Kosten, die steuerlich abzugsfähig sind, momentan strittig. Zwei kontroverse Sichtweisen werden in den Schreiben des Finanzministeriums der RF und der Rechtsprechung vertreten. Die eine Betrachtung bejaht den steuerlichen Abzug des Marktwertes des veräußerten Vermögens[43]. Nach der anderen Meinung ist nur die bei der Besteuerung von gewinnsteuerpflichtigen Einnahmen berechnete Gewinnsteuer als Materialaufwand steuerlich abzugsfähig[44]. Es kommt auf den Steuerpflichtigen an, ob er die zweite pro-fiskalische Position oder die erstere Position einnimmt, die eher den Bedürfnissen des Steuerpflichtigen entspricht. Im letzteren Fall kann es naturgemäß zu Streitigkeiten mit der Steuerbehörde kommen, die gegebenenfalls auf gerichtlichem Wege zu klären sind.

---

36   Punkt 79 Anordnung des Finanzministeriums der RF Nr. 91n vom 13. Oktober 2003
37   Punkt 1 Art. 256 SteuerGB
38   Punkt 1 Art. 258 SteuerGB
39   Schreiben des Finanzministeriums der RF Nr. 03-03-04/2/166 vom 20. Juni 2006
40   Schreiben des Finanzministeriums der RF Nr. 03-03-04/2/166) vom 20. Juni 2006, Nr. 03-03-04/1/233 vom 15. März 2006 und Nr. 03-03-04/1/640) vom 28. August 2006
41   Punkt 13 Art. 250 SteuerGB
42   Abs. 2 Punkt 2 Art. 254 SteuerGB
43   Schreiben des Finanzministeriums der RF Nr. 03-03-04/1/610 vom 25. Juli 2006, Urteil des Uraler Arbitragegerichts Nr. F09-2970/07-C2 vom 26. April 2007
44   Schreiben des Finanzministeriums der RF Nr. 03-03-06/1/380 vom 15. Juni 2007, Nr. 03-03-06/1/219 vom 4. April 2007 und Nr. 03-03-06/1/146 vom 2. März 2007

Mietereinbauten, für die der Mieter vom Vermieter eine Entschädigung erhalten hat, werden gemäß dem SteuerGB vom Vermieter aktiviert und abgeschrieben.

Falls der Vermieter nicht seine Einwilligung zu den Mietereinbauten gegeben hat, sind die entsprechenden Aufwendungen des Mieters steuerlich nicht abzugsfähig.

b)   Aktivierung beim Vermieter

Falls der Mieter die Mietereinbauten gemäß dem Mietertrag dem Vermieter übergibt, bestehen zwei Optionen: Der Mieter wird durch den Vermieter für die übergebenen Mieteinbauten entschädigt oder nicht. Falls der Mieter durch den Vermieter entschädigt wird, sind die Übergabe und die Entschädigung beim Mieter erfolgsneutral zu buchen. Falls der Vermieter den Mieter nicht entschädigt, werden die Mietereinbauten beim Mieter als unentgeltlich übergebene Vermögensgegenstände in den *sonstigen, nicht steuerlich abzugsfähigen Aufwand* (Konto 91-2) gebucht.   119

Beim Vermieter erhöhen die Mietereinbauten den Wert der Sachanlagen. Falls der Vermieter den Mieter nicht entschädigt, werden die Mietereinbauten als unentgeltlich übergebene Vermögensgegenstände in den *sonstigen Ertrag* (Konto 91-1) gebucht. Die untrennbar mit dem Mietgegenstand verbundenen Mietereinbauten erhöhen nicht die Steuerbemessungsgrundlage der Gewinnsteuer beim Vermieter[45].   120

Die Übergabe der Mieteinbauten, deren Kosten vom Vermieter nicht erstattet werden, vom Mieter an den Vermieter gilt als Besteuerungstatbestand für die Umsatzsteuer und zwar in Form einer unentgeltlichen Vermögensübergabe[46]. Die umsatzsteuerliche Bemessungsgrundlage bei der unentgeltlichen Warenübergabe wird mit dem Marktwert des zu übergebenden Vermögens bewertet. Die entsprechende Vorsteuer kann nach der Meinung des Finanzministeriums der RF nicht mit der Zahllast verrechnet werden. Sie ist aber bei der Ermittlung der Gewinnsteuerbemessungsgrundlage abzugsfähig[47].   121

🛈 Praxishinweis:

Die als letzte beschriebene Situation (Aktivierung der Mietereinbauten beim Vermieter ohne Entschädigung des Mieters) ist daher sehr ungünstig für den Mieter, kann aber bei der heutigen Immobilienlage insbesondere in den Großstädten Russlands durchaus vorkommen. Art. 623 ZGB sieht zwar vor, dass der Mieter berechtigt ist, eine Entschädigung für seine untrennbar mit dem Mietgegenstand verbundenen Mietereinbauten zu bekommen, falls sie mit dem Einverständnis des Vermieters erfolgt sind, erlaubt aber zugleich, vertraglich keine Entschädigung zu vereinbaren.

Bilanzielle Behandlung:

Mieter   122

Der Mieter übergibt die Mietereinbauten mit Entschädigung:

Übergabe der Mietereinbauten:

91-2 *Sonstiger Aufwand*

an

08 *Geleistete Anzahlungen auf das Anlagevermögen*

---

45   Punkt 1.32 Art. 251 SteuerGB
46   Punkt 1.1 Art. 146 SteuerGB, Schreiben des Finanzministeriums der RF Nr. 03-03-04/2/218 vom 16. Oktober 2006
47   Punkt 2 Art.154 SteuerGB

Forderung aus der Übergabe der Mietereinbauten:

62 *Forderungen aus Lieferungen und Leistungen*
(oder 76 *Sonstige Forderungen/Verbindlichkeiten*)

an

91-1 *Sonstiger Ertrag*

Der Mieter übergibt die Mietereinbauten ohne Entschädigung:

91-2 *Sonstiger Aufwand*

an

08 *Geleistete Anzahlungen auf das Anlagevermögen*

Vermieter

– Falls die Mietereinbauten entschädigt werden:

Die Anschaffungskosten der Mietereinbauten werden auf dem Konto 08 gesammelt und es entstehen Verbindlichkeiten:

08 *Geleistete Anzahlungen auf das Anlagevermögen*

an

60 *Verbindlichkeiten aus Lieferungen und Leistungen*
(oder 76 *Sonstige Forderungen/Verbindlichkeiten*)

Die Mietereinbauten werden als Erhöhung der Anschaffung- und Herstellungskosten des Vermögensgegenstandes gebucht:

01 *Sachanlagen*

an

08 *Geleistete Anzahlungen auf das Anlagevermögen*

– Falls die Mietereinbauten nicht entschädigt werden:

Die Mietereinbauten werden in den nicht steuerpflichtigen Ertrag gebucht:

08 *Geleistete Anzahlungen auf das Anlagevermögen*

an

91-2 *Sonstiger Ertrag*

Die Mietereinbauten werden als Erhöhung der Anschaffung- und Herstellungskosten des Vermögensgegenstandes gebucht:

01 *Sachanlagen*

an

08 *Geleistete Anzahlungen auf das Anlagevermögen*

🛑 Praxishinweis:

Auf Sachanlagen ist Vermögensteuer zu zahlen, auch wenn sie zeitweilig vermietet sind. Diese Vermögensgegenstände werden in der Bilanz des Vermieters ausgewiesen. Die Vermögensteuer richtet sich nach dem durchschnittlichen Buchwert.

9. Leasing

Die Leasingtätigkeit genießt in Russland hohe Popularität, insbesondere Dank der steuerlichen Vorteile in Bezug auf die Abzugsfähigkeit der Leasingaufwendungen und die erhöhte steuerliche Abschreibung. Leasing entwickelt sich mit jährlichen Zuwachsraten von 60 % bis 70 %. Geregelt werden die Leasingverhältnisse im ZGB als auch durch das Gesetz über Leasing Nr. 164-FZ vom 29. Oktober 1998 (Leasinggesetz). Die buchhalterisch Erfassung wird in der Anleitung zum Kontenplan sowie in der Anordnung des Finanzministeriums der RF Nr. 15 vom 17. Februar 1997 (soweit sie nicht der geltenden Gesetzgebung widerspricht) geregelt.

123

a) Ansatz

5

Die neue Fassung des Leasinggesetzes unterscheidet nicht mehr zwischen Finanzleasing, Sale-and-Lease-Back sowie dem operativen Leasing, sondern spricht nur von Leasing allgemein. Im Gesetz wird das echte Leasing von gewöhnlicher Miete sowie von anderen Finanzierungs- und Steuersparschemen abgegrenzt. Das Leasing wird nur noch in internationales und nationales Leasing unterteilt.

124

Unter Leasing wird die Gesamtheit der wirtschaftlichen und rechtlichen Zusammenhänge verstanden, die mit der Umsetzung des Leasingvertrages unter anderem mit der Anschaffung des Leasinggegenstandes entsteht[48].

125

Leasing nach russischem Recht bedingt immer ein Dreiecksverhältnis. Gemäß dem Leasingvertrag verpflichtet sich der Leasinggeber die vom Leasingnehmer genannten Vermögensgegenstände bei dem vom Leasingnehmer benannten Verkäufer als Eigentum zu erwerben sowie diese Vermögensgegenstände dem Leasingnehmer entgeltlich zum Besitz und zur Nutzung zu überlassen. Der Leasingvertrag kann vorsehen, dass die Wahl des Verkäufers und des Leasinggegenstandes durch den Leasinggeber zu treffen ist[49].

126

Dem Leasinggeber kommt die Finanzierungsfunktion zu, aber auch die organisatorische Funktion. Der Leasinggeber kann eine Reihe von Dienstleistungen anbieten: Suche, Beratung bei der Auswahl, die Lieferung des Leasinggegenstandes, Ausfertigung der Zollunterlagen, sogar Montage und Ingangsetzung des Leasinggegenstandes sowie Schulung des Personals des Leasingnehmers.

127

Die Bilanzierung des Leasinggegenstandes folgt im Unterschied zu den IFRS nicht der wirtschaftlichen Betrachtungsweise, sondern die Zuordnung wird von den Parteien im Leasingvertrag vorgenommen. Das rechtliche Eigentum liegt dabei aber stets beim Leasinggeber.

128

🛑 Praxishinweis:

Fall es sich beim Leasinggegenstand um eine Immobilie handelt, wird das Eigentumsrecht des Leasinggebers erst mit der staatlichen Registrierung dieser Immobilie anerkannt. Somit kann ein Leasing der Immobilie erst nach einer solchen Registrierung erfolgen.

Sind Investitionen z. B. in eine Immobilie bereits vollständig getätigt, die Belege über die Anschaffung komplett ausgefertigt und die Unterlagen zur staatlichen Registrierung eingereicht worden, ist es bereits gestattet, diese als Sachanlage zu aktivieren und ab dem Folgemonat nach dem Monat der Aktivierung abzuschreiben[50]. Aus dieser Vereinfachungsregelung folgt, dass falls alle aufgeführten Bedingungen erfüllt sind, die Immobilie bereits vor der eigentlichen Registrierung an den Leasingnehmer übergeben werden darf.

---

48 Art. 2 Leasinggesetz
49 Art. 2 Leasinggesetz
50 Punkt 52 Methodische Anordnung zur Anwendung des RLS 6/01, eingeführt durch die Anordnung des Finanzministeriums der RF Nr.91n vom 13. Oktober 2003

€ Steuern:

Der Bilanzierende muss Steuern auf den Leasinggegenstand bezahlen, und zwar die Vermögensteuer auf den durchschnittlichen Buchwert.

Die Vermögensteuersätze werden von den Gebietskörperschaften festgelegt. Sie dürfen allerdings 2,2 % nicht überschreiten. Der Vermögensteuersatz in Moskau beträgt z. B. 2,2 %.

Falls Kraftfahrzeuge geleast werden, wird darauf Kfz-Steuer erhoben, die ebenfalls der Bilanzierende zahlt. Die Kfz-Steuer wird für jeden Kraftwagen entsprechend der Motorleistung berechnet, z. B. 5 Rubel je PS bei Kraftfahrzeugen bis zu 100 PS, 7 Rubel je PS bei Kraftfahrzeugen von 100 bis zu 150 PS, 10 Rubel je PS bei Kraftfahrzeugen von 150 bis zu 200 PS, 15 Rubel je PS bei Kraftfahrzeugen von 200 bis zu 250 PS, 30 Rubel je PS bei Kraftfahrzeugen von über 250 PS.

Auf Grund der vertraglichen Vereinbarung macht der Bilanzierende die Abschreibung steuerlich geltend. Dabei steht ihm das Recht zu, den Abschreibungssatz bis auf das Dreifache zu erhöhen. Dadurch wird die Abschreibungsdauer bis auf ein Drittel verkürzt. Diese Regelung betrifft nur solche Sachanlagen, die nicht in die erste, zweite oder dritte Abschreibungsgruppen gehören und linear abge-schrieben werden.

Auf Vermögensgegenstande, für die der Koeffizient 0,5 zu dem Abschreibungssatz vorgesehen ist (Pkw und Lkw mit den ent-sprechenden Anschaffungs- oder Herstellungskosten von über 300.000 Rubel bzw. 400.000 Rubel) wird dieser auch auf den um das Dreifache erhöhten Abschreibungssatz angewandt (0,5 x bis auf 3 x Abschreibungssatz)[51].

❶ Praxishinweis:

Steuerpflichtige der sog. Einheitlichen Steuer auf zuzurechnendes Einkommen sind von der Vermögensteuer freigestellt (zu dieser Steuerart siehe Kapitel Vereinfachende Regelungen für kleine und mittlere Unternehmen). Daher bilanzieren diese oft den Leasinggegenstand. Es handelt sich dabei meist um kleinere Unternehmer, die als Leasingnehmer fungieren. In größeren russischen Unternehmensgruppen wird dies oft auch zur Steuergestaltung genutzt.

b)   Leasingraten

129   Gemäß dem Leasinggesetz beinhalten die Leasingraten die gesamten Zahlungen aus dem Lea-singvertrag innerhalb der Laufzeit des Leasingvertrages. Sie beinhalten die Kompensation sol-cher Aufwendungen des Leasinggebers, die im Zusammenhang mit der Anschaffung und der Übergabe des Leasinggegenstandes an den Leasingnehmer sowie mit anderen im Leasingvertrag vorgesehenen Dienstleistungen stehen. Außerdem sollen sie den gesamten Gewinn des Leasing-gebers aus dem einzelnen Leasinggeschäft beinhalten. In der Gesamtvertragssumme kann auch ein Restkaufpreis für den Leasinggegenstand vorgesehen werden, falls der Leasingvertrag den späteren Übergang des Eigentumsrechtes auf den Leasingnehmer vorsieht. Soweit die Leasingra-ten den Gesamtwert des Leasinggegenstandes bereits abdecken, ist auch ein Eigentumsübergang ohne Restkaufpreis möglich.

130   Das Leasinggesetz enthält keine Liste der Aufwendungen, die in den Leasingraten enthalten sein können und bestimmt nicht die Höhe des Ertrages des Leasinggebers. Die Parteien des Leasingver-trages bestimmen sie selbständig. Allgemein kann es sich um folgende Aufwendungen handeln:

Anschaffung, Transport, Aufbewahrung, Montage des Leasinggegenstandes, Personalschulungen, Zollabfertigungen, Zollgebühren, Versicherungsprämien, Zinsaufwendungen und sonstiges.

---

51   Punkt 9 Art. 259 SteuerGB

🛈 **Praxishinweis:**

Es ist empfehlenswert, die Zusammensetzung der Leasingraten klar im Vertrag zu definieren, da dies unter anderem auch steuerliche Auswirkungen hat.

€ **Steuern:**

Bei der Festlegung der Leasinggebühren müssen die Einschränkungen des Art. 40 des SteuerGB berücksichtigt werden, der das russische „Arm's-length-Prinzip" beinhaltet.

Folgende Geschäfte sind dabei betroffen: Geschäfte zwischen verbundenen Unternehmen, Tauschgeschäfte, Außenhandelsgeschäfte, sowie Geschäfte mit Preisschwankungen von über 20 % in beide Richtungen bei identischen oder gleichartigen Waren, Arbeiten und Leistungen innerhalb eines kurzen Zeitraumes.

Falls die Preise bei den genannten Geschäften um über 20 % vom Marktpreis für identische oder gleichartige Waren, Arbeiten oder Leistungen abweichen, ist die Steuerbehörde berechtigt, Steuer sowie Verzugszinsen auf den Preisunterschied zum Marktpreis zu berechnen.

c)   Bilanzierung des Leasinggegenstandes beim Leasinggeber

aa)   Buchhalterische Erfassung der Anschaffung beim Leasinggeber

Eine Anschaffung des Leasinggegenstandes bedeutet für den Leasinggeber eine Investition. Daher   131
bilanziert der Leasinggeber den Leasinggegenstand auf dem Konto 08 *Geleistete Anzahlungen auf
das Anlagevermögen.* Dabei macht er folgende Buchungen:

Buchung der Verbindlichkeit in Bezug auf den Leasinggegenstand:

08 *Geleistete Anzahlungen auf das Anlagevermögen*

19 *Vorsteuer*

an

60 *Verbindlichkeiten aus Lieferungen und Leistungen*

Falls der Leasinggegenstand direkt an den Leasingnehmer ausgeliefert wird, ist er nach der Buchung der Anschaffung direkt als Investition in Leasingvermögen zu aktivieren:

03 *Investitionen in Miet- oder Leasinggegenstände*

an

08 *Geleistete Anzahlungen auf das Anlagevermögen*

Falls der Leasinggegenstand zuerst an den Leasinggeber ausgeliefert wird, wird er als eine Sachanlage des Leasinggebers und anschließend als Investition in Leasingvermögen aktiviert:

01 *Sachanlagen*

an

08 *Geleistete Anzahlungen auf das Anlagevermögen*

03 *Investitionen in Miet- oder Leasinggegenstände*

an

Haben 01 *Sachanlagen*

bb) Buchhalterische Erfassung des Leasingvorganges beim Leasinggeber

132 Leasinggesellschaften, d. h. solche Gesellschaften, deren Tätigkeitsschwerpunkt das Leasing ist, buchen die Leasingraten als *Erlöse aus der gewöhnlichen Tätigkeit*[52] auf dem Konto *Umsätze* 90-1. Andere Unternehmen buchen Einkünfte aus Leasinggeschäften als *sonstige Erträge* (Konto 91-1). Die Erlöse für den Leasinggeber im Sinne der BRL 9/99 sind die gesamten Leasingraten. Die Aufwendungen des Leasinggebers aus dem Leasing sind im Sinne der BRL 10/99 die Abschreibung und sonstige Aufwendungen im Zusammenhang mit dem Leasinggegenstand und der Leasingtätigkeit. Diese Aufwendungen sind durch die Leasinggesellschaft als *Herstellungskosten der Haupttätigkeit* (Konto 20) zu buchen. Andere Unternehmen buchen sie als *sonstige Aufwendungen* (Konto 91-2).

133 Durch den Leasinggeber sind folgende Buchungen vorzunehmen.

Abschreibung des Leasinggegenstandes:

20 *Herstellungskosten der Haupttätigkeit*

an

02 *Kumulierte Abschreibung auf das Sachanlagevermögen*

Leasingraten:

62 *Forderungen aus Lieferungen und Leistungen*

an

90-1 *Umsätze*

Umsatzsteuer:

90-3 *Umsatzsteuer*

an

68 *Forderungen/Verbindlichkeiten aus Steuern*

 Steuern:

Falls der Leasinggeber den Leasinggegenstand bilanziert, gehören die Leasingraten beim Leasingnehmer zu den steuerlich abzugsfähigen Aufwendungen.

Die Aufwendungen des Leasinggebers im Zusammenhang mit der Anschaffung des Leasinggegenstandes gehören ebenfalls zu den steuerlich abzugsfähigen Aufwendungen[53].

Zu den Anschaffungskosten eines Leasinggegenstandes gehört die Gesamtheit der Aufwendungen des Leasinggebers im Zusammenhang mit der Anschaffung, Montage, Lieferung, Herstellung und Fertigstellung bis zum nutzbaren Zustand. Ausgeschlossen sind verrechenbare oder abziehbare Steuern (z. B. Umsatzsteuer)[54].

Die oben beschriebenen Aufwendungen des Leasinggebers sind in den Perioden abzugsfähig, in denen gemäß dem Leasingvertrag die Leasingraten fällig sind. Diese Aufwendungen sind proportional den jeweils fälligen Leasingraten abzugsfähig[55]. D. h. der Leasinggeber darf die Anschaffungskosten des Leasinggegenstandes entsprechend den vereinnahmten Leasingraten abschreiben.

Die Aufwendungen im Zusammenhang mit dem Unterhalt des Leasinggegenstandes inklusive der Abschreibungen sind abzugsfähig[56].

---

52 Punkt 5 RLS 9/99
53 Punkt 10 Art. 264 SteuerGB
54 Punkt 1 Art. 257 SteuerGB
55 Punkt 8. 1) Art. 272 SteuerGB
56 Punkt 1 Art. 265 SteuerGB

cc)   **Buchhalterische Erfassung beim Leasingnehmer**

Der Leasingnehmer bucht den Leasinggegenstand auf einem außerbilanziellen Konto 001 *Gemie-*   134
tete Sachanlagen.

Die Leasingraten gehören zu den Betriebsaufwendungen des Leasingnehmers.

Die Leasingrate wird wie folgt gebucht:

20, 25, 26, 44 *verschiedene Aufwandskonten,*

19 *Vorsteuer*

an

76 *Sonstige Forderungen/Verbindlichkeiten* Unterkonto *Leasingraten*

d)   Bilanzierung des Leasinggegenstandes beim Leasingnehmer

aa)   **Buchhalterische Erfassung beim Leasinggeber**

Falls der Leasingnehmer den Leasinggegenstand bilanziert, zeigt der Leasinggeber den Abgang   135
des Leasinggegenstandes in seinen Büchern, wobei der Leasinggegenstand auf einem außerbilanziellen Konto zu Informationszwecken weiter geführt wird.

Folgende Buchungen werden vorgenommen.   136

Die Buchung des Abgangs des Leasinggegenstandes, z. B. im Restbuchwert von 20.000 Rubel:

91-1 *Sonstiger Aufwand*

an

03 *Investitionen in Miet- oder Leasinggegenstände*

Der weitere Vorgang wird durch die nachfolgende graphische Darstellung und die Beschreibung   137
veranschaulicht.

**Abbildung 3:   Leasingrate beim Leasinggeber, wobei der Leasingnehmer den Leasing-
gegenstand bilanziert, in Tausend Rubel**

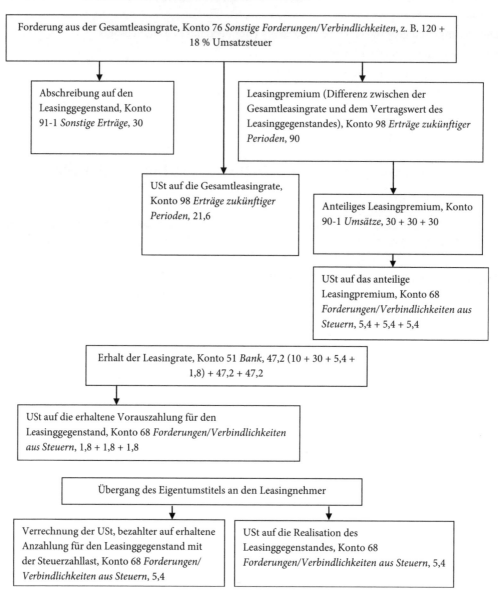

138   Die Buchung der Teilforderung gegenüber dem Leasingnehmer in Bezug auf den Vertragswert des Leasinggegenstandes, z. B. im Wert von 30:

76 *Sonstige Forderungen/Verbindlichkeiten*

an

91-1 *Sonstige Erträge*

Steuern:

Die Buchung des obigen Umsatzes beinhaltet keine Realisation für den Leasinggeber, da der Eigentumstitel bei dem Leasinggeber bleibt. Daher unterliegt dieser Vorgang nicht der USt, sondern die gesamten Leasingzahlungen. Nachdem das Eigentumsrecht an dem Leasinggegenstand auf den Leasingnehmer übertragen worden ist, und somit die Realisation vorliegt, wird die Umsatzsteuer erhoben.

Das finanzielle Ergebnis aus dem Abgang des Leasinggegenstandes wird gebucht, z. B. 10.   **139**

Der Leasinggegenstand wird auf einem außerbilanziellen Konto 011 *Vermietete Sachanlagen* im Wert von 30 zur Information weiter geführt.

Des Weiteren wird die andere Teilforderung gegenüber dem Leasingnehmer in Höhe der Diffe-   **140**
renz zwischen der Gesamtsumme der Leasingzahlungen laut dem Leasingvertrag und dem bereits gebuchten Vertragswert des Leasinggegenstandes, z. B., 120 – 30 = 90 gebucht. Diese Teilforderung wird als *Erträge zukünftiger Perioden* auf dem Konto 98 gezeigt und in den Periodenerträgen nach dem vertraglich vereinbarten Plan gebucht:

76 *Sonstige Forderungen/Verbindlichkeiten*

an

98 *Erträge zukünftiger Perioden: 30*

Umsatzsteuer auf die Gesamtleasingrate (Nettobuchungsmethode):

76 *Sonstige Forderungen/Verbindlichkeiten*, Unterkonto *Forderungen aus Leasingzahlungen (Umsatzsteuer)*

an

98 *Erträge zukünftiger Perioden*: 120 x 18 % = 21,6

Bei Fälligkeit der ersten Leasingzahlung:

98 *Erträge zukünftiger Perioden*

an

91-1 *Umsätze, inklusive Umsatzsteuer*

Buchung der Umsatzsteuer auf die anteilige Leasingzahlung (Bruttobuchungsmethode):

90-3 *Umsatzsteuer*

an

68 *Forderungen/Verbindlichkeiten aus Steuern*

Beim Erhalt der Leasingrate wird der den Leasinggegenstand betreffende Teil als eine Vorauszah-   **141**
lung behandelt. Auf alle Vorauszahlungen ist die Umsatzsteuer zu zahlen:

98 *Erträge zukünftiger Perioden*

an

68 *Forderungen/Verbindlichkeiten aus Steuern*

Nachdem das Eigentum auf den Leasingnehmer übergangen ist, wird der Abgang des Leasingge-   **142**
genstandes vom außerbilanziellen Konto 011 *Vermietete Sachanlagen* gebucht.

Nach dem Übergang des Eigentums (d. h. nach der Realisation) ist die Umsatzsteuer fällig. Die im   **143**
Rahmen einer Vorauszahlung bereits entrichtete Umsatzteuer wird mit der Umsatzsteuerzahllast verrechnet.

bb)   Buchhalterische Erfassung beim Leasingnehmer

144 Zur Veranschaulichung des Buchungsvorgehens beim Leasingnehmer dient die nachfolgende graphische Darstellung mit Beschreibung.

Abbildung 4:   Leasingrate beim Leasingnehmer, wobei der Leasingnehmer den Leasinggegenstand bilanziert, in Tausend Rubel

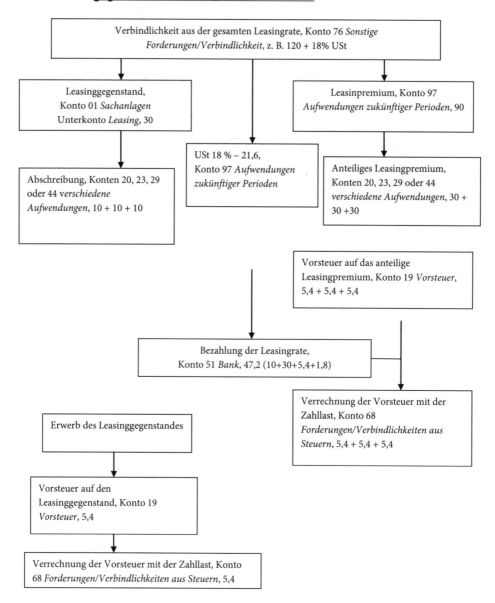

Der Leasinggegenstand wird auf einem Sammelkonto 08 *Geleistete Anzahlungen auf das Anlage-*   145
vermögen gebucht.

Die Teilverbindlichkeit aus dem Leasing (Leasinggegenstand) wird wie folgt gezeigt:

08 *Geleistete Anzahlungen auf das Anlagevermögen*

an

76 *Sonstige Forderungen/Verbindlichkeiten*/Unterkonto *Verbindlichkeit aus dem Leasing*, Leasinggegenstand zum Leasingvertragswert: 30

Der Leasinggegenstand wird zum Wert im Leasingvertrag aktiviert:

01 *Sachanlagen* Unterkonto *Leasing*

an

08 *Geleistete Anzahlungen auf das Anlagevermögen*: 30

Buchung der Teilverbindlichkeit aus dem Leasing (Leasingpremium):

97 *Aufwendungen zukünftiger Perioden* Unterkonto *Leasingpremium*

an

76 *Sonstige Forderungen/Verbindlichkeiten* Unterkonto *Verbindlichkeiten aus Leasing/Leasingpre-
mium*: 90

Buchung der Umsatzsteuer auf die Gesamtleasingrate (Nettomethode):

97 *Aufwendungen zukünftiger Perioden* Unterkonto *Umsatzsteuer*

an

76 *Sonstige Forderungen/Verbindlichkeiten* Unterkonto *Verbindlichkeiten aus Leasing, Umsatzsteuer auf das Leasingpremium*: 21,6

Buchung der Abschreibung:

20, 23, 29, 44 *verschiedene Aufwendungen*

an

02 *Kumulierte Abschreibung* Unterkonto *Leasing*: 10

Buchung des anteiligen Leasingpremiums:

20, 23, 29, 44 *verschiedene Aufwendungen*

an

97 *Aufwendungen zukünftiger Perioden* Unterkonto *Leasingpremium*: 30

Vorsteuer auf die Teilleasingrate:

19 *Vorsteuer*

an

97 *Aufwendungen zukünftiger Perioden Vorsteuer*: 5,4

Sobald der Leasinggegenstand in das Eigentum des Leasingnehmers übergeht, wird er auf dem   146
Konto 01 unter den eigenen *Sachanlagen* aktiviert.

Die Vorsteuer auf den Leasinggegenstand wird bereits nach der Buchung und beim Vorliegen aller   147
erforderlichen Unterlagen als solche verrechnet.

€ Steuern:

Bilanziert der Leasingnehmer den Leasinggegenstand, gehören bei ihm die Leasingraten mit Ausnahme der enthaltenen Abschreibungen auf den Leasinggegenstand zu den steuerlich abzugsfähigen Aufwendungen. Die Abschreibung gehört ebenfalls zu den steuerlich abzugsfähigen Aufwendungen, allerdings nicht innerhalb der Leasingraten. Beim Leasinggeber gehören die Aufwendungen im Zusammenhang mit der Anschaffung des Leasingobjektes zu den steuerlich abzugsfähigen Aufwendungen.

Mietereinbauten, die der Leasingnehmer tätigt, werden handelsrechtlich und steuerrechtlich wie andere Mietereinbauten behandelt. Vgl. dazu das Kapitel Aktivierung von Mietereinbauten.

e) Beendigung des Leasingvertrages

Am Ende des Leasingvertrages wird der Leasinggegenstand entweder an den Leasinggeber zurückgegeben oder durch den Leasingnehmer erworben, wobei letzteres direkt im Leasingvertrag vorgesehen sein soll.

148 Der Leasingnehmer ist verpflichtet, den Leasinggegenstand in dem Zustand an den Leasinggeber zurückgeben, in dem er ihn von dem Leasinggeber erhalten hat, unter Berücksichtigung der üblichen Abnutzung bzw. der Abnutzung gemäß dem Leasingvertrag. Wie bereits erwähnt, kann der Leasingvertrag eine erhöhte Abschreibung für die Abnutzung vorsehen.

149 Nach Erhalt des Leasinggegenstandes und, falls der Leasinggegenstand nicht erneut für Leasingzwecke überlassen wird, bucht der Leasinggeber den Leasinggegenstand vom Konto 03 *Investitionen in Miet- oder Leasinggegenstände* auf das Konto 01 *Sachanlagen* um. Der Leasingnehmer bucht den Abgang vom außerbilanziellen Konto 001 *Gemietete Sachanlagen*.

150 Falls der Leasingnehmer den Leasinggegenstand bilanziert hat, bucht der Leasinggeber den Zugang des Leasinggegenstandes auf dem Konto 03 *Investitionen in Miet- oder Leasinggegenstände* oder auf dem Konto 01 *Sachanlagen*, falls der Leasinggegenstand nicht speziell für Zwecke des Leasings erworben wurde, im Soll und auf dem Konto 76 *Sonstige Forderungen/Verbindlichkeiten* im Haben zum Restbuchwert gemäß den Belegen des Leasingnehmers. Falls der Leasinggegenstand vollständig abgeschrieben worden ist, wird er im Nominalwert von 1.000 Rubel bilanziert[57]. Der Leasingnehmer zeigt den Abgang des Leasinggegenstandes.

151 Falls am Ende des Leasingvertrages das Eigentum an den Leasingnehmer übergeht, zeigt der Leasinggeber den Abgang des Leasinggegenstandes. Hat der Leasingnehmer den Leasinggegenstand bilanziert, zeigt der Leasinggeber den Abgang vom außerbilanziellen Konto 011 *Vermietete Sachanlagen*. Der Leasingnehmer nimmt eine Umbuchung auf den Konten 01 *Sachanlagen* und 02 *akkumulierte Abschreibungen*, und zwar von den Unterkonten *geleaste Sachanlagen* auf *eigene Sachanlagen*, vor.

---

57 Punkt 7 Anlage Nr. 1 zur Anordnung des Finanzministeriums der RF Nr. 15 vom 17. Februar 1997

III.   Anlagen im Bau

1.   Grundsatz

Unter diesem Posten werden Anzahlungen auf Sachanlagen, Anzahlungen auf immaterielle Ver-   152
mögensgegenstände sowie Anlagen im Bau erfasst.

Die Bilanzierung geleisteter Anzahlungen in das Sachanlagevermögen regelt RLS 06/01 *Sach-*   153
anlagen, die Behandlung geleisteter Anzahlungen auf immaterielle Vermögensgegenstände RLS
14/2000 *Bilanzierung von immateriellen Vermögensgegenständen* sowie RLS 17/02 *Bilanzierung*
der Aufwendungen für Forschung, Entwicklung und Technologie. Bilanzierung und Bewertung von
Anlagen im Bau werden insbesondere durch den RLS 2/94 *Bilanzierung von Verträgen über die*
Errichtung von Bauten, verabschiedet durch die Anordnung des Finanzministeriums Nr. 167 vom
20. Dezember 1994 (RLS 2/94) geregelt. Die jüngeren RLS haben Vorrang gegenüber dem älteren
RLS über die *Bilanzierung von langfristigen Investitionen*, verabschiedet durch Schreiben des Finanzministeriums der RF Nr. 160 vom 30. Dezember 1993 (RLS 160). Der RLS 160 ist für russische Verhältnisse bereits eine relativ alte Richtlinie, die allerdings noch immer in Teilen gültig ist,
soweit sie neueren übergeordneten Gesetzen oder Richtlinien nicht widerspricht.

Langfristige Investitionen (oder Kapitalinvestitionen) werden durch das Gesetz *Über die Investi-*
tionstätigkeit in Form von Kapitalanlagen in der Russischen Föderation Nr. 39-FZ vom 25. Februar
1999 (Gesetz über die Investitionstätigkeit) definiert. Die steuerlichen Verhältnisse der Kapitalinvestitionen sind im SteuerGB geregelt.

Unter langfristigen Investitionen (oder Kapitalinvestitionen im Sinne des Gesetzes über die Inve-   154
stitionstätigkeit) werden Aufwendungen in Bezug auf den Bau, die Erhöhung der Anschaffungs-
oder Herstellungskosten sowie die Anschaffung des Anlagevermögens mit einer Nutzungsdauer
von über einem Jahr verstanden, die nicht für den weiteren Verkauf bestimmt sind. Eine Ausnahme davon bilden langfristige Finanzinvestitionen in staatliche Wertpapiere sowie Wertpapiere,
die einen Anteil am Grund- oder Stammkapital anderer Gesellschaften darstellen. Langfristige
Investitionen betreffen folgende Sachverhalte:

- Bau in Form eines Neubaus sowie die Rekonstruktion, die Erweiterung und technische Um-
  rüstung laufender Betriebe. Dieser Bau (mit Ausnahme des Neubaus) verändert den Sinn und
  Zweck des Bauobjekts. Die Bauaufwendungen gehören nicht zu den laufenden Aufwendun-
  gen;
- Anschaffung von Gebäuden, Anlagen, Transportmitteln und anderen Sachanlagen;
- Anschaffung von Grundstücken und Objekten der Naturnutzung sowie
- Anschaffung und Herstellung immaterieller Vermögensgegenstände[58].

Diese Aufwendungen werden auf dem Konto 08 *Geleistete Anzahlungen auf das Anlagevermögen*   155
gesammelt und, sobald der entsprechende Vermögensgegenstand aktivierungspflichtig ist, auf das
Konto 01 *Sachanlagen* oder *04 Immaterielle Vermögensgegenstände* umgebucht.

Solange die Aufwendungen auf dem Konto 08 *geleistete Anzahlungen auf das Anlagevermögen*
gesammelt werden, erfolgt keine (planmäßige) Abschreibung.

---

58   Punkt 1.2 RLS 160

2.   Bauverträge

a)   Allgemeines

156   Wie bereits oben dargestellt, erfasst RLS 2/94 unter anderem Anlagen im Bau. Folgende Begriffe sind im RLS 2/94 erläutert:

157   Ein Vertrag über den Bau (im weiteren „Bauvertrag" genannt) legt die Rechte und Pflichten der Vertragsseiten im Zusammenhang mit dem Neubau, der Rekonstruktion, der Erweiterung, der technischen Umrüstung sowie der Renovierung laufender Betriebe, Gebäude und Anlagen fest.

158   Investor ist eine juristische oder natürliche Person, die eigene oder fremde Finanzmittel in den Bau oder die Rekonstruktion der Sachanlagen investiert. Im ZGB wird der Investor als Auftraggeber[59] bezeichnet.

159   Bauträger ist ein Investor oder eine andere juristische oder natürliche Person, die durch den Investor beauftragt ist, die Investitionsprojekte durchzuführen. Der Bauträger wird im ZBG auch als Generalunternehmer[60] bezeichnet.

160   Auftragnehmer (Subunternehmer) ist eine juristische Person, die gemäß einem Bauvertrag mit dem Bauträger die Bauarbeiten durchführt.

161   Anlagen im Bau fassen die Aufwendungen des Bauträgers im Zusammenhang mit den Bauobjekten von Beginn der Bauarbeiten bis zur Ingangsetzung der Sachanlagen zusammen.

162   Fertige Anlagen sind die Summe der Aufwendungen des Bauträgers in Bezug auf das in Betrieb gesetzte Bauobjekt.

163   Unfertige Leistungen stellen die Summe der Aufwendungen des Auftragnehmers im Zusammenhang mit den unfertigen Bauobjekten gemäß dem Bauvertrag dar.

164   RLS 2/94 regelt die Bilanzierung beim Bauträger und Subunternehmer. Der Investor wird als Begriff zwar erwähnt, es wird aber auf die Bilanzierung beim Investor nicht detailliert eingegangen. Es sind dabei zwei Möglichkeiten vorhanden:

a)   Die Funktion des Investors und des Bauträgers stimmt überein. In diesem Fall bilanziert der Investor wie ein Bauträger.

b)   Die Funktion des Investors und des Bauträgers sind getrennt. Die Aufwendungen im Zusammenhang mit den Anlagen im Bau werden beim Bauträger und Subunternehmer bilanziert. Der Investor übernimmt die Anlage vom Bauträger nach ihrer Fertigstellung.

165   Der Investor und der Bauträger sind miteinander durch einen Bauvertrag verbunden. Oftmals werden durch den Bauträger ein oder mehrere Subunternehmer eingeschaltet. Meist werden diese Bauverträge zwischen Bauträger und Subunternehmern aber separat geschlossen. Der Subunternehmer ist rechenschaftspflichtig gegenüber dem Bauträger und der Bauträger gegenüber dem Investor.

b)   Vertragstypen

166   RLS 2/94 unterscheidet zwei Vertragstypen:

---

59   Kapitel 37 ZGB
60   Art. 706 ZBG

a) Festpreisvertrag
   Es wird ein fester Preis vereinbart. Solche Verträge können aber mit Preisgleitklauseln verbunden werden.

b) Cost-plus-Vertrag
   Auf die tatsächlich anfallenden Kosten wird eine im Bauvertrag vereinbarte fixe Marge aufgeschlagen.

Beide Vertragstypen sind auch im IAS 11 *Construction contracts* vorgesehen. Die Mischformen aus den beiden Vertragstypen werden im RLS 2/94 nicht ausdrücklich erwähnt. Da sie aber nicht verboten sind, können auch Kombinationen aus beiden Vertragstypen, z. B. Cost-plus-Verträge mit einer absoluten Preisobergrenze, vorkommen.   167

c)   Bilanzierung beim Bauträger

Der Bauträger erbringt dem Investor eine Dienstleistung, indem er den Bau organisiert und koordiniert sowie möglicherweise selbst alle Bauarbeiten oder einen Teil der Bauarbeiten ausführt. Nach der Fertigstellung übergibt der Bauträger das Bauobjekt an den Investor. Dieser aktiviert den Vermögensgegenstand als Sachanlage auf dem Konto 01 *Sachanlagen*.   168

Bauträger müssen zu jedem Bauobjekt folgende Informationen in ihren Büchern führen: 169

- fertige Bauten;

- unfertige Bauten;

- geleistete Anzahlungen an die Subunternehmer;

- das Finanzergebnis ihrer Tätigkeit[61].

Der Bauträger bilanziert die Aufwendungen im Zusammenhang mit dem Bauobjekt abweichend von der Bilanzierungsweise nach IFRS auf dem Konto 08 *Anzahlungen auf das Sachanlagevermögen*, obwohl es sich nicht um seine eigenen Investitionen, sondern um die des Investors handelt.   170

Folgende Aufwendungen werden als Anlagen im Bau durch den Bauträger erfasst: 171

- Bau- und Montagearbeiten (entweder durchgeführt durch die Subunternehmer oder aus eigenen Kräften);

- Anschaffung von Gebäuden, Anlagen, Maschinen, Transportmitteln, anderer Sachanlagen;

- Sonstige Arbeiten und Aufwendungen im Zusammenhang mit der Errichtung von Bauten.

Falls der Bauträger aus eigenen Kräften die Bauarbeiten durchführt, werden die Bauobjekte anhand tatsächlich angefallener Aufwendungen inklusive Aufwendungen für den Unterhalt der auf den Bau spezialisierten Abteilungen (Architekten, Ingenieure usw.) bewertet. Die Aufwendungen werden auf dem Konto 20 *Herstellungskosten der Haupttätigkeit* gesammelt. Dabei werden die Aufwendungen des Bauträgers wie bei einem Auftragnehmer behandelt (Konto 20) und die Anlagen im Bau (Konto 08) sowie die Finanzierung wie es für einen Bauträger vorgeschrieben ist.   172

Die buchhalterische Darstellung der Finanzierung, die der Bauträger von dem Investor erhält, hängt von den eigentlichen Bauvertragsbedingungen ab.   173

Handelt es sich um ein Bauunternehmen, das im Rahmen seiner gewöhnlicher Tätigkeit die Bauträgerfunktion ausübt, im eigenen Namen und auf eigene Rechnung Bauverträge mit den Auftragnehmern abschließt und die Arbeit der Auftragnehmer abnimmt, gehört die vom Investor erhaltene Finanzierung zu den Einnahmen aus der gewöhnlichen Geschäftstätigkeit. Die Umsätze

---

61 Punkt 4 RLS 2/94

sind auf dem Konto 90-1 zu buchen. Diese Umsätze sind umsatzsteuerpflichtig. Die Aufwendungen für die Vergütung der Auftragnehmer sowie weitere unmittelbar mit dem Bau verbundene Aufwendungen bilden den entsprechenden Gegenposten. Diese Aufwendungen werden auf dem Konto *Herstellungskosten* (Konto 20) gesammelt[62].

174   Falls der Bauträger den Bau des Bauobjektes nur organisiert und mit dem Investor eher in einer Agentenbeziehung steht, können die erhaltenen Finanzmittel als solche für die Ausführung des Agentenvertrages buchhalterisch erfasst werden. Diese werden auf dem Konto 76 *Sonstige Forderungen/ Verbindlichkeiten* gebucht und sind nicht umsatzsteuer- und nicht gewinnsteuerpflichtig. Mit Umsatzsteuer und Gewinnsteuer wird nur die Vergütung des Bauträgers (Agentenvergütung) belegt[63]. Diese Konstellation – dass der Bauträger nur den Bau des Bauobjektes organisiert – ist in der Praxis nicht oft anzutreffen. In anderen Konstellationen sollte dieses Buchungsvorgehen und der Versteuerungsansatz nicht zu Steuerumgehungsversuchen verwendet werden.

175   Eine weitere Erfassungsmöglichkeit wäre es, die vom Investor erhaltene Finanzierung als so genannte zweckgebundene Finanzierung zu behandeln. Die Finanzierung wäre dann auf dem Konto *Zweckgebundene Finanzierung* (Konto 86) im Haben zu erfassen. Nach der Übergabe des Bauobjektes an den Investor wird der *Umsatz* (Konto 90-1) gegen die *Finanzierung* vom Konto 86 im Soll gebucht. Die Bauaufwendungen, die der Bauträger auf dem Konto 08 *Anzahlungen auf das Anlagevermögen* gesammelt hat, werden im Aufwand (Konto 90-2 *Kosten der Leistungserstellung*) erfasst. Die Finanzierung sowie der mit dem Bau verbundener Aufwand gehört somit zu der Erträgen und Aufwendungen aus der gewöhnlichen Tätigkeit[64].

176   Weitere Erfassungsmöglichkeiten sind nicht ausgeschlossen. Die Anweisung zum Kontenplan, verabschiedet durch die Anordnung des Finanzministeriums Nr. 94n vom 31. Oktober 2000, erlaubt im Fall von wirtschaftlichen Vorgängen, die in der Anweisung nicht ausdrücklich vorgesehen sind, die buchhalterische Erfassung selbstständig an die wirtschaftliche Vorgänge anzupassen.

❗ Praxishinweis:

Die Erfassungsmethode sollte in der firmeninternen Bilanzierungsrichtlinie dargestellt werden, um Missverständnisse insbesondere mit der Steuerbehörde zu vermeiden.

€ Steuern:

Die Aufwendungen im Zusammenhang mit der Geschäftstätigkeit des Bauträgers sind mit gewissen Einschränkungen gemäß den Regelungen des SteuerGB steuerlich abzugsfähig. Die Vorsteuer kann grundsätzlich mit der Umsatzsteuerzahllast verrechnet werden, wenn der Bauträger die Bauarbeiten gänzlich oder teilweise selbständig durchführt.

Falls der Bauträger die oben beschriebene Rolle des Agenten übernimmt, darf die Vorsteuer auf die Leistungen der Subunternehmer nicht mit seiner Umsatzsteuerzahllast verrechnet werden, da es sich dabei um ein Bauobjekt handelt, das vom Investor später aktiviert wird. Diese Vorsteuer wird an den Investor weitergereicht. Sie wird bei dem Bauträger entweder auf dem Konto 19 Vorsteuer oder auf einem Unterkonto zum Konto 76 *Sonstige Forderungen/Verbindlichkeiten* gezeigt[65].

62 Kommentar zu den Rechnungslegungsstandards unter der Redaktion von A. S. Bakaev, 2. Auflage, Jurait-Isdat, 2005
63 Wereschjagin, Kommentar zu RLS 2/94, Nologovj Vestnik Nr. 11, November 2006
64 Kommentar zu den Rechnungslegungsstandards unter der Redaktion von A. S. Bakaev, 2. Auflage, Jurait-Isdat, 2005
65 Wereschjagin, Kommentar zu RLS 2/94, Nologovj Vestnik Nr. 11, November 2006

d)   Bilanzierung beim Auftragnehmer

Der Auftragnehmer muss folgende Information zu jedem Bauobjekt in seinen Büchern aufzeichnen: **177**

- Aufwendungen in Bezug auf die Bauarbeiten für jedes Bauobjekt, in der Berichtsperiode sowie kumuliert ab Beginn der Arbeiten;
- unfertige Bauten für jedes Bauobjekt;
- Erträge aus abgeschlossenen Bauobjekten bzw. Teilarbeiten;
- das Finanzergebnis aus den Bauarbeiten sowie
- erhaltene Anzahlungen[66].

In der Regel werden einzelne Bauobjekte buchhalterisch separat erfasst. Der Auftragnehmer darf   **178** allerdings einzelne Bauobjekte zusammenfassen, an denen er mit einem oder mehreren Bauträgern arbeitet, falls es sich bei solchen Arbeiten um ein Gesamtprojekt handelt. Falls ein Auftrag mehrere Bauobjekte umfasst, die kein Gesamtprojekt betreffen, ist jedes Bauobjekt einzeln zu erfassen, soweit Aufwendungen und das Finanzergebnis jedes Bauobjektes einzeln ermittelt werden können.

Die Aufwendungen des Auftragnehmers beinhalten alle tatsächlich angefallenen Aufwendungen,   **179** die mit der Ausführung der Bauarbeiten verbunden sind.

Ist der Bauvertrag noch nicht abgeschlossen und entstehen dem Auftragnehmer Aufwendungen,   **180** die mit dem Abschluss des Bauvertrages verbunden sind, können diese Aufwendungen dem Bauvertrag später zugerechnet werden, indem sie im Rahmen des ARAP erfasst werden (Konto 97). Solche Aufwendungen dürfen aber auch als Periodenaufwand erfasst werden.

Zu den Aufwendungen des Auftragnehmers gehören erwartete, unvermeidbare Verluste, falls sie   **181** in Übereinstimmung mit dem Bauträger im Bauvertragspreis inbegriffen sind. Der Auftragnehmer darf auch Rückstellungen in Bezug auf vorhersehbare Aufwendungen und Verluste bilden, die mit dem Bau verbunden sind. Solche Aufwendungen und Verluste können sowohl während der Bauphase als auch nach dem Bauabschluss und der Abnahme durch den Bauträger entstehen, z. B. Aufwendungen aus Garantieverpflichtungen. Die Voraussetzung für die Bildung dieser Rückstellungen ist, dass deren Wert zuverlässig geschätzt werden kann[67].

Die Gewinnrealisierung kann auf zweierlei Arten erfolgen: **182**

- nach dem Fertigstellungsgrad oder
- am Ende des Gesamtbauprojektes.

Die Abrechnungen erfolgen entsprechend entweder

- als Anzahlungen (Zwischenzahlungen) oder
- am Ende des Gesamtbauprojektes.[68]

Die Methode der Gewinnrealisierung nach dem Fertigstellungsgrad darf nur dann angewandt   **183** werden, wenn das Ergebnis der Arbeiten zuverlässig geschätzt werden kann. Das Finanzergebnis wird nach dem Abschluss der Bauarbeiten an einem Bauabschnitt als die Differenz zwischen dem vertraglich vereinbarten Preis für diesen Bauabschnitt und den tatsächlich angefallenen Aufwendungen (direkter Weg) oder kalkulatorisch berechneten Aufwendungen in Bezug auf diesen Bauabschnitt ermittelt.

---

66 Punkt 4 RLS 2/94
67 Punkt 13 RLS 2/94
68 Punkt 5 RLS 2/94

184   Die buchhalterische Erfassung kann auf zwei Wegen erfolgen, und zwar abhängig von der Art der Abrechnungen. Falls diese in Form von Anzahlungen (Zwischenzahlungen) erfolgen, werden anteilige Erlöse auf dem Konto 46 *Unfertige Bauleistungen* erfasst. Diese Vorgehensweise wird anhand nachfolgenden Beispiels verdeutlicht.

> **Beispiel:**
>
> Gemäß einem Bauvertrag zwischen dem Bauträger und dem Auftragnehmer wird ein Bauobjekt innerhalb von einem Jahr vom 01. Januar 2007 bis zum 31. Dezember 2007 errichtet. Der Bau wird in zwei Abschnitte geteilt. Der Gesamtvertragpreis beträgt 1.000.000 Rubel, wobei der erste Bauabschnitt bis zum 30. Juni 2007 fertig gestellt werden soll und 600.000 Rubel kostet. Eine Anzahlung von 708.000 Rubel am 01. Januar 2007 ist vorgesehen.
>
> Folgende Buchungen wird der Auftragnehmer vornehmen:
>
> Eingang der Anzahlung am 01. Januar 2007:
>
> 51 *Bank Rubel*
>
> an
>
> 62 *Forderungen aus Lieferungen und Leistungen* Unterkonto *erhaltene Anzahlungen*: 708.000 Rubel
>
> Buchung der Umsatzsteuer auf die erhaltene Anzahlung:
>
> 62 *Forderungen aus Lieferungen und Leistungen* Unterkonto *erhaltene Anzahlungen*
>
> an
>
> 68 *Forderungen/Verbindlichkeiten aus Steuern*: 108.000 Rubel (708.000 Rubel x 18 % / 118 %)
>
> Die Herstellungskosten der Bauarbeiten:
>
> 20 *Herstellungskosten der Haupttätigkeit*
>
> an
>
> 02, 10, 26, 69, 70 *verschiedene Vermögensgegenstände* oder *Aufwendungen*: 400.000 Rubel
>
> Anteilige Umsätze in Bezug auf den ersten Bauabschnitt:
>
> 46 *Unfertige Bauleistungen*
>
> an
>
> 90-1 *Umsatzerlöse*: 600.000 Rubel
>
> Herstellungskosten des ersten Bauabschnittes:
>
> 90-2 *Kosten der Leistungserstellung*
>
> an
>
> 20 *Herstellungskosten der Haupttätigkeit*: 400.000 Rubel
>
> Umsatzsteuer auf die Realisation aus dem ersten Bauabschnitt:
>
> 90-3 Umsatzsteuer
>
> an
>
> 68 Forderungen/Verbindlichkeiten aus Steuern:108.000 Rubel
>
> Ergebnisermittlung für den ersten Bauabschnitt:
>
> 90-9 *Abschlusskonto – Periodenergebnis*
>
> an
>
> 99 *Gewinne und Verluste*: 200.000 Rubel

Die Forderung aus Lieferung und Leistung aus dem ersten Bauabschnitt wird mit der erhaltenen Anzahlung verrechnet. Die bereits bezahlte Umsatzsteuer auf die Anzahlung wird mit der Umsatzsteuerzahllast verrechnet.

Falls eine weitere Anzahlung für den zweiten Bauabschnitt geleistet wird, sind ähnliche Buchungen erforderlich. Dabei werden die kumulierten Erlöse auf dem Konto 46 *Unfertige Bauleistungen* weiterhin bis zum Abschluss der gesamten Bauarbeiten geführt. Nach dem Abschluss der Bauarbeiten wird das Konto 46 auf das Konto *Forderungen aus Lieferungen und Leistungen* umgebucht:

62 *Forderungen aus Lieferungen und Leistungen*

an

46 *Unfertige Bauleistungen*: 1.000.000 Rubel

Falls keine Anzahlungen (Zwischenzahlungen) geleistet werden, sind die Umsatzerlöse im üblichen Verfahren ohne Einsatz des Kontos 46 zu buchen (62 *Forderungen aus Lieferungen und Leistungen* an 90-1 *Umsatzerlöse*).

❗ Praxishinweis:

Die Gewinnermittlungsmethode nach dem Fertigstellungsgrad kann angewandt werden, falls der Vertrag zwischen dem Bauträger und dem Auftragnehmer die Bauabschnitte und deren Preise klar definiert.

Bei der Gewinnrealisierung am Ende des Gesamtbauprojektes wird das Ergebnis erst nach der Fertigstellung des Bauobjektes anhand der tatsächlich angefallenen Erträge und Aufwendungen ermittelt. Dabei werden die *Gesamtherstellungskosten* (Konto 20) nach der Fertigstellung des gesamten Bauobjektes in die *Kosten der Leistungserstellung* (Konto 90-2) übernommen. Im Laufe des Bauprojektes sind sie als *unfertige Leistungen unter den Vorräten* auszuweisen.   185

Für unterschiedliche Bauobjekte dürfen unterschiedliche Gewinnrealisierungsmethoden angewandt werden.   186

❗ Praxishinweis:

Die gewählte Gewinnrealisierungsmethode muss in der internen Bilanzierungsrichtlinie des Unternehmens festgelegt werden.

In der russischen Baupraxis ist der Abschluss der Arbeiten durch ein Abnahmeprotokoll zu belegen. Ein solches Abnahmeprotokoll kann entweder für jeden Bauabschnitt für die Gewinnrealisierung nach dem Fertigstellungsgrad oder am Ende des Gesamtbauprojektes unterschrieben werden. Für das Abnahmeprotokoll ist vom Staatlichen Komitee für Statistik ein Vordruck vorgesehen (Formular KS-2)[69]. Dieser Vordruck muss nicht zwingend verwendet werden, falls die wesentlichen Bestandteile des Abnahmeprotokolls (Datum, Vertragsparteien, Vertrag, Umfang der Arbeiten, Preis der Arbeiten, anfallende Umsatzsteuer, Unterschriften der Vertragsparteien, Stempel der Vertragsparteien) vorhanden sind. Das Abnahmeprotokoll ist auch umsatzsteuerlich relevant. Ein Beispiel eines Abnahmeprotokolls ist als Anlage 9 im Anhang zu finden.   187

€ Steuern:

Im Falle der Gewinnermittlung nach dem Fertigstellungsgrad ist die Gewinnsteuer für das Quartal zu ermitteln, in dem die Festigstellung eines Bauabschnittes erfolgt. Die Umsatzsteuer ist ebenfalls auf die Realisation zu zahlen.

Bei der Gewinnermittlung am Ende des Gesamtbauprojektes werden i.d.R. über die Bauzeit nur Vorauszahlungen getätigt, bis das gesamte Bauobjekt abgeschlossen ist. Die Anzahlungen erhöhen nicht die Gewinnsteuerbemessungsgrundlage. Die Gewinnsteuer wird erst für das Quartal ermittelt, in dem das gesamte Bauobjekt fertig gestellt worden ist.

Die Umsatzsteuer auf die Anzahlungen muss bei beiden Methoden entrichtet werden. Diese ist allerdings später mit der Umsatzsteuerzahllast auf den Gesamtumsatz zu verrechnen.

---

69 Anordnung des Staatlichen Komitees für Statistik Nr. 100 vom 11. November 1999

3.   Buchführung und Besteuerung von Betriebsstätten

188   Viele deutsche Unternehmen üben ihre Tätigkeit in Russland auch über Betriebsstätten aus. Für eine reibungslose Geschäftstätigkeit ist die Einhaltung einiger Vorschriften notwendig.

189   Ausländische Gesellschaften, die in Russland tätig sind, sind grundsätzlich anmeldepflichtig. Sie müssen sich innerhalb eines Monats nach dem Beginn ihrer Tätigkeit bei der örtlichen Steuerbehörde anmelden. Die Anmeldung bei der Steuerbehörde erfolgt innerhalb von fünf Tagen nach Einreichung aller für die Anmeldung notwendigen Unterlagen. Die Anmeldung ist nicht steuerartbezogen, sondern gilt allgemein für praktisch alle Steuerarten.

190   Die Betriebsstätte ist zur Buchführung verpflichtet. Die Bücher dürfen theoretisch im Heimatland der Betriebsstätte und nach dessen Buchführungsregeln geführt werden. Dies ist allerdings aus sprachlichen und organisatorischen Gründen i.d.R. nicht zu empfehlen. Die Bücher sind gemäß dem Gesetz über die Buchführung grundsätzlich in russischer Sprache zu führen bzw. ins Russische zu übersetzen. Insbesondere müssen einige steuerlich relevante Belege nach russischem Recht ausgefertigt werden: Abnahmeprotokolle, Faktura-Rechnungen (speziell für die Umsatzsteuer relevante Rechnungen).

€ Steuern:

Folgende Steuern fallen in der Regel an: Gewinnsteuer, Umsatzsteuer, Verbrauchsteuern sowie Vermögensteuer. Außerdem haftet die Betriebsstätte für die Einkommensteuer und ist Steuerpflichtige für die Sozialsteuer, falls Mitarbeiter beschäftigt werden.

Betriebsstätten ausländischer Unternehmen sind in Russland beschränkt steuerpflichtig. Der Besteuerung unterliegt nur jener Teil des Gewinns, der einer in Russland ausgeübten Tätigkeit zuzurechnen ist. Bei Bau- und Montagebetriebsstätten im Zusammenhang mit der Errichtung von Anlagen werden nach gegenwärtiger Praxis der Finanzverwaltung nur die auf die eigentlichen in Russland durchgeführten Bau- und Montagetätigkeiten entfallenden Gewinnanteile steuerlich erfasst. Die Steuerbemessungsgrundlage bildet die Differenz zwischen den erzielten Erlösen aus der Tätigkeit in Russland und den damit im Zusammenhang stehenden Aufwendungen. Eine so genannte indirekte Ermittlung der Steuerbemessungsgrundlage ist in dem Fall möglich, wenn die Betriebsstätte eine Unterstützungs- und Hilfstätigkeit für eine andere Person ausübt, die zu einer Betriebsstätte führt. Falls keine Vergütung für diese Tätigkeit vorgesehen ist, wird angenommen, dass der Betriebsstättengewinn 20 % aller Betriebsstättenausgaben beträgt.

Verluste können innerhalb von zehn Jahren im vollen Umfang vorgetragen werden.

Betriebsstätten sind von der Erstellung der Quartal- und Jahresabschlüsse befreit. Sie müssen jährlich einen Bericht über die Tätigkeit in Russland in einer durch das Finanzministerium festgelegten Form abgeben. Neben dem Jahresbericht sind Steuererklärungen sowie Steuervoranmeldungen einzureichen.

Bei der Beschäftigung von eigenem Personal haben die Betriebsstätten auch Sozialsteuer zu entrichten. Auch für ausländische Mitarbeiter, die für die Betriebsstätte tätig sind, ist Sozialsteuer zu zahlen. Sie berechnet sich auf den Anteil der Gehälter, der bei der Ermittlung der Bemessungsgrundlage zur Gewinnsteuer in Abzug gebracht wurden.

Bau- und Montagebetriebsstätten deutscher Unternehmen werden gemäß dem Deutsch-Russischen DBA für ein Jahr von der russischen Gewinnsteuer sowie der Vermögensteuer freigestellt. Falls diese Frist überschritten wird, muss das gesamte Vertragsvolumen in der Berichtsperiode versteuert werden, in der die Frist überschritten wurde. Strafen oder Verzugszinsen fallen in diesem Fall nicht an.

Seit Anfang 2006 dürfen betriebliche Aufwendungen mit Auslandsbezug zur Minderung der Steuerbemessungsgrundlage führen, wenn sie durch Belege nachgewiesen werden, die den Gebräuchen des jeweiligen ausländischen Staates entsprechen. Damit haben die Betriebsstätten weniger Schwierigkeiten, die im Ausland angefallene Aufwendungen in Bezug auf die Betriebsstätte geltend zu machen. Die Übersetzungspflicht entfällt allerdings nicht.

Die Tätigkeit von Bau- und Montagebetriebsstätten ist grundsätzlich umsatzsteuerpflichtig. Falls die ausländische Gesellschaft in Russland steuerlich angemeldet ist, führt sie die Umsatzsteuer selbständig ab. Falls dies (noch) nicht der Fall ist, erfolgt die Besteuerung im Abzugsverfahren. Der russische Vertragspartner ist dann verpflichtet, die Umsatzsteuer einzubehalten und an die russische Finanzbehörde abzuführen.

Falls sich die Betriebsstätte im Nachhinein steuerlich anmeldet, darf sie die Umsatzsteuer selbstständig abführen und die Vorsteuer mit der Umsatzsteuerzahllast verrechnen. Für den russischen Vertragspartner entfällt die Pflicht, die Umsatzsteuer im Steuerab-zugsverfahren einzubehalten und an den Fiskus abzuführen. Dafür muss die Betriebsstätte ihre russischen Vertragspartner über ihre steuerliche Anmeldung benachrichtigen und ihnen eine notariell beglaubigte Kopie der Anmeldebescheinigung zur Verfügung stellen. Die noch vor der Anmeldung an den russischen Vertragspartner bezahlte Umsatzsteuer darf mit der Umsatzsteuerzahllast der Betriebsstätte verrechnet werden, falls der russische Vertragspartner sie tatsächlich an den Fiskus abgeführt hat.

IV.   Investitionen in Leasing- und Mietgegenstände

Investitionen in Leasing- und Mietgegenstände gehören gemäß RLS 6/01 zu den Sachanlagen. Somit werden sie als Sachanlagen behandelt. Zugleich werden Sie auf einem separaten Konto 03 *Investitionen in Leasing- und Mietgegenstände* gebucht, sowie in einer separaten Zeile der Bilanz (135) ausgewiesen. Die Regelung der Leasing- und Mietgegenstände gemeinsam mit den Sachan-lagen ist ein weiterer Unterschied zu den IFRS, wo diese Verhältnisse in separaten Standards, IAS 40 *Investment Property* und IAS 17 *Leasing* geregelt werden.

191

V.   Finanzinvestitionen

1.   Grundsatz

Die Finanzinvestitionen (im weiteren ebenfalls als *Finanzanlagen* bezeichnet), sowohl langfristige als auch kurzfristige, sind Gegenstand des RLS 19/02, eingeführt durch die Anordnung des Fi-nanzministeriums der RF Nr. 126n vom 10. Dezember 2002 (RLS 19/02). Der RLS 19/02 ist seit dem 01. Januar 2003 in Kraft.

192

RLS 19/02 legt fest, welche Vermögensgegenstände zu den Finanzinvestitionen zählen, wobei die im RLS aufgeführte Liste nicht weitere Vermögensgegenstände von den Finanzinvestitionen ausschließt, falls solche Vermögensgegenstände die Voraussetzungen für die Bilanzierung als Fi-nanzinvestitionen erfüllen. Diese Voraussetzungen sind den entsprechenden Normen der IFRS ähnlich.

193

Ein Vermögensgegenstand kann als eine Finanzinvestition aktiviert werden, falls alle nachfolgend genannten Voraussetzungen erfüllt sind:

194

- Vorhandensein entsprechender Dokumentation der Existenz der Rechte an den Finanz-investitionen sowie am Zufluss von Finanzmitteln oder anderer Vermögenswerte aus diesen Rechten.

- Übergang der finanziellen Gefahren in Bezug auf die Finanzinvestitionen auf das Unterneh-men (Risiko der Preisänderung, Insolvenz des Schuldners, Liquiditätsrisiko usw.).

- Wahrscheinlichkeit, dass dem Unternehmen ein mit den Finanzinvestitionen verbundener künftiger wirtschaftlicher Nutzen in Form von Zinsen, Dividenden sowie Wertzuwächsen zu-fließen wird[70].

---

70 Punkt 2 RLS 19/02

195   Zu Finanzinvestitionen zählen danach:

■ staatliche und kommunale Wertpapiere;

■ Wertpapiere anderer Unternehmen, unter anderem Forderungspapiere, die das Datum und den Rückzahlungspreis festlegen (Anleihen, Wechsel);

■ Einlagen ins Grund- oder Stammkapital anderer Gesellschaften, unter anderem ins Grund- oder Stammkapital von Tochterunternehmen und verbundenen Unternehmen;

■ an andere Unternehmen gewährte Darlehen;

■ Depositen in Banken;

■ Forderungen, die im Laufe einer Forderungsabtretung erworben worden sind, usw.[71].

196   Folgende Vermögensgegenstände sind ausdrücklich keine Finanzinvestitionen im Sinne des RLS 19/02:

■ eigene Aktien, die durch die Aktiengesellschaft zwecks Weiterverkauf oder Annullierung von den Aktionären zurückgekauft worden sind. Diese Aktien werden auf dem Konto 81 *Eigene Anteile (Aktien)* gebucht und in der Bilanz vom Grund- oder Stammkapital abgezogen.

■ Edelmetalle, Schmuckwaren, Kunstgegenstände und weitere ähnliche Schätze, die nicht für die Ausübung der gewöhnlichen Geschäftätigkeit angeschafft wurden.

■ Wechsel von Kunden, die als Zahlungsmittel für erworbene Waren oder Dienstleistungen ausgestellt wurden (sog. Warenwechsel). Diese Wechsel werden meist nicht für die Erzielung künftigen wirtschaftlichen Nutzens, sondern als Zahlungsmittel verwendet. Dementsprechend werden sie im Soll des Kontos 62 *Forderungen aus Lieferungen und Leistungen* auf einem separaten Unterkonto gebucht.

■ Investitionen in Leasing- oder Mietgegenstände. Diese Investitionen werden auf dem Konto 03 *Investitionen in Leasing- oder Mietgegenstände* gebucht und separat in der Zeile 135 der russischen Bilanz ausgewiesen.

■ Sachanlagen, immaterielle Vermögensgegenstände sowie Vorräte.

2.   Ansatz

197   Der Kontenplan sieht das Konto 58 *Finanzanlagen* für fast alle Finanzinvestitionen bis auf die Depositenzertifikate von Banken vor. Letztere werden auf dem Konto 55-3 *Depositenzertifikate* erfasst.

198   Folgende Unterkonten zu dem Konto 58 können laut dem Kontenplan eröffnet werden:

58-1 *Anteile und Aktien*

58-2 *Forderungspapiere (Wechsel, Anleihen)*

58-3 *gewährte Darlehen*

58-4 *Einlagen in volle Gesellschaften*[72]

usw.

199   Auf dem Konto 58 sind sowohl langfristige (ab einem Jahr) als auch kurzfristige (bis zu einem Jahr) Finanzinvestitionen zu erfassen. Die langfristigen Investitionen sind allerdings gesondert von den kurzfristigen in der Bilanz auszuweisen.

---

71 Punkt 3 RLS 19/02
72 Volle Gesellschaft ist eine Gesellschaft mit persönlicher Haftung der Gesellschafter. Sie entspricht im Wesentlichen einer offenen Handelsgesellschaft nach deutschem Recht.

3. Bewertung bei Zugang

Die Zugänge zu Finanzanlagen können entgeltlich, infolge einer Einlage ins Grund- oder Stamm- **200** kapital einer Gesellschaft, unentgeltlich oder im Wege eines Tauschgeschäftes erworben werden.

Zu den Anschaffungskosten der entgeltlich erworbenen Finanzanlagen gehören alle direkt zure- **201** chenbaren Aufwendungen:

- Anschaffungspreis;
- Informations- und Beratungsdienstleistungen im Zusammenhang mit der Anschaffung von Finanzanlagen; falls nach Erhalt der Informations- oder Beratungsdienstleistungen der Beschluss gefasst wurde, die Finanzanlagen nicht anzuschaffen, werden diese in der Periode, in der ein solcher Beschluss gefasst worden ist, als sonstiger Aufwand erfasst;
- Vermittlungsgebühren;
- weitere direkt zurechenbare Aufwendungen.

Eine besondere Regelung besteht für die neben dem Anschaffungspreis für die Finanzanlagen **202** getätigten Anschaffungsnebenkosten. Falls diese Anschaffungskosten im Vergleich zu dem an den Verkäufer gezahlten Anschaffungspreis nicht wesentlich sind, darf das Unternehmen sie als sonstigen Aufwand in der Periode erfassen, in der die Finanzanlagen aktiviert wurden. Über die Wesentlichkeit entscheidet das Unternehmen selbständig, sie muss allerdings in der Bilanzierungsrichtlinie des Unternehmens festgelegt werden.

Allgemeine Verwaltungsaufwendungen gehören nicht zu den Anschaffungskosten, es sei denn, **203** sie sind unmittelbar mit der Anschaffung der Finanzanlage verbunden.

Falls der Anschaffungspreis der Finanzanlage in fremder Währung denominiert ist, muss er zum **204** Wechselkurs der Zentralbank der RF am Tag der Bilanzierung in Rubel umgerechnet werden.

Zu Anschaffungskosten der Finanzanlagen gehören unter anderem Zinsen, die bis zu dem Zeit- **205** punkt der Aktivierung der Finanzanlage berechnet wurden. Falls ein Darlehen für die Vorauszahlung auf eine Finanzanlage aufgenommen wurde, erhöhen die angefallenen Zinsen die Anschaffungskosten, bis die Finanzanlage aktiviert ist. Nach der Aktivierung der Finanzanlage werden die Zinsen im *sonstigen Aufwand* der laufenden Periode erfasst.

> **Beispiel:**
>
> Ein Unternehmen hat ein Darlehen für die Anschaffung einer Finanzanlage in der Höhe von 1.200.000 Rubel für zwei Jahre erhalten. Die Zinsen betragen 10 % jährlich. Die erhaltenen Finanzmittel wurden an einen Broker zur Anschaffung von Aktien weitergereicht. Die Vergütung des Brokers beträgt 5 % des Anschaffungspreises. Die Brokerdienstleistungen sind umsatzsteuerpflichtig. Einen Monat später hat der Broker die Aktien im Wert von 1.200.000 Rubel für das Unternehmen erworben.
>
> Der Erhalt der Finanzmittel wird wie folgt erfasst:
>
> 51 *Bank Rubel*
>
> an
>
> 67 *Verbindlichkeiten aus langfristigen Darlehen*: 1.200.000 Rubel
>
> Die Finanzmittel werden an den Broker überwiesen:
>
> 76 *Sonstige Forderungen/Verbindlichkeiten*
>
> an

51 *Bank Rubel*: 1.200.000 Rubel

Die Zinsen auf das Darlehen werden gebucht:

76 *Sonstige Forderungen/Verbindlichkeiten*

an

67 *Verbindlichkeiten aus langfristigen Darlehen*: 10.000 Rubel

Brokervergütung:

76 *Sonstige Forderungen/Verbindlichkeiten*

an

51 *Bank Rubel*: 70.800 Rubel (60.000 + 18 % USt)

Vorsteuer auf die Brokervergütung:

19 *Vorsteuer*

an

76 *Sonstige Forderungen/Verbindlichkeiten*: 10.800 Rubel

Aktivierung der Aktien:

58 *Finanzanlagen*

an

76 *Sonstige Forderungen/Verbindlichkeiten*: 1.270.000 Rubel (1.200.000 + 10.000 + 60.000).

Die aktivierungspflichtigen Aufwendungen (Darlehen, Zinsen und Brokervergütung) wurden auf dem Konto 76 *Sonstige Forderungen/Verbindlichkeiten* gesammelt und danach auf dem Konto 58 *Finanzanlagen* aktiviert. Es ist ebenfalls möglich, die aktivierungspflichtigen Aufwendungen direkt auf dem Konto 58 *Finanzanlagen* zu aktivieren, ohne das Zwischenkonto 76 zu benutzen.

206   Im Wege der Schenkung zugegangene Finanzanlagen werden zu ihrem Marktwert aktiviert. Unter dem Marktwert der Finanzanlagen wird folgendes verstanden:

■ der laufende Marktwert gemäß den Börsenkursen;

■ für nicht börsennotierte Finanzanlagen: die Finanzmittel, die infolge eines Verkaufs der Finanzanlage zum Aktivierungszeitpunkt erlangt werden können (der beizulegende Zeitwert).

207   Die Einlage ins Grund- oder Stammkapital wird anhand einer Vereinbarung zwischen den Anteilseignern (Aktionären, Gesellschaftern) bewertet. Übersteigt der Wert einer Einlage 200 Mindestlöhne (derzeit umgerechnet ca. 600 EUR), ist die Bewertung durch einen Sachverständigen notwendig, soweit sie nicht in Geld erfolgt.

208   Finanzanlagen, die im Rahmen eines Tauschgeschäftes (Barter) erworben werden, werden zum Marktwert der übergebenen Vermögensgegenstände aktiviert.

4.   Folgebewertung

209   Bei Finanzanlagen wird zwischen solchen, deren Marktwert ermittelt werden kann, und solchen, deren Marktwert nicht ermittelt werden kann, unterschieden.

210   Marktgängige Finanzanlagen müssen zu ihrem Marktwert neubewertet werden. Die Neubewertung erfolgt monatlich oder quartalsweise, je nachdem, was in der Bilanzierungsrichtlinie des

Unternehmens vorgesehen ist. Die entstehenden Differenzen sind erfolgswirksam und werden als *sonstige Erträge* oder *sonstige Aufwendungen* (Konten 91-1, 91-2) erfasst.

Finanzanlagen, deren Marktwert nicht ermittelt werden kann, werden weiterhin zu ihren An- 211 schaffungskosten geführt.

Falls die Finanzanlagen mit dem Marktwert neubewertet wurden, und ihr Markwert sich bei einer 212 Folgebewertung nicht mehr feststellen lässt (z. B. bei Aktien, die nicht mehr an der Börse gehandelt werden), ist der letzte Markwert als Wertansatz weiterzuführen.

In Bezug auf Forderungspapiere (Wechsel, Anleihen), deren Marktwert nicht ermittelt werden 213 kann, ist ein Wahlrecht vorgesehen, den Gewinn aus dem Wechseldiskont in der Periode zu realisieren, in der dem Unternehmen der Gewinn aus dem Wechseldiskont gemäß den Wechselbedingungen zusteht. Da es sich nur um ein Wahlrecht handelt, kann das Unternehmen die Forderungspapiere auch bis zur Tilgung zu Anschaffungskosten bewerten.

> Beispiel:

Ein Unternehmen hat am 01. Februar 2007 einen Wechsel einer Bank im Nominalwert von 660.000 Rubel für 600.000 Rubel erworben. Der Wechseldiskont beträgt somit 60.000 Rubel. Der Tilgungstermin des Wechsels ist der 31. Juli 2007. Das Unternehmen realisiert den Gewinn aus dem Wechseldiskont monatlich.

Am 01. Februar 2007 wird die Aktivierung des Wechsels gebucht:

50-2 *Forderungspapiere (Wechsel)*

an

51 *Bank*: 600.000 Rubel

Am 28. Februar 2007 wird die Realisierung des Gewinnes aus dem Diskontwechsel für den ersten Monat gebucht:

50-2 *Forderungspapiere (Wechsel)*

an

91-1 *Sonstige Erträge*: 10.000 Rubel (60.000 / 6 Monate)

Unternehmen haben ebenso ein Wahlrecht, die Forderungspapiere zu diskontieren. Die diskon- 214 tierten Werte dürfen aber buchhalterisch nicht erfasst werden. Diese Regelung hat daher eher informativen Charakter. Die Information zu den diskontierten Forderungspapieren wird im Anhang angegeben. Sie muss zuverlässig ermittelt werden. Darauf, wie das Unternehmen die Zuverlässigkeit der Ermittlung des diskontierten Wertes der Finanzanlage sicherstellen soll, wird im RLS nicht eingegangen. Soweit Finanzanlagen im wesentlichen Umfang vorliegen, sollte ein Bewertungsspezialist (Wirtschaftsprüfer oder professioneller Gutachter) herangezogen werden.

5.   Abgang von Finanzanlagen

Ein Abgang liegt vor, falls die oben erwähnten Voraussetzungen für die Aktivierung der Finanz- 215 anlage nicht mehr erfüllt sind. Dies kann aus folgenden Gründen geschehen: Tilgung, Verkauf, Einlage ins Stamm- oder Grundkapital eines anderen Unternehmens, Übergabe im Rahmen einer Schenkung, eines Tauschgeschäftes usw.

Hierbei wird wieder zwischen Finanzanlagen, deren Marktwert ermittelt werden kann und Fi- 216 nanzanlagen, deren Marktwert nicht ermittelt werden kann, unterschieden.

Der Abgang sowie der Restbuchwert zum Stichtag einer Finanzanlage, deren Marktwert sich ermitteln lässt, werden zu dem zuletzt ermittelten Marktwert bewertet.

Der Abgang sowie der Restbuchwert zum Stichtag einer Finanzanlage, deren Marktwert nicht ermittelt werden kann, werden mit einer der folgenden Methoden bewertet:

a) zu Anschaffungskosten jeder Einheit der Finanzanlagen;
b) zu Durchschnittssätzen;
c) mit Hilfe des Verbrauchsfolgeverfahrens FIFO.

217 Zu tatsächlichen Anschaffungskosten jeder Einheit der Finanzanlagen werden folgende Finanzanlagen bewertet: Einlage ins Stammkapital eines anderen Unternehmens (Aktien von Aktiengesellschaften sind nicht betroffen), an andere Unternehmen gewährte Darlehen, Depositen in Banken, Forderungen, die im Laufe einer Forderungsabtretung erworben worden sind.

218 Der Abgang von Wertpapieren kann zu tatsächlichen Anschaffungskosten jeder Einheit, zu Durchschnittssätzen oder mit Hilfe des Verbrauchsfolgeverfahrens FIFO bewertet werden.

219 Die Anlage zum RLS 19/02 enthält folgende Beispiele zu diesen Methoden:

a)   Bewertung zu Durchschnittssätzen

Der Wert der abgegangenen Wertpapiere wird über die Multiplikation der Anzahl der abgegangenen Wertpapiere (z. B. Aktien der Aktiengesellschaft „C") mit dem durchschnittlichen Anschaffungspreis eines Wertpapiers dieser Art (Aktien der Aktiengesellschaft „C") ermittelt. Der durchschnittliche Anschaffungspreis eines Wertpapiers einer Art ist der Quotient, der sich bei der Teilung des Gesamtpreises durch die Anzahl der Wertpapiere ergibt. Sowohl der Gesamtpreis als auch die Anzahl der Wertpapiere beziehen sich auf den Anfangsbestand des Monats sowie die Zugänge der Wertpapiere dieser Art in einem Monat.

> Beispiel:

Datum	Zugang			Abgang			Restwert		
	Anzahl	Preis für ein Stück in Tausend Rubel	Gesamt-Summe in Millionen Rubel	Anzahl	Preis für ein Stück in Tausend Rubel	Gesamt-Summe in Millionen Rubel	Anzahl	Preis für ein Stück in Tausend Rubel	Gesamt-Summe in Millionen Rubel
Bestand zum 01. des Monats	100	100	10	-	-	-	100	100	10
Bestand zum 10. des Monats	50	100	5	60			90		
Bestand zum 15. des Monats	60	110	6,6	100			50		
Bestand zum 20. des Monats	80	120	9,6	-	-	-	130		
Gesamt	**290**	**-**	**31,2**	**160**	**107,6**	**17,2**	**130**	**107,6**	**14**

1. Der durchschnittliche Anschaffungspreis eines Wertpapiers beträgt
   31,2 Millionen Rubel / 290 Stk. = 107,6 Tausend Rubel.

2. Es ergibt sich ein Restwert zum Monatsende von 130 Stk. x 107,6 Tausend Rubel = 14 Millionen Rubel.

3. Der Wert des Abgangs beträgt
   31,2 Millionen Rubel – 14 Millionen Rubel = 17,2 Millionen Rubel
   oder
   160 Stk. x 107,6 Tausend Rubel = 17,2 Millionen Rubel.

Die Bewertung zu Durchschnittssätzen kann auch in gleitender Form erfolgen. D.h. diese Methode kann auch innerhalb des Monats zu jedem Abgang der Wertpapiere und nicht nur zum Monatsende verwendet werden. Der durchschnittliche Anschaffungspreis wird in dem Fall zum Zeitpunkt der letzten Transaktion ermittelt. 220

b) Bewertung mit Hilfe des Verbrauchsfolgeverfahrens FIFO 221

Die Bewertung der Wertpapiere mit Hilfe des Verbrauchsfolgeverfahrens FIFO basiert auf der Annahme, dass die Wertpapiere in der Reihenfolge ihrer Anschaffung innerhalb eines Monats verkauft werden. D. h. die Wertpapiere, die als erste verkauft werden, werden mit den Anschaffungskosten der ersten erworbenen Wertpapiere inklusive des Bestandes zum Monatsanfang bewertet. Die Bewertung des Monatsendbestandes an Wertpapieren erfolgt anhand der Anschaffungspreise der zuletzt erworbenen Wertpapiere. Unter den Anschaffungskosten der abgegangenen Wertpapiere ist somit der Wert der Anschaffungskosten der früher erworbenen Wertpapiere berücksichtigt.

Der Abgang an Wertpapieren wird mit der Differenz zwischen dem Wert zum Monatsanfang plus Zugänge des Monats und dem Restbuchwert der Wertpapiere bewertet. 222

> Beispiel:

Datum	Zugang			Abgang			Restwert		
	Anzahl	Preis für ein Stück in Tausend Rubel	Gesamtsumme in Millionen Rubel	Anzahl	Preis für ein Stück in Tausend Rubel	Gesamtsumme in Millionen Rubel	Anzahl	Preis für ein Stück in Tausend Rubel	Gesamtsumme in Millionen Rubel
Bestand zum 01. des Monats	100	100	10	-	-	-	100		
Bestand zum 10. des Monats	50	100	5	60			90		
Bestand zum 15. des Monats	60	110	6,6	100			50		
Bestand zum 20. des Monats	80	120	9,6	-	-	-	130		
Gesamt	**290**	**107,6**	**31,2**	**160**	**100,6**	**16,1**	**130**	**116,2**	**15,1**

1. Der Wert zum Monatsende anhand der letzten Zugänge beträgt
   (80 x 120 Tausend Rubel) + (50 x 110 Tausend Rubel) = 15,1 Millionen Rubel.

2. Der Wert der Gesamtabgänge beträgt 31,2 Millionen Rubel – 15,1 Millionen Rubel = 16,1 Millionen Rubel.

3. Der Wert eines abgegangenen Wertpapiers ist anzusetzen mit 16,1 Millionen Rubel / 160 Stück = 100,6 Tausend Rubel.

223 Diese Methode kann ebenfalls in gleitender Form erfolgen. D.h. diese Methode kann man auch innerhalb des Monats zu jedem Abgang der Wertpapiere verwenden. Der Wert zum Monatsende wird in dem Fall mit Hilfe des Verbrauchsfolgeverfahrens FIFO zum Zeitpunkt der letzten Transaktion ermittelt.

€ Steuern:

Das Steuerrecht sieht folgende Bewertungsmethoden vor:

a) FIFO

b) LIFO

c) zu Anschaffungskosten jeder Einheit der Finanzanlagen.

Der Steuerpflichtige hat eine der Methoden zu wählen und in seiner Bilanzierungsrichtlinie für steuerliche Zwecke festzulegen[73].

6. Erträge und Aufwendungen aus Finanzanlagen

224 Einnahmen aus Finanzanlagen sind entweder als Erträge aus der gewöhnlichen Geschäftstätigkeit oder als sonstige Erträge einzustufen. Die Behandlung von Erträgen eines Unternehmens ist Gegenstand des RLS 9/99.

225 Aufwendungen im Zusammenhang mit an andere Unternehmen gewährten Darlehen sowie Bankgebühren gehören zu den sonstigen Aufwendungen des Unternehmens. Die Bilanzierung und Bewertung von Aufwendungen des Unternehmens werden im RLS 10/99 geregelt.

€ Steuern:

Einnahmen werden als der Verkaufspreis (bzw. Veräußerungspreis) der Wertpapiere, erhaltene Zinsen bzw. Wechseldiskonte definiert.

Als Aufwendungen sind der Anschaffungspreis der Wertpapiere, Aufwendungen in Bezug auf die Anschaffung und Veräußerung der Wertpapiere, gezahlte Zinsen sowie gewährte Rabatte anzusehen.

Die Steuerbemessungsgrundlage aus Transaktionen mit Wertpapieren ist vom Steuerpflichtigen separat von der Steuerbemessungsgrundlage aus der gewöhnlichen Geschäftstätigkeit zu ermitteln. Eine Ausnahme bilden professionelle Händler an Wertpapierbörsen, die eine Wertpapierhandelstätigkeit ausüben. Dabei wird die Steuerbemessungsgrundlage der marktgängigen Wertpapiere separat von der Steuerbemessungsgrundlage der nicht marktgängigen Wertpapiere berechnet. Die Verluste aus dem Verkauf von Wertpapiere dürfen auch nur separat auf andere marktgängige und nichtmarktgängige Wertpapiere vorgetragen werden.

Privatpersonen hatten noch vor 2007 die Wahl, die Aufwendungen aus der Veräußerung von Wertpapieren entweder

a) im vollen Umfang anhand der vorhandenen Belegen geltend zu machen, oder auch

b) insbesondere falls die entsprechenden Belege fehlen, einen Abzug in Höhe von 125.000 Rubel in Anspruch zu nehmen, falls der Steuerpflichtige die Wertpapiere nicht länger als drei Jahre im Eigentum hatte, oder im vollen Umfang der erhaltenen Erlöse, falls der Steuerpflichtige die Wertpapiere länger als drei Jahre im Eigentum gehalten hat.

Seit dem 01. Januar 2007 ist die zweite Möglichkeit nicht mehr gegeben. D. h. Steuerpflichtige müssen ihre Aufwendungen belegen und es können nur solche Aufwendungen steuerlich abgezogen werden, die belegt sind. Eine Ausnahme hiervon bilden nur Wertpapiere, die vor dem 01. Januar 2007 erworben wurden und die Voraussetzungen für den Abzug nach Punkt b) erfüllen.

---

73 Punkt 9 Art. 280 SteuerGB

7.   Abwertung

Abzuwerten sind solche Finanzanlagen, deren Marktwert sich nicht feststellen lässt (nichtmarkt-   226
gängige Finanzanlagen), und bei denen der Zufluss zukünftigen wirtschaftlichen Nutzens unter
den bisherigen Erwartungen liegt. Dazu gehören Einlagen ins Grund- oder Stammkapital eines
anderen Unternehmens (marktgängige Aktien sind davon nicht betroffen), an andere Unternehmen gewährte Darlehen, Depositen in Banken, Forderungen, die im Laufe einer Forderungsabtretung erworben worden sind usw.

Unter einer Abwertung einer Finanzanlage wird eine nicht nur vorübergehende Wertminderung   227
verstanden, infolgedessen die Finanzanlage unter gewöhnlichen Bedingungen dem Unternehmen
weniger wirtschaftlichen Nutzen bringen würde als vorher erwartet. In diesem Fall ermittelt das
Unternehmen einen neuen niedrigeren Wert der Finanzanlage als Differenz zwischen dem Buchwert der Finanzanlage und dem Wertminderungsbetrag.

Für eine Wertminderung einer Finanzanlage müssen folgende Voraussetzungen kumulativ erfüllt   228
sein:

■   der Buchwert der Finanzanlage an den beiden letzten Stichtagen liegt wesentlich über dem
    beizulegenden Zeitwert;

■   innerhalb des letzten Berichtsjahres kam es ausschließlich zu einer wesentlichen Minderung
    des beizulegenden Zeitwerts der Finanzanlage;

■   zum Stichtag liegen keine Anzeichen vor, dass der beizulegende Zeitwert der Finanzanlage
    sich wesentlich erholen kann.

Beispiele für die Gründe einer Wertminderung können sein: 229

■   der Emittent der Wertpapiere weist Anzeichen einer Insolvenz auf bzw. ein Insolvenzverfah-
    ren ist eröffnet worden;

■   eine wesentliche Anzahl von Transaktionen mit ähnlichen Wertpapieren auf einem organi-
    sierten Wertpapierenmarkt wird zu einem Preis abgewickelt, der wesentlich unter dem Buch-
    wert der Wertpapiere liegt;

■   die Erträge aus Finanzanlagen in Form von Zinsen oder Dividenden fehlen oder haben sich
    wesentlich vermindert und es besteht eine hohe Wahrscheinlichkeit, dass die Verringerung
    der Erträge nachhaltig ist.

Falls Gründe für eine Wertminderung vorliegen, muss das Unternehmen seine Finanzanlagen   230
einer Abwertungsprüfung unterziehen. Die Ergebnisse der Abwertungsprüfung müssen nachgewiesen werden. Die Abwertungsprüfung muss mindestens einmal im Jahr zum Bilanzstichtag (31.
Dezember) stattfinden, falls Gründe für die Annahme einer Wertminderung von Finanzanlagen
vorliegen. Unternehmen sind ebenfalls berechtigt, die Abwertungsprüfungen zu den Stichtagen
der Quartalsabschlüsse durchzuführen.

Falls die Abwertungsprüfung ergibt, dass eine Abwertung vorliegt, ist eine Rückstellung in Höhe   231
des Abwertungsbetrages zu bilden. Die Rückstellung ist in der Höhe der Differenz zwischen dem
Buchwert und dem beizulegenden Zeitwert auf dem Konto 59 *Rückstellung für die Abwertung von
Finanzanlagen* zu bilden. Die sich daraus ergebenden Aufwendungen sind als *sonstiger Aufwand*
(Konto 91-2) zu erfassen. In der Bilanz wird der Wert der Finanzanlage unter Abzug der Rückstel-
lung (netto) ausgewiesen. Diese Rückstellung kommt daher einer Wertberichtigung gleich.

> **Beispiel:**
>
> Zum 31. Dezember 2007 weist ein Unternehmen eine langfristige Finanzanlage in Höhe von 500.000 Rubel aus. Eine Abwertungsprüfung hat ergeben, dass eine nicht nur vorübergehende Wertminderung der Finanzanlage in Höhe von 50.000 Rubel vorliegt.
>
> Bildung der Rückstellung für die Abwertung von Finanzanlagen:
>
> 91-2 *Sonstiger Aufwand*
>
> an
>
> 59 *Rückstellung für die Abwertung von Finanzanlagen*: 50.000 Rubel
>
> In der Bilanz sind die Finanzanlagen in der Zeile 140 in Höhe von 450.000 Rubel auszuweisen.

232   Eine Wertaufholung aufgrund einer Abwertungsprüfung einer Finanzinvestition ist als *sonstiger Ertrag* (Konto 91-1) und Verminderung der Rückstellung für die Abwertung von Finanzanlagen zu erfassen.

Im Falle des Abgangs von Finanzanlagen ist die Rückstellung für die Abwertung erfolgswirksam aufzulösen.

8.   Angabepflichten

233   Langfristige und kurzfristige Finanzinvestitionen sind separat, die langfristigen Finanzinvestitionen in der Zeile 140, die kurzfristigen in der Zeile 250 der Bilanz auszuweisen.

234   Im Abschnitt *Finanzinvestitionen* der Anlage zur Bilanz (Formblatt Nr. 5) sind folgende Angaben zu Finanzinvestitionen nach ihrer Art sowohl zum Jahresbeginn, als auch zum Jahresende zu machen, wobei das Prinzip der Wesentlichkeit zu beachten ist:

■ Marktgängige Finanzanlagen (Zeile 570), sowie Finanzanlagen, deren Markwert sich nicht ermitteln lässt (Zeile 540 – Zeile 570);

■ in Bezug auf marktgängige Finanzanlagen die Veränderung des Marktwerts im Vergleich zur letzten Bewertung (Zeile 580);

■ in Bezug auf Forderungspapiere die Differenz zwischen dem Anschaffungswert und dem Nominalwert (Zeile 590).

235   Im Abschnitt *Sicherheiten* der Anlage zur Bilanz (Formblatt Nr. 5) ist der Wert der verpfändeten Wertpapiere anzugeben.

Weiterhin sind im Anhang anzugeben:

■ Bewertungsmethoden bei Abgang nach Art der Finanzinvestitionen;

■ Auswirkungen der Änderung der Bewertungsmethoden bei Abgang;

■ Wert und Arten der abgegangenen Finanzinvestitionen, die an andere Gesellschaften oder Personen übertragen wurden (ohne Verkäufe);

■ Angaben zur Rückstellung für die Abwertung von Finanzanlagen: Art der Finanzanlage, Höhe der Zuführung zu der Rückstellung im Berichtsjahr, Höhe der Auflösung der Rückstellung (Erfassung im Ertrag), Höhe der Inanspruchnahme der Rückstellung im Berichtsjahr.

236   In der Bilanzierungsrichtlinie des Unternehmens ist folgendes festzulegen:

■ Regelmäßigkeit der Neubewertung von marktgängigen Finanzinvestitionen (monatlich oder quartalsweise);

- Bewertungsmethoden bei Abgang von nichtmarktgängigen Finanzinvestitionen (zu Anschaffungskosten jeder Einheit der Finanzanlagen, zu Durchschnittssätzen, mit Hilfe des Verbrauchsfolgeverfahrens FIFO);

- Klassifizierung der Erträge aus Finanzanlagen als Erträge aus der gewöhnlichen Geschäftstätigkeit oder als sonstige Erträge;

- Turnus der Abwertungsprüfung (zum 31. Dezember des Berichtsjahres oder zu jedem Quartalsabschluss);

- der Zeitpunkt der Gewinnrealisierung aus dem Wechseldiskont auf Forderungspapiere: monatlich, quartalsweise oder im Tilgungsmonat.

9.   Bilanzierung von Beteiligungen an Joint Ventures

a)   Grundsatz

Die Bilanzierung von Beteiligungen an Joint Ventures ist Gegenstand des RLS 20/03 *Bilanzierung und Bewertung der Beteiligung an Joint Ventures*, eingeführt durch eine Anordnung des Finanzministeriums der RF Nr. 105n vom 24. November 2003 (RLS 20/03). Der RLS 20/03 gilt für Abschlüsse ab 2004. Die Grundlage für den RLS bildete IAS 31 *Anteile an Joint Ventures*. Der größte Unterschied zwischen RLS 20/03 und IAS 31 ist das Fehlen des Begriffes der gemeinsamen Kontrolle, was auf das Fehlen der rechtlichen Grundlage dafür in der russischen Gesetzessystematik zurückzuführen ist. `237`

RLS 20/03 ist nur von kommerziell tätigen Gesellschaften anzuwenden. Des weiteren muss der RLS 20/03 bei folgenden Unternehmen und in folgenden Situationen nicht angewandt werden: `238`

- Kreditinstituten;

- Unternehmen, die im Rahmen ihres (JV)Vertrages eine neue Gesellschaft, juristische Person oder eine Finanz- und Industriegruppe gründen;

- das Ziel des (JV)Vertrages besteht nicht darin, wirtschaftlichen Nutzen zu erzielen oder

- Unternehmen schließen einen Vertrag über die Einbringung der Anteile in das Grund- oder Stammkapital eines anderen Unternehmens ab (Regelungsinhalt von RLS 19/02).

Unter der Information über die Teilnahme an Joint Ventures werden Informationen über die Tätigkeit eines Unternehmens verstanden, dessen Ziel es ist, wirtschaftlichen Nutzen oder Erträge aus einer gemeinsamen Tätigkeit mit anderen Organisationen oder Selbständigen durch gemeinsam geführte Tätigkeit oder gemeinsam genutzte Vermögenswerte zu erzielen, ohne dabei eine gemeinsame juristische Person zu bilden[74]. `239`

Der RLS unterscheidet drei Formen von Joint Ventures: `240`

- gemeinsam geführte Tätigkeit,

- gemeinsam genutzte Vermögenswerte,

- gemeinsam geführte Gesellschaft des bürgerlichen Rechts. Bei dieser handelt es sich nicht um eine juristische Person.

Die Begriffe „Gemeinsam geführte Tätigkeiten" sowie „Gemeinsam genutzte Vermögenswerte" fehlen ebenfalls im russischen Rechtssystem. Sie wurden erstmalig und nur für die Zwecke der `241`

---

74 Punkt 3 RLS 20/03

Buchführung und Rechnungslegung durch den RLS 20/03 eingeführt. Die „Gemeinsam geführte Gesellschaft des bürgerlichen Rechts" existiert dagegen im russischen Zivilrecht und ist im Kapitel 55 des ZGB geregelt.

❗ Praxishinweis:

Der RLS 20/03 sieht im Unterschied zu IFRS nicht explizit Joint Ventures in der Form einer gemeinsam geführten Gesellschaft (juristische Person) vor. Allerdings ist eben diese Form von Joint Ventures in Russland am häufigsten. In diesem Fall liegt ein eigenständiges Unternehmen vor, das sich wie andere Unternehmen wirtschaftlich betätigt und demgemäß auch eine eigenständige Rechnungslegung erfordert.

Gesellschaftsrechtlich sind dabei folgende Rechtsformen möglich:

- *Gesellschaft mit beschränkter Haftung;*
- *Gesellschaft mit zusätzlicher Haftung;*
- *Aktiengesellschaft;*
- *Kommanditgesellschaft;*
- *Volle Gesellschaft,*

wobei für ein Joint Venture in der Praxis nur eine Gesellschaft mit beschränkter Haftung oder eine Aktiengesellschaft als zweckmäßige Rechtsformen in Betracht kommen.

b)   Gemeinsam geführte Tätigkeit

242   Im Falle einer gemeinsam geführten Tätigkeit übernimmt jeder Teilnehmer lediglich einen Teil an der gemeinsamen Produktion (Arbeiten oder Dienstleistungen). Dabei nutzten die Teilnehmer hierfür ihr eigenes Vermögen. Es kommt nicht zu einer gemeinschaftlichen Verfügung über Vermögen. Jeder Teilnehmer bilanziert seine eigenen Vermögensgegenstände und Schulden, trägt die bei ihm angefallenen Aufwendungen und vereinnahmt seinen Anteil am Ergebnis des Joint Venture. Eine gesonderte Rechnungslegung für das Joint Venture ist nicht vorgeschrieben.

243   Einlagen in die gemeinsam geführte Tätigkeit werden nicht als Finanzanlagen ausgewiesen. Erträge, Aufwendungen, Vermögensgegenstände und Verbindlichkeiten aus dem Joint Venture sind von den Teilnehmern separat von ihren übrigen Erträgen, Aufwendungen, Vermögensgegenständen und Verbindlichkeiten aufzuzeichnen. Dies erfolgt i.d.R. über Unterkonten.

244   RLS 20/03 sieht vor, dass die Teilnehmer am Joint Venture die Erträge, Aufwendungen, Vermögensgegenstände und Verbindlichkeiten des Joint Venture entsprechend RLS 12/2000 *Segmentberichterstattung*, verabschiedet durch die Anordnung des Finanzministeriums der RF Nr. 11n vom 27. Januar 2000 (RLS 12/2000), ausweisen. Das bedeutet für die Teilnehmer neben der Anforderung, die Erträge, Aufwendungen, Vermögensgegenstände und Verbindlichkeiten des Joint Venture anteilig und separat von den eigenen zu bilanzieren, separate Angabepflichten im Anhang. Auf den Regelungsinhalt RLS 12/2000 wird weiter unten noch eingegangen.

245   Falls eine Sachanlage nicht nur für die gemeinsam geführte Tätigkeit, sondern auch für andere Tätigkeiten verwendet wird, soll der Anteil an der Sachanlage rechnerisch ermittelt werden, der zu der gemeinsam geführten Tätigkeit gehört[75]. Die Berechnungsmethode ist in der Bilanzierungsrichtlinie des Unternehmens anzugeben.

---

75   Punkt 13 RLS 12/2000 Segmentberichterstattung, verabschiedet durch die Anordnung des Finanzministeriums der RF Nr. 11n vom 27. Januar 2000

Eine besondere Regelung ist für die Teilnehmer an einer gemeinsam geführten Tätigkeit vor-   246
gesehen, die abschließende Produktionsstufen übernehmen bzw. abschließende Arbeiten oder
Dienstleistungen erbringen. Diese Teilnehmer bilanzieren die Anteile an der Produktion anderer
Teilnehmer auf außerbilanziellen Konten. Im Kontenplan ist dafür kein separates Konto vorgesehen. Hierzu können entweder separate Konten für gemeinsam geführte Tätigkeiten hinzugefügt
werden bzw. diese Transaktionen können auf ähnlichen außerbilanziellen Konten gebucht werden, wie zum Beispiel das Konto 002 *Treuhandvermögen* oder das Konto 003 *Vorräte/Waren zur
Lohnveredelung*. Der Zugang fertiger Erzeugnisse oder Waren, die später an andere Teilnehmer
am Joint Venture weitergereicht werden sollen, wird auf dem außerbilanziellen Konto im Soll
gebucht, der Abgang fertiger Erzeugnisse oder Waren bei der Übergabe an andere Teilnehmer
am Joint Venture im Haben des außerbilanziellen Kontos. Erbringen alle Teilnehmer die Arbeiten
oder Dienstleistungen gemeinsam, wird kein außerbilanzielles Konto geführt[76].

Falls der Joint-Venture-Vertrag vorsieht, dass die produzierten Waren verkauft werden sollen, ist   247
eine Verbindlichkeit gegenüber den anderen Teilnehmern auszuweisen.

> **Beispiel:**

Die Teilnehmer eines Vertrages über ein Joint Venture wollen gemeinsam technische Anlagen bauen. Der erste Teilnehmer
wird einzelne Teile der technischen Anlagen herstellen, der andere ist für die Montage sowie den Verkauf der fertigen
technischen Anlagen zuständig. Die Erträge aus dem Verkauf der technischen Anlagen werden gemäß dem Joint-Venture-
Vertrag zwischen den beiden Teilnehmern in Relation zu den von ihnen getragenen Aufwendungen geteilt.

Der erste Teilnehmer hat folgende Aufwendungen in Höhe von insgesamt 82.000 Rubel getragen:

Abschreibung auf Sachanlagen 2.000 Rubel;

Löhne und Gehälter der Mitarbeiter sowie soziale Abgaben 30.000 Rubel;

Materialeinsatz 50.000 Rubel.

Der zweite Teilnehmer hat Aufwendungen in Höhe von 41.000 Rubel getragen.

Die Bruttoumsätze aus dem Verkauf der fertigen Erzeugnisse betrugen 290.280 Rubel, inklusive 44.280 Rubel Umsatzsteuer.

Erster Teilnehmer

Der erste Teilnehmer bucht alle von ihm getragenen Aufwendungen auf dem Konto 20 Herstellungskosten der Hauptta-
tigkeit, separates Unterkonto *Gemeinsam geführte Tätigkeit*, z. B. 20-1:

20-1 *Herstellungskosten der Haupttätigkeit, Gemeinsam geführte Tätigkeit*

an

02-1 *Kumulierte Abschreibung auf das Sachanlagevermögen*: 2.000 Rubel,

70-1 *Verbindlichkeiten aus Lohn und Gehalt*: 21.000 Rubel,

69-1 *Verbindlichkeiten aus sozialen Abgaben*: 9.000 Rubel,

10 *Roh-, Hilfs- und Betriebsstoffe*: 50.000 Rubel

Die fertigen Teile werden als fertige Erzeugnisse auf dem Konto 43 *Fertige Erzeugnisse* Unterkonto *Gemeinsam geführte
Tätigkeit* erfasst, z. B. Konto 43-1:

43-1 *Fertige Erzeugnisse*

an

20-1 *Herstellungskosten der Haupttätigkeit*: 82.000 Rubel

---

76   Praktischer Kommentar zu den Rechnungslegungsstandards, L. P. Fomitscheva, Grossmedia, Moskau 2007

Anschließend werden die fertigen Teile an den zweiten Teilnehmer wie folgt weitergereicht:

43-2 *Fertige Erzeugnisse* Unterkonto *Teile der technischen Anlagen, die an den zweiten Teilnehmer am Joint Venture weitergereicht wurden*

an

43-1 *Fertige Erzeugnisse*: 82.000 Rubel

Der erste Teilnehmer erfasst seinen Anteil an den Erträgen aus der gemeinsam geführten Tätigkeit: 290.280 Rubel x 82.000 Rubel / (82.000 Rubel + 41.000 Rubel) = 193.520 Rubel:

76-1 *Sonstige Forderungen/Verbindlichkeiten aus der gemeinsam geführten Tätigkeit*

an

90-1-1 *Umsatzerlöse aus der gemeinsam geführten Tätigkeit*: 193.520 Rubel

Umsatzsteuer (Bruttomethode):

90-3-1 *Umsatzsteuer auf die Umsatzerlöse aus der gemeinsam geführten Tätigkeit*

an

68-1 *Forderungen/Verbindlichkeiten aus Steuern* Unterkonto *Gemeinsam geführte Tätigkeit:* 29.520 Rubel

Herstellungskosten der Produktion:

90-2-1 *Kosten der Leistungserstellung aus der gemeinsam geführten Tätigkeit*

an

43-2 *Fertige Erzeugnisse* Unterkonto *Teile der technischen Anlagen, die an den zweiten Teilnehmer am Joint Venture weitergereicht wurden*: 82.000 Rubel

Gewinn aus der gemeinsam geführten Tätigkeit: 193.520 Rubel (Umsatzerlöse) − 29.520 Rubel (Umsatzsteuer) − 82.000 Rubel (Herstellungskosten) = 82.000 Rubel:

90-9-1 *Abschlusskonto − Periodenergebnis aus Verkäufen der gemeinsam geführten Tätigkeit*

an

99 *Gewinne und Verluste*: 82.000 Rubel

Zweiter Teilnehmer

Der zweite Teilnehmer erfasst die erhaltenen Teile der technischen Anlagen auf einem außerbilanziellen Konto, z. B. Konto 003 *Vorräte/Waren zur Lohnveredelung*.

Soll 003 Vorräte/Waren zur Lohnveredelung: 82.000 Rubel

Sobald die Vorräte für die Montage aus dem Lager entnommen werden, wird der Abgang vom Konto 003 gezeigt.

Alle vom zweiten Teilnehmer getragenen Aufwendungen in Höhe von 41.000 Rubel werden ebenfalls auf einem Unterkonto zum Konto 20 erfasst, z. B. 20-2.

Die fertigen Erzeugnisse werden auf dem Konto 43 *Fertige Erzeugnisse* Unterkonto *Gemeinsam geführte Tätigkeit* erfasst, z. B. das Konto 43-2:

43-2 *Fertige Erzeugnisse*

an

20-2 *Herstellungskosten der Haupttätigkeit*: 41.000 Rubel

Der Anteil an fertigen Erzeugnissen, der dem ersten Teilnehmer gehört, wird auf einem außerbilanziellen Konto, z. B. dem Konto 002 *Treuhandvermögen* erfasst:

Soll 002 *Treuhandvermögen*: 82.000 Rubel

Beim Verkauf der technischen Anlagen wird Folgendes erfasst.

Die anteiligen Umsätze des zweiten Teilnehmers: 290.280 Rubel x 41.000 Rubel / (82.000 Rubel + 41.000 Rubel) = 96.760 Rubel:

62-2 *Forderungen aus Lieferungen und Leistungen*

an

90-1-2 *Umsatzerlöse aus der gemeinsam geführten Tätigkeit*: 96.760 Rubel

Umsatzsteuer (Bruttomethode):

90-3-2 *Umsatzsteuer auf die Umsätze aus der gemeinsam geführten Tätigkeit*

an

68-2 *Forderungen/Verbindlichkeiten aus Steuern* Unterkonto *Gemeinsam geführte Tätigkeit*: 14.760 Rubel

Herstellungskosten der Produktion:

90-2-2 *Kosten der Leistungserstellung aus der gemeinsam geführten Tätigkeit*

an

43-2 *Fertige Erzeugnisse aus der gemeinsam geführten Tätigkeit*: 41.000 Rubel

Der Gewinn aus der gemeinsam geführten Tätigkeit: 96.760 Rubel (Umsatzerlöse) – 14.760 Rubel (Umsatzsteuer) – 41.000 Rubel (Herstellungskosten) = 41.000 Rubel:

90-9-2 *Abschlusskonto – Periodenergebnis aus Verkäufen der gemeinsam geführten Tätigkeit*

an

99 *Gewinne und Verluste*: 41.000 Rubel

Abgang des Anteils des ersten Teilnehmers an den technischen Anlagen bei deren Verkauf:

Haben 002 *Treuhandvermögen*: 82.000 Rubel

Verbindlichkeit gegenüber dem ersten Teilnehmer:

62-2 *Forderungen aus Lieferungen und Leistungen aus der gemeinsam geführten Tätigkeit*

an

76-2 *Sonstige Forderungen/Verbindlichkeiten aus der gemeinsam geführten Tätigkeit*: 193.520 Rubel

Begleichung der Forderung aus der Lieferung der technischen Anlagen:

51 *Bank* Rubel

an

62-2 *Forderungen aus Lieferungen und Leistungen* Unterkonto *Gemeinsam geführte Tätigkeit*: 290.280 Rubel

Ausgleich der Verbindlichkeit gegenüber dem ersten Teilnehmer:

76-2 *Sonstige Forderungen/Verbindlichkeiten aus der gemeinsam geführten Tätigkeit*

an

51 *Bank*: 193.520 Rubel

Die Teilnehmer schließen in ihre Abschlüsse die Anteile an dem gemeinschaftlich geführten Vermögen, Schulden, Erträgen und den Aufwendungen der gemeinsam ausgeübten Tätigkeit ein. Sie fassen ihre Anteile an allen Vermögenswerten, Schulden, Erträgen und Aufwendungen der gemeinsam geführten Tätigkeit mit den entsprechenden Posten in ihren Abschüssen zusammen. So können zum Beispiel die Anteile an den Vorräten der gemeinsam geführten Tätigkeit mit den   248 eigenen Vorräten und die Anteile an den Sachanlagen der gemeinsam geführten Tätigkeit mit den gleichen Posten in den Bilanzen zusammengefasst werden. Diese Art der Konsolidierung wird in IAS 31 als *Quotenkonsolidierung* bezeichnet.

249   Die Bewegung der fertigen Erzeugnisse sowie die Ausweis der Umsatzerlöse werden anhand der nachfolgenden graphischen Darstellung veranschaulicht.

Abbildung 5:   Die Bewegung der fertigen Erzeugnisse sowie Ausweis der Umsatzerlöse bei gemeinsam geführter Tätigkeit

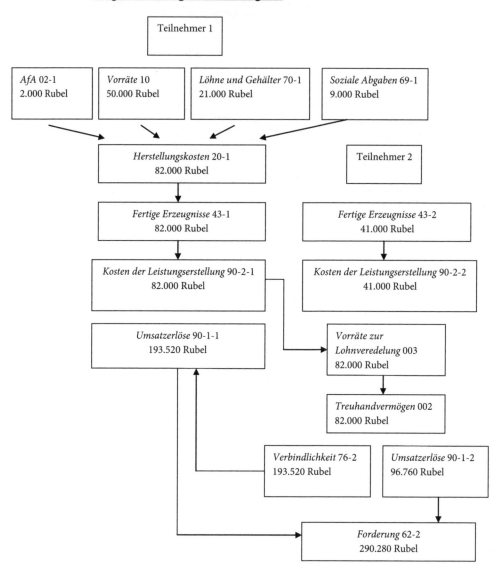

c) Gemeinsam genutzte Vermögenswerte

Bei gemeinsam genutzten Vermögenswerten nutzen die Teilnehmer bestimmte Vermögenswerte, die sie im kollektiven Eigentum haben, gemeinsam. Die Anteile der Teilnehmer am kollektiven Eigentum müssen definiert sein (das sog. anteilige kollektive Eigentum). Das kollektive Eigentum ist Gegenstand des Kapitels 16 des ZGB. Die Eigentümer eines Vermögenswertes schließen einen Joint-Venture-Vertrag mit dem Ziel ab, den Vermögenswert gemeinsam für die Erzielung wirtschaftlichen Nutzens bzw. zur Erzielung von Erträgen zu nutzen.   250

RLS 20/03 führt das folgende Beispiel zu gemeinsam genutzten Vermögenswerten an: Zwei oder mehrere Unternehmen haben eine Immobilie im anteiligen kollektiven Eigentum. Diese Immobilie wird gemäß einem Vertrag zwischen diesen Unternehmen vermietet. Gemäß dem Vertrag beteiligt sich jedes Unternehmen an den Aufwendungen (Abschreibung, Nebenkosten, laufende Renovierung seines Anteils an der Immobilie usw.) und erhält die anteilige Miete.   251

Jeder Teilnehmer am Joint-Venture-Vertrag bilanziert seinen Anteil an den gemeinsam genutzten Vermögenswerten unter den entsprechenden Bilanzposten (z. B. den Anteil an der Immobilie im Sachanlagevermögen). Dieser Anteil wird nicht in die Finanzanlagen überführt. Die Teilnehmer bilanzieren ihren Anteil an den Forderungen und Verbindlichkeiten, die im Zusammenhang mit dem Joint Venture gemeinsam mit den anderen Teilnehmern eingegangen wurden, sowie anteilig die Erträge und Aufwendungen, die im Zusammenhang mit dem Joint Venture entstehen, auf Unterkonten der entsprechenden Konten ihrer gewöhnlichen Tätigkeit.   252

Derjenige Teilnehmer, der die Abrechnungen mit den Kunden tätigt, bilanziert die anteiligen Umsätze der anderen Teilnehmer als Verbindlichkeiten in seinen Büchern.   253

Eine gesonderte Rechnungslegung für die gemeinsam geführten Vermögenswerte ist hier ebenfalls nicht vorgeschrieben.

Der RLS 20/03 sieht vor, dass die Teilnehmer am Joint Venture im Zusammenhang mit den gemeinsam genutzten Vermögenswerten die Erträge, Aufwendungen, Vermögensgegenstände und Verbindlichkeiten des Joint Ventures ebenfalls entsprechend RLS 12/2000 bilanzieren.   254

Die Anteile der Teilnehmer an gemeinschaftlich geführtem Vermögen, Schulden, Erträgen und Aufwendungen aus dem Joint Venture werden im Rahmen einer *Quotenkonsolidierung* in die Bücher der Teilnehmer aufgenommen.

d) Gemeinsam geführte Gesellschaft des bürgerlichen Rechts

Gemäß Artikel 1041 des ZGB verpflichten sich zwei oder mehrere Personen (Gesellschafter), ihre Anteile gemäß dem Vertrag über die Gesellschaft des bürgerlichen Rechts (GbR) zu vereinigen und gemeinsam Gewinne zu erzielen, ohne dabei eine juristische Person zu gründen. Die GbR ist also keine juristische Person nach russischem Zivilrecht. Der Unterschied dieser Art des Vertrags zu den anderen Joint-Venture-Verträgen (Vertrag über gemeinsam geführte Tätigkeit und Vertrag über gemeinsam genutzte Vermögenswerte) besteht darin, dass die Gesellschafter Einlagen in die Gesellschaft leisten. Diese Einlagen werden als Finanzanlagen ausgewiesen, und, falls wesentlich, auch separat in der Bilanz ausgewiesen. Einer der Gesellschafter wird zum geschäftsführenden Gesellschafter gewählt. Der geschäftsführende Gesellschafter führt eine eigenständige Rechnungslegung für die GbR. Die GbR muss allerdings keinen Abschluss und keine Steuererklärungen bei der Steuerbehörde einreichen. Bilanzierung und Steuererklärung übernehmen die Gesellschafter für ihre Anteile an der GbR innerhalb der Rechenschaftslegung für ihre eigene Geschäftstätigkeit.   255

aa) Bilanzierung bei den Gesellschaftern

256 Die Einlagen der Gesellschafter in die GbR werden im Rahmen der Finanzanlagen auf dem Konto *Finanzanlagen* 58 Unterkonto 4 *Einlagen der Gesellschafter bürgerlichen Rechts* ausgewiesen. Die Bewertung erfolgt zu dem Wert in der Bilanz der Gesellschafter zum Zeitpunkt des Inkrafttretens des Vertrages über die GbR. Falls ein Gesellschafter z. B. eine Sachanlage in die GbR eingebracht hat, die er zuvor zu Anschaffungs- oder Herstellungskosten bewertet hat, wird er sie mit ihrem Restbuchwert als eine Finanzanlage in seinen Büchern ansetzen. Das ist ein wesentlicher Unterschied zur Bewertung der Einlage in der GbR. Diese bilanziert die Einlagen zum vertraglich vereinbarten Wert.

257 Der Ertrag aus der GbR wird von den Gesellschaftern als *sonstiger Ertrag*, die Aufwendungen sowie Verluste aus der GbR als *sonstige Aufwendungen* erfasst. Vermögensgegenstände, die aus der Tätigkeit der GbR entstehen, werden von den Gesellschaftern auf den Unterkonten der entsprechenden Konten anteilig gemäß dem GbR-Vertrag bilanziert.

258 Die Steuern werden von jedem Gesellschafter separat ermittelt und gezahlt. Der geschäftsführende Gesellschafter ist gemäß Vertrag verpflichtet, den anderen Gesellschaftern Information für ihre Rechnungslegung und für die rechtzeitige Erstellung der Steuererklärung und der Abschlüsse zur Verfügung zu stellen.

259 Bei der Beendung des GbR-Vertrages und der Rückführung der Einlagen an die Gesellschafter wird der Unterschied in der Bewertung der Einlage im Vergleich zu ihrem Wert zum Zeitpunkt der Einlage entweder als *sonstiger Ertrag* oder als *sonstiger Aufwand* erfasst. Die Vermögensgegenstände werden zu ihrem Wert in der Bilanz der GbR zum Zeitpunkt des Beschlusses über die Beendigung der GbR bilanziert. Sachanlagen, die aus der GbR stammen und nach der Beendigung des GbR-Vertrages aktiviert wurden, sind über eine neu festzulegende Nutzungsdauer abzuschreiben.

260 Die Grundlage für die Konsolidierung der GbR-Anteile bildet die Equity-Methode wie sie im IAS 28 *Investments in Associates* beschrieben ist. Die Anteile an der GbR werden als *Finanzanlagen* mit den Restbuchwerten der entsprechenden Vermögensgegenstände, die als Einlagen in die GbR eingebracht worden sind, angesetzt. Im Unterschied zu IAS 28 wird ihre Bewertung im Laufe der Tätigkeit der GbR nicht verändert. Die Veränderungen der Werte der Finanzanlagen werden bei der Beendigung des GbR-Vertrages als sonstige Erträge oder Aufwendungen erfasst.

bb) Bilanzierung beim geschäftsführenden Gesellschafter

261 Der geschäftsführende Gesellschafter führt zwei Rechnungslegungen, eine für seine eigene Geschäftstätigkeit und die andere für die GbR. Der geschäftsführende Gesellschafter darf die Daten der GbR-Bilanz nicht in seine eigene Bilanz einbeziehen. Er weist lediglich seinen Anteil an der GbR in Form von Finanzanlagen in seiner Bilanz aus.

262 Die Einlagen, die in die GbR eingebracht werden, sind mit dem vertraglich vereinbarten Wert anzusetzen. Der geschäftsführende Gesellschafter bilanziert sie auf dem Konto 80 *Stamm(Grund)kapital*.

263 Die Anschaffungs- oder Herstellungskosten der Vermögensgegenstände, die im Laufe der Tätigkeit der GbR angeschafft oder hergestellt wurden, werden in Höhe der tatsächlich angefallenen Aufwendungen gemäß den entsprechenden Rechnungslegungsstandards bilanziert.

264 Bei der Abschreibung der Sachanlagen und immaterieller Vermögensgegenstände muss deren Nutzungsdauer bei den Gesellschaftern vor der Einlage in die GbR sowie die bisherige Abschreibungsmethode nicht berücksichtigt werden. Die Nutzungsdauer sowie die Abschreibungsmethoden können neu festgelegt werden.

Eine weitere Besonderheit ist die Gewinn- oder Verlustverteilung. Das Finanzergebnis ist zwischen den Gesellschaftern am Ende der Berichtsperiode zu verteilen. Der geschäftsführende Gesellschafter bilanziert zum Datum der Beschlussfassung über die Gewinn- oder Verlustverteilung entweder eine Verbindlichkeit gegenüber den übrigen Gesellschaftern – im Fall eines Gewinnes – oder eine Forderung gegenüber den übrigen Gesellschaftern – im Fall eines Verlustes. Für die Abrechnungen mit den übrigen Gesellschaftern wird das Konto 75 *Forderungen/Verbindlichkeiten gegenüber Gesellschaftern* Unterkonto 2 *Abrechnungen in Bezug auf die Gewinn- oder Verlustverteilung* verwendet.

> **Beispiel:**

Das Unternehmen A und das Unternehmen B haben einen GbR-Vertrag abgeschlossen. Der Anteil des Unternehmens A beträgt 60 %, der Anteil des Unternehmens B 40 %. Zum geschäftsführenden Gesellschafter wurde das Unternehmen B bestimmt. Für das Jahr 2007 wurde ein Gewinn in Höhe von einer Million Rubel erzielt. In der Rechnungslegung der GbR nimmt das Unternehmen B folgende Einträge vor:

Verbindlichkeit gegenüber dem Unternehmen A:

84 *Bilanzgewinn/-verlust*

an

75-2-1 *Forderungen/Verbindlichkeiten gegenüber Gesellschaftern*: 600.000 Rubel

Verbindlichkeit gegenüber dem Unternehmen B:

84 *Bilanzgewinn/-verlust*

an

75-2-1 *Forderungen/Verbindlichkeiten gegenüber Gesellschaftern*: 400.000 Rubel

Begleichung der Verbindlichkeiten gegenüber dem Unternehmen A und dem Unternehmen B:

75-2-1 *Forderungen/Verbindlichkeiten gegenüber Gesellschaftern*

an

51 *Bank*: 1.000.000 Rubel

265

5

Die Gesellschafter könnten alternativ auch einen Beschluss fassen, wonach die erwirtschafteten Gewinne in das Vermögen der GbR investiert werden. In dem Fall werden die Anteile der Gesellschafter auf dem Konto 80 aus dem Gewinnvortrag erhöht. **266**

Bei der Beendigung des GbR-Vertrages erstellt der geschäftsführende Gesellschafter eine Liquidationsbilanz der GbR. Der Abgang der Anteile der Gesellschafter wird im Soll des Kontos 80 *Stamm(Grund)kapital* und im Haben der entsprechender Konten, z. B. 01 *Sachanlagen* oder 04 *immaterielle Vermögenswerte* erfasst. **267**

€ **Steuern:**

Die Beziehungen innerhalb einer GbR werden im Artikel 278 des SteuerGB geregelt. Die Einlagen der Gesellschaften in die GbR stellen keine Realisation dar und erhöhen damit nicht die Steuerbemessungsgrundlage für die Gewinnsteuer. Sie unterliegen auch nicht der Umsatzsteuer.

Falls einer der Gesellschafter einer GbR mit ausländischer Beteiligung eine russische Gesellschaft oder Person ist, ist sie verpflichtet, die Rechnungslegung zu steuerlichen Zwecken zu führen, unabhängig davon, wer zum geschäftsführenden Gesellschafter ernannt wurde.

Der Gesellschafter, der die Rechnungslegung der GbR für steuerliche Zwecke führt, ist verpflichtet, die anteiligen Erträge und Aufwendungen jedes Gesellschafters kumulativ für jede Berichtsperiode zu erfassen. Über die anteiligen Erträge und Aufwendungen muss er die anderen Gesellschafter jedes Quartal spätestens bis zum 15. des Folgemonats nach dem Berichtsmonat (d. h. bis zum 15. April, 15. Juli, 15. Oktober und 15. Januar) informieren. Gesellschafter, die monatliche Vorauszahlungen auf die Gewinnsteuer leisten, muss der geschäftsführende Gesellschafter monatlich über ihre Erträge und Aufwendungen aus der GbR informieren. Für weitere in Betracht kommende Steuerarten (Umsatzsteuer sowie Vermögensteuer) sind die entsprechenden Abgabetermine der Steuererklärungen ebenfalls zu beachten.

Die Erträge aus einer GbR gehören zu den sonstigen (außerbetrieblichen) Erträgen und erhöhen die Steuerbemessungsgrundlage der Gewinnsteuer der Gesellschafter. Dagegen werden Verluste aus der GbR nicht in der Steuerbemessungsgrundlage der Gesellschafter berücksichtigt.

Bei der Beendigung des Vertrages über die GbR und der Rückführung der Einlagen an die Gesellschafter ist ein Wertverlust der Einlage im Vergleich zu dem Wert zum Zeitpunkt der Einlage nicht steuerlich wirksam. Die Erträge, die während der Gültigkeit des Vertrages gemeldet wurden, werden nach der Beendigung des GbR-Vertrages nicht mehr korrigiert.

Wie bereits erwähnt, ist die GbR nicht steuerpflichtig, sondern die einzelnen GbR-Gesellschafter. Die Gesellschafter können allerdings vereinbaren, dass einer der Gesellschafter, z. B. der geschäftsführende Gesellschafter, für sie die Steuern ermittelt und an den Fiskus abführt. In diesem Fall agiert der geschäftsführender Gesellschafter als steuerlicher Vertreter der übrigen Gesellschafter. Die steuerliche Vertretung ist im Artikel 29 des SteuerGB geregelt. Der steuerliche Vertreter des Steuerpflichtigen – juristische Person – vertritt diesen aufgrund einer schriftlichen Vollmacht, die von dem Geschäftsführer oder einem anderen Bevollmächtigten unterschrieben und mit einem Firmenstempel des Steuerpflichtigen zu versehen ist. Ein Steuerpflichtiger – natürliche Person – wird von dem steuerlichen Vertreter aufgrund einer schriftlichen und notariell beglaubigten Vollmacht vertreten.

e)   Angabepflichten

268   Für Joint-Venture-Verträge bestehen folgende Angabepflichten:

- das Ziel eines Joint Venture sowie Einlagen in die GbR;
- die Art der Erzielung des wirtschaftlichen Nutzens (gemeinsam geführte Tätigkeit, gemeinsam genutzte Vermögenswerte, gemeinsam geführte GbR);
- Klassifizierung des Berichtssegmentes (Geschäftsfelder oder geografische Segmente);
- Vermögenswerte sowie Verbindlichkeiten aus dem Joint Venture;
- Erträge und Aufwendungen, Gewinne und Verluste aus dem Joint Venture.

Diese Informationen sind im Anhang zum Jahresabschluss anzugeben.

269   Finanzanlagen im Fall einer gemeinsam geführten GbR werden in der Bilanz (Formblatt Nr. 1) in der Zeile 140 bei langfristigen GbR-Verträgen, d. h. mit einer Frist von über einem Jahr, bzw. in der Zeile 250 bei kurzfristigen GbR-Verträgen, angegeben.

VI.   Steuerabgrenzungen

1.   Grundsatz

Der RLS 18/02 *Bilanzierung der Gewinnsteuer*, eingeführt durch die Anordnung des Finanzministeriums der RF Nr. 114n vom 19. November 2002 (RLS 18/02), ist bei der Bilanzierung von tatsächlichen und latenten Gewinnsteuern anzuwenden. 270

Die Anwendung des RLS 18/02 ist für die Geschäftsjahre verpflichtend, die am oder nach dem 01. Januar 2003 beginnen. Alle Gewinnsteuerpflichtigen sind verpflichtet, den RLS 18/02 anzuwenden. Eine Ausnahme bilden Kreditunternehmen, Versicherungsgesellschaften, staatliche und Munizipalunternehmen sowie kleine und mittlere Unternehmen (KMU). Auf KMU wird im Kapitel *„Vereinfachende Regelungen für kleine und mittlere Unternehmen"* eingegangen. 271

Unternehmen, die nicht gewinnsteuerpflichtig sind, müssen RLS 18/02 nicht anwenden. Das sind zum Beispiel folgende Unternehmen: 272

- Unternehmen, die ein vereinfachtes Besteuerungssystem anwenden;
- Zahler der Steuer auf das zuzurechnende Einkommen;
- Zahler der Landwirtschaftsteuer ;
- Unternehmen, die Arbeiten gemäß Konzessionsverträgen ausführen;
- Zahler der Gewerbesteuer für Spielbanken und Kasinos.

Die Grundlage für den RLS 18/02 bildet IAS 12 *Income Taxes*, wobei der RLS 18/02 sich insbesondere bei der Erfassung latenter Steuern von IAS 12 unterscheidet. Im Unterschied zu IAS 12 benutzt der RLS 18/02 hauptsächlich den GuV-Ansatz bei der Ermittlung der temporären Differenzen, d. h. es werden Differenzen zwischen den handels- und steuerrechtlichen Erträgen und Aufwendungen berechnet. IAS 12 dagegen verwendet den so genannten Bilanzansatz, bei dem die Unterschiedsbeträge zwischen dem Buchwert eines Vermögensgegenstandes oder einer Schuld in der Bilanz und seinem steuerlichen Wertansatz in die Ermittlung der latenten Steuern einbezogen werden. 273

2.   Bilanzierung der Gewinnsteuer

a)   Allgemeines

Das Ziel des RLS 18/02 ist die Regelung der Bilanzierung der Gewinnsteuer sowie die Klärung des Zusammenhangs zwischen dem handelsrechtlichen Periodenergebnis vor Ertragsteuern und dem zu versteuernden Ergebnis (dem steuerlichen Verlust). Der Unterschied zwischen dem handelsrechtlichen Ergebnis und dem zu versteuernden Ergebnis (dem steuerlichen Verlust) besteht aus permanenten und temporären Differenzen. 274

Der Zusammenhang zwischen der handelsrechtlichen (theoretischen) und der tatsächlichen Gewinnsteuerbelastung wird im RLS 18/02 wie folgt dargestellt[77]: 275

---

77 Punkt 21 RLS 21

Abbildung 6: Überleitung vom theoretischen Steueraufwand zur tatsächlichen Gewinnsteuerbelastung

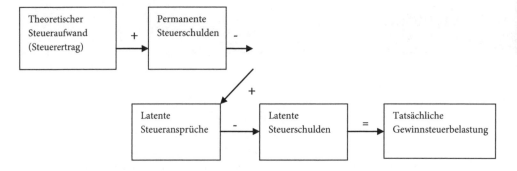

Im folgenden wird auf einzelne Teile dieser Überleitung angegangen.

b) Der theoretische Steueraufwand (Steuerertrag)

276 Der theoretische Steueraufwand (Steuerertrag) wird anhand des handelsrechtlichen Periodenergebnisses vor Gewinnsteuern ermittelt. Er ergibt sich aus der Multiplikation des handelsrechtlichen Periodenergebnisses mit dem Gewinnsteuersatz, zurzeit 24 %. Der theoretische Steueraufwand wird auf einem Unterkonto des *Gewinn- und Verlustkontos* 99 erfasst. Am Ende der Berichtsperiode wird der theoretische Steueraufwand wie folgt erfasst:

99 *Gewinne und Verluste*, Unterkonto *Theoretischer Steueraufwand (Steuerertrag)*

an

68 *Forderungen/Verbindlichkeiten aus Steuern*

277 Der theoretische Steuerertrag wird entsprechend im Soll des Kontos 68 *Forderungen/Verbindlichkeiten aus Steuern* und im Haben des Kontos 99 *Gewinne und Verluste*, Unterkonto *Theoretischer Steueraufwand (Steuerertrag)* ausgewiesen.

c) Permanente Differenzen, permanente Steuerschulden und permanente Steueransprüche

278 Unter permanenten Differenzen werden Erträge und Aufwendungen verstanden, die den handelsrechtlichen Periodengewinn (Verlust) zwar beeinflussen, die aber nicht in die Steuerbemessungsgrundlage der Gewinnsteuer der laufenden Berichtsperiode oder auch zukünftiger Berichtsperioden einbezogen werden. Die permanenten Differenzen kehren nie um. Zu diesen permanenten Differenzen zählen z. B. steuerlich nicht abzugsfähige Betriebsausgaben.

279 Weitere Beispiele aus dem RLS 18/02 sind:

■ die Aufwendungen aus der unentgeltlichen Übergabe von Vermögensgegenständen sowie Arbeiten und Leistungen;

■ Aufwendungen aus der Wertberichtigung von Einlagen ins Stamm- oder Grundkapital anderer Gesellschaften;

■ Verluste, die nach einer festgelegten Zeit (zehn Jahre) steuerrechtlich nicht mehr vorgetragen werden dürfen.

Weitere permanente Differenzen sind in Anlage 7 dargestellt.

Auf Grundlage von permanenten Differenzen werden permanente Steuerschulden oder perma-   **280**
nente Steueransprüche gebildet:

Permanente Steuerschuld oder permanenter Steueranspruch	=	Permanente Differenzen	X	Gewinnsteuersatz

Permanente Steuerschulden und Steueransprüche werden auf dem Konto 99 *Gewinne und Verluste* auf einem separaten Unterkonto erfasst.

▶ Beispiel:

Ein Handelsunternehmen hat einen handelsrechtlichen Gewinn in Höhe 5.000.000 Rubel für das erste Quartal 2008 erwirtschaftet. Die Vertriebsmitarbeiter hatten 500.000 Rubel an Verpflegungsaufwendungen aus ihrer Reisetätigkeit erhalten. Die Verpflegungspauschale beträgt gemäß einer internen Richtlinie des Unternehmens 500 Rubel pro Tag für Dienstreisen innerhalb der RF. Insgesamt waren die Handelsvertreter 1.000 Tage unterwegs. Der Gewinnsteuersatz beträgt 24 %. Die steuerlich abzugsfähige Verpflegungspauschale beträgt 100 Rubel pro Person pro Tag für Dienstreisen innerhalb der RF.

Folgende Sachverhalte werden in den Büchern des Handelsunternehmens erfasst.

Buchung des theoretischen Steueraufwandes 5.000.000 Rubel x 24 % = 1.200.000 Rubel:

99 *Gewinne und Verluste*, Unterkonto *Theoretischer Steueraufwand*

an

68 *Forderungen/Verbindlichkeiten aus Steuern*, Unterkonto *Gewinnsteuer*: 1.200.000 Rubel

Steuerlich abzugsfähig sind 100.000 Rubel (1.000 Tage x 100 Rubel). Die restlichen 400.000 Rubel sind nichtabzugsfähige Aufwendungen und daher permanente Differenzen:

26 *Allgemeine Verwaltungsaufwendungen*

an

71 *Zweckgebundene Vorschüsse an Mitarbeiter*: 100.000 Rubel

26 *Allgemeine Verwaltungsaufwendungen*, Unterkonto *Permanente Differenzen*

an

71 *Zweckgebundene Vorschüsse an Mitarbeiter*: 400.000 Rubel

Der theoretische Steueraufwand wird um den gewinnsteuerlichen Anteil an den permanenten Differenzen erhöht. 400.000 Rubel x 24 % = 96.000 Rubel.

99 *Gewinne und Verluste*, Unterkonto *Theoretischer Steueraufwand*

an

68 *Forderungen/Verbindlichkeiten aus Steuern*, Unterkonto *Gewinnsteuer*: 96.000 Rubel

Insgesamt beträgt das zu versteuernde Ergebnis 5.400.000 Rubel. Es setzt sich aus dem handelsrechtlichen Gewinn von 5.000.000 Rubel sowie den steuerlich nicht abzugsfähigen Aufwendungen von 400.000 Rubel zusammen. Die Verbindlichkeit aus der Gewinnsteuer beträgt 1.296.000 Rubel. Sie setzt sich aus dem theoretischen Steueraufwand von 1.200.000 Rubel sowie aus dem gewinnsteuerlichen Anteil aus permanenten Differenzen von 96.000 Rubel zusammen.

d) Temporäre Differenzen, latente Steuerschulden und latente Steueransprüche

aa) Temporäre Differenzen

281 Unter temporären Differenzen werden Erträge und Aufwendungen verstanden, die den handelsrechtlichen Periodengewinn (Verlust) in einer Berichtsperiode beeinflussen, aber in die Steuerbemessungsgrundlage der Gewinnsteuer in einer anderen Berichtsperiode einbezogen werden. Temporäre Differenzen führen zur Bildung von latenten Steuern.

282 Temporäre Differenzen können entweder:

- abzugsfähige temporäre Differenzen oder
- zu versteuernde temporäre Differenzen sein.

283 Abzugsfähige temporäre Differenzen führen zur Bildung eines latenten Steueranspruches. Der latente Steueranspruch kann bei der Ermittlung der Gewinnsteuer zukünftiger Perioden geltend gemacht werden.

284 Abzugsfähige temporäre Differenzen können z. B. in folgenden Fällen entstehen:

- Anwendung unterschiedlicher Abschreibungsmethoden zu handelsrechtlichen und zu steuerlichen Zwecken;
- unterschiedliche Bilanzierung der Verkaufs- sowie allgemeiner Verwaltungsaufwendungen zu handelsrechtlichen und zu steuerlichen Zwecken;
- unterschiedliche Bilanzierung von Steuergutschriften;
- unterschiedliche Bilanzierung von Verlustvorträgen;
- unterschiedliche Bilanzierung des Abgangs der Sachanlagen und Aufwendungen in Bezug auf den Abgang;
- Aufwendungen im handelsrechtlichen Abschluss, falls steuerliche Betriebsausgaben erst nach Zahlungsausgang erfasst werden.

Bei Erfüllung der nachfolgenden Voraussetzung haben Unternehmen ein Wahlrecht, die Umsätze nach Zahlungseingang zu realisieren bzw. Aufwendungen nach Zahlungsausgang anzusetzen. Das Wahlrecht besteht, falls die Umsätze innerhalb der letzten vier Quartale nicht über einer Million Rubel pro Quartal gelegen haben.

Diese und weitere temporäre abzugsfähige Differenzen sind in Anlage 8 dargestellt.

285 Zu versteuernde temporäre Differenzen führen zu latenten Steuerschulden. Die latenten Steuerschulden erhöhen den Gewinnsteueraufwand zukünftiger Perioden.

286 Zu versteuernde temporäre Differenzen können bspw. in folgenden Fällen entstehen:

- Anwendung unterschiedlicher Abschreibungsmethoden zu handelsrechtlichen und zu steuerlichen Zwecken;
- Realisation der Umsätze nach Gefahrenübergang im Handelsrecht und bei Zahlungseingang nach Steuerrecht;
- Aufschub oder Teilzahlung der Gewinnsteuer;
- Anwendung unterschiedlicher Bilanzierungsweisen für Zinsen zu handelsrechtlichen und zu steuerlichen Zwecken.

Diese und weitere zu versteuernde temporäre Differenzen sind in Anlage 8 zusammengefasst.

bb)   Latente Steueransprüche

Die latenten Steueransprüche sind die Beträge an Ertragsteuern, die in zukünftigen Perioden die   287
Gewinnsteuerlast verringern. Die latenten Steueransprüche sind in der Berichtsperiode zu erfassen, in der die entsprechenden abzugsfähigen temporären Differenzen entstehen. Es muss dazu
auch wahrscheinlich sein, dass das Unternehmen in zukünftigen Berichtsperioden ein zu versteuerndes Ergebnis erzielt, welches ausreichend ist, die latenten Ansprüche abzudecken.

Die latenten Steueransprüche werden auf Grundlage der abzugsfähigen temporären Differenzen   288
und des Gewinnsteuersatzes ermittelt:

 =  X

Latente Steueransprüche werden auf dem Konto 09 *Latente Steueransprüche* erfasst, wobei Unter-   289
konten zu diesem Konto in Bezug auf jede Art der abzugsfähigen temporären Differenzen geführt
werden. Die latenten Steueransprüche werden erfolgsneutral erfasst:

09 *Latente Steueransprüche*

an

68 *Forderungen/Verbindlichkeiten aus Steuern*, Unterkonto *Gewinnsteuer*

▷ Im RLS 18/02 wird dies anhand des folgenden Beispiels veranschaulicht[78]:

Das Unternehmen A hat am 20. Februar 2007 erstmalig eine Sachanlage zu Anschaffungs- oder Herstellungskosten in
Höhe von 120.000 Rubel bilanziert. Die Nutzungsdauer dieser Sachanlage beträgt fünf Jahre. Der Gewinnsteuersatz
beträgt 24 %. Die handelsrechtliche Abschreibung wird degressiv, die steuerliche Abschreibung linear berechnet.

Der handelsrechtliche Abschluss und die Steuererklärung für die Gewinnsteuer für 2007 enthalten folgende Angaben:

	Handelsrechtlicher Abschluss (Rubel)	Steuererklärung (Rubel)
1	2	3
Aktivierung der Sachanlage am 20. Februar 2007 mit einer Nutzungsdauer von 5 Jahren	120.000	120.000
Abschreibung für 2007	40.000*	20.000**
Restbuchwert zum 01. Januar 2008	80.000	100.000

*   120.000 Rubel / (5 Jahre x 12 Monate) x 10 Monate x Faktor 2.

**   120.000 Rubel / (5 Jahre x 12 Monate) x 10 Monate.

Die abzugsfähige temporäre Differenz beträgt somit 20.000 Rubel (40.000 – 20.000). Der latente Steueranspruch beträgt
4.800 Rubel (20.000 x 24 %).

290

---

78   Punkt 14 RLS 18/02, Jahreszahlen sind geändert worden

Sobald die abzugsfähigen temporären Differenzen sich verringern oder ganz umkehren, verringern sich auch die latenten Steueransprüche. Auch dieser Ausweis geschieht erfolgsneutral:

68 *Forderungen/Verbindlichkeiten aus Steuern*, Unterkonto *Gewinnsteuer*

an

09 *Latente Steueransprüche*

291 Falls in der laufenden Berichtsperiode kein zu versteuerndes Einkommen erzielt worden ist, die Wahrscheinlichkeit aber besteht, dass in den künftigen Berichtsperioden zu versteuerndes Einkommen erzielt werden kann, verändert sich der Betrag des latenten Steueranspruches nicht, bis zu versteuerndes Einkommen in den künftigen Perioden erzielt worden ist oder der latente Anspruch auf Grund mangelnder Aussicht auf zukünftige (steuerliche) Gewinne abgeschrieben wird.

292 Beim Abgang eines Vermögensgegenstandes, auf den sich ein latenter Steueranspruch bezieht (zum Beispiel eine Sachanlage, die handelsrechtlich und steuerlich unterschiedlich abgeschrieben wurde), wird der Abgang des latenten Steueranspruchs erfolgswirksam erfasst:

99 *Gewinne und Verluste*

an

09 *Latente Steueransprüche.*

293 Wie in IAS 12 und anders als im HGB sind in Russland auch latente Steueransprüche aus einem steuerlichen Verlustvortrag zu bilanzieren. Auf die Prüfung der Werthaltigkeit dieses Postens geht der Standard dabei nicht ein. Auch eine Abzinsung kommt nicht in Betracht. Nach Ansicht der Verfasser ist allerdings zumindest dann eine Werthaltigkeitsprüfung geboten, wenn sich der 10-jährige Vortragszeitraum dem Ende nähert und eine Nutzung nicht absehbar ist. Schon auf Grund der Definition eines Vermögensgegenstandes, aus dem sich ein Nutzenzufluss ergeben muss, erscheint dies notwendig, auch wenn hierauf nicht explizit verwiesen wird.

cc) Latente Steuerschulden

294 Unter latenten Steuerschulden werden die Beträge an Ertragsteuern verstanden, die in zukünftigen Perioden die Gewinnsteuerlast erhöhen. Die latenten Steuerschulden sind in der Berichtsperiode zu erfassen, in der die entsprechenden zu versteuernden temporären Differenzen entstehen.

295 Die latenten Steuerschulden werden auf Grundlage der zu versteuernden temporären Differenzen und des Gewinnsteuersatzes ermittelt:

$$\boxed{\text{Latente Steuerschulden}} = \boxed{\text{Zu versteuernde temporäre Differenzen}} \;\text{X}\; \boxed{\text{Gewinnsteuersatz}}$$

296 Latente Steuerschulden werden auf dem Konto 77 *Latente Steuerschulden* erfasst, wobei Unterkonten zu diesem Konto in Bezug auf jede Art der zu versteuernden temporären Differenzen geführt werden. Die latenten Steuerschulden werden ebenfalls erfolgsneutral gebucht:

68 *Forderungen/Verbindlichkeiten aus Steuern*, Unterkonto *Gewinnsteuer*

an

77 *Latente Steuerschulden*

> **Im RLS 18/02 wird dies wie folgt veranschaulicht[79]:**

Das Unternehmen B hat am 25. Dezember 2006 erstmalig eine Sachanlage zu Anschaffungs- oder Herstellungskosten in Höhe von 120.000 Rubel bilanziert. Die Nutzungsdauer dieser Sachanlage beträgt fünf Jahre. Der Gewinnsteuersatz beträgt 24 %. Die handelsrechtliche Abschreibung wird linear, die steuerliche Abschreibung nicht linear berechnet.

Der handelsrechtliche Abschluss und die Steuererklärung für die Gewinnsteuer für 2007 enthalten folgende Angaben:

	Handelsrechtlicher Abschluss (Rubel)	Steuererklärung (Rubel)
1	2	3
Aktivierung der Sachanlage am 25. Dezember 2006 mit der Nutzungsdauer von 5 Jahren	120.000	120.000
Abschreibung für 2007	24.000*	40.130**
Buchwert zum 01. Januar 2008	96.000	79.870

*   120.000 Rubel/5 Jahre

** Der Abschreibungssatz wird nach der Formel 2/ND x 100 % berechnet und wird auf den Restbuchwert des Vermögensgegenstandes angewandt. ND ist hier die Nutzungsdauer in Monaten.

Die zu versteuernde temporäre Differenz beträgt somit 16.130 Rubel (40.130 – 24.000). Die latente Steuerschuld beträgt 3.871 Rubel (16.130 x 24 %).

Sobald die zu versteuernden temporären Differenzen sich verringern oder verbraucht werden, verringert sich auch die latente Steuerschuld, was ebenfalls erfolgsneutral gebucht wird: 297

77 *Latente Steuerschulden*

an

68 *Forderungen/Verbindlichkeiten aus Steuern* Unterkonto *Gewinnsteuer*

Beim Abgang eines Vermögensgegenstandes, auf den sich eine latente Steuerschuld bezieht, wird der Abgang der latenten Steuerschuld erfolgswirksam erfasst: 298

77 *Latente Steuerschulden*

an

99 *Gewinne und Verluste*

🛈 Praxishinweis:

Die Richtigkeit der Berechnung der latenten Steuern lässt sich durch den Vergleich mit den Angaben der Gewinnsteuererklärung prüfen: der Haben-Saldo des Kontos 68 Forderungen/Verbindlichkeiten aus Steuern, Unterkonto Gewinnsteuer, soll der Gewinnsteuerzahllast entsprechen.

e)   Die tatsächliche Gewinnsteuer

Die tatsächliche Gewinnsteuer wird auf der Grundlage des theoretischen Steueraufwandes (Steuerertrages), korrigiert um permanente Steuerschulden, latente Steueransprüche sowie latente Steuerschulden der Berichtsperiode berechnet.   299

Falls keine permanenten oder temporären Differenzen vorliegen (was praktisch kaum möglich ist), sind die tatsächliche Gewinnsteuer und der theoretische Steueraufwand (Steuerertrag) identisch.

---

79   Punkt 15 RLS 18/02

5

300   ❯ Das nachfolgende Beispiel ist der Anlage zu RLS 18/02 entnommen.

Das Unternehmen A hat in einer Berichtsperiode einen handelsrechtlichen Gewinn vor Steuern in Höhe von 126.110 Rubel erzielt. Der Gewinnsteuersatz beträgt 24 %.

Folgende Unterschiede zwischen der Handelsbilanz und der Steuererklärung liegen vor:

1.   Tatsächliche Bewirtungskosten haben die steuerlich abzugsfähigen um 3.000 Rubel überstiegen.

2.   Handelsrechtliche Abschreibung betrug 4.000 Rubel. Steuerlich abzugsfähig davon sind 2.000 Rubel.

3.   Die Ansprüche auf Dividenden vom Unternehmen B in Höhe von 2.500 Rubel sind gebucht, allerdings steuerlich erst nach dem Zufluss wirksam.

Aus diesen Unterschieden ergeben sich folgende permanente und temporäre Differenzen.

Art der Erträge und Aufwendungen	Handelsrecht, Rubel	Steuerrecht, Rubel	Differenzen, Rubel
Bewirtungskosten	15.000	12.000	3.000 Permanente Differenz
Abschreibung	4.000	2.000	2.000 Abzugsfähige temporäre Differenz
Dividenden	2.500	–	2.500 Zu versteuernde temporäre Differenz

Die tatsächliche Gewinnsteuer wird wie folgt berechnet.

Der theoretische Steueraufwand: 126.110 Rubel x 24 % = 30.266,4 Rubel.

Permanente Steuerschuld: 3.000 Rubel x 24 % = 720 Rubel.

Latenter Steueranspruch: 2.000 Rubel x 24 % = 480 Rubel.

Latente Steuerschuld: 2.500 Rubel x 24 % = 600 Rubel.

Die tatsächlich zu zahlende Gewinnsteuer beträgt: 30.266,4 Rubel + 720 Rubel + 480 Rubel – 600 Rubel = 30.866,4 Rubel (128.610 Rubel x 24 %).

30.866,4 Rubel ist die tatsächlich zu zahlende Gewinnsteuer, die in der Steuererklärung sowie in der Gewinn- und Verlustrechnung in der Zeile 150 ausgewiesen wird.

Die oben aufgeführte Berechnung kann man ebenfalls über die nachfolgende Überleitung prüfen.

Handelsrechtlicher Gewinn	126.110 Rubel
Erhöhung des handelsrechtlichen Gewinns um:	
▪ Bewirtungskosten	3.000 Rubel
▪ Abschreibung	2.000 Rubel
Verminderung des handelsrechtlichen Gewinns um:	
▪ Dividenden	2.500 Rubel
Zu versteuerndes Einkommen	**128.610 Rubel**

301   Das generelle Prinzip der latenten Steuern im RLS 18/02 entspricht dem in IAS 12. Die Darstellung unterscheidet sich allerdings.

302   Gemäß IAS 12 ist der Steueraufwand (Steuerertrag) die Summe des Betrages aus tatsächlichen Steuern und latenten Steuern, die in die Ermittlung des Periodenergebnisses eingeht. Die tatsächlichen Ertragsteuern sind der Betrag der geschuldeten (erstattungsfähigen) Ertragsteuern, der aus dem zu versteuernden Einkommen (steuerlichen Verlust) der Periode resultiert.

303   Der Steueraufwand in der russischen Gewinn- und Verlustrechnung (Zeile 150) repräsentiert den tatsächlichen Steueraufwand. Im Unterschied zu IAS 12 werden die latenten Steuern neutral gebucht. Die latenten Steuern werden in separaten Zeilen der Gewinn- und Verlustrechnung

(Zeile 141 – Latente Steueransprüche und Zeile 142 – Latente Steuerschulden) dargestellt. Zur Veranschaulichung wird ein Auszug aus der Gewinn- und Verlustrechnung mit den Angaben aus dem obigen Beispiel dargestellt:

	Zeile	Berichtsperiode, Rubel
Gewinn vor Steuern	140	126.110
Latenter Steueranspruch	141	480
Latente Steuerschuld	142	600
Tatsächliche Gewinnsteuer	150	30.866,4
Gewinn nach Steuern	190	95.123,6*
INFORMATIV: Permanente Steuerschulden	200	720

* 95.123,6 Rubel = 126.110 Rubel – 30.266,4 Rubel – 720 Rubel oder
  95.123,6 Rubel = 126.110 Rubel + 480 Rubel – 600 Rubel – 30.866,4 Rubel.

Der Gewinn nach Steuern wird somit in der GuV wie folgt dargestellt: 304

Gewinn nach Steuern	=	Handels- rechtlicher Gewinn	+	Latente Steuer- ansprüche	-	Latente Steuer- schulden	-	Tatsächliche Gewinnsteuer

Auf dem *Gewinn- und Verlustkonto 99* werden nur der handelsrechtliche Steueraufwand sowie die 305
permanenten Steuerschulden erfasst:

Gewinn- und Verlustkonto 99

Theoretischer Gewinnsteueraufwand 30.266,4 Permanente Steuerschuld 720 Gewinn nach Gewinnsteuer 95.123,6	Gewinn vor Steuern 126.110
126.110	126.110

306   Die Verbindlichkeit / Forderungen aus der tatsächlich zu zahlenden Gewinnsteuer kann man dem Konto *Forderungen/Verbindlichkeiten aus Steuern*, Unterkonto *Gewinnsteuer* entnehmen:

68 *Forderungen / Verbindlichkeiten aus Steuern*, Unterkonto *Gewinnsteuer*

Latente Steuerschuld 600	Handelsrechtliche Gewinnsteuer 30.266,4
Verbindlichkeit aus Steuern (tatsächliche Gewinnsteuer) 30.866,4	Permanente Steuerschuld 720
	Latenter Steueranspruch 480
31.466,4	31.466,4

Um die Verbindlichkeiten aus Steuern zu erfassen, wird ein separates Unterkonto zum Konto 68 *Forderungen/Verbindlichkeiten aus Steuern*, Unterkonto *Gewinnsteuer*, eingerichtet.

f)   Angabepflichten

307   Latente Steueransprüche werden innerhalb des Anlagevermögens (Zeile 145), latente Steuerschulden als langfristige Verbindlichkeiten (Zeile 515) in der Bilanz ausgewiesen.

308   Im handelsrechtlichen Abschluss dürfen die latenten Steueransprüche und Steuerschulden saldiert werden, falls beide – latente Steueransprüche und latente Steuerschulden – vorhanden sind, sowie bei der Berechnung der Gewinnsteuer berücksichtigt werden.

309   In der Gewinn- und Verlustrechnung werden permanente Steuerschulden, latente Steueransprüche, latente Steuerschulden sowie die tatsächliche Gewinnsteuer ebenfalls separat ausgewiesen: latenter Steueranspruch in der Zeile 141, latente Steuerschulden in der Zeile 142, die tatsächliche Gewinnsteuer in der Zeile 150 und permanente Steuerschulden informativ in der Zeile 200.

310   Latente Steueransprüche sowie latente Steuerschulden werden in der Gewinn- und Verlustrechnung nur dann ausgewiesen, falls sie die Berechnung der tatsächlichen Gewinnsteuer beeinflusst haben.

311   Permanente Steuerschulden sowie permanente Steueransprüche werden auf dem Konto 99 *Gewinne und Verluste* gebucht.

312   Zusätzlich sind im Anhang anzugeben:

   ■ theoretischer Steueraufwand oder theoretischer Steuerertrag;

   ■ permanente und temporäre Differenzen, die in der laufenden Berichtsperiode entstanden sind und die bei der Überleitung vom theoretischen Steueraufwand oder Steuerertrag zum tatsächlichen Steueraufwand oder Steuerertrag der laufenden Berichtsperiode berücksichtigt wurden;

- permanente und temporäre Differenzen, die in den vorigen Berichtsperioden entstanden sind und die bei der Überleitung vom theoretischen Steueraufwand oder Steuerertrag zum tatsächlichen Steueraufwand oder Steuerertrag der laufenden Berichtsperiode berücksichtigt wurden;

- die Beträge der permanenten Steuerschulden, latenten Steueransprüche und latenten Steuerschulden;

- die Gründe für die Änderung der angewandten Steuersätze im Vergleich mit der vorherigen Berichtsperiode;

- der erfolgswirksame Abgang von latenten Steueransprüchen und latenten Steuerschulden im Zusammenhang mit dem Abgang der entsprechenden Vermögensgegenstände oder Verbindlichkeiten.

B.   Umlaufvermögen

I.   Vorräte

Tabelle 7:   Vorräte

Beschreibung[80]	Rechtliche Grundlage
Roh-, Hilfs- und Betriebsstoffe	RLS 5/01
Unfertige Erzeugnisse	RLS 34n
Fertige Erzeugnisse, Handelswaren und Waren unterwegs	RLS 5/01
Aufwendungen zukünftiger Perioden	RLS 34n

1.   Grundsatz

Die Behandlung von Vorräten wird durch den RLS *Bilanzierung von Vorräten* 5/01 (RLS 5/01)   313
geregelt. Dieser Standard ist seit dem 01. Januar 2002 in Kraft und hat den davor gültigen RLS 5/98 unter dem gleichen Namen ersetzt. Der RLS 5/01 wiederholt im Wesentlichen die Ausführungen von IAS 2 *Inventories*.

Zu den Vorräten zählen folgende Vermögenswerte: 314

- Roh-, Hilfs- und Betriebsstoffe, die zum Verbrauch im Produktionsprozess oder zum Verbrauch während der Erbringung von Dienstleistungen oder Arbeiten eingesetzt werden, welche zum Verkauf bestimmt sind;

- zum Verkauf bereitgehaltene Vermögensgegenstände; fertige Erzeugnisse sowie Handelswaren sind ein Bestandteil der zum Verkauf bereitgehaltenen Vermögensgegenstände;

- Gegenstände, die für Verwaltungszwecke des Unternehmens benutzt werden.

---

80   Punkt 20 RLS 4/99

315   Folgende Vermögensgegenstände werden nicht von RLS 5/01 erfasst:

Gegenstände, die sich noch im Herstellungsvorgang befinden (unfertige Erzeugnisse). Die Behandlung von unfertigen Erzeugnissen wird allgemein im RLS 34n geregelt. Eine genauere Regelung ist in der Anleitung zum Kontenplan, verabschiedet durch die Anordnung des Finanzministeriums der RF Nr. 94n vom 31. Oktober 2000 (Anleitung zum Kontenplan), enthalten.

2.   Ansatz

316   Roh-, Hilfs- und Betriebsstoffe werden auf dem Konto 10 gebucht. Folgende Unterkonten zu dem Konto 10 *Roh-, Hilfs- und Betriebsstoffe* können gemäß dem Kontenplan angelegt werden:

10-1   Roh, – Hilfs- und Betriebsstoffe

10-2   Erworbene halbfertige Erzeugnisse

10-3   Treibstoffe

10-4   Tara, Verpackungen und Behälter

10-5   Ersatzteile

10-6   Sonstige Roh-, Hilfs- und Betriebsstoffe

10-7   Roh-, Hilfs- und Betriebsstoffe, die zur Weiterverarbeitung an Dritte überlassen sind

10-8   Baustoffe (bei Bauträgern)

10-9   Zubehör und Instrumente

10-10   Arbeitswerkzeuge und Arbeitskleidung auf Lager

10-11   Arbeitswerkzeuge und Arbeitskleidung im Einsatz

317   Unfertige Erzeugnisse werden auf folgenden Konten erfasst:

20 *Herstellungskosten der Haupttätigkeit*

21 *Halbfertige Erzeugnisse eigener Produktion*

23 *Herstellungskosten der Hilfstätigkeit*
(z. B. Reparaturen von Sachanlagen, Transport, Energieversorgung u. ä.)

29 *Herstellungskosten der Nebentätigkeit*
(nicht mit der Haupttätigkeit verbunden, z. B. Kindertagestätten, Sporteinrichtungen u. ä.)

44 *Verkaufskosten*

46 *Unfertige Bauleistungen.*

318   Fertige Erzeugnisse werden auf dem Konto 43 *Fertige Erzeugnisse* erfasst.

319   Handelswaren werden auf dem Konto 41 *Handelswaren* erfasst, falls sie zu Anschaffungskosten bewertet werden; mit Hilfe des Kontos 42 *Handelsspannen*, falls die Handelswaren zu Verkaufspreisen (speziell für den Handel) bewertet werden; mit Hilfe des Kontos 15 *Roh-, Hilfs- und Betriebsstoffe* zu Plankosten, falls die Handelswaren zu Plankosten angesetzt werden.

320   Vorräte, die das Unternehmen auf dem Lager, aber nicht im Eigentum hat, z. B. Kommissionswaren oder gemietete Sachanlagen, werden auf außerbilanziellen Konten erfasst.

321   Die von Unternehmen bezahlten Vorräte, die allerdings noch nicht das Lager des Lieferanten verlassen haben, werden als geleistete Anzahlungen erfasst[81].

---

81 Punkt 10 Methodische Anweisungen zur Bilanzierung der Vorräte, verabschiedet durch die Anordnung des Finanzministeriums der RF Nr. 119n vom 28. Dezember 2001

Falls der Eigentumstitel auf die Vorräte bereits auf den Käufer übergangen ist, die Vorräte aber   322
noch nicht eingetroffen sind, werden solche Vorräte als unterwegs befindliche Waren auf einem
Unterkonto zum Konto 10 *Vorräte* erfasst[82].

3.   Bewertung bei Zugang

Vorräte werden grundsätzlich mit den Anschaffungs- oder Herstellungskosten bewertet (Vollko-   323
stenbewertung). Diese Kosten verstehen sich ohne Umsatzsteuer oder andere abziehbare Steuern.
Vorräte können auch als Einlage ins Grund- oder Stammkapital einer Gesellschaft, unentgeltlich
oder im Laufe eines Tauschgeschäftes zugehen.

a)   Anschaffung

Die Anschaffungskosten schließen folgendes ein: 324

- den Anschaffungspreis;
- Informations- und Beratungsdienstleistungen im Zusammenhang mit der Anschaffung;
- Zölle;
- nicht abziehbare Steuern (ggf. Umsatzsteuer; die Umsatzsteuer wird bei denjenigen Unternehmen zu den Anschaffungskosten gehören, die nicht Steuerpflichtige der Umsatzsteuer sind);
- Vermittlungsgebühren;
- Beschaffungskosten sowie Transportkosten inklusive Versicherungsaufwendungen;
- direkt zurechenbare Lageraufwendungen;
- Zinsen auf Warenkredite und Darlehen für die Anschaffung der Vorräte, die vor der Aktivierung der Vorräte aufgelaufen sind;
- Kosten, die anfallen, um die Vorräte in den gewünschten Zustand zu versetzen (Umarbeiten, Sortierung, Paketierung, Verbesserung des technischen Zustandes der Vorräte, die allerdings nicht im Rahmen des Produktionsprozesses stattfindet);
- weitere direkt zurechenbare Aufwendungen[83].

Es besteht ein Aktivierungsverbot für allgemeine Verwaltungsaufwendungen, es sei denn sie sind
unmittelbar auf die Anschaffung der Vorräte bezogen.

Falls der Preis der Vorräte in fremder Währung veranschlagt ist, muss er in Rubel zum Wechsel-   325
kurs der Zentralbank der RF am Tag der Bilanzierung umgerechnet werden.

Vorräte, die das Unternehmen auf außerbilanziellen Konten ausweist, werden zu dem vertraglich   326
vereinbarten Wert aktiviert. Falls kein Wert vertraglich vereinbart wurde, werden solche Vorräte
zu einem angenommenen Wert bilanziert[84].

Unterwegs befindliche Waren werden auf einem Unterkonto zum Konto 10 *Vorräte* zum vertrag-   327
lich vereinbarten Preis aktiviert. Die tatsächlichen Anschaffungskosten der Waren werden beim
Wareneingang präzisiert[85].

---

82   Punkt 26 RLS 5/01
83   Punkt 6 RLS 5/01
84   Punkt 18 Methodische Anweisungen zur Bilanzierung der Vorräte, verabschiedet durch die Anordnung des Finanz-
     ministeriums der RF Nr. 119n vom 28. Dezember 2001
85   Punkt 26 RLS 5/01

> Beispiel:

Ein Unternehmen hat mit einem Lieferanten im Dezember 2007 einen Liefervertrag für Rohstoffe in Höhe von 236.000 Rubel (davon 36.000 Rubel Umsatzsteuer) abgeschlossen. Der Eigentumsübergang findet bei der Übergabe an den Spediteur statt. Der Lieferant hat Ende Dezember 2007 die Rohstoffe an den Spediteur geliefert. Die Rohstoffe sind Ende Januar 2007 eingetroffen.

Buchung der Rohstoffe beim Erwerber im Dezember bei Eigentumsübergang:

10 *Vorräte* Unterkonto *Unterwegs befindliche Waren*

an

60 *Verbindlichkeiten aus Lieferung und Leistungen*: 200.000 Rubel

Die Vorsteuer auf die Lieferung:

19 *Vorsteuer*

an

60 *Verbindlichkeiten aus Lieferung und Leistungen*: 36.000 Rubel

Nachdem die Rohstoffe im Januar eingetroffen sind, werden die im Dezember vorgenommenen Buchungen entweder storniert oder die Rohstoffe werden auf ein anderes Unterkonto des Kontos 10, z. B. 10-1 *Roh, – Hilfs- und Betriebsstoffe* umgebucht.

Die Vorsteuer kann mit der Umsatzsteuerlast verrechnet werden:

68 *Forderungen/Verbindlichkeiten aus Steuern* Unterkonto *Umsatzsteuer*

an

19 *Vorsteuer*: 36.000 Rubel

❶ Praxishinweis:

Unterwegs befindliche Waren sind insbesondere bei den Saldenabstimmungen im Konsolidierungskreis ein Problem. Oft werden unterwegs befindliche Waren bei russischen Tochtergesellschaften aus unterschiedlichen Gründen (unter anderem wegen mangelnder Kommunikation zwischen einzelnen Tochtergesellschaften und/oder der Muttergesellschaft, die einander beliefern, insbesondere wenn sie sich im Ausland befinden) nicht gebucht. Die Buchhalter warten auf den Eingang der Waren und erst dann aktivieren sie. Im Ergebnis kommt es dann bei der Konsolidierung zu Schwierigkeiten hinsichtlich der Übereinstimmung der Salden im Konzernabschluss. In der Praxis wird dieses Problem entweder bei den ausländischen Gesellschaften oder auf der Ebene des Konsolidierungsabschlusses der russischen Gesellschaften gelöst, d. h. zusätzliche Buchungen werden in den Konsolidierungspaketen (so genannte HB II-Abschlüsse) der russischen Tochterunternehmen vorgenommen. Dies ist allerdings nicht erforderlich, wenn die Abstimmung sauber erfolgt, da nichts gegen den Ausweis im russischen Abschluss spricht, wenn der Gefahrübergang erfolgt ist.

b)   Herstellung

328 Zu den Herstellungskosten gehören alle direkt zurechenbaren Aufwendungen, die dazu dienen, den Vermögensgegenstand in den Zustand seiner geplanten Nutzung zu versetzen.

c)   Schenkung

Geschenkte Vorräte werden zu ihrem Marktwert aktiviert. Unter dem Marktwert ist die Summe   329
der Finanzmittel zu verstehen, die beim Verkauf dieser Vorräte zugehen[86].

d)   Vorräte, die aus dem Abgang von Sachanlagen oder anderer Vermögenswerte entstehen

Solche Vorräte werden zu ihrem Marktwert aktiviert.   330

e)   Tausch

Die Vorräte, die im Rahmen eines Tauschgeschäftes (Barter) erworben werden, werden zum Wert   331
der übergebenen Vermögensgegenstände aktiviert. Der Wert der übergebenen Vermögensgegenstände wird seinerseits anhand des Wertes festgelegt, den das aktivierende Unternehmen normalerweise in einer vergleichbaren Situation für ähnliche Vermögensgegenstände ansetzen würde.
Falls dieser Wert nicht festgestellt werden kann, werden diese Vorräte mit einem marktüblichen
Wert angesetzt.

f)   Einlage ins Grund- oder Stammkapital

Die Einlage ins Grund- oder Stammkapital wird anhand einer Vereinbarung zwischen den Anteil-   332
seignern (Aktionären) bewertet. Übersteigt der Wert einer Einlage ins Stammkapital einer GmbH
200 Mindestlöhne (derzeit umgerechnet ca. 600 EUR), ist die Bewertung durch einen Sachverständigen notwendig. Bei einer Sacheinlage in eine Aktiengesellschaft ist eine Bewertung durch
einen Sachverständigen unabhängig von der Höhe der Einlage vorgeschrieben.

Die Anschaffungs- oder Herstellungskosten solcher Einlagen schließen alle Bezugsaufwendungen   333
sowie alle Aufwendungen ein, die sie in den Zustand ihrer geplanten Nutzung bringen. Auf diese
Aufwendungen wurde bereits eingegangen. Das Gleiche trifft auf geschenkte Vorräte, Vorräte, die
aus dem Abgang der Sachanlagen oder anderer Vermögensgegenstände entstehen sowie Vorräte,
die im Wege eines Tausches zugegangen sind, zu.

4.   Roh-, Hilfs- und Betriebsstoffe

a)   Bewertungsvereinfachungsverfahren

aa)   Standardkostenmethode

Die Standardkostenmethode ist in der Anleitung zum Kontenplan sowie in den Methodischen   334
Anweisungen zur Bilanzierung der Vorräte, verabschiedet durch die Anordnung des Finanzministeriums der RF Nr. 119n vom 28. Dezember 2001 (Methodische Anweisungen), beschrieben.

---

86 Punkt 9 RLS 5/01

335   Die Methodischen Anweisungen enthalten vier Varianten für die Ermittlung der Standardkosten:

a) vertraglich vereinbarte Preise;

b) tatsächliche Anschaffungs- oder Herstellungskosten der Vorperioden;

c) Plankosten; diese Kosten entsprechen näherungsweise den tatsächlichen Anschaffungs- oder Herstellungskosten;

d) Durchschnittskosten einer Warengruppe. Dies ist eine Form der Plankosten. Sie wird angewandt, wenn ähnliche Waren mit ähnlichen Preisen zu einer Gruppe zusammengefasst werden (Gruppenbewertung).

336   Die Plankosten sowie die Durchschnittskosten einer Warengruppe werden regelmäßig überprüft und ggf. bei einer Abweichung von über zehn Prozent von den Marktpreisen an die Marktpreise angepasst[87].

337   Für die Ermittlung der Standardkosten der Roh-, Hilfs- und Betriebsstoffe werden neben dem Konto 10 *Roh-, Hilfs- und Betriebsstoffe* die Konten 15 *Standardkosten* und 16 *Preisdifferenzen* eingesetzt.

> **Beispiel:**

Ein Bauunternehmen hat am 01. November 2007 200 Dosen Wandfarbe gekauft. Die Standardkosten einer Dose betragen 500 Rubel. Die Rechnung vom Lieferanten kam erst am 30. November 2007 in Höhe von 116.820 Rubel (davon Umsatzsteuer 17.820 Rubel). Die Rechnung vom Transportunternehmen in Höhe von 3.540 Rubel (davon Umsatzsteuer in Höhe von 540 Rubel) kam am 28. November 2007. Folgende Buchungen wurden im Bauunternehmen vorgenommen.

Am 01. November 2007 wurden die Dosen zu Standardkosten aktiviert:

10 *Roh-, Hilfs- und Betriebsstoffe*

an

15 *Roh-, Hilfs- und Betriebsstoffe zu Standardkosten*: 100.000 Rubel

Am 28. November 2007 werden die Transportaufwendungen gebucht:

15 *Roh-, Hilfs- und Betriebsstoffe zu Standardkosten*

an

60 *Verbindlichkeiten aus Lieferungen und Leistungen*: 3.000 Rubel

Die Vorsteuer darauf wird gebucht:

19 *Vorsteuer*

an

60 *Verbindlichkeiten aus Lieferungen und Leistungen*: 540 Rubel

Am 30. November 2007 werden die Dosen zum tatsächlichen Anschaffungspreis aktiviert:

15 *Roh-, Hilfs- und Betriebsstoffe zu Standardkosten*

an

60 *Verbindlichkeiten aus Lieferungen und Leistungen*: 99.000 Rubel

Die Vorsteuer darauf wird gebucht:

19 *Vorsteuer*

an

60 *Verbindlichkeiten aus Lieferungen und Leistungen*: 17.820 Rubel

---

87 Punkt 80 Methodische Anweisungen zur Bilanzierung der Vorräte, verabschiedet durch die Anordnung des Finanzministeriums der RF Nr. 119n vom 28. Dezember 2001

Die Differenz zwischen den tatsächlichen Anschaffungskosten und den Standardkosten beträgt 2.000 Rubel (99.000 + 3.000 – 200 x 500):

16 *Preisdifferenzen Roh-, Hilfs- und Betriebsstoffe*

an

15 *Roh-, Hilfs- und Betriebsstoffe zu Standardkosten*: 2.000 Rubel

Der Soll-Saldo des Kontos 16 wird in die entsprechenden Aufwandskonten gebucht. Preisdiffe-   338
renzen der Roh-, Hilfs- und Betriebstoffe auf dem Lager verbleiben auf dem Konto 16. Auf die
Methoden der Buchung der Preisdifferenzen in den Aufwand wird im Weiteren im Abschnitt
„Bezugskosten" eingegangen.

bb)   Verbrauchsfolgeverfahren

RLS 5/01 räumt die Anwendung der FIFO-Methode neben der Durchschnittsmethode sowie der   339
Bewertung nach tatsächlichen Kosten jeder Einheit als eine Möglichkeit der Vorratsbewertung
ein. Die LIFO-Methode war bis zum 31. Dezember 2007 ebenfalls möglich. Andere Bewertungs-
vereinfachungsverfahren sind nicht zulässig.

Die Anwendung der FIFO-Methode kann sowohl anhand der durchschnittlichen Monatspreise   340
der Vorräte zum Monatsende (periodisch) als auch permanent innerhalb des Monats zu jedem
Abgang der Vorräte erfolgen. Der durchschnittliche Anschaffungspreis wird im letzteren Fall zum
Zeitpunkt der letzten Transaktion ermittelt.

> Ein Beispiel der FIFO-Methode wird in der Anlage 1 zu den Methodischen Anweisungen gegeben: 341

Nr.	Transaktion	Quantität, kg	Einkaufspreis	Gesamtbetrag in Rubel
	A. Angaben			
1.	Bestand zum 01. Januar	1.000	5	5.000
2.	Zugang im Januar:			
	1. Zugang	6.000	10	60.000
	2. Zugang	4.000	12	48.000
	3. Zugang	20.000	20	400.000
	Gesamte Zugänge im Januar:	30.000		508.000
	Gesamt	31.000		513.000
3.	Verbraucht im Januar:			
	– für die Haupttätigkeit	16.000		
	– für den Verkauf	1.000		
	– für die Neben- oder Hilfstätigkeit	5.000		
	Verbrauch gesamt	22.000		
4.	Bestand zum 01. Februar	9.000		
	B. FIFO-Methode			
5.	Januar-Verbrauch:			
	– vom Bestand zum 01. Januar	1.000	5	5.000
	– vom ersten Zugang	6.000	10	60.000
	– vom zweiten Zugang	4.000	12	48.000
	– vom dritten Zugang	11.000	20	220.000
	Verbrauch gesamt, darunter:	22.000	15,14*	333.000
	– für die Hauptproduktion	16.000	15,14	242.160
	– für den Verkauf	1.000	15,14	15.140
	– für die Neben- oder Hilfstätigkeit	5.000	15,14	75.700
	Gesamt	22.000	15,14	333.000
	Bestand zum 01. Februar	9.000	20	180.000**

*   333.000/22.000 = 15,14.

**   5.000 + 508.000 – 333.000 = 180.000.

cc)   Durchschnittsmethode

342   Im RLS 5/01 wird die Durchschnittsmethode gleichrangig neben der FIFO-Methode und der Bewertung nach tatsächlichen Kosten jeder Einheit vorgeschlagen. Die Durchschnittermittlung kann dabei periodisch zum Monatsende oder permanent erfolgen.

343   ▶ **Ein Beispiel zur Durchschnittsmethode wird in der Anlage 1 zu den Methodischen Anweisungen gegeben:**

Angaben wie im obigen Beispiel.

Nr.	Transaktion	Quantität, kg	Einkaufspreis	Gesamtbetrag in Rubel
	C. Durchschnittsmethode			
	Der Durchschnittspreis im Januar:			
	513.000/31.000 = 16,55			
1.	Januar-Verbrauch:			
	– für die Haupttätigkeit	16.000	16,55	264.800
	– für den Verkauf	1.000	16,55	16.550
	– für die Neben- oder Hilfstätigkeit	5.000	16,55	82.750
	Gesamt	22.000		364.100
	Bestand zum 01. Februar	9.000	16,54	148.900

€ **Steuern:**

Steuerlich sind folgende Bewertungsmethoden zulässig:

■ Bewertung nach tatsächlichen Kosten jeder Einheit;

■ Durchschnittsmethode;

■ FIFO-Methode;

■ LIFO-Methode.

❶ **Praxishinweis:**

Zur Vereinheitlichung der handelsrechtlichen und steuerlichen Buchführung ist es empfehlenswert, sich für die gleiche Bewertungsmethode sowohl für den handelsrechtlichen Abschluss als auch für die Gewinnsteuerermittlung zu entscheiden, soweit dies mit den Unternehmensbelangen in Einklang zu bringen ist.

b)   Bezugskosten

344   Unter den Bezugskosten werden alle Aufwendungen des Unternehmens verstanden, die neben den Vertragspreisen für Roh-, Hilfs- und Betriebsstoffe unmittelbar mit der Anschaffung der Roh-, Hilfs- und Betriebsstoffe in Zusammenhang stehen. Beispiele zu den Bezugskosten werden im Punkt 70 der Methodischen Anweisungen gegeben. Sie stimmen im Wesentlichen mit der Aufzählung der Anschaffungskosten im Punkt 6 des RLS 5/01 überein und beinhalten folgende Aufwendungen:

■ Lade- sowie Transportkosten, sofern sie nicht im Anschaffungspreis inbegriffen sind;

■ direkt zurechenbare Lageraufwendungen inklusive Lohn- und Gehaltsaufwendungen der Lagermitarbeiter, die unmittelbar mit der Anschaffung der Roh-, Hilfs- und Betriebsstoffe zu tun haben;

■ Aufwendungen in Bezug auf den Unterhalt der Beschaffungspunkte oder Agenturen (bis auf die Lohn- und Gehaltsaufwendungen sowie Sozialabgaben darauf);

■ Vermittlungsgebühren;

- Aufbewahrungskosten an den Beschaffungsorten, Eisenbahnstationen, Häfen;
- Zinsen auf Warenkredite und Darlehen für die Anschaffung der Vorräte, die vor der Aktivierung der Vorräte aufgelaufen sind;
- Reisekosten in Bezug auf die Beschaffung der Roh-, Hilfs- und Betriebstoffe;
- Verluste an gelieferten Roh-, Hilfs- und Betriebsstoffen (Differenzen, Beschädigung) innerhalb der Normen für natürlichen Schwund;
- weitere direkt zurechenbare Aufwendungen.

Die Methodischen Anweisungen enthalten drei Varianten für die Bilanzierung der Bezugskosten: 345

1. mit Hilfe der Konten 15 *Standardkosten* und 16 *Preisdifferenzen*;
2. auf einem Unterkonto zum Konto 10 *Roh-, Hilfs- und Betriebsstoffe*;
3. direkt mit dem Vertragspreis der Roh-, Hilfs- und Betriebsstoffe auf dem Konto 10 *Roh-, Hilfs- und Betriebsstoffe*.

Die erstere Variante (1) ist insbesondere für Unternehmen geeignet, die die Standardkostenme-   346
thode anwenden. In dem Fall gehören die Bezugskosten zu den Differenzen, die am Ende jeder Berichtsperiode auf das Konto 16 *Preisdifferenzen* gebucht werden. Die Bezugskosten sowie die Preisdifferenzen auf dem Konto 16 werden entsprechend dem Verbrauch der entsprechenden Roh-, Hilfs- und Betriebsstoffe monatlich in die Aufwandskonten gebucht. Die Buchung erfolgt anhand eines Prozentsatzes, der wie folgt berechnet wird:

$$\frac{\begin{array}{l}\text{(Preisdifferenzen zum Monatsanfang + Bezugskosten zum Monatsanfang)}\\ \text{+ (Zugang an Preisdifferenzen der Berichtsperiode +}\\ \text{Zugang an Bezugskosten der Berichtsperiode)}\end{array}}{\begin{array}{l}\text{(Restbestand an Roh-, Hilfs- und Betriebsstoffen zum Anfang der Berichtsperiode}\\ \text{+ Zugang an Roh-, Hilfs- und Betriebsstoffen in der Berichtsperiode)}\end{array}} \times 100\,\%.$$

Beispiel aus den Methodischen Anweisungen[88]:

Nr.	Inhalt	Standardkosten	Preisdifferenzen oder Bezugsaufwendungen
1	Bestand zum Beginn der Berichtsperiode	19.000	1.500
2	Zugänge	11.000	900
3	Gesamt Zeile 1 + Zeile 2	30.000	2.400
4	Prozentsatz der Differenzen oder Bezugskosten: (2.400/30.000) x 100		8
5	Gebucht in den Aufwand der Berichtsperiode:		
	– Haupttätigkeit	6.500	520
	– Hilfstätigkeit	2.000	160
	– Fertigungsgemeinkosten	1.500	120
	– allgemeine Verwaltungsaufwendungen	1.000	80
	– Nebentätigkeit	500	40
	– Aufwendungen der künftigen Perioden	400	32
	– Verkaufskosten	100	8
	– Produktionsausschuss	200	16
	– verkauft an Dritte	800	64
	Gesamt Punkt 5	13.000	1.040
6.	Bestand zum Ende der Berichtsperiode (Punkt 3 – Punkt 5)	17.000	1.360

---

88   Anlage 3 zu den Methodischen Anweisungen zur Bilanzierung der Vorräte, verabschiedet durch die Anordnung des Finanzministeriums der RF Nr. 119n vom 28. Dezember 2001

347   Da diese Methode recht aufwendig ist, ist in den Methodischen Anweisungen außerdem eine vereinfachte Methode vorgesehen:

■ falls die tatsächlichen Preisdifferenzen sowie Bezugskosten fünf Prozent der Standardkosten der Roh-, Hilfs- und Betriebsstoffe nicht überschreiten, können sie direkt in den Materialaufwand gebucht werden; d. h. der Saldo des Kontos 16 *Preisdifferenzen* kann monatlich in den Materialaufwand gebucht werden;

■ falls die tatsächlichen Preisdifferenzen sowie Bezugskosten zehn Prozent der Standardkosten der Roh-, Hilfs- und Betriebsstoffe nicht überschreiten, können die Preisdifferenzen sowie Bezugskosten zwischen den *Herstellungskosten der Haupttätigkeit* (Konto 20), den *Herstellungskosten der Hilfstätigkeit* (Konto 23) sowie dem *Materialaufwand der an Dritte verkauften Roh-, Hilfs- und Betriebsstoffe* verteilt werden:

Nr.	Inhalt	Standardkosten	Preisdifferenzen oder Bezugsaufwendungen
1	Gebucht in den Aufwand der Berichtsperiode:		
	– Haupttätigkeit	6.500	727
	– Hilfstätigkeit	2.000	224
	– Fertigungsgemeinkosten	1.500	-
	– allgemeine Verwaltungsaufwendungen	1.000	-
	– Nebentätigkeit	500	-
	– Aufwendungen zukünftiger Perioden	400	-
	– Verkaufskosten	100	-
	– Produktionsausschuss	200	-
	– verkauft an Dritte	800	89
	Gesamt	13.000	1.040

Die Preisdifferenzen oder die Bezugsaufwendungen der Berichtperiode werden anhand des oben berechneten Prozentsatzes (bzw. anhand eines Plansatzes) ermittelt:

$(13.000 \times 8)/100 = 1.040.$

Der Verteilungsprozentsatz der Preisdifferenzen oder der Bezugsaufwendungen wird kalkuliert:

$1.040/(6.500 + 2.000 + 800) = 11,18\,\%$

Die Verteilung erfolgt wie folgt:

$(6.500 \times 11,18)/100 = 727$

$(2.000 \times 11,18)/100 = 224$

$(800 \times 11,18)/100 = 89.$

348   Bei der zweiten Variante (2) werden die Preisdifferenzen und Bezugskosten anhand eines kalkulatorischen oder historischen (zum Anfang der Berichtsperiode) Prozentsatzes in Relation zu dem Verbrauch an Roh-, Hilfs- und Betriebsstoffen in den Aufwand gebucht.

349   Die letztere Variante (3) ist für Unternehmen mit einer geringen Anzahl an Warengruppen geeignet bzw. für einige bedeutende Gruppen der Roh-, Hilfs- und Betriebsstoffe. Die Bezugskosten werden in dem Fall zusammen mit den Roh-, Hilfs- und Betriebsstoffen auf dem Konto 10 aktiviert.

350   Unternehmen wählen selbständig eine Variante für die Bilanzierung der Bezugskosten aus und legen diese in ihren Bilanzierungsrichtlinien nieder.

5.   Unfertige Erzeugnisse

351   Erzeugnisse, die nicht alle Produktionsstufen durchlaufen haben, nicht komplett sind, noch nicht getestet wurden bzw. der technologischen Qualitätskontrollprüfung noch nicht unterzogen worden sind, gehören zu den unfertigen Erzeugnissen. Die Art der Bewertung unfertiger Erzeugnisse

hängt von der Art der Produktion (Einzelproduktion, Serienproduktion oder Massenproduktion) ab. Unfertige Erzeugnisse in Serienproduktion und Massenproduktion können zu

- tatsächlichen Herstellungskosten,
- Standardkosten,
- direkten Kosten sowie
- mit dem Einsatz an Roh-, Hilfs- und Betriebsstoffen bewertet werden[89].

Für die Einzelproduktion ist die Bewertung mit tatsächlichen Herstellungskosten vorgeschrieben.

Die Bewertung unfertiger Erzeugnisse ist naturgemäß mit der Bewertung fertiger Erzeugnisse verbunden. Die einzelnen Bewertungsmethodiken werden im Nachfolgenden anhand eines Beispiels[90] beschrieben.   **352**

> **Beispiel:**

Ein Produktionsunternehmen hat gemäß seinem Produktionsplan für Juni 2007 Roh-, Hilfs- und Betriebsstoffe für 50 Erzeugnisse in die Herstellungskosten aufgenommen. 45 Fertige Erzeugnisse wurden hergestellt. Das Unternehmen hatte im Juni 2007 folgende Aufwendungen (in Klammern jeweils die Kontonummern):

Herstellungskosten der Haupttätigkeit: *Abschreibung auf Sachanlagen* (02), *Roh-, Hilfs- und Betriebsstoffe* (10), *Lohn- und Gehalt* (70), *Sozialabgaben* (69) in der Gesamthöhe von 1.000.000 Rubel.

Fertigungsgemeinkosten: *Abschreibung auf Sachanlagen* (02), *Roh-, Hilfs- und Betriebsstoffe* (10), *Lohn- und Gehalt* (70), *Sozialabgaben* (69), *Verbindlichkeiten aus Lieferungen und Leistungen* (60), *Sonstige Forderungen/Verbindlichkeiten* (76) in der Gesamthöhe von 500.000 Rubeln.

Allgemeine Verwaltungsaufwendungen: ähnliche Aufwandsarten wie auf den oben genannten Konten in der Gesamthöhe von 300.000 Rubeln.

Es gab keine Anfangssalden der Konten 20 *Herstellungskosten der Haupttätigkeit*, 25 *Fertigungsgemeinkosten* und 26 *Allgemeine Verwaltungsaufwendungen* zum ersten Dezember 2007.

a)   Bewertung zu tatsächlichen Herstellungskosten

> **Fortsetzung des Beispiels**

Die Bewertung sowie Buchung mit den tatsächlichen Herstellungskosten erfolgt nach dem folgenden Muster: **353**

Buchungsbeschreibung	Buchungssatz		Betrag, Rubel
	Soll	Haben	
Im Laufe des Juni 2007			
Herstellungskosten der Haupttätigkeit	20	02, 10, 69, 70	1.000.000
Fertigungsgemeinkosten	25	02, 10, 60, 69, 70, 76	500.000
Allgemeine Verwaltungsaufwendungen	26	02, 10, 60, 69, 70, 76	300.000
Ende Juni 2007			
Fertigungsgemeinkosten werden auf das Konto 20 umgebucht	20	25	500.000
Allgemeine Verwaltungsaufwendungen werden auf das Konto 20 umgebucht	20	26	300.000
Fertige Erzeugnisse werden aktiviert	43	20	1.620.000*

*   Aufwendungen gesamt 1.800.000 Rubel (1.000.000 + 500.000 + 300.000)/Fertige Erzeugnisse gemäß dem Produktionsplan 50 x Tatsächlich hergestellte fertige Erzeugnisse 45 = 1.620.000 Rubel.

Unfertige Erzeugnisse = Soll-Saldo auf dem Konto 20: 180.000 Rubel (1.800.000 − 1.620.000).

---

89   Punkt 63 und 64 RLS 34n
90   Buchungssätze L. V. Sotnikova Jahresbericht 2006, IPBR-BINFA, Moskau 2006

b)   Bewertung zu Standardkosten

354   **❯** Fortsetzung des Beispiels:

Die Standardkosten eines Erzeugnisses wurden mit 25.000 Rubel festgelegt.

Buchungsbeschreibung	Buchungssatz		Betrag, Rubel
	Soll	Haben	
Im Laufe des Juni 2007			
Herstellungskosten der Haupttätigkeit	20	02, 10, 69, 70	1.000.000
Fertigungsgemeinkosten	25	02, 10, 60, 69, 70, 76	500.000
Allgemeine Verwaltungsaufwendungen	26	02, 10, 60, 69, 70, 76	300.000
Ende Juni 2007			
Fertigungsgemeinkosten werden auf das Konto 20 umgebucht	20	25	500.000
Allgemeine Verwaltungsaufwendungen werden direkt auf das Konto 90 umgebucht, da meistens nicht direkt zu den Standardkosten eines Erzeugnisses zurechenbar	90 Unterkonto Allgemeine Verwaltungsaufwendungen	26	300.000
Tatsächliche Herstellungskosten werden gebucht	40	20	1.375.000
Standardkosten werden gebucht	43	40	1.125.000
Differenz zwischen den tatsächlichen Herstellungskosten und den Standardkosten wird gebucht	90 Unterkonto Differenz zwischen den tatsächlichen HK und den Standardkosten	40	200.000

Erläuterung:

25.000 Rubel Standardkosten x 45 Erzeugnisse = 1.125.000 Rubel – Standardkosten der 45 Erzeugnisse.

25.000 Rubel Standardkosten x 50 Erzeugnisse = 1.250.000 Rubel – Standardkosten der 50 Erzeugnisse.

1.250.000 – 1.125.000 = 125.000 Rubel – Standardkosten unfertiger Erzeugnisse.

1.000.000 (20) + 500.000 (25) – 125.000 = 1.375.000 Rubel – Tatsächliche Herstellungskosten fertiger Erzeugnisse.

1.375.000 – 1.125.000 = 200.000 Rubel – Differenz zwischen den tatsächlichen Herstellungskosten und den Standardkosten.

Unfertige Erzeugnisse (Soll-Saldo des Kontos 20) werden mit 125.000 Rubel bewertet.

c)   Bewertung zu direkten Kosten

355   **❯** Fortsetzung des Beispiels:

Die Aufwendungen werden in direkte und indirekte aufgeteilt. Angenommen, zu den direkten Aufwendungen gehören Roh-, Hilfs- und Betriebsstoffe, Abschreibung auf die Anlagen, Lohn und Gehalt sowie Sozialabgaben.

Buchungsbeschreibung	Buchungssatz		Betrag, Rubel
	Soll	Haben	
Im Laufe des Juni 2007			
Direkte Kosten werden erfasst	20	02, 10, 69, 70	1.000.000
Indirekte Kosten werden erfasst	26	02, 10, 60, 69, 70, 76	800.000

Buchungsbeschreibung	Buchungssatz		Betrag, Rubel
	Soll	Haben	
Ende Juni 2007			
Direkte Kosten werden als fertige Erzeugnisse aktiviert	43	20	900.000
Indirekte Kosten werden in die Kosten der Leistungserstellung gebucht	90*	26	800.000

Erläuterung:

1.000.000 / 50 = 20.000 Rubel – Direkte Aufwendungen der 50 Erzeugnisse

20.000 x 45 = 900.000 Rubel – Direkte Aufwendungen der 45 Erzeugnisse

1.000.000 – 900.000 = 100.000 Rubel – Unfertige Erzeugnisse (Soll-Saldo des Kontos 20)

1.000.000 – 100.000 = 900.000 Rubel – Tatsächliche Herstellungskosten der Produktion.

* Abhängig von der Art der Bewertung der fertigen Erzeugnisse wird das Konto 26 entweder direkt auf das Konto 90 (Bewertung zu direkten Kosten) oder indirekt auf das Konto 20 (Bewertung zu tatsächlichen Herstellungskosten) umgebucht.

d)   Bewertung mit dem Einsatz an Roh-, Hilfs- und Betriebsstoffen

> Fortsetzung des Beispiels: 356

Unfertige Erzeugnisse können auch ausschließlich mit dem Einsatz an Roh-, Hilfs- und Betriebskosten bewertet werden. Angenommen, der Einsatz an Roh-, Hilfs- und Betriebsstoffen betrug 200.000 Rubel.

Buchungsbeschreibung	Buchungssatz		Betrag, Rubel
	Soll	Haben	
Im Laufe des Juni 2007			
Herstellungskosten der Haupttätigkeit	20	02, 10, 69, 70	1.000.000
Fertigungsgemeinkosten	25	02, 10, 60, 69, 70, 76	500.000
Allgemeine Verwaltungsaufwendungen	26	02, 10, 60, 69, 70, 76	300.000
Ende Juni 2007			
Fertigungsgemeinkosten werden auf das Konto 20 umgebucht	20	25	500.000
Allgemeine Verwaltungsaufwendungen werden auf das Konto 20 umgebucht	20	26	300.000
Fertige Erzeugnisse werden aktiviert	43	20	1.780.000

Erläuterung:

200.000 Rubel/50 x 45 = 180.000 Rubel – Roh-, Hilfs- und Betriebsstoffe für die 45 Erzeugnisse.

200.000 – 180.000 = 20.000 Rubel – Unfertige Erzeugnisse (Soll-Saldo des Kontos 20)

1.000.000 + 500.000 + 300.000 – 20.000 = 1.780.000 Rubel – Fertige Erzeugnisse zu den tatsächlichen Herstellungskosten.

€ Steuern:

Unfertige Erzeugnisse werden steuerlich mit direkten Kosten bewertet. Der Steuerpflichtige legt selbständig in seiner Bilanzierungsrichtlinie zu steuerlichen Zwecken die Zusammensetzung der direkten Kosten fest. Zu den direkten Kosten zählen z. B. direkt der Produktion zurechenbare Roh-, Hilfs- und Betriebsstoffe, Abschreibungen sowie Lohn- und Gehaltskosten inklusive Sozialabgaben. Alle anderen Aufwendungen sind indirekt und werden periodisch als Aufwand erfasst[91].

---

91   Punkt 1 Art. 318 SteuerGB

Der Steuerpflichtige legt außerdem selbständig die Methode der Verteilung der direkten Kosten zwischen den unfertigen Erzeugnissen und dem Bestand an fertigen Erzeugnissen zum Ende der Berichtsperiode fest[92].

6.   Fertige Erzeugnisse

357   Fertige Erzeugnisse werden zu Herstellungskosten bewertet. Folgende Bewertungsmöglichkeiten sind im Punkt 59 des RLS 34n vorgesehen:

- zu tatsächliche Herstellungskosten;
- zu Standardkosten
- zu direkten Kosten.

Die Art der Bewertung wird vom Unternehmen festgelegt und soll in den Bilanzierungsrichtlinien dokumentiert werden.

358   Die Bewertung zu Standardkosten macht in Unternehmen mit hoher Artikelvielfalt Sinn, wohingegen die Bewertung zu tatsächlichen Herstellungskosten nur in Unternehmen mit wenigen Artikeln effizient erscheint. Vertraglich vereinbarte Preise können als Standardkosten angesetzt werden, falls sie sich nicht häufig ändern.

359   Soweit die Bewertung zu Standardkosten erfolgt, kann eine Differenz zwischen den Standardkosten und den tatsächlichen Herstellungskosten entstehen. Diese Differenz wird auf einem Unterkonto zum Konto 43 *Fertige Erzeugnisse* erfasst. Beim Verkauf der fertigen Erzeugnisse werden die Differenzen wie folgt ausgebucht.

Standardkosten sind niedriger als die tatsächlichen Herstellungskosten:

Soll 90-2 *Kosten der Leistungserstellung*, Haben 43 *Fertige Erzeugnisse*, Unterkonto *Differenzen*.

Standardkosten sind höher als die tatsächlichen Herstellungskosten:

STORNO: Soll 90-2 *Kosten der Leistungserstellung*, Haben 43 *Fertige Erzeugnisse*, Unterkonto *Differenzen*.

> **Beispiel:**
>
> Eine Bäckerei hat im November 2007 10.000 Brote gebacken und an eine Supermarktkette verkauft. Ein Brot hat 22 Rubel gekostet, inklusive 2 Rubel Umsatzsteuer (10%). Dabei hatte sie folgende Aufwendungen in einer Gesamthöhe von 150.000 Rubel:
>
> Roh-, Hilfs- und Betriebsstoffe – 30.000 Rubel;
>
> Lohn- und Gehalt – 90.000 Rubel (inklusive Sozialabgaben);
>
> Abschreibung auf Sachanlagen – 10.000 Rubel;
>
> Sonstige Aufwendungen – 20.000 Rubel.
>
> Die Bewertung der Brote erfolgte zu Standardkosten, die aus Aufwendungen für Roh-, Hilfs- und Betriebstoffe, Abschreibung auf Sachanlagen sowie Löhnen und Gehältern bestehen. Die Standardkosten betrugen somit 13 Rubel pro Brot ((30.000 Rubel + 90.000 Rubel + 10.000 Rubel)/10.000).
>
> Folgende Buchungen werden vorgenommen:
>
> Buchung der Herstellungskosten:
>
> 20 *Herstellungskosten der Haupttätigkeit*

---

92   Punkt 1 Art. 319 SteuerGB

an

10, 70, 69, 02 *verschiedene Produktionsaufwendungen*: 150.000 Rubel
(30.000 Rubel + 90.000 Rubel + 10.000 Rubel + 20.000 Rubel)

Die Standardkosten werden erfasst:

43 *Fertige Erzeugnisse*, Unterkonto *Standardkosten*

an

20 *Herstellungskosten der Haupttätigkeit*: 130.000 Rubel (13 x 10.000)

Die Differenz zwischen den Standardkosten und den tatsächlichen Herstellungskosten wird erfasst:

43 *Fertige Erzeugnisse*, Unterkonto *Differenzen*

an

20 *Herstellungskosten der Haupttätigkeit*: 20.000 Rubel (150.000 – 130.000)

Die Umsätze werden gebucht:

62 *Forderungen aus Lieferungen und Leistungen*

an

90-1 *Umsatzerlöse*: 220.000 Rubel (22 x 10.000)

Umsatzsteuer auf die Umsätze (Bruttomethode):

90-3 *Umsatzsteuer*

an

68 *Forderungen/Verbindlichkeiten aus Steuern*: 20.000 Rubel (10.000 x 2)

Die Standardkosten werden in den Aufwand gebucht:

90-2 *Kosten der Leistungserstellung*

an

43 *Fertige Erzeugnisse*, Unterkonto *Standardkosten*: 130.000 Rubel

Die Differenzen zwischen den Standardkosten und den tatsächlichen Herstellungskosten werden in den Aufwand gebucht:

90-2 *Kosten der Leistungserstellung*

an

43 *Fertige Erzeugnisse*, Unterkonto *Differenzen*: 20.000 Rubel

90-9 *Abschlusskonto – Periodenergebnis*

an

99 *Gewinne und Verluste*: 50.000 Rubel

Alternativ kann bei der Bewertung zu Standardkosten das Konto 40 *Fertige Erzeugnisse zu Plankosten* ähnlich wie im Beispiel im Punkt 5 b) verwendet werden.

€ Steuern:

Fertige Erzeugnisse werden steuerlich mit den direkten Kosten bewertet. Der Steuerpflichtige legt selbständig in seiner Bilanzierungsrichtlinie zu steuerlichen Zwecken den Umfang der direkten Kosten fest. Zu den direkten Kosten zählen z. B. direkt der Produktion zurechenbare Roh-, Hilfs- und Betriebsstoffe, Abschreibungen sowie Lohn- und Gehaltskosten inklusive Sozialabgaben. Alle anderen Aufwendungen sind indirekt und werden periodisch erfasst[93].

---

93 Punkt 1 Art. 318 SteuerGB

Es besteht somit die Möglichkeit, die steuerliche Bewertung fertiger Erzeugnisse an die handelsrechtliche anzupassen. Dadurch sinkt der Arbeitsaufwand für die Berechnung der latenten Steuern. Andererseits, falls im Aufwand weniger Aufwendungen periodisch erfasst werden, weil sie direkt sind und im Rahmen des nicht verkauften Bestandes an fertigen Erzeugnissen aktiviert werden, ist die Steuerbemessungsgrundlage der Gewinnsteuer der Periode höher. Eine solche Angleichung muss daher unter den Gesichtspunkten Arbeitsaufwand, Besteuerung und Liquidität abgewogen werden.

Fertige Erzeugnisse werden zum Monatsende nach folgender Formel bewertet: Direkte Kosten fertiger Erzeugnisse auf Lager zum Monatsanfang + (direkte Kosten der Produktion des laufenden Monats – direkte Kosten der Produktion unfertiger Erzeugnisse) – direkte Kosten der verkauften fertigen Erzeugnisse[94].

7. Handelswaren

a) Bewertungsvereinfachungsverfahren

aa) Standardkostenmethode

360 Handelswaren können ebenfalls unter Anwendung der Standardkostenmethode aktiviert werden. In dem Fall werden neben dem Konto 41 *Handelswaren* die Konten 15 *Standardkosten* und 16 *Preisdifferenzen* analog zu der Vorgehensweise bei den Roh-, Hilfs- und Betriebsstoffen eingesetzt. Die tatsächlichen Anschaffungskosten werden auf dem Konto 15 *Standardkosten* im Soll gesammelt. Im Haben des Kontos 15 sowie im Soll des Kontos 41 *Handelswaren* werden die Handelswaren zu Standardkosten erfasst. Die entstehenden Differenzen zwischen den tatsächlichen Anschaffungskosten und den Standardkosten werden am Ende der Berichtsperiode auf das Konto 16 umgebucht. Vom Konto 16 werden die Differenzen entweder direkt auf dem Konto 90-2 *Kosten der Leistungserstellung* oder, falls die Realisation noch nicht gebucht werden kann, auf dem Konto 45 *Gelieferte Waren* erfasst.

bb) Verbrauchsfolgeverfahren und Durchschnittsmethode

361 Ähnlich wie die Roh-, Hilfs- und Betriebsstoffe können die Vorräte mit Hilfe des Verbrauchsfolgeverfahrens FIFO sowie nach der Durchschnittsmethode bewertet werden.

€ **Steuern:**

Wie auch für Roh-, Hilfs- und Betriebsstoffe sind für Handelswaren steuerlich folgende vier Bewertungsmethoden vorgesehen: Bewertung zu tatsächlichen Kosten jeder Einheit, Durchschnittsmethode, FIFO-Methode sowie LIFO-Methode.

cc) Retrograde Kostenermittlung

362 Einzelhändler dürfen die retrograde Kostenermittlung anwenden. Bei dieser Methode wird zur Kostenermittlung eine prozentuale Bruttogewinnspanne in Abzug gebracht. Die Bruttogewinnspanne wird auf dem Konto 42 *Handelsspanne* beim Wareneingang erfasst:

41 *Handelswaren* an 60 *Verbindlichkeiten aus Lieferungen und Leistungen*;

41 *Handelswaren* an 42 *Handelsspanne*

Beim Verkauf der Waren bzw. bei Ausschuss, negativen Inventurdifferenzen sowie Schwundverlusten wird der entsprechende Betrag der Handelsspanne auf dem Konto 42 sowie auf den entsprechenden Aufwandskonten (90-2 *Kosten der Leistungserstellung*, 94 *Verluste von Vorräten und Sachanlagen*) storniert:

---

94 Punkt 2 Art. 319 SteuerGB

STORNO 90-2 *Kosten der Leistungserstellung* an 42 *Handelsspanne*

b)   Bezugskosten

Für Handelsunternehmen ist im Punkt 13 des RLS 5/01 ein Wahlrecht vorgesehen, die Bezugskosten sowie Transportkosten, die bis zum Zeitpunkt der Übergabe der Handelswaren in den Handel entstehen, im Periodenaufwand zu erfassen[95]. Die Ausübung dieses Wahlrechts muss in der Bilanzierungsrichtlinie des Unternehmens dokumentiert werden.

363

€ Steuern:

Für die Jahre ab 2005 ist Handelsunternehmen ein Wahlrecht eingeräumt, die Handelswaren entweder mit ihren gesamten tatsächlichen Anschaffungskosten oder nur mit dem Anschaffungspreis und den Transportkosten bis zum Lager zu aktivieren. Davor mussten die Handelsunternehmen die Handelswaren streng mit dem Anschaffungspreis gemäß dem Kaufvertrag und den Transportkosten bewerten, d. h. die Anschaffungskosten der Handelswaren bestanden ausschließlich aus dem Anschaffungspreis und den Transportkosten. Im Rahmen der neuen Regelungen können die Wertansätze in der Buchhaltung zu handelsrechtlichen und steuerlichen Zwecken vereinheitlicht werden, wodurch weniger Differenzen im Sinne des RLS 18/02 entstehen. Die Ausübung des Wahlrechtes muss in der Bilanzierungsrichtlinie des Unternehmens dokumentiert werden. Nach der Ausübung muss das Unternehmen die gewählte Methode mindestens zwei Jahre beibehalten.

Es wird zwischen direkten und indirekten Kosten unterschieden. Indirekte Kosten sowie direkte Kosten der verkauften Handelswaren werden in den Periodenaufwand gebucht. Direkte Kosten der unverkauften Waren werden aktiviert. Zu den direkten Kosten zählen die Anschaffungskosten sowie die Transportkosten zum Lager, falls diese Transportkosten nicht bereits in den Anschaffungskosten der Handelswaren inbegriffen sind. Transportkosten gehören somit zu den direkten Kosten, unabhängig davon, ob sie in den Anschaffungskosten der Handelswaren inbegriffen sind oder nicht. Der Unterschied besteht i.d.R. nur im Zeitpunkt, zu dem die Transportkosten in den Aufwand gebucht werden.

Falls die Handelswaren zu ihren tatsächlichen Anschaffungskosten aktiviert werden und somit die Transportkosten in den Anschaffungskosten der Handelswaren inbegriffen sind, werden die Transportkosten in Relation zu den verkauften Waren in den Aufwand gebucht.

Falls die Transportkosten in den Anschaffungskosten der Handelswaren nicht inbegriffen sind, werden sie nur anteilig in den Aufwand gebucht. Die Transportkosten auf den Warenbestand zum Monatsende werden wie folgt berechnet:

(1) Die Transportkosten, die auf den Warenbestand zum Monatsanfang entfallen sowie solche, die im Laufe des Monats angefallen sind, werden ermittelt;

(2) Die Anschaffungskosten der verkauften Waren sowie des Warenbestandes zum Monatsende werden ermittelt;

(3) Prozentsatz des Betrages (1) zu dem Betrag (2) wird errechnet;

(4) Die Transportkosten auf den Warenbestand zum Monatsende werden kalkuliert, indem der unter (3) errechnete Prozentsatz mit dem Warenbestand zum Monatsende multipliziert wird[96].

❯ Beispiel:

Im Januar 2007 hat ein Handelsunternehmen zwei Artikel angeschafft: Waschpulver für 200.000 Rubel plus 30.000 Rubel Transportkosten, sowie Spülmittel für 100.000 Rubel plus 10.000 Rubel Transportkosten.

Verkauft wurde Waschpulver im Wert der Anschaffungskosten von 50.000 Rubel und Spülmittel im Wert der Anschaffungskosten von 80.000 Rubel.

---

95   Punkt 13 RLS 5/01
96   Art. 320 SteuerGB

Die Transportkosten sind in den Anschaffungskosten der Handelswaren inbegriffen.

1. Die Anschaffungskosten des Waschpulvers betrugen 230.000 Rubel (200.000 + 30.000);

2. Die Relation des verkauften Waschpulvers zu dem angeschafften Waschpulver beträgt 0,25 (50.000/200.000);

3. Die Anschaffungskosten des verkauften Waschpulvers betrugen somit 57.500 Rubel (0,25 x 230.000);

4. Die Transportkosten, die auf das Waschpulver entfallen, betragen somit 7.500 Rubel (57.500 – 50.000).

5. Nach dem gleichen Prinzip werden die Transportkosten berechnet, die auf das Spülmittel entfallen. Sie betragen 8.000 Rubel.

Die Transportkosten sind in den Anschaffungskosten der Handelswaren nicht inbegriffen.

1. Transportaufwendungen der Berichtsperiode 40.000 Rubel (30.000 + 10.000) + Transportaufwendungen, die auf den Handelswarenbestand zum Anfang der Berichtperiode entfallen (0);

2. Die Anschaffungskosten der verkauften Waren sowie des Warenbestandes zum Ende der Berichtsperiode 300.000 Rubel (200.000 + 100.000);

3. Prozent des Betrages (1) im Verhältnis zu dem Betrag (2): 13,33 % ((40.000/300.000) x 100);

4. Der nicht verkaufte Warenbestand betrug 170.000 Rubel, davon Waschpulver 150.000 Rubel (200.000 – 50.000) und Spülmittel 20.000 Rubel (100.000 – 80.000). Die Transportkosten, die auf die nicht verkaufte Waren verteilt werden müssen, betragen 22.661 Rubel (13,33 % x 170.000).

5. Die Transportkosten der laufenden Berichtsperiode betragen somit 17.339 Rubel (40.000 – 22.661).

8.   Folgebewertung

364   Die Vorräte werden zu den historischen Anschaffungs- oder Herstellungskosten bzw. zum niedrigeren Marktwert bewertet. Die Vorräte werden zu ihren historischen Anschaffungs- oder Herstellungskosten geführt, eine Neu- oder Folgebewertung ist grundsätzlich nicht zulässig. Die Vorräte, die obsolet sind oder ihre Eigenschaften teilweise oder vollständig verloren haben bzw. deren Marktwert sich verringert hat, müssen wertberichtigt werden. Im Russischen wird diese Wertberichtigung als eine Rückstellung bezeichnet. Diese Rückstellung wird zum Jahresende in Höhe der Differenz zwischen den historischen Werten und den Marktwerten der Vorräte erfolgswirksam gebildet, falls die historischen Werte höher als die Marktwerte sind.

365   Die Rückstellung für die Wertberichtigung der Vorräte wird auf dem Konto 14 *Wertberichtigung auf Vorräte* gebucht. Mit dem Verbrauch der Vorräte im nächsten Jahr wird die Rückstellung erfolgswirksam aufgelöst. Die Rückstellung wird ebenfalls aufgelöst, falls der Marktwert der entsprechenden Vorräte sich erholt hat[97]. Auf den Bestand der Vorräte zum Jahresende wird ggf. eine neue Rückstellung gebildet.

Die Vorräte werden in der Bilanz unter Abzug der Rückstellung ausgewiesen.

> **Beispiel:**

Ein Unternehmen hat Anfang 2007 100 Einheiten Vorräte zu Anschaffungskosten von 5.000 Rubel pro Einheit bilanziert. 10 davon wurden im Laufe 2007 verkauft. Ende 2007 wurde festgestellt, der der Marktwert dieser Vorräte sich verringert hat und nur noch 2.000 Rubel pro Einheit beträgt.

Zum Jahresende 2007 bildet das Unternehmen eine Rückstellung für die Wertberichtigung der Vorräte in Höhe von 270.000 Rubel (90 Einheiten x (5.000 – 2.000)):

---

97   Anweisung zum Kontenplan, Konto 14 *Wertberichtigung auf Vorräte*

Soll 91-2 *Sonstige Aufwendungen*, Haben 14 *Wertberichtigung auf Vorräte*: 270.000 Rubel.

Im Jahresabschluss für 2007 werden diese Vorräte im Wert von 180.000 Rubel (90 x 5.000 – 270.000) ausgewiesen. Auf den Vorratskonten bleibt der historische Wert der Vorräte in Höhe von 450.000 Rubel unverändert.

Falls der Marktwert dieser Vorräte sich in 2008 erholt hätte und bspw. 3.000 Rubel betragen würde, müsste die Rückstellung in Höhe von 90.000 Rubel (90 x 1.000) teilweise erfolgswirksam aufgelöst werden:

Soll 14 *Wertberichtigung auf Vorräte*, Haben 91-1 *Sonstige Erträge*: 90.000 Rubel.

Falls die Vorräte im Laufe von 2008 ganz oder teilweise (z. B. 50 Einheiten) verkauft wurden, wird die Rückstellung entsprechend aufgelöst:

Soll 14 *Wertberichtigung auf Vorräte*, Haben 91-1 *Sonstige Erträge*: 150.000 Rubel (50 x 3.000).

€ Steuern:

Steuerlich ist die Bildung der Rückstellung für die Wertberichtigung auf Vorräte nicht vorgesehen.

9.   Aufwendungen zukünftiger Perioden

Auf der Grundlage des Prinzips der Periodenabgrenzung werden die Ausgaben, die in der laufenden Berichtsperiode getätigt wurden, aber Aufwendungen zukünftiger Berichtsperioden darstellen, im Rahmen der Position *Aufwendungen der zukünftigen Perioden* abgegrenzt. In der internationalen Rechnungslegung ist dieser Posten nicht unter den Vorräten, sondern separat als aktiver Rechnungsabgrenzungsposten ausgewiesen.   366

Als Beispiele der Aufwendungen der zukünftigen Perioden werden Aufwendungen in Bezug auf Vorrichtungsarbeiten, Produktionsvorbereitungsarbeiten von saisonbedingtem Charakter, Errichtung neuer Produktionen, Anlagen und Aggregate, Rekultivierung von Grund und Boden sowie Ergreifung von weiteren umweltschützenden Maßnahmen und Renovierungsaufwendungen (falls keine Rückstellung für Renovierungsaufwendungen gebildet wurde), genannt.   367

Aufwendungen der zukünftigen Perioden werden auf dem gleichnamigen Konto 97 erfasst und in der Zeile 216 der Bilanz ausgewiesen.   368

Daneben werden auf dem Konto 97 auch Anschaffungskosten für z. B. Microsoft Office Pakete, Buchhaltungsprogramme sowie Informationsdatenbanken; Lizenzen für lizenzpflichtige Tätigkeiten, Zertifizierungsaufwendungen, Versicherungsaufwendungen usw. aktiviert.   369

Die Aufwendungen auf dem Konto 97 werden gemäß der vom Unternehmen festgelegten Methodik auf die entsprechenden Aufwandskonten verteilt. Die meisten Unternehmen buchen diese Aufwendungen gleichmäßig in den Aufwand. Es ist ebenfalls möglich, diese Aufwendungen in Relation zum Produktionsumfang im Aufwand zu erfassen. Weitere Methoden sind zulässig.   370

Geleistete Vorauszahlungen, auch wenn es sich um Aufwendungen mit periodischem Charakter handelt (z. B. Miete, Abonnements für Zeitschriften und Zeitungen), können nicht als Aufwendungen der zukünftigen Perioden erfasst werden, da sie keine oder nicht alle Kriterien für die Anerkennung eines Aufwands im Sinne des RLS 10/99 erfüllen. Geleistete Vorauszahlungen sind Zahlungen für Arbeiten oder Dienstleistungen, die in künftigen Perioden erbracht werden sollen. Aufwendungen zukünftiger Perioden betreffen dagegen Zahlungen für bereits geleistete Arbeiten oder Dienstleistungen, die erst in den künftigen Perioden durch die Tätigkeit des Unternehmens in Anspruch genommen werden[98].   371

---

98   G.Yu. Kasjanova, Handelsrechtliche und steuerliche Bilanzierung für Praktiker, ABAK, Moskau 2007

Steuern:

Die meisten Aufwendungen, die auf der Grundlage des Prinzips der Periodenabgrenzung handelsrechtlich als Aufwendungen der zukünftigen Perioden erfasst werden, sind steuerrechtlich als einmaliger sonstiger Periodenaufwand zu erfassen. Hierzu gehören bspw. Zertifizierungs- und Renovierungsaufwendungen.

10. Angabepflichten

372 Vorräte werden innerhalb des Umlaufvermögens in der Bilanz (Zeilen 210 bis 217) ausgewiesen. Folgende Angaben sind im Anhang zum Jahresabschluss erforderlich:

- Art der Bewertung der Vorräte (nach Gruppen oder Arten);
- Folgen der Änderung der Bewertung der Vorräte;
- Wert der verpfändeten Vorräte;
- Höhe und Bewegung der Rückstellungen für die Wertberichtigung auf Vorräte.

II. Forderungen

1. Ansatz

373 Zu Forderungen existiert kein spezieller RLS. Die Ansatzkriterien ergeben sich aus dem RLS 34n, verabschiedet durch die Anordnung des Finanzministeriums der RF Nr. 34n vom 31. Oktober 1998, sowie aus den Anweisungen zum Kontenplan, insbesondere zu den einzelnen Konten, die Forderungen betreffen.

374 Die Forderungen werden auf folgenden Konten erfasst:

60 *Verbindlichkeiten aus Lieferungen und Leistungen*, Unterkonto *Geleistete Anzahlungen*;

62 *Forderungen aus Lieferungen und Leistungen*;

68 *Forderungen/Verbindlichkeiten aus Steuern*

69 *Forderungen/Verbindlichkeiten aus sozialen Abgaben*

70 *Forderungen/Verbindlichkeiten aus Lohn und Gehalt*

71 *Zweckgebundene Vorschüsse an Mitarbeiter*

73 *Sonstige Forderungen/Verbindlichkeiten gegenüber Mitarbeitern*

75 *Forderungen/Verbindlichkeiten gegenüber Gesellschaftern*

76 *Sonstige Forderungen/Verbindlichkeiten*

375 Die Soll- und die Haben-Salden der oben aufgeführten Konten, welche i.d.R. sowohl debitorische als auch kreditorische Bestände zeigen, werden in der Bilanz getrennt ausgewiesen.

2. Bewertung

376 Forderungen werden mit den Anschaffungskosten oder zum niedrigeren beizulegendem Wert bewertet (siehe „Wertberichtigung"). Gemäß dem RLS 34n erfolgt der Ausweis der Debitoren

(bzw. Kreditoren) in der Höhe, wie sie sich summarisch aus der Buchhaltung ergibt. Die Richtigkeit der Buchhaltungseinträge der Debitoren und Kreditoren ist durch Saldenabstimmungen zu überprüfen.

Die in der Berichterstattung enthaltenen Salden gegenüber Finanz- und Steuerbehörden (Konto 68 *Forderungen/Verbindlichkeiten aus Steuern*) müssen mit denen der Behörde übereinstimmen. Abweichungen der ausgewiesenen Beträge von den Salden der Behörden sind in der Bilanz unzulässig[99].   **377**

🛈 Praxishinweis:

Es empfiehlt sich, mit den Steuerbehörden regulär und zeitnah Salden abzustimmen, um später gehäufte Unstimmigkeiten zu vermeiden. Ein guter Buchhalter tut dies aktiv und ohne auf eine so genannte kamerale Steuerprüfung (d. h. reine Belegprüfung im Haus der Steuerbehörde, ohne beim Steuerpflichtigen eine Außenprüfung vorzunehmen) zu warten.

Strafen, Verzugszinsen und Konventionalstrafen, die vom Schuldner anerkannt oder durch Entscheidung des Gerichts oder Schiedsgerichts zur Einziehung bestimmt wurden (Konto 76 *Sonstige Forderungen/Verbindlichkeiten*), werden bis zu ihrem Erhalt in der Berichterstattung des Gläubigers als Forderungen ausgewiesen[100].   **378**

3.   Folgebewertung

a)   Wertberichtigung

Unternehmen können Rückstellungen für zweifelhafte Forderungen ergebniswirksam bilden. Die Beträge solcher Rückstellungen werden von den Forderungsbeträgen in der Bilanz abgezogen. Die Forderungen sind somit in der Bilanz netto auszuweisen. Rückstellungen für zweifelhafte Forderungen entsprechen daher den im deutschsprachigen Raum üblichen Wertberichtigungen auf Forderungen.   **379**

Zweifelhafte Forderungen sind Außenstände des Unternehmens, die in der vertraglich vorgesehenen Frist nicht ausgeglichen wurden und die nicht mit einer entsprechenden Garantie versehen sind. Zusammenfassend müssen drei Bedingungen für die Bildung einer Rückstellung erfüllt werden: **380**

1. Die Forderung muss entstanden sein;

2. Die Forderung ist in der vertraglich vorgesehenen Frist nicht ausgeglichen worden;

3. Die Forderung ist nicht mit einer Garantie versehen.

Die Rückstellungen für zweifelhafte Forderungen werden auf der Grundlage der Ergebnisse einer Inventur der Außenstände des Unternehmens gebildet.   **381**

Die Höhe der Rückstellung wird getrennt für jede zweifelhafte Forderung in Abhängigkeit von der finanziellen Lage (Zahlungsfähigkeit) des Schuldners und der Einschätzung der Möglichkeit der teilweisen oder vollständigen Begleichung der Schuld bestimmt. Es sind daher nur Einzelwertberichtigungen möglich. Pauschalwertberichtigungen sind im russischen Recht nicht zulässig.   **382**

---

99   Punkte 73 und 74 RLS 34n
100 Punkt 76 RLS 34n

383   Bis zum Ende der nachfolgenden Berichtsperiode nicht in Anspruch genommene Rückstellungen sind vollständig aufzulösen. Im Anschluss daran erfolgt dann ggf. eine erneute Bildung der Rückstellung.

384   Die Rückstellungen für zweifelhafte Forderungen werden auf dem Konto 63 erfasst, die zugehörigen Aufwendungen aus der Bildung der Rückstellungen für zweifelhafte Forderungen auf dem Konto 91-2 *Sonstige Aufwendungen*. In der Gewinn- und Verlustrechnung sind die Aufwendungen in der Zeile 100 *Sonstige Aufwendungen* auszuweisen.

385   Verjährte Forderungen und andere Forderungen, die uneinbringlich sind, werden auf Grundlage einer schriftlichen Anordnung des Geschäftsführers abgeschrieben. Die allgemeine Verjährungsfrist beträgt drei Jahre. Als uneinbringliche Forderungen gelten neben den verjährten Forderungen solche, die gegenüber einem insolventen Debitor bestehen. Insolvenz oder Bankrott eines Unternehmens ist im Gesetz *Über die Insolvenz (Bankrott) von Unternehmen* geregelt, das zum 01. März 1998 in Kraft trat. Die Tatsache der Insolvenz eines Unternehmens allein ist kein Grund für die Abschreibung einer Forderung. Einzubeziehen ist auch die Wahrscheinlichkeit der Begleichung der Forderung im Rahmen der Insolvenz.

386   Die Wahrscheinlichkeit der Begleichung der Forderung hängt von der Rangfolge der Gläubiger und dem Vorhandensein von liquidem Vermögen beim Schuldner ab. Es gibt insgesamt vier Ränge von Gläubigern:

■ Schadenersatzforderungen natürlicher Personen aus der Verletzung von Leben und Gesundheit sowie aus moralischer Schädigung;

■ Verpflichtungen aus Arbeitsverträgen und Abfindungsansprüchen sowie aus Vergütungen gemäß Urheberrechten;

■ Verbindlichkeiten gegenüber dem Fiskus und Sozialversicherungsfonds;

■ sonstige Gläubiger[101].

387   Die Befriedigung der Gläubiger einer nachrangigen Kategorie darf erst beginnen, nachdem die Befriedigung der Gläubiger des jeweils vorherigen Ranges vollständig abgeschlossen ist. Ausnahme davon bilden Gläubigerforderungen, die durch Pfandrechte gesichert sind. Die Befriedigung von durch Pfandrecht gesicherten Forderungen erfolgt aus dem Verkauf der verpfändeten Vermögensgegenstände nach der Befriedigung der Forderungen des ersten und zweiten Gläubigerranges, falls die Forderungen der Gläubiger des ersten und zweiten Ranges bereits vor der Verpfändung entstanden sind. Falls die durch Pfandrechte gesicherten Forderungen aus dem Verkauf der verpfändeten Vermögensgegenstände nicht befriedigt werden können, werden die (Rest)Forderungen erst innerhalb der Forderungen der Gläubiger des vierten Ranges befriedigt[102].

388   Die Befriedigung der Gläubiger im gleichen Rang hat mit einem proportional gleichen Anteil zu erfolgen. Gläubigerforderungen, die im Rahmen des Insolvenzverfahrens nicht befriedigt werden, gelten als erloschen. Ebenfalls gelten als erloschen die Forderungen, die durch die Liquidationskommission abgelehnt wurden, falls der Gläubiger nicht Klage eingereicht hat bzw. die Klage des Gläubigers vom Gericht abgewiesen wurde.

389   Für die Abschreibung von uneinbringlichen Forderungen werden Rückstellungen (Wertberichtigungen) für zweifelhafte Forderungen in Anspruch genommen, falls solche vorher gebildet wurden. In dem Fall erfolgt die Abschreibung ergebnisneutral. Falls vorher keine Rückstellungen für zweifelhafte Forderungen gebildet wurden, erfolgt die Abschreibung ergebniswirksam im Rahmen sonstiger Aufwendungen.

---

101 Punkt 1 Art. 64 ZGB
102 Punkt 2 Art. 64 ZGB

Die Abschreibung einer Forderung wegen Zahlungsunfähigkeit des Schuldners ist kein Verzicht
auf die Forderung. Sie muss nach der Abschreibung fünf Jahre lang außerhalb der Bilanz auf dem
dafür vorgesehenen außerbilanziellen Konto 007 ausgewiesen werden. In diesem Zeitraum ist
die Information für einen möglichen Einzug im Falle der Veränderung der Vermögenslage des
Schuldners vorzuhalten.

❯ Beispiel:

Zum 31. Dezember 2007 hat ein Unternehmen einen Außenstand in Höhe von 177.000 Rubel (darunter 27.000 Rubel
Umsatzsteuer). Diese Forderung ist 60 Tage überfällig (nach Zahlungsziel) und ist nicht mit einer Garantie versehen. Das
Unternehmen betrachtet diese Forderung als zweifelhaft und hat eine Rückstellung für zweifelhafte Forderungen gebildet. Im März 2008 wurde der Schuldner insolvent. Die Forderung des Unternehmens konnte aus der Insolvenzmasse nur
zur Hälfte befriedigt werden.

Folgende Buchungssätze wurden vorgenommen:

Buchungsbeschreibung	Buchungssatz		Betrag, Rubel
	Soll	Haben	
Im Oktober 2007:			
Die Forderung wird erfasst	62	90-1	177.000
Die Umsatzsteuer auf die Forderung wird gebucht	90-3	68	27.000
Ende Dezember 2007			
Eine Rückstellung für die Forderung wird gebildet	91-2	63	150.000
März 2008			
Geldeingang aus der Konkursmasse	51	62	75.000
Die Rückstellung für den Restbetrag der Forderung wird in Anspruch genommen	63	62	75.000
Die restliche Rückstellung wird aufgelöst	63	91-1	75.000

€ Steuern:

Gemäß Art. 266 SteuerGB wird dem Steuerpflichtigen ein Wahlrecht gewährt, Einzelwertberichtigungen auf Forderungen zu bilden.
Die Einzelwertberichtigungen sind steuerlich abzugsfähig, falls sie für bereits fällige Forderungen gebildet werden, und zwar i.H.v.
50 % auf Forderungen, die zwischen 45 und 90 Tage überfällig sind, 100 % auf Forderungen, die mehr als 90 Tage überfällig sind.
Auf Forderungen, die weniger als 45 Tage überfällig sind, werden keine Einzelwertberichtigungen gebildet bzw. diese sind dann
nicht abzugsfähig.

Die Beträge der Einzelwertberichtigungen auf Forderungen dürfen kumulativ nicht 10 % der Umsatzerlöse des Geschäftsjahres (bzw.
der Zwischenberichtsperiode) überschreiten.

Die Einzelwertberichtigungen können nur für uneinbringliche Forderungen in Anspruch genommen werden. Eine Einzelwertberichti-
gung auf Forderungen, die zum Ende des Geschäftsjahres nicht ein Anspruch genommen wurde, kann auf das nächste Geschäftsjahr
(bzw. die Zwischenberichtsperiode) übertragen werden.

b) Forderungen und sonstige Vermögensgegenstände in Fremdwährung

aa) Grundsatz

Dic Regeln für die Bewertung in fremder Währung sind im RLS *Bilanzierung der Vermögensgegenstände und Verbindlichkeiten in fremder Währung*, verabschiedet durch die Anordnung des
Finanzministeriums der RF Nr. 154n vom 27. November 2006 (RLS 3/2006) festgelegt. Dieser

RLS ist für die Abschlüsse ab 2007 gültig und hat den davor geltenden gleichnamigen RLS 3/2000 ersetzt.

392   Forderungen in Fremdwährung sind neben

- dem Kassenbestand in Fremdwährung,

- Guthaben auf Fremdwährungskonten der Unternehmen,

- Zahlungsurkunden in Fremdwährung,

- Finanzanlagen,

- Verbindlichkeiten, inklusive Darlehen von juristischen und natürlichen Personen,

- Anlagevermögen,

- Vorräten sowie

- anderen Vermögensgegenständen und Verbindlichkeiten in Fremdwährung

in der Berichterstattung in Rubel auszuweisen[103].

393   Grundsätzlich sind die Vermögensgegenstände sowie Verbindlichkeiten zum Wechselkurs der Zentralbank der RF zu bewerten. Die Vertragsseiten dürfen auch ihren eigenen Wechselkurs vereinbaren. Die Umrechnung erfolgt zu dem am Tag des Geschäftsvorfalles geltenden Wechselkurs.

Seit 2008 kann bei geringfügigen Änderungen des Rubelkurses gegenüber ausländischen Währungen die Umrechnung des Wertes von gleichartigen Geschäftsvorfällen mittels eines Durchschnittskurses erfolgen (Wahlrecht). Dieser Durchschnittskurs kann monatlich bzw. für kürzere Zeiträume errechnet werden (Punkt 6 RLS 3/2006).

394   Der RLS 3/2006 enthält eine nicht abschließende Aufzählung möglicher Geschäftsvorfälle in Fremdwährung:

bb)   Geschäftsvorfälle in Fremdwährung

Tabelle 8:   Geschäftsvorfälle in Fremdwährung

Geschäftsvorfälle in Fremdwährung	Stichtag des Geschäftsvorfalls für die Währungsumrechnung
Operationen mit Guthaben auf Bankkonten	Datum des Eingangs der Geldmittel auf das Bankkonto bzw. der Abbuchung der Geldmittel vom Bankkonto
Kassenoperationen	Datum des Eingangs der Fremdwährung, Zahlungsurkunden in der Kasse bzw. das Datum der Auszahlung bzw. Herausgabe
Erlöse	Datum der Vereinnahme der Erlöse
Aufwendungen, darunter:	Datum des Anfalls der Aufwendungen, darunter:
■ Import von Vorräten ■ Import von Dienstleistungen ■ Dienstreisen ins Ausland	■ das Datum der Eigentumsübertragung auf den Käufer ■ Datum der Abnahme der Dienstleistung (Abnahmeprotokoll) ■ Datum der Freigabe der Reisekostenabrechnung
Investitionen in Anlagevermögen	Datum der Aktivierung des Anlagevermögens zu Anschaffungs- oder Herstellungskosten.

---

103 Punkt 4 RLS 3/2006

Im Weiteren wird auf einzelne Geschäftsvorfälle eingegangen:

cc)   Bankkonten

Die Buchungen erfolgen anhand von Kontoauszügen und Zahlungsbelegen. Der Verkauf von   395
Fremdwährung wird wie folgt gebucht.

Geldmittel in Fremdwährung, die zum Verkauf freigegeben sind:

57 *Unterwegs befindliche Zahlungsmittel*

an

52 *Bank Devisen*

Die Einzahlung der Geldmittel in Rubel auf das Bankkonto in Rubel:

51 *Bank Rubel*

an

91-1 *Sonstige Erträge*

Aufwendungen in Bezug auf den Verkauf der Geldmittel in Fremdwährung werden gebucht:

91-2 *Sonstige Aufwendungen*

an

57 *Unterwegs befindliche Zahlungsmittel*

Bankgebühren werden gebucht:

91-2 *Sonstige Aufwendungen*

an

76 *Sonstige Forderungen/Verbindlichkeiten*

Das Finanzergebnis aus dem Verkauf von Devisen wird auf dem Konto 91 *Sonstige Erträge/Auf-wendungen* ermittelt.

Der Kauf von Fremdwährung, unter anderem z. B. für die Barauszahlungen von Fremdwährung   396
aus der Kasse für Dienstreisen der Mitarbeiter ins Ausland, wird wie folgt gebucht.

Geldmittel in Rubel, die zum Kauf von Devisen freigegeben sind:

57 *Unterwegs befindliche Zahlungsmittel*

an

51 *Bank Rubel*

Die Einzahlung der Devisen auf das Bankkonto in Devisen zum Umrechnungskurs der Zentral-bank der RF:

52 *Bank Devisen*

an

57 *Unterwegs befindliche Zahlungsmittel*

Die Differenz zwischen dem Umrechnungskurs der Zentralbank der RF und dem Verkaufskurs der Hausbank wird erfolgswirksam gebucht:

91-2 *Sonstige Aufwendungen*

an

57 *Unterwegs befindliche Zahlungsmittel*

Bankgebühren werden gebucht:

91-2 *Sonstige Aufwendungen*

an

76 *Sonstige Forderungen/Verbindlichkeiten*

dd)   Erlöse

397 Unter dem Datum der Vereinnahmung der Erlöse wird der Tag der Lieferung der Waren, Arbeiten oder Dienstleistungen verstanden, es sei denn die Vertragsseiten haben andere Bedingungen für den Eigentumsübergang der Waren bzw. für die Abnahme der Arbeiten und Dienstleistungen vorgesehen. Am Tag der Vereinnahmung werden die Fremdwährungserlöse in Rubel umgerechnet. Im Weiteren verändern die Fremdwährungsschwankungen den Wert der Erlöse nicht mehr.

398 Zu den Erlösen in Fremdwährung zählen sowohl

- die Erlöse, die in Fremdwährung dem Unternehmen zufließen, als auch

- die Erlöse, die zum in Fremdwährung (oder in den so genannten Rechnungseinheiten) fixierten Preis in Rubeln eingehen,

wobei das Letztere eine Neuerung in RLS 3/2006 darstellt. Davor zählten die Erlöse, die zum in Fremdwährung fixierten Preis in Rubel eingehen, nicht zu den Erlösen in Fremdwährung.

> **Beispiel:**
>
> Eine Beratungsgesellschaft hat ihren Mandanten zu den Investitionsmöglichkeiten im Immobilienbereich in Moskau beraten. Das Honorar wurde auf Stundenbasis in Höhe von 5 Managerstunden à 200 EUR/Std. und 25 Beraterstunden à 150 EUR/Std. berechnet. Gemäß dem Beratungsvertrag werden die EUR-Beträge zum jeweiligen Kurs der Zentralbank am Tag der Abnahme der Dienstleistung umgerechnet. Das Abnahmeprotokoll wurde am 02. Oktober 2007 unterzeichnet. Am 02. Oktober 2007 betrug der EUR-Kurs der Zentralbank der RF 35,37 Rubel für einen Euro.
>
> Die Beratungsgesellschaft bucht Erlöse in Höhe von 168.007,5 Rubel (4.750 EUR x 35,37).

ee)   Aufwendungen

399 Ähnlich wie bei Erlösen zählen zu den Aufwendungen in Fremdwährung sowohl

- die Aufwendungen, die von Unternehmen in Fremdwährung getragen werden, als auch

- die Aufwendungen, die zum in Fremdwährung fixierten Preis in Rubel bezahlt werden.

400 Die Aufwendungen werden in der Periode erfasst, in der sie getragen werden.

Aus dem obigen Beispiel erfasst der Kunde die Beratungsaufwendung am 02. Oktober 2007 in Höhe von 168.007,5 Rubel in seinen Büchern.

ff)   Vorräte

401 Einkaufspreise für Vorräte in Fremdwährung müssen in Rubel zum Umrechnungskurs (meistens zum Kurs der Zentralbank der RF) am Tag der Eigentumsübertragung auf den Käufer umgerechnet werden. Es ist daher neben der Frage der Rechtssicherheit auch für Zwecke der Rechnungslegung sinnvoll, den Zeitpunkt des Eigentumsübergangs vertraglich klar zu bestimmen.

gg)   Dienstreisen ins Ausland

402 Am Tag der Freigabe der Reisekostenabrechnung werden alle Reisekosten in Fremdwährung in Rubel zu dem an diesem Tag gültigen Kurs umgerechnet. Die Reisekostenabrechnung für Dienstreisen ins Ausland erfolgt für die Buchhaltung in der Währung der jeweiligen Länder, in denen die Dienstreise stattgefunden hat. Wenn z. B. eine Dienstreise nach Deutschland vom 22. Oktober

bis zum 27. Oktober 2007 stattgefunden hat und die Reisekostenabrechnung am 31. Oktober 2007 freigegeben wurde, sind alle Beträge in Fremdwährung in dieser Reisekostenabrechnung zu dem am 31. Oktober 2007 gültigen Eurokurs umzurechnen.

hh) Investitionen in Anlagevermögen

Erwirbt ein Unternehmen z. B. eine Sachanlage gegen Fremdwährung bzw. ist der Anschaffungs- 403 preis der Sachanlage in Fremdwährung fixiert, wird der Preis des Anlagevermögens zu dem Kurs am Tag der Aktivierung des Anlagevermögens auf dem Konto 08 *Geleistete Anzahlungen auf das Anlagevermögen* umgerechnet. Nach der Aktivierung der Anlage auf dem Konto 08 wird die Sachanlage nicht mehr umgerechnet, auch nicht bei ihrer Inbetriebnahme, d. h. bei der Umbuchung auf das Konto 01 *Sachanlagen.*

> **Beispiel:**

Eine Sachanlage im Wert von 5.000 USD wurde am 01. Oktober.2007 geliefert, in Betrieb genommen wurde sie am 15. Oktober 2007, bezahlt am 31. Oktober 2007. Der Wechselkurs betrug am 01. Oktober 2007 24,95 Rubel für 1 USD.

Die Sachanlage wird am 01. Oktober 2007 aktiviert:

08 *Geleistete Anzahlungen auf das Anlagevermögen*

an

60 *Verbindlichkeiten aus Lieferungen und Leistungen* oder 76 *Sonstige Forderungen/Verbindlichkeiten*: 105.720 Rubel ((5.000 USD x 24,95) / 1,18)

Vorsteuer:

19 *Vorsteuer*

an

60 *Verbindlichkeiten aus Lieferungen und Leistungen* oder 76 *Sonstige Forderungen/Verbindlichkeiten*: 19.030 Rubel ((5.000 USD x 24,95) / 118 x 18)

Die Sachanlage wird am 15. Oktober 2007 in Betrieb genommen:

01 *Sachanlagen*

an

08 *Geleistete Anzahlungen auf das Anlagevermögen*: 105.720 Rubel

Die Vorsteuer auf die Sachanlage wird mit der Umsatzsteuerzahllast verrechnet:

68 *Forderungen/Verbindlichkeiten aus Steuern*

an

19 *Vorsteuer*: 19.030 Rubel

ii) Umrechnung

Gemäß Punkt 7 RLS 3/2006 erfolgt die Umrechnung folgender Vermögensgegenstände in Fremd- 404 währung:

■ Kassenbestand (Konto 50 *Kasse*),

■ Guthaben auf Fremdwährungskonten (Konten 52 *Bank Devisen*, 57 *Unterwegs befindliche Zahlungsmittel*),

■ Zahlungsurkunden (Konto 55 *Bankensonderkonten (Akkreditive, Schecks)*),

■ kurzfristige Wertpapiere (Konto 58 *Finanzanlagen*),

■ Forderungen und Verbindlichkeiten gegenüber juristischen und natürlichen Personen (Konten 58-3 *Gewährte Darlehen*, 60 *Verbindlichkeiten aus Lieferungen und Leistungen*, 62 *Forderungen aus Lieferungen und Leistungen*, 66 *Verbindlichkeiten aus kurzfristigen Darlehen*, 67

Verbindlichkeiten aus langfristigen Darlehen, 71 Zweckgebundene Vorschüsse an Mitarbeiter, 73 Sonstige Forderungen/Verbindlichkeiten gegenüber Mitarbeitern, 76 Sonstige Forderungen/ Verbindlichkeiten),

■ zweckgebundene Finanzierung aus dem Haushalt oder aus dem Ausland im Rahmen der technischen und sonstiger Unterstützung der Russischen Föderation gemäß bestehender Abkommen in fremder Währung (Konto 86 *Zweckgebundene Finanzierungen*)

in zwei möglichen Fällen:

■ zum Stichtag der Berichtsperiode (monatlich) und

■ zum Zeitpunkt der Bewegungen auf den Konten der Vermögensgegenstände sowie Verbindlichkeiten in Fremdwährung.

405   Für Bank- sowie Kassenbestände in Fremdwährung ist zusätzlich die Möglichkeit für eine Umrechnung bei sich änderndem Umrechnungskurs vorgesehen[104]. Diese Möglichkeit wird in der Praxis selten in Anspruch genommen.

406   Anlagevermögen, Vorräte sowie andere Vermögensgegenstände in Fremdwährung, die im Punkt 7 des RLS 3/2006 nicht aufgezählt sind, werden mit dem zum Zeitpunkt ihrer Aktivierung geltenden Wechselkurs bewertet. Nach der Aktivierung werden diese Vermögensgegenstände nicht mehr auf Grund von Wechselkursveränderungen umbewertet.

407   Durch Wechselkurschwankungen kommt es bei Fremdwährungsposten in der Regel zu Kursdifferenzen. Unter einer Kursdifferenz wird der Unterschiedsbetrag zwischen dem Rubelwert des Vermögensgegenstandes oder der Verbindlichkeit in Fremdwährung zum Bilanzstichtag bzw. zum Zeitpunkt der Bezahlung der Forderung oder der Verbindlichkeit und dem Rubelwert dieses Vermögensgegenstandes bzw. dieser Verbindlichkeit bei ihrem Ansatz bzw. zum vorigen Bilanzstichtag verstanden.

408   Durch die neue Fassung des RLS wurde aus der russischen Rechnungslegung ein spezieller Begriff, die so genannte Summendifferenz, entfernt. Unter den Summendifferenzen wurden die Beträge verstanden, die entstanden, wenn die angesetzten Rubelbeträge der Vermögensgegenstände und Verbindlichkeiten in Fremdwährung sich von den tatsächlich eingegangenen oder bezahlten Rubelbeträgen unterschieden. Mit dem neuen RLS 3/2006 sind sowohl die Summendifferenzen als auch die Kursdifferenzen unter dem einheitlichen Begriff Kursdifferenzen zusammengefasst.

409   Durch die monatliche Umrechnung der Vermögensgegenstände entstehen, soweit keine Kontenbewegungen stattfinden, so genannte nicht realisierte Kursdifferenzen. Die Begriffe nicht realisierte Kursdifferenzen und realisierte Kursdifferenzen sind weder im RLS 3/2006 (der neue gültige RLS) noch im alten RLS 3/2000 definiert. Sie spielen in der praktischen Anwendung insbesondere bei der Überleitung des russischen Abschlusses zu einem Abschluss für Konzernzwecke nach HGB (HB II) eine Rolle.

410   Unter den nicht realisierten Kursdifferenzen werden in der Praxis solche Differenzen verstanden, die aus der Umrechnung zum Bilanzstichtag entstehen, wobei keine Bewegungen der Vermögensgegenstände oder Verbindlichkeiten in Fremdwährung stattfinden. Dies ist z. B. der Fall, wenn eine Forderung zum Bilanzstichtag nicht beglichen wurde, aber gemäß dem RLS 3/2006 zum Ende des Monats mit dem Umrechnungskurs der Zentralbank der RF neu zu bewerten ist.

411   Unter den realisierten Kursdifferenzen werden dagegen solche Kursdifferenzen verstanden, die bei den Kontenbewegungen entstehen. Dies ist z. B. der Fall, wenn eine Forderung beglichen und davor nochmals gemäß dem RLS 3/2006 umgerechnet wurde.

---

104 Punkt 7 RLS 3/2006

Kursdifferenzen müssen in der Periode ihres Entstehens erfolgswirksam gezeigt werden. Sie wer-   412
den als *Sonstige Erträge* (Konto 91-1) oder *Sonstige Aufwendungen* (Konto 91-2) erfasst, wobei
sie separat von den anderen sonstigen Erträgen oder Aufwendungen zu erfassen sind. Außerdem
müssen Kursdifferenzen, die auf Vermögensgegenstände und Verbindlichkeiten gebildet wurden,
die ursprünglich in Fremdwährung bewertet waren oder in Fremdwährung zu zahlen sind, separat von anderen Vermögensgegenständen und Verbindlichkeiten ausgewiesen werden (ehemalige
Summendifferenzen)[105].

> **Beispiel:**

> Ein Unternehmen liefert und montiert technische Anlagen für seine Kunden. Für die Montage einer Anlage wurden einem
> Kunden 10.000 EUR in Rechnung gestellt. Das Abnahmeprotokoll für die Montage wurde am 24. September 2007 unter-
> zeichnet. Gemäß dem Montagevertrag wird der Preis für die Leistung in Euro festgehalten, die Bezahlung erfolgt aber in
> Rubel zum Umrechnungskurs der Zentralbank der RF am Zahlungstag. Der Euro-Kurs der russischen Zentralbank ist am
> 24. September 2007 35,32 Rubel/EUR.

> Die Begleichung der Forderung erfolgte am 02. Oktober 2007. Der Umrechnungskurs betrug am 30. September 2007
> 35,35 Rubel/EUR und am 02. Oktober 2007 35,44 Rubel/EUR.

> Folgende Buchungen waren im Unternehmen vorzunehmen:

Beschreibung	Buchungssatz		Betrag, Rubel
	Soll	Haben	
24. September 2007			
Buchung der Forderung (10.000 EUR x 35,32)	62 *Forderungen aus Lieferungen und Leistungen*	90-1 *Umsatzerlöse*	353.200
30. September 2007			
Neubewertung der Forderungen zum veränderten Umrechnungskurs zum Monatsende: 10.000 EUR x (35,35-35,32)	62 *Forderungen aus Lieferungen und Leistungen*	91-1 *Sonstige Erträge*	300
02. Oktober 2007			
Erfassung der Kursdifferenz: 10.000 EUR x (35,44-35,35)	62 *Forderungen aus Lieferungen und Leistungen*	91-1 *Sonstige Erträge*	900
Begleichung der Forderung: 10.000 EUR x 35,44	51 *Bank Rubel*	62 *Forderungen aus Lieferungen und Leistungen*	354.400

> Die Kursdifferenzen betragen 300 Rubel für September 2007 und 900 Rubel für Oktober 2007, vorausgesetzt, dass keine
> weiteren Operationen vorliegen. Die beiden positiven Kursdifferenzen gehören zu den *sonstigen Erträgen* (Konto 91-1).

Eine Ausnahme von der obigen Regelung bilden Kursdifferenzen, die im Zusammenhang mit den   413
Einlagen ins Grund- oder Stammkapital einer Gesellschaft stehen. Solche Kursdifferenzen sind
mit dem Eigenkapital zu verrechnen[106]:

Kursgewinne

Soll 75-1 *Forderungen/Verbindlichkeiten aus Einlagen ins Grund- oder Stammkapital einer Gesellschaft*, Haben 83 *Zusatzkapital* Unterkonto *Kursdifferenzen aus Einlagen ins Grund- oder Stammkapital.*

Kursverluste

Falls das Konto 83 *Zusatzkapital* Unterkonto *Kursdifferenzen aus Einlagen ins Grund- oder Stammkapital* bereits einen Saldo aufweist, was im Fall einer Erhöhung des Grund- oder Stammkapitals
sein kann, sind die negativen Kursdifferenzen mit diesem Saldo zu verrechnen:

---

105 Punkte 21 und 22 RLS 3/2006
106 Punkt 14 RLS 3/2006

Soll 83 *Zusatzkapital* Unterkonto *Kursdifferenzen aus Einlagen ins Grund- oder Stammkapital*, Haben 75-1 *Forderungen/Verbindlichkeiten aus Einlagen ins Grund- oder Stammkapital einer Gesellschaft*.

414   Falls es sich um eine Unternehmensgründung handelt bzw. auf dem Konto 83 kein Saldo vorhanden ist, können die negativen Kursdifferenzen normalerweise nicht mit dem Eigenkapital verrechnet werden, da das Konto 83 *Zusatzkapital* ein reines Passiv-Konto ist. Eine Lösung wäre in dieser Situation, die negativen Kursdifferenzen erfolgswirksam zu erfassen:

Soll 91-2 *Sonstige Aufwendungen*, Haben 75-1 *Forderungen/Verbindlichkeiten aus Einlagen ins Grund- oder Stammkapital einer Gesellschaft*[107].

€ Steuern:

Im Steuerrecht wurde der Begriff Summendifferenzen beibehalten. Er wird im Punkt 5.1.1 Art 265 und Punkt 11.1 Art. 250 SteuerGB definiert. Die Summendifferenzen entstehen, wenn die angesetzten Rubelbeträge der Vermögensgegenstände und Verbindlichkeiten in Fremdwährung sich von den tatsächlich eingegangenen oder bezahlten Rubelbeträgen unterscheiden.

Die Erfassung der Kursdifferenzen und der Summendifferenzen stimmt in vielen Fällen überein. Eine Ausnahme bildeten bis 2008 die Vorauszahlungen. Auf die Vorauszahlungen entstehen im Steuerrecht keine Summendifferenzen, falls der Vertragspreis in Fremdwährung zum Umrechnungskurs am Zahlungstag festgelegt ist. Die Summendifferenzen entstehen dann nur auf den noch ausstehenden Betrag[108]. Handelsrechtlich wurden die Anzahlungen dagegen umbewertet und es entstanden Kursdifferenzen. Durch die Anordnung des Finanzministeriums der RF Nr. 147N vom 25 Dezember 2007 wurde die handelsrechtliche Behandlung der Anzahlung an die steuerliche für Geschäftsjahre ab 2008 angeglichen.

▶ Beispiel:

Gemäß der Vereinbarung der Vertragsseiten beträgt der Preis für eine Ware 1.000 Geldeinheiten ohne Umsatzsteuer. Es ist vertraglich festgelegt, dass der Vertragspreis der Waren zum Kurs der Zentralbank der RF am Zahlungstag in Rubel umgerechnet wird. Der Käufer bezahlt 600 Geldeinheiten im Voraus und 400 Geldeinheiten nach Erhalt der Ware. Der Umrechnungskurs der Zentralbank der RF beträgt 30 Rubel/Geldeinheit am Tag der Vorauszahlung, 31 Rubel/Geldeinheit am Tag der Lieferung und 32 Rubel/Geldeinheit am Tag der Zahlung des Restbetrages.

Der Käufer überweist dem Verkäufer 18.000 Rubel (600 Geldeinheiten x 30 Rubel). Nach der Lieferung gelten für den Käufer 60 % der Waren als endgültig bezahlt. Der Preis für 60 % der Waren wird nicht mehr umgerechnet. 40 % der Waren werden aber mit dem neuen Kurs 31 Rubel/Geldeinheit bewertet. Die Vorräte werden daher mit dem folgenden Wert angesetzt: 18.000 Rubel + 12.400 Rubel (400 Geldeinheiten x 31 Rubel) = 30.400 Rubel.

Die Restzahlung erfolgt in Höhe von 12.800 Rubel (400 Geldeinheiten x 32 Rubel). Die Differenz in Höhe von 400 Rubel ist eine Summendifferenz und wird als sonstiger Aufwand ausgewiesen[109].

60 Verbindlichkeiten aus Lieferungen und Leistungen

(51) Vorauszahlung	18.000	(10) Aktivierung der Vorräte	30.400
(51) Restzahlung	12.800	(91-2) Kursdifferenz	400
	30.800		30.800

---

107 Praktischer Kommentar zu den Rechnungslegungsstandards, L. P. Fomitscheva, Grossmedia, Moskau 2007
108 Schreiben des Föderalen Steuerdienstes Nr. 02-1-08/86@ vom 20. Mai 2005
109 Schreiben des Föderalen Steuerdienstes Nr. 02-1-08/86@ vom 20. Mai 2005

Handelsrechtlich wurde dieser Geschäftsvorfall vor 2008 wie folgt erfasst.

Geleistete Anzahlung:

60 *Verbindlichkeiten aus Lieferungen und Leistungen* Unterkonto *Geleistete Anzahlungen*

an

51 *Bank Rubel*: 18.000 Rubel (600 Geldeinheiten x 30 Rubel)

Vorräte werden beim Eingang aktiviert:

10 *Roh-, Hilfs- und Betriebsstoffe*

an

60 *Verbindlichkeiten aus Lieferungen und Leistungen*: 31.000 Rubel (1.000 Geldeinheiten x 31 Rubel)

Die Vorauszahlung wird neu bewertet:

60 *Verbindlichkeiten aus Lieferungen und Leistungen* Unterkonto *Geleistete Anzahlungen*

an

91-1 *Sonstige Erträge*: 600 Rubel (600 Geldeinheiten x (31-30 Rubel))

Die Vorauszahlung wird mit der Verbindlichkeit aus Lieferungen und Leistungen verrechnet:

60 *Verbindlichkeiten aus Lieferungen und Leistungen*

an

60 *Verbindlichkeiten aus Lieferungen und Leistungen* Unterkonto *Geleistete Anzahlungen*: 18.600 Rubel

Bezahlung der restlichen Ware:

60 *Verbindlichkeiten aus Lieferungen und Leistungen*

an

51 *Bank Rubel*: 12.800 Rubel (400 Geldeinheiten x 32 Rubel)

Buchung der Kursdifferenz:

91-2 *Sonstiger Aufwand*

an

60 *Verbindlichkeiten aus Lieferungen und Leistungen*: 400 Rubel (31.000 Rubel – 18.600 Rubel – 12.800 Rubel).

60 *Verbindlichkeiten aus Lieferungen und Leistungen*

(51) Vorauszahlung	18.000	(10) Aktivierung der Vorräte	31.000
(91-1) Kursdifferenz	600	(91-2) Kursdifferenz	400
(51) Restzahlung	12.800		
	31.400		31.400

Handelsrechtlich entstanden somit positive Kursdifferenzen in Höhe von 600 Rubel sowie negative Kursdifferenzen in Höhe von 400 Rubel.

4.   Forderungen im Verbund- und Beteiligungsbereich

415   Forderungen im Verbund- und Beteiligungsbereich werden nicht separat in der Bilanz ausgewiesen, sondern in den entsprechenden Posten der Forderungen aus Lieferungen und Leistungen sowie der sonstigen Forderungen mit den übrigen Forderungen gegenüber Dritten zusammengefasst.

416   Für Konsolidierungszwecke ist allerdings vorgeschrieben, Forderungen im Verbund- und Beteiligungsbereich separat auf den Unterkonten zu den entsprechenden Konten zu erfassen.[110]

5.   Angabepflichten

a)   Allgemeines

417   Forderungen werden innerhalb des Umlaufvermögens in der Bilanz (Zeilen 230 bis 241) ausgewiesen. Dabei sind kurzfristige Forderungen (Zeile 240) von den langfristigen (Zeile 230) zu trennen. Unter den kurzfristigen Forderungen werden solche Forderungen verstanden, die innerhalb von zwölf Monaten nach dem Bilanzstichtag fällig sind. Darüber hinaus sind Forderungen aus Lieferungen und Leistungen separat auszuweisen, und zwar kurzfristige Forderungen aus Lieferungen und Leistungen in der Zeile 241 und langfristige Forderungen aus Lieferungen und Leistungen in der Zeile 231.

418   In der Anlage zum Abschluss (Formblatt Nr. 5) sind die Forderungen in Forderungen aus Lieferungen und Leistungen, geleistete Anzahlungen und sonstige Forderungen zu unterteilen.

419   Forderungen und sonstige Vermögensgegenstände in Fremdwährung sind in Rubel umzurechnen. Darüber hinaus sind die Forderungen und sonstige Vermögensgegenstände, die im Punkt 7 des RLS 3/2006 aufgezählt sind, in der entsprechenden Fremdwährung auf den jeweiligen Konten zu führen.

420   Die Kursdifferenzen sind auf den Konten 91-1 *Sonstige Erträge* und 91-2 *Sonstige Aufwendungen* separat von den übrigen sonstigen Erträgen und Aufwendungen zu erfassen.

421   Folgende ergänzende Angaben zu den Forderungen und sonstigen Vermögensgegenständen sind im Jahresabschluss erforderlich:

- Kursdifferenzen, die im Rahmen sonstiger Erträge und Sonstiger Aufwendungen erfasst sind, im Eigenkapitalveränderungsspiegel (Formblatt Nr. 3) sowie in der Gewinn- und Verlustrechnung, Seite 2 Erläuterung einzelner Erträge und Aufwendungen (Formblatt Nr. 2) ;

- Kursdifferenzen, die auf anderen Konten erfasst sind, im Eigenkapitalveränderungsspiegel (Formblatt Nr. 3);

- Umrechnungskurs der Zentralbank der RF zum Stichtag des Abschlusses bzw. ein anderer legal vorgesehener bzw. vertraglich vereinbarter Umrechnungskurs im Anhang zum Jahresabschluss.

b)   Information über nahe stehende (affiliierte) Personen

422   Der RLS *Information über affiliierte Personen*, eingeführt durch die Anordnung des Finanzministeriums der RF Nr. 5n vom 13. Januar 2000 (RLS 11/2000), führt den Begriff der „affiliierten Personen" ein. Ähnliche Begriffe sind im Gesetz über die Konkurrenz und Begrenzung der mo-

---

110 Anweisung zum Kontenplan, Konten 60 und 62

nopolistischen Tätigkeit auf den Warenmärkten, im Gesetz über Aktiengesellschaften, im Wertpapiergesetz und anderen Rechtsvorschriften geregelt. Das SteuerGB enthält daneben den Begriff „verbundene Personen".

Der RLS 11/2000 ist in Anlehnung an IAS 24 *Related Party Disclosures* entworfen worden.

Unter affiliierten Personen sind solche natürliche Personen und Gesellschaften zu verstehen, die gemäß dem Gesetz über die Konkurrenz und Begrenzung der monopolistischen Tätigkeit auf den Warenmärkten Nr. 948-1 vom 22. März 1991 Einfluss auf die Tätigkeit der natürlichen Personen und Gesellschaften ausüben können. Das genannte Gesetz enthält eine Liste der affiliierten Personen. Affiliierte Personen einer Gesellschaft sind: 423

- Mitglieder des Aufsichtsrates; der Aufsichtsrat wird auch Direktorenrat genannt;

- Mitglieder der Geschäftsführung als kollegiales Exekutivorgan (Vorstand) sowie der Geschäftsführer (wird als Generaldirektor bezeichnet);

- Personen und Gesellschaften aus dem Verbund- und Beteiligungsbereich der Gesellschaft;

- Personen und Gesellschaften, die mehr als 20 % der Aktien oder Anteile am Grund- oder Stammkapital der Gesellschaft halten, die diesen Personen und Gesellschaften Stimmrechte gewähren;

- Gesellschaften, deren Aktien oder Anteile am Grund- oder Stammkapital die Gesellschaft in Höhe von mehr als 20 % hält, vorausgesetzt diese Aktien oder Anteile gewähren der Gesellschaft Stimmrechte.

Affiliierte Personen einer natürlichen Person sind:

- Personen und Gesellschaften aus dem Verbund- und Beteiligungsbereich der Person;

- Gesellschaften, deren Aktien oder Anteile am Grund- oder Stammkapital die natürliche Person in Höhe von mehr als 20 % hält, vorausgesetzt diese Aktien oder Anteile gewähren der natürlichen Person Stimmrechte[111].

Der RLS 11/2000 ist von allen Aktiengesellschaften mit Ausnahme von Kreditinstituten anzuwenden. Unter anderem ist der RLS 11/2000 von Aktiengesellschaften bei der Erstellung ihrer konsolidierten Abschlüsse anzuwenden. Zugleich muss der RLS 11/2000 bei der Erstellung der Abschlüsse für den internen Gebrauch innerhalb der Aktiengesellschaften, der Abschlüsse für die Vorlage bei den Statistikbehörden (Goskomstat), der Abschlüsse für die Vorlage bei Kreditinstituten sowie der Abschlüsse für andere spezielle Zwecke nicht angewandt werden. 424

Kleine und mittlere Unternehmen sind berechtigt, von der Anwendung des RLS 11/2000 abzusehen.

Informationen sind nur in Bezug auf die affiliierten Personen und Gesellschaften offen zu legen, die 425

- entweder die den Abschluss erstellende Gesellschaft kontrollieren oder bedeutenden Einfluss auf diese Gesellschaft ausüben; oder

- unter Kontrolle oder unter bedeutendem Einfluss der den Abschluss erstellenden Gesellschaft stehen; oder

- gemeinsam mit der den Abschluss erstellenden Gesellschaft direkt oder über Dritte unter Kontrolle einer Gesellschaft, einer natürlichen Person oder einer Gruppe stehen.

---

111 Artikel 4 Gesetz über die Konkurrenz und Begrenzung der monopolistischen Tätigkeit auf den Warenmärkten Nr. 948-1 vom 22. März 1991

426 Affiliierte Gesellschaften kontrollieren eine Gesellschaft, wenn sie

■ über 50 % der stimmberechtigten Aktien einer Aktiengesellschaft oder über 50 % der Anteile am Stammkapital einer GmbH oder einer Genossenschaft verfügen;

■ über 20 % der stimmberechtigten Aktien einer Aktiengesellschaft oder über 20 % der Anteile am Stammkapital einer GmbH oder einer Genossenschaft verfügen und die wesentlichen Entscheidungen in diesen Gesellschaften bestimmen können (z. B. Bestellung der Geschäftsführung).

427 Affiliierte Personen üben einen bedeutenden Einfluss auf eine Gesellschaft aus, falls sie diese Gesellschaft zwar nicht kontrollieren, sondern eine Möglichkeit haben, auf die Entscheidungsfindung bei der Gesellschaft einzuwirken.

428 Eine Aktiengesellschaft bestimmt selbstständig den Kreis ihrer affiliierten Personen. Für den konsolidierten Abschluss wird dies durch die oberste Muttergesellschaft bestimmt. Die Gesellschaften sind verpflichtet, ihre Buchführung so zu organisieren, dass die Informationen über ihre affiliierten Personen aus den Büchern ersichtlich sind.

429 Zu den Informationen über affiliierte Personen im Jahresabschluss zählen die Angaben über die Geschäftsvorfälle zwischen der Gesellschaft, deren Abschluss erstellt wird, und den mit ihr affiliierten Personen. Zu diesen Geschäftsvorfällen gehören alle Transaktionen in Bezug auf die Übergabe der jeweiligen Vermögensgegenstände oder Verbindlichkeiten. Es handelt sich um folgende Geschäftsvorfälle:

■ Kauf und Verkauf von Waren, Arbeiten und Dienstleistungen;

■ Kauf und Verkauf von Sachanlagen und anderen Vermögensgegenständen;

■ Miete und Vermietung von Vermögensgegenständen;

■ Überlassung von Ergebnissen der Forschung, Entwicklungs- und Technologiearbeiten;

■ Finanztransaktionen inklusive der Gewährung von Darlehen und Einlagen ins Stamm- oder Grundkapital anderer Gesellschaften;

■ Überlassung und Beschaffung von Garantien und Pfandrechten;

■ andere Geschäftsvorfälle (z. B. Leasing, Lizenzvereinbarungen, Kommissions- und Agentenvereinbarungen u. ä.).

430 Für die Steuerbehörde ist die Information zur Preisbildung zwischen den affiliierten Personen ausschlaggebend.

431 Die Informationen zu den affiliierten Personen sind im Anhang in einem separaten Kapitel anzugeben. Diese Informationen sind klar und vollständig darzustellen, damit alle Nutzer der Rechnungslegung den Charakter und den Inhalt der Beziehungen der Aktiengesellschaft zu den affiliierten Personen nachvollziehen können.

432 Falls in einem Geschäftsjahr Geschäftsvorfälle mit affiliierten Personen stattfanden, ist folgendes zu jeder affiliierten Person anzugeben:

■ die Art der Beziehung (Kontrolle oder bedeutender Einfluss);

■ Arten der Geschäftsvorfälle;

■ Volumen der Geschäftsvorfälle (in Beträgen oder Prozent);

■ Umfänge der zum Ende des Geschäftsjahres noch nicht abgeschlossenen Geschäftsvorfälle;

■ Methoden der Preisfestsetzung für jede Art des Geschäftsvorfalles.

Im Fall der Kontrolle ist die Art der Beziehung offen zu legen, unabhängig davon, ob im Geschäftsjahr Geschäftsvorfälle stattfanden.

Abbildung 7:   Offenlegung von Information über affiliierte Personen

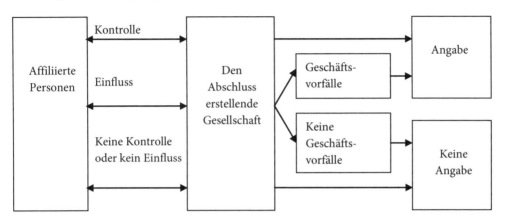

Zugleich erlaubt der RLS 11/2000, die Information über die Geschäftsvorfälle mit affiliierten Personen in bestimmten Fällen nicht offen zu legen. Dabei handelt es sich um folgende Geschäftsvorfälle: 433

- zwischen der Muttergesellschaft und ihren Tochtergesellschaften, die zu einer Gruppe gehören, im konsolidierten Abschluss;

- zwischen der Muttergesellschaft und ihren Tochtergesellschaften im Abschluss der Muttergesellschaft, falls dieser Abschluss gemeinsam mit dem konsolidierten Abschluss veröffentlicht wird;

- zwischen der Tochtergesellschaft und ihrer Muttergesellschaft im Abschluss der Tochtergesellschaft, falls zugleich folgende Bedingungen erfüllt sind:

  - die Muttergesellschaft und die Tochtergesellschaft sind juristische Personen gemäß dem russischen Recht;

  - 100 % der stimmberechtigten Aktien oder 100 % des Stammkapitals einer GmbH gehören der Muttergesellschaft;

  - die Muttergesellschaft veröffentlicht einen konsolidierten Abschluss.

🛇 Praxishinweis:

Die Information zu den affiliierten Personen kann in drei Schritten vorbereitet werden:

Eine Liste von affiliierten Personen wird aufgestellt. Eine Aktiengesellschaft muss Listen ihrer affiliierten Personen führen und sie dauerhaft aufbewahren.[112] Das Formular für die Liste der affiliierten Personen ist von der Föderalen Wertpapierkommission als Anlage 26 zu ihrer Anordnung Nr. 06-117/pz-n vom 10. Oktober 2006 festgelegt worden.

Die Liste von affiliierten Personen wird in zwei Gruppen aufgeteilt. Die erste Gruppe sind Gesellschaften und natürliche Personen, die die den Abschluss erstellende Gesellschaft kontrollieren oder bedeutenden Einfluss auf diese Gesellschaft ausüben.

---

112 Punkt 1 Art. 89 Gesetz über Aktiengesellschaften, Anordnung der Föderalen Wertpapierkommission Nr. 03-33/ps vom 16.07.2003

Zu der zweiten Gruppe gehören Gesellschaften und natürliche Personen, welche durch die den Abschluss erstellende Gesellschaft kontrolliert werden, bzw. unter bedeutendem Einfluss dieser Gesellschaft stehen.

Die Angaben über die Geschäftsvorfälle mit den affiliierten Personen im Geschäftsjahr werden aufbereitet[113].

▶ Beispiel:

Die Aktionäre der Aktiengesellschaft geschlossenen Typs Ölprom ZAO sind die Neftprom OAO (Aktiengesellschaft des offenen Typs) und die Öl- und Gas OOO (GmbH). Das Grundkapital der Ölprom ZAO beträgt 1.000.000 Rubel. Der Nominalwert einer Aktie beträgt 1.000 Rubel. Die Neftprom OAO hält 600 Aktien der Ölprom ZAO. Die Öl- und Gas OOO hält 400 Aktien der Ölprom ZAO.

Zum Geschäftsführer der Ölprom ZAO wurde Herr Ivan Petrovitsch Sidorow bestellt.

Die Ölprom ZAO hat 55 % der Anteile am Stammkapital der Promgas OOO erworben. Die Ölprom ZAO besitzt daneben 15 % der Anteile am Grundkapital der Promneft ZAO. Die Geschäftsführerin der Promneft ZAO ist Frau Anna Ivanovna Petrowa. Frau Petrowa ist die Ehefrau eines Aufsichtsratsmitgliedes der Ölprom ZAO.

1. Aufstellung der Liste der affiliierten Personen

Nr.	Die Firma oder der Name der affiliierten Person	Adresse der affiliierten Person (mit Einverständnis natürlicher Personen)	Grundlagen der Affiliierung	Beginn der affiliierten Beziehung	Anteil der affiliierten Person am Grundkapital; Anteil am Grund- oder Stammkapital der affiliierten Person, %	Anteil der affiliierten Person an den Aktien; Anteil an den Aktien der affiliierten Person, %
1.	Neftprom OAO	Moskau	Aktionär	01.11.05	60	60
2.	Öl- und Gas OOO	Moskau	Aktionär	01.11.05	40	40
3.	Ivan Petrovitsch Sidorow	Moskau	Geschäftsführer	15.11.05	0	0
4.	Promgas OOO	Kazan	Tochtergesellschaft	12.09.07	55	55
5.	Promneft ZAO	Novgorod	Tochtergesellschaft	01.11.07	15	15
6.	Anna Ivanovna Petrowa	Novgorod	Geschäftsführerin der Promneft ZAO, Ehefrau eines Aufsichtsratsmitgliedes der Ölprom ZAO	10.09.07	0	0

2. Die Liste der affiliierten Personen wird in zwei Gruppen aufgeteilt. Die erste Gruppe sind die Gesellschaften und natürlichen Personen, welche die Ölprom ZAO kontrollieren oder einen bedeutenden Einfluss auf die Ölprom ZAO ausüben. Zu der zweiten Gruppe gehören Gesellschaften und natürliche Personen, die durch die Ölprom ZAO kontrolliert werden, bzw. unter bedeutendem Einfluss der Ölprom ZAO stehen.

Affiliierte Personen, die die Ölprom ZAO kontrollieren oder auf die Ölprom ZAO bedeutenden Einfluss ausüben	Affiliierte Personen, die die Ölprom ZAO kontrollieren oder auf die die Ölprom ZAO bedeutenden Einfluss ausüben
Neftprom OAO – Kontrolle	Promgas OOO – Kontrolle
Öl- und Gas OOO – Kontrolle	Promneft ZAO – bedeutender Einfluss
Ivan Petrovitsch Sidorow – bedeutender Einfluss	

---

113 Kommentar zu den Rechnungslegungsstandards unter der Redaktion von A. S. Bakaev, 2. Auflage, Jurait-Isdat, 2005

3. Neben der obigen Aufteilung (Punkt 2) wird folgende Information zu den Geschäftsvorfällen mit den affiliierten Personen im Anhang enthalten sein:

Anschaffung und Verkauf der Waren, Arbeiten und Dienstleistungen

Die Gesellschaft hat ihre Produktion an folgende affiliierte Personen verkauft:

Promgas OOO in Höhe von 5.900.000 Rubel (davon 900.000 Rubel Umsatzsteuer). Gemäß dem langfristigen Rahmenvertrag zwischen der Promgas OOO und der Ölprom ZAO sind die Waren mit einem Preisnachlass von 5 % vom Listenpreis verkauft worden. Die Forderung aus Lieferungen gegenüber der Promgas OOO beträgt zum Ende des Geschäftsjahres 3.540.000 Rubel.

Die Gesellschaft hat Rohstoffe von den nachfolgenden affiliierten Personen bezogen:

Neftprom OAO in Höhe von 4.720.000 Rubel (davon 720.000 Rubel Umsatzsteuer). Der Preisnachlass betrug 10 % vom Listenpreis. Die Verbindlichkeit aus der Lieferung gegenüber der Neftprom OAO beträgt zum Ende des Geschäftsjahres 4.720.000 Rubel.

Erhaltene Kredite und Darlehen

Die Gesellschaft hat im Geschäftsjahr von der Öl- und Gas OOO ein zinsloses Darlehen in Höhe von 10.000.000 Rubel für die Finanzierung des Baus eines neuen Verwaltungsgebäudes erhalten. Die Verbindlichkeit aus dem Darlehen wurde im Geschäftsjahr nicht getilgt und betrug zum Ende des Geschäftsjahres 10.000.000 Rubel.

Gewährte Darlehen

Die Gesellschaft hat ihrem Geschäftsführer Herrn Ivan Petrovitsch Sidorow in 2006 ein zinsloses Darlehen in Höhe von 2.000.000 Rubel gewährt. Die Forderung gegenüber Herrn Sidorow betrug zum Ende des Geschäftsjahres 1.000.000 Rubel.

Des Weiteren sind im Anhang die Namen und Positionen der Mitglieder des Aufsichtsrates, der Mitglieder der Geschäftsführung sowie den Gesamtbetrag der an sie ausgezahlten Vergütung anzugeben.

C.   Kapital und Rücklagen

Tabelle 9:   Kapital und Rücklagen

Beschreibung[114]	Grundlage
Grund- oder Stammkapital	RLS 34n
Zusatzkapital	RLS 34n
Rücklagen	RLS 34n
Bilanzgewinn/-verlust	Anweisung zum Kontenplan, Konto 84

I.   Grundsatz

Dem Eigenkapital ist kein gesonderter RLS gewidmet. Entsprechend den Erläuterungen im RLS 34n handelt es sich beim Eigenkapital um Stamm- oder Grundkapital, Zusatzkapital, Rücklagen sowie Bilanzgewinn oder -verlust einer Gesellschaft.   434

RLS 34n behandelt in den Punkten 66 bis 69 das Eigenkapital.

---

114 Punkt 20 RLS 4/99

II.   Grund- oder Stammkapital

435   In der Bilanz wird das Grund- oder Stammkapital in Höhe der in den Gründungsunterlagen der Gesellschaften festgelegten Beträge in der Zeile 410 ausgewiesen. Das Grund- oder Stammkapital ist nicht mit den Forderungen an Gesellschafter aus der Erbringung von Einlagen ins Grund- oder Stammkapital der Gesellschaften zu verrechnen, d. h. es wird in der Höhe ausgewiesen, die in den Gründungsunterlagen festgelegt ist, unabhängig davon, ob das Grund- oder Stammkapital vollständig eingebracht wurde.

436   Das Gründungsdokument einer Aktiengesellschaft ist die Satzung. Die Gründungsunterlagen einer Gesellschaft mit beschränkter Haftung sind die Satzung sowie der Gesellschaftsvertrag. Falls eine Ein-Mann-Gesellschaft mit beschränkter Haftung gegründet wird, ist nur die Satzung Gründungsdokument der Gesellschaft.

437   Das Grundkapital einer Aktiengesellschaft wird durch den Nennwert aller von den Aktionären erworbenen Aktien bestimmt. Bei Aktien wird zwischen gewöhnlichen und Vorzugsaktien unterschieden. Vorzugsaktien dürfen für maximal 25 % des Grundkapitals der Aktiengesellschaft ausgegeben werden. Die Dividendenhöhe wird für die Vorzugsaktien festgelegt. Die Vorzugsaktien gewähren dem Aktionär kein Stimmrecht in der Hauptversammlung. Das Mindestgrundkapital beträgt 100 Mindestlöhne für eine Aktiengesellschaft des geschlossenen Typs (russische Abkürzung „ZAO"). Zurzeit sind das 10.000 Rubel. Das Mindestgrundkapital beträgt 1.000 Mindestlöhne für eine Aktiengesellschaft des offenen Typs (russische Abkürzung „OAO"). Zurzeit sind das 100.000 Rubel. Das Grundkapital kann sowohl in Form von Geld als auch von Sacheinlagen, Wertpapieren oder Vermögensrechten eingebracht werden.

438   Das Stammkapital einer GmbH (OOO) setzt sich aus den Einlagen der Gesellschafter zusammen. Das Mindestkapital beträgt 100 gesetzliche Mindestlöhne. Zurzeit sind das 10.000 Rubel. Das Stammkapital kann ebenfalls wie das Grundkapital einer Aktiengesellschaft sowohl in Form von Geld als auch von Sacheinlagen, Wertpapieren oder Vermögensrechten eingebracht werden.

439   Sowohl in Bezug auf Aktiengesellschaften als auch in Bezug auf die GmbH gelten Kapitalerhaltungsvorschriften. Die Gesellschaften sind verpflichtet, ab der Erstellung des zweiten Jahresabschlusses nach Gründung mindestens ein Eigenkapital in Höhe des Stamm- oder Grundkapitals auszuweisen. Falls dies am Ende des zweiten und jedes weiteren Geschäftsjahres nicht zutrifft, muss das Stamm- oder Grundkapital herabgesetzt werden. Liegt das Eigenkapital unter dem gesetzlich vorgeschriebenen Mindest-Stamm- oder Grundkapital, unterliegt die Gesellschaft einer behördlichen Zwangsliquidation.

> 🛈 Praxishinweis:
>
> *Aus unterschiedlichen wirtschaftlichen, juristischen sowie konsolidierungstechnischen Gründen ist es oft nicht erwünscht, dass eine russische Tochtergesellschaft infolge einer Unterkapitalisierung ihr Stamm- oder Grundkapital herabsetzt oder gar liquidiert werden muss. Zur Vermeidung dieser Folgen der Unterkapitalisierung wird i.d.R. Kapital zugeführt, welches nicht Grund- oder Stammkapital ist.*
>
> *Die handelsrechtliche Behandlung kann, abhängig von der rechtlichen Form, auf zweierlei Wegen erfolgen. Einerseits kann ein Vertrag über die Gewährung eines Zuschusses geschlossen werden. Dieser Zuschuss ist bei der Tochtergesellschaft gemäß Punkt 8 RLS 9/99 als unentgeltliche Zuwendung erfolgswirksam im Rahmen der sonstigen Erträge zu erfassen und bewirkt so mittelbar, über das Periodenergebnis, eine Erhöhung des Eigenkapitals. Der Zuschuss ist nicht als Finanzinvestition in das Kapital der russischen Tochtergesellschaft anzusehen und daher bei der ausländischen Muttergesellschaft als Aufwand zu erfassen. Aus diesem Grunde wird der Zuschuss in der Praxis oft als „verlorener Zuschuss" bezeichnet.*

Eine andere Behandlung erfolgt gemäß dem Schreiben des Finanzministeriums der RF Nr. 07-05-06/107 vom 13. April 2005 dann, wenn eine Einlage in das Vermögen der Gesellschaft vorliegt. Die russische Tochtergesellschaft hat dann die erhaltene Einlage unter dem Zusatzkapital (Kapitalrücklage) zu erfassen. Somit bekommt der Zuschuss auf Grund einer anderen rechtlichen Gestaltung den Charakter einer Einlage ins Eigenkapital der Tochtergesellschaft und ist bei der Muttergesellschaft als Erhöhung der Anschaffungskosten der Beteiligung an der Tochtergesellschaft auszuweisen, soweit eine Erhöhung des inneren Wertes der Beteiligung vorliegt. Auf Grund der i.d.R. bestehenden Verlustsituation, die erst eine Kapitalmaßnahme erforderlich macht, ist dies aber wohl nur in seltenen Fällen gegeben.

Steuerlich ergeben sich für die russische Tochtergesellschaft bei Erhalt von Zuschuss oder sonstiger Einlage keine Nachteile. Hier gilt die Regelung: falls der Anteil der Muttergesellschaft am Stamm- oder Grundkapital einer Tochtergesellschaft mehr als 50 % beträgt, erhöht der Zuschuss die Steuerbemessungsgrundlage der Gewinnsteuer der Tochtergesellschaft nicht.

Die Steuerbehörden vertreten allerdings teilweise die Ansicht, dass die Abzugsfähigkeit der Aufwendungen (z. B. Abschreibung, Materialaufwand usw.), die aus den unentgeltlich erhaltenen Finanzmitteln (Zuschüssen) getätigt werden, nicht gegeben ist. Gerichte geben den Steuerpflichtigen dagegen Recht, wenn sie die Steuerbemessungsgrundlage der Gewinnsteuer um die aus den Zuschüssen finanzierten Aufwendungen vermindern[115]. Das Finanzministerium der RF hat zu diesem Thema zwei einander widersprechende Schreiben herausgegeben[116], wobei das jüngere Schreiben vom 06. Juni 2007 sich auf die Seite der Steuerpflichtigen stellt.

Das Grundkapital einer Aktiengesellschaft muss innerhalb von drei Monaten nach der staatlichen Registrierung zu mindestens 50 % bezahlt sein. Der restliche Teil des Grundkapitals ist innerhalb eines Jahres nach der staatlichen Registrierung einzubringen[117]. Das Stammkapital einer Gesellschaft mit beschränkter Haftung muss bereits zum Zeitpunkt der staatlichen Registrierung zu mindestens 50 % erbracht sein. Der restliche Teil des Stammkapitals ist ebenfalls innerhalb eines Jahres nach der staatlichen Registrierung einzuzahlen[118].   440

Die Sacheinlage ins Grund- oder Stammkapital bei der Gründung einer Gesellschaft wird anhand einer Vereinbarung zwischen den Anteilseignern (Aktionären) bewertet. Übersteigt der Wert einer Sacheinlage in eine GmbH 200 Mindestlöhne (derzeit umgerechnet ca. 600 EUR), ist die Bewertung durch einen Sachverständigen notwendig. Bei einer Sacheinlage in eine Aktiengesellschaft ist eine Bewertung durch einen Sachverständigen unabhängig von der Höhe der Sacheinlage vorgeschrieben.   441

Das Grund- oder Stammkapital wird nach der staatlichen Registrierung der Gesellschaften auf dem Konto 80 *Stamm(Grund)kapital* gebucht. Die Erhöhung oder die Verminderung des Grund- oder Stammkapitals werden ebenfalls erst nach der staatlichen Registrierung der Eintragungen in die Gründungsunterlagen der Gesellschaften auf dem Konto 80 erfasst. Das Grund- oder Stammkapital einer Gesellschaft wird im Haben des Kontos 80 und im Soll des Kontos 75 *Forderungen/ Verbindlichkeiten gegenüber Gesellschaftern* gebucht. Die Abrechnungen mit den Gesellschaftern werden auf dem Konto 75 in Verbindung mit anderen Konten wie z. B. 51 *Bank Rubel*, 52 *Bank Devisen*, 01 *Sachanlagen*, 04 *Immaterielle Vermögensgegenstände* erfasst.   442

---

115 Entscheidung des Föderalen Arbitrage Gerichtes des Nordwestlichen Bezirkes Nr. A52-32-34/2005/2 vom 26. Dezember 2005, Entscheidung des Föderalen Arbitrage Gerichtes des Westsibirischen Bezirkes Nr. F04-4213/2006(24086-A27-35) vom 20. September 2006, Entscheidung des Föderalen Arbitrage Gerichtes des Nordwestlichen Bezirkes Nr. A56-13199/2006 vom 12. April 2007
116 Schreiben des Finanzministeriums der RF Nr. 03-03-06/1/173 vom 27. März 2007, Schreiben des Finanzministeriums des RF Nr. 03-07-11/152 vom 06. Juni 2007
117 Art. 34 des Gesetzes über Aktiengesellschaften
118 Art. 16 des Gesetzes über Gesellschaften mit beschränkter Haftung

> **Beispiel:**
>
> Im Juni 2007 wurde die Promtorg GmbH mit einem Stammkapital i.H.v. 1.000.000 Rubel gegründet. Zum Zeitpunkt der staatlichen Registrierung der Promtorg GmbH ist das Stammkapital zur Hälfte in bar eingebracht worden. Nach der Registrierung der Promtorg GmbH werden folgende Buchungen vorgenommen:
>
> Buchung des Stammkapitals:
>
> *75 Forderungen/Verbindlichkeiten gegenüber Gesellschaftern*
>
> an
>
> *80 Stamm(Grund)kapital*: 1.000.000 Rubel
>
> Geldeingang von den Anteilseignern:
>
> *51 Bank Rubel*
>
> an
>
> *75 Forderungen/Verbindlichkeiten gegenüber Gesellschaftern*: 500.000 Rubel
>
> Bei der Einbringung des restlichen Stammkapitals erfolgt der gleiche Buchungssatz.

III.   Eigene Aktien (Anteile)

443   Bei diesem Bilanzposten handelt es sich um die Aktien einer Aktiengesellschaft bzw. um die Anteile einer Gesellschaft mit beschränkter Haftung, die die Aktiengesellschaft bzw. die Gesellschaft mit beschränkter Haftung von ihren Aktionären oder Gesellschaftern zurückerworben hat.

444   Grundsätzlich darf eine GmbH ihre eigenen Anteile nicht zurückerwerben. Das GmbH-Gesetz enthält aber eine Reihe von Ausnahmen von dieser Regel. So gehen die Anteile eines ausscheidenden Gesellschafters auf die GmbH über (Art. 26 GmbH-Gesetz). Des Weiteren muss eine GmbH den Anteil eines Gesellschafters erwerben, falls die Satzung der GmbH die Veräußerung des Anteils an Dritte untersagt, und die übrigen Anteilseigner nicht bereit sind, diesen Anteil zu erwerben. Die gleiche Verpflichtung besteht, falls die Gesellschafter sich weigern, den Verkauf an Dritte oder einzelne andere Gesellschafter zu genehmigen, soweit die Satzung eine solche Genehmigung vorschreibt. Der Anteil eines Gesellschafters, der seine Einlage bei der Gründung einer GmbH nicht oder nicht vollständig eingebracht hat, wird an die Gesellschaft übertragen. Auf die GmbH wird ebenfalls der Anteil eines aus der GmbH ausgeschlossenen Gesellschafters übertragen. Falls die übrigen Gesellschafter sich weigern, den Anteil eines verstorbenen Gesellschafters oder eines liquidierten Gesellschafters zu übernehmen, wird der Anteil an die Gesellschaft übertragen (Art. 23 GmbH-Gesetz).

445   Sofern die Anteile an die Gesellschaft übergehen, muss sie diese Anteile innerhalb eines Jahres verwerten. Die Anteile werden entweder unter den Gesellschaftern proportional entsprechend ihren Anteilen verteilt oder an Dritte verkauft. Geschieht dies nicht, ist die Gesellschaft zur Annullierung der Anteile und somit zur Herabsetzung ihres Stammkapitals verpflichtet.

446   Im Unterschied zu einer GmbH ist eine Aktiengesellschaft berechtigt, eigene Aktien mit dem Ziel zu erwerben, ihr Grundkapital herabzusetzen, soweit dies in der Satzung der Aktiengesellschaft vorgesehen ist. Eine Aktiengesellschaft darf allerdings nur Aktien in einer solchen Höhe erwerben, dass der Gesamtnominalwert der verbliebenen Aktien nicht unter dem Mindestgrundkapital der Aktiengesellschaft liegen würde. Die Aktien, die mit dem Ziel erworben wurden, das Grundkapital einer Aktiengesellschaft herabzusetzen, werden nach dem Rückkauf annulliert. Soweit die

Satzung hierfür eine Genehmigung enthält, darf eine Aktiengesellschaft eigene Aktien für den Weiterverkauf zurückkaufen, es sei denn der Nominalwert der verbliebenen Aktien würde durch den Rückkauf unter 90 % des Grundkapitals der Aktiengesellschaft liegen. Die Aktien, die für den Weiterverkauf erworben wurden, müssen innerhalb eines Jahres nach ihrem Rückkauf mindestens zu ihrem Marktpreis weiterverkauft werden. Geschieht dies nicht, müssen diese Aktien annulliert werden[119].

Artikel 73 des Gesetzes über Aktiengesellschaften enthält Einschränkungen für den Erwerb eigener Aktien. Eine Aktiengesellschaft darf ihre Aktien in den folgenden Fällen nicht erwerben: 447

- das Grundkapital der Aktiengesellschaft ist noch nicht vollständig eingebracht worden;

- zum Zeitpunkt des Erwerbs erfüllt die Aktiengesellschaft die Kriterien einer Insolvenz gemäß der russischen Gesetzgebung bzw. würde durch den Kauf der Aktien insolvent werden;

- zum Zeitpunkt des Erwerbs liegt das Eigenkapital der Aktiengesellschaft unter ihrem Grundkapital, den Rücklagen sowie dem Unterschiedsbetrag zwischen den Nominalwerten der Vorzugsaktien und den durch die Satzung festgelegten Liquidationswerten der Vorzugsaktien bzw. würde infolge des Erwerbs unter diesen Werten liegen. Unter einem Liquidationswert wird der Wert verstanden, den der Inhaber einer Vorzugsaktie im Fall der Liquidation der Aktiengesellschaft erhalten würde.

Beim Erwerb eigener Vorzugsaktien gilt die zusätzliche Einschränkung, dass zum Zeitpunkt des Erwerbs eigener Vorzugsaktien das Eigenkapital der Aktiengesellschaft nicht unter ihrem Grundkapital, den Rücklagen sowie dem Unterschiedsbetrag zwischen den Nominalwerten der Vorzugsaktien, deren Inhaber den Vorrang bei der Auszahlung der Liquidationswerte gegenüber den Inhabern der durch die Gesellschaft zu erwerbenden Vorzugsaktien haben, und den Liquidationswerten der Vorzugsaktien der vorrangigen Vorzugsaktieinhaber, liegt bzw. infolge des Erwerbs unter diesen Werten liegen würde. 448

Aktionäre, die gewöhnliche Aktien halten, können den Rückkauf eines Teiles ihrer Aktien oder aller ihren Aktien in den folgenden Fällen verlangen: 449

- Reorganisation der Aktiengesellschaft oder Durchführung so genannter Großgeschäfte, falls diese zustimmungspflichtig waren und sie dagegen gestimmt oder an der Abstimmung nicht teilgenommen haben;

- Eintragung der Veränderungen oder Ergänzungen in die Satzung der Aktiengesellschaft bzw. Eintragung einer neuen Fassung der Satzung, falls sie dagegen gestimmt oder an der Abstimmung nicht teilgenommen haben[120].

Eine Aktiengesellschaft ist nicht berechtigt, eigene Aktien zurückzukaufen, bevor die Aufforderungen der Aktionäre über den Rückkauf ihrer Aktien gemäß Art. 75 des Gesetzes über die Aktiengesellschaften nicht erfüllt sind. 450

Die Bewegung eigener Aktien oder Anteile, die die Gesellschaft von ihren Aktionären oder Gesellschaftern für den Weiterverkauf bzw. für die Annullierung zurückgekauft hat, wird auf dem Konto 81 *Eigene Aktien (Anteile)* erfasst. Der Rückkauf der Aktien oder Anteile wird zu den tatsächlich angefallenen Anschaffungskosten im Soll des Kontos 81 und im Haben der entsprechenden Konten (50 *Kasse*, 51 *Bank Rubel*, 52 *Bank Devisen*) erfasst. 451

Eigene Aktien oder Anteile werden in der Zeile 411 der Bilanz in Klammern ausgewiesen, d. h. die Beträge der eigenen zurückgekauften Aktien oder Anteile werden vom Eigenkapital abgezogen. 452

---

119 Art. 72 Gesetz über Aktiengesellschaften
120 Art. 75 Gesetz über Aktiengesellschaften

453   Die Annullierung der zurückgekauften Aktien (Anteile) erfolgt im Haben des Kontos 81 und im Soll des Kontos 80 *Grund- oder Stammkapital.* Der dadurch entstehende Unterschiedsbetrag wird auf dem Konto 91-1 *Sonstige Erträge* oder 91-2 *Sonstige Aufwendungen* erfasst.

> **Beispiel:**

Eine Aktiengesellschaft hat 100 eigene Aktien im Nominalwert von 1.000 Rubel pro eine Aktie für 110.000 Rubel zurückgekauft. Die Hauptversammlung hat den Beschluss gefasst, das Grundkapital um 50.000 Rubel (50 Aktien) herabzusetzen. Folgende Buchungssätze sind in den Büchern der Gesellschaft veranlasst:

Die zurückgekauften Aktien werden aktiviert:

81 *Eigene Aktien (Anteile)*

an

51 *Bank Rubel*: 110.000 Rubel

Annullierung von Aktien:

80 *Grund- oder Stammkapital*

an

81 *Eigene Aktien (Anteile)*: 50.000 Rubel

Der Unterschiedsbetrag zwischen dem Nominalwert der Aktien und den Anschaffungskosten der Aktien wird im Rahmen der sonstigen Aufwendungen erfasst.

91-2 *Sonstige Aufwendungen*

an

81 *Eigene Aktien (Anteile)*: 5.000 Rubel

Die verbliebenen eigenen Aktien werden in der Zeile 411 der Bilanz in Höhe von 55.000 Rubel ausgewiesen.

Im nächsten Geschäftsjahr wurde die Entscheidung getroffen, die vorhandenen eigenen Aktien für 1.200 Rubel je Aktie zu verkaufen. Der Verkauf wird wie folgt gebucht:

Verkauf von Aktien

51 *Bank Rubel*

an

91-1 *Sonstige Erträge*: 60.000 Rubel

91-2 *Sonstige Aufwendungen*

an

81 *Eigene Aktien (Anteile)*: 55.000 Rubel

Das Finanzergebnis aus dem Verkauf der Aktien wird ermittelt:

91-9 *Abschlusskonto* des Kontos 91 *Sonstige Erträge und Aufwendungen*

an

99 *Gewinne und Verluste*: 5.000 Rubel

IV. Zusatzkapital

Im Rahmen des Zusatzkapitals wird folgendes ausgewiesen: 454

■ die Neubewertungsrücklagen, die bei der Neubewertung von Sachanlagen gemäß RLS 6/01 entstehen;

■ Emissionserlöse einer Aktiengesellschaft (der Unterschiedsbetrag zwischen dem Verkaufswert der Aktien bei der Gründung oder bei der Erhöhung des Grundkapitals einer Aktiengesellschaft und dem Nominalwert der Aktien).

Die Neubewertungsrücklagen sowie die Emissionserlöse einer Aktiengesellschaft sind im Haben 455
des Kontos 83 *Zusatzkapital* zu erfassen.

Es ist zu beachten, dass der Unterschiedsbetrag zwischen dem Wert der Einlage und dem Nomi- 456
nalwert der mit der Einlage erworbenen Anteile einer GmbH (Agio) in den methodischen Anweisungen zum Kontenplan, Konto 83 *Zusatzkapital* nicht ausdrücklich erwähnt ist. Ein Agio kann aber auch bei einer GmbH durchaus vorkommen. Falls das Agio aus einer Umrechnungsdifferenz aus einer Einlage in Fremdwährung entstanden ist, kann es gemäß RLS 3/2000 auch bei einer GmbH ins Zusatzkapital eingestellt werden.

€ Steuern:

Weder die Emissionserlöse einer Aktiengesellschaft noch das Agio bei einer GmbH erhöhen die Steuerbemessungsgrundlage der Gewinnsteuer (Punkt 1.3 Art. 251 SteuerGB).

Gemäß Punkt 14 RLS 3/2000 wird die bei der Bezahlung der Einlage ins Grund- oder Stammkapi- 457
tal einer Gesellschaft entstehende Kursdifferenz ebenfalls ins Zusatzkapital eingestellt. Diese Kursdifferenz entsteht aufgrund der Tatsache, dass das Grund- oder Stammkapital einer Gesellschaft in ihrer Satzung in Rubel ausgewiesen sein muss. Ausländische Gesellschafter legen ihre Einlagen ins Grund- oder Stammkapital normalerweise in Fremdwährung fest. Diese Werte müssen in den Gründungsunterlagen in Rubel umgerechnet werden. Dadurch wird der Rubelbetrag des Grund- oder Stammkapitals festgelegt. Wenn die Fremdwährungsbeträge tatsächlich überwiesen werden, kann durch Kursschwankungen ein höherer oder ein niedrigerer Betrag bei der Gesellschaft ankommen. Falls sich ein niedrigerer Betrag ergibt, muss der Restbetrag des Grund- oder Stammkapitals nachgezahlt werden. Ein positiver Unterschiedsbetrag wird in das Zusatzkapital eingestellt.

▷ Beispiel:

Eine ausländische Gesellschaft ist Gesellschafter einer russischen GmbH. Ihre Einlage beträgt 50.000 USD. Der Umrechnungskurs der Zentralbank der RF zum Zeitpunkt der Beschlussfassung über die Gründung der GmbH und über die Höhe des Stammkapitals betrug 28 Rubel/1 USD. Das Stammkapital wurde in Höhe von 1.400.000 Rubel festgelegt. Der Umrechnungskurs der Zentralbank der RF zum Zeitpunkt des Geldeingangs betrug 29 Rubel/1 USD. Es entsteht somit eine Kursdifferenz in Höhe von 50.000 Rubel. Folgende Buchungen sind vorzunehmen:

Buchung der Forderung gegenüber dem Gesellschafter:

75 Forderungen/Verbindlichkeiten gegenüber Gesellschaftern

an

80 Grund- oder Stammkapital: 1.400.000 Rubel

Geldeingang:

52 Bank Devisen

an

75 *Forderungen/Verbindlichkeiten gegenüber Gesellschaftern*: 1.450.000 Rubel

Die entstandene Kursdifferenz wird ins Zusatzkapital eingestellt:

75 *Forderungen/Verbindlichkeiten gegenüber Gesellschaftern*

an

83 *Zusatzkapital*: 50.000 Rubel

Die gleichen Buchungen sind bei der Erfassung von Emissionserlösen (Agien) vorzunehmen.

458   Normalerweise sind keine Bewegungen im Soll des Kontos 83 möglich. Ausnahmen bilden folgende Fälle:

■ Hat die Neubewertung eine Wertminderung des Buchwertes einer Sachanlage zur Folge und ist für diese Sachanlage in den früheren Geschäftsjahren bereits eine Neubewertungsrücklage gebildet worden, so ist der Unterschiedsbetrag zunächst mit dieser Neubewertungsrücklage zu verrechnen. Beim Abgang der Sachanlage ist die Neubewertungsrücklage aufzulösen, in dem die in sie eingestellten Beträge als Ertrag im Rahmen des laufenden Ergebnisses erfasst werden.

■ Nutzung des Zusatzkapitals für die Erhöhung des Grund- oder Stammkapitals einer Gesellschaft (Kapitalerhöhung aus Eigenmitteln).

■ Verteilung der Beträge unter den Gesellschaftern[121] (im Rahmen der Auskehrung).

▶ **Beispiel:**

Ein Gebäude mit einem Buchwert von 300.000.000 Rubel wird neubewertet. Die kumulierte Abschreibung für die Abnutzung beträgt 60.000.000 Rubel, der Marktpreis des Gebäudes 600.000.000 Rubel. Die Nutzungsdauer bleibt unverändert. Folgende Buchungssätze sind veranlasst:

Erhöhung des Buchwertes der Sachanlage und Bildung der Neubewertungsrücklage:

01 *Sachanlagen*

an

83 *Zusatzkapital*: 300.000.000 Rubel (600.000.000 Rubel – 300.000.000 Rubel)

Die Erhöhung der kumulierten Abschreibung:

83 *Zusatzkapital*

an

02 *Kumulierte Abschreibung auf das Sachanlagevermögen*: 60.000.000 Rubel

Im Ergebnis der Neubewertung wird das Zusatzkapital um 240.000.000 Rubel erhöht.

Bei der Neubewertung im folgenden Jahr (eine Neubewertung, falls einmal veranlasst, ist in regelmäßigen Abständen durchzuführen) wurde festgestellt, dass der Marktwert des Gebäudes aufgrund des Baus einer mehrspurigen Strasse in unmittelbarer Nähe gesunken ist und nur noch 200.000.000 beträgt. Die Ergebnisse der Neubewertung werden wie folgt erfasst:

Die Verrechnung der Wertminderung mit der vorher gebildeten Neubewertungsrücklage:

83 *Zusatzkapital*

an

01 *Sachanlagen*: 300.000.000 Rubel

---

121 Anweisungen zum Kontenplan, Konto 83 Zusatzkapital

Da die Wertminderung höher ist als die im früheren Geschäftsjahr gebildete Neubewertungsrücklage, wird der Unterschiedsbetrag im Rahmen des Bilanzgewinnes (Bilanzverlustes) erfasst:

84 *Bilanzgewinn/-verlust*

an

01 *Sachanlagen*: 100.000.000 Rubel

Die kumulierte Abschreibung ist in Höhe der vorherigen Erhöhung zu vermindern:

02 *Kumulierte Abschreibung auf das Sachanlagevermögen*

an

83 *Zusatzkapital*: 60.000.000 Rubel

Die kumulierte Abschreibung wird um den Restbetrag vermindert:

02 *Kumulierte Abschreibung auf das Sachanlagevermögen*

an

84 *Bilanzgewinn/-verlust*: 20.000.000 Rubel

Wird das Gebäude noch vor seiner Wertminderung verkauft, ist die Neubewertungsrücklage aufzulösen. Die in sie eingestellten Beträge wären als Ertrag im Rahmen des Gewinnvortrages (Verlustvortrages) zu erfassen:

83 *Zusatzkapital*

an

84 *Bilanzgewinn/-verlust*: 240.000.000 Rubel

Erhöhung des Grund- oder Stammkapitals

Angenommen, das Grundkapital einer Aktiengesellschaft beträgt 1.000.000 Rubel und das Zusatzkapital 200.000 Rubel. Auf Beschluss der Hauptversammlung wird das Grundkapital aus den Mitteln des Zusatzkapitals erhöht. Nach der staatlichen Registrierung der Änderungen der Satzung in Bezug auf die Erhöhung des Grundkapitals wird Folgendes gebucht:

83 *Zusatzkapital*

an

80 *Grundkapital*: 200.000 Rubel

Das Grundkapital beträgt somit 1.200.000 Rubel, das Zusatzkapital 0 Rubel.

V.   Rücklagen

Die gesetzlichen sowie satzungsmäßigen Rücklagen für die Deckung von Verlusten der Gesellschaft, die Tilgung von Obligationen sowie den Rückkauf eigener Aktien werden separat im Rahmen des Eigenkapitals ausgewiesen.   459

Aktiengesellschaften sind verpflichtet, eine Rücklage in Höhe von mindestens 5 % des Grundkapitals zu bilden. Die Höhe des Grundkapitals wird durch die Satzung bestimmt. Diese Rücklage wird durch jährliche Zuführungen aus den Gewinnen gebildet. Diese jährlichen Zuführungen betragen mindestens 5 % des Reingewinns (d. h. des Jahresüberschusses nach Steuern) und müssen solange erfolgen, bis die durch die Satzung festgelegte Höhe der Rücklage erreicht ist. Diese Rücklage wird in der Zeile 431 der Bilanz *Gesetzliche Rücklagen* ausgewiesen.   460

Die Satzung einer Aktiengesellschaft kann ebenfalls die Bildung einer Rücklage für den Erwerb eigener Aktien vorsehen, die die Gesellschaft von ihren Aktionären für eine entgeltliche oder   461 unentgeltliche Verteilung unter ihren Mitarbeitern zurückkauft – Schaffung von Mitarbeiteraktien[122]. Diese Rücklage wird aus dem Gewinn der Gesellschaft gebildet.

462   Eine Gesellschaft mit beschränkter Haftung kann ebenfalls Rücklagen in der durch ihre Satzung vorgesehenen Höhe bilden. Diese Rücklagen werden aus dem Gewinn der Gesellschaft gebildet. Sie sind in der Zeile 432 der Bilanz *Satzungsmäßige Rücklagen* auszuweisen.

463   Die Rücklagen werden auf dem Konto 82 *gesetzliche und satzungsmäßige Rücklagen* erfasst. Die Einstellungen in die Rücklagen erfolgen im Haben des Kontos 82 und im Soll des Kontos 84 *Bilanzgewinn/-verlust*. Die Inanspruchnahme der Rücklagen für die Deckung der Verluste der Gesellschaft wird im Soll des Kontos 82 und im Haben des Kontos 84 erfasst. Die Inanspruchnahme der Rücklagen für die Tilgung von Obligationen der Gesellschaft wird im Soll des Kontos 82 und im Haben der Konten 66 *Verbindlichkeiten aus kurzfristigen Krediten und Darlehen* oder 67 *Verbindlichkeiten aus langfristigen Krediten und Darlehen* erfasst.

> **Beispiel:**

Deckung von Verlusten

Gemäß ihrer Satzung bildet eine AG eine Rücklage in Höhe von 15 % des Grundkapitals. 5 % des Gewinns werden jährlich in die Rücklage eingestellt, bis diese vollständig gebildet ist. Das Grundkapital der AG betrug 100.000 Rubel. Im ersten Geschäftsjahr betrug der Reingewinn der AG 50.000 Rubel. 5 % davon, d. h. 2.500 Rubel, wurde in die Rücklage eingestellt:

84 *Bilanzgewinn/-verlust*

an

82 *Gesetzliche und satzungsmäßige Rücklagen*: 2.500 Rubel

Im zweiten Geschäftsjahr wurde ein Verlust erzielt. Die Gesellschafterversammlung hat die Entscheidung getroffen, den Verlust mit der Rücklage zu decken:

82 *Gesetzliche und satzungsmäßige Rücklagen*

an

84 *Bilanzgewinn/-verlust*: 2.500 Rubel

Zum Ende des zweiten Geschäftsjahres beträgt die Rücklage 0 Rubel. In den folgenden Geschäftsjahren erfolgen Zuführungen in die Rücklage, soweit Gewinne erzielt werden, bis diese 15.000 Rubel beträgt.

VI.   Bilanzgewinn oder -verlust

464   Der Bilanzgewinn oder -verlust besteht aus dem Jahresüberschuss (Jahresfehlbetrag) des laufenden Geschäftsjahres sowie aus den Gewinnen und Verlusten vorangegangener Geschäftsjahre. Der Bilanzgewinn oder -verlust wird auf dem Konto 84 erfasst. Im russischen Kontenplan trägt das Konto die Bezeichnung „Nicht verteilter Gewinn (Verlust)".

465   Ein Jahresüberschuss wird im Haben des Kontos 84, ein Jahresfehlbetrag entsprechend im Soll gebucht. Gegenkonto hierzu ist das Konto 99 *Gewinne und Verluste*. Diese Buchung ist Teil der Abschlussbuchungen und wird oft als so genannte „Reformation der Bilanz" bezeichnet. Eine Reformation der Bilanz besteht aus zwei Schritten:

---

122 Artikel 35 Gesetz über Aktiengesellschaften

1. die Ertrags- und Aufwandskosten der laufenden Berichtperiode werden abgeschlossen. Hierzu werden die Salden der Konten 90 *Umsatzerlöse* und 91 *Sonstige Erträge und Aufwendungen* zusammengefasst. Die Salden dieser Konten werden auf den entsprechenden Unterkonten (90-9 und 91-9) zu diesen Konten erfasst. Das Ergebnis wird auf dem Konto 99 *Gewinne und Verluste* zusammengefasst.

2. Der Saldo auf dem Konto 99 *Gewinne und Verluste* wird auf das Konto 84 *Bilanzgewinn/-verlust* übertragen.

Abbildung 8:   Abschlussbuchungen (Reformation der Bilanz)

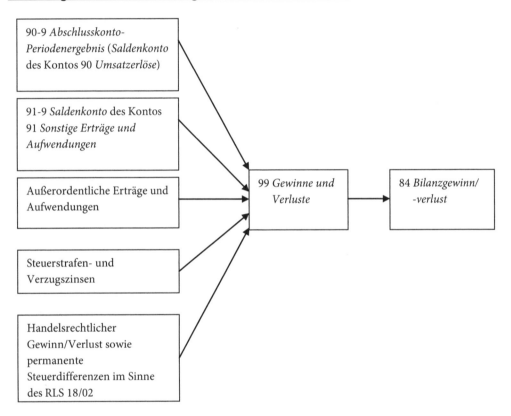

Die Verwendung des Bilanzgewinnes für die Gewinnausschüttungen wird im Soll des Kontos 84   466
und im Haben des Kontos 75 *Forderungen/Verbindlichkeiten* gegenüber Gesellschaftern erfasst.

Falls gemäß den Regelungen zur bilanziellen Kapitalerhaltung im GmbH-Gesetz bzw. im Gesetz   467
über die Aktiengesellschaften das Grund- oder Stammkapital einer Gesellschaft herabgesetzt werden muss, wird der entsprechende Betrag im Haben des Kontos 84 und im Soll des Kontos 80 *Stamm(Grund)kapital* erfasst.

Dividenden werden aus dem Reingewinn (dem Jahresüberschuss nach Steuern) einer Aktienge-   468
sellschaft gezahlt. Der Reingewinn wird auf Grund des handelsrechtlichen Abschlusses ermittelt. Dividenden auf Vorzugsaktien können auch aus speziell dafür gebildeten Rücklagen gezahlt werden. Aktiengesellschaften dürfen über die Ausschüttung von Dividenden auf der Grundlage so-

wohl der Jahresabschlüsse als auch der kumulativen Quartalsabschlüsse entscheiden. Eine solche Entscheidung ist durch die Hauptversammlung innerhalb von drei Monaten nach dem Ende des Quartals für Quartalsabschlüsse und bis einschließlich 31. Mai des Folgejahres für den Jahresabschluss zu treffen.

469 Die Verwendung des Gewinnes ist in Art. 43 des Gesetzes über Aktiengesellschaften ähnlich wie der Erwerb eigener Aktien eingeschränkt. So darf die Hauptversammlung in den folgenden Fällen nicht über die Ausschüttung von Dividenden entscheiden[123]:

- bis das Grundkapital vollständig erbracht worden ist;
- bis alle Aktien gemäß einer Aufforderung der Aktionäre nach Art. 75 und 76 des Gesetzes über Aktiengesellschaft zurückerworben worden sind (zu den Voraussetzungen vergleiche oben § 5 C III).
- zum Zeitpunkt des geplanten Dividendenbeschlusses erfüllt die Aktiengesellschaft die Kriterien für eine Insolvenz gemäß der russischen Gesetzgebung bzw. würde durch die Ausschüttung insolvent werden;
- zum Zeitpunkt des geplanten Dividendenbeschlusses liegt das Eigenkapital der Aktiengesellschaft unter der Summe aus Grundkapital, Rücklagen sowie dem Unterschiedsbetrag zwischen den Nominalwerten der Vorzugsaktien und den durch die Satzung festgelegten Liquidationswerten der Vorzugsaktien bzw. würde infolge der Ausschüttung unter diesem Wert liegen.

470 Nach einem Ausschüttungsbeschluss darf eine Aktiengesellschaft trotzdem keine Dividenden auszahlen, falls folgende Gründe vorliegen:

- zum Zeitpunkt des Auszahlung erfüllt die Aktiengesellschaft die Kriterien für eine Insolvenz gemäß der russischen Gesetzgebung bzw. würde durch die Auszahlung insolvent werden;
- zum Zeitpunkt der Auszahlung liegt das Eigenkapital der Aktiengesellschaft unter der Summe aus Grundkapital, Rücklagen sowie dem Unterschiedsbetrag zwischen den Nominalwerten der Vorzugsaktien und den durch die Satzung festgelegten Liquidationswerten der Vorzugsaktien bzw. würde infolge der Auszahlung unter diesem Wert liegen.

471 Art. 29 des GmbH-Gesetzes enthält ebenfalls Einschränkungen für die Ausschüttungen an Gesellschafter. Danach darf die Gesellschafterversammlung in den folgenden Fällen nicht über Ausschüttungen entscheiden:

- bis das Stammkapital vollständig erbracht worden ist;
- bis einem ausgeschiedenen Gesellschafter gemäß dem GmbH-Gesetz der tatsächliche Wert seiner Anteile ausbezahlt worden ist;
- zum Zeitpunkt des Beschlusses erfüllt die GmbH die Kriterien für eine Insolvenz gemäß der russischen Gesetzgebung bzw. würde durch die Ausschüttung insolvent werden;
- zum Zeitpunkt des Beschlusses liegt das Eigenkapital der GmbH unter ihrem Stammkapital bzw. würde infolge der Ausschüttung unter diesem Wert liegen.

472 Nach der Beschlussfassung über die Gewinnausschüttung darf eine Auszahlung nicht erfolgen, falls

- die GmbH zum Zeitpunkt der Auszahlung die Kriterien für eine Insolvenz gemäß der russischen Gesetzgebung erfüllt bzw. durch die Auszahlung insolvent werden würde;
- das Eigenkapital der GmbH zum Zeitpunkt der Auszahlung unter ihrem Stammkapital liegt bzw. infolge der Auszahlung unter dem Stammkapital liegen würde.

---

123 Art. 75 des Gesetzes über Aktiengesellschaften

Nach der Aufhebung der oben beschriebenen Hindernisse für die Auszahlung von Dividenden   473
bzw. Gewinnausschüttungen müssen die Gesellschaften die entsprechenden Auszahlungen vor-
nehmen.

€ **Steuern:**

Dividendenauszahlung bzw. Gewinnausschüttung unterliegt der Besteuerung mit der Gewinnsteuer gemäß dem SteuerGB. Die Dividendensteuersätze sind im Art. 284 SteuerGB festgelegt, der zum 01. Januar 2008 geändert wurde. Die Gewinnsteuersätze betrugen bisher:

- 15 % für Dividenden, die für eine oder von einer ausländischen juristischen Person ausgeschüttet werden;
- 9 % für Dividenden, die zwischen russischen juristischen Personen ausbezahlt oder an natürliche Personen (so genannte russische Steuerresidenten) ausgeschüttet werden.

Seit dem 01. Januar 2008 gelten folgende Regelungen:

- 0% für Dividenden, die an russische juristische Personen von russischen oder ausländischen juristischen Personen ausgeschüttet werden, vorausgesetzt folgende Kriterien sind erfüllt:

(1) zum Zeitpunkt der Beschlussfassung über die Ausschüttung hat die russische juristische Person mindestens 50 % der Anteile am Grund- oder Stammkapital der auszahlenden juristischen Person ununterbrochen innerhalb von mindestens 365 Tagen im Eigentum gehalten;

(2) die Einlage der russischen juristischen Person ins Grund- oder Stammkapital der auszahlenden juristischen Person beträgt mindestens 50 % des gesamten Betrages der Ausschüttung;

(3) die Einlage der russischen juristischen Person ins Grund- oder Stammkapital der auszahlenden juristischen Person beträgt mehr als 500 Millionen Rubel.

Im Fall der Ausschüttung durch eine ausländische juristische Person wird der Steuersatz von 0 % nur dann angewandt, wenn die auszahlende ausländische juristische Person nicht in einem Offshore-Staat (bzw. einer Offshore-Zone) ansässig ist. Eine Liste der betreffenden Staaten ist in der Anordnung des Finanzministeriums der RF Nr. 108n vom 13. November 2007 enthalten und betrifft bspw. Zypern, Lichtenstein, Vereinigte Arabische Emirate.

- 9 % für Dividenden, die an sonstige russische juristische Personen von russischen oder ausländischen juristischen Personen ausbezahlt werden;
- 15 % für Dividenden, die an eine ausländische juristische Person von einer russischen juristischen Person ausgeschüttet werden. Doppelbesteuerungsabkommen reduzieren i.d.R. den Gewinnsteuersatz für Dividendeneinkünfte im Quellenstaat aus so genannten qualifizierten Beteiligungen (zu wichtigen DBA-Regelungen vergleiche § 5 A I 6 B).

Die Dividenden auszahlende Gesellschaft tritt als so genannter Steueragent für den Gesellschafter oder Aktionär auf, d. h. sie entrichtet die Gewinnsteuer auf Dividenden (Quellensteuer) für den Gesellschafter oder den Aktionär im Steuerabzugsverfahren.

D.   Verbindlichkeiten

I.   Kredite und Darlehen

1.   Grundsatz

474   Die Bilanzierung und Bewertung erhaltener Kredite und Darlehen ist im RLS *Erfassung von Krediten und Darlehen sowie der damit verbundenen Aufwendungen* (RLS 15/01), verabschiedet durch die Anordnung des Finanzministeriums der RF Nr. 60n vom 02. August 2001, geregelt.

Der RLS 15/01 ist seit dem 01. Januar 2002 in Kraft und in Anlehnung an IAS 23 *Borrowing Costs* entwickelt worden.

475   Der RLS 15/01 ist von allen russischen Unternehmen inklusive Unternehmen mit ausländischen Investitionen, aber mit Ausnahme von Kreditinstituten und staatlichen sowie munizipalen Unternehmen anzuwenden.

Folgende Sachverhalte sind Gegenstand des RLS 15/01:

- erhaltene Kredite;
- erhaltene Darlehen;
- erhaltene Warenkredite;
- erhaltene Handelskredite (verlängerte Zahlungsziele);
- Ausstellung eines einfachen Wechsels sowie eines gezogenen Wechsels;
- Emission von Obligationen.

476   Zinslose Darlehen sowie Verträge über staatliche Anleihen sind nicht Gegenstand des RLS 15/01. Staatliche Anleihen sind Wertpapiere und werden als solche im Rahmen des RLS 19/01 erfasst.

2.   Ansatz

477   Punkt 5 des RLS 15/01 klassifiziert Verbindlichkeiten aus Krediten und Darlehen wie folgt:

Abbildung 9:   Klassifikation der Verbindlichkeiten aus Krediten und Darlehen

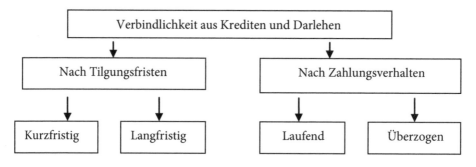

Eine Verbindlichkeit ist kurzfristig, wenn ihre Tilgungsfrist nicht mehr als zwölf Monate beträgt. Sie ist demnach langfristig, wenn ihre Tilgungsfrist mehr als zwölf Monate beträgt. Sobald bis zur Tilgung einer Verbindlichkeit aus Krediten und Darlehen zwölf oder weniger Monate verbleiben, besteht ein Wahlrecht, eine solche Verbindlichkeit aus den langfristigen in die kurzfristigen Verbindlichkeiten umzugliedern. Dieses Wahlrecht muss in der Bilanzierungsrichtlinie des Unternehmens festgelegt und einheitlich für alle Kredite und Darlehen ausgeübt werden. 478

🛑 Praxishinweis:

Eine solche Umgliederung wird oft nur deshalb nicht durchgeführt, weil es einen zusätzlichen Buchungsaufwand bedeutet. Es ist aber für die Nutzer des Jahresabschlusses hilfreich, wenn sie erfolgt. Dadurch wird ein verlässlicheres Bild der Vermögens- und Finanzlage des Unternehmens gezeigt. Außerdem können Kennzahlen leichter und zutreffender ermittelt werden.

Zu den Laufenden zählen die Verbindlichkeiten, deren Tilgungsfrist entweder noch nicht abgelaufen ist oder verlängert wurde. Überzogene Verbindlichkeiten sind solche, deren Tilgung bereits fällig war. 479

Verbindlichkeiten aus Krediten und Darlehen werden auf dem Konto 66 *Verbindlichkeiten aus kurzfristigen Krediten und Darlehen* bzw. auf dem Konto 67 *Verbindlichkeiten aus langfristigen Krediten und Darlehen* erfasst. Überzogene Verbindlichkeiten aus Krediten und Darlehen sind separat auf entsprechenden Unterkonten zu den Konten 66 und 67 zu erfassen. Sobald eine Verbindlichkeit aus Krediten und Darlehen überfällig wird, ist sie zwingend umzugliedern. 480

Verbindlichkeiten aus Krediten und Darlehen gegenüber Unternehmen im Verbund- und Beteiligungsbereich sind auf den Konten 66 und 67 separat zu erfassen.

Verbindlichkeiten aus Krediten und Darlehen sind getrennt nach der Art der Kredite und Darlehen, Kreditinstituten oder Darlehensgebern sowie nach einzelnen Krediten und Darlehen zu erfassen. 481

3.   Bewertung

Die Verbindlichkeit aus Krediten und Darlehen ist im Umfang der tatsächlich eingegangenen Geldmittel zu erfassen. Falls ein Sachkredit oder ein Sachdarlehen gewährt wurde, ist die Verbindlichkeit zum vertraglich vereinbarten Wert der Sachen zu erfassen. 482

Falls der Darlehens- oder Kreditgeber seinen vertraglichen Verpflichtungen nicht nachkommt und das Darlehen oder den Kredit nicht oder nur teilweise gewährt, hat der Darlehensnehmer darüber im Anhang zum Jahresabschluss zu berichten. 483

Verbindlichkeiten aus Krediten und Darlehen, die in Fremdwährung vereinbart wurden, werden im Rubelwert zum Umrechnungskurs der Zentralbank der RF am Tag des Erhaltes des Kredites oder des Darlehens angesetzt. Falls ein solcher Kurs nicht bestimmbar ist, werden die Verbindlichkeiten mit dem vertraglich vereinbarten Umrechnungskurs bewertet. 484

4.   Aufwendungen aus Krediten und Darlehen

a)   Allgemeines

485   Zu den originären Aufwendungen aus Krediten und Darlehen gehören folgende Aufwendungen:

- Zinsen;
- Zinsen und Diskonte[124] aus Wechseln;
- Zusätzliche Aufwendungen in Bezug auf die Erlangung der Kredite sowie Darlehen, Emission von Anleihen;
- Kursdifferenzen.

486   Die Aufwendungen aus Krediten und Darlehen gehören zu den Aufwendungen der laufenden Periode, d. h. sie sind in der Berichtsperiode ergebniswirksam zu erfassen, in der sie angefallen sind. Eine Ausnahme davon bilden die Aufwendungen in Bezug auf die Aufnahme von Krediten und Darlehen zur Finanzierung der Anschaffung von Vorräten und Anlagevermögen.

487   Zu den zusätzlichen Aufwendungen gehören:

- juristische Dienstleistungen und Beratungsdienstleistungen;
- Kopier- und Vervielfältigungsarbeiten;
- Steuern und Abgaben in den gesetzlich vorgesehenen Fällen;
- Einholung von Expertisen;
- Kommunikationsaufwendungen (Telefon, Fax, Internet etc.) sowie
- weitere unmittelbar mit der Beschaffung von Krediten und Darlehen sowie sonstigen Finanzierung verbundene Aufwendungen.

488   Alle zusätzlichen Aufwendungen sind in der Periode ihres Entstehens erfolgswirksam (im sonstigen Aufwand) zu erfassen. Alternativ ist es möglich, diese Aufwendungen aktivisch (geleistete Anzahlungen) zu erfassen und sie gleichmäßig innerhalb der Laufzeit der Verbindlichkeit als Aufwand zu erfassen.

b)   Finanzierungsaufwendungen für die Anschaffung von Vorräten

489   Falls erhaltene Kredite und Darlehen für die Aufbringung von Vorauszahlungen für Vorräte benutzt werden, sind die darauf entfallenden Zinsen als geleistete Anzahlungen zu aktivieren. Bei der Aktivierung der Vorräte sind die bis zu diesem Zeitpunkt aufgelaufenen Zinsen den Anschaffungskosten der Vorräte zuzuschlagen. Zinsen, die nach der Aktivierung der Vorräte anfallen, werden als laufender sonstiger Aufwand erfasst.

> **Beispiel:**
>
> Ein Unternehmen hat am 01. Juni 2007 einen Bankkredit in Höhe von 590.000 Rubeln für die Finanzierung der Anschaffung von Waren erhalten. Der Kredit ist für sechs Monate gewährt worden. Die Zinsen betragen 15 % im Jahr. Eine Anzahlung auf Waren in der Gesamthöhe des Kredites wurde am 14. Juni 2007 geleistet. Am 01. Juli 2007 war die Ware eingetroffen (Eigentumsübergang). Am 01. Dezember 2007 ist der Kredit zurückbezahlt worden.

---

124 Unter einem Diskont wird die Differenz zwischen dem im Wechsel ausgewiesenen Betrag und dem tatsächlich erhaltenen Betrag verstanden

Die Zinsen für Juni betrugen 7.274 Rubel (590.000 Rubel x 15 % / 365 Tage x 30 Tage). Die restlichen Zinsen betrugen 37.097 Rubel (590.000 Rubel x 15 % / 365 Tage x 153 Tage).

Das Unternehmen nimmt folgende Buchungen vor:

Buchungsbeschreibung	Buchungssatz		Betrag, Rubel
	Soll	Haben	
Buchung des Kredites:	51	66	590.000
Leistung der Anzahlung:	60 Unterkonto *Geleistete Anzahlungen*	51	590.000
Buchung der aktivierungspflichtigen Zinsen (Juni):	60 Unterkonto *Geleistete Anzahlungen*	66 Unterkonto *Zinsen auf Kredite*	7.274
Bezahlung der Zinsen für Juni:	66 Unterkonto *Zinsen auf Kredite*	51	7.274
Aktivierung der Ware:	41	60	500.000
Vorsteuer auf die Ware:	19	60	90.000
Verrechnung der Anzahlung mit der Verbindlichkeit aus Lieferungen und Leistungen:	60	60 Unterkonto *Geleistete Anzahlungen*	590.000
Aktivierung der Zinsen für Juni:	41	60 Unterkonto *Geleistete Anzahlungen*	7.274
Periodengerechte Erfassung der restlichen Zinsen im sonstigen Aufwand:	91-2	66 Unterkonto *Zinsen auf Kredite*	37.097
Zahlung der restlichen Zinsen:	66 Unterkonto *Zinsen auf Kredite*	51	37.097
Rückzahlung des Kredites:	66	51	590.000

€ **Steuern:**

Erhaltene Kredite und Darlehen gehören nicht zu den Erträgen des Unternehmens und sind daher weder gewinnsteuer- noch umsatzsteuerpflichtig.

Zinsaufwendungen sind abzugsfähig, es sei denn die Zinsen weichen um mehr als 20 % von den durchschnittlichen Zinsaufwendungen des Quartals (ggf. Monats) bei vergleichbaren Krediten oder Darlehen ab.

Falls keine weiteren vergleichbaren Kredite oder Darlehen vorliegen bzw. nach Wahl des Steuerpflichtigen sind die Zinsaufwendungen in Höhe von 1,1 x der Refinanzierungsrate der Zentralbank der RF (ab dem 19. Juni 2007 10 %) im Jahr für Rubelkredite und -darlehen oder 15 % im Jahr für Devisenkredite und -darlehen abzugsfähig. (Punkt 1 Art. 269 des SteuerGB).

Artikel 269 SteuerGB enthält den Begriff der so genannten kontrollierten Verbindlichkeit. Eine kontrollierte Verbindlichkeit liegt vor, falls

■ eine ausländische Gesellschaft (Kreditgeber) direkt oder indirekt mit mehr als 20 % am Grund- oder Stammkapital einer russischen Gesellschaft (Kreditnehmer) beteiligt ist; oder

■ der Kreditgeber eine russische Gesellschaft ist, die gemäß der russischen Gesetzgebung zu den affiliierten Personen einer oben beschriebenen ausländischen Gesellschaft gehört; oder

■ entweder unmittelbar die oben beschriebene ausländische Gesellschaft oder die russische Gesellschaft, die gemäß der russischen Gesetzgebung zu den affiliierten Personen dieser ausländischen Gesellschaft gehört, die Rückzahlung eines Kredites oder Darlehens durch die russische Gesellschaft (Kreditnehmer) garantieren.

Abbildung 10:   Kontrollierte Verbindlichkeit

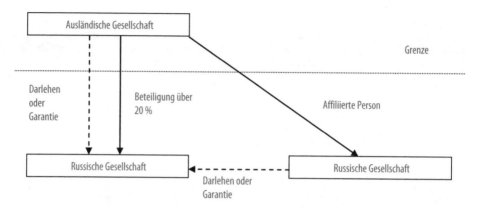

Falls die kontrollierte Verbindlichkeit das Dreifache des Eigenkapitals übersteigt, werden die abzugsfähigen Zinsen wie nachfolgend beschrieben berechnet. Für Banken sowie Leasinggesellschaften wird diese spezielle Berechnung angewandt, falls die kontrollierte Verbindlichkeit das 12,5-fache des Eigenkapitals übersteigt.

Die berechneten Zinsen sind durch einen Koeffizient (Darlehen/direkter oder indirekter Anteil am Eigenkapital)/3 zu dividieren. Das Ergebnis ist abzugsfähig. Die positive Differenz zwischen den berechneten und den abzugsfähigen Zinsen ist nicht abzugsfä-hig, wird als Dividende (verdeckte Gewinnausschüttung) betrachtet und entsprechend besteuert. (Punkt 2 und Punkt 4 Art. 269 SteuerGB). Banken sowie Leasinggesellschaften berechnen den Koeffizient wie folgt: (Darlehen/direkter oder indirekter Anteil am Eigenkapital)/12,5.

Die abzugsfähigen Zinsen einer kontrollierten Verbindlichkeit sind zum letzten Tag des Geschäftsjahres (bzw. der Zwischenbe-richtsperiode) zu berechnen.

Die oben beschriebene Regelung wird als Thin-Capitalisation-Regelung bezeichnet. Das Doppelbesteuerungsabkommen zwischen Deutschland und Russland stellt Unternehmen mit deutscher Beteiligung nicht von der Anwendung der Thin-Capitalisation-Rege-lung frei[125]. Allerdings existiert hierzu eine teilweise abweichende Rechtsprechung.

▶ Beispiel:

Eine deutsche Gesellschaft gewährt ihrer 100-prozentigen russischen Tochtergesellschaft ein Darlehen in Höhe von 100.000 Euro für ein Jahr. Der Umrechnungskurs beträgt 36 Rubel/Euro und der Zinssatz 5 % im Jahr. Das Eigenkapital der russischen Tochtergesellschaft beläuft sich auf 1.000.000 Rubel.

Der Koeffizient wird wie folgt berechnet:

1.   100.000 Euro x 36 Rubel = 3.600.000 Rubel

2.   (3.600.000 Rubel/1.000.000 Rubel)/3 = 1,2.

Die abzugsfähigen Zinsen sind wie folgt zu berechnen:

1.   3.600.000 Rubel x 5 % = 180.000 Rubel

2.   180.000 Rubel / 1,2 = 150.000 Rubel

Der Unterschiedsbetrag zwischen den berechneten und den abzugsfähigen Zinsen in Höhe von 30.000 Rubel ist nicht abzugsfähig und als Dividende zu versteuern.

---

125 Punkt 2 des Schreibens des Finanzministeriums der RF Nr. 23-1-10/9-419@ vom 06. Februar 2004

c)   Finanzierungsaufwendungen bei der Anschaffung von Anlagevermögen

Der RLS 15/01 führt den Begriff eines Investitionsvermögensgegenstandes ein. Unter einem Investitionsvermögensgegenstand wird ein Vermögensgegenstand verstanden, dessen Vorbereitung zur geplanten Nutzung eine beträchtliche Zeit in Anspruch nimmt. Zu Investitionsvermögensgegenständen zählen Sachanlagen, Vermögenskomplexe und weitere ähnliche Vermögensgegenstände, deren Anschaffung und/oder Bau sich über eine längere Zeit erstreckt. Vermögensgegenstände, die für den Weiterverkauf bestimmt sind, gehören nicht zu Investitionsgegenständen, sondern zu den Handelswaren.   **490**

Finanzierungsaufwendungen in Bezug auf Investitionsvermögensgegenstände werden als Bestandteil der Anschaffungs- oder Herstellungskosten des Investitionsvermögensgegenstandes aktiviert und zusammen mit den übrigen Anschaffungs- oder Herstellungskosten des Vermögensgegenstandes über die Nutzungsdauer des Investitionsvermögensgegenstandes abgeschrieben. Diese Regelung entspricht dem RLS 6/01, wonach zu den Anschaffungs- und Herstellungskosten einer Sachanlage unter anderem Zinsen gehören, die bis zum Zeitpunkt der Aktivierung der Sachanlage angefallen sind. Voraussetzung ist, dass über die Darlehen und Kredite ausschließlich die Anschaffung oder Herstellung der konkreten Sachanlage finanziert wurde. Solange die Sachanlage auf dem Konto 08 *Geleistete Anzahlungen auf das Anlagevermögen* bilanziert wird, erhöhen die Zinsen die Anschaffungs- und Herstellungskosten der Sachanlage. Nachdem die Sachanlage zu ihren Anschaffungs- und Herstellungskosten auf dem Konto 01 aktiviert worden ist, werden die Zinsen als sonstiger Aufwand erfasst.   **491**

Finanzierungsaufwendungen in Bezug auf die Anschaffung oder Herstellung eines nicht abschreibungsfähigen Investitionsvermögensgegenstandes werden nicht aktiviert, sondern im sonstigen Periodenaufwand erfasst. Zum nicht abschreibungsfähigen Sachanlagevermögen zählt solches Vermögen, dessen Nutzungseigenschaften sich im Laufe der Zeit nicht verändern. Als Beispiele werden Grund und Boden, Bodenschätze, Museumsexponate, Museumskollektionen u. ä. genannt.   **492**

Finanzierungsaufwendungen in Bezug auf die Anschaffung oder Herstellung eines Investitionsvermögensgegenstandes erhöhen dessen Anschaffungs- oder Herstellungskosten, soweit wahrscheinlich ist, dass das Unternehmen künftigen wirtschaftlichen Nutzen aus dem Investitionsvermögensgegenstand erzielen wird bzw. falls der Investitionsvermögensgegenstand für Verwaltungszwecke des Unternehmens verwendet wird. Außerdem müssen die drei folgenden Voraussetzungen für die Aktivierung der Finanzierungsaufwendungen vorliegen: **493**

a) Aufwendungen für die Anschaffung oder Herstellung des Investitionsvermögensgegenstandes müssen entstanden sein;
b) Arbeiten in Bezug auf die Anschaffung oder Herstellung des Investitionsvermögensgegenstandes müssen tatsächlich begonnen haben;
c) Vorhandensein der Finanzierungsaufwendungen bzw. der Verpflichtungen, die Finanzierungsaufwendungen einzugehen.

Falls die Arbeiten am Investitionsvermögensgegenstand für mehr als drei Monate stillgelegt werden, sind die Finanzierungsaufwendungen für den Zeitraum der Stilllegung nicht den Anschaffungs- oder Herstellungskosten des Investitionsvermögensgegenstandes zuzuschlagen, sondern im Periodenaufwand zu erfassen. Verzögerungen wegen zusätzlicher Verhandlungen in Bezug auf technische oder organisatorische Fragen, die während der Arbeiten an dem Investitionsvermögensgegenstand entstehen, sind nicht als Stilllegung einzustufen.   **494**

495   ◆ Finanzierungsaufwendungen werden buchhalterisch wie folgt erfasst (Beispiel):

Buchungsbeschreibung	Buchungssatz		Betrag, Tausend Rubel
	Soll	Haben	
Buchung eines Kredites für die Anschaffung oder Herstellung eines Investitionsvermögensgegenstandes (Zinssatz 15 %):	51	66 (67)	500.000
Die gesamten Aufwendungen im Zusammenhang mit der Anschaffung oder Herstellung des Investitionsvermögensgegenstandes werden auf dem Konto 08 *Geleistete Anzahlungen auf das Anlagevermögen* gesammelt.	08	02, 23, 26, 60, 69, 70, 76	550.000
Buchung der Vorsteuer auf Bruttoanschaffungskosten des Investitionsvermögensgegenstandes von 500.000 Rubel	19	60	76.271
Begleichung der Verbindlichkeiten gegenüber Lieferanten	60	51	500.000
Aktivierung der Finanzierungsaufwendungen, z. B. für einen Monat	08	66 (67)	6.250
Zahlung der angefallenen Zinsen an die Bank	66 (67)	51	6.250
Aktivierung des Investitionsvermögensgegenstandes (550.000 + 6.250) Tausend Rubel	01	08	556.250
Nach der Aktivierung des Investitionsvermögensgegenstandes werden die Zinsen im Aufwand erfasst.	91-2	66 (67)	6.250

496   Es ist ebenfalls möglich, für die Anschaffung oder Herstellung eines Investitionsvermögensgegenstandes unterschiedliche Darlehen oder Kredite in Anspruch zu nehmen. D. h. ein Darlehen oder
ein Kredit kann für die Anschaffung oder Herstellung eines Investitionsvermögensgegenstandes
benutzt werden, obwohl ursprünglich für andere Zwecke geplant. Für die Berechnung der aktivierungspflichtigen Zinsen wird ein gewogener Zinssatz ermittelt. Ein Beispiel der Berechnung gibt
die Anlage zum RLS 15/01. Für die Ermittlung des gewogenen Zinssatzes wird der Gesamtbetrag
aller ausstehenden Darlehen und Kredite zum Bilanzstichtag herangezogen. Dabei sind Darlehen
und Kredite, die bereits unmittelbar für die Anschaffung oder Herstellung des Investitionsvermögensgegenstandes aufgenommen wurden, nicht in die Berechnung einzubeziehen.

◆ Beispiel zur Berechnung des gewogenen Zinssatzes gemäß Anlage zum RLS 15/01:

Nr.	Kredite und Darlehen	Betrag, Tausend Rubel
1.	Gewogener Durchschnitt der ausstehenden Kredite und Darlehen zum Bilanz-stichtag	80.000*
	– davon Kredite und Darlehen für die Anschaffung des Investitionsvermögens-gegenstandes;	70.000
2.	Der Restbetrag der ausstehenden Kredite und Darlehen zum Beginn der Be-richtsperiode	10.000
	– davon Kredite und Darlehen für die Anschaffung des Investitionsvermögens-gegenstandes;	6.000
3.	Erhaltene Kredite und Darlehen während der Berichtsperiode	40.000
	– davon Kredite und Darlehen für die Anschaffung des Investitionsvermögens-gegenstandes;	30.000

Nr.	Kredite und Darlehen	Betrag, Tausend Rubel
4.	Tatsächlich ausgegeben für die Finanzierung der Anschaffung oder Herstellung des Investitionsvermögensgegenstandes während der Berichtsperiode	44.000
	– davon aus Kreditmitteln für andere Zwecke	8.000
5.	Gesamte Finanzierungsaufwendungen der Berichtsperiode	1.000**
	– davon aus Krediten und Darlehen für die Anschaffung des Investitionsvermögensgegenstandes;	800
6.	Gewogener Durchschnittszinssatz für Kredite und Darlehen für andere Zwecke: $(1.000 – 800)/(80.000 – 70.000) \times 100\,\%$	2%
7.	Die aktivierungspflichtigen Zinsaufwendungen: $800 + (8.000 \times 2\,\%)$	960**

* Der gewogene Durchschnitt der ausstehenden Kredite und Darlehen zum Bilanzstichtag wird als Summe der ausstehenden Kredite und Darlehen zum ersten jedes Kalendermonats der Berichtsperiode geteilt durch die Anzahl der Monate in der Berichtsperiode berechnet. Der obige Wert ist nur beispielhaft. Angenommen, dass 40.000 Tausend Rubel im ersten Monat der Berichtsperiode aufgenommen wurden und keine Rückzahlungen erfolgten, müssten die ausstehenden Kredite und Darlehen zum ersten des ersten Monats 10.000 Rubel, zum ersten des zweiten Monats 50.000 Rubel (10.000 + 40.000), zum ersten des dritten Monates ebenfalls 50.000 Rubel usw. betragen. Der gewogene Durchschnitt der ausstehenden Kredite und Darlehen würde bei einer Berichtsperiode von 3 Monaten 36.667 Rubel, bei einer Berichtsperiode von 6 Monaten 43.333 Rubel und von einem Geschäftsjahr 46.667 Rubel betragen.

** Die Gesamthöhe der Zinsen, die die Anschaffungs- oder Herstellungskosten des Investitionsvermögensgegenstandes erhöhen, darf nicht die tatsächlich getragenen Aufwendungen übersteigen. Die tatsächlich getragenen Zinsaufwendungen betragen in dieser Berechnung 1.000 Tausend Rubel, aktiviert werden können 960 Tausend Rubel.

Aktivierungspflichtige Finanzierungsaufwendungen aus Krediten und Darlehen für allgemeine oder andere Zwecke (z. B. für die Anschaffung von Vorräten) werden unter mehreren Investitionsvermögensgegenständen proportional zum Anteil der Finanzierung dieser Investitionsvermögensgegenstände mit Krediten und Darlehen für allgemeine oder andere Zwecke verteilt.   497

> **Beispiel:**

Ein Unternehmen aktiviert ein angeschafftes Verwaltungsgebäude am 01. April 2008. Der Anschaffungspreis beträgt 20.300.000 Rubel. Es wurden folgende Kredite und Darlehen aufgenommen:

Nr.	Kredite und Darlehen	Betrag, Rubel	Zinsen, Januar bis März 2008
1.	Aufnahme Anfang Januar 2008 für die Anschaffung von Vorräten, Jahreszins 15 %.	500.000	18.699
2.	Aufnahme Anfang Februar 2008 für die Anschaffung des Verwaltungsgebäudes, Jahreszins 10 %.	20.000.000	328.767
Gesamt:		20.500.000	347.466

Die Anschaffungskosten des Verwaltungsgebäudes wurden aus dem Kredit für die Anschaffung des Verwaltungsgebäudes in Höhe von 20.000.000 Rubel und aus dem Kredit für die Anschaffung der Vorräte in Höhe von 300.000 Rubel Ende März bezahlt.

Der gewogene Zinssatz wird wie folgt berechnet:

Nr.	Kredite	Betrag, Rubel
1.	Ausstehende Kredite zum Jahresanfang 2008	0
	– davon Kredite für die Anschaffung des Verwaltungsgebäudes;	0

Nr.	Kredite	Betrag, Rubel
2.	Erhaltene Kredite Januar bis März 2008	20.500.000
	– davon Kredite für die Anschaffung des Verwaltungsgebäudes	20.000.000
3.	Ausgegeben für den Anschaffungspreis des Verwaltungsgebäudes	20.300.000
	– davon aus den Kreditmitteln für andere Zwecke (hier Kredit für die Anschaffung von Vorräten)	300.000
4.	Gesamtzinsen Januar bis März 2008	347.466
	– davon für den Kredit für die Anschaffung des Verwaltungsgebäudes	328.767
5.	Gewogener Durchschnitt der ausstehenden Kredite: (Betrag zum 01. Januar 2008 0 Rubel + Betrag zum 01. Februar 2008 500.000 Rubel + Betrag zum 01. März 2008 20.500.000 Rubel)/3 Monate	7.000.000
	– davon Kredite für die Anschaffung des Verwaltungsgebäudes (Betrag zum 01. Januar 2008 0 Rubel + Betrag zum 01. Februar 2008 0 Rubel + Betrag zum 01. März 2008 20.000.000 Rubel)/3 Monate;	6.666.667
6.	Gewogener Durchschnittszins für den Kredit für andere Zwecke (hier Kredit für die Anschaffung von Vorräten): (347.466 Rubel – 328.767 Rubel)/(7.000.000 – 6.666.667) x 100 %	5,61
7.	Aktivierungspflichtige Zinsaufwendungen: 328.767 Rubel + 5,61% x 300.000 Rubel	345.597

498   Gemäß Punkt 2 der Anlage zum RLS 15/01 darf die Gesamthöhe der Zinsen, die in den Anschaffungs- oder Herstellungskosten des Investitionsvermögensgegenstandes aktiviert werden, nicht die tatsächlich getragenen Beträge übertreffen. Im vorstehenden Beispiel ist dies nicht der Fall. Die berechneten Zinsaufwendungen betragen 345.597 Rubel, während die tatsächlich getragenen 347.466 Rubel betragen. Wären die berechneten Zinsen höher als 347.466 Rubel gewesen, dürften dann nur maximal dieser Betrag aktiviert werden.

499   Falls ein Unternehmen die für die Finanzierung der Anschaffung oder Herstellung eines Investitionsvermögensgegenstandes aufgenommenen Kredite oder Darlehen kurz- oder langfristig in andere Projekte investiert, sind die Finanzierungsaufwendungen um die aus diesen Projekten zufließenden Erträge zu mindern. Solche kurzfristige oder langfristige Einlagen in andere Projekte können erst dann vorgenommen werden, wenn sich die ursprünglich geplanten Aufwendungen in Bezug auf den Investitionsvermögensgegenstand verringert haben, z. B. Preissenkungen für Rohstoffe oder Anlagen, Verzögerungen der Arbeiten der Subunternehmer oder andere ähnliche Situationen. Die Verminderung der Finanzierungsaufwendungen um Erträge aus den Investitionen in andere Projekte muss durch Berechnung der tatsächlichen erzielten Erträge nachgewiesen und belegt werden.

500   Die Aktivierung der Finanzierungsaufwendungen innerhalb der Anschaffungs- oder Herstellungskosten eines Investitionsvermögensgegenstandes wird ab dem Monat eingestellt, der dem Monat der Aktivierung des Investitionsvermögensgegenstand (z. B. Sachanlagen auf dem Konto 01 *Sachanlagen*) nachfolgt. Danach werden Finanzierungsaufwendungen im sonstigen Aufwand erfasst. Eine Ausnahme davon bildet die Situation, in der ein Investitionsvermögensgegenstand noch nicht auf dem Konto 01 *Sachanlagen* aktiviert, sondern noch auf dem Konto 08 *Geleistete Anzahlungen auf das Anlagevermögen* ausgewiesen wird, obwohl die Produktion bzw. die Erbringung von Dienstleistungen oder Arbeiten mit diesem Vermögensgegenstand bereits begonnen hat. In dem Fall wird die Aktivierung der Finanzierungsaufwendungen bereits in dem Monat eingestellt, der dem Beginn der Produktion bzw. der Erbringung von Dienstleistungen oder Arbeiten nachfolgt. Der Zeitpunkt des Beginns der Produktion bzw. Erbringung von Dienstleistungen oder Arbeiten ist durch ein entsprechendes Protokoll nachzuweisen.

d)   Zinsen und Diskonte aus ausgestellten Wechseln, Obligationen sowie anderen Finanzierungen

Die Bilanzierung und Bewertung der Verbindlichkeiten aus ausgestellten Wechseln bzw. aus der Emission von Obligationen sind im Punkt 18 des RLS 15/01 sowie in den Anweisungen zum Kontenplan beschrieben.   501

aa)   Wechsel

Die Verbindlichkeiten aus ausgestellten Wechseln werden in der Höhe des ausgestellten Betrages (so genannter Wechselbetrag) ausgewiesen.   502

Falls gemäß den Wechselbedingungen Zinsen auf den Wechselbetrag anfallen, wird die Verbindlichkeit inklusive der Zinsen ausgewiesen. Die Zinsen sowie der Diskont aus dem Wechsel werden im sonstigen Aufwand erfasst. Alternativ ist es zulässig, die Zinsen sowie den Diskont aus dem Wechsel im ARAP (Konto 97) zu erfassen.   503

❯ Beispiel:

Ein Unternehmen hat zur Absicherung eines erhaltenen Darlehens in Höhe von 100.000 Rubel einen Wechsel in Höhe von 105.000 Rubel ausgestellt. Gemäß den Wechselbedingungen muss der Wechsel innerhalb von fünf Monaten beglichen werden.

Folgende Buchungen werden im Unternehmen vorgenommen:

Erhalt des Darlehens:

51 *Bank Rubel*

an

66 *Verbindlichkeiten aus kurzfristigen Krediten und Darlehen*: 100.000 Rubel

Soweit der Diskont aus dem Wechsel einmalig als sonstiger Aufwand erfasst wird:

91-2 *Sonstiger Aufwand*

an

66 *Verbindlichkeiten aus kurzfristigen Krediten und Darlehen*: 5.000 Rubel

Alternativ, falls der Diskont aus dem Wechsel unter den Aufwendungen der zukünftigen Perioden erfasst wird:

97 *Aufwendungen zukünftiger Perioden (ARAP)*

an

66 *Verbindlichkeiten aus kurzfristigen Krediten und Darlehen*: 5.000 Rubel

Der Wechsel wird im Soll des außerbilanziellen Kontos 009 *Ausgestellte Garantien für die Begleichung von Verbindlichkeiten sowie für erhaltene Waren* in Höhe von 105.000 Rubel erfasst.

Monatlich wird 1/5 des Diskonts in den sonstigen Aufwand gebucht:

91-2 *Sonstiger Aufwand*

an

97 *Aufwendungen zukünftiger Perioden (ARAP)*: 1.000 Rubel

Nach fünf Monaten wird die Verbindlichkeit aus dem Wechsel beglichen:

66 *Verbindlichkeiten aus kurzfristigen Krediten und Darlehen*

an

51 *Bank Rubel*: 105.000 Rubel

Der Abgang des Wechsels wird im Haben des außerbilanziellen Kontos 009 *Ausgestellte Garantien für die Begleichung von Verbindlichkeiten sowie für erhaltene Waren* erfasst.

bb)   Obligationen

504   Unter einer Obligation wird ein Wertpapier verstanden, das das Recht ihres Inhabers beurkundet, von dem Emittenten der Obligation den Nominalwert der Obligation bzw. einen Vermögensgegenwert in dem durch die Obligation bestimmten Zeitpunkt zu erhalten[126].

505   Obligationen werden ähnlich wie Wechsel behandelt. Die Verbindlichkeit aus den Obligationen wird im Nominalwert der emittierten und verkauften Obligationen ausgewiesen. Die Verbindlichkeit wird inklusive der Zinsen ausgewiesen. Die Zinsen werden als sonstiger Aufwand in der Periode erfasst, für die sie angefallen sind. Alternativ ist es zulässig, die Zinsen im *ARAP* (Konto 97) zu erfassen. Falls Obligationen unter ihrem Nominalwert verkauft werden, kann die Differenz zwischen dem Nominalwert und dem Verkaufspreis (Diskont) ebenfalls im ARAP erfasst werden.

Die buchhalterische Erfassung erfolgt wie beim Wechsel.

cc)   Andere Finanzierungen

506   Aufwendungen aus anderen Finanzierungen werden gleichmäßig (d. h. monatlich) im Aufwand erfasst.

5.   Zinslose Darlehen

507   Gemäß der zurzeit geltenden Ansicht des Finanzministeriums sowie etlicher Kommentatoren fehlt im SteuerGB die rechtliche Grundlage für die Versteuerung eines Hinzurechnungsbetrages aus dem Vorteil von zinslosen Darlehen. Daher unterbleibt die Besteuerung dieses Vorteils. Der zugehörige Betriff des „zurechenbaren Einkommens" wird im Kapitel zur Einkommensteuer natürlicher Personen definiert und stellt den Nutzen dar, den die natürliche Person aus einem zinslosen Darlehen hat (ähnlich dem geldwerten Vorteil). Bei natürlichen Personen wird dieser Nutzen in die Steuerbemessungsgrundlage der Einkommensteuer einbezogen. Die Bemessungsgrundlage ist die Differenz zwischen dem gezahlten Zins (ggf. 0 %) und ¾ der Refinanzierungsrate der Zentralbank der RF zum Zeitpunkt des tatsächlichen Einkunftszuflusses, derzeit 10 % Jahreszins (seit dem 19. Juni 2007), d. h. 7,5 % Jahreszins auf Rubeldarlehen. Die Bemessungsgrundlage für Devisendarlehen ist die Differenz zwischen dem gezahlten Zins (ggf. 0 %) und 9 % Jahreszins.[127]

508   Der Begriff „zurechenbares Einkommen" wurde von den Steuerbehörden früher analog zu natürlichen Personen auch auf juristische Personen angewendet. Damit wurde versucht, die Steuerbemessungsgrundlage der Gesellschaften, die zinslose Darlehen aufgenommen haben, zu erhöhen. Nachdem die Rechtsprechung hier eine andere Ansicht vertritt, hat das Finanzministerium seine Auffassung geändert.

6.   Erlass eines Darlehens

509   In den Beziehungen zwischen einer Tochtergesellschaft und ihrer Mutter ist auch denkbar, dass ein Darlehen erlassen werden soll. Dies hat in der Regel seine Ursache in der Eigenkapitalsituation

---

126 Art. 816 ZGB
127 Punkt 2 Art. 212 SteuerGB

der Tochtergesellschaft, die entweder zur unfreiwilligen Liquidation oder zur Herabsetzung des Stamm- oder Grundkapitals wegen einer Unterkapitalisierung führen kann. Eine Gesellschaft unterliegt der Zwangsliquidation, falls ihr Eigenkapital den Wert der per Gesetz geregelten Mindesthöhe des Grund- oder Stammkapitals unterschreitet. Für eine GmbH oder eine AG geschlossenen Typs beträgt die Mindesthöhe des Grund- oder Stammkapitals 100 Mindestlöhne, d.h. 10.000 Rubel, für eine AG offenen Typs 1.000 Mindestlöhne, d. h. 100.000 Rubel.

Darüber hinaus muss zum zweiten und jedem folgenden Abschlussstichtag das Eigenkapital der Gesellschaft mindestens die Höhe des Stamm- oder Grundkapitals erreichen. Falls dies nicht der Fall ist, muss die Gesellschaft ihr Stamm- oder Grundkapital bis zu der Höhe des Eigenkapitals herabsetzen.   510

€ Steuern:

Das Erlassen eines Darlehens birgt hauptsächlich steuerliche Fragestellungen. Grundsätzlich sind erhaltene Mittel aus Krediten und Darlehen nicht in die Steuerbemessungsgrundlage der Gewinnsteuer einzubeziehen. Falls aber das Darlehen oder der Kredit erlassen werden, gelten die erhaltenen Finanzmittel als unentgeltlich zugewendet. Gemäß Punkt 8 Art. 250 SteuerGB gehören unentgeltlich erhaltene Finanzmittel zu den sonstigen (außerbetrieblichen) Erträgen und erhöhen somit die Steuerbemessungsgrundlage der Gewinnsteuer. Falls allerdings der Anteil der Muttergesellschaft am Grund – oder Stammkapital ihrer Tochtergesellschaft mehr als 50 % beträgt, sind die unentgeltlich erhaltene Finanzmittel nicht in die Steuerbemessungsgrundlage der Gewinnsteuer einzubeziehen (Punkt 1.11. Art. 251 des SteuerGB).

7. Angabepflichten

Die Restbuchwerte der langfristigen Kredite und Darlehen sind in der Zeile 510 der Bilanz anzugeben, die der kurzfristigen Kredite und Darlehen in der Zeile 610. Der Zinsaufwand wird in der Zeile 070 der Gewinn- und Verlustrechnung ausgewiesen. Die Splittung in Kredite und Darlehen sowie nach Tilgungsfristen erfolgt zusätzlich auf Seite 5 der Anlage zum Jahresabschluss (Formblatt 5).   511

Die Bilanzierungsrichtlinie eines Unternehmens muss folgende Regelungen enthalten: 512

a) Umgliederung langfristiger Kredite und Darlehen in kurzfristige;

b) Zusammensetzung und Buchung der zusätzlichen Aufwendungen in Bezug auf die Aufnahme von Krediten sowie Darlehen;

c) Behandlung der Zinsen sowie des Diskonts bei der Finanzierung über die Ausstellung eines Wechsels oder über die Emission einer Obligationen im Rahmen des sonstigen Aufwandes oder als *Aufwendungen zukünftiger Perioden* (Konto 97);

d) Erfassung der Erträge aus der zeitweiligen Investition in kurz- oder langfristige Finanzanlagen, soweit die Mittel aus Kredite und Darlehen stammen, welche für die Anschaffung oder Herstellung eines Investitionsvermögensgegenstandes aufgenommen wurden.

Im Anhang zum Jahresabschluss ist folgendes anzugeben: 513

a) Restbuchwerte und Bewegung der Hauptarten der Kredite und Darlehen;

b) die Höhe der Beträge, Arten und Tilgungsfristen der ausgestellten Wechsel sowie der Emissionen von Obligationen;

c) Tilgungsfristen der Hauptarten der Kredite, Darlehen sowie anderer Finanzierungen;

d) Beträge der Finanzierungsaufwendungen, die im sonstigen Aufwand erfasst bzw. in den Anschaffungs- oder Herstellungskosten der Investitionsvermögensgegenstände aktiviert sind;

e) die Höhe des gewogenen Zinssatzes (falls zutreffend).

II. Verbindlichkeiten aus Lieferungen und Leistungen sowie sonstige Verbindlichkeiten

1. Ansatz

514   Für diese Verbindlichkeiten existiert kein spezieller RLS. Die Ansatzkriterien ergeben sich aus dem RLS 34n sowie aus den Anweisungen zum Kontenplan, insbesondere zu den einzelnen Konten, die Verbindlichkeiten betreffen.

515   Die *Verbindlichkeiten aus Lieferungen und Leistungen* (Zeile 621 der Bilanz) werden auf dem Konto 60 erfasst.

516   Weitere Verbindlichkeiten sind auf folgenden Konten zu erfassen:

70   *Forderungen/Verbindlichkeiten aus Lohn und Gehalt* (Zeile 622 der Bilanz)

69   *Forderungen/Verbindlichkeiten aus Sozialabgaben* (Zeile 623 der Bilanz)

68   *Forderungen/Verbindlichkeiten aus Steuern* (Zeile 624 der Bilanz)

517   *Sonstige Verbindlichkeiten* (Zeile 625 der Bilanz):

62   *Forderungen aus Lieferungen und Leistungen*, Unterkonto *Erhaltene Anzahlungen*

71   *Zweckgebundene Vorschüsse an Mitarbeiter*

73   *Sonstige Forderungen/Verbindlichkeiten gegenüber Mitarbeitern*

76   *Sonstige Forderungen/Verbindlichkeiten*

75   *Forderungen/Verbindlichkeiten gegenüber Gesellschaftern* (Zeile 630 der Bilanz)

518   Auf Verbindlichkeiten aus Lieferungen und Leistungen sowie sonstige Verbindlichkeiten ist der RLS *Bilanzierung der Vermögensgegenstände und Verbindlichkeiten in fremder Währung* (RLS 3/2006) sowie der RLS *Information über affiliierte Personen* (RLS 11/2000) anzuwenden.

519   Bei verlängerten Zahlungszielen handelt es sich um Warenkredite. Solche Warenkredite werden normalerweise entweder durch erhöhte Preise für Waren und Dienstleistungen oder durch Zinsen abgegolten. Gemäß Punkt 23 des RLS 34n sind die Zinsen für einen Warenkredit zusammen mit dem Warenwert zu aktivieren. Die Verbindlichkeit aus Lieferungen und Leistungen wird dementsprechend erhöht. Die Vorsteuer wird ebenfalls auf den gesamten Betrag der Rechnung inklusive Zinsen gewährt, vorausgesetzt, sie ist in entsprechender Höhe in der Faktura-Rechnung (separate USt-Rechnung) ausgewiesen.

2. Wertberichtigung der Verbindlichkeiten

520   Gemäß Punkt 78 des RLS 34n ist eine Verbindlichkeit, bei der Verjährung eingetreten ist, einzeln auszubuchen. Auf die Verjährungsfristen wurde bereits bei den Forderungen eingegangen. Die allgemeine Verjährungsfrist beträgt drei Jahre. Eine Verbindlichkeit ist ebenfalls auszubuchen, wenn der Kreditor liquidiert worden ist.

521   Die Ausbuchung erfolgt auf Grundlage der Ergebnisse einer Inventur, einer schriftlichen Begründung sowie einer Anordnung des Geschäftsführers. Die Ausbuchung ist ergebniswirksam im Rahmen der *sonstigen Erträge* (Konto 91-1) zu erfassen.

5

> **Beispiel:**

Eine Gesellschaft hat ihre Verbindlichkeiten drei Jahre nicht bezahlt, da die Waren mangelhaft waren und die Gesellschaft sich mit dem Lieferanten über die Minderung des Preises nicht einigen konnte. Da der Lieferant keine weiteren Schritte zur Eintreibung seiner Forderung unternommen hat und Verjährung eingetreten ist, hat die Gesellschaft nach einer Inventur der Verbindlichkeiten beschlossen, diese auszubuchen.

Ausbuchung der Verbindlichkeit:

60 *Verbindlichkeiten aus Lieferungen und Leistungen*

an

91-1 *Sonstige Erträge*: 50.000 Rubel

Ausbuchung der Vorsteuer:

91-2 *Sonstige Aufwendungen*

an

19 *Vorsteuer*: 9.000 Rubel

€ **Steuern:**

Steuerlich gehören die ausgebuchten Verbindlichkeiten zu den sonstigen (außerbetrieblichen) Erträgen. Eine Ausnahme davon bilden Verbindlichkeiten aus Steuern und Abgaben, Strafen und Verzugszinsen gegenüber dem Fiskus (seit dem 01. Januar 2008 ebenfalls aus Sozialabgaben), die aufgrund eines Gesetzes oder einer Regierungsanordnung ausgebucht werden[128].

Die Vorsteuer zur auszubuchenden Verbindlichkeit gehört zu den abzugsfähigen Aufwendungen[129].

Um eine Verbindlichkeit nicht ausbuchen zu müssen, kann die Verjährungsfrist verlängert werden. Eine Verjährungsfrist beginnt mit dem Tag, der auf den Kalendertag oder den Eintritt des Ereignisses folgt, mit dem der Fristbeginn bestimmt ist[130]. D. h. am nächsten Tag, nachdem das vereinbarte Zahlungsziel abgelaufen ist, oder falls kein verlängertes Zahlungsziel vereinbart wurde, am Tag, der auf die Lieferung der Waren oder Erbringung der Leistungen folgt, falls kein anderer Realisationszeitpunkt vereinbart wurde.   522

Die Verjährung wird bei Erhebung einer Klage, bei Vollstreckungshandlungen sowie auch durch Schuldanerkenntnis unterbrochen. Nach der Unterbrechung beginnt die Verjährungsfrist aufs Neue zu laufen. Ein Schuldanerkenntnis muss schriftlich entweder in einem gesonderten Schreiben oder in einer Saldenabstimmung mit dem Lieferanten erfolgen. Als ein Schuldanerkenntnis kann auch die Überweisung eines Teilbetrages der Verbindlichkeit an den Lieferanten angesehen werden.   523

3.   Verbindlichkeiten im Verbund- und Beteiligungsbereich

Wie auch die Forderungen im Verbund- und Beteiligungsbereich werden die Verbindlichkeiten im Verbund- und Beteiligungsbereich nicht separat in der Bilanz ausgewiesen, sondern in den entsprechenden Zeilen der Verbindlichkeiten aus Lieferungen und Leistungen sowie sonstigen Verbindlichkeiten der Bilanz mit den übrigen Verbindlichkeiten gegenüber Dritten zusammengefasst.   524

---

128 Punkt 18 Art. 250 und Punkt 1.21 Art. 251 SteuerGB
129 Punkt 1.14 Art. 265 SteuerGB
130 Art. 191 ZGB

525   Bei der Zeile der Bilanz 630 *Verbindlichkeiten gegenüber Gesellschaftern* handelt es sich ausschließlich um Verbindlichkeiten aus bereits beschlossenen Ausschüttungen sowie um Verbindlichkeit aus Zinsen auf Wertpapiere (Obligationen) der Gesellschaft.

526   Für Konsolidierungszwecke ist allerdings vorgeschrieben, die Verbindlichkeiten im Verbund- und Beteiligungsbereich separat auf den Unterkonten zu den entsprechenden Konten zu erfassen[131].

III.   Erträge zukünftiger Perioden

527   Wie bei den Aufwendungen der zukünftigen Perioden folgt aus dem allgemeinen Periodisierungsprinzip eine Abgrenzung auch auf der Passivseite. Dies betrifft Einnahmen, die Ertrag nach dem Bilanzstichtag darstellen. In der internationalen Rechnungslegung wird diese Position im Rahmen eines passiven Rechnungsabgrenzungspostens ausgewiesen (deferred income).

528   Erträge zukünftiger Perioden werden auf dem gleichnamigen Konto 98 erfasst und in der Zeile 640 der Bilanz ausgewiesen.

529   Als Beispiele für Einnahmen, die Ertrag nach dem Bilanzstichtag darstellen, werden Mieteinnahmen, Nebenkosteneinnahmen, Einnahmen aus Transportleistungen, Einnahmen aus Monats- und Jahreskarten bei der Personenbeförderung, Abonnementgebühren für Telefon, Internet usw. genannt.

530   Neben den Einnahmen, die Ertrag nach dem Bilanzstichtag darstellen, werden folgende weitere Erträge auf den Unterkonten zum Konto 98 erfasst:

- *unentgeltlich erhaltene Vermögensgegenstände* (Unterkonto 98-2);
- *Erstattungen, die Arbeitgeber von ihren Mitarbeitern für negative Inventurdifferenzen aus Vorjahren erhalten* (Unterkonto 98-3) sowie
- *der Unterschiedsbetrag zwischen dem Bilanzwert der Inventurdifferenzen und den Erstattungen, die Arbeitgeber von ihren Mitarbeitern für negative Inventurdifferenzen verlangen* (Unterkonto 98-4).

531   Unentgeltlich erhaltene Vermögensgegenstände (immaterielle Vermögensgegenstände, Sachanlagen, Vorräte) werden zu ihrem Marktwert auf den entsprechenden Konten im Soll aktiviert. Im Haben werden sie auf dem Unterkonto 98-2 des Kontos 98 *Erträge zukünftiger Perioden* gebucht. Im Laufe der Abschreibung der immateriellen Vermögensgegenstände und der Sachanlagen sowie der Übernahme der Vorräte in die Herstellungskosten der Produktion werden die entsprechenden Beträge vom Konto 98 in den Aufwand gebucht:

Unentgeltlich erhaltene Sachanlage:

08 *Geleistete Anzahlungen auf das Anlagevermögen*

an

98-2 *unentgeltlich erhaltene Vermögensgegenstände*

Aktivierung der Sachanlage:

01 *Sachanlagen*

an

08 *Geleistete Anzahlungen auf das Anlagevermögen*

Buchung der Abschreibung, z. B.:

---

131 Anweisung zu dem Kontenplan, Konten 60 und 62

20 *Herstellungskosten der Haupttätigkeit*

an

02 *Kumulierte Abschreibung auf das Sachanlagevermögen*

Der entsprechende Anteil der Aufwendungen wird mit den Beträgen auf dem Konto 98-2 verrechnet:

98-2

an

91-1 *Sonstige Erträge*

Falls festgestellt worden ist, dass die Mitarbeiter an Inventurdifferenzen oder Schäden aus den Vorperioden schuld sind, werden die ausstehenden Beträge auf dem Konto 98-3 gebucht: 532

94 *Verluste von Vorräten und Sachanlagen*

an

98-3

Buchung der Forderung gegenüber dem Mitarbeiter:

73-2 *Sonstige Forderungen/Verbindlichkeiten gegenüber Mitarbeitern* Unterkonto *Forderungen aus Schadenersatz*

an

94 *Verluste von Vorräten und Sachanlagen*

Leistung des Schadensersatzes:

50 *Kasse*, 51 *Bank Rubel* oder 70 *Forderungen/Verbindlichkeiten aus Lohn und Gehalt*

an

73-2 *Sonstige Forderungen/Verbindlichkeiten gegenüber Mitarbeitern* Unterkonto *Forderungen aus Schadenersatz*

Gleichzeitig wird der entsprechende Anteil vom Konto 98-3 in den sonstigen Ertrag gebucht:

98-3

an

91-1 *Sonstiger Ertrag*

Falls der Mitarbeiter dem Arbeitgeber z. B. einen höheren Betrag erstattet als der Buchwert der Inventurdifferenzen, was bei der Erstattung zu Marktwerten der Fall sein kann, wird der entstandene Unterschiedsbetrag auf dem Konto 98-4 gebucht. 533

Ausbuchung des Buchwertes der Vorräte als Inventurdifferenz: 534

94 *Verluste von Vorräten und Sachanlagen*

an

10 *Vorräte*

Buchung der Forderung gegenüber dem Mitarbeiter:

73-2 *Sonstige Forderungen/Verbindlichkeiten gegenüber Mitarbeitern* Unterkonto *Forderungen aus Schadenersatz*

an

94 *Verluste von Vorräten und Sachanlagen*

Buchung des Unterschiedsbetrages zwischen dem Buchwert der Vorräte und dem Marktwert:

73-2 *Sonstige Forderungen/Verbindlichkeiten gegenüber Mitarbeitern* Unterkonto *Forderungen aus Schadenersatz*

an

98-4

Nach der Begleichung der Verbindlichkeit durch den Mitarbeiter wird der entsprechende Anteil vom Konto 98-4 in den *sonstigen Ertrag* (91-1) umgebucht.

> **Beispiel Mietertrag:**

Die Miete für ein Gebäude erhält der Vermieter jährlich im Voraus. Die Monatsmiete beträgt 118.000 Rubel inklusive 18.000 Rubel USt. Die Jahresmiete ist am 10. Januar zu entrichten. Der Vermieter zeigt diesen Vorgang wie folgt:

Buchung des Geldeinganges im PRAP:

51 *Bank Rubel*

an

98-1 *Erträge zukünftiger Perioden*: 1.416.000 Rubel (118.000 x 12 Monate)

Buchung der Umsatzsteuerverbindlichkeit:

98-1 *Erträge zukünftiger Perioden*

an

68 *Forderungen/Verbindlichkeiten aus Steuern*: 216.000 Rubel

Für Januar werden die Umsätze wie folgt erfasst:

98-1 *Erträge zukünftiger Perioden*

an

90-1 *Umsatzerlöse*: 118.000 Rubel

Der Betrag der Umsatzsteuer für Januar wird mit der gesamten Umsatzsteuerverbindlichkeit verrechnet:

68 *Forderungen/Verbindlichkeiten aus Steuern*

an

98-1 *Erträge zukünftiger Perioden*

Die Umsatzsteuer auf die Umsatzerlöse für Januar wird gebucht:

90-3 *Umsatzsteuer*

an

68 *Forderungen/Verbindlichkeiten aus Steuern*: 18.000 Rubel

Die Buchungssätze mit Ausnahme des ersten wiederholen sich dann monatlich.

IV.   Rückstellungen, Eventualverbindlichkeiten und Eventualforderungen

1.   Allgemeines

Eventualverbindlichkeiten sowie Eventualforderungen werden im RLS *Erfolgsunsicherheiten*, verabschiedet durch die Anordnung des Finanzministeriums der RF Nr. 96n vom 28. November 2001 (RLS 8/01), geregelt. Dieser RLS ist an IAS 37 *Rückstellungen, Eventualverbindlichkeiten und Eventualforderungen* angelehnt. Im RLS 34n sind ebenfalls Grundsätze für die Bildung von einigen Rückstellungen mit dem Zweck der gleichmäßigen Verteilung von Aufwendungen genannt. Steuerrechtlich sind die Rückstellungen beschränkt zulässig.   535

In der russischen Rechnungslegungspraxis ist es keinesfalls die Regel, sämtliche Rückstellungen zu passivieren, die nach IFRS oder nach HBG ansatzpflichtig sind. Es besteht eine Passivierungspflicht für gewisse Eventualverbindlichkeiten nach RLS 8/01 und ein Passivierungswahlrecht für Rückstellungen nach RLS 34n.   536

Durch die steuerliche Nichtabzugsfähigkeit vieler Rückstellungen kommt es oft zu latenten Steueransprüchen, deren Buchung und Weiterverfolgung in den Folgeperioden einen zusätzlichen buchhalterischen Aufwand bedeutet. Daher bevorzugen es die meisten Buchhalter, keine Rückstellungen zu bilden. Im Ergebnis vermittelt ein so erstellter Jahresabschluss unter Umständen ein falsches Bild der Vermögens-, Finanz- und Ertragslage des Unternehmens, welches für den Abschlussadressaten irreführend ist. Da Dividendenausschüttungen aufgrund eines handelsrechtlichen Abschlusses beschlossen werden, besteht auch die Gefahr, dass z. B. bei konsequenten Ausschüttungen des gesamten Gewinns, auf die Gesellschaft zukommende Aufwendungen und Risiken nicht oder nicht in voller Höhe antizipiert werden. Eine Gesellschaft kann dadurch in ihrem Bestand gefährdet werden.   537

2.   Erfolgsunsicherheiten

Unter einer Erfolgsunsicherheit sind Bedingungen oder Situationen zu verstehen, die zum Stichtag bestehen, deren endgültiges Ergebnis und die Wahrscheinlichkeit des Auftretens unsicher sind, d.h. vom Eintreten eines oder mehrerer künftiger ungewisser Ereignisse abhängen.   538

RLS 8/01 führt eine Reihe von Beispielen der Erfolgsunsicherheiten auf, wobei weitere Erfolgsunsicherheiten nicht ausgeschlossen sind. Zu den Erfolgsunsicherheiten zählen zum Beispiel: 539

- Gerichtsverfahren, in denen die Gesellschaft entweder als Kläger oder als Beklagter auftritt und die zum Bilanzstichtag noch nicht abgeschlossen sind;

- zum Stichtag noch nicht geklärte Streitigkeiten mit der Steuerbehörde bezüglich der Zahlung von Steuern und Abgaben;

- noch vor dem Bilanzstichtag ausgestellte Garantien, Bürgschaften und weitere Sicherheiten für Verbindlichkeiten Dritter, deren Fälligkeiten noch nicht eingetreten sind;

- vor dem Berichtsdatum diskontierte Wechsel, deren Zahlungsziel nach dem Berichtsdatum liegt;

- Handlungen Dritter, die vor dem Ende des Geschäftsjahres getätigt wurden, im Ergebnis derer die Gesellschaft eine Kompensation erhalten soll, über deren Höhe vor dem Bilanzstichtag noch ein Gerichtsverfahren geführt wird;

- Garantieverpflichtungen der Gesellschaft aus im Geschäftsjahr verkauften Waren, erbrachten Arbeiten und Dienstleistungen;

- Umweltschutzverpflichtungen;

- Verkauf oder Stilllegung eines Geschäftszweiges, Schließung einer Abteilung oder Umzug in ein anderes Gebiet.

540 Der RLS 8/01 ist nicht auf die Wertberichtigung oder Wertaufholung bei Vorräten sowie Finanzanlagen anzuwenden. Ebenfalls ist der RLS 8/01 nicht auf ausstehende Rechnungen z. B. für Kommunikationsdienstleistungen, kommunale Dienstleistungen usw. anzuwenden.

❗ Praxishinweis:

Punkt 3 des RLS 8/01 weist ausdrücklich darauf hin, dass ausstehende Rechnungen keine ungewissen Verbindlichkeiten sind. Die derzeit gültigen RLS enthalten ebenfalls keine Information dazu, wie ausstehende Rechnungen zu behandeln sind. Da in der russischen Rechnungslegung das Prinzip der Periodenabgrenzung klar definiert ist (Punkt 18 RLS 10/99), kann nach der Meinung der Verfasser eine Rückstellung für ausstehende Rechnungen gebildet werden, um die Aufwendungen periodengerecht zuzuordnen.

Gleiches gilt für Rückstellungen in Bezug auf Wirtschafsprüfungs- und andere Beratungsaufwendungen. Zurzeit geben die russischen Rechnungslegungsstandards keine eindeutige Antwort darauf, ob dafür Rückstellungen zu bilden sind. Aus der Analyse der Prinzipien, die in den RLS vorgesehen sind, lässt sich aber zumindest schließen, dass solche Rückstellungen gebildet werden dürfen.

541 Der RLS 8/02 ist von allen Unternehmen (außer Kreditinstituten) anzuwenden. Kleine und mittlere Unternehmen dürfen von der Anwendung des RLS 8/02 absehen.

542 Erfolgsunsicherheiten werden in vier Kategorien eingeteilt:

1. Erfolgsunsicherheiten mit sehr hoher Wahrscheinlichkeit des Abflusses oder des Zuganges wirtschaftlicher Ressourcen;

2. Erfolgsunsicherheiten mit hoher Wahrscheinlichkeit des Abflusses oder des Zuganges wirtschaftlicher Ressourcen;

3. Erfolgsunsicherheiten mit mittlerer Wahrscheinlichkeit des Abflusses oder des Zuganges wirtschaftlicher Ressourcen;

4. Erfolgsunsicherheiten mit geringer Wahrscheinlichkeit des Abflusses oder des Zuganges wirtschaftlicher Ressourcen.

543 Die Schätzung der Wahrscheinlichkeit des Abflusses oder des Zuganges der wirtschaftlichen Ressourcen soll für jeden konkreten Fall der Erfolgsunsicherheit auf Grundlage aller bis zum Berichtsstichtag verfügbaren Information erfolgen. Die Wahrscheinlichkeit muss nicht quantitativ genau ermittelt werden. Eine Hilfe für die Einschätzung der Wahrscheinlichkeit des Zu- oder Abflusses wirtschaftlicher Ressourcen gibt die Anlage zum RLS 8/01.

Tabelle 10: Schätzung der Wahrscheinlichkeit des Zu- oder Abflusses wirtschaftlicher Ressourcen

Höhe der Wahrscheinlichkeit	Beschreibung	Quantitative Bewertung
Sehr hoch	Das Eintreten des Ereignisses ist sehr wahrscheinlich.	95% – 100%
Hoch	Das Ereignis wird eher eintreten.	50% – 95%
Mittel	Die Wahrscheinlichkeit, dass das Ereignis eintritt ist höher als gering, aber niedriger als hoch.	5% – 50%
Gering	Die Wahrscheinlichkeit, das das Ereignis eintritt, ist gering.	0%- 5%

RLS 8/01 ist nur in Fällen von Erfolgsunsicherheiten mit hoher und sehr hoher Wahrscheinlich-   544
keit des Zu- oder Abflusses wirtschaftlicher Ressourcen anzuwenden.

▶ Beispiele[132]:

Ein Unternehmen hat eine Garantie für einen Kredit ihrer Tochtergesellschaft übernommen. Zum Zeitpunkt der Garantieausstellung ist die Wahrscheinlichkeit, dass die Tochtergesellschaft insolvent wird und somit wirtschaftliche Ressourcen des Unternehmens abfließen, gering. Somit führt die Ausstellung der Garantie nicht zu einem Fall einer Erfolgsunsicherheit mit hoher bis sehr hoher Wahrscheinlichkeit. Der RLS 8/01 ist hier nicht anzuwenden.

Das Unternehmen hat einen Servicevertrag mit einem anderen Unternehmen abgeschlossen. Auf Grund seiner Erfahrungen schätzt das Unternehmen die Wahrscheinlichkeit des Abfließens wirtschaftlicher Ressourcen aus dem Servicevertrag als hoch ein. Der Abschluss des Servicevertrags ist als Fall einer Erfolgsunsicherheit anzusehen und RLS 8/01 ist anzuwenden.

Im Ergebnis einer Erfolgsunsicherheit entstehen entweder Eventualverbindlichkeiten oder Even-   545
tualforderungen.

Unter einer Eventualverbindlichkeit werden solche Ergebnisse einer Erfolgsunsicherheit verstan-   546
den, die künftig mit hoher bis sehr hoher Wahrscheinlichkeit zum Abfluss von Ressourcen mit
wirtschaftlichem Nutzen führen werden.

Eine Eventualverbindlichkeit ist: 547

a) eine zum Bilanzstichtag existierende Verpflichtung des Unternehmens, die bezüglich ihrer
Fälligkeit oder ihrer Höhe ungewiss ist;

b) eine mögliche Verpflichtung des Unternehmens, deren Existenz ausschließlich durch das Eintreten oder Nichteintreten eines oder mehrerer künftiger Ereignisse erst noch bestätigt wird,
die nicht unter der Kontrolle des Unternehmens stehen.

Unter einer Eventualforderung werden solche Ergebnisse einer Erfolgsunsicherheit verstanden,   548
die künftig mit hoher bis sehr hoher Wahrscheinlichkeit zum Zufluss von Ressourcen mit wirtschaftlichem Nutzen führen werden.

Alle wesentlichen Informationen zu Erfolgsunsicherheiten sind im Abschluss anzugeben und   549
zwar unabhängig davon, ob sie für die Gesellschaft positiv oder negativ sind.

---

132 Punkt 3 RLS 8/01

550 Eine Information ist wesentlich, falls deren Angabe oder Nicht-Angabe wirtschaftliche Entscheidungen der Abschlussadressaten beeinflusst. Die Wesentlichkeit bezieht sich auf das quantitative Ausmaß der Information. Die Entscheidung, ob das Ereignis wesentlich ist, hängt von der Bewertung des Ereignisses, seinem Charakter und den konkreten Umständen seiner Entstehung ab. Ein Unternehmen kann beschließen, dass wesentliche Ereignisse solche sind, welche mindestens 5% der entsprechenden Bilanz- oder GuV-Posten ausmachen[133]. Das Unternehmen kann auch einen anderen Prozentsatz für die Bestimmung der Wesentlichkeit in seiner Bilanzierungsrichtlinie festlegen.

> **Beispiele[134]:**

> Zum Jahresende führt eine Aktiengesellschaft Verhandlungen mit den Behörden über Schadensersatzzahlungen für die Verschmutzung von umliegenden Grundstücken, welche durch eine Havarie zu Beginn des Jahres verursacht wurde. Die Höhe der Zahlungen steht zum Ende des Geschäftsjahres nicht fest. Ein Sachverständiger schätzt allerdings, dass der Schadensersatz mindestens ein Drittel des Jahresüberschusses nach Steuern betragen wird. Die Aktiengesellschaft stuft die Ergebnisse des Erfolgsunsicherheitsfaktors (Verhandlungen mit der Behörde über den Schadensersatz) als wesentlich ein, da ohne diese Information die Adressaten des Jahresabschlusses zu falschen Schlussfolgerungen bezüglich des tatsächlichen Jahresüberschusses und damit z. B. zu falschen Erwartungen im Hinblick auf die Höhe der zu erwartenden Ausschüttungen kommen würden.

> Zum Bilanzstichtag ist eine Gesellschaft Beklagte in einem Gerichtsverfahren mit einem Kunden. Hintergrund ist der Umtausch einer mangelhaften Ware, die der Kunde bei der Gesellschaft erworben hat. Die Anwälte der Gesellschaft schätzen die Wahrscheinlichkeit, dass das Gericht zu Gunsten des Kunden entscheiden wird, als hoch bis sehr hoch ein. Die möglichen Aufwendungen der Gesellschaft für den Umtausch der mangelhaften Ware an sich werden das Jahresergebnis der Gesellschaft nicht wesentlich beeinflussen. Waren mit gleichen Mängeln wurden aber an eine Vielzahl von Kunden verkauft. Daher rechnet die Gesellschaft damit, dass Mehraufwand in Bezug auf den Umtausch der mangelhaften Waren auf sie zukommt, was in Summe einen wesentlichen Einfluss auf das Ergebnis sowohl des laufendes Jahres als auch der künftigen Geschäftsjahre haben wird. Die Gesellschaft stuft die Auswirkungen des Erfolgsunsicherheitsfaktors (Gerichtsverfahren) als wesentlich ein.

3. Ansatz

551 Für zum Bilanzstichtag existierende Verpflichtungen des Unternehmens, die bezüglich ihrer Fälligkeit oder ihrer Höhe ungewiss sind, besteht Passivierungspflicht in Form der Bildung von Rückstellungen.

552 Mögliche Verpflichtungen des Unternehmens, deren Existenz ausschließlich durch das Eintreten oder Nichteintreten eines oder mehrerer künftiger Ereignisse erst noch bestätigt werden, die nicht unter der Kontrolle des Unternehmens stehen, sind im Anhang anzugeben.

553 Eventualforderungen sind ebenfalls im Anhang anzugeben, falls die Wahrscheinlichkeit hoch bis sehr hoch ist, dass die Gesellschaft diese Eventualforderungen auch realisieren wird.

554 Mögliche Verpflichtungen und Eventualforderungen dürfen nicht gebucht oder im Jahresabschluss ausgewiesen werden.

555 Eine Rückstellung ist zu bilden, falls zum Bilanzstichtag eine Verpflichtung besteht, die hinsichtlich ihrer Höhe oder ihrer Fälligkeit unsicher ist.

---

133 Punkt 1 der Anweisungen über die Erstellung und Vorlage der handelsrechtlichen Abschlüsse, eingeführt durch die Anordnung des Finanzministeriums der RF Nr. 67n vom 22. Juli 2003
134 Punkt 5 RLS 8/01

Rückstellungen werden erfolgswirksam auf dem Konto 96 *Rückstellungen* gebucht. Die Bildung einer Rückstellung ist abhängig vom zugrunde liegenden Sachverhalt der Rückstellung entweder als *Aufwand aus gewöhnlicher Tätigkeit* (Konto 20 *Herstellungskosten der Haupttätigkeit*, Konto 23 *Herstellungskosten der Hilfstätigkeit* usw.) oder als *sonstiger Aufwand* (Konto 91-2) zu erfassen. Hierbei gelten folgende Kriterien:

a)   Es besteht eine hohe bis sehr hohe Wahrscheinlichkeit, dass künftige Ereignisse zum Abfluss wirtschaftlicher Ressourcen führen werden. Hohe bis sehr hohe Wahrscheinlichkeit besteht in den Fällen, in denen das Unternehmen sich nicht von seiner Verpflichtung befreien kann, entweder weil es vertraglich gebunden ist oder weil die bestehende Geschäftspraxis quasi dazu verpflichtet (z. B. Auszahlung zusätzlicher Abfindungen bei der Entlassung von Mitarbeitern).

b)   Die Höhe der Verpflichtung kann verlässlich geschätzt werden.

Falls eines der beiden Kriterien nicht erfüllt ist, darf keine Rückstellung gebildet werden. Die Information zur Eventualverbindlichkeit ist dann im Anhang anzugeben.   556

> **Beispiele[135]:**

Am 15. November 2007 hat ein Mutterunternehmen eine 18-monatige Garantie für ein Darlehen ihrer Tochtergesellschaft übernommen. Zum 31. Dezember 2007 ist die Wahrscheinlichkeit des Abflusses wirtschaftlicher Ressourcen beim Mutterunternehmen im Ergebnis einer möglichen Nichteinhaltung der Bedingungen des Darlehensvertrages durch die Tochtergesellschaft gering. Innerhalb des zweiten Quartals 2008 hat sich die Finanzlage der Tochtergesellschaft wesentlich verschlechtert. Nach Einschätzung der Wirtschaftsprüfer der Tochtergesellschaft ist es zum 31. Dezember 2008 unwahrscheinlich, dass diese das Darlehen zu mehr als 50 % zurückzahlen wird. Dementsprechend ist die Wahrscheinlichkeit hoch, dass beim Mutterunternehmen wirtschaftliche Ressourcen abfließen werden.

Im Jahresabschluss zum 31. Dezember 2007 ist keine Rückstellung zu bilden. Im Jahresabschluss zum 31. Dezember 2008 ist dagegen eine Rückstellung in Höhe von 50 % des Darlehensbetrages (ggf. zuzüglich bestehender Zinsverpflichtungen) zu bilden:

91-2 *Sonstige Aufwendungen*

an

96 *Rückstellungen*

Am 08. November 2007 wurde beschlossen, die Abteilung Keramikherstellung zu schließen. Diese Entscheidung wurde durch den Aufsichtsrat offiziell genehmigt. Kündigungsschreiben wurden an Kunden sowie an die Mitarbeiter dieser Abteilung verschickt. Das Unternehmen schätzt, dass die Abfindungen an Mitarbeiter 100.000 Rubel und die Vertragsstrafen aus Lieferverträgen 20.000 Rubel betragen werden. Im Jahresabschluss zum 31. Dezember 2007 wird eine Rückstellung in Höhe von 120.000 Rubel gebildet:

20 *Herstellungskosten der Haupttätigkeit*

an

96 *Rückstellungen*:120.000 Rubel

Der Ansatz und die Erfassung von Eventualverbindlichkeiten und Eventualforderungen ist in der nachfolgenden Abbildung schematisch dargestellt.   557

---

135 Punkt 8 RLS 8/01 (Jahreszahlen und Beträge geändert)

Abbildung 11: Eventualverbindlichkeiten und Eventualforderungen

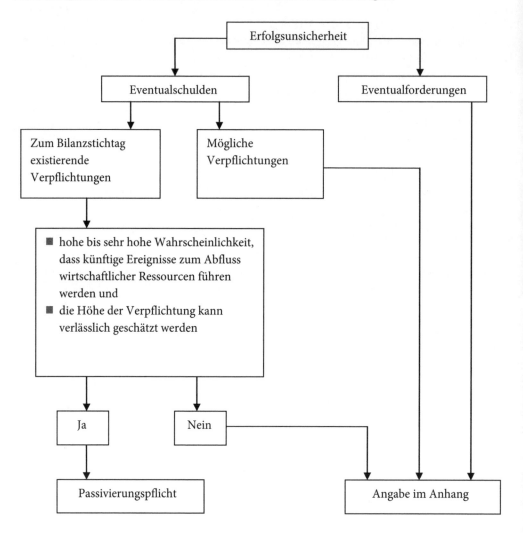

558   Die Richtigkeit der Berechnung und Begründetheit der Bildung von Rückstellungen wird zum Ende des Folgegeschäftsjahres überprüft. Diese Überprüfung erfolgt im Rahmen einer Inventur gemäß den Methodischen Anweisungen zur Inventur der Vermögenswerte und finanzieller Verpflichtungen, verabschiedet durch die Anordnung des Finanzministeriums der RF Nr. 49 vom 13. Juni 1995. Im Ergebnis einer solchen Überprüfung oder Inventur können die Beträge der Rückstellungen

a) erhöht werden, falls zusätzliche Informationen zur Verfügung stehen, die es ermöglichen, die Höhe der bereits gebildeten Rückstellung genauer zu bestimmen;

b) vermindert werden, wobei die Minderung der Rückstellung ertragswirksam im Rahmen der sonstigen Erträge erfasst wird. Dies erfolgt ebenfalls nur, soweit zusätzliche Informationen zur Verfügung stehen, die eine zutreffende Bewertung erlauben;

c) unverändert bleiben;

d) ertragswirksam über die sonstigen Erträge aufgelöst werden.

Beim tatsächlichen Eintreten von Erfolgsunsicherheiten, für welche zu einem früheren Zeitpunkt Rückstellungen gebildet worden sind, sind diese in Anspruch zu nehmen.

> **Beispiel:**

Ein Unternehmen ist rechtskräftig verurteilt worden, an den Kläger eine Kompensation in Höhe von 20.000 Rubel zu zahlen. Die für diese Erfolgsunsicherheit gebildete Rückstellung beträgt 15.000 Rubel. Die Inanspruchnahme der Rückstellung wird wie folgt erfasst:

96 *Rückstellungen*

an

51 *Bank Rubel* bzw. 76 *Sonstige Forderungen/Verbindlichkeiten*: 15.000 Rubel

Da der Rückstellungsbetrag nicht ausreichend war, wird die Differenz erfolgswirksam gebucht:

91-2 *Sonstige Aufwendungen*

an

51 *Bank Rubel* bzw. 76 *Sonstige Forderungen/Verbindlichkeiten*: 5.000 Rubel

Die Auflösung einer nicht in Anspruch genommenen oder zu hoch gebildeten Rückstellung wird wie folgt erfolgswirksam erfasst:

96 *Rückstellungen*

an

91-1 *Sonstige Erträge*

Der RLS 34n verweist auf Rückstellungen, die von Unternehmen mit dem Zweck der gleichmäßigen Verteilung von Aufwendungen gebildet werden können (Wahlrecht). Es handelt sich um folgende Rückstellungen: **559**

a) Urlaubsrückstellungen;
b) Rückstellungen für jährliche Prämien nach Dienstalter;
c) Rückstellungen für jährliche Erfolgsprämien;
d) Rückstellungen für Instandhaltungen des Anlagevermögens;
e) Rückstellungen für Vorbereitungsaufwendungen, die bei einer Saisonproduktion anfallen;
f) Rückstellungen für bevorstehende Rekultivierungsaufwendungen sowie für weitere Umweltschutzmaßnahmen;
g) Rückstellungen für bevorstehende Renovierungsaufwendungen von Mietgegenständen (beim Vermieter);
h) Rückstellungen für Garantieaufwendungen und
i) Rückstellungen für weitere Aufwendungen und weitere gesetzlich bzw. vom Finanzministerium vorgesehene Ziele[136].

Die obige Liste der möglichen Rückstellungen im RLS 34n enthält Sachverhalte, die ebenfalls durch RLS 8/01 geregelt werden (insbesondere Garantieverpflichtungen). Dabei besteht für Rückstellungen nach RLS 34n Passivierungswahlrecht, und für Eventualverbindlichkeiten im Sinne des RLS 8/01 Passivierungspflicht. Bei in beiden Standards geregelten Sachverhalten sind die Regelungen des RLS 8/01 anzuwenden, da es sich hier im Verhältnis zu RLS 34n um „lex specialis" handelt. **560**

---

136 Punkt 72 RLS 34n

561   Wertberichtigrungen auf Vorräte sowie auf Forderungen (mit Ausnahme verjährter Forderungen, die abschreibungspflichtig sind) sind ebenfalls im RLS 34n aufgeführt. Wertberichtigungen auf Vorräte müssen gebildet werden, soweit wertmindernde Tatsachen vorliegen. Zur Bildung von Wertberichtigungen auf Forderungen besteht ein Wahlrecht. Wertberichtigungen, im Russischen ebenfalls als Rückstellungen bezeichnet, werden aber auf separaten Konten (Konto 14 für Vorräte und Konto 63 für Forderungen) gebucht und in der Bilanz von den Beträgen der Vorräte und Forderungen abgesetzt.

€ **Steuern:**

Das Kapitel 25 SteuerGB sieht keine Rückstellungen für Eventualverbindlichkeiten vor. Zu den wenigen Ausnahmen gehören Rückstellungen für Garantieaufwendungen sowie für Generalinstandhaltungsaufwendungen.

Aufwendungen für Garantierückstellungen sind steuerlich beschränkt abzugsfähig. Der abzugsfähige Betrag wird wie folgt berechnet: der Anteil der Garantieaufwendungen an den Umsatzerlösen der garantiepflichtigen Waren (historischer Wert für die letzten drei Jahre) multipliziert mit den aktuellen Umsatzerlösen dieser Waren. Falls keine historischen Werte vorliegen, sind geplante Werte abzugsfähig (Punkte 3 und 4 Art. 267 SteuerGB).

Die Rückstellung für Generalinstandhaltungsaufwendungen ist beschränkt abzugsfähig und unterjährig zu bilden. Zum Ende des Geschäftsjahres sind nicht aufgebrauchte Beträge dieser Rückstellung erfolgswirksam aufzulösen. Diese Rückstellung darf die jährlichen Durchschnittsaufwendungen innerhalb der letzten drei Jahre nicht überschreiten. Eine Ausnahme davon bilden besonders aufwendige und teurere Generalinstandhaltungen, die länger als ein Geschäftsjahr dauern, falls solche in früheren Geschäftsjahren unterlassen wurden. Die Rückstellung darf in der Höhe gebildet werden, welche gemäß einem Durchführungsplan auf das Geschäftsjahr entfällt. Die Rückstellung für Generalinstandhaltungsaufwendungen muss zum Ende des Geschäftsjahres nicht aufgelöst werden, falls der Steuerpflichtige die Mittel zur Finanzierung über mehrere Geschäftsjahre ansammelt. Dies ist in der Bilanzierungsrichtlinie des Unternehmens festzulegen sowie über einen Durchführungsplan der Instandhaltungsmaßnahme nachzuweisen (Punkt 2 Art. 324 SteuerGB).

Das SteuerGB sieht ebenfalls Urlaubsrückstellungen sowie Rückstellungen für jährliche Prämien nach Dienstalter vor. Diese Rückstellungen sind allerdings nur unterjährig zulässig und zum Ende des Geschäftsjahres aufzulösen (Art. 324.1 SteuerGB).

❗ **Praxishinweis:**

Konzernbilanzierungsrichtlinien ausländischer Muttergesellschaften sehen oft die Bildung einer Reihe von Rückstellungen vor. Viele davon sind handelsrechtlich zulässig, steuerlich aber nicht abzugsfähig. Unter Berücksichtigung der Notwendigkeit der Bildung latenter Steuerabgrenzungen auf die Unterschiede zwischen den handelsrechtlichen und steuerlichen Abschlüssen sind der Nutzen für die Adressaten des Abschlusses und der Buchhaltungsaufwand abzuwägen, soweit die Rückstellungen im handelsrechtlichen Abschluss nicht wesentlich sind. Viele Gesellschaften ziehen eine Überleitung vom russischen Abschluss vor, in deren Rahmen alle Rückstellungen berücksichtigt werden, die für Konsolidierungszwecke notwendig sind.

4.   Bewertung

562   Eventualverbindlichkeiten sind in Geld zu bewerten. Eventualforderungen werden dagegen nicht monetär bewertet.

563   Für die Bewertung der Eventualverbindlichkeiten wird eine Berechnung erstellt, welche auf allen zum Bilanzstichtag verfügbaren Informationen basieren soll. Falls nach dem Bilanzstichtag neue Informationen bekannt werden, welche die Höhe oder den Ansatz der Rückstellung beeinflussen, sind die Regelungen des RLS 7/98 *Ereignisse nach dem Bilanzstichtag* anzuwenden. Auf den Regelungsinhalt des RLS 7/98 wird später noch eingegangen. Zusammenfassend lässt sich sagen, dass Rückstellungen für den Fall angepasst werden, in dem nachträglich bessere Erkenntnisse über

die Verhältnisse am Bilanzstichtag (berücksichtigungspflichtige oder wertaufhellende Ereignisse) vorliegen. Erkenntnisse, die auf Tatsachen beruhen, die nach dem Bilanzstichtag eingetreten sind (nicht zu berücksichtigende oder wertbegründende Ereignisse) sind im Anhang anzugeben.

Die Schätzungen von Ergebnis und finanzieller Auswirkung der Erfolgsunsicherheiten hängen von Erfahrungswerten aus ähnlichen Transaktionen, unabhängigen Sachverständigengutachten usw. ab. Der Bilanzierende muss die Schätzungen und Berechnungen nachvollziehbar belegen können. Schätzungen der Ergebnisse der Erfolgsunsicherheiten sowie die Bilanzierung dieser Ergebnisse unterliegen dem Vorsichtsprinzip.   564

Eventualverbindlichkeiten werden grundsätzlich einzeln bewertet. Eine Ausnahme bilden Fälle, in denen zum Bilanzstichtag ähnliche Eventualverbindlichkeiten vorliegen, die das Unternehmen in ihrer Gesamtheit bewertet.   565

> **Beispiel[137]:**

Ein Unternehmen verkauft Waren mit einjähriger Garantieverpflichtung. Die Erfahrungswerte der Vorperiode zeigen, dass eine hohe bis sehr hohe Wahrscheinlichkeit besteht, dass ca. 2 % der verkauften Waren als mangelhaft und nicht mehr reparaturfähig zurückgegeben werden und weitere 10 % der verkauften Waren repariert werden müssen. Auf Grundlage dieser Erfahrungswerte schätzt das Unternehmen die Eventualverbindlichkeit aus der Garantieverpflichtung für verkaufte Waren in ihrer Gesamtheit.

Angenommen, die Reparaturaufwendungen betragen 30 % des Wertes der einer Reparatur unterliegenden Waren. Die Höhe der Eventualverbindlichkeit wird somit wie folgt geschätzt: 2 % + 10 % x 0,3 = 5 %. Die Eventualverbindlichkeit wird somit 5 % des verkauften Warenwertes betragen.

Die Schätzung der Höhe der Eventualverbindlichkeiten kann auf drei Wegen erfolgen: 566

a) Auswahl aus einer Anzahl von Werten;
b) Auswahl aus einer Bewertungsspanne;
c) Auswahl aus einer Anzahl von Bewertungsspannen.

Wird die Eventualverbindlichkeit durch Auswahl aus einer Anzahl von Werten bewertet, ist die Verpflichtung durch Gewichtung aller möglichen Ergebnisse mit den damit verbundenen Wahrscheinlichkeiten zu schätzen. Dieses statistische Schätzungsverfahren wird als Erwartungswertmethode bezeichnet.   567

> **Beispiel[138]:**

Zum Bilanzstichtag ist ein Unternehmen Beklagter in einem Gerichtsverfahren. Auf Grundlage eines Sachverständigengutachtens schätzt das Unternehmen, dass das Urteil höchstwahrscheinlich nicht zu seinem Gunsten ausfallen wird. Die Aufwendungen des Unternehmens werden eine Million Rubel betragen, falls nur direkte Aufwendungen des Klägers erstattet werden müssen. Sie werden 2 Millionen Rubel betragen, falls neben den direkten Aufwendungen auch der entgangene Gewinn erstattet werden muss. Die Wahrscheinlichkeiten des Eintretens der beiden Varianten wird mit 30 % bzw. 70 % geschätzt. Die Eventualverbindlichkeit ist wie folgt zu berechnen: 1 Million Rubel x 30 % + 2 Millionen Rubel x 70 % = 1,7 Millionen Rubel.

Wird die Höhe der Eventualverbindlichkeit durch Auswahl aus einer Bewertungsspanne ermittelt, ist die Verpflichtung durch Gewichtung des niedrigsten und des höchsten Wertes der Spanne zu bestimmen.   568

---

137 Punkt 16 RLS 8/01
138 Punkt 17 RLS 8/01

> **Beispiel[139]:**

Ähnlich wie im obigen Beispiel ist ein Unternehmen zum Bilanzstichtag Beklagter. Auf Grundlage eines Sachverständigengutachtens schätzt das Unternehmen, dass das Urteil höchstwahrscheinlich nicht zu seinem Gunsten ausfallen wird. Die Aufwendungen des Unternehmens werden zwischen einer und vier Millionen Rubel liegen. Die Eventualverbindlichkeit wird wie folgt berechnet: (1 Million + 4 Millionen)/2 = 2,5 Millionen Rubel.

569   Wird die Höhe der Eventualverbindlichkeit durch Auswahl aus einiger Anzahl von Bewertungsspannen ermittelt, sind als erstes die höchsten und die niedrigsten Positionen jeder Spanne zu gewichten. Anschließend werden die Ergebnisse der Gewichtungen mit den entsprechenden Wahrscheinlichkeiten geschätzt.

> **Beispiel[140]:**

Wie in den beiden vorher dargestellten Beispielen ist ein Unternehmen zum Bilanzstichtag in ein Gerichtsverfahren involviert. Auf Grundlage eines Sachverständigengutachtens schätzt das Unternehmen, dass das Gerichtsurteil höchstwahrscheinlich nicht zu seinem Gunsten ausfallen wird. Die Verluste des Unternehmens werden eine Million Rubel betragen, falls nur direkte Aufwendungen des Klägers erstattet werden müssen. Die Verluste werden in Höhe von 1,5 Millionen bis 2 Millionen Rubel ausfallen, falls neben den direkten Aufwendungen der entgangene Vorteil erstattet werden muss. Die Wahrscheinlichkeiten der beiden Varianten werden als 30 % und 70 % entsprechend geschätzt. Die Eventualverbindlichkeit wird wie folgt berechnet: 1 Million x 30 % + (1,5 Millionen + 2 Millionen)/2 x 70 % = 1,525 Millionen Rubel.

570   Bei der Bewertung der Eventualverbindlichkeiten mit den beiden letzteren Methoden (Auswahl aus einer Bewertungsspanne sowie Auswahl aus einer Anzahl von Bewertungsspannen) ist der jeweils höchste mögliche Betrag der Eventualverbindlichkeit im Anhang anzugeben. Das wären 4 Millionen Rubel bzw. 2 Millionen Rubel in den obigen Beispielen.

571   Bei der Bewertung einer Eventualverbindlichkeit kann das Unternehmen den Rückstellungsbetrag um Gegenforderungen sowie Erstattungsforderungen gegen Dritte mindern. Dies kann z. B. der Fall sein, wenn eine Versicherung besteht, Entschädigungsklauseln greifen oder Gewährleistungen von Lieferanten erwartet werden können. Die Minderung ist nur zulässig, wenn diese Gegen- oder Erstattungsforderungen unmittelbar aus der Erfolgsunsicherheit, die zur Eventualverbindlichkeit geführt hat, resultieren und es so gut wie sicher ist, dass diese Forderungen beglichen werden.

> **Beispiel[141]:**

Zum Bilanzstichtag ist ein Unternehmen A Beklagter aus einer Verletzung von Vertragsbedingungen gegenüber dem Unternehmen B. Das Unternehmen A schätzt, dass es wahrscheinlich bis sehr wahrscheinlich ist, dass bei ihm wirtschaftliche Ressourcen (Auszahlung einer Kompensation an das Unternehmen B) abfließen. Der Betrag der Kompensation wird gemäß den Berechnungen 1 bis 2 Millionen Rubel betragen. Die Eventualverbindlichkeit des Unternehmens A wird daher mit 1,5 Millionen Rubel bewertet.

Zugleich hat das Unternehmen A Klage gegen das Unternehmen C mit einem Streitwert von einer Million Rubel erhoben. Das Unternehmen C ist Partner bei der Erfüllung des Vertrages mit B gewesen. Das Unternehmen A schätzt aufgrund von Sachverständigengutachten, dass es wahrscheinlich bis sehr wahrscheinlich ist, dass das Gerichtsurteil zu seinem Gunsten ausfallen wird. Das Verfahren gegen das Unternehmen C steht aber nicht in unmittelbarem Zusammenhang mit dem Gerichtsverfahren mit dem Unternehmen B. Die Forderung des Unternehmens A aus der Kompensation gegenüber dem

---

139 Punkt 17 RLS 8/01
140 Punkt 17 RLS 8/01
141 Punkt 18 RLS 8/01

Unternehmen C ist nicht mit der Verletzung der Vertragsbedingungen mit dem Unternehmen B verbunden. Die Rückstellung ist daher im vollen Umfang zu buchen.

In einer ähnlichen Situation hat das Unternehmen A seinen Vertrag mit dem Unternehmen B für den Fall der Verletzung der vertraglichen Bedingungen bei dem Unternehmen C versichert. Die Versicherungssumme beträgt eine Million Rubel. Die Forderung aus dem Versicherungsvertrag entsteht unmittelbar aus der Verletzung der vertraglichen Bedingungen durch das Unternehmen C. In diesem Fall ist eine Rückstellung in Höhe von 0,5 Millionen Rubel (1,5 Millionen – 1 Million) zu bilden.

Eine Verzinsung von Rückstellungen ist in der russischen Rechnungslegung nicht bekannt. 572

Ebenfalls nicht bekannt sind Rückstellungen für Pensionsverpflichtungen, da Pensionsvereinbarungen bisher in Russland nicht üblich sind. 573

5. Angabepflichten

Ein Unternehmen hat zu jeder Eventualverbindlichkeit die folgenden Angaben zu machen: 574

a) kurze Beschreibung der Eventualverbindlichkeit und ihrer voraussichtlichen Tilgungsfrist;
b) kurze Beschreibung der Unsicherheit in Bezug auf die Höhe und die Tilgungsfrist der Eventualverbindlichkeit.

Zu jeder Rückstellung sind folgende Angaben erforderlich: 575

a) der Buchwert zu Beginn und zum Ende des Geschäftsjahres;
b) während des Geschäftsjahres verwendete
    (d.h. entstandene und gegen die Rückstellung verrechnete) Beträge;
c) nicht verwendete Beträge, die während des Geschäftsjahres aufgelöst wurden.

Informationen über gewährte Garantien, Verpflichtungen aus diskontierten Wechseln sowie sonstige ähnliche Verpflichtungen sind üblicherweise unabhängig von der Wahrscheinlichkeit des Eintretens der Erfolgsunsicherheiten im Anhang anzugeben. 576

Eventualforderungen sind ebenfalls im Anhang anzugeben, falls die Wahrscheinlichkeit hoch bis sehr hoch ist, dass die Gesellschaft diese Eventualforderungen auch einbringen kann. Eventualforderungen werden weder gebucht noch in der Bilanz ausgewiesen. Angaben zu Eventualforderungen müssen nicht auf die Wahrscheinlichkeit oder die Höhe der Eventualforderung eingehen. Wird die Eventualforderung im Folgejahr tatsächlich realisiert, erfolgt die Erfassung des Vermögens, das zur Erfüllung dient, nach den für Zugänge allgemein gültigen Regeln. 577

In Ausnahmefällen, in denen die Angabe von Informationen über Erfolgsunsicherheiten gemäß RLS 8/01 dem Unternehmen Schaden zufügt oder verursachen kann, ist es zulässig, von der Angabe im vollen Umfang abzusehen. Es reicht dann aus, wenn das Unternehmen im Allgemeinen auf die Erfolgsunsicherheit verweist sowie Gründe angibt, warum genauere Informationen hierzu nicht gegeben werden. 578

§ 6 Außerbilanzielle Konten

A. Grundsatz

1   Außerbilanzielle Konten haben informativen Charakter und sind für Angaben über Vermögensgegenstände bestimmt, die sich nur vorübergehend im Unternehmen befinden. Außerdem finden sich dort einige Eventualverbindlichkeiten und Eventualforderungen (insbesondere gewährte und erhaltene Garantien) sowie Angaben zu Geschäftsvorfällen wie Miete und Vermietung von Vermögensgegenständen, zum Leasing und zu abgeschriebenen Forderungen.

2   Die Besonderheit der außerbilanziellen Konten besteht im Fehlen des Systems der doppelten Buchführung. Die Buchungen werden einseitig, entweder im Soll oder im Haben des jeweiligen außerbilanziellen Kontos ohne Buchungen auf Gegenkonten vorgenommen. Unabhängig von der Art der auszuweisenden Tatsachen erfolgt die Erfassung des Zugangs immer im Soll eines außerbilanziellen Kontos und der Abgang im Haben.

3   Im Kontenplan sind insgesamt 11 außerbilanzielle Konten vorgesehen, wobei Unternehmen bei Bedarf auch weitere außerbilanzielle Konten einführen dürfen.

4   Die Bestände auf den außerbilanziellen Konten sind unter der Bilanz (Formblatt Nr. 1) anzugeben.

I. Gemietete Sachanlagen

5   Gemietete Sachanlagen werden beim Mieter auf dem außerbilanziellen Konto 001 *Gemietete Sachanlagen* im vertraglich vereinbarten Wert erfasst. Die bilanzielle Erfassung der Sachanlagen erfolgt beim Vermieter.

6   Im Falle eines Leasings erfasst der Leasingnehmer den Vermögensgegenstand auf dem Konto 001, falls der Leasingvertrag die Bilanzierung des Vermögensgegenstandes durch den Leasinggeber vorsieht.

7   Die Erfassung erfolgt einzeln je Vermieter und je gemieteten Vermögensgegenstand. Gemietete Vermögensgegenstände, die sich außerhalb der Russischen Föderation befinden, sind separat von den übrigen Vermögensgegenständen zu erfassen. Gemietete Sachanlagen werden in der Zeile 910, geleaste Sachanlagen in der Zeile 911 der Bilanz ausgewiesen.

II. Treuhänderische Vermögensverwahrung

8   Bei dem außerbilanziellen Konto 002 *Treuhandvermögen* handelt es sich um den Ausweis von Vorräten, die aus unterschiedlichen Gründen unter Haftung entweder durch den Erwerber oder den Veräußerer aufbewahrt werden. Es handelt sich stets um solche Vorräte, die sich nicht mehr oder noch nicht im Eigentum der erfassenden Seite befinden. Das Konto 002 wird von Erwerbern von Vorräten in den folgenden Fällen benutzt:

a) die Vorräte sind eingegangen, der Käufer weigert sich aber aus legitimen Gründen (z. B. schlechte Qualität der Vorräte), diese zu bezahlen;

b) Gemäß den Vertragsbedingungen dürfen gelieferte Vorräte bis zu ihrer Bezahlung nicht verbraucht werden. Der Ausweis erfolgt als Merkposten bis zur Bezahlung.

c) sonstige Gründe der Übernahme der erhaltenen Vorräte ins Treuhandvermögen.

Veräußerer von Waren benutzen das außerbilanzielle Konto 002, falls diese von den Erwerbern bezahlt und aus Gründen, auf die der Veräußerer keinen Einfluss nehmen kann, zur Aufbewahrung bei ihm belassen wurden (Beispiel: Abholung aus technischen Gründen verzögert).   9

Die Vorräte werden im auf den Lieferscheinen oder Rechnungen angegebenen Wert auf dem Konto 002 erfasst. Die Erfassung erfolgt separat nach Eigentümern, Gruppen und Arten der Vorräte sowie nach Lagerorten. Vorräte im Treuhandvermögen werden in der Zeile 920 der Bilanz ausgewiesen.   10

III.   Vorräte zur Lohnveredelung

6

Vorräte zur Lohnveredelung werden auf dem gleichnamigen Konto 003 erfasst. Es handelt sich um   11
vom Besteller zwecks Weiterverarbeitung gelieferte Rohstoffe oder Halbfabrikate, die das verarbeitende (erfassende) Unternehmen nicht erwirbt. Die Aufwendungen des verarbeitenden Unternehmens aus der Weiterverarbeitung werden als eigene Aufwendungen auf den Aufwandskonten (z. B. Konto 20 *Herstellungskosten der Haupttätigkeit*) erfasst. Die Rohstoffe oder Halbfabrikate des Bestellers werden zu den vertraglich vereinbarten Werten auf dem außerbilanziellen Konto 003 erfasst. Die Erfassung erfolgt separat nach Bestellern, Gruppen und Arten der Rohstoffe und Halbfabrikate sowie nach Lagerorten.

IV.   Kommissionswaren

Das außerbilanzielle Konto 004 *Kommissionswaren* dient der Erfassung von Waren, die gemäß einem Kommissionsvertrag an den Kommissionär geliefert wurden. Der Kommissionär erfasst die Waren mit den Werten gemäß den Angaben in den Lieferscheinen separat nach Warengruppen sowie getrennt nach Kommittenten. Kommissionswaren werden in der Zeile 930 unter der Bilanz ausgewiesen.   12

V.   Anlagen zur Montage

Das außerbilanzielle Konto 005 *Anlagen zur Montage* wird i.d.R. von Subunternehmern für die   13
Erfassung aller vom Auftraggeber zur Montage übergebenen Anlagen verwendet. Die Erfassung erfolgt zu den Werten, die der Auftraggeber in der begleitenden Dokumentation (Abnahmeprotokoll) macht und getrennt nach einzelnen Anlagen.

VI.   Formulare unter Verschluss

Es handelt sich dabei um Formblätter wie Tickets, Diplomvordrucke, Quittungen, Coupons, vorgedruckte Lieferscheine u. ä. Die Formulare werden auf dem außerbilanziellen Konto 006 *Verschlussformulare* zu einem geschätzten Wert erfasst. Die Erfassung erfolgt getrennt nach Gruppe sowie nach dem Lagerort.   14

VII.   Abgeschriebene Forderungen

15   Wegen Zahlungsunfähigkeit des Schuldners *abgeschriebene Forderungen* müssen ab dem Zeitpunkt der Abschreibung noch fünf Jahre außerhalb der Bilanz auf dem dafür vorgesehenen Konto 007 ausgewiesen werden. Der Ausweis erfolgt für den Fall ihres möglichen Einzugs aufgrund der Verbesserung der Vermögenslage des Schuldners.

16   Werden abgeschriebene Forderungen beglichen, sind die eingehenden Beträge im Soll der Konten 50 *Kassen,* 51 *Bank Rubel* oder 52 *Bank Devisen* und im Haben des Kontos 91-1 *Sonstige Erträge* zu zeigen. Zugleich wird der Abgang vom Konto 007 gezeigt.

17   Die Erfassung auf dem Konto 007 erfolgt getrennt nach Schuldnern und Forderungen. Abgeschriebene Forderungen werden in der Zeile 940 der Bilanz ausgewiesen.

VIII.   Erhaltene Garantien für die Absicherung von Forderungen

18   Es handelt sich dabei um Garantien, die dem erfassenden Unternehmen zur Absicherung seiner Forderungen gewährt wurden. Des Weiteren sind hier Garantien zur Absicherung von an Dritte übergebenen Waren auszuweisen.

19   Die Informationen werden zu dem in der Garantievereinbarung festgelegten Wert auf dem Konto 008 erfasst. Falls kein Wert festgelegt worden ist, wird der vertraglich vereinbarte Wert der Forderungen angesetzt. Mit der Begleichung der entsprechenden Forderungen ist auch der Abgang vom Konto 008 zu zeigen. Die Erfassung erfolgt einzeln für jede erhaltene Garantie; der Ausweis in der Zeile 950 der Bilanz.

IX.   Ausgestellte Garantien für die Absicherung von Verbindlichkeiten

20   Es handelt sich um Garantien, die zur Absicherung von Verbindlichkeiten des erfassenden Unternehmens gewährt wurden.

21   Die Information wird zu dem in der Garantievereinbarung festgelegten Wert auf dem Konto 009 erfasst. Ähnlich wie bei den erhaltenen Garantien wird der vertraglich vereinbarte Wert der Verbindlichkeit erfasst, falls in der Garantievereinbarung kein Wert festgelegt worden ist. Mit der Begleichung der entsprechenden Verbindlichkeiten wird auch der Abgang vom Konto 009 gebucht. Die Erfassung erfolgt einzeln für jede gewährte Garantie. Der Ausweis erfolgt in der Zeile 960 der Bilanz.

X.   Abschreibung auf (nicht abschreibbare) Sachanlagen

22   Wie bereits im Kapitel Sachanlagen beschrieben, wird zwischen abschreibbarem und nicht abschreibbarem Sachanlagevermögen unterschieden. Auf dem außerbilanziellen Konto 010 *Abschreibung auf Sachanlagen* sind kalkulatorische Abschreibungen auf nicht abschreibbares Sachanlagevermögen, und zwar auf Wohnbauten (z. B. im staatlichen oder kommunalen Eigentum), Außenanlagen, Forstwirtschaftsobjekte, Straßenverkehrsobjekte, Seeverkehrsobjekte und weitere ähnliche Objekte zu erfassen. Nichtkommerzielle Organisationen erfassen die Abschreibungen auf Sachanlagen ebenfalls auf dem Konto 010.

Die Abschreibung wird am Jahresende nach festgelegten Abschreibungssätzen auf dem Konto 010   23
erfasst. Die Erfassung erfolgt getrennt für jede Sachanlage. Beim Abgang einer Sachanlage wird
ebenfalls der Abgang der auf dem Konto 010 gebuchten Abschreibung erfasst.

Diese Abschreibung ist in der Zeilen 970 und 980 der Bilanz auszuweisen.

XI.   Vermietete Sachanlagen

Vermietete Sachanlagen sind beim Vermieter auf dem außerbilanziellen Konto 011 *Vermietete*   24
Sachanlagen im vertraglich vereinbarten Wert zu erfassen, falls solche Sachanlagen gemäß den
vertraglichen Vereinbarungen vom Mieter zu bilanzieren sind. Dies kann gemäß dem russischen
Leasingrecht bei Leasingerträgen vorkommen. Das Leasingobjekt wird, je nach Vertragsvereinba-
rung, beim Leasingnehmer oder Leasinggeber bilanziert.

Die Bewertung erfolgt zu den vertraglich vereinbarten Werten.   25

Die Erfassung erfolgt einzeln nach Mietern und nach vermieteten Vermögensgegenständen. Ver-   26
mietete Vermögensgegenstände, die sich außerhalb der Russischen Föderation befinden, sind separat von den übrigen Vermögensgegenständen zu erfassen.

§ 7 Gewinn- und Verlustrechnung

A. Ausweisvorschriften

1   Die Gewinn- und Verlustrechnung (GuV) ist grundsätzlich nach dem Umsatzkostenverfahren zu gliedern. Einige Angaben nach dem Gesamtkostenverfahren sind zusätzlich in der Anlage zum Jahresabschluss offenzulegen, so z.B. die Höhe der Abschreibungen sowie der Personalkosten. Außerdem hat eine Aktiengesellschaft das unverwässerte sowie das verwässerte Ergebnis je Aktie in der GuV anzugeben.

B. Erträge

I. Grundsatz

2   Der RLS 9/99 *Erträge*, eingeführt durch die Anordnung des Finanzministeriums Nr. 32n vom 06. Mai 1999 (RLS 9/99), ist am 01. Januar 2000 in Kraft getreten. Durch die Anordnung des Finanzministeriums Nr. 116n vom 18. September 2006 wurde dieser RLS insoweit an internationale Rechnungslegung angepasst, dass die Erträge nicht mehr in Erträge der gewöhnlichen Geschäftstätigkeit, sonstige betriebliche Erträge, sonstige außerbetriebliche Erträge und außerordentliche Erträge unterteilt werden. Die Erträge werden nunmehr als solche der gewöhnlichen Geschäftstätigkeit und sonstige Erträge definiert.

3   Unter Erträgen wird der Zufluss eines wirtschaftlichen Nutzens infolge des Zuganges von Vermögensgegenständen (Finanzmittel, andere Vermögensgegenstände) und/oder des Abgangs von Verpflichtungen des Unternehmens verstanden, der zu der Erhöhung des Kapitals des Unternehmens führt. Ausgenommen hiervon sind Einlagen der Gesellschafter.

4   Folgende Einnahmen sind ausdrücklich keine Erträge des Unternehmens:

a) Umsatzsteuer, Verbrauchsteuern, Exportgebühren und sonstige ähnliche Steuern und Gebühren;

🛑 Praxishinweis:

Die Umsatzerlöse werden brutto (d. h. inklusive Umsatzsteuer, Verbrauchsteuern, Exportgebühren usw.) gebucht. Für die Ermittlung der Netto-Umsatzerlöse aus dem Buchwerk des Unternehmens müssen von den Beträgen auf dem Konto 90-1 Umsatzerlöse die Beträge auf den Konten 90-3 Umsatzsteuer, 90-4 Verbrauchsteuern sowie 90-5 Exportgebühren abgezogen werden. Der so ermittelte Betrag muss mit der Zeile 010 Umsatzerlöse der GuV übereinstimmen.

b) Finanzmittel sowie sonstige Vermögensgegenstände, die im Rahmen eines Vermittlungsgeschäftes (Kommissions- und Agentenverträge) dem Unternehmen zufließen;
c) Vorauszahlungen und Abschlagszahlungen;
d) die Annahme verpfändeter Vermögensgegenstände;
e) Einzahlungen aus der Tilgung von Darlehen und Krediten.

II.   Erträge der gewöhnlichen Geschäftstätigkeit

1.   Ansatz

Erträge der gewöhnlichen Geschäftstätigkeit fallen im Rahmen der regulären Produktions-, Investitions- oder Finanztätigkeit eines Unternehmens an. Zu ihnen zählen   5

a) Erlöse aus dem Verkauf von Gütern und aus der Erbringung von Dienstleistungen
b) Mieterträge
c) Lizenzeinnahmen
d) Dividendeneinnahmen.

Die Voraussetzung der Zugehörigkeit der obigen Einnahmen zu den Erträgen der gewöhnlichen   6
Geschäftstätigkeit ist, dass sie aus der regulären Geschäftstätigkeit des Unternehmens stammen.
Was zu der regulären Geschäftstätigkeit eines Unternehmens gehört, wird normalerweise in der
Satzung und/oder im Gesellschaftsvertrag des Unternehmens festgelegt. Falls dies nicht der Fall
ist, kann das Wesentlichkeitsprinzip angewandt werden, nach dem Erträge, die über 5 % der Ge-
samterträge des Unternehmens ausmachen, zu den Erträgen der gewöhnlichen Geschäftstätigkeit
des Unternehmens gezählt werden.

Das Unternehmen definiert selbständig, was zu den Erträgen der gewöhnlichen Geschäftstätig-   7
keit gehört und legt dies in seiner Bilanzierungsrichtlinie nieder. Dabei ist die Wesentlichkeit der
Beträge zu berücksichtigen. Auf die Wesentlichkeit in der russischen Rechnungslegung wurde
bereits unter § 2 eingegangen. Unwesentliche Beträge werden als sonstige Erträge erfasst, unabhängig davon, aus welcher Geschäftstätigkeit (gewöhnliche oder sonstige) sie stammen[1].

Die Erträge werden auf dem Konto 90-1 *Umsatzerlöse* erfasst.   8

€ **Steuern:**

Art. 251 SteuerGB enthält einen Katalog von Einkünften, welche die Steuerbemessungsgrundlage der Gewinnsteuer nicht erhöhen.
Unter anderem zählen dazu die Einlagen ins Grund- oder Stammkapital einer Gesellschaft, Vorauszahlungen bei der Gewinnrealisierungsmethode nach dem Realisationsprinzip, der Zugang von verpfändeten Vermögensgegenständen, Finanzmittel sowie Vermögensgegenstände, die im Laufe eines Vermittlungsgeschäftes (Kommissions- und Agentenverträge) dem Unternehmen zufließen
usw.

2.   Bewertung

Die Bewertung der Erträge erfolgt zum beizulegenden Zeitwert (fair value) der erbrachten bzw.   9
zu erbringenden Gegenleistung. Er wird normalerweise im Vertrag festgelegt. Falls dies nicht der
Fall ist, wird der Wert genommen, den der Veräußerer unter vergleichbaren Umständen für vergleichbare Waren oder Dienstleistungen normalerweise verlangt.

Bei der Vereinbarung von Zahlungszielen sind die Umsatzerlöse zuzüglich der anfallenden Zin-   10
sen zu buchen.

---

1   Schreiben des Finanzministeriums der RF Nr. 04-05-11/69 vom 03. August 2000

7

> **Beispiel:**
>
> Ein Großhandelsunternehmen verkauft Waren im Wert von 118.000 Rubel mit einem Zahlungsziel von 60 Tagen, wobei 0,05 % vom Gesamtwert der Waren für jeden Tag des Krédites fällig sind. Die Gesamtzinsen betragen 118.000 Rubel x 0,05 % x 60 Tage = 3.540 Rubel.
>
> Buchung der Umsatzerlöse:
>
> 62 *Forderungen aus Lieferungen und Leistungen*
>
> an
>
> 90-1 *Umsatzerlöse*: 118.000 Rubel
>
> Erhöhung der Umsatzerlöse um den Betrag der Zinsen:
>
> 62 *Forderungen aus Lieferungen und Leistungen*
>
> an
>
> 90-1 *Umsatzerlöse*: 3.540 Rubel
>
> Begleichung der Forderung:
>
> 51 *Bank Rubel*
>
> an
>
> 62 *Forderungen aus Lieferungen und Leistungen*: 121.540 Rubel

> **€ Steuern:**
>
> Nach Steuernrecht gehören die Zinsen zu den sonstigen Erträgen. Im Unterschied zum Handelsrecht erhöhen sie somit die Erträge der gewöhnlichen Geschäftstätigkeit nicht.

11   Für Tauschgeschäfte ist vorgesehen, dass die Umsatzerlöse zum Wert der als Gegenleistung erhaltenen Vermögensgegenstände erfasst werden. Eine Besonderheit besteht darin, dass die Umsatzerlöse bei Tauschgeschäften erst zum Zeitpunkt des Erhaltes der Gegenleistung zu buchen sind. Die rechtliche Grundlage dafür bildet Art. 570 ZGB, wonach der Eigentumstitel bei einem Tauschgeschäft erst dann auf den Käufer übertragen wird, nachdem der Verkäufer die Gegenleistung erhalten hat.

> **€ Steuern:**
>
> Eine weitere Besonderheit besteht in der Handhabung der Umsatzsteuer bei Tauschgeschäften. Zum 01. Januar 2007 ist Punkt 4 Art. 168 des SteuerGB in Kraft getreten, wonach der Steuerpflichtige bei Tauschgeschäften die Vorsteuer auf übergebene Vermögensgegenstände nur dann mit seiner Umsatzsteuerzahllast verrechnen darf, wenn er die Umsatzsteuer auf die im Gegenzug erhaltenen Vermögensgegenstände separat überwiesen hat.
>
> Für den Abzug der Vorsteuer sind somit die Zahlung der Umsatzsteuer und eine Faktura-Rechnung des Verkäufers notwendig, welche die entsprechende Umsatzsteuer ausweist. Der Vorsteuerabzug bemisst sich gemäß Punkt 2 Art. 172 nach dem Buchwert der im Tauschgeschäft hingegebenen eigenen Vermögensgegenstände.[2]

> **Beispiel:**
>
> Gemäß einem Tauschvertrag übergibt das Unternehmen A dem Unternehmen B Waschmaschinen im Wert von 206.500 Rubel, inklusive 31.500 Rubel USt. Der Buchwert der Waschmaschinen beträgt 140.000 Rubel. Im Gegenzug erhält das Unternehmen A vom Unternehmen B Wäschetrockner im Wert von 247.800 Rubel, inklusive 37.800 Rubel USt.

---

2   Schreiben des Finanzministeriums der RF Nr. 03-07-15/31 vom 07. März 2007

Aufgrund einer Faktura-Rechnung des Unternehmens B muss das Unternehmen A Umsatzsteuer in Höhe von 37.800 Rubel an das Unternehmen B überweisen. Danach kann das Unternehmen A den Vorsteuerabzug in Bezug auf seine im Tauschgeschäft übergebenen Waschmaschinen geltend machen. Der Vorsteuerabzug beträgt 21.356 Rubel (140.000 Rubel x 18/118).

Das Unternehmen A macht folgende Buchungen:

Abgang der Waschmaschinen:

45 *Gelieferte Waren*

an

41 *Handelswaren:* 140.000 Rubel

Aktivierung der Wäschetrockner im Wert der übergebenen Waschmaschinen

41 *Handelswaren*

an

60 *Verbindlichkeiten aus Lieferungen und Leistungen*: 175.000 Rubel (206.500 Rubel – 31.500 Rubel)

Buchung der Vorsteuer:

19 *Vorsteuer*

an

60 *Verbindlichkeiten aus Lieferungen und Leistungen*: 37.800 Rubel

Bezahlung der Umsatzsteuer:

60 *Verbindlichkeiten aus Lieferungen und Leistungen*

an

51 *Bank Rubel*: 37.800 Rubel

Umsatzrealisation:

62 *Forderungen aus Lieferungen und Leistungen*

an

90-1 *Umsatzerlöse*: 206.500 Rubel

Buchung der Umsatzsteuer auf die Umsatzerlöse (Brutto-Methode):

90-3 *Umsatzsteuer*

an

68 *Forderungen/Verbindlichkeiten aus Steuern*: 31.500 Rubel

Übernahme des Buchwertes der Waschmaschinen in die Anschaffungs- oder Herstellungskosten der verkauften Waren:

90-2 *Kosten der Leistungserstellung*

an

45 *Gelieferte Waren*: 140.000 Rubel

Das Unternehmen B muss ebenfalls den Betrag der Umsatzsteuer in Höhe von 31.500 Rubel an das Unternehmen A überweisen, damit es seine Vorsteuer abziehen kann.

Verrechnung der Verbindlichkeit mit der Forderung:

60 *Verbindlichkeiten aus Lieferungen und Leistungen*

an

62 *Forderungen aus Lieferungen und Leistungen*: 175.000 Rubel

60 Verbindlichkeiten aus Lieferungen und Leistungen

(51) Bezahlung der Vorsteuer	37.800	(41) Aktivierung der Vorräte	175.000
(62) Verrechnung	175.000	(19) Vorsteuer	37.800
	212.800		212.800

62 Forderungen aus Lieferungen und Leistungen

(90-1) Umsatzerlöse	206.500	(51) Bezahlung der USt.	31.500
		(60) Verrechnung	175.000
	206.500		206.500

Verrechnung der Vorsteuer mit der Umsatzsteuerlast:

68 *Forderungen/Verbindlichkeiten aus Steuern*

an

19 *Vorsteuer*: 21.356 Rubel

Die Differenz auf dem Konto 19 Vorsteuer in Höhe von 16.444 Rubel (37.800 Rubel - 21.356 Rubel) kann nicht mit der Umsatzsteuerzahllast des Unternehmens A verrechnet werden und wird daher in den sonstigen Aufwand gebucht:

91-2 *Sonstiger Aufwand*

an

19 *Vorsteuer*: 16.444 Rubel

III.   Sonstige Erträge

12   Sonstige Erträge unterscheiden sich von den Erträgen der gewöhnlichen Geschäftstätigkeit dadurch, dass sie gerade nicht im Rahmen der gewöhnlichen Geschäftstätigkeit des Unternehmens erzielt werden (negative Abgrenzung). Sonstige Erträge werden nicht regelmäßig erzielt. RLS 9/99 enthält eine Aufzählung von sonstigen Erträgen, wobei die Aufzählung nicht abschließend ist. Gemäß RLS 9/99 zählen zu den sonstigen Erträgen:

■ Mieterträge, es sei denn die Vermietung von Vermögensgegenständen gehört zur gewöhnlichen Geschäftstätigkeit des Unternehmens;

■ Lizenzerträge, es sei denn die Überlassung von Patenten und sonstigen immateriellen Vermögensgegenständen gehört zur gewöhnlichen Geschäftstätigkeit des Unternehmens;

- Erträge aus Beteiligungen an anderen Unternehmen inklusive Zinsen und sonstige Erträge aus Wertpapieren, es sei denn die Investmenttätigkeit gehört zur gewöhnlichen Geschäftstätigkeit des Unternehmens;
- Erträge aus der Beteiligung an Joint Ventures gemäß RLS 20/03;
- Erträge aus dem Verkauf von Sachanlagen, fertigen Erzeugnissen und Waren außerhalb der gewöhnlichen Geschäftstätigkeit;
- Zinsen;
- Strafen und Verzugszinsen aus der Verletzung von Vertragsbedingungen;
- Unentgeltlich erhaltene Vermögensgegenstände;
- Schadensersatz;
- Periodenfremde Erträge;
- Kursdifferenzen;
- Wertaufholung von Sachanlagen, wenn durch die Werterhöhung der Sachanlage eine aufgrund der Neubewertung in einer früheren Periode entstandene Wertminderung rückgängig gemacht wird, die als Aufwand im Rahmen des Jahresergebnisses erfasst worden ist.

Außerordentliche Erträge werden ebenfalls unter den sonstigen Erträgen ausgewiesen. Zu den außerordentlichen Erträgen zählt solches Einkommen, dass infolge von außerordentlichen Ereignissen wie Erdbeben, Brand, Havarie, Enteignungen dem Unternehmen zufließt[3]. Hier ist ausdrücklich nicht die Entschädigung durch eine Versicherung gemeint, sondern die erfolgswirksame Erfassung noch nutzbarer Bestandteile.   13

Die Bewertung der Erträge aus dem Verkauf von Sachanlagen und anderer Vermögensgegenstände, Zinserträge sowie Erträge aus Beteiligungen (vorausgesetzt es liegt keine gewöhnliche Geschäftstätigkeit vor) erfolgt in der gleichen Weise wie die Bewertung der Erträge aus der gewöhnlichen Geschäftstätigkeit.   14

Strafen und Verzugszinsen aus der Verletzung von Vertragsbedingungen werden in Höhe der gerichtlich festgesetzten oder durch den Schuldner anerkannten Beträge bewertet.   15

Unentgeltlich erhaltene Vermögensgegenstände werden zu ihrem Marktwert angesetzt.

Verjährte Verbindlichkeiten werden zu ihren Bilanzwerten in die sonstigen Erträge ausgebucht.

Sonstige übrige Erträge werden mit den dem Unternehmen tatsächlich zufließenden Beträgen bewertet.

Sonstige Erträge werden auf dem Konto 91-1 *Sonstige Erträge* erfasst.   16

IV.   Ertragsrealisation

Zur wirksamen Vereinnahmung von Erträgen müssen folgende fünf Bedingungen kumulativ erfüllt werden: 17

a) Anspruch auf die Gegenleistung (Der Anspruch muss durch einen Vertrag oder auf anderem Wege belegt werden.);
b) zuverlässige Bestimmung des Ertrages ist gegeben;

---

3   Punkt 9 RLS 9/99

c) Der aus dem Verkauf resultierende Zufluss wirtschaftlichen Nutzens ist wahrscheinlich (Der Zufluss wirtschaftlichen Nutzens ist wahrscheinlich, wenn das Unternehmen in Gegenleistung einen Vermögensgegenstand bereits erhalten hat oder keine Ungewissheiten in Bezug auf den Erhalt eines solchen Vermögensgegenstandes bestehen;

d) das Eigentum an dem Vermögensgegenstand wurde auf den Käufer übertragen bzw. die Leistung wurde durch den Auftraggeber in Empfang genommen (Abnahmeprotokoll) oder die Leistung wurde erbracht (ebenfalls Abnahmeprotokoll);

e) die Aufwendungen in Bezug auf die zu vereinnahmenden Erträge können zuverlässig bestimmt werden.

18 Sind Erträge nicht verlässlich schätzbar, so sind sie nur in Höhe der erstattungsfähigen, angefallenen Aufwendungen zu erfassen.

19 Normalerweise erfolgt der Eigentumsübergang zum Zeitpunkt der Übergabe der Waren (Punkt 1 Art. 223 ZGB). Dieser Zeitpunkt wird i.d.R. nach dem entsprechenden Lieferschein bestimmt. In bestimmten Fällen können die Zeitpunkte des Eigentumsübergangs und der Übergabe der Waren aber auch voneinander abweichen. Der Zeitpunkt des Eigentumsübergangs kann vertraglich festgelegt werden, z. B. bis die Ware bezahlt ist bzw. bis sie zu einem bestimmten Ort gebracht wird, oder nach der Erfüllung anderer beliebiger Vertragsbedingung. Bis zum Eigentumsübergang kann der Verkäufer die Umsätze nicht realisieren. Buchungstechnisch werden solche Waren bis zu ihrer Realisation auf dem Konto 45 *Gelieferte Waren* zu ihren Buchwerten „geparkt".

20 In Bezug auf Dienst- und Werkleistungen ist das Vorhandensein eines Abnahmeprotokolls eine Voraussetzung für die Realisation der Umsätze.

21 Bei Mieterträgen, Erträgen aus Lizenzverträgen, Beteiligungs- sowie Zinserträgen aus Darlehen und Krediten wird kein Eigentumstitel auf einen Käufer übertragen. Für diese Art Erträge ist es daher ausreichend, dass nur drei oder vier der Kriterien erfüllt sind. Für Mieterträge werden aber ebenfalls oft Übernahmeprotokolle auf regelmäßiger Basis erstellt.

22 Bei der Umsatzrealisation ist grundsätzlich das Realisationsprinzip anzuwenden. Eine Ausnahme bilden kleine und mittlere Unternehmen, die ihre Umsätze nach Zahlungseingang buchen dürfen.

23 Bei langfristigen Fertigungsaufträgen (länger als 12 Monate) besteht ein Wahlrecht, die Umsatzerlöse entweder nach dem Fertigstellungsgrad oder am Ende des Gesamtprojektes zu realisieren. Auf dieses Wahlrecht wurde bereits im Kapitel *Bauverträge* eingegangen (vgl. § 5 A III 2. d). Gleiches gilt für Auftragsforschung und Auftragsentwicklung.

24 Sonstige Erträge werden wie folgt realisiert:

Erträge	Realisationszeitpunkt
Verkauf von Sachanlagen und sonstigen Vermögensgegenständen	kumulative Erfüllung der fünf Bedingungen zur Vereinnahmung von Erträgen
Zinserträge	bei Erfüllung der Bedingungen zur Vereinnahmung von Erträgen, monatliche Berechnung
Erträge aus Beteiligungen	bei Erfüllung der Bedingungen zur Vereinnahmung von Erträgen
Strafen und Verzugszinsen aus der Verletzung von Vertragsbedingungen	Berichtsperiode, in der die Rechtmäßigkeit der Strafen und Verzugszinsen gerichtlich bestätigt wurde oder die Strafen und Verzugszinsen durch den Schuldner anerkannt wurden

Erträge	Realisationszeitpunkt
Erträge aus dem Schadensersatz	Berichtsperiode, in der die Rechtmäßigkeit der Schadenersatzsumme gerichtlich bestätigt wurde oder die Schadensersatzsumme durch den Schuldner anerkannt wurde
Erträge aus der Ausbuchung verjährter Verbindlichkeiten	Berichtsperiode, in der die Verbindlichkeit verjährt ist
Neubewertung von Sachanlagen	Geschäftsjahr, in dem die Neubewertung stattgefunden hat
Sonstige Erträge	beim Eingang oder zum Zeitpunkt der Feststellung

€ **Steuern:**

Im Sinne der Gewinnsteuer wird zwischen Einkommen aus Betriebsleistung sowie sonstigem (außerbetrieblichem) Einkommen unterschieden (Punkt 1 Art. 249 SteuerGB).

Zum Einkommen aus Betriebsleistung zählen Umsatzerlöse aus Lieferungen eigener als auch zugekaufter Produkte und Leistungen sowie aus dem Verkauf von Nutzungsrechten.

Zum sonstigen (außerbetrieblichen) Einkommen zählt alles, was nicht unter das Einkommen aus Betriebsleistung fällt. Art. 250 SteuerGB enthält einen Katalog von sonstigem Einkommen. Dazu zählt unter anderem:

Einkünfte	Realisationszeitpunkt
Einkünfte aus Beteiligungen an anderen Unternehmen	Zahlungseingang
Kursgewinne	Monatlich und/oder zum Zeitpunkt der Kontobewegung
Vereinnahmte Vertragsstrafen und Schadenersatzbeträge	Geschäftsjahr (bzw. Zwischenberichtsperiode), in dem die Rechtmäßigkeit der Strafen und Verzugszinsen gerichtlich bestätigt wurde oder die Strafen und Verzugszinsen durch den Schuldner anerkannt wurden
Mieteinnahmen, vorausgesetzt die Vermietung gehört nicht zum hauptsächlichen Unternehmensgegenstand	Vertraglich festgelegtes Datum oder der letzte Tag des Geschäftsjahres bzw. der Zwischenberichtsperiode (Quartale kumulativ)
Einkünfte aus Wertpapieren	Letzter Tag der Zwischenberichtsperiode
Vergütungen für die Überlassung von Nutzungsrechten an Objekten geistigen Eigentums	Vertraglich festgelegtes Datum bzw. der letzte Tag des Geschäftsjahres bzw. der Zwischenberichtsperiode
Zinseinkünfte	Letzter Tag des Geschäftsjahres bzw. der Zwischenberichtsperiode
Einkünfte aus der Auflösung von steuerlich zulässigen Rückstellungen	Der letzte Tag des Geschäftsjahres bzw. der Zwischenberichtsperiode
Unentgeltlich erhaltene Vermögensgegenstände bis auf unentgeltliche Zuwendungen von Mehrheitsgesellschaftern	Datum des Abnahmeprotokolls
Einkünfte aus der Ausbuchung von verjährten Verbindlichkeiten	Das Geschäftsjahr bzw. die Zwischenberichtsperiode, in der die Verbindlichkeit verjährt ist.
Einkünfte aus Inventurdifferenzen	Datum des Inventurprotokolls

Steuerlich sind grundsätzlich zwei Verfahren für die Umsatzrealisation vorgesehen:

■   nach dem Realisationsprinzip sowie

■   nach dem Zahlungseingang.

Die Umsatzrealisation nach dem Zahlungseingang ist nur möglich, falls die durchschnittlichen Nettoumsatzerlöse des Steuerpflichtigen in den letzten vier Quartalen nicht über einer Million Rubel im Quartal liegen.

V. Angabepflichten

25 Im Zusammenhang mit der Ertragsvereinnahmung sind in der Bilanzierungsrichtlinie die folgenden Angaben offen zu legen:

- angewandtes Verfahren der Umsatzrealisation (nach dem Realisationsprinzip oder nach dem Zahlungseingang);
- Erläuterung zur Ermittlung des Fertigstellungsgrades, falls zutreffend.

26 In der GuV sind die Beträge jeder wesentlichen Ertragskategorie, einschließlich der Erträge aus

- dem Verkauf von Gütern sowie Dienstleistungen (Zeile 010 der GuV);
- Zinsen (Zeile 060 der GuV);
- Erträge aus der Beteiligung an anderen Unternehmen (Zeile 080 der GuV) und
- Sonstige Erträge (Zeile 090 der GuV).

separat auszuweisen.

27 Erträge, die fünf oder mehr Prozent der Gesamterlöse in der Berichtsperiode ausmachen, sind separat auszuweisen. Es handelt sich um den Ausweis der Erträge z. B. aus dem Verkauf von Waren und fertigen Erzeugnissen, Erträgen aus Dienstleistungen usw.

28 Als Folge des Prinzips der Wirtschaftlichkeit der Buchführung enthält der RLS 9/99 eine Regelung, wonach sonstige Erträge unter Umständen mit den sonstigen Aufwendungen saldiert werden dürfen, vorausgesetzt

- die entsprechenden Buchhaltungsregeln verbieten eine solche Saldierung nicht;
- die Erträge und damit verbundene Aufwendungen sind für die Beurteilung der Finanz- und Ertragslage eines Unternehmens nicht wesentlich.

29 Sonstige Erträge werden auf der Seite 2 der GuV in Strafen und Verzugszinsen, Erträge aus Vorperioden, Schadensersatzbeträge, Kursdifferenzen sowie Erträge aus der Ausbuchung von Verbindlichkeiten aufgeteilt.

30 Im Anhang sind darüber hinaus die Beträge, die aus Tauschgeschäften stammen, auszuweisen. Mindestens soll folgendes ausgewiesen werden:

- die Gesamtanzahl der Unternehmen, mit denen Tauschgeschäfte getätigt wurden; diejenige Unternehmen, auf die der größte Teil der Umsätze aus Tauschgeschäften entfällt, müssen genannt werden;
- der Anteil der Tauschgeschäfte mit den Unternehmen im Verbund- und Beteiligungsbereich;
- die angewandten Methoden zur Festlegung der Werte der durch das Unternehmen getauschten Vermögensgegenstände (i.d.R. der Wert der als Gegenleistung erhaltenen Vermögensgegenstände).

31 Außerdem sind Erträge zukünftiger Perioden, die in der Berichtsperiode nicht erfolgswirksam, sondern über das Konto 98 *Erträge zukünftiger Perioden* erfasst werden, in der Zeile 640 der Bilanz separat auszuweisen.

C. Aufwendungen

I. Grundsatz

Das Prinzip der Periodenabgrenzung findet im Inhalt und Aufbau des RLS 10/99 *Aufwendungen*, eingeführt durch die Anordnung des Finanzministeriums Nr. 33n vom 06. Mai 1999 (RLS 10/99) Anwendung, wobei der RLS 10/99 das Gegenstück zum RLS 9/99 *Erträge* bildet.   32

RLS 10/99 ist seit Januar 2000 in Kraft. Wie RLS 9/99 wurde er durch die Anordnung des Finanzministeriums Nr. 116n vom 18. September 2006 ebenfalls insoweit geändert, dass Aufwendungen nicht mehr in Aufwendungen aus der gewöhnlichen Geschäftstätigkeit, außerbetriebliche Aufwendungen sowie außerordentliche Aufwendungen unterteilt werden. Es wird nunmehr zwischen den Aufwendungen aus der gewöhnlichen Geschäftstätigkeit sowie sonstigen Aufwendungen unterschieden.   33

Aufwendungen werden als Abfluss wirtschaftlichen Nutzens infolge des Abgangs von Vermögensgegenständen (Finanzmittel, andere Vermögensgegenstände) und/oder des Zugangs von Verpflichtungen des Unternehmens definiert, der zu einer Verminderung des Kapitals des Unternehmens führt. Eine Ausnahme davon bildet die Auskehrung von Einlagen aufgrund eines Beschlusses der Gesellschafter.   34

Folgendes gehört ausdrücklich nicht zu den Aufwendungen des Unternehmens: 35

a) Auszahlungen für die Anschaffung oder Herstellung des Anlagevermögens (u. a. Sachanlagen, Anlagen im Bau, immaterielle Vermögensgegenstände);
b) Auszahlungen für Einlagen ins Stammkapital einer GmbH, die Anschaffung von Aktien und anderen Wertpapieren einer Aktiengesellschaft, soweit nicht für den Weiterverkauf bestimmt;
c) Finanzmittel sowie sonstige Vermögensgegenstände, die im Laufe eines Vermittlungsgeschäftes (Kommissions- und Agentenverträge) aus dem Unternehmen abfließen;
d) Vorauszahlungen und Abschlagszahlungen;
e) Auszahlungen für die Tilgung von Darlehen und Krediten.

Wie bereits erläutert, werden die Aufwendungen in solche aus gewöhnlicher Geschäftstätigkeit sowie sonstige Aufwendungen unterteilt. Dabei zählen wiederum zu den sonstigen Aufwendungen alle Aufwendungen, die keine Aufwendungen aus der gewöhnlichen Geschäftstätigkeit sind (negative Abgrenzung).   36

II. Aufwendungen der gewöhnlichen Geschäftstätigkeit

Zu den Aufwendungen der gewöhnlichen Geschäftstätigkeit zählen Aufwendungen aus der Herstellung und dem Verkauf fertiger Erzeugnisse sowie aus der Anschaffung und dem Verkauf von Handelswaren. Aufwendungen in Bezug auf die Erbringung von Dienstleistungen zählen ebenfalls zu den Aufwendungen aus der gewöhnlichen Geschäftstätigkeit.   37

In Parallelität zu RLS 9/99 ist die Zugehörigkeit der Aufwendungen aus Mieteinnahmen, Lizenzeinnahmen sowie Beteiligungen an anderen Unternehmen zur gewöhnlichen Geschäftstätigkeit eines Unternehmens davon abhängig, ob diese Tätigkeiten zum hauptsächlichen Unternehmensgegenstand gehören.   38

39   Die Abschreibung für die Abnutzung von Sachanlagen sowie immaterieller Vermögensgegenstände gehört ebenfalls zu den Aufwendungen aus der gewöhnlichen Geschäftstätigkeit.

40   Die Aufwendungen aus der gewöhnlichen Geschäftstätigkeit werden im RLS 10/99 in zwei Gruppen geteilt:

- Aufwendungen für die Anschaffung von Roh-, Hilfs- und Betriebsstoffen, Handelswaren, sowie anderer Vorräte sowie

- Aufwendungen, die unmittelbar mit der Verarbeitung der Roh-, Hilfs- und Betriebsstoffe, Erbringung von Arbeiten und Dienstleistungen und für deren Verkauf sowie mit dem Verkauf der Handelswaren verbunden sind. Gemeint sind hier u. a. Aufwendungen in Bezug auf den Unterhalt und die Nutzung von Sachanlagen sowie anderen Gegenständen des Anlagevermögens, Verkaufsaufwendungen sowie Verwaltungsaufwendungen.

41   RLS 10/99 stellt folgende Mindestanforderungen an die Gruppierung der Aufwendungen aus der gewöhnlichen Geschäftstätigkeit:

- Materialaufwand;

- Personalaufwand;

- Sozialabgaben;

- Abschreibung für Abnutzung des Anlagevermögens;

- sonstige Aufwendungen.

42   Ein Unternehmen definiert selbständig, was zu den Aufwendungen aus der gewöhnlichen Geschäftstätigkeit gehört und legt diese Definition in seiner Bilanzierungsrichtlinie nieder.

43   Das Unternehmen hat ein Wahlrecht, die Verkaufsaufwendungen sowie die Verwaltungsaufwendungen in die Herstellungskosten der Haupttätigkeit in der Berichtsperiode aufzunehmen, in der sie angefallen sind. D.h., dass alle Aufwendungen auf den Konten 26 *Allgemeine Verwaltungsaufwendungen* sowie 44 *Vertriebskosten* monatlich auf das Konto 90-2 *Kosten der Leistungserstellung* umgebucht werden dürfen. Alternativ können bspw. die Verwaltungsaufwendungen anteilig unter unfertigen Erzeugnissen bzw. fertigen Erzeugnissen aktiviert werden, d. h. sie werden auf die Konten 20 *Herstellungskosten der Haupttätigkeit*, 23 *Herstellungskosten der Hilfstätigkeit* und 29 *Herstellungskosten der Nebentätigkeit* umgebucht und zwischen den unfertigen Erzeugnissen, fertigen Erzeugnissen und den Kosten der Leistunsgerstellung verteilt.

44   Genauere Kalkulationsvorschriften existieren auf der Ebene eines Rechnungslegungsstandards nicht, sondern nur auf der Ebene der methodischen Anweisungen von einzelnen Ministerien (Handel, Landwirtschaft). Diese methodischen Anweisungen stammen aus den Jahren 1970 bis 1995 und sind in jedem Fall dem RLS 10/99 untergeordnet. Außerdem bewegen sich die meisten Unternehmen im Rahmen der freien Markwirtschaft, d. h. sie stehen nicht im staatlichen Eigentum und sind daher nicht einzelnen Ministerien unterstellt.

45   Die Freiheit, die der RLS 10/99 den Unternehmen für die Darstellung der Zusammensetzung von Aufwendungen eingeräumt hat, bewirkt allerdings, dass viele Unternehmen, insbesondere aus dem mittelständischen Bereich, so gut wie keine interne Kalkulation haben. Dies wirkt sich i.d.R. negativ auf die Steuerung ihrer Tätigkeit. Derzeit erarbeitet das Finanzministerium neue methodische Anweisungen für die Kalkulation der Herstellungskosten.

46   Aufwendungen aus gewöhnlicher Geschäftstätigkeit werden auf den folgenden Konten gebucht:

20 *Herstellungskosten der Haupttätigkeit*

21 *Halbfertige Erzeugnisse eigener Produktion*

23 *Herstellungskosten der Hilfstätigkeit*
 (*z. B. Reparaturen von Sachanlagen, Transport, Energieversorgung u. ä.*)

25 *Fertigungsgemeinkosten*

26 *Allgemeine Verwaltungsaufwendungen*

28 *Produktionsausschuss*

29 *Herstellungskosten der Nebentätigkeit*
 (*nicht mit der Haupttätigkeit verbunden, z. B. Kindertagesstätten, Sporteinrichtungen u. ä.*)

44 *Vertriebskosten*

Diese Konten werden monatlich über das Konto 90-2 *Kosten der Leistungserstellung* abgeschlossen. 47

Abbildung 12: Aufwendungen aus der gewöhnlichen Geschäftstätigkeit

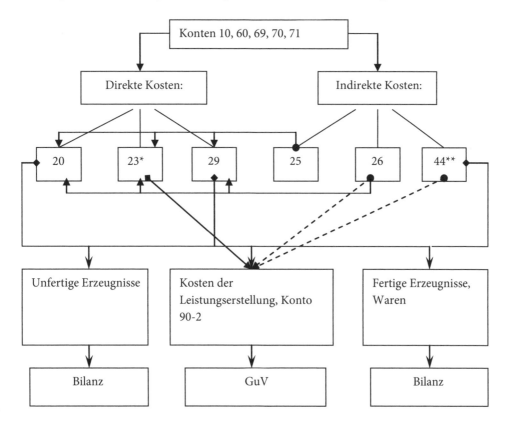

* Alternativ kann das Konto 23 *Herstellungskosten der Hilfstätigkeit* monatlich über das Konto
 20 *Herstellungskosten der Haupttätigkeit* oder das Konto 29 *Herstellungskosten der Nebentätig-keit* abgeschlossen werden, falls diese Aufwendungen für den internen Gebrauch sind; bzw.
 auf das Konto 40 *Fertige Erzeugnisse zu Plankosten*.

** Bei Produktionsunternehmen können die Verpackungs- sowie die Transportkosten aktiviert
 werden; bei Handelsunternehmen (daher keine unfertigen Erzeugnisse) die Transportkosten[4].

4 Anordnung zu dem Kontenplan, Konten 23 *Herstellungskosten der Hilfstätigkeit*, 29 *Herstellungskosten der Nebentätig-keit* und 44 *Vertriebskosten*

7

🔴 **Praxishinweis:**

Für die Überleitung der Gewinn- und Verlustrechnung vom in Russland vorgeschriebenen Umsatzkostenverfahren auf das Gesamtkostenverfahren müssen die Umsätze auf den Konten 20 Herstellungskosten der Haupttätigkeit, 23 Herstellungskosten der Hilfstätigkeit, 29 Herstellungskosten der Nebentätigkeit sowie 44 Vertriebskosten auf verschiedene Positionen der GuV nach dem Gesamtkostenverfahren verteilt werden. Der Unterschied zwischen den Umsätzen auf diesen Konten und den Umsätzen auf dem Konto 90-2 Kosten der Leistungserstellung sind die Beträge der Bestandsveränderung der fertigen bzw. unfertigen Erzeugnisse.

Technisch ist es bei Verwendung des Standardbuchhaltungssystems 1C notwendig, dass zu den Konten Unterkonten angelegt werden, auf denen die Aufwendungen gebucht werden. Dies und die richtige Konfiguration des Programms verhindern, dass beim monatlichen Kontenabschluss die Beträge auf Null gesetzt werden und für spätere Auswertungen oder Umgliederungen nicht mehr zur Verfügung stehen.

🔵 **Beispiel:**

Der Bestand an unfertigen Erzeugnissen auf dem Konto 20 betrug zum Beginn des Jahres 5.000 Rubel. Die Zugänge auf den Konten 20 und 29 betrugen 45.000 Rubel. In die Kosten der Leistungserstellung (Konto 90-2) wurden 35.000 Rubel umgebucht. Der Bestand an unfertigen Erzeugnissen zum Ende des Jahres betrug 15.000 Rubel (5.000 Rubel + 45.000 Rubel – 35.000 Rubel).

Daher ergibt sich:

45.000 Rubel (Jahresumsätze auf den Konten 20 und 29) – 10.000 Rubel (Bestandsveränderung der unfertigen Erzeugnisse: 5.000 Rubel – 15.000 Rubel) = 35.000 Rubel (Konto 90-2).

48   Die Bewertung der Aufwendungen erfolgt zu ihrem beizulegenden Zeitwert (fair value), der normalerweise im Vertrag festgelegt wird. Falls dies nicht erfolgt ist, wird der Wert genommen, den der Erwerber unter vergleichbaren Umständen für vergleichbare Waren oder Dienstleistungen normalerweise verlangt.

49   Bei der Vereinbarung von Zahlungszielen sind die Aufwendungen in Höhe der Gesamtverbindlichkeit zuzüglich der anfallenden Zinsen zu buchen.

III.   Sonstige Aufwendungen

50   Der RLS 10/99 enthält einen Katalog von sonstigen Aufwendungen eines Unternehmens, wobei dieser nicht abschließend ist:

■ Aufwendungen im Zusammenhang mit der Vermietung von Vermögensgegenständen;

■ Aufwendungen aus der Überlassung von Patenten und sonstigen immateriellen Vermögensgegenständen;

■ Aufwendungen aus den Beteiligungen an anderen Unternehmen;

■ Aufwendungen sowie Verluste aus dem Verkauf und Abgang von Sachanlagen und sonstigen Vermögensgegenständen;

■ Zinsaufwand;

■ Bankgebühren und ähnliche Aufwendungen;

■ Einstellung in die Rückstellungen sowie Wertberichtigungen von Forderungen und Vorräten;

■ Strafen und Verzugszinsen aus der Verletzung von Vertragsbedingungen;

■ Schadensersatz;

■ Aufwendungen aus Vorperioden;

■ Aufwendungen für die Abschreibung von verjährten und sonstigen uneinbringlichen Forderungen;

■ Kursdifferenzen;

■ Wertminderung von Sachanlagen;

■ Aufwendungen in Bezug auf Auszahlungen und Beiträge für die Wohltätigkeit, sportliche Veranstaltungen, Erholung, Unterhaltung, kulturelle und aufklärenden Veranstaltungen und sonstige ähnliche Maßnahmen;

■ sonstige übrige Aufwendungen.

Sonstige Aufwendungen werden auf dem gleichnamigen Konto 91-2 gebucht. 51

€ Steuern:

Im Sinne des Steuerrechts werden unter den Betriebsaufwendungen des Steuerpflichtigen die wirtschaftlich begründeten und ordnungsgemäß belegten Ausgaben verstanden, die durch ihn getragen wurden (Art. 252 SteuerGB).

Steuerliche Ausgaben werden in die

■ Betriebsaufwendungen und

■ sonstige (außerbetriebliche) Aufwendungen unterteilt.

Für die Aufwendungen aus der gewöhnlichen Geschäftstätigkeit im Handelsrecht steht der Begriff *Betriebsaufwendungen* im Steuerrecht. Die Betriebsaufwendungen umfassen im Einzelnen:

■ Materialausgaben;

■ Ausgaben für Löhne und Gehälter inklusive Sozialabgaben;

■ Abschreibungen für Abnutzung;

■ sonstige Betriebsaufwendungen.

Außerdem wird für die Bewertung fertiger und unfertiger Erzeugnisse sowie Handelswaren zwischen direkten und indirekten Aufwendungen unterschieden. Darauf wurde bereits weiter oben eingegangen.

Bei der Geltendmachung von steuerlichen Aufwendungen sind gesetzlich vorgesehene Höchstbeträge und weitere Einschränkungen zu beachten. Es handelt sich z. B. um Aufwendungen für freiwillige Lebens- oder Rentenversicherungen der Arbeitnehmer, private Versicherungen für die Erstattung von medizinischen Aufwendungen, Bewirtungskosten, Verpflegungspauschalen, Vergütungen für den Einsatz von Pkw sowie Motorrädern der Mitarbeiter usw. Detaillierte Informationen hierzu können den Anlagen 7 und 8 entnommen werden.

IV. Anerkennung von Aufwendungen

Zur Anerkennung von Aufwendungen müssen folgende drei Bedingungen kumulativ erfüllt werden: 52

a) die Aufwendung ist gemäß einem Vertrag, gesetzlichen Anforderungen oder Geschäftsgepflogenheiten entstanden;

b) der Betrag der Aufwendung kann zuverlässig bestimmt werden und

c) der aus dem konkreten Geschäftsvorfall resultierende Abfluss wirtschaftlichen Nutzens ist wahrscheinlich (Der Abfluss wirtschaftlichen Nutzens ist wahrscheinlich, wenn das Unternehmen einen Vermögensgegenstand bereits übergeben hat oder keine Ungewissheiten in Bezug auf die Übergabe eines solchen Vermögensgegenstandes bestehen.).

Falls eine der Bedingungen nicht erfüllt ist, muss ein Ausweis als Forderung (geleistete Anzahlung) erfolgen.

🛈 **Praxishinweis:**

Sowohl handelsrechtlich als auch steuerlich wird die Erfüllung dieser drei Bedingungen mit folgenden Unterlagen nachgewiesen: Vertrag, Rechnung, Lieferschein bzw. Kassenbon für Waren, Abnahmeprotokoll für Dienstleistungen.

Zusätzlich ist die Faktura-Rechnung für den Vorsteuerabzug unabdingbar.

In Bezug auf Hotelrechnungen gilt z.B. folgende Besonderheit: Die spezielle Rechnung für USt-liche Zwecke – die Faktura-Rechnung – wird nicht an natürliche sondern nur an juristische Personen ausgestellt. Viele Hotels weigern sich aus organisatorischen Gründen, Faktura-Rechnungen an einzelne Gäste auszustellen, auch wenn sie geschäftlich unterwegs sind und die Faktura-Rechnung für eine juristische Person (den Arbeitgeber) benötigt wird. Das Problem wird in der Praxis über einen direkten Vertrag mit dem Hotel umgangen. Die Erstellung der Rechnungen sowie der Faktura-Rechnungen erfolgt regulär und direkt an die Gesellschaft. Die Voraussetzung für die steuerliche Abzugsfähigkeit der Aufwendungen sowie den Vorsteuerabzug ist somit geschaffen. Das gleiche gilt ebenfalls für weitere ähnliche Aufwendungen wie z. B. den Taxi-Service.

53 Unternehmen, die in Bezug auf die Umsätze das Realisationsprinzip anwenden, müssen dem gleichen Prinzip bei der Anerkennung der entsprechenden Aufwendungen folgen. Kleine und mittlere Unternehmen, die ihr Wahlrecht zur Buchung der Umsätze nach Zahlungseingang ausüben, müssen die Aufwendungen ebenfalls nach dem Zahlungsausgang zuordnen.

54 Handelsrechtliche Aufwendungen sind unabhängig von ihrer steuerlichen Abzugsfähigkeit zu erfassen.

V.   Angabepflichten

55 Im Zusammenhang mit der Anerkennung von Aufwendungen sind die folgenden Angaben offenzulegen.

In der Bilanzierungsrichtlinie:

- die Art der Behandlung von Verwaltungs- sowie Vertriebsaufwendungen (direkt in die Kosten der Leistunsgerstellung oder anteilige Aktivierung);

56 In der Gewinn- und Verlustrechnung:

- *Kosten der zur Erzielung der Umsatzerlöse erbrachten Leistungen, eingesetzten Waren und Materialien (Zeile 020);*

- *Vertriebskosten (Zeile 030);*

- *Verwaltungskosten (Zeile 040);*

- *sonstige Aufwendungen (Zeilen 070, 100, 130).*

57 Falls wesentliche Erträge gemäß dem RLS 9/99 gesondert in der GuV ausgewiesen werden, müssen die entsprechenden Aufwendungen ebenfalls gesondert aufgeführt werden.

58 Sonstige Aufwendungen dürfen mit sonstigen Erträgen saldiert werden, vorausgesetzt

- die entsprechenden Buchhaltungsregeln verbieten eine solche Saldierung nicht und

- die Aufwendungen sowie die damit verbundenen Erträge sind für die Beurteilung der Finanz- und Ertragslage des Unternehmens nicht wesentlich.

In der Anlage zum Jahresabschluss (Formblatt Nr. 5, Seite 5):   59

- Kostenarten nach dem Gesamtkostenverfahren (Zeilen 710 bis 760);

- Veränderung des Bestandes an unfertigen Erzeugnissen, der Aufwendungen zukünftiger Perioden sowie der Rückstellungen (Zeilen 765 bis 767).

D.   Preisnachlässe

Unterschiedliche Kundenbindungsstrategien, die im Westen breite Anwendung finden, gehören   60
seit wenigen Jahren auch zum Marketinginstrumentarium in Russland. Preisnachlässe sind ein
wesentlicher Bestandteil davon und beinhalten sowohl Rabatte als auch Boni und Skonti, wobei
Boni und Skonti auch erst in der letzten Jahren breiten Eingang in die Geschäftspraxis gefunden
haben. Die handelsrechtliche Erfassung der Auswirkungen von Kundenbindungsstrategien ist daher nicht auf der Ebene der RLS geregelt und muss auf der Basis des bestehenden Buchwerkes und
der internen Regeln im Unternehmen festgelegt werden.

Gemäß RLS 9/99 sind alle gewährten Rabatte bereits bei der Buchung der Umsätze zu berück-   61
sichtigen. Wird dem Käufer ein Rabatt vor der Warenübergabe (vor dem Eigentumsübergang)
gewährt, so entsteht keine Ausweisnotwendigkeit in der Handelsbilanz. Der Verkäufer bucht den
Umsatz bereits abzüglich der gewährten Rabatte oder Skonti. Sie werden bei ihm nicht als gesonderter Aufwand berücksichtigt. Auch eine offene Absetzung als Erlösschmälerungen ist nicht
vorgesehen.

Auf weitere Varianten der Preisnachlässe wird im RLS 9/99 sowie im RLS 10/99 nicht eingegangen.   62
Die bestehende Geschäftspraxis bietet folgende Lösungen für die Fälle, in denen Preisnachlässe
erst nach der Buchung der Umsätze gewährt werden: Es wird zwischen den Fällen unterschieden,
in denen die Preisnachlässe mit einer Preisänderung oder ohne Preisänderung gewährt werden.
Dieser Unterschied ist insbesondere steuerlich relevant. Bei Preisnachlässen mit Preisänderung
wird der ursprüngliche Warenpreis korrigiert. Bei Preisnachlässen ohne Preisänderung handelt es
sich um Boni, die der Verkäufer dem Kunden für die Erfüllung bestimmter Vertragsbedingungen
insbesondere bei der Erreichung bestimmter Abnahmemengen gewährt.

I.   Gewährung von Preisnachlässen mit Preisänderung

Wird ein Preisnachlass beim Warenverkauf nach der Warenübergabe (nach dem Eigentumsüber-   63
gang) aber im gleichen Geschäftsjahr gewährt (gemäß Punkt 2 Art. 424 ZGB), ist der entsprechende Umsatzerlös zu korrigieren. Dies wird i. d. R. über eine Stornobuchung geregelt: STORNO
62 *Forderungen aus Lieferungen und Leistungen* an 90-1 *Umsatzerlöse*).

🛈 Praxishinweis:

*Bei einer Stornobuchung handelt es sich meistens nicht um eine Ausbuchung oder eine umgekehrte Buchung des davor
gebuchten Buchungssatzes (z. B. 90-1 Umsatzerlöse an 62 Forderungen aus Lieferungen und Leistungen aus dem obigen Beispiel), sondern um eine Streichung der zuvor vorgenommenen Buchung durch ihre Wiederholung mit negativem Vorzeichen,
die normalerweise durch rote Farbe und das Wort STORNO gekennzeichnet wird. Diese Buchung wird im Russischen als „rotes
Storno" oder „rote Stornobuchung" bezeichnet.*

In der Literatur sind daneben Methoden der Veränderungen/Korrekturen der Buchungseintragungen wie die so genannte Korrekturmethode sowie die Methode der zusätzlichen Buchungen bekannt, wobei die Methode der roten Stornobuchung am weitesten verbreitet ist.

Bei der ersten Methode handelt es sich um eine rein manuelle Korrektur der Buchhaltungseinträge auf Papierdatenträgern. Die falsche Eintragung wird so gestrichen, dass der Text der Eintragung gut lesbar ist. Eine neue Eintragung wird darüber angebracht. Diese Methode ist möglich, falls die Veränderung zeitnah erfolgt und die alte Eintragung nicht in die Abschlussbuchungen eingeflossen ist.

Die Methode der zusätzlichen Buchungen kann angewandt werden, wenn der Betrag zu niedrig ausgewiesen, der Buchungssatz aber richtig ist. Die Differenzen werden nachgebucht.[5]

64   Werden Preisnachlässe nachträglich und erst in den nächsten Geschäftsjahren, gewährt (gemäß Punkt 2 Art. 424 ZGB), können sie als periodenfremde Aufwendungen im Sinne des RLS 10/99 in der Rechnungslegung der laufenden Periode berücksichtigt werden. Periodenfremde Aufwendungen sind im laufenden Abschluss erfolgswirksam unter den sonstigen Aufwendungen zu summieren. Der entsprechende Buchungssatz lautet in dem Fall: 91-2 *Sonstige Aufwendungen* an 62 *Forderungen aus Lieferungen und Leistungen*.

II.   Gewährung von Preisnachlässen ohne Preisänderung

65   Wird ein Kundenbonus nach der Warenübergabe ohne Kaufspreisänderung nachträglich gewährt, weist der Verkäufer in seinem Buchwerk den Bonus unter dem sonstigen Aufwand aus. Der entsprechende Buchungssatz lautet: 91-2 *Sonstige Aufwendungen* an 62 *Forderungen aus Lieferungen und Leistungen*.

66   Wird ein Bonus nach der Warenübergabe und ohne Kaufspreisänderung gewährt, wobei dem Käufer ein zusätzlicher Warenposten (Warenpartie) unentgeltlich geliefert wird, so weist der Verkäufer die als Bonus versandten Waren unter den sonstigen Aufwendungen aus. Der entsprechende Buchungssatz lautet in dem Fall: 91-2 *Sonstige Aufwendungen* an 41 *Handelswaren*.

67   In den beiden letzteren Fällen kann auch das Konto 26 *Allgemeine Verwaltungsaufwendungen* anstatt des Kontos 91-2 *Sonstige Aufwendungen* bebucht werden, da ein Zusammenhang mit den Umsatzerlösen in dem Fall gegeben ist. Da dieser Zusammenhang sich auf die Umsatzerlöse der Vorperioden bezieht, erscheint aber die Bebuchung des Kontos 91-2 *Sonstige Aufwendungen* folgerichtiger.

68   Falls eine vertragliche Verpflichtung bzw. geschäftliche Gepflogenheit besteht, Preisnachlässe, die sich auf ein vergangenes Geschäftsjahr beziehen, erst in folgenden Geschäftsjahren an Kunden zu gewähren, besteht nach Meinung der Verfasser eine Eventualverbindlichkeit in Sinne des RLS 8/01. Die geschäftliche Gepflogenheit müsste in den allgemeinen Vertragsbedingungen oder einer ähnlichen Unterlage sowie in der Bilanzierungsrichtlinie festgehalten werden. Falls diese Eventualverbindlichkeit eine zum Bilanzstichtag existierende Verpflichtung des Unternehmens bildet, die bezüglich ihrer Fälligkeit oder ihrer Höhe ungewiss ist, wäre in dem Fall eine Rückstellung in der Handelsbilanz (steuerlich nicht zulässig) zu bilden. Dies ist allerdings in der gegenwärtigen Bilanzierungspraxis nicht üblich.

---

5   S. 57 § 16 Buchführung, N. P. Kondrakow

€ **Steuern:**

Gemäß Art. 40 des SteuerGB, welcher das „Arm's-length-Prinzip enthält, wird der vertraglich vereinbarte Preis für Waren und Dienstleistungen steuerlich akzeptiert. Es wird angenommen, dass der vereinbarte Preis dem Marktpreis entspricht, es sei denn das Gegenteil wurde nachgewiesen. Auf die Einzelheiten des Arm's-lenghs-Prinzips wurde bereits in vorangegangenen Kapiteln eingegangen.

Eine für 2008 geplante Richtlinie zur Verrechnungspreisdokumentation ist nicht zum 01. Januar 2008 in Kraft getreten. Die dort vorgesehenen Regelungen gingen weit über das hinaus, was z.B. in Deutschland oder Österreich gefordert wird.

Bei der Festlegung des Marktpreises sind Preisnachlässe zu berücksichtigen und zwar solche, die durch

a. saisonale und sonstige Schwankungen der Nachfrage auf Waren und Dienstleistungen;

b. Verluste an Qualität und andere Gebrauchseigenschaften der Waren;

c. Ablauf oder Näherkommen des Verfalls- oder Verbrauchsdatums;

d. die Marketingpolitik unter anderem bei der Einführung neuer Waren, wenn keine ähnlichen Waren auf dem Markt vorhanden sind, sowie die Erschließung von neuen Märkten;

e. den Verkauf von Test- bzw. Promotionsartikeln zur Bekanntmachung unter den Verbrauchern.

bedingt sind.

Art. 40 SteuerGB ist nur auf vertraglich vereinbarte Preise und nicht auf Preisnachlässe, die in Form von Boni für die Erfüllung gewisser Vertragsbedingungen ohne Preisänderung gewährt werden, anzuwenden[6].

Eine große Erleichterung für die Steuerpflichtigen stellt die Novelle des SteuerGB in Bezug auf die Abzugsfähigkeit der gewährten Preisnachlässe ohne Preisänderung dar. Diese Novelle ist 2006 in Kraft getreten. Preisnachlässe, die dem Kunden für die Erfüllung bestimmter Verpflichtungen aus dem Kaufvertrag, insbesondere bei der Erreichung bestimmter Abnahmemengen, gewährt werden, gehören zu den abzugsfähigen sonstigen (außerbetrieblichen) Aufwendungen des laufenden Besteuerungszeitraumes des Verkäufers[7].

Vor Inkrafttreten der Novelle vertrat die Steuerbehörde die Ansicht, dass diese Preisnachlässe der unentgeltlichen Gewährung von Vermögensrechten zuzuordnen und somit nicht abzugsfähig sind. Beim Käufer waren sie dagegen steuerpflichtig (Punkt 8 Art. 250 SteuerGB). Zur Vermeidung musste der Verkäufer Rechnungen, Lieferscheine sowie Faktura-Rechnungen unter Berücksichtigung der neuen Preise ausfertigen und dem Käufer zur Verfügung stellen. Außerdem mussten sowohl der Käufer als auch der Verkäufer korrigierende Steuererklärungen einreichen, da dieser Vorgang als Fehler in einer Vorperiode angesehen wurde. Bilanzierungsfehler aus Vorperioden werden steuerlich in den entsprechenden Vorperioden korrigiert. Der Steuerpflichtige muss im Falle eines Bilanzierungsfehlers in der Vorperiode eine korrigierte Steuererklärung einreichen (Punkt 1 Art. 54 SteuerGB und Punkt 1 Art. 81 SteuerGB).

Für den Käufer gehören erhaltene Boni, falls der ursprüngliche Warenpreis nicht geändert wird, nach wie vor zu den unentgeltlich erhaltenen Vermögensrechten und sind daher steuerpflichtig[8]. Für Käufer und Verkäufer gelten somit unterschiedliche steuerliche Rahmenbedingungen. Falls der Käufer diese steuerlichen Nachteile vermeiden will, wird er zu der oben beschriebenen Vorgehensweise zurückkehren wollen. Für den Verkäufer ist dies steuerlich nicht mehr interessant und daher nur zusätzlicher Verwaltungsaufwand. Ob der Verkäufer dennoch willig sein wird, die gewährten Preisnachlässe als Fehler der Vorperioden zu klassifizieren, wird wohl von anderen wirtschaftlichen Faktoren wie Größe und Wichtigkeit des Kunden, Marktlage usw. abhängen.

Nach der Meinung des Finanzministeriums der RF betrifft die Novelle des SteuerGB nicht die Fälle, in denen Preisnachlässe mit Preisänderung gewährt werden[9]. In diesem Fall muss der Verkäufer, wie oben bereits beschrieben, die Belege korrigieren und dem Kunden zur Verfügung stellen sowie eine korrigierte Steuererklärung für die vorangegangenen Berichtsperioden einreichen. Dieser Vorgang entspricht der handelsrechtlichen Storno-Buchung. Falls dies erfolgt, erhöhen die gewährten Preisnachlässe die Steuerbemessungsgrundlage der Gewinnsteuer beim Kunden nicht[10].

6   Schreiben des Finanzministeriums der RF Nr. 03-03-04/1/445 vom 26. Dezember 2005
7   Punkt 1.19.1) Art. 265 SteuerGB
8   Schreiben des Finanzministeriums der RF Nr. 03-03-04/1/155 vom 09. August 2005
9   Schreiben des Finanzministeriums der RF Nr. 03-03-04/1/411 vom 02. Mai 2006
10   Schreiben des Finanzministeriums der RF Nr. 03-03-04/1/190 vom 15. September 2005

E. Ergebnis je Aktie

I. Allgemeines

69 Gemäß der Anforderung der RLS 4/99 *Abschluss des Unternehmens*, eingeführt durch die Anordnung des Finanzministeriums der RF Nr. 43n vom 06. Juli 1999 (RLS 4/99), ist im Jahresabschluss eines Unternehmens die Information zum Ergebnis je Aktie anzugeben. In der Gewinn- und Verlustrechnung ist diese Information unterhalb des Jahresergebnisses offen zu legen.

70 Ein separater RLS zur Ermittlung und Präsentation des Ergebnisses je Aktie existiert in der russischen Rechnungslegung nicht. Das Finanzministerium der RF hat einheitliche methodische Anweisungen zur Ermittlung und Präsentation dieser Kennzahlen (Methodische Anweisungen) herausgegeben, die von allen Aktiengesellschaften anzuwenden sind. Diese wurden durch die Anordnung des Finanzministeriums der RF vom 21. März 2000 Nr. 29n eingeführt. Die Prinzipien der Ermittlung des Ergebnisses je Aktie wurden dem IAS 33 *Earnings per Share* entnommen.

71 Gemäß diesen Methodischen Anweisungen sind sowohl das unverwässerte Ergebnis je Aktie als auch verwässertes Ergebnis je Aktie anzugeben.

II. Unverwässertes Ergebnis je Aktie

72 Das unverwässerte Ergebnis je Aktie wird durch Division des unverwässerten Jahresüberschusses/Jahresfehlbetrages des Geschäftsjahres durch den gewichteten Durchschnitt der Anzahl der während des Geschäftsjahres ausstehenden Stammaktien berechnet.

73 Unter dem unverwässerten Jahresüberschuss/Jahresfehlbetrag wird der Jahresüberschuss/Jahresfehlbetrag der Berichtperiode bereinigt um Steuern und Dividenden, die den Aktionären der Vorzugsaktien zustehen, verstanden.

74 Der gewichtete Durchschnitt der Anzahl der in einer Berichtperiode ausstehenden Stammaktien wird durch Division der Summe aller zum ersten jedes Kalendermonats des Geschäftsjahres ausstehenden Stammaktien durch die Anzahl der Kalendermonate im Geschäftsjahr ermittelt. Für die Ermittlung des gewichteten Durchschnitts sind die Angaben dem Aktienregister zu entnehmen.

75 Das nachstehende Beispiel verdeutlicht die Ermittlung des gewichteten Durchschnitts der Anzahl der im Geschäftsjahr ausstehenden Stammaktien.

> **Beispiel[11]:**

In 2007 hat die Aktiengesellschaft X folgende Einträge in ihrem Aktienregister verzeichnet:

Datum	Emission von Aktien gegen Bareinlage	Abgang von Aktien	Ausstehende Stammaktien gesamt
01.01			1.000
01.04	800		1.800
01.10		400	1.400
Gesamt 31.12	800	400	1.400

---

11 Punkt 5 der Methodischen Anweisungen, eingeführt durch die Anordnung des Finanzministeriums der RF Nr. 29n vom 21. März 2000. Die Jahreszahlen sind geändert worden.

Der gewichtete Durchschnitt der Anzahl der in einem Geschäftsjahr ausstehenden Stammaktien:

$(1.000 \times 3 + 1.800 \times 6 + 1.400 \times 3) / 12 = 1.500$ oder

$(1.000 \times 12 + 800 \times 9 - 400 \times 3) / 12 = 1.500$.

Wenn sich der gewichtete Durchschnitt der im Geschäftsjahr ausstehenden Stammaktien ohne   76
korrespondierenden Mittelzufluss verändert, ist die Veränderung der Aktienanzahl für den Beginn des Geschäftsjahres anzunehmen. Die Emission von Stammaktien ohne korrespondierenden Mittelzufluss erfolgt bei Aktiensplits, Aktienzusammenlegungen inklusive Emission von Aktien aus Mitteln des Zusatzkapitals, das infolge einer Aufwertung der Sachanlagen zustande gekommen ist. Aktien, die ohne korrespondierenden Mittelzufluss emittiert wurden, werden unter den Aktionären gleichmäßig in Relation zu ihren Anteilen am Grundkapital der Aktiengesellschaft und in ganzen Stücken (d. h. ohne Dezimalstellen) verteilt.

Der gewichtete Durchschnitt der vor einer Emission ausstehenden Stammaktien erhöht sich in   77
der gleichen Proportion, in der die Anzahl der Stammaktien durch die Emission erhöht wurde.

> Beispiel[12]:

	2007	2008	Ausstehende Aktien gesamt
01.01.			1.400
01.06., Emission von Stammaktien ohne Mittelzufluss		1.400	2.800
gewichteter Durchschnitt der im Geschäftsjahr ausstehenden Stammaktien	1.500 (wie oben)		
gewichteter Durchschnitt der im Geschäftsjahr ausstehenden Stammaktien (angepasst)	3.000	2.800	

Liegt bei Ausgabe von Bezugsrechten für neue Aktien der Ausgabekurs unter dem Marktwert   78
der Aktien, sind zur Berechnung des unverwässerten Ergebnisses je Aktie alle vor der Ausgabe ausstehenden Stammaktien mit dem entsprechenden Wert, der unter dem Marktwert liegt, zu korrigieren, wobei ihre Anzahl sich entsprechend erhöht.

Die Anzahl der vor der Ausübung der Bezugsrechte ausstehenden Stammaktien wird mit Hilfe   79
des folgenden Quotienten ermittelt:

$$\frac{\text{Marktwert der Stammaktie nach der Bezugsrechtsausübung}}{\text{theoretischer Wert der Stammaktie nach der Bezugsrechtsausübung}}$$

Der theoretische Wert wird wie folgt ermittelt: 80

$(D1 + D2) / KA,$

wobei

D1   der Marktwert aller vor der Ausübung der Bezugsrechte ausstehenden Stammaktien. Dieser Marktwert wird durch die Multiplikation der Anzahl der Stammaktien mit dem Marktpreis je Aktie ermittelt;

D2   empfangener Gegenwert aus der Ausübung der Bezugsrechte;

KA   Stammaktienanzahl nach der Ausübung der Bezugsrechte.

---

12   Punkt 7 der Methodischen Anweisungen, eingeführt durch die Anordnung des Finanzministeriums der RF Nr. 29n vom 21. März 2000. Die Jahreszahlen sind geändert worden.

> **Beispiel[13]:**
>
> Eine Aktiengesellschaft X hat zu Beginn des Jahres 2007 eine Emission von Bezugsrechten mit einem Bezugsverhältnis von 1:4 durchgeführt. Die Bezugsrechte müssen spätestens am 01. Juni 2007 zum Wert von 9 Rubel je Aktie ausgeübt werden. Der Marktwert liegt zum Zeitpunkt der Emission bei 10 Rubel je Aktie.

	2006	2007	Anzahl der ausstehenden Stammaktien
01.01.			2.800
01.06., Ausübung der Bezugsrechte		700	3.500
gewichteter Durchschnitt der im Geschäftsjahr ausstehenden Stammaktien	2.800 (wie oben)		
theoretischer Wert der Stammaktie nach der Bezugsrechtsausübung		$(10 \times 2.800 + 9 \times 700)/3.500$ Rubel $= 9,8$ Rubel	
Quotient	$10/9,8 = 1,02$	$10/9,8 = 1,02$	
gewichteter Durchschnitt der ausstehenden Stammaktien (angepasst)	$2.800/1,02 = 2.856$	$(2.800 \times 1,02 \times 5 + 3.500 \times 7)/12$ $= 3.232$	

III.   Verwässertes Ergebnis je Aktie

81   Das verwässerte Ergebnis je Aktie zeigt die maximal mögliche Verwässerung des Jahresüberschusses (Jahresfehlbetrages) je Aktie infolge

- einer Umwandlung aller umwandelbaren Wertpapiere einer Aktiengesellschaft in Stammaktien dieser Aktiengesellschaft;

- einer Ausübung aller Aktienoptionen, die mit dem Recht ausgestattet sind, die Aktien unter ihrem Marktwert zu erwerben.

82   Zu den umwandelbaren Wertpapieren zählen Vorzugsaktien sowie weitere Wertpapiere einer Aktiengesellschaft, die ihre Inhaber berechtigen, ihre Umwandlung in Stammaktien der Aktiengesellschaft innerhalb einer bestimmten Frist zu verlangen.

83   Unter einer Verwässerung des Ergebnisses wird die Verringerung des Gewinnes (Erhöhung des Verlustes) je Aktie aufgrund der Annahme verstanden, dass neue Stammaktien einer Aktiengesellschaft herausgegeben werden, ohne dass die Aktiva der Aktiengesellschaft erhöht werden. Eine Ausnahme davon bildet die Emission von Stammaktien ohne korrespondierenden Mittelzufluss (Aktiensplits, Aktienzusammenlegungen inklusive Emission der Aktien aus Mitteln des Zusatzkapitals, das infolge einer Aufwertung von Sachanlagen zustande gekommen ist).

84   Die Ermittlung des verwässerten Ergebnisses je Aktie erfolgt in drei Schritten:

1. Berechnung der möglichen Erhöhung des Jahresüberschusses und des gewichteten Durchschnittes der ausstehenden Stammaktien

    a) Berücksichtigung aller verwässernden potenziellen Stammaktien

85   Bei der Ermittlung des verwässerten Ergebnisses je Aktie werden der unverwässerte Jahresüberschuss/Jahresfehlbetrag sowie der gewichtete Durchschnitt der ausstehenden Stammaktien unter Berücksichtigung aller verwässernden potenziellen Stammaktien angepasst.

---

13   Punkt 8 der Methodischen Anweisungen, eingeführt durch die Anordnung des Finanzministeriums der RF Nr. 29n vom 21. März 2000. Die Jahreszahlen sind geändert worden.

Die Anpassung erfolgt durch die Erhöhung sowohl des Zählers (unverwässertes Ergebnis)   86
als auch des Nenners (gewichteter Durchschnitt der ausstehenden Stammaktien) infolge
aller verwässernden potenziellen Stammaktien. Hierfür ist der Jahresüberschuss (Jahresfehlbetrag) um alle Bestandteile zu korrigieren, die für die verwässernden potenziellen
Aktien in der Gewinn- und Verlustrechnung angesetzt sind. Das sind z. B. folgende Aufwendungen und Erträge: Dividenden und Zinsen für Vorzugsaktien und Obligationen,
Differenzbeträge zwischen dem Nominalwert der Aktien und dem Emissionswert der Aktien u. ä. Bei der Ermittlung des verwässerten Jahresüberschusses (Jahresfehlbetrages) sind
die Aufwendungen um die entsprechenden Erträge zu mindern. Der gewichtete Durchschnitt aller ausstehenden Aktien ist um alle potenziellen Stammaktien anzupassen.

b) Berücksichtigung aller Optionen

Bei der Ausübung von Bezugsrechten gemäß Optionsverträgen werden die neuen Stamm-   87
aktien zu einem Preis herausgegeben, der unter dem Marktpreis der Stammaktien liegt.
Der unverwässerte Jahresüberschuss/Jahresfehlbetrag sowie der gewichtete Durchschnitt
der ausstehenden Stammaktien werden für die Ermittlung des verwässerten Ergebnisses je
Aktie ebenfalls unter Berücksichtigung aller Optionsverträge angepasst.

Für die Berechnung des verwässerten Ergebnisses je Aktie ist die Differenz zwischen der   88
Anzahl der tatsächlich emittierten Aktien und der Anzahl der Aktien, welche zum Marktwert ausgegeben worden wären, als Emission von Stammaktien ohne Mittelzufluss zu behandeln. Bei der Ermittlung der möglichen Erhöhung des gewichteten Durchschnitts der
ausstehenden Stammaktien werden nur solche Stammaktien berücksichtigt, die ohne Mittelzufluss emittiert worden sind.

Die mögliche Erhöhung des gewichteten Durchschnitts der ausstehenden Stammaktien   89
ohne entsprechenden Mittelzufluss wird wie folgt berechnet:

(durchschnittlicher Marktwert einer Stammaktie innerhalb eines Geschäftsjahres

–

Preis für eine Stammaktie gemäß dem Optionsvertrag)

x

$$\frac{\text{die Gesamtanzahl der Stammaktien gemäß dem Optionsvertrag}}{\text{durchschnittlicher Marktwert einer Stammaktie innerhalb eines Geschäftsjahres}}$$

90

Aufgrund der Informationen, die im Rahmen von Schritt 1 ermittelt wurden, ist die mögliche Erhöhung des Ergebnisses je Aktie für jede Art der umwandelbaren Vorzugsaktien
sowie Optionsverträge zu ermitteln.

2. Festlegung der Reihenfolge, in der verwässernde Wertpapiere bei der Berechnung des gewichteten Durchschnitts der Aktien zu berücksichtigen sind

Anschließend werden die potenziellen Stammaktien in aufsteigender Reihenfolge vom ge-   91
ringsten Ergebnis je Aktie zum höchsten Ergebnis je Aktie sortiert.

In der ermittelten Reihenfolge wird der Zähler (unverwässerter Jahresüberschuss/Jahresfehl-   92
betrag) um den Zufluss der Finanzmittel sukzessive erhöht. Der Nenner (gewichteter Durchschnitt der ausstehenden Aktien) wird ebenfalls schrittweise um die zusätzlichen Stammaktien erhöht.

3. Analyse der Information aus Schritt 2

93

Potenzielle Stammaktien haben nur dann einen verwässernden Charakter, wenn durch ihre Umwandlung in Stammaktien das unverwässerte Ergebnis je Aktie vermindert wird. Falls eines der Ergebnisse je Aktie höher als das vorherige ist, d. h. es weist eine Erhöhung des Ergebnisses je Aktie auf, ist die Verwässerung entgegengesetzt. Solche entgegenwirkenden Ergebnisse werden in die Berechnung des verwässerten Ergebnisses je Aktie nicht mit einbezogen.

> **Beispiel[14]:**

Ausgangsdaten

Jahresüberschuss der Aktiengesellschaft X für 2007 nach Steuern, bereinigt um Dividenden, die den Aktionären der Vorzugsaktien zustehen	64.640 Rubel
gewichteter Durchschnitt der in 2007 ausstehenden Stammaktien	3.232 Stück
Unverwässertes Ergebnis je Aktie	64.640 / 3.232 = 20 Rubel
Durchschnittlicher Marktpreis je Aktie	10 Rubel
Potenzielle Stammaktien:	
Umwandelbare Vorzugsaktien, Dividenden 4 Rubel je Aktie mit dem Bezugsverhältnis 1 Vorzugsaktie : 2 Stammaktien	1.000 Stück
20 % Obligationen im Nominalwert von 500 Rubel je Obligation, umwandelbar mit dem Bezugsverhältnis 1 Obligation : 5 Stammaktien	1.000 Stück
Optionsvertrag für den Erwerb von Stammaktien für 9 Rubel	100 Stück

Schritt 1: Berechnung der Erhöhung des Jahresüberschusses sowie des gewichteten Durchschnitts der ausstehenden Aktien infolge aller verwässernden potenziellen Stammaktien sowie Aktienoptionen

I. Umwandelbare Vorzugsaktien	
mögliche Erhöhung des Jahresüberschusses	4 x 1.000 = 4.000 Rubel
Zusätzliche Aktien	2 x 1.000 = 2.000 Rubel
mögliche Erhöhung des Ergebnisses je Aktie	4.000 / 2.000 = 2
II. Umwandelbare Obligationen	
mögliche Erhöhung des Jahresüberschusses aus der Ersparnis von Zinsen	500.000 x 0,2 = 100.000 Rubel
mögliche Erhöhung des Gewinnsteueraufwandes (der angenommene Steuersatz beträgt 30 %)	100.000 x 0,3 = 30.000 Rubel
Ersparnisse an Zinsen unter Berücksichtigung der Gewinnsteuer	100.000 – 30.000 = 70.000 Rubel
Zusätzliche Aktien	5 x 1.000 = 5.000
mögliche Erhöhung des Ergebnisses je Aktie	70.000 / 5.000 = 14 Rubel
III. Optionsvertrag	
mögliche Erhöhung des Jahresüberschusses	0
zusätzliche Aktien ohne eine entsprechende Erhöhung der Aktiva	(10-9) x 100 / 10 = 10
mögliche Erhöhung des Ergebnisses je Aktie	0

---

14   Punkt 15 der Methodischen Anweisungen, eingeführt durch die Anordnung des Finanzministeriums der RF Nr. 29n vom 21. März 2000. Die Jahreszahlen sind geändert worden.

Schritte 2 und 3.   Berechnung des verwässerten Ergebnisses je Aktie

Bezeichnung	Zähler	Nenner	Ergebnis je Aktie
Optionsvertrag	64.640 + 0 = 64.640	3.232 + 10 = 3.242	64.640 / 3.242 = 19,94 Es liegt eine Verwässerung vor.
Umwandelbare Vorzugsaktien	64.640 + 4.000 = 68.640	3.242 + 2.000 = 5.242	68.640 / 5242 = 13;09 (weniger als 19,94) Es liegt eine Verwässerung vor.
Umwandelbare Obligationen	68.640 + 70.000 = 138.640	5.242 + 5.000 = 10.242	138.640 / 10.242 = 13,54 (mehr als 13,09) Es liegt keine Verwässerung vor.
Verwässertes Ergebnisses je Aktie			13,09

IV.   Angabepflichten

In der Gewinn- und Verlustrechnung sind   94

■   das unverwässerte Ergebnis je Aktie sowie

■   das verwässerte Ergebnis je Aktie

offen zu legen.

Darüber hinaus sind im Anhang Informationen zur Höhe des unverwässerten Jahresüberschusses   95
(Jahresfehlbetrages) und des verwässerten Jahresüberschusses (Jahresfehlbetrages) sowie zu dem
gewichteten Durchschnitt der ausstehenden Stammaktien, der bei der Ermittlung des unverwässerten sowie des verwässerten Ergebnisses je Aktie genutzt wurde, anzugeben.

Die beiden Kennzahlen müssen für das Geschäftsjahr sowie mindestens für das Vorjahr ausge-   96
wiesen werden, es sei denn die Aktiengesellschaft erstellt den Abschluss zum ersten Mal für das
laufende Geschäftsjahr.

Falls das berichtende Unternehmen keine umwandelbaren Vorzugsaktien bzw. Optionsverträge   97
in Umlauf hat, ist nur das unverwässerte Ergebnis je Aktie offen zu legen.

Die Kennzahlen für die Vorjahre sind anzupassen, falls folgende Ereignisse eintreten: 98

■   Veränderungen der Bewertungs- und/oder Bilanzierungsmethoden;

■   Emission von Stammaktien ohne korrespondierenden Mittelzufluss;

■   Emission von Stammaktien mit einem Ausgabekurs unter dem Marktwert der Aktien.

In den beiden letzten Fällen ist der gewichtete Durchschnitt der ausstehenden Aktien für die Vor-   99
perioden so anzupassen, als ob die Ereignisse bereits zum Beginn der ersten Periode eingetreten
sind, für die die Kennzahlen ermittelt werden. Im Anhang ist dazu folgende Information offen zu
legen:

■   das Ereignis, infolge dessen die Emission zusätzlicher Stammaktien stattgefunden ist;

■   das Datum der Emission der zusätzlichen Stammaktien;

■   die wesentlichen Bedingungen der Emission der zusätzlichen Stammaktien;

■   die Anzahl der emittierten zusätzlichen Stammaktien;

■   der empfangene Gegenwert aus der Emission der zusätzlichen Stammaktien (falls Bezugsrechte mit anteiliger Bezahlung zusätzlicher Stammaktien ausgeübt worden sind).

100   Falls die Emission von Stammaktien ohne korrespondierenden Mittelzufluss bzw. mit einem Ausgabekurs unter dem Marktwert der Aktien nach dem Berichtsdatum, aber vor dem Datum der Freigabe (durch Unterzeichnung) des Jahresabschlusses durch die Geschäftsführung erfolgt, ist das unverwässerte sowie das verwässerte Ergebnis je Aktie für das Geschäftsjahr sowie für die Vorjahre entsprechend anzupassen.

101   Informationen über Ereignisse nach dem Bilanzstichtag sind im Anhang offen zu legen.

102   Die methodischen Anweisungen des Finanzministeriums sehen ebenfalls eine Offenlegungspflicht für die Geschäftsvorfälle mit Stammaktien, umwandelbaren Vorzugsaktien sowie Aktienoptionen vor, die nach dem Bilanzstichtag zustande gekommen sind, falls diese Informationen für die Nutzer des Abschlusses wesentlich sind. Solche Angaben sind im Anhang offen zu legen. Beispiele für solche Geschäftsvorfälle sind

- nach ihrem Umfang wesentliche Emissionen von Stammaktien;

- der Rückkauf von Stammaktien durch die Gesellschaft im wesentlichen Umfang;

- der Abschluss eines Vertrages, wonach die Aktiengesellschaft sich bei Erfüllung gewisser Bedingungen zur Emission zusätzlicher Stammaktien verpflichtet;

- Erfüllung der Bedingungen für die Emission von Stammaktien im wesentlichen Umfang, falls diese Bedingungen Voraussetzung für die Emission von Stammaktien waren.

103   Weiterhin enthalten die methodischen Anweisungen eine allgemeine Klausel, wonach jede Information in Bezug auf das unverwässerte und das verwässerte Ergebnis je Aktie offen zu legen ist, falls sie für die Nutzer des Abschlusses wesentlich sein könnte.

§ 8 Konsolidierung

A. Grundsatz

Gesetzliche Grundlage für konsolidierte Abschlüsse befindet sind derzeit in Russland noch in der Entwicklungsphase. Konsolidierte Abschlüsse sind durch RLS 34n vorgeschrieben, werden aber in der Praxis nicht erstellt. Der Grund ist darin zu sehen, dass Unternehmen (außer Banken, staatlichen sowie börsennotierten Unternehmen) nicht verpflichtet sind, ihre konsolidierten Abschlüsse bei den russischen Finanzbehörden vorzulegen. 1

Darüber hinaus sind Unternehmen von der Erstellung eines konsolidierten Abschlusses nach russischen Regelungen freigestellt, falls sie einen konsolidierten Abschluss nach IFRS erstellen. Zwei weitere Bedingungen müssen dafür erfüllt sein[1]: 2

■ der nach IFRS erstellte konsolidierte Abschluss muss verlässlich sein, was durch das Unternehmen sicher zu stellen ist. Die Gewährleistung der Verlässlichkeit des Abschlusses kann z. B. durch den Bestätigungsvermerk eines Wirtschaftsprüfers dokumentiert werden;

■ der Anhang zum konsolidierten Abschluss muss die angewandten Bilanzierungs- und Bewertungsmethoden sowie ihre unterschiedliche Anwendung im Vergleich zu den russischen Rechnungslegungsstandards beschreiben.

Ein Entwurf des Gesetzes über konsolidierte Jahresabschlüsse Nr. 55792-4 wurde von der russischen Duma am 17. Dezember 2004 in zweiter Lesung verabschiedet (insgesamt sind drei Lesungen und eine Bestätigung durch den Präsidenten notwendig, damit ein Gesetz in Kraft treten kann). Gemäß diesem Gesetzesentwurf sind die IFRS-Regelungen direkt auf konsolidierte Abschlüsse anzuwenden. Dafür müssen die IFRS ins Russische übersetzt sowie von der russischen Regierung unter Berücksichtigung der Anforderungen der russischen Gesetzgebung freigegeben werden (Endorsement gemäß Art. 3 des Gesetzesentwurfes). Die Erstellung konsolidierter Abschlüsse nach IFRS ist für Kreditinstitute (Banken) sowie börsennotierte Unternehmen zwingend. Für andere Unternehmen wäre nach dem Gesetzentwurf die Anwendung der IFRS-Regelungen ebenfalls zwingend, falls die Erstellung eines konsolidierten Abschlusses gesetzlich oder in ihren Gründungsunterlagen vorgesehen ist. 3

Börsennotierte Unternehmen sind verpflichtet, ihre konsolidierten Abschlüsse im Rahmen der Quartalsberichte offen zu legen, falls sie die Voraussetzungen zur Erstellung des konsolidierten Abschlusses erfüllen. Sie sind ebenfalls von der Erstellung konsolidierter Abschlüsse nach russischem Recht freigestellt, falls sie konsolidierte Abschlüsse nach IFRS erstellen. 4

Zurzeit enthält RLS 34n die grundsätzliche Anforderung, einen konsolidierten Abschluss zu erstellen. Gemäß diesem RLS ist von der Muttergesellschaft neben ihrem Abschluss ein konsolidierter Abschluss zu erstellen. In den konsolidierten Abschluss sind die Abschlüsse der Unternehmen im Verbund- und Beteiligungsbereich einzubeziehen. 5

Föderale Ministerien und andere exekutive Behörden sind im Unterschied zu den Unternehmen der freien Marktwirtschaft schon jetzt gezwungen, konsolidierte Abschlüsse zu erstellen und dem Finanzministerium der RF, dem Wirtschaftsministerium der RF sowie dem Staatlichen Komitee 6

---

1 Punkt 8 der Methodischen Anweisungen zur Erstellung und Offenlegung konsolidierter Abschüsse, eingeführt durch die Anordnung des Finanzministeriums der RF Nr. 112 vom 30. Dezember 1996

für Statistik der RF vorzulegen. Die Erstellung erfolgt dabei nach zwei separaten Konsolidierungskreisen. Zum ersten Konsolidierungskreis gehören staatliche und kommunale unitare Unternehmen. Das staatliche oder kommunale unitare Unternehmen ist ein gewerbliches Unternehmen, das allerdings nicht über Eigentumsrechte an den ihm vom Staat oder einer Gebietskörperschaft überlassenen Vermögensgegenständen verfügt. Für diese Unternehmen entstehen keine Gesellschafteranteile, daher die Bezeichnung "unitar". Zum zweiten Konsolidierungskreis gehören Aktiengesellschaften, deren Aktien sich im staatlichen Eigentum befinden. Die Anzahl der Aktien (Beteiligungshöhe) bei einer bestimmten Aktiengesellschaft spielt dabei keine Rolle.

7   Konsolidierte Abschlüsse von Unternehmen der freien Marktwirtschaft sind ihren Gesellschaftern bzw. den Aktionären offen zu legen.

8   Genauere Regelungen für die Erstellung und Offenlegung konsolidierter Abschlüsse enthalten *Methodische Anweisungen zur Erstellung und Offenlegung konsolidierter Abschüsse*, eingeführt durch die Anordnung des Finanzministeriums der RF Nr. 112 vom 30. Dezember 1996 (Methodische Anweisungen). Diese methodischen Anweisungen wiederholen im Wesentlichen die Regelungen des IAS 27 *Consolidated Financial Statements and Accounting in Investments in Subsidiaries*, des IAS 28 *Accounting for Invenstments in Associates* sowie des IFRS 3 *Unternehmenszusammenschlüsse*.

B.   Konsolidierungskreis

9   Der konsolidierte Abschluss schließt alle Tochterunternehmen des Mutterunternehmens ein, falls eine der nachfolgenden Bedingungen erfüllt ist:

1. das Mutterunternehmen verfügt direkt oder indirekt über 50 % der stimmberechtigten Aktien bzw. über 50 % der Anteile am Stammkapital einer GmbH;

2. das Mutterunternehmen hat die Möglichkeit, Entscheidungen des Tochterunternehmens aufgrund eines mit dem Tochterunternehmen abgeschlossenen Vertrages (Beherrschungsvertrag im Sinne des IAS 27) zu beeinflussen;

3. das Mutterunternehmen hat andere Möglichkeiten, die Entscheidungen des Tochterunternehmens zu beeinflussen.

> **!** Praxishinweis:
> *Nach russischer Bilanzierungspraxis wird die Beteiligungshöhe einer indirekten Beteiligung durch Ausmultiplizieren der Anteile in der Beteiligungskette ermittelt. Insoweit kann der Konsolidierungskreis erheblich kleiner sein, als nach IFRS oder HGB.*

10   Die Anteile an assoziierten Unternehmen sind im konsolidierten Abschluss zu bilanzieren, falls das Mutterunternehmen mindestens 20 % der stimmberechtigten Aktien bzw. mindestens 20 % der Anteile am Stammkapital eines Tochterunternehmens hält.

11   Die Abschlüsse von Tochter- sowie assoziierten Untenehmen müssen nicht in den konsolidierten Abschluss einbezogen werden, wenn:

■   die stimmberechtigten Aktien bzw. die Anteile am Stammkapital eines Tochterunternehmens oder eines assoziierten Unternehmens nur vorübergehend zum Zweck der Weiterveräußerung angeschafft wurden;

■   das Mutterunternehmen die Entscheidungen des Tochterunternehmens nicht beeinflussen kann.

Falls die die Einbeziehung des Abschlusses des Tochterunternehmens aufgrund der Erfüllung der   12
dritten oben aufgeführten Bedingung (das Mutterunternehmen hat andere Möglichkeiten, die
Entscheidungen des Tochterunternehmens zu beeinflussen) erfolgt, der Abschluss des Tochterunternehmens aber für die Beurteilung der Finanzlage der gesamten Gruppe unwesentlich ist, kann
die Einbeziehung in den konsolidierten Abschluss unterbleiben. Unwesentlichkeit liegt z. B. vor,
wenn das Grund- oder Stammkapital des Tochterunternehmens nicht größer als 3 % des konsolidierten Grund- oder Stammkapitals der gesamten Gruppe und gleichzeitig nicht höher als 10 %
der Eigenkapitalsumme aller konsolidierungspflichtigen Tochterunternehmen ist.

Unter dem Eigenkapital ist die Zwischensumme des Abschnittes IV. *Kapital und Rücklagen* der   13
Bilanz zu verstehen. Die methodischen Anweisungen zur Erstellung und Offenlegung der konsolidierten Abschüsse erwähnen so genannten Fonds für soziale Bereiche sowie zweckbestimmte Finanzierungen und Zuwendungen. Diese Positionen sind vom Eigenkapital abzuziehen. An dieser
Stelle ist zu berücksichtigen, dass die methodischen Anweisungen aus dem Jahre 1996 stammen
und zuletzt im Jahr 1999 geändert wurden. Die zurzeit gültige Gesetzgebung enthält keine Anforderungen mehr an die Bildung von Fonds für soziale Bereiche. Zweckgebundene Finanzierungen
und Zuwendungen können dagegen vorkommen. Ihre Behandlung ist im RLS 13/2000 beschrieben und sie werden auf dem Konto 86 erfasst.

Der Abschluss eines Tochterunternehmens darf ebenfalls aus dem Konsolidierungskreis ausge   14
schlossen werden, falls seine Einbeziehung in den konsolidierten Abschluss gegen das Wirtschaftlichkeitsprinzip im Sinne des RLS 1/98 *Rechnungslegungspolitik eines Unternehmens* verstößt. Die
Begründetheit der Nichteinbeziehung ist durch einen Wirtschaftsprüfer zu bestätigen.

Die oben aufgeführten Regelungen sind für assoziierte Unternehmen entsprechend anzuwen   15
den.

Werden Abschlüsse von Tochter- sowie assoziierten Unternehmen aus den oben beschriebenen   16
Gründen nicht in die Konsolidierung einbezogen, sind die Anteile an diesen Unternehmen gemäß RLS 19/02 *Finanzinvestitionen* zu ihren Anschaffungskosten anzusetzen.

Ein Mutterunternehmen braucht keinen konsolidierten Abschluss aufzustellen, wenn   17

- das Mutterunternehmen selbst ein hundertprozentiges Tochterunternehmen einer Gesellschaft ist, deren Gesellschafter keine Aufstellung eines konsolidierten Abschlusses verlangen;

- 90 % oder mehr Aktien oder Anteile des Mutterunternehmens einer anderen Gesellschaft gehören und die Minderheitsanteilseigner oder -aktionäre dieser Gesellschaft keine Einwendungen gegen die Nichterstellung des konsolidierten Abschlusses erheben.

Ein Mutterunternehmen ist von der Erstellung eines konsolidierten Abschlusses befreit, falls es   18
nur Anteile oder Aktien an assoziierten Unternehmen hält.

Die Gründe für die Nichterstellung eines konsolidierten Abschlusses sind im Anhang zum Jah   19
resabschluss anzugeben.

€ **Steuern:**

Das russische Steuerrecht sieht derzeit keine Möglichkeiten zur steuerlichen Konsolidierung vor. Die Unternehmen werden steuerlich
einzeln veranlagt, auch wenn sie zu einer Gruppe gehören. Weder Gruppenbesteuerung noch Organschaft sind in Russland bekannt.

Es wird allerdings vom Finanzministerium geplant, die Gruppenbesteuerung für große Steuerzahler ab 2009 einzuführen. Eines der
Kriterien für die Einbeziehung des Tochterunternehmens in die Gruppenbesteuerung ist eine mindestens 90 %ige Beteiligung am
Grund- oder Stammkapital des Tochterunternehmens. Die Kriterien für große Steuerzahler sind in der Anordnung des Föderalen
Steuerdienstes der RF Nr. MM-3-06/308@ vom 16. Mai 2007 festgelegt und umfassen Werte aus dem Abschluss bzw. den Steuerer-

klärungen (Beispiel: Steuerzahllast in Bezug auf alle Steuerarten der föderalen Ebene (vgl. § 10) beträgt über eine Milliarde Rubel). Unternehmen im Verbund- und Beteiligungsbereich (Art. 20 SteuerGB) von großen Steuerzahlern zählen ebenfalls zu solchen.

C.   Darstellung des konsolidierten Abschlusses

20   Ein konsolidierter Abschluss ist im vom RLS 4/99 *Abschluss eines Unternehmens* vorgesehenen Umfang zu erstellen. Unternehmen entwerfen die Abschlussformblätter selbständig anhand der Regelungen im RLS 4/99 und auf Grundlage der vom Finanzministerium vorgeschlagenen Abschlussformblätter. Gemeint sind die schon im § 4 beschriebenen Formblätter 1 bis 6. Dabei können diese Formblätter durch das Unternehmen ergänzt werden. Einzelne Positionen können im Fall ihrer Unwesentlichkeit zusammengefasst oder, falls sie im Abschuss und Vorjahresabschluss des Unternehmens nicht vorhanden sind, ausgelassen werden.

21   Bei der Verwendung der Abschlussformblätter ist dem Stetigkeitsprinzip zu folgen.

22   Die Zuverlässigkeit und die Ordnungsmäßigkeit der Offenlegung des konsolidierten Abschlusses sind durch den Geschäftsführer sicher zu stellen. Unterschrieben wird der konsolidierte Abschluss vom Geschäftsführer sowie vom Hauptbuchhalter des Mutterunternehmens. Falls die Bücher der Muttergesellschaft extern (Outsourcing) geführt werden, kann der konsolidierte Abschluss vom zuständigen Buchhalter bzw. vom Geschäftsführer dieser Gesellschaft unterschieben werden.

23   Der konsolidierte Abschluss ist in russischer Sprache, in Millionen Rubel bzw. in Milliarden Rubel mit einer Dezimalstelle zu erstellen.

24   Die Bezeichnung des konsolidierten Abschlusses soll das Wort „konsolidiert" sowie den Namen der Gruppe der Unternehmen enthalten.

25   Es wird empfohlen, den konsolidierten Abschluss bis zum 30. Juni des Folgejahres zu erstellen, falls gesetzlich bzw. in den Gründungsunterlagen des Mutterunternehmens keine anderen Fristen festgelegt sind.

26   Auf Beschluss der Gesellschafter oder Aktionäre des Mutterunternehmens kann der konsolidierte Abschluss gemeinsam mit dem Abschluss des Mutterunternehmens offen gelegt werden.

D.   Konsolidierungsverfahren für Tochterunternehmen

27   Die Abschlüsse von Tochterunternehmen sind ab dem Monat in den Konsolidierungskreis einzubeziehen, der dem Ereignis nachfolgt, aufgrund dessen die Konsolidierungsvoraussetzungen erfüllt sind.

28   Die Abschlüsse des Mutterunternehmens und seiner Tochterunternehmen werden nach der Erwerbsmethode durch Addition gleichartiger Posten zusammengefasst.

29   Bei der Aufstellung des konsolidierten Abschlusses sind für ähnliche Vermögensgegenstände und Verbindlichkeiten, Erträge und Aufwendungen einheitliche Bilanzierungs- und Bewertungsmethoden anzuwenden. Wenn ein Tochterunternehmen Bilanzierungs- und Bewertungsmethoden anwendet, die sich von im konsolidierten Abschluss verwendeten unterscheiden, sind vor der Aufstellung des konsolidierten Abschlusses sachgerechte Berichtigungen im Abschluss des Tochterunternehmens durchzuführen.

30   Die Abschlüsse des Mutterunternehmens und seiner Tochterunternehmen, die bei der Aufstellung des konsolidierten Abschlusses verwendet werden, sind auf den gleichen Stichtag aufzustellen.

Diese Anforderung stellt für russische Unternehmen normalerweise keine Schwierigkeiten dar, da der Stichtag für alle Unternehmen in Russland mit dem 31.12. des jeweiligen Jahres einheitlich gesetzlich festgelegt ist. Eine Abweichung kann entstehen, wenn es sich um ein ausländisches Tochterunternehmen handelt, das seinen Abschluss zu einem anderen Stichtag erstellt. In diesem Fall muss das Tochterunternehmen einen Zwischenabschluss auf den Stichtag des Mutterunternehmens erstellen. Falls dies undurchführbar ist, kann der auf den abweichenden Stichtag erstellten Abschluss des Tochterunternehmens mitkonsolidiert werden, vorausgesetzt die Stichtage liegen nicht mehr als drei Monate auseinander.

Falls der Abschluss eines ausländischen Tochterunternehmens in Fremdwährung erstellt ist, muss er in Rubel umgerechnet werden. Die Umrechnung erfolgt für: **31**

- Vermögensgegenstände und Schulden, Erträge und Aufwendungen mit dem Umrechnungskurs der Zentralbank der RF;

- Vermögenswerte und Schulden mit dem am Stichtag gültigen Umrechnungskurs;

- Erträge und Aufwendungen mit dem am Tag des Geschäftsvorfalles gültigen Kurs bzw. mit dem Durchschnittskurs.

Durch die Umrechnung entstehende Differenzen sind im Rahmen des Zusatzkapitals zu erfassen; sie sind ebenfalls separat im Anhang zum konsolidierten Abschluss anzugeben. Diese Anforderung entspricht nicht der Beschreibung des Kontos 83 *Zusatzkapital* in den Anweisungen zum Kontenplan. Diese sieht nicht explizit die Erfassung der im Konsolidierungsprozess entstehenden Umrechnungsdifferenzen im Rahmen des Zusatzkapitals vor. Da die oben beschriebene Vorgehensweise aber einer Erfassung im Eigenkapital gemäß IFRS in etwa entspricht, ist es empfehlenswert, ihr zu folgen und die entstehenden Umrechnungsdifferenzen im Rahmen des Zusatzkapitals zu erfassen.   **32**

Im konsolidierten Abschluss sind folgende Positionen zu eliminieren: **33**

- Finanzanlagen des Mutterunternehmens in die Anteile an einzelnen Tochterunternehmen und die entsprechende Quote des Stamm- oder Grundkapitals der Tochterunternehmen;

- Forderungen und Verbindlichkeiten zwischen dem Mutterunternehmen und den einzelnen Tochterunternehmen sowie zwischen den einzelnen Tochterunternehmen;

- Dividenden, die von den Tochterunternehmen an das Mutterunternehmen oder an andere Tochterunternehmen bzw. vom Mutterunternehmen an seine Tochtergesellschaften ausgezahlt werden; Im konsolidierten Abschluss sind nur solche Dividenden auszuweisen, die an Dritte auszuzahlen sind.

- Falls das Mutterunternehmen 50 % oder weniger der stimmberechtigten Aktien bzw. Anteile am Stammkapital eines Tochterunternehmens hält, werden die Vermögensgegenstände und Schulden sowie das Finanzergebnis dieser Tochterunternehmen nur anteilig in den konsolidierten Abschluss einbezogen, und zwar in Relation der dem Mutterunternehmen gehörenden stimmberechtigten Aktien oder Anteile zur Gesamtanzahl der Aktien oder Anteile der einzubeziehenden Unternehmen.

Bei einer hälftigen Verteilung der stimmberechtigten Aktien oder Anteile eines Tochterunternehmens zwischen zwei Mutterunternehmen sind Vermögensgegenstände und Schulden den beiden Mutterunternehmen hälftig zuzurechen.   **34**

- Erträge sowie diesen Erträgen entsprechende Aufwendungen aus dem Verkauf von Produkten, Waren und Leistungen zwischen dem Mutterunternehmen und den Tochterunternehmen sowie zwischen den einzelnen Tochterunternehmen;

■ sonstige Erträge und Aufwendungen, die im Laufe der Geschäftstätigkeit zwischen dem Mutterunternehmen und den Tochterunternehmen sowie zwischen den einzelnen Tochterunternehmen eines Mutterunternehmens entstehen.

35   Falls der Buchwert der Finanzinvestitionen des Mutterunternehmens höher als der Nominalwert der Aktien bzw. der Anteile an den Tochterunternehmen ist, entsteht ein positiver Firmenwert. Dieser Firmenwert ist unter den immateriellen Vermögensgegenständen als Firmenwert der Tochterunternehmen auszuweisen. Ist der Buchwert der Finanzinvestitionen des Mutterunternehmens niedriger als der Nominalwert der Aktien bzw. der Anteile an den Tochterunternehmen, entsteht ein negativer Firmenwert. Der negative Firmenwert ist gesondert als Firmenwert der Tochterunternehmen auf der Passivseite der Bilanz zwischen dem Abschnitt Kapital und Rücklagen und dem Abschnitt Langfristige Verbindlichkeiten auszuweisen.

❶ Praxishinweis:

Der Firmenwert der Tochterunternehmen ist nur dann auszuweisen, wenn die Aktien bzw. Anteile von Dritten erworben wurden. Falls es sich um eine Gründung der Tochtergesellschaft durch das Mutterunternehmen handelt, entsteht kein Firmenwert. Beim Unterschiedsbetrag zwischen dem Buchwert der Finanzinvestition und dem Nominalwert der Aktien handelt es sich um das so genannte Emissionseinkommen von Aktiengesellschaften (Agio), das auf dem Konto 83 Zusatzkapital beim Tochterunternehmen zu erfassen ist. Das Emissionseinkommen fällt unter die Geschäftsvorfälle zwischen dem Mutterunternehmen und dem Tochterunternehmen und ist somit im konsolidierten Abschluss ebenfalls zu eliminieren.

Wie bereits unter Zusatzkapital beschrieben, ist der Unterschiedsbetrag zwischen dem Wert der Einlage und dem Nominalwert der mit der Einlage erworbenen Anteile einer GmbH (Agio) in den methodischen Anweisungen zum Kontenplan, Konto 83 Zusatzkapital nicht ausdrücklich erwähnt. Ein Agio kann aber bei einer GmbH durchaus auftreten. Falls das Agio aus einer Umrechnungsdifferenz aus einer Einlage in Fremdwährung entsteht, kann es gemäß RLS 3/2000 auch bei GmbH ins Zusatzkapital eingestellt werden.

Weder ein Emissionseinkommen bei der AG noch ein Agio bei der GmbH ist gewinnsteuerpflichtig[2].

36   Wenn das Mutterunternehmen über 50 % aber weniger als 100 % der stimmberechtigten Aktien einer Aktiengesellschaft bzw. Anteile einer GmbH besitzt, sind im Eigenkapital sowie im Finanzergebnis des konsolidierten Abschlusses Minderheitenanteile auszuweisen.

37   In der konsolidierten Bilanz stellt der Minderheitenanteil den Anteil am Stamm- oder Grundkapital eines Tochterunternehmens dar, der nicht vom Mutterunternehmen gehalten wird. Das Eigenkapital des Tochterunternehmens wird auf das Mutterunternehmen und die Minderheitenanteile aufgeteilt. Die Ermittlung des Minderheitenanteiles erfolgt anhand des prozentualen Verhältnisses zwischen den stimmberechtigten Aktien und Anteilen, die auf Minderheitenanteile entfallen, und der Gesamtzahl der stimmberechtigten Aktien bzw. Anteile des Tochterunternehmens.

38   Minderheitenanteile sind in der Bilanz getrennt vom Eigenkapital des Mutterunternehmens unterhalb des Abschnittes IV Kapital und Rücklagen auszuweisen. Die Bestandteile des konsolidierten Eigenkapitals werden um die Minderheitenanteile vermindert.

39   In der konsolidierten Gewinn- und Verlustrechnung ist der Minderheitenanteil der Teil des Periodenergebnisses des Tochterunternehmens, der auf Anteile entfällt, die nicht vom Mutterunternehmen gehalten werden. Das Periodenergebnis (vor Gewinnausschüttung) wird ebenfalls auf das Mutterunternehmen und die Minderheitenanteile in der oben beschriebenen Weise aufgeteilt.

40   Die Minderheitenanteile am konsolidierten Ergebnis sind ebenfalls gesondert anzugeben. Für den Ausweis ist die Zeile 165 der konsolidierten Gewinn- und Verlustrechnung vorgesehen, die al-

---

2   Punkt 1.3) Art. 251 SteuerGB

lerdings durch das Unternehmen zusätzlich in das standardisierte Formblatt Nr. 2 Gewinn- und Verlustrechnung einzufügen ist. Die konsolidierten Erträge und Aufwendungen sind abzüglich der Minderheitenanteile in der konsolidierten Gewinn- und Verlustrechnung auszuweisen.

🛈 Praxishinweis:

Die letztere Anforderung der methodischen Anweisungen (Ausweis der konsolidierten Erträge und Aufwendungen abzüglich der Minderheitenanteile in der konsolidierten Gewinn- und Verlustrechnung) ist in der Praxis oft schwierig umsetzbar. Für die bilanzielle Behandlung von Minderheitenanteilen sieht die neue Fassung des IFRS 3 ein Wahlrecht zur Bewertung zum beizulegenden Zeitwert oder dem anteiligen identifizierbaren Nettovermögen vor. Die Verfasser schlagen daher eine Lösung vor, wonach nur das anteilige identifizierbare Nettovermögen als Minderheitenanteil ausgewiesen wird.

Die auf Minderheitenanteile entfallenen Verluste eines Tochterunternehmens können den auf diese Anteile entfallenden Anteil am Eigenkapital des Tochterunternehmens zum Stichtag übersteigen. Der übersteigende Betrag ist zunächst gegen die Gewinnrücklagen, falls diese nicht ausreichen, gegen das Zusatzkapital und letztlich gegen das Grund- oder Stammkapital des Tochterunternehmens zu verrechnen.   **41**

▶ Beispiel:

Ein Maschinenbauunternehmen hält 70 % der Anteile an seinem Zulieferer A. Das Stammkapital des Zulieferers beträgt 300.000 Rubel. Für seinen Anteil am Stammkapital hat das Maschinenbauunternehmen 250.000 Rubel bezahlt.

Der Zulieferer A hält seinerseits 60 % an einem anderen Unternehmen B, dessen Stammkapital 100.000 Rubel beträgt. Für seinen Anteil hat der Zulieferer A 70.000 Rubel bezahlt.

Die Minderheitenanteile sind im konsolidierten Abschluss des Maschinenbauunternehmens auszuweisen, da es nicht 100 % der Anteile am Zulieferer A hält:

300.000 Rubel x (100 % - 70 %) = 90.000 Rubel

Der Firmenwert des Zulieferers A im konsolidierten Abschluss beträgt 40.000 Rubel (250.000 Rubel – 300.000 Rubel x 70 %).

Der Firmenwert des Unternehmens B in der Bilanz des Zulieferers A beträgt 10.000 (70.000 Rubel – 100.000 Rubel x 60 %). Der Anteil des Maschinenbauunternehmens am Unternehmen B beträgt 42 % (70 % x 60 %). Der Firmenwert des Unternehmens B im konsolidierten Abschluss beträgt somit 4.200 Rubel (10.000 Rubel x 42 %).

E.   Bilanzierung der Anteile an assoziierten Unternehmen im konsolidierten Abschluss

Die Anteile an assoziierten Unternehmen sind ab dem Monat im konsolidierten Abschluss zu bilanzieren, der jenem nachfolgt, in dem das Mutterunternehmen mehr als 20 % der stimmberechtigten Aktien einer Aktiengesellschaft bzw. mehr als 20 % des Stammkapitals einer GmbH erworben hat.   **42**

Bei Bilanzierung von Anteilen an assoziierten Unternehmen gilt die oben bereits beschriebene Regelung analog denen zur Einbeziehung von Abschlüssen von Tochterunternehmen in Bezug auf einheitliche Bilanzierungs- und Bewertungsmethoden sowie auf den gleichen Stichtag.   **43**

Falls der Abschluss eines ausländischen assoziierten Unternehmens in Fremdwährung erstellt ist, sind die Angaben mit dem Umrechnungskurs der Zentralbank der RF umzurechnen.   **44**

45   Anteile an einem assoziierten Unternehmen sind nach der Equity-Methode zu bilanzieren:

1. die Anteile am assoziierten Unternehmen werden in der konsolidierten Bilanz unter den „Langfristigen Finanzinvestitionen" gesondert ausgewiesen. Der Ansatz erfolgt zu den Anschaffungskosten zuzüglich bzw. abzüglich des Anteiles am Gewinn- bzw. Verlustvortrag des assoziierten Unternehmens ab dem Zeitpunkt der Anschaffung der Anteile am assoziierten Unternehmen;

2. der Anteil des Mutterunternehmens am Periodenergebnis des assoziierten Unternehmens wird im konsolidierten Periodenergebnis gesondert ausgewiesen. Der Ausweis erfolgt unter der Position „Kapitalisierte Gewinne/Verluste", die unterhalb der Zeilen 090 *Sonstige Erträge* und 100 *Sonstige Aufwendungen* auszuweisen ist.

46   Die Anschaffungskosten der Anteile am assoziierten Unternehmen sind bei erfolgsneutralen Änderungen des Eigenkapitals des assoziierten Unternehmens anzupassen. Solche Änderungen entstehen unter anderem infolge einer Neubewertung des Sachanlagevermögens.

47   Entspricht oder übersteigt der Anteil des Mutterunternehmens an den Verlusten des Geschäftsjahres eines assoziierten Unternehmens den Wert seines Beteiligungsanteils, errechnet nach der unter 1. beschriebenen Weise, unterbleibt die Erfassung der Anteile am assoziierten Unternehmen im konsolidierten Abschluss.

> ▶ **Beispiel:**
>
> Das Maschinenbauunternehmen weist eine Finanzanlage am Unternehmen C in Höhe von 50.000 Rubel in seinen Büchern aus. Es handelt sich dabei um eine Reparaturwerkstatt, deren Stammkapital 200.000 Rubel beträgt. Der Anteil des Maschinenbauunternehmens am Stammkapital der Werkstatt beträgt 25 %.
>
> Die Investition in die Anteile der Werkstatt erfolgte am 01. März 2007. Das Finanzergebnis der Werkstatt vom 01. März bis zum 31. Dezember 2007 betrug 300.000 Rubel.
>
> Der Anteil des Maschinenbauunternehmens am Unternehmen C wird unter den Finanzanlagen in Höhe von 125.000 Rubel (50.000 Rubel + 25 % x 300.000 Rubel) im konsolidierten Abschluss angesetzt.
>
> Das anteilige Ergebnis wird in Höhe von 75.000 Rubel (25 % x 300.000 Rubel) ausgewiesen.

F.   Angabepflichten

48   Die folgenden Angaben sind zusätzlich zu den im RLS 4/99 vorgesehenen sowie bereits erwähnten erforderlich.

Eine Auflistung von Tochter- sowie assoziierten Unternehmen:

- ■ vollständige Firma,
- ■ Ort der staatlichen Registrierung und/oder der Sitz
- ■ Beteiligungsquote
- ■ Stimmrechtsquote, soweit abweichend von der Beteiligungsquote.

49   In Bezug auf assoziierte Unternehmen muss zusätzlich die Höhe des Grund- bzw. Stammkapitals angegeben werden.

50   Darüber hinaus muss die Auswirkung von Zu- und Abgängen der Tochterunternehmen sowie der Anteile an assoziierten Unternehmen auf die Finanzlage der gesamten Gruppe zum Stichtag sowie auf die Finanzkennzahlen der Gruppe für das Geschäftsjahr erläutert werden.

Aktiengesellschaften haben außerdem Information zu affiliierten Personen gemäß RLS 11/2000   51
Information über affiliierte Personen anzugeben.

Falls ein Unternehmen einen konsolidierten Abschluss erstellt, sind für den Konzern ebenfalls die   52
Angaben gemäß RLS 12/2000 *Segmentberichterstattung* zu machen.

8

§ 9 Sonstige Anforderungen an Ausweis und Erläuterung

A. Ereignisse nach dem Bilanzstichtag

I. Grundsatz

1 Der RLS *Ereignisse nach dem Bilanzstichtag 7/98*, eingeführt durch die Anordnung des Finanzministeriums der RF Nr. 56n vom 25. November 1998 (RLS 7/98), ist seit dem 01. Januar 1999 in Kraft. Als Grundlage für die Erarbeitung dieses RLS diente IAS 10 *Events after the balance sheet date*.

2 Der RLS 7/98 ist von allen russischen Gesellschaften bis auf Kreditinstitute anzuwenden.

3 Unter einem Ereignis nach dem Bilanzstichtag wird ein Geschäftsvorfall verstanden, der einen Einfluss auf die Vermögens-, Finanz und Ertragslage des Unternehmens ausübt bzw. ausüben kann, und der zwischen dem Bilanzstichtag und dem Tag eintritt, an dem der Abschluss durch Unterzeichnung freigegeben wird.

4 Der Dividendenbeschluss für das Geschäftsjahr gehört ebenfalls zu den Ereignissen nach dem Bilanzstichtag.

5 Das Datum der Freigabe des Abschlusses ist das Datum, unter dem die Abschlussformulare für die Vorlage bei den gesetzlich festgelegten Behörden und Organen von dem Geschäftsführer und dem Hauptbuchhalter unterzeichnet werden.

6 Sowohl positive als auch negative wesentliche Ereignisse nach dem Bilanzstichtag sind im Abschluss offen zu legen. Ein Ereignis nach dem Bilanzstichtag ist wesentlich, falls die Nutzer des Jahresabschlusses sich ohne seine Kenntnis kein verlässliches Bild der Vermögens-, Finanz- und Ertragslage des Unternehmens machen können. Die Wesentlichkeit hat das Unternehmen selbst zu urteilen. Es sind meistens GuV-Positionen wie der Jahresüberschuss oder Jahresfehlbetrag, an denen die Ereignisse nach dem Bilanzstichtag im Sinne ihrer Wesentlichkeit gemessen werden.

7 Es wird dabei zwischen zwei Arten von Ereignissen unterschieden:

a) Ereignisse, die weitere substanzielle Hinweise zu Gegebenheiten liefern, die bereits am Bilanzstichtag vorgelegen haben (berücksichtigungspflichtige Ereignisse oder wertaufhellende Ereignisse nach dem Bilanzstichtag); und

b) Ereignisse, die Gegebenheiten anzeigen, die nach dem Bilanzstichtag eingetreten sind (nicht zu berücksichtigende Ereignisse oder wertbegründende Ereignisse nach dem Bilanzstichtag).

II. Wertaufhellende Ereignisse

8 Wertaufhellende Ereignisse nach dem Bilanzstichtag sind solche berücksichtigungspflichtigen Ereignisse, die vor der Freigabe des Jahresabschlusses, d. h. im Januar-März des Folgejahres stattgefunden haben. Diese Ereignisse liefern Hinweise zu den Angaben im Jahresabschluss. Das sind alle Informationen, die sich auf Gegebenheiten im abgelaufenen Geschäftsjahr beziehen: der

Bilanzierende erhält die Information nach dem Stichtag im Rahmen der Bilanzaufstellung, das Ereignis fand aber bereits vor dem Stichtag statt. Wertaufhellende Ereignisse sind aufgrund des Vollständigkeitsgebots und des Stichtagsprinzips in der Bilanz zu berücksichtigen.

Die Berücksichtigung von wertaufhellenden Ereignissen erfolgt buchungstechnisch im Dezember des Geschäftsjahres. Das am weitesten verbreitete Beispiel der wertaufhellenden Ereignisse ist die Feststellung von Bilanzierungs- und Bewertungsfehlern während der Erstellung des Jahresabschlusses oder im Laufe der Prüfung des Jahresabschlusses durch den Wirtschaftprüfer. Die Insolvenz oder Zahlungsunfähigkeit eines Schuldners ist ebenfalls ein häufiges Beispiel.

9

> **Beispiel[1]:**
>
> Die Forderungen aus Lieferungen und Leistungen eines Unternehmens betrugen zum 31. Dezember des Geschäftsjahres 10 Millionen Rubel. Während der Erstellung des Jahresabschlusses im März des Folgejahres hat das Unternehmen Informationen über den Bankrott eines Debitors erhalten. Die Forderungen aus Lieferung und Leistung gegenüber diesem Debitor betrugen 4 Millionen Rubel. In dieser Situation wird das Unternehmen die Forderung in Höhe von 4 Millionen Rubel aufwandswirksam ausbuchen. Die entsprechenden Einträge sind mit den Jahresabschlussbuchungen vorzunehmen.
>
> Im Geschäftsjahr:
>
> 91-2 *Sonstiger Aufwand*
>
> an
>
> 62 *Forderungen aus Lieferungen und Leistungen* – 4 Millionen Rubel
>
> Im Folgejahr:
>
> 1. STORNO: 91-2 *Sonstiger Aufwand*
>
> an
>
> 62 *Forderungen aus Lieferungen und Leistungen* – 4 Millionen Rubel
>
> 2. 91-2 *Sonstiger Aufwand*
>
> an
>
> 62 *Forderungen aus Lieferungen und Leistungen* – 4 Millionen Rubel

Nach dem tatsächlichen Eintreten des Ereignisses im Folgejahr (z. B. ging der Debitor im März des Folgejahres bankrott) wird die entsprechende Buchung des Geschäftsjahres storniert und die Forderung erneut im Folgejahr ausgebucht (siehe obiges Beispiel). Aus praktischer Hinsicht lassen sich die im Geschäftsjahr gebuchten Beträge durch diese Vorgehensweise korrigieren, da die Beträge dann oft genauer ermittelt werden können[2].

10

Weitere Beispiele von wertaufhellenden Ereignissen nach dem Bilanzstichtag gibt die Anlage zum RLS 7/98. Es handelt sich um folgende Ereignisse:

11

- Bewertung von Vermögensgegenständen nach dem Bilanzstichtag, wobei diese Bewertung eine nachhaltige und wesentliche Abwertung dieser Vermögensgegenstände im Vergleich zu ihrer Bewertung zum Stichtag aufweist;

- Erlangung von Informationen über die Finanzlage von börsennotierten Gesellschaften im Verbund- und Beteiligungsbereich, die eine nachhaltige und wesentliche Abwertung der langfristigen Finanzinvestitionen des bilanzierenden Unternehmens bestätigen;

- Verkauf von Vorräten nach dem Bilanzstichtag mit dem Nachweis, dass der Nettoveräußerungswert der Vorräte zum Bilanzstichtag gesunken war;

---

1   Punkt 9 RLS 7/98
2   Kommentar zu den Rechnungslegungsstandards unter der Redaktion von A. S. Bakaev, 2. Auflage, Jurait-Izdat, 2005

- Beschluss über die Ausschüttung von Dividenden durch Unternehmen im Verbund- und Beteiligungsbereich für Vorperioden;
- Feststellung eines Fehlers bei der Berechnung des Fertigstellungsgrades bei Anwendung der Gewinnrealisierungsmethode nach dem Fertigstellungsgrad;
- Erlangung von genaueren Informationen zum Schadensersatz durch eine Versicherungsgesellschaft.

12 Der RLS 7/98 zählt solche Ereignisse, die die Aufstellung des Abschlusses auf der Grundlage der Annahme der Unternehmensfortführung entweder in Bezug auf das ganze Unternehmen oder in Bezug auf einen Geschäftsbereich unmöglich machen, ebenfalls zu den wertaufhellenden Ereignissen.

13 Wertaufhellende Ereignisse müssen für ihre Erfassung im Buchwerk des Unternehmens in Geld bewertet werden. Eine solche Bewertung soll auf Grundlage einer Kalkulation erfolgen. Diese Kalkulation muss das Unternehmen tatsächlich vorlegen können.

III.   Wertbegründende Ereignisse

14 Wertbegründende Ereignisse werden nicht bilanziert, sondern im Anhang erläutert.

Der Dividendenbeschluss für das Geschäftsjahr ist ein wertbegründendes Ereignis.

> Beispiel[3]:

Im Jahresabschluss zum 31. Dezember eines Unternehmens sind wesentliche Finanzanlagen (Aktien eines anderen Unternehmens) ausgewiesen. Im März des Folgejahres hat das Unternehmen die Information erhalten, dass sich der Marktwert dieser Aktien im März wesentlich verringert hat. In dieser Situation muss das Unternehmen diese Tatsache im Anhang offen legen.

15 Weitere Beispiele für wertbegründende Ereignisse nach dem Bilanzstichtag gibt die Anlage zum RLS 7/98. Es handelt sich um folgende Ereignisse:

- Beschlussfassung über die Reorganisation des Unternehmens;
- Kauf eines Unternehmens als Vermögenskomplex;
- Rekonstruktion oder Planung einer Rekonstruktion;
- Beschluss über die Emission von Aktien oder anderen Wertpapieren;
- große Rechtsgeschäfte, die mit dem Kauf oder dem Abgang von Sachanlagen oder Finanzanlagen verbunden sind;
- Brand, Havarie, Naturkatastrophe oder weitere außerordentliche Ereignisse, infolge derer ein wesentlicher Teil der Vermögensgegenstände des Unternehmens vernichtet wurde;
- Einstellung eines wesentlichen Teils der Haupttätigkeit des Unternehmens, falls dies zum Bilanzstichtag nicht vorhersehbar war;
- wesentliche Abwertung von Sachanlagen, falls die Gründe für Abwertung nach dem Bilanzstichtag eingetreten sind;
- unvorhersehbare Veränderung der Wechselkurse für Fremdwährungen nach dem Bilanzstichtag;
- Handlungen staatlicher Organe (Enteignung u. ä.).

---

3   Punkt 10 des RLS 7/98

Nach dem Einritt des wertbegründenden Ereignisses im Folgejahr ist diese auch im Buchwerk des   16
Unternehmens zu erfassen.

Die Informationen zu wertbegründenden Ereignissen müssen eine kurze Beschreibung sowie   17
eine Bewertung des Ereignisses in Geld enthalten. Falls eine Bewertung in Geld nicht möglich ist,
muss das Unternehmen darauf im Anhang hinweisen.

❗ Praxishinweis:

*Für die Feststellung von Ereignissen nach dem Bilanzstichtag im Sinne des RLS 7/98 können u.a. folgende Unterlagen einge-
sehen werden:*

- *Protokolle der Haupt- oder Gesellschafterversammlung und/oder des Aufsichtsrates*
- *Protokolle über die Durchführung von Betriebsprüfungen, Prüfungen durch die Zollbehörden sowie Lizenzierungsbehörden*
- *Kurzfristige sowie langfristige Planung des Unternehmens*
- *Langfristige Verträge, insbesondere solche, die wesentliche Strafen für die Nichteinhaltung der Vertragsbedingungen
  vorsehen*
- *Vorverträge und Vertragsentwürfe*
- *Korrespondenz mit Banken, einzelnen Aktionären, Großkreditoren, Rechtsanwälten.*

B.   Segmentberichterstattung   9

I.   Grundsatz

Die russische Rechnungslegung enthält explizite Regelungen zur Bestimmung berichtspflichtiger   18
Segmente. Diese sind im RLS *Segmentberichterstattung*, eingeführt durch die Anordnung des Finanzministeriums der RF Nr. 11n vom 27. Januar 2000 (RLS 12/2000) festgelegt. Der RLS 12/2000
ist seit 2000 in Kraft. Er wurde in Anlehnung an IAS 14 *Segment Reporting* entworfen.

RLS 12/2000 ist anzuwenden, falls eine der nachfolgenden Voraussetzungen zutrifft: 19

- ein Unternehmen erstellt einen Konzernabschluss
- ein Unternehmen erstellt einen konsolidierten Abschluss einer freiwilligen Vereinigung von
  juristischen Personen (Assoziationen, Unionen) gemäß den Gründungsunterlagen der freiwilligen Vereinigung.

Von der Anwendung des RLS 12/2000 sind kleine und mittlere Unternehmen sowie Kreditinsti-   20
tute freigestellt.

Zugleich sollten nach Ansicht der Verfasser Unternehmen, die ihre Tätigkeit in unterschiedlichen   21
Geschäfts- oder geographischen Segmenten ausüben, diesen RLS berücksichtigen, da sie gemäß
Punkt 27 RLS 4/99 *Der Abschluss eines Unternehmens*, eingeführt durch die Anordnung des Finanzministeriums der RF Nr. 43n vom 06. Juli 1999, im Anhang Informationen zu den Verkaufs-
volumen nach Geschäfts- sowie geographischen Segmenten angeben müssen.

Die Zielsetzung des RLS 12/2000 besteht darin, die Abschlussadressaten mit Informationen aus-   22
zustatten, die ihnen helfen:

- die bisherige Tätigkeit und die Perspektiven des Unternehmens besser zu beurteilen sowie
- die Chancen und Risiken des Unternehmens besser einschätzen zu können.

23   Im RLS 12/2000 werden folgende spezielle Begriffe verwendet, welche größtenteils den entsprechenden Begriffen im IAS 14 identisch sind:

24   Information über ein **Geschäftssegment** ist die Information über eine Teilaktivität eines Unternehmens, die ein individuelles Produkt oder eine Dienstleistung oder eine Gruppe ähnlicher Produkte oder Dienstleistungen erstellt oder erbringt und die Chancen und Risiken ausgesetzt ist, die sich von denen anderer Geschäftssegmente unterscheiden.

25   Information über ein **geografisches Segment** ist die Information über eine Teilaktivität eines Unternehmens, die Produkte oder Dienstleistungen innerhalb eines spezifischen, wirtschaftlichen Umfeldes anbietet oder erbringt, und die Chancen und Risiken ausgesetzt ist, die sich von denen der Teilaktivitäten, die in anderen wirtschaftlichen Umfeldern tätig sind, unterscheiden.

26   Information über ein **berichtspflichtiges Segment** ist die Information über ein Geschäftssegment oder ein geografisches Segment, für das Segmentinformationen gemäß diesem Standard anzugeben sind.

27   **Informationen über Segmenterlöse** sind die Informationen über Erlöse, die einem Geschäftssegment bzw. einem geografischen Segment direkt zugeordnet werden können, und den relevanten Teil der Unternehmenserlöse, die auf einer vernünftigen Grundlage auf ein Segment verteilt werden können, darunter Verkäufe an externe Kunden oder Transaktionen mit anderen Segmenten des gleichen Unternehmens.

28   Segmenterlöse beinhalten keine

■   Zins- oder Dividendenerträge, wenn die Tätigkeiten des Segments nicht finanzieller Art sind oder

■   Gewinne aus dem Verkauf von Finanzinvestitionen, wenn die Tätigkeiten des Segments nicht finanzieller Art sind.

29   Die Erlöse aus Transaktionen mit anderen Segmenten des gleichen Unternehmens müssen anhand der durch das Unternehmen tatsächlich verwendeten Preise, d. h. Preise mit unabhängigen Dritten für die gleichen Waren oder Dienstleistungen, ermittelt werden. Die Methoden der Ermittlung der Verrechnungspreise werden vom Unternehmen intern in seiner Bilanzierungsrichtlinie festgelegt und sind im Anhang offen zu legen.

30   **Informationen über Segmentaufwendungen** sind die Information über Aufwendungen, die einem Geschäftssegment bzw. einem geografischen Segment direkt zugeordnet werden können, und den relevanten Teil an Aufwendungen, der auf einer vernünftigen Grundlage auf ein Segment verteilt werden kann, einschließlich der Aufwendungen, die sich auf Verkäufe an externe Kunden, und auf Transaktionen mit anderen Segmenten des gleichen Unternehmens beziehen.

31   Segmentaufwendungen umfassen keine

a)   Zinsen, wenn die Tätigkeiten des Segments nicht finanzieller Art sind

b)   Verluste aus Verkäufen von Finanzinvestitionen, wenn die Tätigkeiten des Segments nicht finanzieller Art sind

c)   Aufwendungen aus Ertragsteuern

d)   allgemeinen Verwaltungsaufwendungen und andere Aufwendungen, die sich auf das Unternehmen als Ganzes beziehen.

32   Informationen über das **Segmentergebnis** ergeben sich aus den Segmenterlösen abzüglich der Segmentaufwendungen.

Das Segmentergebnis ist vor Anpassungen für Minderheitenanteile zu bestimmen. Die Behandlung der Minderheitenanteile in einem konsolidierten Abschluss ist in den *Methodischen Anweisungen zur Erstellung und Offenlegung der konsolidierten Abschlüsse*, verabschiedet durch die Anordnung des Finanzministeriums der RF Nr. 112 vom 30. Dezember 1996, beschrieben. 33

Informationen über das **Segmentvermögen** sind die Informationen über die betrieblichen Vermögenswerte, die von einem Geschäftssegment oder von einem geografischen Segment genutzt werden. 34

Informationen über **Segmentschulden** sind die Informationen über betriebliche Schulden, die aus den betrieblichen Tätigkeiten eines Geschäftssegments oder eines geografischen Segments resultieren. 35
Segmentschulden enthalten keine Ertragsteuerschulden.

Praxishinweis:
Die zusätzlichen Angaben, die das Unternehmen gemäß dem RLS 12/2000 machen muss, verlangen nach detaillierteren Informationen als für die Erstellung des Jahresabschlusses. Es empfiehlt sich, den Kontenplan des Unternehmens z. B. durch die Einführung von weiteren Unterkonten oder Kostenstellen so zu gestalten, dass die Erfassung der notwendigen Angaben möglich wird.

II. Bestimmung der berichtspflichtigen Segmente

Die Definitionen der Berichtssegmente erfolgt durch das Unternehmen selbstständig anhand seiner Organisations- und Verwaltungsstrukturen. Dabei müssen einzelne Devisen-, Kredit- und Preisrisiken sowie allgemeinwirtschaftliche und politische Risiken des Unternehmens berücksichtigt werden. 36

Faktoren, die bei der Bestimmung des Geschäftssegmentes zu berücksichtigen sind, beinhalten: 37
- die Art der Produkte oder Dienstleistungen
- die Art der Produktionsprozesse
- die Kunden für die Produkte und Dienstleistungen
- die angewandten Methoden des Vertriebs
- Branchenspezifika (z. B. das Bankwesen, Versicherungswesen u. ä.).

Faktoren, die bei der Bestimmung des geografischen Segments zu berücksichtigen sind, beinhalten: 38
- Gleichartigkeit der wirtschaftlichen und politischen Rahmenbedingungen
- Beziehungen zwischen Tätigkeiten in unterschiedlichen geografischen Regionen
- Vergleichbarkeit der Tätigkeiten
- spezielle Risiken, die mit den Tätigkeiten in einem bestimmten Gebiet einhergehen
- Gemeinsamkeiten in Devisenbestimmungen
- das Kursänderungsrisiko der Tätigkeiten in einem bestimmten Gebiet.

Ein geografisches Segment kann ein einzelnes Land, eine Gruppe von mehreren Ländern oder eine oder mehrere Regionen innerhalb der Russischen Föderation (z. B. Moskau und das Gebiet Moskau, Sankt Petersburg und Leningrader Gebiet) umfassen. 39

40   Anhand der Organisationsstruktur eines Unternehmens und seines internen Finanzberichtssystems können geografische Segmente vom Standort seines Vermögens (seiner Tätigkeiten bzw. Produktionsanlagen) oder vom Standort seiner Märkte (Kunden für Waren und Dienstleistungen) bestimmt werden. Die Organisations- und Leitungsstruktur der meisten Unternehmen hängt von den wesentlichen Risikoquellen ab. Daher bilden die Organisationsstruktur und das Finanzberichtssystem die Grundlage zur Bestimmung der Segmente des Unternehmens.

41   Ein Geschäfts- oder geografisches Segment ist als ein berichtspflichtiges Segment zu bestimmen, wenn ein Großteil seiner Erlöse aus den Verkäufen an externe Kunden besteht und

a)   seine Erlöse aus Verkäufen an externe Kunden und aus Transaktionen mit anderen Segmenten 10 % oder mehr der gesamten externen und internen Erlöse aller Segmente ausmachen oder

b)   sein Segmentergebnis (Gewinn oder Verlust) 10 % oder mehr des zusammengefassten positiven Ergebnisses aller Segmente oder des zusammengefassten negativen Ergebnisses aller Segmente, welches davon als absoluter Betrag größer ist, ausmacht oder

c)   seine Vermögenswerte 10 % oder mehr der gesamten Vermögenswerte aller Segmente ausmachen.

42   Den berichtspflichtigen Segmenten zuzuordnende Erlöse sollen mindestens 75 % der gesamten Erlöse ausmachen. Wenn die gesamten, den berichtspflichtigen Segmenten zuzuordnenden Erlöse weniger als 75 % der gesamten Erlöse ausmachen, sind zusätzliche Segmente als berichtspflichtige Segmente zu bestimmen, auch wenn sie nicht die obigen Schwellenwerte von 10 % erreichen.

43   Das Prinzip der Darstellungsstetigkeit soll bei der Bestimmung der berichtspflichtigen Segmente gewahrt werden. Ein Segment aus der Vorperiode muss im Geschäftsjahr ebenfalls erfasst werden, unabhängig davon, ob es die obigen Schwellenwerte im Geschäftsjahr erreicht.

> **Beispiel:**

Ausgangsdaten

	Segmenterlöse, Tausend Rubel				Umsatzerlöse gesamt, Tausend Rubel
	A	B	C	D	
Umsatzerlöse, darunter:	5.000	10.000	3.000	7.000	25.000
an externe Kunden	1.000	9.000	2.000	7.000	19.000
an andere Segmente	4.000	1.000	1.000	0	6.000
Jahresüberschuss (Fehlbetrag)	500	1.500	(100)	1.000	2.900
Segmentvermögen	6.000	11.000	4.000	9.000	30.000

Schritt 1:   Ermittlung des Anteiles der Umsatzerlöse an externe Kunden an den gesamten Segmenterlösen.

A	B	C	D
20 %	90 %	67 %	100 %

Der Geschäftssegment A wird aus den berichtspflichtigen Segmenten ausgeschlossen, da der Großteil seiner Erlöse aus Verkäufen an andere Segmente und nicht an externe Kunden besteht.

Schritt 2:   Überprüfung, ob die übrig gebliebenen Segmente die Schwellenwerte erreichen.

a)   10 % der gesamten externen und internen Erlöse aller Segmente machen 2.500.000 Rubel aus;

b)   das zusammengefasste positive Ergebnis aller Segmente beträgt 3.000.000 Rubel; das zusammengefasste negative Ergebnisses aller Segmente macht 100.000 Rubel aus; 10 % des positiven Ergebnisses sind 300.000 Rubel;

c)   10 % der gesamten Vermögenswerte aller Segmente machen 3.000.000 Rubel aus.

Für die Feststellung eines berichtspflichtigen Segments reicht es, wenn das Segment nur einen der obigen Schwellen-werte überschreitet:

Schwellenwerte	Schwellenwerte, Tausend Rubel	B	C	D
Umsatzerlöse	2.500	10.000	3.000	7.000
Jahresüberschuss	300	1.500	(100)	1.000
Vermögen	3.000	11.000	4.000	9.000

Alle restlichen Segmente überschreiten einen der Schwellenwerte.

Schritt 3: Überprüfen, ob den berichtspflichtigen Segmenten zuzuordnende Erlöse mindestens 75 % der gesamt-en Erlöse ausmachen:

20.000.000 / 25.000.000 x 100 % = 80 %.

Die berichtspflichtigen Segmente sind also die Segmente B, C und D. Der Segment A wird im Rahmen der übrigen Tätig-keit (siehe unten) ausgewiesen.

III.   Primäre und sekundäre Segmentberichtsformate

Die primären und sekundären Segmentberichtsformate werden durch den vorherrschenden Ur-sprung und die Art der Chancen und Risiken eines Unternehmens bestimmt. Die Organisations- und Managementstruktur eines Unternehmens sowie sein System der internen Finanzberichter-stattung bilden die Grundlage zur Bestimmung des vorherrschenden Ursprungs und die Art der Chancen und Risiken des Unternehmens. Wenn die Chancen und Risiken des Unternehmens im Wesentlichen von den Unterschieden in den Produkten und Dienstleistungen, die es herstellt und anbietet, beeinflusst werden, bilden die Geschäftssegmente das primäre Format für die Segment-berichterstattung. Geografische Segmente bilden dann das sekundäre Segmentberichtsformat. **44**

Die geografischen Segmente bilden das primäre Berichtsformat, wenn die Chancen und Risiken des Unternehmens im Wesentlichen von der Tatsache beeinflusst werden, dass es in verschiede-nen geografischen Märkten tätig ist. Geschäftssegmente bilden dann das sekundäre Segmentbe-richtsformat. **45**

Falls die Organisations- und Managementstruktur eines Unternehmens sowie sein System der internen Finanzberichterstattung weder auf Geschäftssegmenten noch auf geografischen Segmen-ten basieren, entscheidet der Geschäftsführer über das primäre und sekundäre Segmentberichts-formate des Unternehmens. **46**

1.   Primäres Segmentberichtsformat

Der RLS 12/2000 unterscheidet zwischen den folgenden drei Typen geografischer Segmente, die zum primären Segmentberichtsformat gehören: **47**

1. der Standort des Segmentvermögens (z. B. Produktionsanlagen) stimmt mit dem Standort der Märkte (Kunden der Waren und Dienstleistungen) überein

2. der Standort des Segmentvermögens stimmt mit dem Standort der Märkte nicht überein, wo-bei der Standort des Segmentvermögens das primäre Berichtsformat bildet

3. der Standort des Segmentvermögens stimmt mit dem Standort der Märkte nicht überein, wo-bei der Standort der Märkte das primäre Berichtsformat bildet.

48   Wenn die Geschäftssegmente oder die erste Gruppe der geografischen Segmente das primäre Berichtsformat bilden, ist folgende Information zu jedem Berichtssegment offen zu legen:

- die Segmenterlöse für jedes berichtspflichtige Segment, darunter Segmenterlöse aus Verkäufen an externe Kunden und Segmenterlöse aus Transaktionen mit anderen Segmenten;

- das Segmentergebnis (Gewinn oder Verlust);

- der Gesamtbuchwert des Segmentvermögens;

- die Segmentschulden;

- die gesamten Anschaffungskosten, die durch den Erwerb von Sachanlagen und immateriellen Vermögensgegenständen verursacht wurden;

- die gesamten planmäßigen Abschreibungen auf Sachanlagen und immaterielle Vermögensgegenstände und

- die Summe der Anteile eines Unternehmens am Jahresüberschuss oder -fehlbetrag von assoziierten Unternehmen oder Tochterunternehmen, Joint Ventures sowie die Summen der Anteile am Kapital dieser Unternehmen sowie Joint Ventures.

49   Es ist zu berücksichtigen, dass der Begriff „Joint Venture" auf den RLS 20/03 zurückgeht, der Joint Ventures in Form von gemeinsam geführten GbR (keine juristische Person nach russischem Recht) vorsieht. Im Unterschied zu IFRS sehen die russischen Rechnungslegungsstandards nicht explizit Joint Ventures in der Form gemeinsam geführter Gesellschaften (juristische Personen) vor.

50   Darüber hinaus, wenn die zweite Gruppe der geografischen Segmente das primäre Berichtsformat bildet, ist folgende Information zusätzlich zu den bereits aufgezählten offen zu legen:

- Erlöse aus Verkäufen an externe Kunden für jedes auf den Standort der Märkte (Kunden) basierende geografische Segment, dessen Erlöse aus Verkäufen an externe Kunden 10 % oder mehr der gesamten Unternehmenserlöse betragen.

51   Wenn die dritte Gruppe der geografischen Segmente das primäre Berichtsformat bildet, hat das Unternehmen auch die folgenden Segmentinformationen zusätzlich zu den für die erste Gruppe bereits aufgezählten Informationen darzustellen:

- den Gesamtbuchwert des Segmentvermögens nach geografischem Standort der Vermögenswerte und

- die gesamten Anschaffungskosten der Sachanlagen und immateriellen Vermögensgegenstände.

52   Das Unternehmen hat diese Informationen für jedes auf Vermögenswerten basierende geografische Segment, dessen Erlöse aus Verkäufen an externe Kunden 10 % oder mehr der Gesamterlöse des Unternehmens oder dessen Segmentvermögen 10 % oder mehr des zusammengefassten Unternehmensvermögens ausmachen, offen zu legen.

53   Die primäre Segmentberichterstattung wird wie folgt dargestellt:

Information zum primären Berichtssegment 1	X
Information zum primären Berichtssegment 2	X
Information zum primären Berichtssegment 3	X
Information zur übrigen Tätigkeit	X
Gesamt	X

2.   Sekundäres Segmentberichtsformat

Wenn das primäre Berichtsformat eines Unternehmens die Geschäftssegmente sind, sind die erforderlichen Angaben für das sekundäre Format wie folgt festgelegt: 54

a) die Segmenterlöse von externen Kunden nach geografischen Regionen auf der Grundlage des geografischen Standortes seiner Kunden, für jedes geografische Segment, dessen Erlöse aus Verkäufen an externe Kunden 10 % oder mehr der gesamten Unternehmenserlöse aus Verkäufen zu allen externen Kunden ausmachen;

b) der Gesamtbuchwert des Segmentvermögens nach dem geografischen Standort der Vermögenswerte für jedes geografische Segment, dessen Segmentvermögen 10 % oder mehr der gesamten Vermögenswerte aller geografischen Segmente ausmacht und

c) die gesamten Anschaffungskosten für Sachanlagen und immaterielle Vermögensgegenstände nach dem geografischen Standort der Vermögenswerte für jedes geografische Segment, dessen Segmentvermögen 10 % oder mehr der gesamten Vermögenswerte aller geografischen Segmente ausmacht.

Wenn das primäre Berichtsformat eines Unternehmens geografische Segmente sind, hat es die folgenden sekundären Segmentinformationen darzustellen: 55

a) Segmenterlöse von externen Kunden

b) der Gesamtbuchwert des Segmentvermögens

c) die gesamten Anschaffungskosten der Sachanlagen sowie immaterieller Vermögensgegenstände.

Das Unternehmen hat diese Information für jedes Geschäftssegment darzustellen, dessen Erlöse aus Verkäufen an externe Kunden 10 % oder mehr der gesamten Unternehmenserlöse aus Verkäufen an alle externen Kunden oder dessen Segmentvermögen 10 % oder mehr der gesamten Vermögenswerte aller Geschäftssegmente ausmachen.   56

❗ Praxishinweis:

Die Gesamtwerte der Umsatzerlöse, Aufwendungen, des Jahresüberschusses oder -fehlbetrages, der Vermögensgegenstände und Verbindlichkeiten werden sich von den entsprechenden Angaben in der Bilanz und der GuV unterscheiden. Die meisten Unterschiede ergeben sich aus den Transaktionen zwischen den einzelnen Segmenten innerhalb des Unternehmens sowie allgemeinen Verwaltungsaufwendungen und anderen Aufwendungen, die sich auf das Unternehmen als Ganzes beziehen und die nicht auf einzelne Berichtssegmente verteilt werden. Zur Erleichterung einer Abstimmung der Gesamtwerte der Berichtssegmente zu der Bilanz und der GuV sollte eine Überleitungsrechnung angefertigt werden.

IV.   Bilanzierungs- und Bewertungsmethoden

Bei der Bilanzierung und Bewertung von Erträgen und Aufwendungen, Vermögensgegenständen und Verbindlichkeiten sind nur solche Angaben zu berücksichtigen, die unmittelbar dem berichtspflichtigen Segment zugerechnet werden können.   57

Vermögensgegenstände, die gemeinsam von zwei oder mehr Berichtssegmenten verwendet werden, sind nur auf die Segmente zu verteilen, wenn die darauf bezogenen Erträge und Aufwendungen auch auf diese Segmente verteilt worden sind.   58

Die Art und Weise, in der die Vermögenswerte, Schulden, Erträge und Aufwendungen auf die Segmente verteilt werden, hängt von solchen Faktoren wie der Art dieser Posten, den von dem Segment betriebenen Tätigkeiten und der relativen Selbständigkeit dieses Segments ab. Das Un-   59 ternehmen legt die Methoden der Verteilung selbstständig in seiner Bilanzierungsrichtlinie fest. Dabei können zu den unterschiedlichen Posten unterschiedliche Verteilungsmethoden angewandt werden. Z. B. können die von zwei oder mehr Berichtssegmenten gemeinsam verwendeten Vermögensgegenstände in Proportion zu den hergestellten Produkten verteilt werden. Löhne und Gehälter können anhand der Anzahl der Mitarbeiter auf zwei oder mehr Berichtssegmente verteilt werden.

60   Segmentinformationen sind in Übereinstimmung mit den Bilanzierungs- und Bewertungsmethoden (Bilanzierungsrichtlinie) aufzustellen, die für die Aufstellung und Darstellung der Abschlüsse eines Konzerns oder Unternehmens angewendet werden.

61   Bei wesentlichen Veränderungen der Bilanzierungs- und Bewertungsmethoden, wie z. B. die Bestimmung der berichtspflichtigen Segmente oder die Verteilung der Erträge und Aufwendungen auf berichtspflichtige Segmente, sind die Gründe für diese Veränderungen sowie die Bewertung der Folgen dieser Veränderungen im Anhang offen zu legen. Die Zahlen für die Vorperioden müssen dabei entsprechend angepasst werden.

C.   Aufgabe von Geschäftsbereichen

I.   Grundsatz

62   Wird der Betrieb von einzelnen Bereichen oder Teilbereichen eines Unternehmens eingestellt, sind besondere Angaben gemäß RLS 16/02 *Information zur Aufgabe von Geschäftsbereichen*, eingeführt durch die Anordnung des Finanzministeriums der RF Nr. 66n vom 02. Juli 2002 (RLS 16/02) zu machen. RLS 16/02 trat 2003 in Kraft und wurde zuletzt 2006 geändert. Die Grundlage für RLS 16/02 bildete IAS 35 *Discontinuing Operations*.

63   Zielsetzung von RLS 16/02 ist, die Angaben über die Aufgabe eines Geschäftsbereiches im Abschluss zu regeln. Diese Angaben können die Fähigkeit der Investoren, Gläubiger und anderer Abschlussadressaten verbessern, die Vermögens-, Finanz- und Ertragslage des Unternehmens insbesondere durch die Unterscheidung zwischen aufzugebenden und fortzuführenden Geschäftsbereichen einzuschätzen.

64   Folgende Unternehmen sind von der Anwendung des RLS 16/02 befreit:

- Kreditinstitute

- Unternehmen, deren Geschäftsbereiche infolge von außerordentlichen Ereignissen wie Naturkatastrophen, Brand, Havarie u. ä, Vermögensbeschlagnahmen in gesetzlich vorgesehenen Fällen sowie Enteignungen aufgegeben werden mussten

- Unternehmen, die ihre Geschäftsbereiche temporär ohne die Absicht stillgelegt haben, diese Geschäftsbereiche komplett aufzugeben.

🛈 Praxishinweis:

Die Stilllegung einer Gesellschaft bzw. einer Niederlassung wird oft statt ihrer kompletten Schließung aus praktischen Gründen vorgezogen. Die Schließung einer Gesellschaft ist ein langwieriger und oft teurer Prozess, da alle Gläubiger benachrichtigt werden müssen und vor allem die steuerliche Abmeldung zu erfolgen hat. Vor einer steuerlichen Abmeldung ist eine eingehende Betriebsprüfung meistens unvermeidbar. Viele Eigentümer ziehen es daher vor, die Gesellschaft gar nicht zu schließen, sondern vorerst stillzulegen. Nach Ablauf der Verjährungszeit wird dann i.d.R. die Schließung vollzogen. Diese Zeit kann aber unter anderem auch genutzt werden, um die Gründe, die zur Schließung/Stilllegung der Gesellschaft/Niederlassung geführt haben, zu klären bzw. um eine Veränderung der Marktlage abzuwarten.

Eine solche Stilllegung ist allerdings mit einem gewissen dauerhaften Aufwand verbunden. Es muss weiter ein Geschäftssitz unterhalten werden und ein Generaldirektor/Leiter bestellt sein. Außerdem sind weiter Steuererklärungen und Abschlüsse (so genannte Null-Steuererklärungen bzw. Null-Abschlüsse) einzureichen. Hiermit wird meist ein Dienstleister beauftragt.

Eine solche Stilllegung ist gesetzlich nicht geregelt. Es sind keine Einschränkungen für die Länge des Zeitraumes, in dem Null-Steuererklärungen abgegeben werden können, vorgesehen. Falls das Unternehmen innerhalb von 12 Monaten keine Abschlüsse abgibt und zugleich keine Kontobewegungen vorweisen kann, gilt diese Gesellschaft als geschlossen und kann aus dem Register der juristischen Personen gelöscht werden[4].

Zugleich muss beachtet werden, dass eine Gesellschaft, die Null-Steuererklärungen einreicht, trotzdem von der Steuerbehörde für eine Betriebsprüfung ausgewählt werden kann. In den internen Anweisungen des Ministeriums für Steuern und Abgaben (Vorgänger des Föderalen Steuerdienstes) wird dies als einer der Sachverhalte aufgeführt, die u.U. eher zu einer Betriebsprüfung führen.[5]

Unter Informationen zur Aufgabe von Geschäftsbereichen werden Informationen zu einem Geschäftsbereich eines Unternehmens (Geschäfts- und geografisches Segment, ein Teilsegment oder eine Gesamtheit von Segmenten) verstanden, der betrieblich und für die Zwecke der Rechnungslegung abgegrenzt werden kann und den das Unternehmen einstellt. 65

Ein Geschäftsbereich kann betrieblich und für die Zwecke der Rechnungslegung abgegrenzt werden, wenn ihm 66

■ seine betrieblichen Vermögenswerte und Schulden und

■ seine Erträge und zumindest die Mehrheit seiner betrieblichen Aufwendungen

direkt zugerechnet werden können.

Vermögensgegenstände, Schulden, Erträge und Aufwendungen sind einem Geschäftsbereich direkt zurechenbar, wenn sie bei Verkauf, Einstellung oder anderweitigem Abgang des Geschäftsbereichs entfallen. 67

RLS 16/02 schlägt drei Wege vor, wie ein Bestandteil eines Unternehmens aufgegeben werden kann: 68

1. das Unternehmen oder sein Teil kann als Vermögenskomplex veräußert werden;
   Der Kauf eines Unternehmens als Vermögenskomplex oder der so genannte Asset Deal ist in den Art. 559 ff. ZGB geregelt. Das Unternehmen ist im Art. 132 ZGB als Vermögenskomplex definiert, der zur Ausübung unternehmerischer Tätigkeit genutzt wird. Zu diesem Vermögenskomplex gehören alle Vermögenswerte, die zur unternehmerischen Tätigkeit erforderlich sind, einschließlich der Grundstücke, Gebäude, Einrichtungen, Ausrüstungen, des Inventars, der Roh-, Hilfs- und Betriebsstoffe, fertigen Erzeugnisse, Forderungen und Verbindlichkeiten sowie aller Rechte, die der Individualisierung des Unternehmens sowie seiner Produkte und Dienstleistungen dienen (Handelsbezeichnung, Warenzeichen, Servicemarke).
   Der Unternehmenskaufvertrag bedarf der Schriftform. Das Unternehmen wird als unbewegliche Sache definiert. Dadurch unterliegt der Unternehmenskaufvertrag den gleichen Vorschriften der staatlichen Registrierung wie ein Immobilienkauf. Vor der Veräußerung ist das Unternehmen erst als Vermögenskomplex zu registrieren. Erst im Anschluss kann die Über-

---

4 Art. 21.1 des Föderalen Gesetzes über die Staatliche Registrierung juristischer Personen und Einzelunternehmer Nr. 129-FZ vom 08. August 2001
5 Punkt 2.5 Anordnung des Ministeriums für Steuern und Abgaben der RF Nr. BG-3-06/627@

tragung auf den Erwerber erfolgen. Die Vorschriften sind auch auf einen Teilbetrieb anzuwenden, wenn dieser aufgrund seiner Vermögensausstattung selbständig lebensfähig wäre.

Zwischen dem Unternehmen als Gesamtheit von Sachen und Rechten und der juristischen Person wird somit unterschieden. Eine Ausnahme davon bilden Unternehmen im staatlichen oder kommunalen Eigentum. Bei diesen Unternehmen wird das Unternehmen selbst zugleich als juristische Person definiert.

Eine Alternative zum Asset Deal stellt der Erwerb von Geschäftsanteilen, der so genannte Share Deal, dar. Darunter wird der Erwerb der juristischen Person verstanden. Durch den Share Deal werden aber die Bestandteile des Unternehmens normalerweise nicht im Sinne des RLS 16/02 aufgegeben, sondern die juristische Person wird trotz dem Wechsel der Eigentümer weitergeführt.

2.   einzelne Vermögensgegenstände des Bestandteils können verkauft bzw. einzelne Schulden des Bestandteils können getilgt werden; oder

3.   der Geschäftsbereich wird eingestellt.

69   Darüber hinaus kann ein Geschäftsbereich eines Unternehmens aufgegeben werden, indem das Unternehmen in Form von Ausgründung reorganisiert wird. Bei einer Ausgründung entsteht aus einer juristischen Person eine oder mehrere neue juristische Personen, wobei die juristische Person, aus der heraus die Ausgründung erfolgt, weiterhin existiert.

70   Ein Geschäftsbereich gilt als aufzugebend, nachdem das bevollmächtigte Organ der Gesellschaft (der Aufsichtsrat oder die Gesellschafterversammlung) einen Beschluss dazu gefasst sowie einen Plan für die Aufgabe des Geschäftsbereiches ausgearbeitet hat. Das die erstmalige Angabe im Abschluss auslösende Ereignis ist jenes der folgenden Ereignisse, welches zuerst eintritt:

■   das Unternehmen hat einen Verkaufsvertrag über den Verkauf der Vermögensgegenstände abgeschlossen, ohne die die Tätigkeit des Geschäftsbereiches praktisch unmöglich ist oder

■   die Bekanntmachung der Aufgabe des Geschäftsbereiches an alle juristischen und natürlichen Personen, die von einer solchen Aufgabe betroffen sind (Aktionäre, Mitarbeiter, Lieferanten usw.).

> **Beispiel:**

Ein Einzelhändler hochwertiger Kosmetikwaren hat den Beschluss gefasst, eines seiner Geschäfte im Gebiet Moskau wegen mangelnder Kaufkraft am Standort des Geschäftes zu schließen.

Das betroffene Personal wurde am 03. Dezember 2007 über die betriebsbedingte Kündigung informiert. Der Vertrag über den Verkauf der Geschäftseinrichtung wurde am 10. Januar 2008 abgeschlossen.

Die erstmalige Angabe erfolgt bereits im Abschluss für das Jahr 2007, da die Bekanntmachung über die Schließung des Geschäftes bereits in 2007 erfolgte.

II.   Rückstellung für Aufwendungen im Zusammenhang mit der Aufgabe von Geschäftsbereichen

71   Als Folge der Aufgabe von Geschäftsbereichen geht das Unternehmen Verpflichtungen ein, die entweder aus den gesetzlichen oder vertraglichen Anforderungen, aus Kulanz bzw. freiwilliger Übernahme entstehen. Für diese Verpflichtungen, über deren Höhe oder Zeitpunkt des Eintretens eine Unsicherheit besteht, ist eine Rückstellung zu bilden. Der Ansatz sowie die Bewertung dieser

Rückstellung ist im RLS 8/01 geregelt. RLS 16/02 weist lediglich auf einige Besonderheiten bei der Bildung der Rückstellung hin. Dies sind:

a) bei der Veräußerung des Unternehmens oder seines Teils als Vermögenskomplex infolge einer Transaktion ist die Rückstellung erst nach dem Abschluss des Verkaufsvertrages zu bilden

b) beim Verkauf einzelner Vermögensgegenstände bzw. bei der Tilgung einzelner Schulden sowie bei der Einstellung des Unternehmens oder eines seiner Bestandteile ist eine Rückstellung nur in dem Fall zu bilden, wenn erwartet wird, dass den Verpflichtungen, für die die Rückstellung gebildet wird, im nächsten Geschäftsjahr nachzukommen ist

c) die Rückstellung wird in Höhe der infolge der Aufgabe der Geschäftsbereiche entstehenden Aufwendungen für die Kündigung der Mitarbeiter, Auszahlung von Strafen und Verzugszinsen aus der Verletzung von Vertragsbedingungen u. ä. am Ende des Geschäftsjahres gebildet.

72 Aufwendungen, die einer fortzuführenden Tätigkeit zugerechnet werden können, wie z. B. Umschulung und Umzug von Mitarbeitern, Investitionen in neue Systeme und Vertriebswege, sind bei der Bewertung der Rückstellung nicht zu berücksichtigen. Dies ist z. B. der Fall, wenn das Unternehmen beabsichtigt, mit einem Teil der vorhandenen Ressourcen neue Geschäftsbereiche zu erschließen bzw. die existierenden zu erweitern.

73 Die Rückstellung ist nur für die Aufwendungen in Anspruch zu nehmen, für die sie gebildet wurde.

> **Beispiel:**

9

In Fortsetzung des vorigen Beispiels schätzt der Einzelhändler die Aufwendungen für betriebsbedingte Kündigungen der betroffenen Mitarbeiter in Höhe von 150.000 Rubel. Die Strafen aus der Verletzung von Vertragsbedingungen (z. B. frühe Kündigung des Mietvertrages) betragen 50.000 Rubel. Eine Rückstellung für die Aufgabe des Geschäftsbereiches wird gebildet.

Die Aufwendungen für die Verletzung von Vertragsbedingungen gehören zu den sonstigen Aufwendungen des Unternehmens, daher:

91-2 *Sonstiger Aufwand*

an

96 *Rückstellungen:* 50.000 Rubel

Die Aufwendungen für die Auszahlungen der Kündigungsgelder an die Mitarbeiter gehören zu den Aufwendungen aus der gewöhnlichen Geschäftstätigkeit, daher:

20 *Herstellungskosten der Haupttätigkeit* oder 26 *Allgemeine Verwaltungsaufwendungen*

an

96 *Rückstellungen:* 150.000 Rubel

€ **Steuern:**

Steuerlich sind Rückstellungen für die Aufgabe von Geschäftsbereichen nicht anerkannt. Daher werden sie nur in der Handelsbilanz gebildet.

III. Wertminderung von Vermögensgegenständen

74 Bei der Aufgabe von Geschäftsbereichen sind die Vermögensgegenstände, die den aufgebenden Geschäftsbereichen zuzurechnen sind, im Hinblick auf mögliche Wertminderungen zu untersuchen. Diese Anforderungen entsprechen dem in der russischen Rechnungslegung verankerten

Vorsichtsprinzip. Für Wertverluste durch den Abgang von Vermögensgegenständen wird Vorsorge getroffen.

75   RLS 16/02 stellt keine gesonderten Ansatz- und Bewertungsgrundsätze auf, sondern verlangt, dass ein Unternehmen die in anderen entsprechenden Standards festgelegten Grundsätze in Bezug auf die Vermögensgegenstände beachtet. Die in diesem Zusammenhang relevanten Standards sind:

RLS 5/01	*Vorräte*
RLS 6/01	*Sachanlagen*
RLS 19/02	*Finanzinvestitionen.*

76   Zugleich sieht der RLS 16/02 folgende Besonderheiten für die einzelnen Wege vor, auf denen Geschäftsbereiche aufgegeben werden können.

77   Falls das Unternehmen oder einer oder mehrere seiner Geschäftsbereiche als Vermögenskomplex im Rahmen einer einheitlichen Transaktion veräußert werden, ist die Wertminderung der Vermögensgegenstände nur in dem Fall zu erfassen, wenn ein Verkaufsvertrag für diese Vermögensgegenstände bereits abgeschlossen worden ist. Dabei kann der Vertrag vorsehen, dass die Vermögensgegenstände entweder bereits vor dem Stichtag oder erst in künftigen Geschäftsjahren an den Käufer übergehen. Deckt der Vertragspreis nicht den Buchwert der Vermögensgegenstände und die im Rahmen der Transaktion anfallenden Veräußerungsaufwendungen in Bezug auf diese Vermögensgegenstände, hat das Unternehmen die Vermögensgegenstände abzuwerten. Den Abwertungsbetrag muss das Unternehmen selbständig für jeden Vermögensgegenstand anhand des Vertragspreises berechnen. RLS 16/02 führt hierzu nichts weiter aus. Zu empfehlen ist eine gleichmäßige Verteilung der Wertminderung im Verhältnis der Einzelbuchwerte zum Gesamtbuchwert aller Vermögensgegenstände unter Beachtung der Grundsätze von Wirtschaftlichkeit und Wesentlichkeit.

78   Falls die Aufgabe von Geschäftsbereichen im Wege des Verkaufs von einzelnen Vermögensgegenständen bzw. durch Tilgung einzelner Schulden erfolgt, wird der Verlust aus dem Abgang der Vermögensgegenstände in Höhe der Differenz zwischen dem erwarteten Verkaufswert und dem Buchwert der Vermögensgegenstände zuzüglich der geplanten Veräußerungsaufwendungen ermittelt.

79   Falls bei der Einstellung des Geschäftsbereiches die diesem direkt zurechenbaren Vermögensgegenstände nicht verkauft werden können, entspricht der Verlust aus dem Abgang dieser Vermögensgegenstände ihrem Buchwert.

80   RLS 16/2000 sieht nur eine allgemeine Regelung für den Ausweis der Abwertung der Vermögensgegenstände vor. Die Vermögensgegenstände sind dabei unter Abzug der Abwertungsbeträge in der Bilanz auszuweisen. Die Verluste aus der Abwertung sind zum Ende des Geschäftsjahres erfolgswirksam im Rahmen des sonstigen Aufwandes zu erfassen. Eine Ausnahme davon bilden die Regelungen in Bezug auf die Neubewertungsrücklage im Zusatzkapital gemäß RLS 6/01 (siehe unten).

81   Falls der Prozess der Aufgabe von Geschäftsbereichen sich über mehrere Geschäftsjahre erstreckt, muss das Unternehmen jährlich zum Ende jedes Geschäftsjahres die Vermögensgegenstände erneut einem Abwertungstest unterziehen. Zeigt der Abwertungstest eine Erhöhung des Veräußerungswertes, ist sonstiger Ertrag (Konto 91-1) bzw. die Erhöhung der Neubewertungsrücklage (Sachanlagen) auszuweisen. Dieser Ertrag darf allerdings nur dann erfasst werden, wenn der entsprechende Vermögensgegenstand in den Vorperioden wertberichtigt wurde. Er darf den Betrag der vorgenommenen Abwertung nicht übersteigen.

Im weiteren werden die durch die zurzeit geltenden RLS vorgesehenen Abwertungsregeln kurz dargestellt. Eine ausführliche Darstellung dieser RLS ist in den entsprechenden Kapiteln dieses Leitfadens zu finden.

82

RLS 5/01 sieht eine Wertminderung der Vorräte in Form einer Wertberichtigung vor. Die Vorräte, die obsolet sind oder ihre Eigenschaften teilweise oder vollständig verloren haben bzw. deren Marktwert sich verringert hat, müssen wertberichtigt werden. Die Wertberichtigung (im Russischen als Rückstellung bezeichnet) wird in Höhe der Differenz zwischen den historischen Werten (Anschaffungs- oder Herstellungskosten) und den Marktwerten der Vorräte zum Jahresende erfolgswirksam gebildet, falls die historischen Werte der Vorräte höher als ihre Marktwerte sind.

83

Die Rückstellung für die Wertberichtigung der Vorräte wird auf dem Konto 14 *Wertberichtigung auf Vorräte* erfasst. Mit dem Verbrauch der Vorräte im nächsten Jahr wird die Rückstellung erfolgswirksam aufgelöst. Die Rückstellung ist auch aufzulösen, falls der Marktwert der entsprechenden Vorräte sich (unterjährig) erholt. Auf den Bestand der Vorräte zum Jahresende ist, soweit notwendig, eine neue Rückstellung zu bilden. Die Vorräte werden in der Bilanz wieder unter Abzug der Rückstellung ausgewiesen.

84

Bei den Regelungen im RLS 6/01 handelt es sich um eine Neubewertung, nicht aber um eine Wertberichtigung von Sachanlagen. Bei einer Neubewertung wird die gesamte Gruppe von Sachanlagen zu den AK/HK der Ersatzvermögensgegenstände zum Zeitpunkt der Neubewertung korrigiert um angefallene Abschreibungen angesetzt. Neubewertungen sind in regelmäßigen Abständen durchzuführen, um zu vermeiden, dass der Buchwert wesentlich von den AK/HK der Ersatzvermögensgegenstände abweicht. Falls die Sachanlagen regelmäßig neubewertet wurden, entsteht keine Notwendigkeit einer zusätzlichen Anpassung zum Marktwert bei der Aufgabe von Geschäftsbereichen. Da die Neubewertungen in der Praxis selten vorkommen, muss der Buchwert der Sachanlagen mit ihrem Marktwert zum Jahresende verglichen und bei vorhandener Abweichung abgewertet werden. Die Abwertung wird in dem Fall im sonstigen Aufwand erfasst[6]. Dieser Vorgang ist zwar nicht direkt im RLS 6/01 vorgesehen, ergibt sich aber aus den generellen Anforderungen des RLS 16/02.

85

Falls eine Neubewertung von Sachanlagen erfolgt, die zu einer Erhöhung des Buchwertes der Sachanlagen führt, wird der Unterschiedsbetrag zwischen dem den AK/HK der Ersatzvermögensgegenstände und dem vormaligen Buchwert der Sachanlage erfolgsneutral in eine Neubewertungsrücklage (Zusatzkapital) im Rahmen des Eigenkapitals eingestellt. Die Wertminderung der Sachanlagen bei der Aufgabe von Geschäftsbereichen ist in dem Fall zunächst mit dieser Neubewertungsrücklage zu verrechnen. Ist die Höhe der Neubewertungsrücklage nicht ausreichend, muss der Restbetrag im Aufwand erfasst werden.

86

> **Beispiel:**
>
> Bei der Aufgabe eines Geschäftsbereiches soll eine Anlage mit einem Buchwert von 40.000 Rubel verkauft werden. Die Anschaffungskosten der Anlage betrugen 200.000 Rubel, die kumulierte Abschreibung damit 160.000 Rubel. Der Marktwert der Anlage wird durch einen Sachverständigen auf 20.000 Rubel geschätzt. Mit der Veräußerung der Anlage verbundene Transportkosten werden 10.000 Rubel betragen.
>
> Die Anlage wird zu ihrem Marktwert abzüglich der Transportkosten bewertet: 20.000 Rubel – 10.000 Rubel = 10.000 Rubel. Der Aufwand aus der Abwertung der Anlage beträgt danach 30.000 Rubel (40.000 – 10.000).
>
> Der Aufwand wird buchhalterisch wie folgt erfasst:
>
> 91-2 *Sonstiger Aufwand*

---

6   Kommentar zu den Rechnungslegungsstandards unter der Redaktion von A. S. Bakaev, 2. Auflage, Jurait-Isdat, 2005

an

01 *Sachanlagen*: 30.000 Rubel

Beim tatsächlichen Abgang der Anlage sind die folgenden Buchungssätze veranlasst:

(Zur Vereinfachung wird angenommen, dass der Marktwert der Anlage sich nicht verändert hat. Auf die Abschreibung der Anlage nach dem Stichtag und bis zu dem Zeitpunkt des tatsächlichen Abgangs wird ebenfalls nicht eingegangen.)

Erlös aus dem Abgang der Anlage:

76 *Sonstige Forderungen/Verbindlichkeiten*

an

91-1 *Sonstiger Ertrag*: 20.000 Rubel

Abgang der Sachanlage:

01 *Sachanlagen* Unterkonto *Abgang von Sachanlagen*

an

01 *Sachanlagen*: 170.000 Rubel (200.000 – 30.000).

Ausbuchung der kumulierten Abschreibung:

02 *Kumulierte Abschreibung auf das Sachanlagevermögen*

an

01 *Sachanlagen* Unterkonto *Abgang der Sachanlagen*: 160.000 Rubel

Erfassung des Restbuchwertes der Anlage im Aufwand:

91-1 *Sonstiger Aufwand*

an

01 *Sachanlagen* Unterkonto *Abgang der Sachanlagen*: 10.000 Rubel

87   RLS 19/02 unterscheidet zwischen Finanzanlagen, deren Marktwert ermittelt werden kann, und solchen, deren Marktwert nicht zu ermitteln ist. Marktgängige Finanzanlagen müssen zu ihrem Marktwert neubewertet werden. Die Neubewertung erfolgt monatlich oder quartalsweise, je nachdem, welche Festlegung in der Bilanzierungsrichtlinie des Unternehmens getroffen wurde. Die entstehenden Differenzen sind erfolgswirksam als *sonstige Erträge* oder *sonstige Aufwendungen* (Konten 91-1, 91-2) zu erfassen.

88   Finanzanlagen, deren Marktwert nicht ermittelt werden kann, werden weiterhin zu ihren Anschaffungskosten geführt. Falls eine Werthaltigkeitsprüfung eine nicht nur vorübergehende Wertminderung der Finanzanlagen zeigt, hat eine Wertberichtigung derartiger nichtmarktgängiger Finanzanlagen zu erfolgen. Die Wertberichtigung ist auf dem Konto 59 *Rückstellung für die Abwertung von Finanzanlagen* zu bilden. In der Bilanz wird der Wert der Finanzanlage unter Abzug der Rückstellung (Wertberichtigung) ausgewiesen.

€ Steuern:

Das Steuerrecht sieht keine Neubewertung bzw. keine Abwertung von Sachanlagen vor. Die Aufwendungen aus dem Abgang einer Sachanlage werden in der Steuerperiode erfasst, in der sie angefallen sind, d.h. bei der tatsächlichen Veräußerung. Sie sind steuerlich abzugsfähig und über die nicht in Anspruch genommene Restnutzungsdauer (Differenz zwischen der gesamten Nutzungsdauer und der vom veräußernden Unternehmen bisher in Anspruch genommenen Nutzungsdauer der Sachanlage) gleichmäßig als sonstiger Aufwand zu erfassen. Aufwendungen in Bezug auf die Liquidation der Sachanlagen sind ebenfalls abzugsfähig.

Die Bildung einer Rückstellung für die Wertberichtigung von Vorräten ist steuerlich ebenfalls nicht vorgesehen.

Die Bildung von Rückstellungen für die Abwertung von Wertpapieren ist im SteuerGB nur für professionelle Wertpapierhändler vorgesehen.

IV.   Angabepflichten

Ein Unternehmen hat Informationen gemäß Punkt 11 RLS 16/02 in Bezug auf aufzugebende Ge-   89
schäftsbereiche in seinen Abschluss aufzunehmen. Diese Informationen sind beginnend mit dem
Abschluss für das Geschäftsjahr anzugeben, in dem das die erstmalige Angabe auslösende Ereignis eintritt. Die Angaben sind weiterhin bis zum Abschluss für das Geschäftsjahr zu machen, in
dem die Aufgabe des Geschäftsbereichs tatsächlich abgeschlossen ist bzw. endgültig nicht erfolgt.
Dies ist unabhängig davon, ob zu diesem Zeitpunkt eventuell noch Forderungen oder Verbindlichkeiten in Bezug auf den aufgegebenen Geschäftsbereich ausstehend sind.

Im Anhang: 90

a) eine Beschreibung des aufzugebenden Geschäftsbereiches:

- das Geschäftsegment oder das geografische Segment bzw. Teilsegment oder die Gesamtheit der Segmente;
- das Datum der erstmaligen Angabe der Aufgabe des Geschäftsbereiches;
- das Datum oder der Zeitraum, in dem die Beendigung der Aufgabe erwartet wird, falls dies
  bekannt oder bestimmbar ist;

b) die Buchwerte der Vermögensgegenstände und Schulden, die abgehen sollen, zum Bilanz-
    stichtag.

Entweder in der Gewinn- und Verlustrechnung und in der Kapitalflussrechnung oder im An-   91
hang:

c) die Höhe der Erträge, Aufwendungen, des Ergebnisses vor Steuern sowie des Gewinnsteuer-
    aufwandes, die dem aufzugebenden Geschäftsbereich zuzurechnen sind;

d) die Höhe der Cashflows, die der Geschäftstätigkeit sowie der Investitions- und der Finanzie-
    rungstätigkeit des aufzugebenden Geschäftsbereiches im Geschäftsjahr zuzurechnen sind.

Ein Beispiel für die Angabe der Information über die Aufgabe von Geschäftsbereichen gibt die   92
Anlage zu RLS 16/02.

> **Beispiel (Jahreszahlen geändert):**

I.   Gewinn- und Verlustrechnung für 2007

Bezeichnung	Fortzuführende Bereiche		Aufzugebender Bereich (Segment C)		Gesamt	
	2007	2006	2007	2006	2007	2006
Aufwendungen und Erträge aus gewöhnlicher Geschäftstätigkeit:						
Umsatzerlöse (ohne USt, Verbrauchsteuer und ähnliche Steuern)	380	220	50	80	430	300
Anschaffungs- bzw. Herstellungskosten aus dem Verkauf von Waren/Dienstleistungen	210	140	45	70	255	210
Bruttogewinn	170	80	5	10	175	90
Vertriebskosten	40	20	1	7	41	27
Verwaltungskosten	–	–	–	–	–	–
Gewinn/Verlust aus Vertriebstätigkeit	130	60	4	3	134	63
Sonstige Aufwendungen/Erträge						
Zinsen und ähnliche Erträge	–	–	–	–	–	–
Zinsen und ähnliche Aufwendungen	30	20	–	–	30	20
Erträge aus Beteiligungen	–	–	–	–	–	–
Abwertung der dem aufzugebenden Bereich zuzurechnenden Vermögensgegenstände	–	–	20	–	20	–
Sonstige Erträge	–	–	–	–	–	–
Sonstige Aufwendungen	–	–	–	–	–	–
Ergebnis vor Steuern	100	40	(16)	3	84	43
Gewinnsteuer	35	14	1	1	36	15
Jahresüberschuss	65	26	(17)	2	48	28
Bilanzgewinn des Geschäftsjahres	65	26	(17)	2	48	28

Alternativ kann das Unternehmen die Informationen über das aufzugebende Segment C im Anhang zum Abschluss angeben.

II.   Kapitalflussrechnung für 2007

Analog zu der Darstellungsweise in der Gewinn- und Verlustrechnung werden die Informationen über fortzuführende und aufzugebende Bereiche sowie insgesamt für das Unternehmen für das Geschäftsjahr sowie das Vorjahr bzw. für mehrere Geschäftsjahre in der Kapitalflussrechnung angegeben.

Alternativ kann das Unternehmen auch diese Informationen zum aufzugebenden Segment C im Anhang zum Abschluss angeben.

III.   Anhang zum Jahresabschluss 2007

Auf Beschluss des Aufsichtsrates vom 15. September 2007 gibt das Unternehmen seinen Segmentbereich C, der den Handelsbereich umfasst, auf.

Gemäß einem festgelegten Plan werden einzelne Vermögensgegenstände des Segmentbereiches C verkauft bzw. einzelne Schulden getilgt. Zum 31. Dezember 2007 sind noch Vermögensgegenstände, die dem aufzugebenden Geschäftsbereich direkt zugerechnet werden können, i.H.v. 100 Tausend Rubel und Verbindlichkeiten i.H.v. 35 Tausend Rubel vorhanden.

Der Beschluss des Aufsichtsrates wurde allen juristischen und natürlichen Personen, die von der Aufgabe betroffen sind, zur Kenntnis gegeben. Das sind die Mitarbeiter, denen betriebsbedingt gekündigt wird, Lieferanten, mit denen die Verträge gekündigt oder geändert werden sowie weitere betroffene Personen. Es ist geplant, dreißig im Handelsbereich tätigen Mitarbeitern zu kündigen. Die Kündigungsabfindungen werden 9 Tausend Rubel betragen. Darüber hinaus erwartet das Unternehmen, weitere 6 Tausend Rubel an Lieferanten aufgrund der Kündigung der Verträge zahlen zu müssen.

In diesem Zusammenhang bildet das Unternehmen eine Rückstellung für die Auszahlung der Abfindungen i.H.v. 9 Tausend Rubel. Diese Rückstellung wird bis Ende August 2008 in Anspruch genommen. Das Unternehmen bildet daneben eine Rückstellung für die Abstandszahlungen aus der Kündigung der Lieferantenverträge in Höhe von 6 Tausend Rubeln. Diese Rückstellung wird planmäßig im Mai 2008 in Anspruch genommen. Die Rückstellung in der Gesamthöhe von 15 Tausend Rubeln wurde im Jahresabschluss zum 31. Dezember 2007 zutreffend gebildet.

Es wurde außerdem festgestellt, dass der Buchwert der Handelsausstattung um 20 Tausend Rubel über dem Veräußerungswert liegt. Die Ausstattung wurde daher erfolgswirksam abgewertet.

Es wird erwartet, dass der Prozess der Aufgabe des Segmentbereiches im dritten Quartal 2008 abgeschlossen sein wird.

Tritt das die erstmalige Angabe auslösende Ereignis nach Ende des Geschäftsjahres (nach dem 31. Dezember), aber vor der Freigabe des Abschlusses ein, so hat dieser Abschluss die im Punkt 11 RLS 16/02 aufgeführten Angaben für den Zeitraum zu enthalten, auf den sich dieser Abschluss bezieht. Die Bildung von Rückstellungen sowie die Abwertung von Vermögensgegenständen kann nur nach Maßgabe des RLS 7/98 *Ereignisse nach dem Bilanzstichtag* erfolgen. 93

Wenn ein Unternehmen Vermögenswerte oder Schulden, die einem aufzugebenden Geschäftsbereich zuzurechnen sind, veräußert bzw. tilgt, hat das Unternehmen die folgenden Informationen gemäß Punkt 12 RLS 16/02 in seinen Abschluss (entweder direkt in die Gewinn- und Verlustrechnung oder in den Anhang) aufzunehmen, wenn die Ereignisse eintreten. Für jeden Gewinn oder Verlust aus dem Abgang von Vermögensgegenständen oder der Tilgung von Schulden, die dem aufzugebenden Geschäftsbereich zuzurechnen sind, ist anzugeben: 94

- die Höhe des Gewinns bzw. des Verlustes vor Steuern und
- der mit dem Gewinn verbundene Ertragsteueraufwand (falls insgesamt steuerpflichtige Einkünfte vorliegen).

Hat ein Unternehmen den Verkauf von Vermögensgegenständen bzw. die Tilgung von Schulden verbindlich vereinbart, sind die Veräußerungspreise (nach Abzug der erwarteten Verkaufskosten) der Vermögensgegenstände bzw. die Tilgungsbeträge, der voraussichtliche zeitliche Verlauf der Cashflows sowie der Buchwert dieser Vermögensgegenstände und Schulden im Anhang anzugeben. 95

Zusätzlich zu den oben aufgeführten Angaben (Punkte 11 und 12 RLS 16/02) hat ein Unternehmen in die Abschlüsse, die sich auf Geschäftsjahre nach Eintritt des die erstmalige Angabe auslösenden Ereignisses beziehen, eine Beschreibung aller bedeutenden Änderungen in der Höhe oder im zeitlichen Verlauf von Cashflows, welche die abgehenden Vermögensgegenstände bzw. zu tilgenden Schulden betreffen, sowie der Ereignisse, die diese Änderungen verursachen, aufzunehmen. 96

Gibt ein Unternehmen den Plan auf, der zuvor als Aufgabe eines Geschäftsbereiches dargestellt wurde, ist diese Tatsache im Anhang anzugeben. Frühere Wertminderungsaufwendungen oder Rückstellungen, die in Bezug auf den aufzugebenden Geschäftsbereich erfasst worden sind, müssen in dem Fall rückgängig gemacht werden. 97

D. Bilanzierung und Bewertung von staatlichen Beihilfen

I. Grundsatz

Auf die Bilanzierung und Darstellung von staatlichen Zuwendungen und Beihilfen an russische kommerzielle Unternehmen (bis auf Kreditinstitute) ist der RLS *Bilanzierung staatlicher Beihilfen*, 98 eingeführt durch die Anordnung des Finanzministeriums der RF Nr. 92n vom 16. Oktober 2000, (RLS 13/2000), anzuwenden (in Kraft seit dem 01. Januar 2001). RLS 13/2000 ist in Anlehnung an IAS 20: *Bilanzierung und Darstellung von Zuwendungen der öffentlichen Hand* entworfen worden, wurde aber an die russischen Gegebenheiten und Begrifflichkeiten angepasst.

99   Unter einer staatlichen Beihilfe wird dabei der Zufluss wirtschaftlichen Nutzens bei einem konkreten Unternehmen in Folge des Zugangs von Vermögensgegenständen (Geldmittel, andere Vermögensgegenstände) verstanden.

100   Folgende Sachverhalte werden im RLS 13/2000 nicht geregelt:

a) staatliche Regulierung von Preisen und Tarifen;

b) Vorteile bei der Ermittlung des zu versteuernden Einkommens (wie z. B. Steuervergünstigungen, Steuer- und Abgabenstundungen, Investitionsteuerkredite usw.);

c) Beteiligungen der Russischen Föderation, von Föderationssubjekten[7] sowie von Kommunen an Unternehmen (so genannte Budgetinvestitionen in Unternehmen).

101   Staatliche Beihilfen können gemäß RLS 13/2000 in Form von

- Subventionen und Zuschüssen (im Weiteren als „staatliche Zuwendungen" bezeichnet);

- Haushaltsdarlehen (mit Ausnahme von Steuerkrediten, Steuer- und Abgabenstundungen); Haushaltsdarlehen können sowohl in monetärer als auch in nicht monetärer Form wie z. B. Nutzungsrechte an Grund- und Boden, Bodenschätzen und sonstigem Vermögen bestehen;

- sonstigen Formen staatlicher Beihilfen

gewährt werden.

102   Die oben aufgeführten Begriffe werden in Art. 6 des Budgetbesetzbuches (BudgetGB) definiert.

103   Unter einer **Subvention** werden in Bezug auf Unternehmen solche Haushaltsmittel verstanden, die dem Unternehmen unentgeltlich und nicht rückzahlungspflichtig für zweckgebundene Aufwendungen zur Verfügung gestellt werden.

104   Unter einem **Zuschuss** werden Haushaltsmittel verstanden, die dem Unternehmen zur anteiligen Finanzierung zweckgebundener Aufwendungen zur Verfügung gestellt werden.

105   Unter einem **Haushaltsdarlehen** wird eine Art der Finanzierung mit Haushaltsmitteln verstanden, wobei einem Unternehmen die Mittel entgeltlich und rückzahlungspflichtig zur Verfügung gestellt werden.

106   Haushaltsdarlehen werden gemäß RLS 15/01 *Erfassung von Krediten und Darlehen sowie den damit verbundenen Aufwendungen* bilanziert. Falls das Unternehmen nach Erfüllung bestimmter Voraussetzungen von der Rückzahlung des Haushaltsdarlehens freigestellt wird, sind die Haushaltsdarlehen in staatliche Zuwendungen umzugliedern.

107   **Sonstige Formen** staatlicher Beihilfen umfassen gemäß Punkt 18 RLS 13/2000 solche Beihilfen, die sich nicht angemessen bewerten lassen, sowie solche, die von der normalen Tätigkeit des Unternehmens nicht unterschieden werden können. Beispiele für Beihilfen, die sich nicht angemessen bewerten lassen, sind die unentgeltliche Beratung, die Bereitstellung von Garantien, die Gewährung von zinslosen und niedrig verzinslichen Darlehen. Ein Beispiel für eine Beihilfe, die nicht von der normalen Tätigkeit des Unternehmens unterschieden werden kann, ist die staatliche Beschaffung.

---

7   Zurzeit existieren insgesamt 85 Föderationssubjekte. Sie sind vergleichbar mit den deutschen Bundesländern. Zu den Föderationssubjekten gehören ebenfalls die Städte Moskau und Sankt Petersburg.

Art. 66 des BudgetGB unterscheidet zwischen den laufenden Haushaltsaufwendungen und den Haushaltsaufwendungen für den Erwerb von Gegenständen des Anlagevermögens. Dementsprechend unterteilt RLS 13/2000 die als staatliche Zuwendung erhaltenen Haushaltsmittel in solche, die

108

- für die Finanzierung der Aufwendungen für den Kauf, die Herstellung oder den sonstigen Erwerb von Vermögensgegenständen des Anlagevermögens bestimmt sind, und solche, die
- sich nicht auf Vermögensgegenstände des Anlagevermögens beziehen.

Die Haushaltsmittel für die Finanzierung der Anschaffung von Anlagevermögen können an Nebenbedingungen geknüpft sein, die die Art oder den Standort der Vermögensgegenstände oder die Perioden, während deren sie zu erwerben oder zu halten sind, vorgeben.

109

Zu den staatlichen Zuwendungen, die sich nicht auf Vermögensgegenstände des Anlagevermögens beziehen, zählen Zuwendungen für laufende Aufwendungen wie z. B. Beschaffung von Vorräten, Zuschüsse zu Löhnen und Gehältern u. ä.

Die Beachtung der Aufteilung ist wichtig für die zutreffende Bilanzierung von staatlichen Zuwendungen.

110

II. Bilanzierung und Bewertung von staatlichen Zuwendungen

9

1. Allgemeines

Im Unterschied zu IAS 20 gestattet RLS 13/2000 nur eine Methode der Bilanzierung der staatlichen Zuwendungen (Subventionen und Zuschüsse), und zwar die Methode der erfolgswirksamen Behandlung der Zuwendungen, wonach die staatliche Zuwendung über eine oder mehrere Perioden als Ertrag zu behandeln ist. Im IAS 20 existieren für die Behandlung von Zuwendungen der öffentlichen Hand zwei grundlegende Methoden: die Methode der Behandlung als Eigenkapital, wonach die finanzielle Zuwendung unmittelbar dem Eigenkapital zugeordnet wird, und die Methode der erfolgswirksamen Behandlung der Zuwendungen.

111

Eine Erfassung von staatlichen Zuwendungen, einschließlich solcher nicht monetärer Art, erfolgt nur dann, wenn eine angemessene Sicherheit dafür besteht, dass:

112

a) das Unternehmen die mit der Überlassung von staatlichen Zuwendungen verbundenen Bedingungen erfüllen wird und

b) staatliche Zuwendungen gewährt werden.

Die angemessene Sicherheit, dass das Unternehmen die mit der Überlassung von staatlichen Zuwendungen verbundenen Bedingungen erfüllen wird, kann das Unternehmen durch abgeschlossene Verträge, öffentlich kundgegebene Beschlüsse, Machbarkeitsstudien, abgenommene Voranschlagsdokumentationen usw. nachweisen.

113

Die angemessene Sicherheit, dass staatliche Zuwendungen gewährt werden, kann das Unternehmen durch Unterlagen wie die Aufschlüsselung des Haushaltsplanes, Bescheide über die Bewilligung der Haushaltszuwendungen sowie über die Limite der Haushaltsverpflichtungen[8] nachweisen.

114

---

8   „Limit der Haushaltsaufwendungen" ist ebenfalls ein Begriff aus dem BudgetGB. Darunter wird der Umfang an Verpflichtungen des Empfängers der Haushaltsmittel gegenüber dem Haushalt verstanden.

115   Eine staatliche Zuwendung in Form nicht monetärer Vermögensgegenstände, wie beispielsweise Grund und Boden, ist zu dem beizulegenden Zeitwert des nicht monetären Vermögensgegenstandes zu bilanzieren.

116   Falls die oben erwähnten Kriterien erfüllt sind, sind die staatlichen Zuwendungen als eine Forderung auf dem Konto 76 *Sonstige Forderungen/Verbindlichkeiten* im Soll und auf dem Konto 86 *Zweckgebundene Finanzierungen* im Haben anzusetzen. Punkt 20 RLS 13/2000 gestattet zwei Möglichkeiten des Ausweises des Haben-Saldos auf dem Konto 86: entweder im Rahmen des PRAP (Zeile 640 der Bilanz) oder als kurzfristige Verbindlichkeit. Der tatsächliche Zugang der Haushaltsmittel wird auf den entsprechenden Konten wie z. B. 51 *Bank Rubel* oder 01 *Sachanlagen* im Soll und 76 *Sonstige Forderungen/Verbindlichkeiten* im Haben gebucht.

117   RLS 13/2000 erlaubt daneben auch noch eine direkte Methode für die Bilanzierung staatlicher Zuwendungen. Sie können direkt mit dem Zugang der Mittel auf den entsprechenden Konten wie z. B. 51 *Bank Rubel* oder 01 *Sachanlagen* im Soll und auf dem Konto 86 bilanziert werden. Diese zweite Methode ist insbesondere für den Fall vorgesehen, dass das Unternehmen eine staatliche Zuwendung bereits erhalten hat, aber keine angemessene Sicherheit besteht, dass die oben erwähnten Kriterien -Erfüllung der mit der Überlassung von staatlichen Zuwendungen verbundenen Bedingungen - zutreffen. Das Unternehmen darf i.d.R. die erhaltenen Mittel nicht einsetzen, bis eine angemessene Sicherheit besteht, dass es die mit der Überlassung verbundenen Bedingungen erfüllen kann.

118   Wie bereits dargestellt, werden staatliche Zuwendungen über eine oder mehrere Perioden als Ertrag vereinnahmt. Buchungstechnisch werden sie vom Konto 86 *Zweckgebundene Finanzierung* in den *PRAP* (Konto 98) umgebucht.

119   Punkt 9 RLS 13/2000 gibt zwei Methoden zur Erfassung der zweckgebundenen Finanzierung abhängig von der Art der Finanzierung vor.

2.   Finanzierung von Aufwendungen für den Kauf, die Herstellung oder den sonstigen Erwerb von Vermögensgegenständen des Anlagevermögens

120   Die Umbuchung der erhaltenen Finanzierung vom Konto 86 auf das Konto 98 erfolgt bei der Aktivierung des Vermögensgegenstandes auf dem entsprechenden Konto, z. B. Konto 01 *Sachanlagen*. Davor werden die Anschaffungs- und Herstellungskosten der Sachanlagen auf dem Konto 08 *Geleistete Anzahlungen auf das Anlagevermögen* gesammelt. Der entsprechende Buchungssatz lautet dabei (01 *Sachanlagen* an 08 *Geleistete Anzahlungen auf das Anlagevermögen*).

121   Innerhalb der Nutzungsdauer der Vermögensgegenstände des Anlagevermögens werden die Beträge in Höhe der korrespondierenden Abschreibung vom Konto 98 in die *sonstigen Erträge* (Konto 91-1) umgebucht.

122   Zugleich erfolgt die Buchung der Abschreibung auf die Sachanlagen in üblicher Weise: 20 *Herstellungskosten der Haupttätigkeit* oder 23 *Herstellungskosten der Hilfstätigkeit* oder 29 *Herstellungskosten der Nebentätigkeit* oder 44 *Vertriebskosten* an 02 *Kumulierte Abschreibung auf das Sachanlagevermögen*.

> **Beispiel:**

Eine Sachanlage wurde in voller Höhe mit Mitteln einer staatlichen Zuwendung finanziert. Die Anschaffungskosten der Sachanlage betrugen 1.200.000 Rubel, die Nutzungsdauer 5 Jahre.

Im Anschaffungsmonat:

Aktivierung der Sachanlage

01 *Sachanlagen*

an

08 *Geleistete Anzahlungen auf das Anlagevermögen*: 1.200.000 Rubel

Zugleich Erfassung der staatlichen Zuwendung im PRAP

86 *Zweckgebundene Finanzierung*

an

98 *Erträge zukünftiger Perioden*: 1.200.000 Rubel

Im Folgemonat:

Buchung der Abschreibung

20 *Herstellungskosten der Haupttätigkeit*

an

02 *Kumulierte Abschreibung auf das Sachanlagevermögen*: 20.000 Rubel

Zugleich erfolgt die Erfassung der staatlichen Zuwendung in Höhe der Abschreibung für Abnutzung im sonstigen Ertrag:

98 *Erträge zukünftiger Perioden*

an

91-1 *Sonstige Erträge*: 20.000 Rubel

3.   Finanzierung laufender Aufwendungen des Unternehmens

Analog zu dem oben beschriebenen Procedere im Rahmen der Finanzierung des Erwerbs von Vermögensgegenständen des Anlagevermögens erfolgt zunächst zum Zeitpunkt der Bilanzierung der entsprechenden Vermögensgegenstände (z. B. Vorräte) und/oder der Buchung der entsprechenden Aufwendungen (z. B. Personalaufwand) die Buchung der erhaltenen Finanzierung im Rahmen des PRAP (auf dem Konto 98 *Erträge zukünftiger Perioden*). Der entsprechende Anteil des Aufwandes wird anschließend bei dem Abgang der Vorräte in die *Herstellungskosten der Haupttätigkeit* (Buchung auf dem Konto 20) bzw. bei der Buchung der entsprechenden Aufwendungen aus dem PRAP in den sonstigen Ertrag umgebucht. Diese Vorgehensweise wird anhand des nachfolgenden Beispiels erläutert.   123

> **Beispiel:**

1.500.000 Rubel Finanzierung wurden für die laufenden Aufwendungen eines Unternehmens gewährt, wobei im Geschäftsjahr 200.000 Rubel für den Erwerb von Vorräten und 300.000 Rubel für die Löhne und Gehälter aufgewendet wurden.

Im Zeitpunkt der Bilanzierung der Vorräte sowie der Buchung des Personalaufwandes wird die Finanzierung in voller Höhe im Rahmen des PRAP (Konto 98 *Einkommen künftiger Perioden*) erfasst:

86 *Zweckgebundene Finanzierung*

an

98 *Erträge zukünftiger Perioden*: 1.500.000 Rubel

Bilanzierung der Vorräte:

10 *Roh-, Hilfs- und Betriebsstoffe*

an

60 *Verbindlichkeiten aus Lieferungen und Leistungen*: 200.000 Rubel

Buchung des Personalaufwandes:

20 *Herstellungskosten der Haupttätigkeit*

an

70 *Forderungen/Verbindlichkeiten aus Lohn und Gehalt*: 300.000 Rubel

Die Beträge der in Anspruch genommenen Finanzierung werden im sonstigen Ertrag erfasst:

98 *Erträge zukünftiger Perioden*

an

91-1 *Sonstiger Ertrag*: 500.000 Rubel

124   Eine staatliche Zuwendung für bereits in den Vorperioden angefallene Aufwendungen ist als sonstiger Ertrag der laufenden Periode zu erfassen.

 Steuern:

Staatliche Zuwendungen sind beim Empfänger nicht steuerpflichtig, vorausgesetzt sie werden getrennt von sonstigen Einkünften des Steuerpflichtigen erfasst. Die mit den erhaltenen staatlichen Zuwendungen finanzierten Aufwendungen sind dann korrespondierend steuerlich nicht abzugsfähig (Punkt 1.14 Art. 257 SteuerGB sowie Punkt 17 Art. 270 SteuerGB).

III. Erfassung der Rückzahlung von staatlichen Zuwendungen

125   Falls staatliche Zuwendungen nicht zweckentsprechend bzw. nicht rechtzeitig verwendet werden, sind sie an den Haushalt zurückzuzahlen[9]. Die Darstellung der Rückzahlungen von staatlichen Zuwendungen ist in den Punkten 13 und 14 RLS 13/2000 geregelt. Sie hängt davon ab, wann die staatliche Zuwendung erfolgte: im gleichen Geschäftsjahr, in dem die Zuwendung zurückzuzahlen ist, oder, was der Regelfall sein sollte, in Vorperioden.

126   Unternehmen, die Zuwendungen zurückzahlen müssen, die im laufenden Geschäftsjahr zugeflossen sind, stornieren alle im Geschäftsjahr vorgenommenen Buchungen:

■ Buchungssatz, mit welchem die Umbuchung der erhaltenen Finanzierung vom Konto 86 auf das Konto 98 erfolgte:

STORNO 86 *Zweckgebundene Finanzierung*

an

98 *Einkommen zukünftiger Perioden*

---

9   Punkt 2 Art. 78 BudgetGB

■ Erfassung des sonstigen Ertrags:

STORNO 98 *Erträge zukünftiger Perioden*

an

91-1 *Sonstige Erträge*

Unternehmen, die Zuwendungen zurückzahlen müssen, die in Vorperioden zugeflossen sind, erfassen den Abgang der Finanzierung und den Zugang der Verbindlichkeit gegenüber dem Haushalt in der Gesamthöhe der erhaltenen Finanzierung: 127

86 *Zweckgebundene Finanzierung*

an

76 *Sonstige Forderungen/Verbindlichkeiten*

Falls es sich um die Finanzierung laufender Aufwendungen handelt, werden bereits verbrauchte und in den Vorperioden erfolgswirksam erfasste Beträge ergebnismindernd in der laufenden Periode erfasst: 128

91-2 *Sonstiger Aufwand*

an

86 *Zweckgebundene Finanzierung*

Handelt es sich um die Finanzierung von Vermögensgegenständen des Anlagevermögens, müssen die Gegenwerte der Abschreibungen wie folgt berücksichtigt werden.   129

In Höhe der bereits angefallenen und gebuchten Abschreibung für Abnutzung wird das Ergebnis der laufenden Periode korrigiert: 130

91-2 *Sonstiger Aufwand*

an

86 *Zweckgebundene Finanzierung*

Die Beträge der noch nicht angefallenen Abschreibung für Abnutzung werden aus dem PRAP wieder auf das Konto 86 zurückgebucht:

98 *Erträge zukünftiger Perioden*

an

86 *Zweckgebundene Finanzierung*

IV. Angabepflichten

Im Zusammenhang mit der Bilanzierung von staatlichen Beihilfen sind die folgenden Angaben offenzulegen: 131

In der Bilanz, Zeile 640 *Passiver Rechnungsabgrenzungsposten* bzw. gesondert im Abschnitt V. *Kurzfristige Verbindlichkeiten: Restbuchwerte staatlicher Zuwendungen*.

In der Anlage zur Bilanz (Formular Nr. 5, Seite 6) sind ebenfalls Angaben zu den staatlichen Zuwendungen vorgesehen. Hier handelt es sich um einen Spiegel der staatlichen Zuwendungen und Haushaltskredite, wobei diese getrennt anzugeben sind.   132

133   Im Anhang sind ebenfalls folgende Informationen zu geben:

- Art und Umfang der im Abschluss des Geschäftsjahres erfassten staatlichen Zuwendungen;

- Zweck und Umfang der Haushaltskredite;

- sonstige Formen staatlicher Beihilfen (falls wesentlich), mit denen das Unternehmen direkt begünstigt wurde;

- nicht erfüllte Bedingungen und andere Erfolgsunsicherheiten im Sinne von RLS 8/98 im Zusammenhang mit im Abschluss erfassten staatlichen Beihilfen.

§ 10 Vereinfachende Regelungen für kleine und mittlere Unternehmen

A. Grundsatz

Zum 01. Januar 2008 ist das neue Gesetz über die *Entwicklung der kleinen und mittleren Unternehmen (KMU) in der Russischen Föderation* Nr. 209-FZ vom 24. Juli 2007 in Kraft getreten. Dieses neue Gesetz führt unter anderem neue Kriterien für die Zuordnung von Unternehmen zu den KMU ein. 1

Gemäß dem vor 2008 geltenden Gesetz über die *Staatliche Unterstützung der kleinen Unternehmen in der RF* Nr. 88-FZ vom 14. Juni 1995 (Gesetz Nr. 88-FZ) zählten zu den KMU alle Unternehmen, die folgende zwei Kriterien erfüllten: 2

Erstens durfte der Anteil der Föderation, der Regionen oder anderer Unternehmen mit Ausnahme von anderen KMU am Stamm- oder Grundkapital der KMU 25 % nicht überschreiten. Das neue Gesetz hat diese Regelung beibehalten.

Zweitens durfte die durchschnittliche Anzahl von Mitarbeitern gemäß der alten Regelung folgende Schwellenwerte nicht überschreiten[1]:100 Mitarbeiter für Produktions-, Bau- und Transportunternehmen; 60 Mitarbeiter für landwirtschaftliche Unternehmen und für wissenschaftlich-technische Organisationen; 50 Mitarbeiter für Großhändler; 30 Mitarbeiter für Einzelhändler sowie Serviceunternehmen; 50 Mitarbeiter für sonstige Unternehmen.

Das Gesetz Nr. 209-FZ führt die legale Unterscheidung zwischen kleinen und mittleren Unternehmen ein: 3

- zu den mittleren Unternehmen (und Einzelunternehmern) zählen solche Unternehmen und selbständige Personen, deren durchschnittliche Mitarbeiteranzahl 101 bis 250 Personen beträgt.

- kleine Unternehmen (und Einzelunternehmer) sind solche, deren durchschnittliche Mitarbeiteranzahl bis 100 Personen einschließlich beträgt. Von den kleinen Unternehmen sind noch die Kleinst- oder Mikro-Unternehmen (Einzelunternehmer) zu unterscheiden. Das sind Unternehmen und Einzelunternehmer, die weniger als 15 Mitarbeiter beschäftigen.

Ein weiteres Kriterium für die Zuordnung der Unternehmen zu den KMU, das vom Gesetz Nr. 209-FZ eingeführt wurde, sind die Netto-Umsatzerlöse bzw. die Buchwerte der Sachanlagen sowie der immateriellen Vermögensgegenstände. Diese Werte dürfen nicht die von der Regierung der RF festgelegten Höchstwerte übersteigen[2]. Zum Zeitpunkt der Schriftlegung sind diese Werte noch nicht bekannt. Es ist zurzeit auch nicht aus dem Gesetzestext ersichtlich, wann sie festgelegt werden. Punkt 2 Art. 4 des Gesetzes Nr. 209-FZ, wonach das Kriterium einmal in fünf Jahren auf Grundlage von statistischen Beobachtungen der Tätigkeit von KMU von der Regierung der RF festzulegen ist, tritt erst 2010 in Kraft. 4

---

1   Punkt 1 Art. 3 des Gesetzes Über die staatliche Unterstützung der kleinen und mittleren Unternehmen in der RF Nr. 88-FZ vom 14. Juni 1995.
2   Punkt 1, 3) Art. 4 des Gesetzes Nr. 129-FZ

5   Die Netto-Umsatzerlöse werden gemäß den steuerlichen Regelungen, die Buchwerte der Sachanlagen sowie der immaterialen Vermögensgegenstände in Übereinstimmung mit den jeweiligen RLS (6/01 *Sachanlagen* und 14/2000 *Bilanzierung von immateriellen Vermögensgegenständen*) bestimmt.

6   Einzelunternehmer, die ihre Tätigkeit ohne Gründung einer juristischen Person ausüben, müssen in das Einheitliche Staatliche Register für Einzelunternehmer eingetragen sein, damit sie ebenfalls zu den KMU gezählt werden können. Die oben aufgeführten Kriterien für die Zuordnung zu den KMU müssen von Einzelunternehmern ebenfalls erfüllt werden.

7   Die neue Regelung definiert im Unterschied zum alten Gesetz eindeutig, dass sowohl Unternehmen mit ausländischer Beteiligung, deren Gesellschafter juristische Personen sind, als auch ausländische Einzelunternehmer grundsätzlich nicht zu den KMU gehören können. Vor der Neuregelung waren die Steuerbehörden der Ansicht, dass ausländische Einzelunternehmer zu den KMU zählen, vorausgesetzt die Kriterien für die Zurechnung wurden erfüllt[3].

B.   Buchführung, Bilanzierung und Berichterstattung

8   Es sind keine speziellen RLS für die KMU vorgesehen. KMU haben grundsätzlich den Regelungen des Gesetzes über die Buchführung sowie den einzelnen RLS zu folgen.

9   KMU dürfen sich entweder für das allgemein gültige Besteuerungssystem oder für das vereinfachte Besteuerungssystem entscheiden. Auf die Besonderheiten des vereinfachten Besteuerungssystems wird im Weiteren eingegangen. An dieser Stelle ist zu berücksichtigen, dass KMU, die das vereinfachte Besteuerungssystem gewählt haben, durch Punkt 3 Art. 4 des Gesetzes über die Buchführung von der Buchführung generell freigestellt sind. Dies gilt bis auf die Anlagebuchhaltung (Sachanlagen und immaterielle Vermögensgegenstände). Solche KMU müssen lediglich Aufzeichnungen über ihre Erträge und Aufwendungen gemäß Kapitel 26.2 SteuerGB sowie eine Kasse führen.

10   Die Freistellung wird i.d.R. nur von den kleinsten KMU in Anspruch genommen. Größere KMU führen oft aus mehreren Gründen Bücher. Obwohl ggf. von der Buchführung freigestellt, sind die KMU nicht von anderen Anforderungen meist steuerlicher Natur befreit. KMU sind z. B. Steuerschuldner der Einkommensteuer für ihre Mitarbeiter und müssen daher die Abrechnungen und Berichterstattung für die Einkommensteuer sowie die gesetzliche Rentenversicherung erstellen. Viele KMU benötigen außerdem ab einem bestimmten Geschäftsumfang Information über ihre Forderungen und Verbindlichkeiten. Darüber hinaus müssen, falls das Unternehmen die Kriterien für KMU nicht mehr erfüllt bzw. sich für die Buchführung bzw. für das allgemeine Besteuerungssystem entscheidet, zumindest die richtigen Eröffnungsbilanzwerte bekannt sein.

11   Falls die Freistellung von der Buchführung nicht in Anspruch genommen wird bzw. falls das Unternehmen sich für das allgemeine Besteuerungssystem entscheidet, können vereinfachte Buchführungsregelungen gemäß den *Empfehlungen für die Organisation der Buchführung bei KMU*, verabschiedet durch die Anordnung des Finanzministeriums der RF Nr. 64n vom 21. Dezember 1998, angewandt werden. Dieses Dokument enthält einen verkürzten Kontenplan, der allerdings noch auf der Grundlage des alten Kontenplans ausgearbeitet wurde. Der neue allgemeine Kontenplan gilt seit 2001. Darüber hinaus enthält die Anordnung Empfehlungen für die Organisation der Buchführung im KMU sowie Vorlagen für Hauptbuch, Nebenbuch (Sachanlagen), Summen- und Saldenlisten sowie Kontenblätter, die von KMU für ihre Buchführung übernommen werden können.

---

3   Schreiben der Steuerbehörde der RF Nr. 06-1-14/8702 vom 11. Juli 1996

Eine Erleichterung in Bezug auf die Berichterstattung von KMU ist im Punkt 3 der Anweisungen   12
zum Umfang der Berichterstattung, verabschiedet durch die Anordnung des Finanzministeriums
der RF Nr. 67n vom 22. Juli 2003, vorgesehen. KMU müssen nicht alle sechs Formblätter des Abschlusses, wie es für sonstige Unternehmen vorgeschrieben ist, ausfüllen. Die Berichterstattung beschränkt sich auf die Bilanz (Formblatt 1) sowie die Gewinn- und Verlustrechnung (Formblatt 2).

KMU, die nicht prüfungspflichtig sind, dürfen die Gliederung der Formblätter 1 und 2 jeweils
zusammenfassen. Naturgemäß sind die meisten KMU nicht prüfungspflichtig. Prüfungspflichtige
KMU erstellen ebenfalls nur die Bilanz und die GuV, allerdings im allgemein vorgesehenen Umfang dieser Formblätter.

Eine wesentliche Neuerung des Gesetzes Nr. 209-FZ im Vergleich zu den davor gültigen Regelun-   13
gen besteht darin, dass Einzelunternehmer bei der Zuordnung zu den KMU den Unternehmen
gleichgestellt sind. Hier besteht allerdings eine Inkonsistenz zwischen der indirekten Anforderung
des neuen Gesetzes Nr. 209-F, zumindest eine Anlagebuchhaltung zu führen, damit die Buchwerte
ermittelt werden können sowie den Regelungen im Gesetz über die Buchführung und in anderen
Anordnungen, die in Übereinstimmung mit dem alten Gesetz verabschiedet wurden, wonach
Einzelunternehmer lediglich Aufzeichnungen über ihre Erträge und Aufwendungen gemäß den
steuerlichen Regelungen führen müssen. Dementsprechend sind wohl Änderungen zu den bestehenden Anordnungen sowie zum Gesetz über die Buchführung zu erwarten.

Unternehmen sowie Einzelunternehmer sind berichtspflichtig an statistische Behörden   14
(Goskomstat)[4]. Seit 2007 gilt das Berichtsformblatt PM, das speziell für KMU durch die Anordnung des Föderalen Dienstes für die Staatliche Statistik Nr. 4 vom 12. Januar 2007 eingeführt
wurde. Statistische Berichte gewinnen mit dem neuen Gesetz Nr. 209-FZ noch an Bedeutung, da
das zweite Kriterium für die Zuordnung der Unternehmen und Einzelunternehmer zu den KMU
auf Grund von statistischen Angaben über die Tätigkeit von KMU von der Regierung der RF
festzulegen ist.

C.   Steuerliche Vereinfachungen

I.   Vereinfachtes Besteuerungssystem

Das vereinfachte Besteuerungssystem ist im Kapitel 26.2 SteuerGB geregelt. In Bezug auf Ge-   15
sellschaften beinhaltet es den Ersatz der Gewinnsteuer, Vermögensteuer sowie der einheitlichen
Sozialsteuer durch eine einheitliche Steuer. Die Beiträge in die gesetzliche (obligatorische) Rentenversicherungskasse bleiben davon unberührt, d. h. sie müssen unabhängig von der Zahlung
der einheitlichen Steuer geleistet werden.

Gesellschaften, die das vereinfachte Besteuerungssystem anwenden, sind nicht Steuerpflichtige   16
der Umsatzsteuer. Dementsprechend können sie keine Vorsteuer für in Anspruch genommene
Waren und Leistungen erstattet bzw. verrechnet bekommen. Eine Ausnahme von dieser Regelung
bilden die Einfuhrumsatzsteuer, die Tätigkeit des geschäftsführenden Gesellschafters im Rahmen
einer GbR im Sinne des RLS 20/03 bzw. Art. 1041 ZGB sowie ab 2008 die Tätigkeit des Treuhand-
verwalters gemäß eines Treuhandvertrages (Punkt 2 Art. 346.11 SteuerGB).

---

4   Punkt 4 Art. 346.11 SteuerGB

17   Alle anderen Steuern (ggf. Kfz-Steuer, Verbrauchsteuern, Bodensteuer) sind von den Steuerpflichtigen des vereinfachten Besteuerungssystems gemäß dem SteuerGB zu entrichten.

18   Bei Einzelunternehmern werden die Einkommensteuer, die Vermögensteuer sowie die einheitliche Sozialsteuer durch die einheitliche Steuer ersetzt. Die Regelungen in Bezug auf die Umsatzsteuer ist die Gleiche wie für Unternehmen.

19   Durch das vereinfachte Besteuerungssystem werden die Gesellschaften sowie Einzelunternehmer nicht von ihren Verpflichtungen als Steueragenten (Steuerpflichtige) freigestellt, z. B. im Rahmen der Abführung von Einkommensteuer für ihre Mitarbeiter sowie Quellensteuer auf Dividenden bei Gesellschaften.

20   Die Steuerbemessungsgrundlage kann von den Steuerpflichtigen aus zwei Varianten gewählt werden:

1.   Einnahmen

2.   Einnahmen abzüglich steuerlich abzugsfähiger Ausgaben.

21   Sowohl die Einnahmen als auch die Ausgaben sind nach dem Zu- bzw. Abflussprinzip zu ermitteln. Das ansonsten gewinnsteuerlich vorwiegend angewandte Realisationsprinzip findet hier keine Anwendung.

22   Der Steuersatz richtet sich nach der gewählten Steuerbemessungsgrundlage:

■   werden die Einnahmen besteuert, gilt ein Steuersatz von 6 %;

■   wird die Besteuerung der Einnahmen abzüglich steuerlich abzugsfähiger Ausgaben gewählt, beträgt der Steuersatz 15 %. Der Steuerpflichtige muss allerdings eine Mindeststeuer in Höhe von einem Prozent der Einnahmen bezahlen, falls dieser Betrag höher ist als die Steuer bei Anwendung der zweiten Methode.

23   Der Besteuerungszeitraum ist das Kalenderjahr, die Zwischenberichtssperioden sind das erste Quartal, das erste Halbjahr sowie die ersten drei Quartale, jeweils kumulativ betrachtet.

24   Angewandt werden darf das vereinfachte Besteuerungssystem von Einzelunternehmern und Gesellschaften. Gesellschaften sind allerdings von der Anwendung ausgeschlossen, wenn deren Einnahmen für die ersten neun Monate des Jahres, in dem der Antrag auf den Übergang auf das vereinfachte Besteuerungssystem gestellt wird, errechnet wie für Steuerpflichtige der Gewinnsteuer, über 15 Millionen Rubel liegen. Dieser Betrag wird mit einem Inflationskoeffizienten multipliziert, der die Veränderung der Kaufpreise für Waren und Leistungen im Vorjahr widerspiegelt. Dieser Koeffizient wird jährlich auf Grundlage der Preise der Vorperiode vom Ministerium für Wirtschaftliche Entwicklung der RF festgelegt. Für das Jahr 2008 wurde ein Koeffizient in Höhe von 1,34 bestimmt[5]. Die Einkommensobergrenze beträgt somit für das Jahr 2008 20,1 Millionen Rubel (15 Millionen Rubel x 1,34).

25   Der Antrag auf den Übergang auf das vereinfachte Besteuerungssystem kann vom 01. Oktober bis zum 30. November des Vorjahres vor dem Übergang auf das vereinfachte Besteuerungssystem gestellt werden. Das vereinfachte Besteuerungssystem kann ebenfalls von neu gegründeten Gesellschaften und neu registrierten Einzelunternehmern angewandt werden.

26   Eine Reihe von Gesellschaften und Einzelunternehmern dürfen das vereinfachte Besteuerungssystem grundsätzlich, unabhängig von der Höhe ihrer Einnahmen, nicht anwenden. Das sind unter anderem

■   Unternehmen, die Niederlassungen und Repräsentanzen haben

■   Banken

---

5   Anordnung des Ministeriums für Wirtschaftliche Entwicklung der RF Nr. 356 vom 22. Oktober 2007

- Versicherungsgesellschaften
- private Rentenfonds
- Investmentfonds
- Unternehmen, an denen andere Unternehmen mit mehr als 25 % beteiligt sind
- Gesellschaften und Einzelunternehmer, deren durchschnittliche Mitarbeiterzahl über 100 liegt
- Gesellschaften, deren Buchwert des Sachanlagevermögens und der immateriellen Vermögensgegenstände über 100 Millionen Rubel liegt
- Niederlassungen und Repräsentanzen ausländischer Unternehmen.

Übersteigen die Einnahmen am Ende eines Besteuerungszeitraumes bzw. einer Zwischenberichtsperiode 20 Millionen Rubel, muss das Unternehmen bzw. der Einzelunternehmer auf das allgemein gültige Besteuerungssystem (Gewinnsteuer) überwechseln. Dieser Schwellenbetrag wird ebenfalls mit dem oben bereits erwähnten Inflationskoeffizienten indexiert. In 2008 beträgt die Obergrenze für die Einnahmen 26,8 Millionen Rubel (20 Millionen Rubel x 1,34). 27

II.   Steuer auf zuzurechnendes Einkommen

Im Unterschied zum vereinfachten Besteuerungssystem, dessen Anwendung durch den Steuerpflichtigen freiwillig ist, besteht in Bezug auf die Besteuerung mit der Steuer auf zuzurechnendes Einkommen für bestimmte Tätigkeitsarten eine Anwendungspflicht. 28

Die Besteuerung dieser Tätigkeiten ist im Kapitel 26.3 SteuerGB geregelt. Maßgebend für die Entstehung der Steuer auf zuzurechnendes Einkommen ist die Ausübung einer Unternehmenstätigkeit, die diesem Besteuerungssystem unterliegt. Kapitel 26.3 SteuerGB enthält einen Katalog dieser Tätigkeiten, bestehend aus 14 Tätigkeitsarten. Welche davon auf dem Gebiet des Subjektes der RF (Kommunen, Stadtbezirke, Städte von Föderaler Bedeutung Moskau sowie Sankt Petersburg) der Steuer auf zuzurechnendes Einkommen unterliegen, entscheiden die Subjekte der RF selber. Der Steuer auf zuzurechnendes Einkommen unterliegen Gesellschaften und Einzelunternehmer, die auf dem Gebiet eines Subjektes der Russischen Föderation die nachfolgenden Tätigkeiten ausüben, soweit diese dort auch der Steuer unterworfen werden: 29

- hauswirtschaftliche Dienstleistungen
- Veterinärleistungen
- Reparatur, Wartung und Waschen von Kraftfahrzeugen
- Bewirtschaftung von bewachten Parkplätzen
- Transport von Gütern und Personen durch Gesellschaften und Einzelunternehmer, die nicht mehr als 20 Fahrzeuge besitzen
- Einzelhandel, dabei darf die Fläche jedes einzelnen Ladenlokals nicht mehr als 150 m² betragen
- Einzelhandel über Kioske, Zelte u. ä., wobei ein festes Ladenlokal nicht vorhanden ist, sowie der nichtstationäre Einzelhandel
- Bewirtung, falls die Fläche jedes einzelnen Bewirtungsraums nicht mehr als 150 m² beträgt
- Bewirtung über Kioske, Zelte, Läden u. ä., wobei ein Bewirtungsraum nicht vorhanden ist
- Vertrieb und/oder Anbringung von Außenwerbung

- Vertrieb und/oder Anbringung von Werbung auf Bussen, Straßenbahnen, O-Bussen, Lkw und Pkw, Anhängern sowie Binnenschiffen

- Hotelleistungen und sonstige Leistungen in Bezug auf temporäre Unterbringung, vorausgesetzt die Hotelfläche beträgt nicht mehr als 500 m²

- Vermietung von stationären und nichtstationären Handelsflächen

- Vermietung von Grund und Boden zum Unterbringen von stationären sowie nichtstationären Handelsflächen.

30   In der Stadt Moskau wird zurzeit nur eine Tätigkeit mit der Steuer auf zuzurechnendes Einkommen belegt, und zwar ist dies der Vertrieb und/oder die Anbringung von Außenwerbung, festgelegt und geregelt durch das Gesetz der Stadt Moskau Nr. 75 vom 24. November 2004 (Gesetz Nr. 75).

31   Durch die Steuer auf zuzurechnendes Einkommen werden die Gewinnsteuer, die Vermögensteuer sowie die einheitliche Sozialsteuer ersetzt. Bei Einzelunternehmern ersetzt die Steuer auf zuzurechnendes Einkommen die Einkommensteuer, die Vermögensteuer sowie die einheitliche Sozialsteuer. Steuerpflichtige der Steuer auf zuzurechnendes Einkommen sind bis auf die Einfuhrumsatzsteuer nicht Steuerpflichtige der Umsatzsteuer.

32   Alle anderen Steuern sind vom Steuerpflichtigen gemäß dem SteuerGB zu entrichten, falls eine Steuerbemessungsgrundlage für sie vorhanden ist. Beiträge zur gesetzlichen Rentenversicherung müssen ebenfalls geleistet werden. Die Steuer auf zuzurechnendes Einkommen wird aber um die errechneten und bezahlten Rentenversicherungsbeiträge sowie das Krankengeld gekürzt. Dabei darf die Steuer nicht um mehr als 50 % vermindert werden.

33   Üben Steuerpflichtige neben den Tätigkeiten, die mit der Steuer auf zuzurechnendes Einkommen belegt sind, andere Tätigkeiten aus, die einem anderen Besteuerungssystem unterliegen (Gewinnsteuer oder vereinfachtes Besteuerungssystem), sind die Geschäftsvorfälle, sie sich auf diese anderen Tätigkeiten beziehen, getrennt von solchen, die sich auf das Besteuerungssystem mit der Steuer auf zuzurechnendes Einkommen beziehen, zu erfassen. Die steuerliche Berichterstattung sowie die Besteuerung erfolgt ebenfalls separat.

34   Sollen Steuerpflichtige mehrere der Steuer auf zuzurechnendes Einkommen unterliegende Tätigkeiten ausüben, müssen sie ebenfalls die Geschäftsvorfälle aus diesen separat erfassen sowie die Steuer separat berechnen.

35   Die Steuerbemessungsgrundlage der Steuer auf zuzurechnendes Einkommen wird auf Grundlage von zwei Parametern ermittelt, die miteinander multipliziert werden:

- Grundrentabilität sowie

- physischer Parameter.

36   Beide Parameter sind im SteuerGB festgelegt und haben nichts mit dem tatsächlichen Einkommen der Steuerpflichtigen zu tun. So beträgt z. B. die Grundrentabilität beim Vertrieb und/oder bei der Abringung von Außenwerbung ohne automatische Veränderung des Bildes 3.000 Rubel/Monat, der physische Parameter ist die Fläche des Außenwerbeschildes in Quadratmetern. Für hauswirtschaftliche Dienstleistungen ist eine Grundrentabilität in Höhe von 7.500 Rubel/Monat vorgesehen, der physische Parameter ist die Anzahl der Mitarbeiter. Für den Einzelhandel ist die Fläche des Ladens in Quadratmetern der physische Parameter, die Grundrentabilität beträgt 1.800 Rubel/Monat.

37   Darüber hinaus wird die Grundrentabilität mit zwei weiteren Koeffizienten K 1 und K 2 multipliziert.

Koeffizient K 1 spiegelt die Veränderung der Kaufpreise für Waren und Leistungen im Vorjahr wider. Es handelt sich dabei also um eine inflationsbedingte Korrektur der Grundrentabilität. Dieser Koeffizient wird jährlich auf Grundlage der Preise der Vorperiode vom Ministerium für Wirtschaftliche Entwicklung der RF festgelegt. Für das Jahr 2008 beträgt der Koeffizient 1,081[6].   38

Koeffizient K 2 kann von den einzelnen Subjekten der RF festgelegt werden. Er soll die Besonderheiten der einzelnen Geschäftstätigkeiten berücksichtigen, wie z. B. Warensortiment, Saisongebundenheit, Arbeitsabläufe, Besonderheiten des Ortes der Geschäftstätigkeit, der Fläche der Außenwerbung usw. Der Koeffizient darf zwischen 0,005 und 1 schwanken.   39

In Moskau ist Folgendes für den Vertrieb und/oder die Anbringung von Außenwerbung vorgesehen: Die Stadt Moskau ist in sieben Zonen unterteilt worden. Der Koeffizient ist für jede Zone und für die Werbeflächen von bis zu 36 Quadratmeter sowie von über 36 Quadratmetern festgelegt worden. Z. B. gehören die Uferstrasse am Kreml, Arbat, Tverskaja- Strasse und der Novy Arbat zur Zone 1. Der entsprechende Koeffizient beträgt 0,90 für eine Werbefläche von bis zu 36 Quadratmetern und 0,32 für eine Werbefläche von über 36 Quadratmetern.   40

Der Koeffizient K 2 kann außerdem auch als Einheitswert oder als eine Gesamtheit von einzelnen Unterkoeffizienten festgelegt werden. Diese Unterkoeffizienten berücksichtigen dann einzelne Besonderheiten der Geschäftstätigkeit wie z. B. die Anzahlt der Arbeitstage (bzw. Geschäftstätigkeitstage) in einem Kalendermonat, falls die Tätigkeit nicht zum Monatsanfang begonnen wurde. In Moskau wurde mit Punkt 2 Art. 1 des Gesetzes Nr. 75 der Versuch unternommen, die Anzahl der Geschäftstätigkeitstage im Kalendermonat zu berücksichtigen. Aufgrund einer nicht korrekten Formulierung sowie der fehlenden Beschreibung der Anwendung des Unterkoeffizienten wurde diese Regelung als nicht mit dem SteuerGB in Einklang stehend aus dem Gesetz Nr. 75 gestrichen.   41

Der Steuersatz beträgt 15 %. Besteuerungszeitraum ist ein Quartal.   42

▶ **Beispiel:**

Eine Werbeagentur ist ab dem ersten Quartal 2008 Steuerpflichtige der Steuer auf zuzurechnendes Einkommen. Die Werbeagentur betreibt den Vertrieb und die Anbringung von Außenwerbung in Moskau. Im ersten Quartal 2008 hat die Werbeagentur insgesamt 40 Werbeschilder mit automatischer Veränderung des Bildes in der zweiten Zone gemäß Gesetz Nr. 75 (Arbat- Strasse, Nikitskaja- Strasse, Kuznetskij- Most- Strasse usw.) angebracht. Die Fläche jedes Werbeschildes betrug 30 Quadratmeter. Der Koeffizient 2 liegt in diesem Fall bei 0,90.

Berechnung der Steuerbemessungsgrundlage:

4.000 Rubel (Grundrentabilität im Monat) x 3 Monate x 1.200 m² (30 m² x 40 - physischer Parameter) x 1,081 (K 1) x 0,90 (K 2) = 14.009.760 Rubel

Die Steuer auf zuzurechnendes Einkommen betrug somit

14.009.760 Rubel x 15 % = 2.101.464 Rubel

---

6   Anordnung des Ministeriums für Wirtschaftliche Entwicklung der RF Nr. 401 vom 19. November 2007

§ 11 Überblick über die Steuerarten

1   Die Erhebung von Steuern und Abgaben erfolgt nach der Art der Finanzhoheit auf drei Ebenen:

- föderale Steuern und Abgaben
- regionale Steuern und Abgaben
- kommunale bzw. örtliche Steuern und Abgaben

2   Föderale Steuern und Abgaben werden auf der Ebene der Föderation erhoben. Sie sind direkt im SteuerGB geregelt. Art. 12 SteuerGB legt folgende Steuern und Abgaben fest:

- Umsatzsteuer
- Gewinnsteuer
- Einkommensteuer
- Einheitliche Sozialsteuer
- Akzisen (Verbrauchsteuern)
- Steuer auf die Förderung von Bodenschätzen
- Steuer für die Nutzung von Gewässern
- Jagd- und Fischfangabgabe
- Staatliche Gebühren.

3   Die Einführung der regionalen Steuern und Abgaben erfolgt auf der Ebene der Föderationssubjekte. Der rechtliche Rahmen ist durch das SteuerGB vorgegeben, die Einführung regionaler Steuern bedarf aber gesetzlicher Regelungen der einzelnen Föderationssubjekte. Die Föderationssubjekte entscheiden über wesentliche Fragen der Besteuerung, und zwar über das Besteuerungsverfahren und die Fälligkeit der Steuern sowie die Höhe des Steuersatzes innerhalb einer vorgegebenen Bandbreite. Bei den regionalen Steuern handelt es sich um folgende:

- Vermögensteuer auf Unternehmensvermögen
- Kfz-Steuer
- Gewerbesteuer für Spielbanken und Kasinos.

4   Die legale Grundlage für kommunale Steuern bildet ebenfalls das SteuerGB, wobei die kommunalen Steuern durch die lokale Gesetzgebung eingeführt werden. Die Kommunen entscheiden ebenfalls über das Besteuerungsverfahren und die Fälligkeit der Steuern sowie die Höhe des Steuersatzes innerhalb einer vorgegebenen Bandbreite. Zu den kommunalen Steuern zählen:

- Bodensteuer
- Vermögensteuer natürlicher Personen.

Im Weiteren wird auf einzelne Steuern kurz eingegangen.

A.   Umsatzsteuer

5   Die russische Umsatzsteuer ist mit dem deutschen System vergleichbar. Sie wird in Höhe der Differenz zwischen der Umsatzsteuerschuld auf die umsatzsteuerpflichtigen Lieferungen und Leistungen und der Umsatzsteuer, die für bezogene Lieferungen und Leistungen bezahlt wurde (Vorsteuer), erhoben.

Umsatzsteuerpflichtig sind neben Gesellschaften auch Einzelunternehmer (mit Ausnahme sol-   6
cher, die steuerliche Vereinfachungen in Anspruch nehmen) sowie solche Gesellschaften und Einzelunternehmer, die Waren in das Territorium der Russischen Föderation einführen.

Der Regelsteuersatz beträgt 18 %. Für bestimmte Waren gilt ein ermäßigter Steuersatz in Höhe   7
von 10 %. Dazu zählen eine Reihe von Lebensmitteln, Kinderwaren, Zeitungen und Zeitschriften
sowie Medizinprodukte gemäß einem von der Regierung aufgestellten Verzeichnis. Für Exporte
gilt ein Steuersatz von 0 %.

Bemessungsgrundlage ist das vereinbarte Entgelt, bei Importwaren der Zollwert zuzüglich Zoll.   8

Bei der Geltendmachung des Vorsteueranspruchs werden umfangreiche Dokumentationen vor-   9
ausgesetzt, z. B. benötigt man vier Belege für die Abrechnung einer Dienstleistung:

- Rechnung, die die Umsatzsteuer separat ausweist
- Faktura-Rechnung (das ist eine spezielle Umsatzsteuerrechnung)
- Abnahmeprotokoll
- Vertrag.

Auf die ordnungsgemäße Ausfertigung insbesondere der Faktura-Rechnung muss geachtet wer-   10
den, da bei nicht richtiger Ausfertigung der Vorsteuerabzug von der Steuerbehörde verweigert
werden kann.

Der Steuerpflichtige hat Faktura-Rechnungen auszustellen und für Zwecke der Umsatzsteuer drei   11
separate Bücher zu führen:

- Einkaufsbuch
- Verkaufsbuch
- Registrierungsbuch für erhaltene und ausgestellte Faktura-Rechnungen.

Ab 2008 erfolgt die Ermittlung und Abführung der Steuer quartalsweise, ausgehend von den ab-   12
gerechneten Umsätzen des vorangegangenen Quartals. Sie ist spätestens bis zum 20. des ersten
Monates des folgenden Quartals zu entrichten. Bis 2007 musste die Steuer monatlich entrichtet
werden.

Anzahlungen sowie Teilzahlungen unterliegen der Umsatzsteuer. Die Umsatzsteuer wird auf den   13
Bruttobetrag der Anzahlung mit einem Steuersatz von 18/118 bzw. 10/110 berechnet. Die auf die
Anzahlung erhobene Steuer darf als Vorsteuer von der Zahllast abgezogen werden.

Der Ort der Leistung bei Werk- und Dienstleistungen, d.h. der Ort der Besteuerung, ist grund-   14
sätzlich die RF, falls der Sitz des Leistungserbringers sich in der RF befindet. Bei einzelnen Werk-
und Dienstleistungen richtet sich der Ort der Leistung nach dem Sitz des Leistungsempfängers.
Falls der Leistungsempfänger seinen Sitz außerhalb der RF hat, sind diese Leistungen in der RF
nicht steuerbar. Der Leistungsempfänger muss dem Leistungserbringer seinen Sitz außerhalb der
RF durch eine Ansässigkeitsbescheinigung nachweisen. Es handelt sich dabei um folgende Leistungen:

- Beratung;
- juristische Dienstleistungen;
- Buchführung;
- Werbung;
- Marketing;
- Ingenieurleistungen (technische Planung, Projektierung und Engineering);

- Datenauswertung;

- Überlassung von Personal, falls das Personal am Ort des Leistungsempfängers tätig ist;

- Erstellung von Software;

- Überlassung von Nutzungsrechten an Warenzeichen, Patenten, Lizenzen und sonstigen Objekten geistigen Eigentums;

- Vermietung von beweglichen Wirtschaftgütern bis auf Kraftfahrzeuge.

15   Falls ein ausländisches Unternehmen in der RF steuerbare Leistungen erbringt und keine steuerlich angemeldete Betriebsstätte oder Niederlassung hat, ist der russische Leistungsempfänger verpflichtet, die Umsatzsteuer im Steuerabzugsverfahren einzubehalten und für das ausländische Unternehmen an den Fiskus abzuführen. Die abgeführte Umsatzsteuer kann der Leistungsempfänger als Vorsteuer von seiner Umsatzsteuerzahllast abziehen.

B.   Gewinnsteuer

16   Die russische Gewinnsteuer ist der deutschen Körperschaftsteuer in wichtigen Teilen ähnlich. Die Einnahmen des Unternehmens, gemindert um steuerlich abzugsfähige Ausgaben bilden die Bemessungsgrundlage der Gewinnsteuer. Der steuerliche Gewinn oder Verlust setzt sich aus den folgenden Komponenten zusammen:

- Einnahmen aus Betriebsleistung

- Betriebliche Ausgaben (aus Produktion bzw. Handel und Dienstleistungen)

- sonstige Einnahmen (beispielsweise Mieterlöse, Zinserträge und sonstige neutrale Einkünfte)

- sonstige Ausgaben (beispielsweise Zinsaufwand, Aufwand aus der Wertberichtigung zweifelhafter Forderungen).

17   Der allgemeine Steuersatz beträgt 24 %. Die Regionen dürfen die Steuer um bis zu 4 % kürzen.

18   Dividenden, die an eine oder von einer ausländischen juristischen Person ausgeschüttet werden, werden mit 15 % besteuert. Auf Grundlage des jeweiligen DBA kann dieser Steuersatz ggf. reduziert werden.

19   Auf Dividenden, die an russische juristische Personen durch russische oder ausländische juristische Personen ausgeschüttet werden, wird ein Steuersatz von 0 % angewandt. Voraussetzung dafür ist die Einhaltung von folgenden Kriterien:

1. zum Zeitpunkt der Beschlussfassung über die Ausschüttung hat die russische juristische Person mindestens 50 % am Grund- oder Stammkapital der auszahlenden juristischen Person ununterbrochen innerhalb von mindestens 365 Tagen als Eigentum gehalten;

2. die Einlage der russischen juristischen Person ins Grund- oder Stammkapital der auszahlenden juristischen Person beträgt mindestens 50 % des gesamten Betrages der Ausschüttung;

3. die Einlage der russischen juristischen Person ins Grund- oder Stammkapital der auszahlenden juristischen Person beträgt mehr als 500 Millionen Rubel.

20   Im Fall der Ausschüttung durch eine ausländische juristische Person kommt der Steuersatz von 0 % nur dann zur Anwendung, wenn die auszahlende ausländische juristische Person nicht in einem Offshore-Staat ansässig ist.

Auf Dividenden, die an sonstige russische juristische Personen von russischen oder ausländischen juristischen Personen ausgezahlt werden, wird ein Steuersatz von 9 % angewandt. Dabei werden von der ausschüttenden Gesellschaft vereinnahmte Dividendeneinkünfte abgezogen. 21

Einkünfte ausländischer Gesellschaften, die nicht mit der Tätigkeit einer Betriebsstätte verbunden sind, werden mit 10 % bis 20 % besteuert. 22

Bei der Ermittlung der Steuerbemessungsgrundlage wird grundsätzlich die Accrual-Methode (Realisationsprinzip) angewandt. Liegt der Umsatz im Laufe der letzten vier Quartale im Durchschnitt unter 1 Mio. Rubel pro Quartal, darf die Methode der Gewinnrealisierung nach Zahlungseingang angewandt werden. 23

Der Verlustvortrag ist auf zehn Jahre möglich. 24

Der Besteuerungszeitraum entspricht dem Kalenderjahr. Während des Besteuerungszeitraumes sind vierteljährlich Steuervoranmeldungen einzureichen. Auf der Basis der Steuervoranmeldungen sind monatliche Vorauszahlungen auf die Gewinnsteuer zu leisten. Das am Ende des Quartals ermittelte Vorabergebnis ist die Grundlage für die monatlichen Vorauszahlungen, die im Laufe des darauf folgenden Quartals zu entrichten sind. Die Steuer ist spätestens am 28. des laufenden Monats zu entrichten. 25

Der Steuerpflichtige hat ein Wahlrecht, die monatlichen Vorauszahlungen ausgehend vom monatlich zu ermittelnden tatsächlichen Gewinn zu leisten. Steuervoranmeldungen sind in diesem Fall auf monatlicher Basis einzureichen. Die Steuer ist spätestens am 28. des Folgemonats zu entrichten. 26

Unternehmen, deren Erlöse in den letzten vier Quartalen nicht mehr als durchschnittlich 3 Millionen Rubel im Monat betrugen sowie ausländische Betriebsstätten sind von den monatlichen Vorauszahlungen freigestellt und haben nur Quartalsvorauszahlungen zu entrichten. 27

C. Einkommensteuer natürlicher Personen

Steuerpflichtig sind natürliche Personen, darunter auch Einzelunternehmer. Es wird zwischen in Russland ansässigen Personen und in Russland nicht ansässigen Personen unterschieden. 28

In Russland ansässige Personen sind solche, die sich tatsächlich nicht weniger als 183 Tage im Kalenderjahr auf dem Gebiet der Russischen Föderation aufhalten. Sie sind in Russland unbeschränkt mit ihrem gesamten Welteinkommen steuerpflichtig. Der Begriff ist nicht nationalitätsbezogen. Ausländer können in Russland ebenfalls unbeschränkt steuerpflichtig sein. 29

Für beschränkt Steuerpflichtige gelten dagegen als Besteuerungsgegenstand nur die Einkünfte aus Quellen innerhalb der Russischen Föderation. 30

Folgende Steuersätze sind anzuwenden: 31

13 % – für in Russland unbeschränkt steuerpflichtige Personen

30 % – für in Russland beschränkt steuerpflichtige Personen

9 % - auf Dividenden

35 % – für diverse Erträge aus Bankprodukten, Spiel- und Lottogewinne, Vorteilsgewährungen (z. B. zinsvergünstigte Darlehen) etc.

Die Bemessungsgrundlage der Einkommensteuer ist die Summe aller Einkunftsarten des Steuerpflichtigen vermindert um die gesetzlich bestimmten Abzugsbeträge. 32

33 Die Jahressteuererklärung ist bis zum 30. April des Folgejahres einzureichen. Die Jahressteuer-erklärung muss nur dann eingereicht werden, wenn der Steuerpflichtige mindestens eine steu-erpflichtige Einkunftsquelle hatte, bei der die Einkommensteuer nicht einbehalten wurde. Bei selbstständiger Tätigkeit sind vorläufige Einkommensteuererklärungen erforderlich.

34 Soweit sich aus der Jahressteuererklärung eine Zahllast ergibt, ist der ausstehende Betrag bis zum 15. Juli des Folgejahres zu zahlen.

D.   Einheitliche Sozialsteuer

35 Unter der einheitlichen Sozialsteuer sind die Pflichtbeiträge des Arbeitgebers an Rentenfonds, Me-dizinfonds und Sozialversicherungsfonds zu verstehen. Einen Arbeitnehmeranteil gibt es nicht.

36 Steuerpflichtige sind

- Arbeitgeber in Bezug auf Auszahlungen an Mitarbeiter und Selbständige, die Dienstleistungen für das Unternehmen erbringen, soweit diese nicht als Einzelunternehmer registriert sind, sowie

- Einzelunternehmer sowie Anwälte für ihren eigenen Vergütungsteil.

37 Die Steuerbemessungsgrundlage für den Arbeitgeber ist die Vergütung an Mitarbeiter sowie Selb-ständige, die nicht als Einzelunternehmer registriert sind. Die Steuerbemessungsgrundlage für registrierte Einzelunternehmer sowie Anwälte sind die Einnahmen abzüglich der Ausgaben für ihre Tätigkeit.

38 Der Steuersatz ist gestaffelt und abhängig von der Höhe der Vergütung. Er errechnet sich wie folgt:

Jahreseinkommen in Rubel		Fixer Anteil	Variabler Anteil
von	bis		
1	280.000		26,0%
280.001	600.000	72.800	10 % auf den 280.000 Rubel übersteigenden Betrag
über 600.000		104.800	2 % auf den 600.000 Rubel übersteigenden Betrag

> Beispiel:

Monatsgehalt, Rubel	Gehalt kummuliert, Rubel	Fixer Anteil bei Jahresbetrachtung, Rubel	Variabler Anteil, Rubel	Kommentar
Januar	80.000	80.000	20.800	0	26 % vom Gehalt
Februar	80.000	160.000	41.600	0	26 % vom Gehalt
März	80.000	240.000	62.400	0	26 % vom Gehalt
April	80.000	320.000	72.800	4.000	72.800 Rubel im Jahr zzgl. 10 % vom 280.000 Rubel übersteigenden Betrag
Mai	80.000	400.000	72.800	12.000	
Juni	80.000	480.000	72.800	20.000	
Juli	80.000	560.000	72.800	28.000	

	Monatsgehalt, Rubel	Gehalt kummuliert, Rubel	Fixer Anteil bei Jahresbetrachtung, Rubel	Variabler Anteil, Rubel	Kommentar
August	80.000	640.000	104.800	800	104.800 Rubel im Jahr zzgl. 2 % vom 600.000 Rubel übersteigenden Betrag
September	80.000	720.000	104.800	2.400	
Oktober	80.000	800.000	104.800	4.000	
November	80.000	880.000	104.800	5.600	
Dezember	80.000	960.000	104.800	7.200	

Die Vorauszahlungen werden monatlich spätestens am 15. des Folgemonats entrichtet. Die Steuervoranmeldungen sind vierteljährlich spätestens am 20. des Folgemonats einzureichen. Am 15. des Folgequartals ist ebenfalls eine zusätzliche Steuervoranmeldung bei den einzelnen Sozialfonds abzugeben. Die Jahressteuererklärung ist jährlich spätestens am 30. März des Folgejahres fällig. Eine Kopie der Steuererklärung ist nachfolgend beim regionalen Rentenfonds spätestens bis zum 01. Juli des Folgejahres einzureichen.   39

Die Steuer wird separat an den Fiskus (für die Rentenversicherungsbeiträge), Sozialfonds, föderale und regionale medizinische Fonds in Höhe der festgelegten Proportionen entrichtet.   40

E.   Verbrauchsteuern (Akzisen)

Die Verbrauchsteuern sind indirekte Steuern, die im Warenpreis enthalten sind und vom Käufer bezahlt werden. Steuerpflichtige sind Organisationen, selbstständige Unternehmer und Personen, die bestimmte Waren in das Gebiet der Russischen Föderation einführen oder dort veräußern.   41

Der Gegenstand der Besteuerung sind die Veräußerung, der Verkauf und die Einfuhr von steuerpflichtigen Waren und Mineralstoffen. Zu dieser Kategorie gehören Spirituosen, Bier, Tabakwaren, Benzin, Diesel, Motorenöl usw.   42

Die Steuerbemessungsgrundlage ist das Entgelt und/oder die Warenmenge. Die Verbrauchsteuersätze werden durch das SteuerGB in Prozent vom Warenwert oder in Geldeinheiten pro Mengeneinheit festgelegt und gelten einheitlich auf dem gesamten Territorium der Russischen Föderation. Die bezahlte Verbrauchsteuer stellt eine für die Gewinnsteuer steuerlich abzugsfähige Betriebsausgabe dar.   43

F.   Steuer auf die Förderung von Bodenschätzen

Steuerpflichtig sind die Nutzer und Förderer von Bodenschätzen. Als solche müssen sie sich innerhalb von 30 Tagen nach Erhalt einer entsprechenden Lizenz steuerlich anmelden. Die Steuerbemessungsgrundlage ist der Wert der geförderten Bodenschätze. Der Steuersatz beträgt von 3,8 % bis 17,5 % abhängig von der Art der Bodenschätze. Auf Nebenprodukte der Förderung sowie bei Erfüllung bestimmter Voraussetzungen für die Erdölförderung in der Republik Sacha, Irkutskaja Gebiet und Krasnojarskij Region wird ein Steuersatz von 0 % angewendet. Für Erdgas werden derzeit 135 Rubel pro Kubikmeter erhoben.   44

G. Steuer für die Nutzung von Gewässern

45 Der Steuer für die Nutzung von Gewässern unterliegt folgendes: Entnahme von Wasser aus Wassergebieten, Nutzung von Wasserflächen, Wassernutzung für die Elektroenergieerzeugung, Nutzung von Wasserflächen für die Holzbeförderung. Der Steuersatz ist als fester Betrag für die Nutzung eines Kubikmeters Wasser festgelegt.

H. Jagd- und Fischfangabgabe

46 Diese Abgabe wird auf die lizenzpflichtige Entnahme von Fischen und anderen Tieren aus der Natur (Jagd, Fischfang usw.) erhoben. Die Steuerbemessungsgrundlage ist ein Tier oder eine Messeinheit (Tonne) Fisch. Für jedes Tier oder jede Messeinheit wird ein fester Betrag erhoben.

I. Vermögensteuer auf Unternehmensvermögen

47 Das Vermögen juristischer Personen ist steuerpflichtig. Steuerpflichtig sind alle nach dem russischen Recht auf dem Territorium der Russischen Föderation gegründeten Unternehmen. Gegenstand der Besteuerung ist das Anlagevermögen zu handelsrechtlichen Buchwerten im Jahresdurchschnitt. Anlagen im Bau werden nicht berücksichtigt. Der Steuersatz darf 2,2 % nicht überschreiten. Die Steuersätze werden von den Föderationssubjekten festgelegt. Der Vermögensteuersatz in Moskau beträgt z. B. 2,2 %.

J. Kfz-Steuer

48 Steuerpflichtig sind die Eigentümer von Kraftfahrzeugen. Die Kfz-Steuer wird für jeden Kraftwagen entsprechend der Motorleistung berechnet, z. B. 5 Rubel pro PS bei Kraftfahrzeugen bis zu 100 PS und 7 Rubel pro PS bei Kraftfahrzeugen von 100 bis zu 150 PS.

K. Gewerbesteuer für Spielbanken und Kasinos

49 Steuerpflichtige sind Organisationen und Selbständige, die eine Geschäftstätigkeit im Bereich des Spielgewebes ausüben. Das Besteuerungsobjekt sind ein Spieltisch, ein Spielautomat, die Kasse des Totalisators und die Kasse des Buchmachers. Jedes Besteuerungsobjekt ist spätestens zwei Tage vor dessen Installation steuerlich anmeldepflichtig. Der Steuersatz beträgt 1.500 Rubel bis 125.000 Rubel abhängig von der Art des Besteuerungsobjektes.

L. Bodensteuer

50 Steuerpflichtig sind die Eigentümer von Grund und Boden sowie diejenigen, die Grund und Boden unbefristet nutzen und diejenigen, die über Grund und Boden lebenslang verfügen und dieses Recht vererben dürfen.

Die Steuerbemessungsgrundlage ist der Grundbuchwert zum 01. Januar des jeweiligen Jahres. 51
Der Steuersatz beträgt 0,3 % des Grundbuchwertes für landwirtschaftliche Flächen, Flächen unter Wohn- und Kommunalbauten sowie für private Gärten. In Bezug auf alle anderen Arten von Grund und Boden gilt ein Steuersatz von 1,5 % der Steuerbemessungsgrundlage.

M.   Vermögensteuer von Privatpersonen

Die Vermögensteuer von Privatpersonen wird zurzeit durch ein separates Gesetz Nr. 2003-1 vom 52
09. Dezember 1991 geregelt. Besteuerungsgegenstand sind Wohnhäuser, Wohnungen, Sommerhäuser, Garagen u. ä. Der Steuersatz beträgt 0,1 % bis 2 % des Inventarwertes des Objektes, abhängig von der Höhe des Inventarwertes. Der Inventarwert ergibt sich aus dem einheitlichen Staatlichen Register für Immobilien (geführt gemäß der Anordnung des Ministeriums für Wirtschaftliche Entwicklung der RF Nr. 268 vom 08. September 2006) und liegt normalerweise wesentlich unter dem Marktwert.

11

Anlagen

Anlage 1: Russischer Kontenplan

Kontonr.	Bezeichnung
Teil I	Anlagevermögen
01	Sachanlagen
02	Kumulierte Abschreibung auf das Sachanlagevermögen
03	Investitionen in Miet– oder Leasinggegenstände
04	Immaterielle Vermögensgegenstände
05	Kumulierte Abschreibung auf immaterielle Vermögensgegenstände
07	Anlagen in Montage bei Bauträgern
08	Geleistete Anzahlungen auf das Anlagevermögen
09	Latente Steueransprüche
Teil II	Umlaufvermögen
10	Roh–, Hilfs– und Betriebsstoffe
11	Viehbestand in Aufzucht und Mast
14	Wertberichtigung auf Vorräte
15	Standardkosten
16	Preisdifferenzen
19	Vorsteuer
Teil III	Aufwendungen der Produktion
20	Herstellungskosten der Haupttätigkeit
21	Halbfertige Erzeugnisse eigener Produktion
23	Herstellungskosten der Hilfstätigkeit (z. B. Reparaturen von Sachanlagen, Transport, Energieversorgung u. ä.)
25	Fertigungsgemeinkosten
26	Allgemeine Verwaltungsaufwendungen
28	Produktionsausschuss
29	Herstellungskosten der Nebentätigkeit (nicht mit der Haupttätigkeit verbunden, z. B. Kindertagesstätten, Sporteinrichtungen u. ä.)
Teil IV	Fertige Erzeugnisse und Handelswaren
40	Fertige Erzeugnisse zu Plankosten
41	Handelswaren
42	Handelsspanne
43	Fertige Erzeugnisse
44	Vertriebskosten
45	Gelieferte Waren
46	Unfertige Bauleistungen

Kontonr.	Bezeichnung
Teil V	Finanzmittel
50	Kasse
51	Bank Rubel
52	Bank Devisen
55	Bankensonderkonten (Akkreditive, Schecks)
57	Unterwegs befindliche Zahlungsmittel
58	Finanzanlagen
59	Rückstellung für die Abwertung von Finanzanlagen
Teil VI	Forderungen und Verbindlichkeiten
60	Verbindlichkeiten aus Lieferungen und Leistungen
62	Forderungen aus Lieferungen und Leistungen
63	Wertberichtigung auf Forderungen
66	Verbindlichkeiten aus kurzfristigen Krediten und Darlehen
67	Verbindlichkeiten aus langfristigen Krediten und Darlehen
68	Forderungen/Verbindlichkeiten aus Steuern
69	Forderungen/Verbindlichkeiten aus sozialen Abgaben
70	Forderungen/Verbindlichkeiten aus Lohn und Gehalt
71	Zweckgebundene Vorschüsse an Mitarbeiter
73	Sonstige Forderungen/Verbindlichkeiten gegenüber Mitarbeitern
75	Forderungen/Verbindlichkeiten gegenüber Gesellschaftern
76	Sonstige Forderungen/Verbindlichkeiten
77	Latente Steuerschulden
79	Innerbetriebliche Forderungen/Verbindlichkeiten
Teil VII	
80	Grund– oder Stammkapital
81	Eigene Aktien (Anteile)
82	Gesetzliche und satzungsmäßige Rücklagen
83	Zusatzkapital (Kapitalrücklage)
84	Bilanzgewinn/-verlust
86	Zweckgebundene Finanzierungen
Teil VIII	Finanzergebnis
90	Umsatzerlöse
91	Sonstige Erträge/Aufwendungen
94	Verluste an Vorräten und Sachanlagen
96	Rückstellungen
97	Aufwendungen zukünftiger Perioden (ARAP)
98	Erträge zukünftiger Perioden (PRAP)
99	Gewinne und Verluste
Teil IX	Außerbilanzielle Konten
001	Gemietete Sachanlagen
002	Treuhandvermögen
003	Vorräte/Waren zur Lohnveredelung
004	Kommissionswaren

Kontonr.	Bezeichnung
005	Anlagen zur Montage
006	Formulare wie Tickets, Diplomvordrucke, Quittungen, Coupons u. ä.
007	Abgeschriebene Forderungen
008	Erhaltene Garantien für die Begleichung von Forderungen sowie für übergebene Waren
009	Ausgestellte Garantien für die Begleichung von Verbindlichkeiten sowie für erhaltene Waren
010	Abschreibung auf nicht amortisierbare Sachanlagen sowie bei nicht-kommerziellen Organisationen
011	Vermietete Sachanlagen

Anlage 2: Liste der Rechnungslegungsstandards

RLS 1/98   *Rechnungslegungspolitik eines Unternehmens*, eingeführt durch die Anordnung des Finanzministeriums der RF Nr. 60n vom 09. Dezember 1998

RLS 2/94   *Bilanzierung von Verträgen über die Errichtung von Bauten*, eingeführt durch die Anordnung des Finanzministeriums Nr. 167 vom 20. Dezember 1994

RLS 3/2006   *Bilanzierung der Vermögensgegenstände und Verbindlichkeiten in fremder Währung*, eingeführt durch die Anordnung des Finanzministeriums der RF Nr. 154n vom 27. November 2006

RLS 4/99   *Abschluss eines Unternehmens*, eingeführt durch die Anordnung des Finanzministeriums der RF Nr. 43n vom 06. Juli 1999

RLS 5/01   *Vorräte*, eingeführt durch die Anordnung des Finanzministeriums der RF Nr. 44n vom 09. Juni 2001

RLS 6/01   *Sachanlagen*, eingeführt durch die Anordnung des Finanzministeriums der RF Nr. 26n vom 30. März 2001

RLS 7/98   *Ereignisse nach dem Bilanzstichtag*, eingeführt durch die Anordnung des Finanzministeriums der RF Nr. 56n vom 25. November 1998

RLS 8/01   *Erfolgsunsicherheiten*, eingeführt durch die Anordnung des Finanzministeriums der RF Nr. 96n vom 28. November 2001

RLS 9/99   *Erträge*, eingeführt durch die Anordnung des Finanzministeriums Nr. 32n vom 06. Mai 1999

RLS 10/99   *Aufwendungen*, eingeführt durch die Anordnung des Finanzministeriums Nr. 33n vom 06. Mai 1999

RLS 11/2000 *Information über affiliierte Personen*, eingeführt durch die Anordnung des Finanzministeriums der RF Nr. 5n vom 13. Januar 2000

RLS 12/2000 *Segmentberichterstattung*, eingeführt durch die Anordnung des Finanzministeriums der RF Nr. 11n vom 27. Januar 2000

RLS 13/2000 *Bilanzierung staatlicher Zuschüsse*, eingeführt durch die Anordnung des Finanzministeriums der RF Nr. 92n vom 16. Oktober 2000

RLS 14/2000   *Bilanzierung von immateriellen Vermögensgegenständen*, eingeführt durch die Anordnung des Finanzministeriums der RF Nr. 91n vom 16. Oktober 2000

RLS 15/01   *Erfassung von Krediten und Darlehen sowie der damit verbundenen Aufwendungen*, eingeführt durch die Anordnung des Finanzministeriums der RF Nr. 60n vom 02. August 2001

RLS 16/02   *Information zur Aufgabe von Geschäftsbereichen*, eingeführt durch die Anordnung des Finanzministeriums der RF Nr. 66n vom 02. Juli 2002

RLS 17/02   *Forschungs-, Entwicklungs- und Technologieaufwendungen*, eingeführt durch die Anordnung des Finanzministeriums der RF Nr. 115n vom 19. November 2002

RLS 18/02   *Bilanzierung der Gewinnsteuer*, eingeführt durch die Anordnung des Finanzministeriums der RF Nr. 114n vom 19. November 2002

RLS 19/02   *Finanzinvestitionen*, eingeführt durch die Anordnung des Finanzministeriums der RF Nr. 126n vom 10. Dezember 2002

RLS 20/03   *Bilanzierung und Bewertung der Beteiligung an Joint Ventures*, eingeführt durch die Anordnung des Finanzministeriums der RF Nr. 105n vom 24. November 2003

RLS 34n   *Buchführung und Rechnungslegung in der RF*, eingeführt durch die Anordnung des Finanzministeriums der RF Nr. 34n vom 31. Oktober 1998

RLS 160   *Bilanzierung von langfristigen Investitionen*, eingeführt durch das Schreiben des Finanzministeriums der RF Nr. 160 vom 30. Dezember 1993

Anlage 3: Russischer Abschluss

Bilanz (Formblatt Nr. 1)

zum 31. Dezember 2007

Aktiva	Code	01.01.2007	31.12.2007
(1)	(2)	(3)	(4)
I. Anlagevermögen			
Immaterielle Vermögensgegenstände	110	–	–
Sachanlagen	120	–	–
Anlagen im Bau	130	–	–
Investitionen in Leasing- und Mietgegenstände	135	–	–
Langfristige Finanzanlagen	140	–	–
Latente Steueransprüche	145	–	–
Sonstiges Anlagevermögen	150	–	–
Zwischensumme I	190		
II. Umlaufvermögen			
Vorräte:	210	–	–
Roh-, Hilfs- und Betriebsstoffe	211	–	–

Aktiva	Code	01.01.2007	31.12.2007
(1)	(2)	(3)	(4)
Lebende Zuchttiere	212	–	–
Unfertige Erzeugnisse und Leistungen	213	–	–
Fertige Erzeugnisse und Handelswaren	214	–	–
Waren unterwegs	215	–	–
Aktive Rechnungsabgrenzungsposten	216	–	–
Sonstige Vorräte	217	–	–
Vorsteuer	220	–	–
Forderungen (mit Restlaufzeit von mehr als einem Jahr),	230	–	–
davon Forderungen aus Lieferungen und Leistungen	231	–	–
Forderungen (fällig innerhalb eines Jahres),	240	–	–
davon Forderungen aus Lieferungen und Leistungen	241	–	–
Kurzfristige Finanzanlagen	250	–	–
Kassenbestände und Guthaben bei Kreditinstituten	260	–	–
Sonstiges Umlaufvermögen	270	–	–
Zwischensumme II	290		
Bilanzsumme Aktiva	300		

Passiva	Code	01.01.2007	31.12.2007
(1)	(2)	(3)	(4)
III. Eigenkapital			
Grundkapital / Stammkapital	410	–	–
Eigene Aktien	411	–	–
Zusatzkapital (Kapitalrücklage)	420	–	–
Gewinnrücklagen:	430	–	–
Gesetzliche Rücklage	431	–	–
Satzungsmäßige Rücklagen	432	–	–
Bilanzgewinn/–verlust	470	–	–
Zwischensumme III	490		
IV. Langfristige Verbindlichkeiten			
Darlehen und Kredite	510	–	–
Latente Steuerverbindlichkeiten	515	–	–
Sonstige langfristige Verbindlichkeiten	520	–	–
Zwischensumme IV	590		
V. Kurzfristige Verbindlichkeiten			
Darlehen und Kredite	610	–	–
Verbindlichkeiten,	620	–	–
davon aus Lieferungen und Leistungen	621	–	–

Passiva	Code	01.01.2007	31.12.2007
(1)	(2)	(3)	(4)
gegenüber Mitarbeitern	622	–	–
im Rahmen der sozialen Sicherheit	623	–	–
aus Steuern und Abgaben	624	–	–
sonstige Verbindlichkeiten	625	–	–
Verbindlichkeiten gegenüber Gesellschaftern aus Dividenden	630	–	–
Passive Rechnungsabgrenzungsposten	640	–	–
Sonstige Rückstellungen	650	–	–
Sonstige kurzfristige Verbindlichkeiten	660	–	–
Zwischensumme V	690		
Bilanzsumme Passiva	700		
Außerbilanzielle Konten			
gemietetes Anlagevermögen,	910	–	–
davon Leasingvermögen	911	–	–
zur Aufbewahrung erhaltene Vermögensgegenstände	920	–	–
Kommisionswaren	930	–	–
abgeschriebene zweifelhafte Forderungen	940	–	–
erhaltene Bürgschaften und Sicherheiten	950	–	–
übernommene Bürgschaften und gegebene Sicherheiten	960	–	–
Abnutzung des Wohnungsvermögens	970	–	–
Abnutzung der Außenanlagen	980	–	–
zur Nutzung erhaltene immaterielle Vermögensgegenstände	990	–	–

Gewinn- und Verlustrechnung (Formblatt Nr. 2)

für den Zeitraum vom 1. Januar 2007 bis zum 31. Dezember 2007

Bezeichnung	Code	Berichtsjahr	Vorjahr
(1)	(2)	(3)	(4)
Umsatzerlöse (abzl. Umsatzsteuer, Verbrauchsteuer und ähnlicher Verkehrsteuern)	010	–	–
Kosten der zur Erzielung der Umsatzerlöse erbrachten Leistungen, eingesetzten Waren und Materialien	020	–	–
Bruttoergebnis vom Umsatz	029		
Vertriebskosten	030	–	–
Verwaltungskosten	040	–	–
Ergebnis der Geschäftstätigkeit	050		
Sonstige Erträge / Aufwendungen:			
Sonstige Zinsen und ähnliche Erträge	060	–	–

Bezeichnung	Code	Berichtsjahr	Vorjahr
(1)	(2)	(3)	(4)
Sonstige Zinsen und ähnliche Aufwendungen	070	–	–
Sonstige Erträge	090	–	–
Sonstige Aufwendungen	100	–	–
Ergebnis vor Ertragsteuern	140		
Latente Steueransprüche	141	–	–
Latente Steuerverbindlichkeiten	142	–	–
Gewinnsteuer	150	–	–
Jahresüberschuss/Jahresfehlbetrag	190		
Nachrichtlich:			
Permanente Steuerschulden	200	–	–
Ergebnis je Aktie (verwässert)	201	–	–
Ergebnis je Aktie (unverwässert)	202	–	–

Angaben und Erläuterungen zu einzelnen Erträgen und Aufwendungen (Formblatt Nr. 2, Seite 2)

für den Zeitraum vom 1. Januar 2007 bis zum 31. Dezember 2007

Bezeichnung	Code	Berichtsjahr		Vorjahr	
(1)	(2)	(3) Gewinn	(4) Verlust	(5) Gewinn	(6) Verlust
Strafen und Verzugszinsen	210	–	–	–	–
Gewinn-/Verlustvortrag	220	–	–	–	–
Schadensersatzansprüche	230	–	–	–	–
Währungskursdifferenzen	240	–	–	–	–
Zuführungen zu Wertberichtigungen	250	–	–	–	–
Ausbuchung verjährter Forderungen und Verbindlichkeiten	260	–	–	–	–

Entwicklung des Eigenkapitals (Formblatt Nr. 3)

für den Zeitraum vom 1. Januar 2007 bis zum 31. Dezember 2007

I. Eigenkapitalveränderung

Bezeichnung	Code	Grundkapital/ Stammkapital	Zusatzkapital (Kapital- rücklage)	Gewinn- rücklagen	Bilanz- gewinn	Total
(1)	(2)	(3)	(4)	(5)	(6)	(7)
Stand zum 31.12.2005						
Änderung von Bilanzierungs– und Bewertungsmethoden		–	–	–	–	–
Neubewertung der Sachanlagen		–	–	–	–	–
Stand zum 01.01.2006						
Währungskursdifferenzen		–	–	–	–	–
Jahresüberschuss/–fehlbetrag		–	–	–	–	–
gezahlte Dividende		–	–	–	–	–
Einstellung in die Gewinnrücklagen		–	–	–	–	–
Kapitalerhöhung durch:						
zusätzliche Aktienemission		–	–	–	–	–
Nominalwerterhöhung der Aktien		–	–	–	–	–
Umwandlung der juristischen Person		–	–	–	–	–
Kapitalherabsetzung durch:		–	–	–	–	–
Nominalwertminderung der Aktien		–	–	–	–	–
Anzahlminderung der Aktien		–	–	–	–	–
Umwandlung der juristischen Person		–	–	–	–	–
Stand zum 31.12.2006						
Änderung von Bilanzierungs– und Bewertungsmethoden		–	–	–	–	–
Neubewertung der Sachanlagen		–	–	–	–	–
Stand zum 01.01.2007						
Währungskursdifferenzen		–	–	–	–	–
Jahresüberschuss/–fehlbetrag		–	–	–	–	–
gezahlte Dividende		–	–	–	–	–
Einstellung in die Gewinnrücklagen		–	–	–	–	–
Kapitalerhöhung durch:		–	–	–	–	–
zusätzliche Aktienemission		–	–	–	–	–
Nominalwerterhöhung der Aktien		–	–	–	–	–
Umwandlung der juristischen Person		–	–	–	–	–

I. Eigenkapitalveränderung

Bezeichnung	Code	Grundkapital/ Stammkapital	Zusatzkapital (Kapitalrücklage)	Gewinnrücklagen	Bilanzgewinn	Total
(1)	(2)	(3)	(4)	(5)	(6)	(7)
Kapitalherabsetzung durch:		–	–	–	–	–
Nominalwertminderung der Aktien		–	–	–	–	–
Anzahlminderung der Aktien		–	–	–	–	–
Umwandlung der juristischen Person		–	–	–	–	–
Stand zum 31.12.2007						

II. Rücklagen, Wertberichtigungen und Rückstellungen

Bezeichnung	Code	Bestand	Zugang	Abgang	Bestand
(1)	(2)	(3)	(4)	(5)	(6)
gesetzliche Rücklage		–	–	–	–
Bezeichnung		–	–	–	–
Angaben zum Vorjahr		–	–	–	–
Angaben zum Berichtsjahr		–	–	–	–
Bezeichnung		–	–	–	–
Angaben zum Vorjahr		–	–	–	–
Angaben zum Berichtsjahr		–	–	–	–
satzungsmäßige Rücklagen		–	–	–	–
Bezeichnung		–	–	–	–
Angaben zum Vorjahr		–	–	–	–
Angaben zum Berichtsjahr		–	–	–	–
Bezeichnung		–	–	–	–
Angaben zum Vorjahr		–	–	–	–
Angaben zum Berichtsjahr		–	–	–	–
Wertberichtigungen		–	–	–	–
Bezeichnung		–	–	–	–
Angaben zum Vorjahr		–	–	–	–
Angaben zum Berichtsjahr		–	–	–	–
Bezeichnung		–	–	–	–
Angaben zum Vorjahr		–	–	–	–
Angaben zum Berichtsjahr		–	–	–	–
Bezeichnung		–	–	–	–
Angaben zum Vorjahr		–	–	–	–
Angaben zum Berichtsjahr		–	–	–	–
Rückstellungen		–	–	–	–
Bezeichnung		–	–	–	–

II. Rücklagen, Wertberichtigungen und Rückstellungen

Bezeichnung	Code	Bestand	Zugang	Abgang	Bestand
(1)	(2)	(3)	(4)	(5)	(6)
Angaben zum Vorjahr		–	–	–	–
Angaben zum Berichtsjahr		–	–	–	–
Bezeichnung		–	–	–	–
Angaben zum Vorjahr		–	–	–	–
Angaben zum Berichtsjahr		–	–	–	–

Informativ

Bezeichnung	Code	01.01.2007	31.12.2007		
(1)	(2)	(3)	(4)		
1) Eigenkapital (Reinvermögen)	200		–		
		aus dem Budget		aus sozialen Fonds	
		Berichtsjahr	Vorjahr	Berichtsjahr	Vorjahr
2) Erhalten für Aufwendungen aus der gewöhnlichen Geschäftstätigkeit, gesamt	210				
Darunter:					
Investitionen in Anlagevermögen	220				
Darunter:					

Kapitalflußrechnung (Formblatt Nr. 4)

für den Zeitraum vom 1. Januar 2007 bis zum 31. Dezember 2007

Bezeichnung	Code	Berichtsjahr	Vorjahr
(1)	(2)	(3)	(4)
Zahlungsmittel am Jahresanfang			
Cash-flow aus Betriebstätigkeit:			
Einzahlungen von Kunden für den Verkauf von Erzeugnissen, Waren und Dienstleistungen		–	–
Sonstige Einzahlungen			
Auszahlungen für:		–	–
Erwerb von Waren, Dienstleistungen und Rohstoffen sowie anderen Gegenständen des Umlaufvermögens	150	–	–
Löhne und Gehälter	160	–	–
Dividenden und Finanzierungsaufwendungen	170	–	–

297

Bezeichnung	Code	Berichtsjahr	Vorjahr
(1)	(2)	(3)	(4)
Steuern und sonstige Abgaben	180	–	–
Sonstige Auszahlungen		–	–
Netto Cash–flow aus Betriebstätigkeit		–	–
Cash-flow aus Investitionstätigkeit:			
Einzahlungen aus dem Abgang von Sachanlagen und immateriellem Vermögen	210	–	–
Erlöse aus dem Abgang von Wertpapieren und sonstigen Finanzanlagen	220	–	–
Erhaltene Dividenden	230	–	–
Erhaltene Zinsen	240	–	–
Rückzahlung von Ausleihungen	250	–	–
Auszahlungen aus dem Erwerb von Mehrheitsbeteiligungen	280	–	–
Auszahlungen für Sachanlagen, Vermietvermögen und immaterielles Vermögen	290	–	–
Auszahlungen für Finanzanlagen und Wertpapiere	300	–	–
Ausleihungen	310	–	–
Netto Cash–flow aus Investitionstätigkeit	340	–	–
Cash-flow aus Finanzierungstätigkeit:			
Einzahlungen aus dem Verkauf eigener Anteile		–	–
Einzahlungen aus der Aufnahme von Finanz– und ähnlichen Verbindlichkeiten		–	–
Auszahlungen aus der Tilgung von Anleihen und (Finanz–)Krediten (ohne Zinsen)		–	–
Auszahlungen aus der Tilgung von Leasingverbindlichkeiten		–	–
Netto Cash-flow aus Finanzierungstätigkeit:		–	–
Nettoveränderung der flüssigen Mittel			
Zahlungsmittel am Jahresende			
Veränderung der Zahlungsmittel auf Grund von Währungsumrechnungen		–	–

Anlagen zur Bilanz (Formblatt Nr. 5)

für den Zeitraum vom 1. Januar 2007 bis zum 31. Dezember 2007

Immaterielle Vermögensgegenstände

Bezeichnung	Code	Stand zum 01.01.2007	Zugang	Abgang	Stand zum 31.12.2007
(1)	(2)	(3)	(4)	(5)	(6)
Immaterielle Vermögensgegenstände (ausschliessliche Vermögensrechte):	010	–	–	–	–
Patente, gewerbliche Schutz– und ähnliche Rechte	011	–	–	–	–
Software	012	–	–	–	–
Topographien integrierter Schaltkreise	013	–	–	–	–
Handelsmarken und Warenzeichen	014	–	–	–	–
Patente für Züchtungen von Pflanzen und Tieren	015	–	–	–	–
Ingangsetzungsaufwendungen (Vorgründungsaufwendungen)	020	–	–	–	–
Geschäfts- oder Firmenwert	030	–	–	–	–
Sonstiges	040	–	–	–	–

Bezeichnung	Code	Zum 01.01.2007	Zum 31.12.2007
(1)	(2)	(3)	(4)
Abschreibung des immateriellen Anlagevermögens	050	–	–

Sachanlagen

Bezeichnung	Code	Stand zum 01.01.2007	Zugang	Abgang	Stand zum 31.12.2007
(1)	(2)	(3)	(4)	(5)	(6)
Bauten		–	–	–	–
Anlagen und Übertragungsvorrichtungen		–	–	–	–
technische Anlagen und Maschinen		–	–	–	–
Fahrzeuge		–	–	–	–
Betriebs– und Geschäftsausstattung		–	–	–	–
Arbeitsvieh		–	–	–	–
Zuchtvieh		–	–	–	–
mehrjährige Anpflanzungen		–	–	–	–
andere Sachanlagen		–	–	–	–
Grundstücke und Naturnutzungsobjekte		–	–	–	–
Bodenverbesserungsinvestitionen		–	–	–	–
Gesamt					

Bezeichnung	Code	Zum 01.01.2007	Zum 31.12.2007
(1)	(2)	(3)	(4)
Abschreibung auf Sachanlagen, davon	140	–	–
Grundstücke und Bauten		–	–
technische Anlagen, Maschinen und Fahrzeuge		–	–
sonstige		–	–
vermietete Sachanlagen, davon		–	–
Gebäude		–	–
Anlagen		–	–
stillgelegte Sachanlagen		–	–
gemietete Sachanlagen		–	–
Immobilien, die tatächlich in Gang gesetzt wurden, deren staatliche Registrierung aber noch nicht erfolgt ist		–	–

Nachrichtlich:	Code	Zum 01.01.2007	Zum 31.12.2006
	(2)	(3)	(4)
Ergebnis der Neubewertung von Sachanlagen:			
Anschaffungs- oder Herstellungskosten/Wieder- beschaffungsvermögen der Ersatzvermögensgegenstände	171		
Abschreibung	172		

	Code	Zum 01.01.2007	Zum 31.12.2007
Veränderung der Anschaffungs- oder Herstellungskosten einer Sachanlage in Folge eines Ausbaus, eines Nachrüstens, einer Rekonstruktion, anteiligen Liquidation			

Vermietvermögen (Investitionen in Miet- und Leasinggegenstände)

Bezeichnung	Code	Stand zum 01.01.2007	Zugang	Abgang	Stand zum 31.12.2007
(1)	(2)	(3)	(4)	(5)	(6)
Vermögen, in		–	–	–	–
Leasing		–	–	–	–
Miete					
Sonstiges		–	–	–	–
Gesamt					

Bezeichnung	Code	Zum 01.01.2007	Zum 31.12.2007
(1)	(2)	(3)	(4)
Abschreibung auf Vermietvermögen	260	–	–

Forschungs- und Entwicklungskosten

Bezeichnung	Code	Stand zum 01.01.2007	Zugang	Abgang	Stand zum 31.12.2007
(1)	(2)	(3)	(4)	(5)	(6)
Gesamt	310	–	–	–	–
darunter:					

Nachrichtlich:	Code	Stand zum 01.01.2007	Stand zum 31.12.2007
Ausgaben für nicht abgeschlossene Projekte	320	–	–

	Code	Berichtsperiode	Vorperiode
Ausgaben für nicht erfolgreiche Projekte, die den sonstigen Aufwendungen zugeordnet sind		–	–

Erschließungskosten

Bezeichnung	Code	Stand zum 01.01.2007	Zugang	Abgang	Stand zum 31.12.2007
(1)	(2)	(3)	(4)	(5)	(6)
Gesamt	410	–	–	–	–
darunter:					

Nachrichtlich:	Code	Stand zum 01.01.2007	Stand zum 31.12.2007
Ausgaben für nicht abgeschlossene Arbeiten in Bezug auf Suche und Bewertung von Fundstätten sowie Bodenerkundung und sonstige ähnliche Arbeiten	320	–	–
Ausgaben für nicht erfolgreiche Erkundung von Bodenschätzen, die den sonstigen Aufwendungen zugeordnet sind		–	–

Finanzanlagen

Bezeichnung	Code	Langfristige		Kurzfristige	
		Stand zum 01.01.2007	Stand zum 31.12.2007	Stand zum 01.01.2007	Stand zum 31.12.2007
(1)	(2)	(3)	(4)	(5)	(6)
Beteiligungen am Stammkapital anderer Unternehmen, davon	510	–	–	–	–
verbundene Unternehmen	511	–	–	–	–
Staatliche Wertpapiere	515	–	–	–	–
Sonstige Wertpapiere, davon	520	–	–	–	–
Anleihen, Wechsel	521	–	–	–	–
Ausleihungen	525	–	–	–	–
Bankeinlagen	530	–	–	–	–
Sonstige	535	–	–	–	–
Gesamt	540				
Finanzanlagen zum Marktwert:					
Beteiligungen am Stammkapital anderer Unternehmen, davon	550	–	–	–	–
verbundene Unternehmen	551	–	–	–	–
Staatliche Wertpapiere	555	–	–	–	–
Sonstige Wertpapiere, davon	560	–	–	–	–
Anleihen, Wechsel	561	–	–	–	–
Sonstige	565	–	–	–	–
Gesamt	570				
Nachrichtlich:					
Veränderungen im Marktwert von Finanzanlagen	580	–	–	–	–
Agio / Disagio	590	–	–	–	–

Forderungen und Verbindlichkeiten

Bezeichnung	Code	Zum 01.01.2007	Zum 31.12.2007
(1)	(2)	(3)	(4)
Forderungen (fällig innerhalb eines Jahres), davon		–	–
aus Lieferungen und Leistungen		–	–
geleistete Anzahlungen		–	–
sonstige		–	–
Forderungen (mit einer Restlaufzeit von mehr als einem Jahr), davon		–	–
aus Lieferungen und Leistungen		–	–
geleistete Anzahlungen		–	–
sonstige		–	–
Gesamt			

Forderungen und Verbindlichkeiten

Bezeichnung	Code	Zum 01.01.2007	Zum 31.12.2007
(1)	(2)	(3)	(4)
Kurzfristige Verbindlichkeiten, davon		–	–
aus Lieferungen und Leistungen		–	–
erhaltene Anzahlungen		–	–
Steuern		–	–
Verbindlichkeiten gegenüber Kreditinstituten		–	–
Darlehen		–	–
sonstige		–	–
Langfristige Verbindlichkeiten, davon		–	–
Verbindlichkeiten gegenüber Kreditinstituten			
Darlehen		–	–
Gesamt			

Aufwendungen aus gewöhnlicher Tätigkeit

Bezeichnung	Code	Berichtsjahr	Vorjahr
(1)	(2)	(3)	(4)
Materialaufwendungen	710	–	–
Löhne und Gehälter	720	–	–
Soziale Abgaben	730	–	–
Abschreibungen	740	–	–
sonstige Aufwendungen	750	–	–
Gesamt	760		
Bestandsveränderung (Zugang "+", Abgang "–"):			
unfertige Erzeugnisse	765	–	–
Aufwendungen zukünftiger Perioden	766	–	–
sonstige Rückstellungen	767	–	–

Sicherungen

Bezeichnung	Code	Zum 01.01.2007	Zum 31.12.2007
(1)	(2)	(3)	(4)
Erhaltene,			
davon Wechsel		–	–
Verpfändete Vermögensgegenstände,		–	–
davon Sachanlagen		–	–
davon Wertpapiere und sonstige Finanzanlagen		–	–

Sicherungen

Bezeichnung	Code	Zum 01.01.2007	Zum 31.12.2007
(1)	(2)	(3)	(4)
sonstige		–	–
Ausgestellte,		–	–
davon Wechsel		–	–
Verpfändete Vermögensgegenstände,		–	–
davon Sachanlagen		–	–
davon Wertpapiere und sonstige		–	–
davon Finanzanlagen		–	–
davon sonstige		–	–

Staatliche Beihilfen

Bezeichnung	Code	Berichtsjahr	Vorjahr		
(1)	(2)	(3)	(4)		
Erhaltene Haushaltsmittel,	910	–	–		
davon		–	–		
		Zum 01.01.2007	Zugang	Abgang	Zum 31.12.2007
Haushaltsdarlehen,	920	–	–	–	–
davon		–	–	–	–

Anlage 4: Gesetz über die Buchführung und Rechnungslegung

Föderales Gesetz vom 21. November 1996 N 129-FZ
„Über die Buchführung"

(mit Änderungen vom 23. Juli 1998, 28. März, 31. Dezember 2002, 10. Januar, 28. Mai, 30. Juni 2003, 03. November 2006)

Verabschiedet durch die Staatsduma am 23. Februar 1996
Gebilligt durch den Föderationsrat am 20. März 1996

Kapitel I. Allgemeine Bestimmungen

Artikel 1. Buchführung, ihre Objekte und Hauptaufgaben

1. Die Buchführung ist ein geregeltes System der Sammlung, Registrierung und Zusammenfassung von Informationen über das Vermögen und die Schulden von Organisationen[1] sowie über deren Bewegungen, ausgedrückt in Geldeinheiten, im Wege der durchgängigen, stetigen und belegmäßigen Erfassung aller Geschäftsvorfälle.

2. Als Objekte der Buchführung fungieren das Vermögen von Organisationen, deren Schulden und die Geschäftsvorfälle, welche die Organisationen im Laufe ihrer Tätigkeit ausführen.

3. Zu den Hauptaufgaben der Buchführung zählen:

   ■ Bereitstellung vollständiger und zuverlässiger Informationen über die Tätigkeit der Organisation und ihre Vermögenslage, die für interne Adressaten der Abschlüsse (Geschäftsführer, Gründer, Gesellschafter und Eigentümer des Organisationsvermögens) sowie für externe Adressaten (Investoren, Kreditoren und sonstige Adressaten der Abschlüsse) notwendig sind;

   ■ Versorgung mit Informationen, die für interne wie externe Adressaten der Abschlüsse zur Kontrolle der Einhaltung der Gesetze der Russischen Föderation bei der Ausführung der Geschäftsvorfälle durch die Organisation sowie ihrer Zweckmäßigkeit, über das Vorhandensein und die Bewegung des Vermögens und der Schulden, über die Nutzung der materiellen, finanziellen- und Arbeitsressourcen gemäß festgelegter Auflagen, Normative und Kostenpläne erforderlich sind;

   ■ Vermeidung negativer Ergebnisse der wirtschaftlichen Tätigkeit der Organisation und Aufdeckung innerbetrieblicher Reserven für die Sicherstellung ihrer finanziellen Stabilität.

Artikel 2. Begrifflichkeiten

In diesem Föderalen Gesetz werden folgende Begrifflichkeiten benutzt:

■ **Geschäftsführer einer Organisation** – Leiter des Exekutivorgans der Organisation bzw. eine für die Geschäftsführung verantwortliche Person;

---

1 Im Gesetz ist allgemein von Organisationen die Rede, da nicht nur Gesellschaften eine Buchführungspflicht haben, sondern auch einige staatliche Organisationen sowie Vereine, Kammern usw. (Anmerkung der Verfasser – im Gesetzestext nicht enthalten).

- **synthetische Erfassung** – Erfassung der zusammengefassten Buchhaltungsdaten über die Arten des Vermögens, die Schulden sowie Geschäftsvorfälle anhand von bestimmten wirtschaftlichen Merkmalen, die auf synthetischen Buchhaltungskonten erfolgt;

- **analytische Erfassung** – Erfassung von Detailinformationen über das Vermögen, die Schulden und Geschäftsvorfälle auf Personen-, Sach- und sonstigen analytischen Buchhaltungskonten, die sich innerhalb eines jeden synthetischen Kontos gruppieren;

- **Kontenplan** ist eine systematisierte Auflistung der synthetischen Buchhaltungskonten;

- **handelsrechtlicher Abschluss** ist ein einheitliches Informationssystem über die Vermögens– und Finanzlage der Organisation sowie über die Ergebnisse ihrer wirtschaftlichen Tätigkeit, das auf der Grundlage der buchhalterischen Angaben und auf festgelegten Formblättern erstellt wird.

Artikel 3. Gesetzgebung der Russischen Föderation über die Buchführung

Die Gesetzgebung der Russischen Föderation über die Buchführung besteht aus diesem föderalen Gesetz, das einheitliche rechtliche und methodische Grundlagen für die Organisation und Führung handelsrechtlicher Bücher in der Russischen Föderation schafft, anderen föderalen Gesetzen, Erlassen des Präsidenten der Russischen Föderation und Anordnungen der Regierung der Russischen Föderation.

Die Hauptziele der Gesetzgebung der Russischen Föderation über die Buchführung sind:

- Gewährleistung der einheitlichen Erfassung des Vermögens, der Schulden und Geschäftsvorfälle der Organisationen;

- Erstellung und Offenlegung vergleichbarer und zuverlässiger Informationen über die Vermögenslage der Organisationen, ihre Erträge und Aufwendungen, die für die Adressaten der Abschlüsse notwendig sind.

Artikel 4. Geltungsbereich dieses föderalen Gesetzes

1. Dieses föderale Gesetz gilt für alle Organisationen, die sich auf dem Territorium der Russischen Föderation befinden, sowie für Niederlassungen und Repräsentanzen ausländischer Organisationen, falls nicht anderes durch internationale Abkommen, welche durch die Russische Föderation geschlossen worden sind, vorgesehen ist.

2. Personen, die wirtschaftliche Tätigkeit ohne Gründung einer juristischen Person ausüben, erfassen die Erträge und Aufwendungen im durch die Steuergesetzgebung der Russischen Föderation festgelegten Verfahren.

   Für die Ziele dieses föderalen Gesetzes werden Rechtsanwälte, die ihre Rechtsanwaltstätigkeit in einer Rechtsanwaltskanzlei ausüben, im Sinne der Erfassung der Geschäftsvorfälle den Personen gleichgestellt, die ihre wirtschaftliche Tätigkeit ohne Gründung einer juristischen Person ausüben.

3. Organisationen, die das vereinfachte Besteuerungssystem anwenden, sind von der Buchführung freigestellt, es sei denn, in diesem Punkt ist anderes vorgesehen.

Organisationen und Einzelunternehmer, die das vereinfachte Besteuerungssystem einsetzen, erfassen Erträge und Aufwendungen im durch das Kapitel 26.2 des Steuergesetzbuches der Russischen Föderation festlegten Verfahren.

Organisationen, die vereinfachtes Besteuerungssystem einsetzen, erfassen Sachanlagen und immaterielle Vermögensgegenstände im durch die Gesetzgebung der Russischen Föderation über die Buchführung festgelegten Verfahren.

Artikel 5.   Regulierung der Buchführung

1. Die methodische Leitungshoheit für die Buchführung in der Russischen Föderation hat die Regierung der Russischen Föderation.

2. Organe, die gemäß föderalen Gesetzen berechtigt sind, die Buchführung zu regeln, erarbeiten und legen im Rahmen ihrer Kompetenz und auf Grundlage der russischen Gesetzgebung folgende Dokumente fest, die für alle Organisationen auf dem Territorium der Russischen Föderation obligatorisch sind:
   a) Kontenpläne sowie Anweisungen zu ihrer Anwendung;
   b) Rechnungslegungsstandards, die Prinzipien, Regeln und Verfahren für die Erfassung der Geschäftsvorfälle sowie für die Erstellung und Offenlegung der Abschlüsse der Organisationen festlegen;
   c) andere Normativakte und methodische Anweisungen zu Fragen der Rechnungslegung;
   d) Vorschriften und Standards, die Prinzipien, Regeln und Verfahren der Buchführung und Rechnungslegung für Zollzwecke festlegen.

   In den Kontenplänen, anderen Normativakten und methodischen Anweisungen sollen vereinfachte Regelungen für die Buchführung der kleinen und mittleren Unternehmen, Rechtsanwaltskollegien sowie Rechtsanwaltskanzleien vorgesehen werden.

   Normativakte sowie methodische Anweisungen zu den Fragen der Buchführung, die durch Organe herausgegeben werden, die gemäß föderaler Gesetze berechtigt sind, die Buchführung zu regeln, dürfen nicht den Normativakten und methodischen Anweisungen des Finanzministeriums der Russischen Föderation widersprechen.

3. Organisationen legen selbständig auf Grundlage der russischen Gesetzgebung über die Buchführung sowie der Normativakte der die Buchführung regelnden Organe ihre Buchführungs- und Bilanzierungsrichtlinien fest, und zwar anhand ihrer Struktur, Geschäftszweige sowie weiterer Besonderheiten ihrer Tätigkeit.

Artikel 6.   Aufbau der Buchführung in Organisationen

1. Geschäftsführer haften für den Aufbau der Buchführung in Organisationen sowie Einhaltung der Gesetzlichkeit bei der Ausführung der Geschäftsvorfälle.

2. Geschäftsführer können abhängig von dem Umfang der Erfassungsarbeiten:
   a) eine Buchhaltungsabteilung, geführt durch einen Hauptbuchhalter, einrichten;
   b) die Position eines Buchhalters schaffen;
   c) die Bücher der Gesellschaft durch eine zentralisierte Buchführungsabteilung, spezialisierte Buchführungsgesellschaft bzw. einen Buchhalter auf vertraglicher Basis führen lassen;
   d) persönlich die Bücher der Gesellschaft führen.

3. Die durch die Organisation festgelegte Buchführungs- und Bilanzierungspolitik wird durch einen Erlass oder eine Anordnung einer Person verabschiedet, die für den Aufbau und den Zustand der Buchführung zuständig ist.

   Dabei wird folgendes festgelegt:

   - ein Kontenplan, der sowohl synthetische als auch analytische Konten enthält, die für die Erfüllung der Anforderungen Zeitnähe und Vollständigkeit der Buchführung notwendig sind;

   - Formvorlagen der einzusetzenden Belege, für die keine standardisierten Formblätter vorgesehen sind sowie Formulare der Berichterstattung für interne Zwecke;

   - Inventurrichtlinien sowie die Bewertungsmethoden für Vermögensgegenstände und Schulden;

   - Regelungen für den Dokumentenumlauf sowie die Technologie der Erfassung von Informationen;

   - Verfahren für die Kontrolle der korrekten Erfassung der Geschäftsvorfälle und

   - weitere für die Organisation der Buchführung notwendige Entscheidungen.

4. Die festgelegte Bilanzierungspolitik ist von Jahr zu Jahr stetig anzuwenden. Eine Veränderung der Bilanzierungspolitik kann im Falle einer Änderung der Gesetzgebung der Russischen Föderation oder von Normativakten der die Buchführung regelnden Organe, des Einsatzes eines neuen Verfahrens der Buchführung oder einer wesentlichen Veränderung der Tätigkeitsbedingungen erfolgen. Für die Gewährleistung der Vergleichbarkeit der buchhalterischen Angaben sind Veränderungen der Bilanzierungspolitik zum Beginn eines Geschäftsjahres einzuführen.

Artikel 7. Hauptbuchhalter

1. Der Hauptbuchhalter (bzw. Buchhalter, falls die Position eines Hauptbuchhalters im Stellenplan fehlt) wird durch den Geschäftsführer der Organisation ernannt bzw. von seiner Position entbunden.

2. Der Hauptbuchhalter ist unmittelbar dem Geschäftsführer unterstellt und ist für die Ausarbeitung der Bilanzierungspolitik, die Buchführung sowie die rechtzeitige Abgabe vollständiger und zuverlässiger Abschlüsse verantwortlich.

3. Der Hauptbuchhalter gewährleistet die Einhaltung der Gesetze bei der Buchung der Geschäftsvorfälle sowie die Kontrolle über die Bewegung des Vermögens sowie die Begleichung von Schulden.

   Die Anordnungen des Hauptbuchhalters in Bezug auf die Ausführung von Geschäftsvorfällen sowie die Zurverfügungstellung von Belegen und Informationen für die Buchhaltung sind für alle Mitarbeiter verbindlich.

   Alle Belege zum Erhalt und zur Ausgabe von Geldern, Waren sowie Finanz- und Kreditunterlagen sind ohne Unterschrift des Hauptbuchhalters unwirksam und dürfen nicht zur Ausführung entgegengenommen werden.

4. Falls es zur Nichtübereinstimmung der Meinungen der Geschäftsführung und des Hauptbuchhalters in Bezug auf einzelne Geschäftsvorfälle kommt, kann der Hauptbuchhalter solche Geschäftsvorfälle nur auf schriftliche Anweisung des Geschäftsführers ausführen bzw. erfassen, der seinerseits für die Auswirkungen dieser Geschäftsvorfälle haftet.

Kapitel II. Hauptanforderungen an die Buchführung. Handelsrechtliche Dokumentation und Erfassung

Artikel 8. Hauptanforderungen an die Buchführung

1. Die Erfassung des Vermögens, der Schulden und der Geschäftsvorfälle der Organisation erfolgt in der Währung der Russischen Föderation – in Rubeln.
2. Das Vermögen im Eigentum der Organisation wird separat vom Vermögen anderer juristischen Personen erfasst, das sich bei der Organisation befindet.
3. Die Bücher sind kontinuierlich ab dem Zeitpunkt der Registrierung der Organisation als juristische Person bis zu ihrer Umwandlung bzw. Liquidation im durch die Gesetzgebung der Russischen Föderation festgelegten Verfahren zu führen.
4. Die Organisation erfasst Vermögen, Schulden und Geschäftsvorfälle durch eine Doppeleintragung auf den zusammenhängenden Buchhaltungskonten, die im Arbeitskontenplan enthalten sind.

   Die Daten der analytischen Konten müssen den Umsätzen und Beständen auf den synthetischen Konten entsprechen.
5. Alle Geschäftsvorfälle sowie die Ergebnisse der Inventuren sind zeitnah auf den Buchführungskonten ohne Lücken und Ausnahmen zu erfassen.
6. Laufende betriebliche Aufwendungen und Investitionen ins Anlagevermögen sind in der Buchhaltung der Organisationen getrennt zu erfassen.

Artikel 9. Belege

1. Alle Geschäftsvorfälle der Organisation sind durch Unterlagen zu dokumentieren. Auf Grundlage dieser Belege sind die Bücher zu führen.
2. Die Belege werden für die Buchführung akzeptiert, wenn sie nach den Vorlagen erstellt sind, die im Verzeichnis der standardisierten Belege enthalten sind. Unterlagen, für welche keine standardisierten Belege vorgesehen sind, müssen folgende Pflichtangaben enthalten:
   a) Bezeichnung;
   b) Datum;
   c) die Firma der ausstellenden Organisation;
   d) Beschreibung des Geschäftsvorfalles;
   e) Geld- bzw. Naturaleinheiten;
   f) Namen der Verantwortlichen, die für die Inhalte der Geschäftsvorfälle sowie für die Richtigkeit ihrer Abwicklung zuständig sind;
   g) Unterschriften der genannten Verantwortlichen.
3. Die Auflistung der unterschriftsberechtigten Personen bestätigt der Geschäftsführer der Organisation in Übereinstimmung mit dem Hauptbuchhalter.

   Zahlungsbelege sind vom Geschäftsführer sowie dem Hauptbuchhalter der Organisation bzw. von den vom Geschäftsführer oder vom Hauptbuchhalter bevollmächtigten Personen zu unterzeichnen.

4. Ein Beleg soll zum Zeitpunkt der Geschäftsabwicklung erstellt werden, bzw., falls unmöglich, unmittelbar nach Abschluss der Geschäftsabwicklung.

   Für eine zeitnahe und qualitativ hochwertige Erstellung der Belege, ihr Einreichen in die Buchhaltung zu festgelegten Fristen sowie die Richtigkeit der in den Belegen enthaltenen Angaben haften die Personen, die diese Belege erstellt und unterzeichnet haben.

5. Es ist nicht zulässig, Kassen- sowie Bankbelege zu ändern. Weitere Belege dürfen nur in Übereinstimmung mit den Teilnehmern an den Geschäftsvorfällen geändert werden, was durch die Unterschriften der gleichen Personen zu belegen ist, die diese Belege ursprünglich unterzeichnet haben, unter Angabe des Datums der Änderungen.

6. Für die Kontrolle und die Regelung der Bearbeitung der Angaben über die Geschäftsvorfälle werden auf Grundlage der Belege zusammenfassende Unterlagen erstellt.

7. Belege sowie zusammenfassende Unterlagen können sowohl in Papierform als auch auf EDV-gestützten Informationsträgern erstellt werden. Im letzteren Fall ist die Organisation verpflichtet, Ausdrucke solcher Belege und Unterlagen für andere Teilnehmer an den Geschäftsvorfällen sowie auf Anforderung der Kontrollorgane, die ihre Kontrolltätigkeit gemäß der Gesetzgebung der Russischen Föderation ausüben, eines Gerichtes und der Staatsanwaltschaft auf eigene Kosten zu erstellen.

8. Belege können ausschließlich durch Ermittlungsbehörden, Voruntersuchungsorgane und die Staatsanwaltschaft, Gerichte, Steuerbehörden und Behörden des Inneren auf Grundlage ihrer Anordnungen gemäß der Gesetzgebung der Russischen Föderation entnommen werden.

   Der Hauptbuchhalter bzw. ein anderer Verantwortlicher ist berechtigt, mit Genehmigung und in Anwesenheit der Vertreter der Behörden, die die Unterlagen beschlagnahmen, Kopien der Unterlagen zu erstellen, wobei der Grund und das Datum der Beschlagnahme anzugeben sind.

Artikel 10. Handelsrechtliche Register

1. Handelsrechtliche Register sind für die Systematisierung und Sammlung der Informationen bestimmt, die in den zur Buchführung akzeptierten Belegen enthalten sind, sowie für die Erfassung auf den Buchführungskonten und im handelsrechtlichen Abschluss.

   Handelsrechtliche Register sind in speziellen Büchern (Journale), auf einzelnen Blättern und Karteien, in Form von Drucklisten aus EDV-gestützten Buchhaltungsprogrammen sowie auf Magnetstreifen, CDs, Disketten und anderen maschinellen Trägern zu führen.

2. Geschäftsvorfälle sind in den handelsrechtlichen Registern in chronologischer Reihenfolge zu erfassen und auf entsprechenden handelsrechtlichen Konten zu gruppieren.

   Die Richtigkeit der Erfassung der Geschäftsvorfälle in handelsrechtlichen Registern stellen die Personen sicher, welche die Register erstellt und unterzeichnet haben.

3. Handelsrechtliche Register müssen sicher vor unbefugten Änderungen aufbewahrt werden. Die Korrektur eines Fehlers im handelsrechtlichen Register muss begründet und durch die Unterschrift der Person bestätigt sein, welche die Korrektur vorgenommen hat, unter Angabe des Datums der Korrektur.

4. Der Inhalt der handelsrechtlichen Register sowie der Abschlüsse für interne Verwaltungszwecke gehört zum Geschäftsgeheimnis.

Personen, die Zugang zu Informationen in handelsrechtlichen Registern und Abschlüssen für interne Zwecke erhalten haben, müssen diese als Geschäftsgeheimnis behandeln. Bei Verbreitung dieser Informationen haften sie gemäß der Gesetzgebung der Russischen Föderation.

Artikel 11. Bewertung von Vermögensgegenständen und Schulden

1. Die Organisation bewertet die Vermögensgegenstände und Schulden bei ihrer Erfassung in den Büchern und im Abschluss in monetärer Form.

   Die Bewertung der entgeltlich erworbenen Vermögensgegenstände erfolgt durch Summierung der tatsächlich getragenen Anschaffungskosten. Die Bewertung der unentgeltlich erhaltenen Vermögensgegenstände erfolgt zum Marktpreis zum Zeitpunkt des Ansatzes. Die Bewertung der durch die Organisation hergestellten Vermögensgegenstände erfolgt zu den Herstellungskosten dieser Vermögensgegenstände.

   Sachanlagen und immaterielle Vermögensgegenstände werden unabhängig von den Ergebnissen der Geschäftätigkeit der Organisation in der Berichtsperiode abgeschrieben.

   Die Anwendung anderer Bewertungsmethoden, darunter die Bildung von Rückstellungen, ist in den Fällen zulässig, die durch die Gesetzgebung der Russischen Föderation und Normativakte der die Buchführung regulierenden Organe vorgesehen sind.

2. Die Bewertung der Devisenkonten sowie der Geschäftsvorfälle in Fremdwährung erfolgt durch die Umrechnung der Fremdwährung in Rubel zum Kurs der Zentralbank am Tag des Geschäftsvorfalles.

Artikel 12. Inventur der Vermögensgegenstände und Schulden

1. Für die Sicherstellung der Verlässlichkeit der Buchhaltungsangaben sowie der Abschlüsse müssen Organisation eine Inventur der Vermögensgegenstände und Schulden durchführen, in deren Verlauf das Vorhandensein, der Zustand und die Bewertung der Vermögensgegenstände und Schulden überprüft und belegt werden.

   Mit Ausnahme von Pflichtinventuren werden das Verfahren und die Fristen für die Durchführung der Inventur durch den Geschäftsführer der Organisation bestimmt.

2. Eine Pflichtinventur wird in folgenden Fällen durchgeführt:

   - Überlassung von Vermögensgegenständen zur Miete, zum Kauf oder Verkauf bzw. bei der Umwandlung eines staatlichen oder kommunalen unitaren Unternehmens;

   - Erstellung des Jahresabschlusses;

   - beim Wechsel des direkten Verantwortlichen;

   - bei der Feststellung eines Diebstahls, von Unregelmäßigkeiten bzw. Beschädigung von Vermögensgegenständen;

   - in Falle einer Naturkatastrophe, eines Brandes oder in anderen außerordentlichen Situationen;

   - bei der Umwandlung oder Liquidation eines Unternehmens sowie

   - in anderen gesetzlich vorgesehenen Fällen.

3. Festgestellte Inventurdifferenzen zwischen den tatsächlichen Beständen und den Buchhaltungsangaben werden auf den handelsrechtlichen Konten in folgender Weise erfasst:

a) positive Inventurdifferenzen werden durch die Organisation erfolgswirksam angesetzt. Eine Haushaltsorganisation setzt positive Inventurdifferenzen als eine Erhöhung der Finanzierung (Fonds) an;

b) negative Inventurdifferenzen und die Beschädigung von Vermögensgegenständen im Rahmen des natürlichen Schwundes werden im betrieblichen Aufwand erfasst. Negative Inventurdifferenzen außerhalb des natürlichen Schwundes sind durch die Verursacher zu erstatten. Falls die Verursacher nicht festgestellt werden können bzw. die Eintreibung der Inventurdifferenzen von diesen Personen gerichtlich untersagt worden ist, werden die Inventurverluste erfolgswirksam im Rahmen des Betriebsergebnisses der Organisation erfasst. Bei einer Haushaltsorganisation werden solche Inventurdifferenzen in dem Fall als Abgang der Finanzierung (Fonds) erfasst.

Kapitel III. Handelsrechtlicher Abschluss

Artikel 13. Zusammensetzung des handelsrechtlichen Abschlusses

1. Alle Organisationen sind zur Erstellung des handelsrechtlichen Abschlusses auf Grundlage der synthetischen und analytischen Konten verpflichtet.

2. Handelsrechtliche Abschlüsse der Organisationen mit Ausnahme der Abschlüsse der Haushaltsorganisationen sowie gesellschaftlicher Einrichtungen (Vereinigungen) und deren Struktureinheiten, die keine Geschäftstätigkeit ausüben und bis auf den Abgang von Vermögensgegenständen keine Umsätze aus der Realisation von Waren und Leistungen erzielen, besteht aus

a) der Bilanz;

b) der Gewinn- und Verlustrechnung;

c) Anlagen zur Bilanz und Gewinn- und Verlustrechnung, die durch Normativakte vorgesehen sind;

d) dem Bestätigungsvermerk eines Wirtschaftsprüfers bzw. einem Testat des Revisionsverbandes der landwirtschaftlichen Genossenschaften, die die Verlässlichkeit des handelsrechtlichen Abschlusses der Organisation bestätigen, falls sie gemäß föderalen Gesetzen prüfungs- bzw. revisionspflichtig ist;

e) Anhang.

Die Zusammensetzung der handelsrechtlichen Abschlüsse von Haushaltsorganisationen wird durch das Finanzministerium der Russischen Föderation festgelegt.

Für gesellschaftliche Einrichtungen (Vereinigungen) und deren Struktureinheiten, die keine Geschäftstätigkeit ausüben und bis auf den Abgang von Vermögensgegenständen keine Umsätze aus der Realisation von Waren und Leistungen erzielen, wird eine vereinfachte Zusammensetzung des handelsrechtlichen Jahresabschlusses gemäß Artikel 15 dieses föderalen Gesetzes festgelegt.

3. Formblätter des handelsrechtlichen Abschlusses der Organisation sowie Anweisungen zu seiner Erstellung werden durch das Finanzministerium der Russischen Föderation festgelegt.

Andere die Buchführung regulierende Organe legen Formblätter der Abschlüsse für Banken, Versicherungen und sonstige Organisationen sowie Anweisungen zur Erstellung im Rahmen ihrer Zuständigkeit fest, wobei sie den Normativakten des Finanzministeriums der Russischen Föderation nicht widersprechen dürfen.

4. Der Anhang zum Jahresabschluss soll wesentliche Informationen über die Organisation, ihre Finanzlage, die Vergleichbarkeit der Angaben des Geschäftsjahres mit den Angaben des Vorjahres, Bewertungsmethoden sowie wesentliche Positionen des Abschlusses enthalten.

Im Anhang soll über die Tatsachen der Nichtanwendung der Buchführungsregelungen in den Fällen berichtet werden, wenn dadurch die Vermögenslage und das Geschäftsergebnis der Organisation nicht zuverlässig dargestellt werden, wobei eine entsprechende Begründung angeführt werden muss. Anderenfalls wird die Nichtanwendung der Buchführungsregelungen als Umgehung der Buchführungsregelungen angesehen und gilt als Verletzung der Gesetzgebung der Russischen Föderation über die Buchführung.

Im Anhang zum Abschluss erläutert die Organisation die Veränderungen ihrer Bilanzierungspolitik für das folgende Geschäftsjahr.

5. Der Abschluss wird durch den Geschäftsführer sowie den Hauptbuchhalter (Buchhalter) der Organisation unterzeichnet.

Der Abschluss der Organisationen, deren Buchführung durch eine zentralisierte Buchhaltungsabteilung, eine spezialisierte Organisation bzw. einen Buchhalter geführt wird, wird vom Geschäftsführer der Organisation, der zentralisierten Buchhaltungsabteilung bzw. der spezialisierten Organisation oder dem Buchhalter, der die Bücher der Organisation führt, unterzeichnet.

6. Der Abschluss wird in festgelegter Form auf Papier erstellt, aufbewahrt und den Abschlussadressaten vorgelegt. Falls technisch möglich und mit Zustimmung der Adressaten des Abschlusses, welche im Artikel 15 dieses föderalen Gesetzes genannt sind, kann die Organisation den handelsrechtlichen Abschluss in elektronischer Form gemäß der Gesetzgebung der Russischen Föderation vorlegen.

Artikel 14. Berichtsjahr

1. Das Berichtsjahr ist für alle Organisationen das Kalenderjahr, und zwar vom 01. Januar bis einschließlich 31. Dezember.

2. Das erste Berichtsjahr für neu gegründete Organisationen ist der Zeitraum vom Zeitpunkt ihrer Gründung bis zum 31. Dezember des entsprechenden Jahres. Für Organisationen, die nach dem 01. Oktober eines Jahres gegründet wurden, ist das erste Berichtsjahr der Zeitraum vom Zeitpunkt ihrer Gründung bis zum 31. Dezember des Folgejahres.

Die Angaben über Geschäftsvorfälle, die vor der staatlichen Registrierung stattgefunden haben, werden in den handelsrechtlichen Abschluss für das erste Berichtsjahr einbezogen.

3. Monats- sowie Quartalsabschlüsse gehören zu den Zwischenabschlüssen und werden kumulativ ab dem Beginn des jeweiligen Berichtsjahres erstellt.

Artikel 15. Adressaten und Fristen für die Vorlage des handelsrechtlichen Abschlusses

1. Alle Organisationen mit Ausnahme der Haushaltsorganisationen legen ihre handelsrechtlichen Jahresabschlüsse gemäß ihren Gründungsunterlagen ihren Gründern, Gesellschaftern bzw. den Eigentümern ihres Vermögens vor, sowie den örtlichen, staatlichen Behörden für Statistik am Ort ihrer Anmeldung. Staatliche sowie kommunale unitare Unternehmen legen

ihre handelsrechtlichen Abschlüsse den Organen vor, die zur Verwaltung des staatlichen Eigentums bevollmächtigt sind.

Anderen Exekutivorganen, Banken sowie weiteren Adressaten wird der handelsrechtliche Abschluss gemäß den Anforderungen der Gesetzgebung der Russischen Föderation vorgelegt.

2. Organisationen mit Ausnahme von Haushaltsorganisationen sowie gesellschaftlichen Einrichtungen (Vereinigungen) und deren Struktureinheiten, die keine Geschäftstätigkeit ausüben und bis auf den Abgang von Vermögensgegenständen keine Umsätze aus der Realisation von Waren und Leistungen erzielen, müssen ihre Quartalsabschlüsse innerhalb von 30 Tagen nach dem Quartalsende und ihre Jahresabschlüsse innerhalb von 90 Tagen nach dem Jahresende vorlegen, es sei denn, durch die Gesetzgebung der Russischen Föderation ist etwas anderes vorgesehen.

Der vorgelegte handelsrechtliche Jahresabschluss muss im durch die Gründungsunterlagen der Organisation vorgesehenen Verfahren festgestellt werden.

3. Haushaltsorganisationen legen handelsrechtliche Monats-, Quartals und Jahresabschlüsse der vorgesetzten Instanz zu den durch diese Instanz festgelegten Fristen vor.

4. Gesellschaftliche Einrichtungen (Vereinigungen) und deren Struktureinheiten, die keine Geschäftstätigkeit ausüben und bis auf den Abgang von Vermögensgegenständen keine Umsätze aus der Realisation von Waren und Leistungen erzielen, legen handelsrechtliche Abschlüsse nur einmal im Jahr am Ende des Berichtsjahres in vereinfachter Zusammensetzung vor:
   a) Bilanz
   b) Gewinn- und Verlustrechnung
   c) Bericht über die zweckmäßige Verwendung erhaltener Mittel.

5. Die Organisation kann den handelsrechtlichen Abschluss unmittelbar dem Adressaten vorlegen, über ihren Vertreter übergeben, per Post mit einer Auflistung des Inhaltes verschicken oder über Telekommunikationskanäle übertragen.

Der Adressat des handelsrechtlichen Abschlusses darf die Annahme des handelsrechtlichen Abschlusses nicht verweigern und muss auf Anforderung der Organisation die Kopie des handelsrechtlichen Abschlusses mit einem Akzept und mit dem Datum der Vorlage vermerken. Beim Erhalt des handelsrechtlichen Abschlusses über Telekommunikationskanäle ist der Adressat des Jahresabschlusses verpflichtet, der Organisation eine Quittung über den Erhalt des Abschlusses in elektronischer Form zu erstellen.

Als Datum der Vorlage des handelsrechtlichen Abschlusses gelten der Absendetag der Postsendung mit einer Auflistung des Inhaltes bzw. der Absendetag über Telekommunikationskanäle bzw. der Tag der tatsächlichen Übergabe an den Adressaten.

Artikel 16. Offenlegung des Jahresabschlusses

Aktiengesellschaften offenen Typs, Banken und andere Kreditinstitute, Versicherungen, Börsen, Investitionsfonds sowie weitere Fonds, die aus privaten, gesellschaftlichen und staatlichen Mitteln (Beiträgen) finanziert werden, sind verpflichtet, ihre Jahresabschlüsse spätestens am 01. Juni des Folgejahres zu veröffentlichen.

Der Rentenfonds der Russischen Föderation, der Sozialversicherungsfonds der Russischen Föderation sowie ihre Vertretungen und Niederlassungen in den Subjekten der Russischen Föderation, der föderale Fonds für die obligatorische Krankenversicherung, örtliche Fonds für die obligatorische Krankenversicherung sowie weitere Organisationen sind in den durch föderale Gesetze festgelegten Fällen zur Veröffentlichung ihrer Quartalsabschlüsse verpflichtet.

Die Offenlegung des handelsrechtlichen Abschlusses besteht in der Veröffentlichung des Abschlusses in Zeitungen und Zeitschriften, die den Adressaten des Abschlusses zugänglich sind, bzw. in der Verteilung des Abschlusses als Broschüren, Faltprospekte und sonstige Publikationen an die Adressaten sowie in der Übergabe des Abschlusses an örtliche statistische Behörden am Registrierungsort der Organisation zwecks Abgabe an interessierte Adressaten.

Artikel 17. Aufbewahrung der Buchhaltungsunterlagen

1. Organisationen sind verpflichtet, Belege, handelsrechtliche Register und handelsrechtliche Abschlüsse innerhalb der Fristen aufzubewahren, die durch die Regelungen für die Organisation des staatlichen Archivwesens festgelegt sind, mindestens aber fünf Jahre.

2. Der Arbeitskontenplan, weitere Unterlagen zur Bilanzierungspolitik, Kodierungsverfahren sowie Programme für die maschinelle Datenverarbeitung (mit Angabe der Nutzungsfristen) müssen bei der Organisation mindestens fünf Jahre nach dem Jahr, in dem sie zuletzt für die Erstellung des handelsrechtlichen Abschlusses genutzt wurden, aufbewahrt werden.

3. Der Geschäftsführer der Organisation haftet für die Organisation der Aufbewahrung der Buchhaltungsunterlagen, handelsrechtlicher Register und Abschlüsse.

Kapitel IV. Abschließende Bestimmungen

Artikel 18. Haftung für die Verletzung der Gesetzgebung der Russischen Föderation über die Buchführung

Der Geschäftsführer der Organisation und weitere für die Organisation der Buchführung sowie für die Führung der Bücher Verantwortliche haften gemäß dem Verwaltungsrecht und dem Strafrecht der Russischen Föderation für die Nichtführung von Büchern gemäß der Gesetzgebung der Russischen Föderation und den Normativakten der für die Regulierung der Buchführung zuständigen Organe, für die Verzerrung des handelsrechtlichen Abschlusses und die Nichteinhaltung der Abgabe- und Veröffentlichungsfristen.

Artikel 19. Inkrafttreten dieses föderalen Gesetzes

Dieses föderale Gesetz tritt ab dem Tag seiner offiziellen Veröffentlichung in Kraft.

Normativakte über die Buchführung, die vor dem Inkrafttreten dieses föderalen Gesetzes verabschiedet wurden, sind insoweit gültig, als sie diesem Gesetz nicht widersprechen.

Präsident der Russischen Föderation   Boris Jelzin

Moskau, Kreml
21. November 1996
Nr 129-FZ

Anlage 5: Rechnungslegungsstandard Vorräte

Rechnungslegungsstandard „Bilanzierung der Vorräte" RLS 5/01

(mit Änderungen vom 27. November 2006 und 26. März 2007)
Eingeführt durch die Anordnung des Finanzministeriums der Russischen Föderation vom 09. Juni 2001 Nr. 44n
Registriert beim Justizministerium der RF am 19. Juli 2001, Registrierungsnummer 2806

I. Allgemeine Bestimmungen

1. Der vorliegende Rechnungslegungsstandard legt die Regeln für die Darstellung der Informationen über die Vorräte der Organisation in ihrer Rechnungslegung fest. Unter einer Organisation wird im Folgenden eine juristische Person nach der Gesetzgebung der Russischen Föderation (mit Ausnahme von Kreditinstituten und staatlichen Institutionen) verstanden.

2. Für Zwecke dieses Rechnungslegungsstandards werden folgende Vermögensgegenstände als Vorräte angesehen:

   - Roh-, Hilfs- und Betriebsstoffe, die zum Verbrauch im Produktionsprozess oder zum Verbrauch bei der Erbringung von Dienstleistungen oder Arbeiten eingesetzt werden, welche zum Verkauf bestimmt sind
   - zum Verkauf bereitgehaltene Vermögensgegenstände
   - Gegenstände, die für Verwaltungszwecke des Unternehmens benutzt werden.

   Fertige Erzeugnisse sind ein Bestandteil der zum Verkauf bereitgehaltenen Vorräte (Endergebnis eines Produktionszyklus, fertig gestellte Vermögensgegenstände, deren technische und qualitative Eigenschaften den Vertragsbedingungen bzw. den Anforderungen anderer Dokumente in gesetzlich vorgesehenen Fällen entsprechen).

   Handelswaren sind ein Bestandteil der Vorräte, die von anderen juristischen bzw. natürlichen Personen erworben bzw. erhalten wurden und zum Weiterverkauf bereitgehalten werden.

3. Die Erfassungseinheit der Vorräte legt die Organisation selbständig auf solche Weise fest, dass die vollständige und verlässliche Information über die Vorräte sowie eine ordnungsgemäße Kontrolle über ihren Bestand und ihre Bewegungen gewährleistet ist. Je nach der Art der Vorräte, des Beschaffungs- und Nutzungsverfahrens können Artikelnummern, Warenposten oder gleichartige Vorratsgruppen eine solche Erfassungseinheit sein.

4. Dieser Rechnungslegungsstandard ist in Bezug auf unfertige Erzeugnisse nicht anzuwenden.

II. Bewertung der Vorräte

5. Vorräte werden mit ihren Anschaffungs- oder Herstellungskosten bewertet.

6. Die Anschaffungskosten entgeltlich erworbener Vorräte sind tatsächliche Anschaffungsaufwendungen der Organisation ohne Umsatzsteuer oder andere abziehbare Steuern (mit Ausnahme gesetzlich vorgesehener Fälle).

Die Anschaffungskosten beinhalten:

■ den Anschaffungspreis, der vertragsgemäß an den Lieferanten zu zahlen ist

■ Beträge, die für Informations- und Beratungsdienstleistungen im Zusammenhang mit der Anschaffung an andere Organisationen bezahlt werden

■ Zölle

■ nicht abziehbare Steuern, die im Zusammenhang mit einer Einheit der Vorräte bezahlt werden

■ Vergütungen an Vermittler, die die Vorräte vermittelt haben

■ Beschaffungskosten sowie Transportkosten zum Nutzungsort der Vorräte inklusive Versicherungsaufwendungen

■ direkt zurechenbare Lageraufwendungen; Transportkosten zum Nutzungsort der Vorräte, sofern sie nicht bereits im Anschaffungspreis inbegriffen sind

■ Zinsen auf Kredite, die durch Lieferanten gewährt werden (Warenkredite) und Darlehen für die Anschaffung der Vorräte, die vor der Aktivierung der Vorräte aufgelaufen sind

■ Aufwendungen, die anfallen, um die Vorräte in den gewünschten Zustand zu versetzen. Solche Aufwendungen schließen Aufwendungen für Umarbeiten, Sortierung, Paketierung, Verbesserung der technischen Eigenschaften erhaltener Vorräte ein, die allerdings nicht im Rahmen des Produktionsprozesses anfallen bzw. nicht mit der Erbringung von Leistungen verbunden sind

■ weitere der Anschaffung der Vorräte direkt zurechenbare Aufwendungen.

Allgemeine Verwaltungsaufwendungen sowie sonstige ähnliche Aufwendungen gehören nicht zu den Anschaffungskosten, wenn sie nicht unmittelbar auf die Anschaffung der Vorräte bezogen sind.

7. Zu den Herstellungskosten der durch die Organisation hergestellten Vorräte gehören alle bei der Herstellung angefallenen Aufwendungen. Die Erfassung und Zusammenfassung der Herstellungskosten der Vorräte erfolgt im für die Bildung der Selbstkosten (Herstellungskosten) der entsprechenden Produktionsarten festgelegten Verfahren.

8. Die Anschaffungs- oder Herstellungskosten der Vorräte, die als Einlage ins Stamm- oder Grundkapital eingebracht wurden, werden anhand einer Vereinbarung zwischen den Gründern (Gesellschaftern) bewertet, sofern durch die russische Gesetzgebung nichts anderes vorgesehen ist.

9. Geschenkte oder unentgeltlich erhaltene Vorräte sowie solche Vorräte, die aus dem Abgang der Sachanlagen oder anderer Vermögenswerte entstehen, werden zu ihrem Marktwert am Tag ihrer Aktivierung bewertet.

Unter dem Marktwert werden im Sinne dieses Rechnungslegungsstandards die Beträge verstanden, die bei einem Verkauf dieser Vorräte erzielt werden können.

10. Vorräte, die im Rahmen von Verträgen erworben werden, die eine Begleichung (Bezahlung) einer Verbindlichkeit mit nicht monetären Mitteln vorsehen, werden im Wert der durch die Organisation übergebenen bzw. zu übergebenden Vermögensgegenstände aktiviert. Der Wert dieser übergebenen bzw. zu übergebenden Vermögensgegenstände wird anhand der Werte bestimmt, welche die Organisation normalerweise unter vergleichbaren Umständen für ähnliche Vermögensgegenstände ansetzen würde.

Falls der Wert der übergebenen bzw. zu übergebenden Vermögensgegenstände nicht festgestellt werden kann, sind Vorräte, die im Rahmen von Verträgen erworben werden, die eine Begleichung (Bezahlung) einer Verbindlichkeit mit nicht monetären Mitteln vorsehen, mit einem Betrag zu bewerten, der unter vergleichbaren Umständen für ähnliche Vorräte gelten würde.

11. Zu den Anschaffungs- und Herstellungskosten der Vorräte, die gemäß den Punkten 8, 9, und 10 dieses Rechnungslegungsstandards bilanziert werden, gehören ebenfalls die Transportkosten sowie die im Punkt 6 dieses Rechnungslegungsstandards aufgezählten Aufwendungen, die anfallen, um die Vorräte in den gewünschten Zustand zu versetzen.

12. Die Anschaffungs- und Herstellungskosten der Vorräte, zu denen diese aktiviert wurden, dürfen, außer in gesetzlich festgelegten Fällen, nicht mehr verändert werden.

13. Handelsunternehmen dürfen die Bezugskosten sowie die Transportkosten, die bis zum Zeitpunkt der Übergabe der Handelswaren in den Handel anfallen, im Rahmen der Verkaufsaufwendungen erfassen.

   Erworbene Handelswaren werden mit ihren Anschaffungskosten bewertet. Einzelhändler dürfen erworbene Handelswaren mit ihren Verkaufspreisen unter separater Erfassung der Handelsspannen bewerten.

14. Vorräte, die der Organisation vertragsgemäß zur Nutzung bzw. zur Verfügung überlassen wurden, die aber nicht im Eigentum der Organisation stehen, werden zum vertraglich vereinbarten Wert bilanziert.

15. *Gestrichen.*

III. Verbrauch der Vorräte

16. Die Bewertung des Verbrauchs bzw. jedes anderen Abgangs von Vorräten (bis auf Handelswaren, die zu Verkaufspreisen bewertet werden) erfolgt mit einem der nachfolgenden Verfahren:

   ■ tatsächliche Kosten jeder Einheit

   ■ Durchschnittsmethode

   ■ Anschaffungskosten zuerst erworbener Vermögensgegenstände (FIFO-Methode).

   Jeweils eines der oben genannten Verfahren muss unter der Berücksichtigung des Prinzips der Darstellungsstetigkeit der Bilanzierungs- und Bewertungsmethoden angewandt werden.

17. Vorräte, die durch die Organisation in einem besonderen Verfahren verbraucht werden (Edelmetalle, Edelsteine usw.) bzw. Vorräte, die normalerweise nicht ersetzbar sind, können mit den tatsächlichen Kosten jeder Einheit dieser Vorräte bewertet werden.

18. Die Bewertung nach der Durchschnittsmethode erfolgt für jede Gruppe (Art) der Vorräte durch Division der gesamten Anschaffungs- bzw. Herstellungskosten der Gruppe (Art) der Vorräte durch ihre Anzahl. Die Anschaffungs- bzw. Herstellungskosten und die Anzahl in der Gruppe (Art) der Vorräte setzen sich aus den Monatsanfangsbeständen und den Monatszugängen zusammen.

19. Der Bewertung mit den Anschaffungskosten zuerst erworbener Vermögensgegenstände (FIFO-Methode) liegt die Annahme zugrunde, dass die Vorräte innerhalb des Monats bzw. einer anderen Zeitperiode in der Reihenfolge ihrer Anschaffung (ihres Zugangs) verbraucht wer-

den. D.h. Vorräte, die zuerst in die Produktion (in den Verkauf) abgegangen sind, müssen mit den Anschaffungs- bzw. Herstellungskosten der zuerst angeschafften Vorräte unter Berücksichtigung der Anschaffungs- oder Herstellungskosten der Vorräte zum Monatsanfang bewertet werden. Bei der Anwendung dieses Verfahrens erfolgt die Bewertung der Vorräte auf dem Lager zum Monatsende mit den Anschaffungs- oder Herstellungskosten der zuletzt erworbenen Vorräte. In den Anschaffungs- oder Herstellungskosten der verkauften Handelswaren, fertigen Erzeugnisse, Arbeiten und Leistungen werden die Anschaffungs- oder Herstellungskosten der zuerst erworbenen Vorräte berücksichtigt.

20. Ab 2008 gestrichen.

21. Für jede Gruppe (Art) der Vorräte ist ein Bewertungsverfahren während eines Berichtsjahres stetig anzuwenden.

22. Die Bewertung der Vorräte zum Ende der Berichtsperiode (bis auf Handelswaren, die zu Verkaufspreisen bewertet werden) erfolgt anhand des festgelegten Verbrauchsverfahrens, i.e. mit den Kosten jeder Einheit, Durchschnittsmethode oder zu Anschaffungskosten der zuerst erworbenen Vermögensgegenstände.

IV. Angabepflichten

23. Die Vorräte werden gemäß ihrer Klassifikation (Verteilung nach Gruppen (Arten)) anhand der Verbrauchsart bei der Produktion, Erbringung von Dienstleistungen bzw. für Verwaltungsbedürfnisse der Organisation im Abschluss ausgewiesen.

24. Zum Ende der Berichtsperiode werden die Vorräte mit dem Wert in der Bilanz ausgewiesen, der mit Hilfe des verwendeten Bewertungsverfahrens ermittelt worden ist.

25. Vorräte, die obsolet sind, ihre ursprünglichen Eigenschaften teilweise oder vollständig verloren haben bzw. deren gegenwärtiger Marktwert oder Verkaufswert sich verringert hat, werden in der Bilanz zum Ende des Berichtsjahres abzüglich einer Rückstellung für die Wertberichtigung von Vorräten ausgewiesen. Die Rückstellung für die Wertberichtigung von Vorräten wird erfolgswirksam in Höhe der Differenz zwischen dem gegenwärtigen Marktwert und den Anschaffungs- oder Herstellungskosten der Vorräte erfolgswirksam gebildet, falls die letzteren höher als der gegenwärtige Marktwert sind.

26. Vorräte, die im Eigentum der Organisation stehen, aber noch nicht zugegangen sind bzw. Vorräte, die an den Käufer gegen einen Pfand übergeben wurden, werden mit ihrem vertraglich festgelegten Preis aktiviert, wobei die tatsächlichen Anschaffungs- oder Herstellungskosten später vervollständigt werden.

27. Folgende Mindestangaben sind im Abschluss unter Berücksichtigung des Wesentlichkeitsprinzips erforderlich:

■ Art der Bewertung der Vorräte (nach Gruppen oder Arten)

■ Folgen von Bewertungsänderungen der Vorräte

■ Wert der verpfändeten Vorräte

■ Höhe und Bewegung der Rückstellungen für die Wertberichtigung von Vorräten.

Anlage 6: Rechnungslegungsstandard Sachanlagen

Rechnungslegungsstandard *„Sachanlagen"* RLS 6/01

(mit Änderungen vom 18. Mai 2002, 12. Dezember 2005, 18. September und 27. November 2006)

Eingeführt durch die Anordnung des Finanzministeriums der Russischen Föderation vom 30. März 2001 N 26n

Registriert beim Justizministerium der RF am 28. April 2001, Registrierungsnummer 2689

I. Allgemeine Bestimmungen

1. Der vorliegende Rechnungslegungsstandard legt die Regeln für die Darstellung der Informationen über die Sachanlagen der Organisation in ihrer Rechnungslegung fest. Unter einer Organisation wird im Folgenden eine juristische Person nach der Gesetzgebung der Russischen Föderation (mit Ausnahme von Kreditinstituten und staatlichen Institutionen) verstanden.

2. *Ab 2006 gestrichen.*

3. Der vorliegende Rechnungslegungsstandard ist nicht auf folgendes anzuwenden:

    ■ Maschinen, Anlagen und sonstige betriebliche Ausstattung, die als fertige Erzeugnisse im Lagerbestand produzierender Organisationen und als Handelswaren im Lager von Handelsorganisationen bilanziert werden;

    ■ Vermögensgegenstände, die montiert werden oder in die Montage gehören oder sich unterwegs befinden;

    ■ Kapitalanlagen und Finanzanlagen.

4. Ein Vermögensgegenstand wird von der Organisation als Sachanlage bilanziert, wenn zugleich folgende Kriterien erfüllt sind:

    a) eine Organisation besitzt den Vermögensgegenstand zur Herstellung von Gütern, Lieferung von Arbeiten und Dienstleistungen, zu Verwaltungszwecken oder zur Überlassung in den zeitweiligen Besitz und die Benutzung oder in die zeitweilige Benutzung an Dritte;

    b) der Vermögensgegenstand wird über längere Zeit benutzt, d. h. länger als 12 Monate bzw. über einen gewöhnlichen Produktionszyklus, falls der Produktionszyklus länger als 12 Monate dauert;

    c) die Organisation beabsichtigt nicht, den Vermögensgegenstand zu veräußern;

    d) der Organisation kann ein mit dem Vermögensgegenstand verbundener wirtschaftlicher Nutzen (Einkommen) zufließen.

    Eine nicht kommerzielle Organisation bilanziert einen Vermögensgegenstand als eine Sachanlage, wenn er für eine solche Tätigkeit genutzt wird, die auf das Erreichen der Ziele, für die diese nicht kommerzielle Organisation gegründet wurde, gerichtet ist (einschl. der Unternehmertätigkeit gemäß der Gesetzgebung der Russischen Föderation), wenn er zu Verwaltungszwecken genutzt wird und wenn darüber hinaus die Kriterien b) und c) dieses Punktes erfüllt sind.

    Die Nutzungsdauer ist eine Zeitperiode, in der die Verwendung der Sachanlage der Organisation wirtschaftlichen Nutzen bringt. Für einzelne Kategorien der Sachanlagen wird die Nutzungsdauer im Zusammenhang mit ihrer voraussichtlichen Produktivität (Produktivitätsvolumen in Naturaleinheiten) bestimmt.

5. Zu den Sachanlagen zählen: Gebäude, Bauten, Anlagen, Messgeräte und Regelinstrumente, Rechentechnik, Transportmittel, Werkzeuge, Produktions- und Betriebsinventar sowie Zubehör, Arbeits-, Produktions- und Zuchtvieh, mehrjährige Anpflanzungen, innerbetriebliche Wege und sonstige ähnliche Vermögensgegenstände.

    Als Sachanlagen werden ebenfalls Kapitalinvestitionen in durchgreifende Verbesserung von Grund und Boden (Entwässerung-, Bewässerungs- sowie weitere Meliorationsarbeiten), Kapitalinvestitionen in Mietereinbauten, Grundstücke, Naturnutzungsobjekte (Wasser, Bodenschätze und andere Naturschätze) bilanziert.

    Sachanlagen, die ausschließlich für die Überlassung in den zeitweiligen Besitz und die Benutzung oder in die zeitweilige Benutzung an Dritte mit dem Ziel der Einkommenserzielung bestimmt sind, sind als Investitionen in Mietgegenstände zu bilanzieren.

    Die Vermögensgegenstände, welche die Kriterien des Punktes 4 dieses Rechnungslegungsstandards erfüllen, und deren Anschaffungs- und Herstellungskosten unter der in der Bilanzierungsrichtlinie festgelegten Wertobergrenze liegen, maximal aber 20.000 Rubel für jede Einheit, dürfen innerhalb der Vorräte bilanziert werden. Zur Gewährleistung der sicheren Verwahrung dieser Vermögensgegenstände während der Produktion oder Nutzung in der Organisation soll eine geeignete Kontrolle über ihre Verwendung organisiert werden.

6. Eine Einheit der Buchführung der Sachanlagen ist ein Inventarobjekt. Das Inventarobjekt ist ein Vermögensgegenstand mit allen Ergänzungseinrichtungen und allem Zubehör bzw. ein separater konstruktiv gesonderter Vermögensgegenstand, der für die Ausführung definierter selbständiger Funktionen bestimmt ist, bzw. ein separater Komplex konstruktiv verbundener als einheitliches Ganzes fungierender Vermögensgegenstände, der für die Ausführung definierter Arbeiten bestimmt ist. Ein Komplex konstruktiv verbundener Vermögensgegenstände sind ein oder mehrere Vermögensgegenstände mit einer oder verschiedenen Funktionen, gemeinsamen Ergänzungseinrichtungen und Zubehör, gemeinsamer Steuerung, montiert auf einem Fundament. Im Ergebnis kann jeder Vermögensgegenstand, der ein Bestandteil des Komplexes ist, seine Funktionen nur innerhalb des Komplexes und nicht selbständig ausführen.

    Falls ein Vermögensgegenstand aus mehreren Teilen besteht, deren Nutzungsdauern sich wesentlich unterscheiden, wird jeder dieser Teile separat bilanziert.

    Eine Sachanlage, die sich im Eigentum von zwei oder mehreren Organisationen befindet, wird von jeder Organisation entsprechend ihrem Anteil am gemeinsamen Eigentum bilanziert.

II. Bewertung der Sachanlagen

7. Sachanlagen sind mit den Anschaffungs- oder Herstellungskosten anzusetzen.

8. Zu den Anschaffung- oder Herstellungskosten entgeltlich erworbener Sachanlagen gehören alle tatsächlich getragenen Aufwendungen für die Anschaffung, den Aufbau und die Herstellung der Betriebsfähigkeit mit Ausnahme der Mehrwertsteuer und anderer abziehbarer Steuern (außer in den gesetzlich festgelegten Fällen).

    Tatsächlich getragene Aufwendungen für die Anschaffung, den Aufbau und die Herstellung der Betriebsfähigkeit der Sachanlage sind folgende:

    ■ der Anschaffungspreis einschließlich Transportaufwendungen sowie Aufwendungen, die dazu dienen, den Vermögensgegenstand in den Zustand seiner geplanten Nutzung zu versetzen;

- Beträge, die Subunternehmern gemäß Bauleistungsverträgen bzw. anderen Verträgen ausgezahlt werden;

- Beträge, die Organisationen für mit der Anschaffung verbundene Informations- und Beratungsdienstleistungen ausgezahlt werden;

- Zollgebühren- und Abgaben;

- nichtabziehbare Steuern, staatliche Gebühren, die im Zusammenhang mit der Anschaffung getragen wurden;

- Vermittlungsgebühren an einen Vermittler der Sachanlage;

- weitere, direkt zurechenbare Aufwendungen für die Anschaffung, den Aufbau und die Herstellung der Betriebsfähigkeit des Vermögensgegenstandes.

Allgemeine Verwaltungsaufwendungen und sonstige ähnliche Aufwendungen gehören nicht zu den Anschaffungs- oder Herstellungskosten einer Sachanlage, sofern sie nicht unmittelbar mit der Anschaffung oder Herstellung der Sachanlage verbunden sind.

9. Eine Einlage ins Grund- oder Stammkapital wird anhand einer Vereinbarung zwischen den Gründern (Gesellschaftern) bewertet, sofern durch die Gesetzgebung der Russischen Föderation nicht anderes festgelegt ist.

10. Vermögensgegenstände, die im Wege der Schenkung zugehen, werden zu ihrem Marktwert zum Zeitpunkt ihrer Bilanzierung im Rahmen des Anlagevermögens aktiviert.

11. Sachanlagen, die im Rahmen eines Vertrages erworben werden, der die Begleichung (Bezahlung) von Verbindlichkeit mit nicht monetären Mitteln vorsieht, sind im Wert der von der Organisation übergebenen bzw. zu übergebenden Vermögensgegenstände zu aktivieren. Der Wert dieser übergebenen bzw. zu übergebenden Vermögensgegenstände wird anhand des Wertes festgelegt, den die Organisation normalerweise unter vergleichbaren Umständen für ähnliche Vermögensgegenstände festsetzt.

Ist es nicht möglich, den Wert der übergebenen bzw. zu übergebenden Vermögensgegenstände zu ermitteln, werden die im Rahmen eines Vertrages, der die Begleichung (Bezahlung) der Verbindlichkeit mit nicht monetären Mitteln vorsieht, erhaltenen Sachanlagen mit dem Wert aktiviert, zu dem unter vergleichbaren Umständen ähnliche Vermögensgegenstände erworben werden.

12. Die Anschaffungs- und Herstellungskosten der Sachanlagen, die gemäß Punkten 9, 10 und 11 bilanziert werden, sind unter Berücksichtigung des Punktes 8 dieses Rechnungslegungsstandards zu ermitteln.

13. Kapitalinvestitionen in mehrjährige Anpflanzungen und durchgreifende Verbesserung von Grund und Boden werden jährlich mit den gesamten den im Berichtsjahr in Betrieb genommenen Flächen zurechenbaren Aufwendungen aktiviert, und zwar unabhängig vom Zeitpunkt des Abschlusses der Gesamtarbeiten.

14. Die Anschaffungs- oder Herstellungskosten einer Sachanlage dürfen nicht verändert werden, falls durch die Gesetzgebung der Russischen Föderation bzw. durch diesen Rechnungslegungsstandard nichts anderes festgelegt ist.

Eine Veränderung der Anschaffung- oder Herstellungskosten einer Sachanlage ist in Folge eines Ausbaus, eines Nachrüstens, einer Rekonstruktion, Modernisierung, anteiligen Liquidation sowie Neubewertung zulässig.

15. Eine kommerzielle Organisation kann höchstens einmal im Jahr (zum Beginn des Berichts-jahres) Gruppen gleichartiger Vermögensgegenstände mit den Wiederbeschaffungskosten neu bewerten.

Bei der Entscheidung über die Durchführung einer Neubewertung ist zu berücksichtigen, dass solche Vermögensgegenstände im weiteren auf regulärer Basis neu zu bewerten sind, um zu vermeiden, dass der Buchwert der Sachanlagen sich wesentlich von den Wiederbeschaf-fungskosten unterscheidet.

Die Neubewertung erfolgt durch eine Umrechnung der historischen Anschaffungs- oder Her-stellungskosten bzw. der Wiederbeschaffungskosten (falls der Vermögensgegenstand früher bereits neu bewertet wurde), korrigiert um während der gesamten Nutzung des Vermögens-gegenstandes angefallene Abschreibungen.

Die Ergebnisse der Neubewertung, die zum Jahresbeginn durchgeführt wurde, sind gesondert zu erfassen. Der Vorjahresabschluss wird nicht um die Ergebnisse der Neubewertung ange-passt. Die Ergebnisse werden für die Erstellung der Jahreseröffnungsbilanz übernommen.

Führt die Neubewertung zu einer Erhöhung des Buchwertes, ist der Unterschiedsbetrag in das Zusatzkapital einzustellen. Wird durch die Werterhöhung eine aufgrund der Neubewertung in einer früheren Periode entstandene Wertminderung, die als Aufwand im Rahmen des Bi-lanzgewinnes (Bilanzverlustes) erfasst worden ist, rückgängig gemacht, so ist der darauf ent-fallende Teil der Werterhöhung ertragswirksam im Rahmen des Bilanzgewinnes (Bilanzver-lustes) zu erfassen.

Hat die Neubewertung eine Wertminderung des Buchwertes zur Folge, so ist der Unter-schiedsbetrag als Aufwand im Rahmen des Bilanzgewinnes (Bilanzverlustes) zu erfassen. Ist das Zusatzkapital in früheren Berichtsperioden bereits durch eine Neubewertung der Sachan-lage erhöht worden, so ist der Unterschiedsbetrag zunächst mit dieser Erhöhung zu verrech-nen. Ist die Wertminderung höher als die in früheren Berichtsperioden gebuchte Erhöhung des Zusatzkapitals, ist der Unterschiedsbetrag als Aufwand im Rahmen des Bilanzgewinnes (Bilanzverlustes) zu erfassen. Der Unterschiedsbetrag, der im Rahmen des Bilanzgewinnes (Bilanzverlustes) erfasst wurde, ist im Abschluss offen zu legen.

Beim Abgang von Sachanlage sind die in das Zusatzkapital eingestellten Beträge als Ertrag im Rahmen des Bilanzgewinnes zu erfassen.

16. *Gestrichen.*

III. Abschreibung von Sachanlagen

17. Die Anschaffungs- oder Herstellungskosten der Sachanlagen werden um Abschreibungsbeträ-ge vermindert, sofern in diesem Rechnungslegungsstandard nichts anderes festgelegt ist.

Werden die Sachanlagen im Rahmen der Gesetzgebung der Russischen Föderation über die Mobilmachungsvorbereitungen und die Kriegsmobilmachung genutzt, stillgelegt oder für die Herstellung von Gütern, die Lieferung von Arbeiten und Dienstleistungen, zu Verwaltungs-zwecken oder zur Überlassung in den zeitweiligen Besitz und die Benutzung oder in die zeit-weilige Benutzung an Dritte nicht benutzt, erfolgt keine Abschreibung.

Sachanlagen nicht kommerzieller Organisationen werden nicht abgeschrieben. In Bezug auf solche Sachanlagen werden die Abnutzungsbeträge informativ nach der linearen Abschrei-bungsmethode gemäß Punkt 19 dieses Rechnungslegungsstandards auf einem außerbilan-ziellen Konto erfasst.

Wohnbauten, die innerhalb der Investitionen in Mietgegenstände bilanziert werden, werden im allgemeingültigen Verfahren abgeschrieben.

Sachanlagen, deren Nutzungseigenschaften sich im Laufe der Zeit nicht verändern (Grund und Boden, Naturnutzungsobjekte, Museumsexponate, Museumskollektionen usw.), unterliegen keiner Abschreibung.

18. Die Abschreibung erfolgt mit einem der nachfolgenden Verfahren:

   - linear
   - degressiv
   - sum of the digits
   - leistungsabhängig.

Die der Abschreibung zugrunde liegende Abschreibungsmethode einer Gruppe gleichartiger Vermögensgegenstände darf innerhalb der gesamten Nutzungsdauer der dieser Gruppe zugehörigen Vermögensgegenstände nicht geändert werden.

19. Der jährliche Abschreibungsbetrag wird wie folgt ermittelt:

   - bei der linearen Abschreibungsmethode – auf der Basis der Anschaffungs- oder Herstellungskosten der Sachanlage bzw. der Anschaffungs- oder Herstellungskosten eines Ersatzvermögensgegenstandes (im Falle einer Neubewertung) und des Abschreibungssatzes, errechnet anhand der Nutzungsdauer dieser Sachanlage;

   - bei der degressiven Abschreibungsmethode – auf der Basis des Restbuchwertes der Sachanlage zu Beginn des Berichtsjahres und des Abschreibungssatzes, errechnet anhand der Nutzungsdauer dieser Sachanlage, sowie des Koeffizienten, der das dreifache nicht überschreiten darf und von der Organisation festgelegt wird;

   - bei der sum of the digits Methode - auf der Basis der Anschaffungs- oder Herstellungskosten der Sachanlage bzw. der Anschaffungs- oder Herstellungskosten eines Ersatzvermögensgegenstandes (im Falle einer Neubewertung) und des Quotienten, dessen Zähler die Anzahl der Jahre bis zum Ende der Nutzungsdauer und dessen Nenner die Anzahl der Nutzungsjahre ist.

Im Laufe des Berichtsjahres wird die Abschreibung monatlich unabhängig von der verwendeten Abschreibungsmethode in Höhe von 1/12 des jährlichen Abschreibungsbetrages erfasst.

Falls Sachanlagen bei Organisationen mit saisonabhängiger Tätigkeit genutzt werden, wird der Jahresabschreibungsbetrag gleichmäßig innerhalb der Tätigkeitsdauer der Organisation im Berichtsjahr verteilt.

   - bei der leistungsabhängigen Abschreibungsmethode wird die Abschreibung auf der Basis der Mengenangabe der Leistung in der Berichtsperiode und des Verhältnisses der Anschaffungs- oder Herstellungskosten der Sachanlage zu der voraussichtlichen gesamten Leistung der Sachanlage erfasst.

20. Die Nutzungsdauer wird von der Organisation bei der Aktivierung der Sachanlage festgelegt.

Die Nutzungsdauer einer Sachanlage wird anhand folgender Kriterien bestimmt:

   - voraussichtliche Nutzungsdauer der Sachanlage im Zusammenhang mit ihrer Produktivität und Kapazität
   - voraussichtliche Abnutzung, abhängig von Betriebsart (Schichtzahl), Umweltbedingungen, Reparaturplan

- rechtliche oder sonstige Nutzungseinschränkungen (z. B. Mietdauer).
- Die Nutzungsdauer einer Sachanlage ist bei der Verbesserung (Erhöhung) der ursprünglich verwendeten Kriterien infolge eines Ausbaus, eines Nachrüstens, einer Rekonstruktion oder Modernisierung zu überprüfen.

21. Sachanlagen werden ab dem 01. des Folgemonats abgeschrieben, nachdem sie in Betrieb genommen worden sind. Die Abschreibung erfolgt, bis sie vollständig abgeschrieben bzw. abgegangen sind.

22. Die Abschreibungen werden ab dem 01. des Folgemonats eingestellt, nachdem die Sachanlage voll abgeschrieben bzw. nachdem die Sachanlage abgegangen ist.

23. Innerhalb der Nutzungsdauer einer Sachanlage wird die Abschreibung nicht eingestellt, es sei denn der Geschäftsführer der Organisation beschließt, die Sachanlage für die Dauer von mehr als drei Monaten außer Betrieb zu setzen oder die Sachanlage wird über einen Zeitraum von mehr als 12 Monaten instand gesetzt.

24. Die Abschreibung der Sachanlagen erfolgt unabhängig von den Ergebnissen der Tätigkeit der Organisation in der Berichtsperiode und ist in der Berichtsperiode zu erfassen, in der sie angefallen ist.

25. Die Abschreibung auf Sachanlagen wird auf einem Konto kumuliert erfasst.

IV. Instandsetzung von Sachanlagen

26. Die Instandsetzung einer Sachanlage kann im Rahmen einer Reparatur, einer Modernisierung und einer Rekonstruktion erfolgen.

27. Aufwendungen für die Instandsetzung von Sachanlagen sind in der Berichtsperiode zu erfassen, in der sie anfallen. Dabei erhöhen die Aufwendungen für Modernisierung und Rekonstruktion die Anschaffungs- oder Herstellungskosten einer Sachanlage nach deren Fertigstellung, soweit sich infolge der Modernisierung und Rekonstruktion die ursprünglichen Kriterien (Nutzungsdauer, Kapazität, Verwendungsqualität usw.) verbessern (erhöhen).

28. *Ab 2006 gestrichen.*

V. Abgang von Sachanlagen

29. Der Buchwert einer Sachanlage, die abgeht bzw. der Organisation keinen künftigen wirtschaftlichen Nutzen (Einkommen) mehr bringt, ist auszubuchen.

Der Abgang von Sachanlage betrifft folgende Fälle: Verkauf; Einstellung der Nutzung infolge einer Überholung oder physischer Abnutzung; Liquidation infolge eines Unfalls, einer Naturkatastrophe oder in einem anderen Fall höherer Gewalt; Einlage ins Stamm- oder Grundkapital einer anderen Gesellschaft bzw. in einen Anteilsfonds[2]; Übergabe im Rahmen eines Tauschgeschäftes, einer Schenkung, eines Joint-Venture-Vertrages; negative Inventurdifferenzen und Schadhaftigkeit; eine Teilliquidation im Laufe einer Rekonstruktion und weiteren ähnlichen Fällen.

30. Erfolgt der Abgang im Wege eines Verkaufes, sind die Erlöse aus dem Verkauf in der zwischen den Vertragsparteien vereinbarten Höhe zu erfassen.

---

2 Genossenschaftsanteile

31. Erträge und Aufwendungen aus dem Abgang von Sachanlagen sind in der Berichtsperiode zu erfassen, in der sie anfallen. Erträge und Aufwendungen aus dem Abgang von Sachanlagen werden auf dem Konto Erträge und Aufwendungen als sonstige Erträge und sonstige Aufwendungen erfasst.

VI. Angabepflichten

32. Im Abschluss sind unter der Berücksichtigung der Wesentlichkeit mindestens folgende Informationen offen zu legen:

- für die einzelnen Kategorien der Sachanlagen die Anschaffungs- oder Herstellungskosten sowie kumulierte Abschreibungen zu Beginn und zum Ende des Berichtsjahres

- Entwicklung der Sachanlagen während des Geschäftsjahres (Zugänge, Abgänge usw.) für einzelne Kategorien der Sachanlagen

- Bewertungsmethoden in Bezug auf Sachanlagen, die im Rahmen eines Vertrages erworben werden, der die Begleichung (Bezahlung) einer Verbindlichkeit mit nicht monetären Mitteln vorsieht

- Veränderungen der Anschaffungs- oder Herstellungskosten der Sachanlagen (infolge eines Ausbaus, einer Nachrüstung, einer Rekonstruktion, Modernisierung, Teilliquidation, Neubewertung)

- Nutzungsdauern (für die Hauptkategorien der Sachanlagen)

- Sachanlagen, die nicht abgeschrieben werden

- Vermietete und gemietete Sachanlagen

- angewandte Abschreibungsmethoden für die einzelnen Kategorien der Sachanlagen

- Sachanlagen, die in Betrieb genommen wurden und tatsächlich genutzt werden, sich allerdings noch im Prozess der staatlichen Registrierung befinden.

Anlage 7: Latente Steuern – Permanente Unterschiede

Nr.	Sachverhalt	Handelsrecht	Steuerrecht	Auswirkung
1.	Behandlung von Bilanzierungsfehlern	Bilanzierungsfehler aus Vorperioden werden im laufenden Abschluss erfolgswirksam als sonstige Erträge oder sonstige Aufwendungen korrigiert (Punkt 8 RLS 9/99 und Punkt 12 RLS 10/99).	Bilanzierungsfehler aus Vorperioden werden in der entsprechenden Vorperiode korrigiert (Punkt 1 Art. 54 SteuerGB). Der Steuerpflichtige muss eine korrigierte Steuererklärung für die entsprechende Vorperiode einreichen (Punkt 1 Art. 81 SteuerGB).	Permanenter Steueranspruch

Nr.	Sachverhalt	Handelsrecht	Steuerrecht	Auswirkung
2.	Unentgeltlich erhaltene Einnahmen, die ein Unternehmen von seiner Mutter- oder Tochtergesellschaft erhält (Zuschüsse)	Unentgeltlich erhaltene Vermögensgegenstände werden als sonstige Erträge behandelt (Punkt 8 RLS 9/99). Erhaltene Geldmittel werden sofort als sonstige Erträge gebucht. Erhaltene Vermögensgegenstände werden zuerst als Erträge zukünftiger Perioden (Konto 98) erfasst. Sobald sie verbraucht werden (z. B. Vorräte, Abschreibung der Sachanlagen, IVG), werden sie in die sonstigen Erträge gebucht (Anweisungen zum Kontenplan, verabschiedet durch die Anordnung des Finanzministeriums der RF Nr. 96n vom 31. Oktober 2000). Alternativ kann die Meinung vertreten werden, dass unentgeltlich erhaltene Finanzmittel im Rahmen des Zusatzkapitals, d. h. im Eigenkapital, erfasst werden können (Schreiben des Finanzministeriums der RF Nr. 07–05–06/107 vom 13. April 2005).	Gemäß dem SteuerGB unterliegen unentgeltlich erhaltene Vermögensgegenstände nicht der Gewinnbesteuerung, falls eine der folgenden Bedingungen erfüllt ist. ■ Der Anteil der übergebenden Seite am Grund- oder Stammkapital der übernehmenden Seite beträgt mehr als 50 %; ■ Der Anteil der übernehmenden Seite am Grund- oder Stammkapital der übergebenden Seite beträgt mehr als 50 %. Die übernommenen Vermögensgegenstände dürfen im Laufe eines Jahres nicht an Dritte weiterveräußert oder weitergegeben werden (Punkt 1.11. Art. 251 SteuerGB).	Permanenter Steueranspruch

Nr.	Sachverhalt	Handelsrecht	Steuerrecht	Auswirkung
3.	Untrennbar mit dem Mietgegenstand verbundene Mietereibauten, die der Mieter dem Vermieter übergibt	Unentgeltlich erhaltene Vermögensgegenstände werden als sonstige Erträge behandelt (Punkt 8 RLS 9/99). Die Aufwendungen in Bezug auf die Modernisierung und die Rekonstruktion der Sachanlagen erhöhen die Anschaffungs– und Herstellungskosten der Sachanlagen (Punkt 27 RLS 6/01). Erhaltene Vermögens–gegenstände werden zuerst als Erträge zukünftiger Perioden (Konto 98) erfasst. Sobald sie verbraucht werden (z. B. Vorräte, Abschreibung der Sachanlagen, IVG), werden sie in die sonstigen Erträge gebucht (Anweisungen zum Kontenplan, verabschiedet durch die Anordnung des Finanzministeriums der RF Nr. 96n vom 31. Oktober 2000).	Untrennbar mit dem Mietgegenstand verbundene Mietereibauten erhöhen nicht die Steuerbemessungsgrundlage beim Vermieter (Punkt 1.32 Art. 251 SteuerGB).	Permanenter Steueranspruch
4.	Positive Differenzen aus der Neubewertung von Wertpapieren zum Marktwert	Positive Differenzen sind erfolgswirksam und werden als sonstige Erträge (Konto 91–1) erfasst (Punkt 8 RLS 9/99, Punkt 20 RLS 19/02).	Positive Differenzen aus der Neubewertung der Wertpapiere zum Markpreis erhöhen nicht die Steuerbemessungsgrundlage (Punkt 1.24 Art. 251 SteuerGB).	Permanenter Steueranspruch

Nr.	Sachverhalt	Handelsrecht	Steuerrecht	Auswirkung
5.	Auflösung der Rückstellung für die Abwertung von Wertpapieren	Falls eine Abwertungsprüfung ergibt, dass der Wert der Wertpapiere sich erholt hat, wird die Rückstellung für die Abwertung von Wertpapieren erfolgswirksam aufgelöst (Punkt 39 RLS 19/02).	Erträge aus der Auflösung von Rückstellung für die Abwertung von Wertpapieren erhöhen die Steuerbemessungsgrundlage nicht (Punkt 1.25 Art. 251 des SteuerGB). Eine Ausnahme stellen die Rückstellungen bei professionellen Wertpapierhändlern dar (Art. 300 SteuerGB).	Permanenter Steueranspruch
6.	Zahlungen für norm–überschreitende Schadstoffemissionen	Keine Einschränkungen solcher Aufwendungen (RLS 10/99).	Solche Zahlungen sind nicht abzugsfähige Betriebsausgaben (Punkt 4. Art. 270 SteuerGB).	Permanente Steuerschuld
7.	Zahlungen von Strafen und Verzugszinsen an den Fiskus	Keine Einschränkungen solcher Aufwendungen. Sie werden direkt auf dem Konto 99 *Gewinne und Verluste* gebucht (Anweisungen zum Kontenplan, verabschiedet durch die Anordnung des Finanzministeriums der RF Nr. 96n vom 31. Oktober 2000).	Strafen und Verzugszinsen sind nicht abzugsfähig (Punkt 2 Art. 270 des SteuerGB).	Permanente Steuerschuld
8.	Positive Inventurdifferenzen	Positive Inventurdifferenzen werden zum Marktwert zum Zeitpunkt der Inventur aktiviert (Punkt 28 RLS 34n, verabschiedet durch die Anordnung des Finanzministeriums der RF Nr. 34n vom 31.10.1998).	Positive Inventurdifferenzen werden in Höhe des steuerlichen Anteils an ihrem Marktwert (Marktwert x 24 %) aktiviert (Punkt 2 Art. 254 SteuerGB).	Permanente Steuerschuld
9.	Vermögensgegenstände, die im Rahmen des Abbaus einer abgehenden Sachanlage entstehen	Solche Vermögensgegenstände werden zu ihrem Marktwert zum Zeitpunkt ihres Zugangs aktiviert (Punkt 9 RLS 5/01).	Solche Vermögensgegenstände werden in Höhe des steuerlichen Anteils an ihrem Marktwert (Marktwert x 24 %) aktiviert (Punkt 2, Art. 254 SteuerGB).	Permanente Steuerschuld

Nr.	Sachverhalt	Handelsrecht	Steuerrecht	Auswirkung
10.	Vermögensgegenstände, die zur unentgeltlichen Nutzung überlassen worden sind	Keine Einschränkungen in Bezug auf die Abschreibung solcher Vermögensgegenstände.	Solche Vermögensgegenstände sind von steuerlich wirksamen Abschreibungen ausgeschlossen (Punkt 3 Art. 256 SteuerGB). Die Vermögensgegenstände werden ab dem 01. des Folgemonats, nachdem sie zur unentgeltlichen Nutzung überlassen worden sind, nicht mehr abgeschrieben. Die Abschreibung beginnt wieder ab dem 01. des Folgemonats, nachdem die unentgeltliche Nutzung der Vermögensgegenstände beendet wurde (Punkt 2 Art. 322 SteuerGB).	Permanente Steuerschuld
11.	Sacheinlagen ins Stamm- oder Grundkapital von Gesellschaften	Die Einlagen ins Stamm- oder Grundkapital werden anhand der Vereinbarungen zwischen den Anteilseignern (Aktionären) bewertet (Punkt 8 RLS 5/01, Punkt 9 RLS 6/01, Punkt 9 RLS 14/2000).	Die Einlagen ins Stamm- oder Grundkapital werden zur Gewinnsteuerermittlung mit ihrem steuerlichen Restbuchwert bei der übergebenden Seite angesetzt. Die mit der Übergabe verbundenen Aufwendungen dürfen als Anschaffungs- oder Herstellungskosten mitaktiviert werden, falls solche Aufwendungen als Einlagen ins Stamm- oder Grundkapital vorgesehen sind. Falls der Wert der Einlage oder eines Teils davon nicht belegt werden kann, wird diese Einlage oder ihr Teil mit Null angesetzt (Punkt 1, Art. 277 SteuerGB).	Permanente Steuerschuld

Nr.	Sachverhalt	Handelsrecht	Steuerrecht	Auswirkung
12.	Neubewertung von Sachanlagen	Die gesamte Gruppe von Sachanlagen ist zu Wiederbeschaffungskosten im Zeitpunkt der Neubewertung korrigiert um angefallene Abschreibungen anzusetzen (Punkt 15 RLS 6/01). Im Falle der Abwertung vermindern sich die Abschreibungsbeträge. Im Fall der Aufwertung erhöhen sich die Abschreibungsbeträge.	Die Aufwertungsbeträge oder die Abwertungsbeträge stellen keine Erträge und Aufwendungen für steuerliche Zwecke dar. Sie verändern den Buchwert der Sachanlagen für die Berechnung der Abschreibung ebenfalls nicht (Punkt 1 Art. 257 SteuerGB).	Permanenter Steueranspruch oder Permanente Steuerschuld
13.	Neubewertung von Wertpapieren	Marktgängige Wertpapiere müssen zu ihrem Marktwert neubewertet werden. Die entstehenden Differenzen sind erfolgswirksam und werden als sonstige Erträge oder sonstige Aufwendungen erfasst (Punkt 20 RLS 19/02).	Negative Differenzen bei der Neubewertung der Wertpapiere sind steuerlich nicht abzugsfähig (Punkt 46 Art. 270 SteuerGB).	Permanente Steuerschuld
14.	Private Lebensversicherung, private Pensionsversicherung	uneingeschränkt als Aufwand zu erfassen	Diese Aufwendungen sind abzugsfähig in Höhe von bis zu 12 % der Personalaufwendungen (Punkt 16 Art. 255 SteuerGB).	Permanente Steuerschuld
15.	Private Lebensversicherung beinhaltet die Erstattung von medizinischen Aufwendungen	uneingeschränkt als Aufwand zu erfassen	Diese Aufwendungen sind abzugsfähig in Höhe von 3 % der Personalaufwendungen (Punkt 16 Art. 255 SteuerGB).	Permanente Steuerschuld

Nr.	Sachverhalt	Handelsrecht	Steuerrecht	Auswirkung
16.	Private Lebensversicherung wird ausschließlich für den Todesfall oder Berufsunfähigkeit der Mitarbeiter abgeschlossen	uneingeschränkt als Aufwand zu erfassen	Solche Aufwendungen sind in Höhe von 10.000 Rubel für jeden Mitarbeiter im Jahr bis zum 31. Dezember 2007 abzugsfähig. Ab dem 01. Januar 2008 sind die Aufwendungen für die private Lebensversicherung ausschließlich für den Todesfall oder gesundheitlichen Schaden in Höhe von höchstens 15.000 Rubel im Jahr abzugsfähig (Punkt 16 Art. 255 SteuerGB).	Permanente Steuerschuld
17.	Private Lebensversicherung zugunsten der Arbeitnehmer, die für die Erstattung des Krankengeldes für die ersten beiden Tage der Krankheit der Arbeitnehmer abgeschlossen wird	uneingeschränkt als Aufwand zu erfassen	Die Versicherungsbeiträge sind dann abzugsfähig, wenn die Versicherungsprämie das Krankengeld für die beiden Tage der Krankheit nicht übersteigt. Dabei dürfen diese Aufwendungen zusammen mit den Aufwendungen im Punkt 16 Art. 255 SteuerGB insgesamt 3 % der Personalaufwendungen nicht überschreiten (Punkt 1.48.2) Art. 264 SteuerGB).	Permanente Steuerschuld
18.	Umzugsgelder	uneingeschränkt als Aufwand zu erfassen	Die Umzugsgelder sind eingeschränkt abzugsfähig (Punkt 1.5 Art. 264 SteuerGB).	Permanente Steuerschuld
19.	Vergütung für den Einsatz der Pkw sowie Motorräder der Mitarbeiter	uneingeschränkt als Aufwand zu erfassen	Diese Aufwendungen sind eingeschränkt abzugsfähig: 1.200 Rubel/Monat bis 1.500 Rubel/Monat für Pkw, 600 Rubel/Monat für Motorräder (Punkt 1.11 Art. 264 SteuerGB, Anordnung der Regierung der RF Nr. 92 vom 08.02.2002).	Permanente Steuerschuld

Nr.	Sachverhalt	Handelsrecht	Steuerrecht	Auswirkung
20.	Verpflegungspauschale (Tagesgelder)	uneingeschränkt als Aufwand zu erfassen	Tagesgelder sind eingeschränkt abzugsfähig: 100 Rubel pro Person pro Tag innerhalb der RF, 46 USD bis 65 USD (abhängig von der Dauer der Dienstreise) pro Person pro Tag innerhalb Deutschlands, 46 USD bis 66 USD pro Person pro Tag innerhalb von Österreich, 50 USD bis 71 USD pro Person und pro Tag innerhalb der Schweiz (Punkt 1.12 Art. 264 SteuerGB, Anordnung der Regierung der RF Nr. 93 vom 08. Februar 2002).	Permanente Steuerschuld
21.	Notaraufwendungen	uneingeschränkt als Aufwand zu erfassen	Notaraufwendungen sind eingeschränkt abzugsfähig (Punkt 1.16 Art. 264 SteuerGB).	Permanente Steuerschuld
22.	Bewirtungsaufwendungen	uneingeschränkt als Aufwand zu erfassen	Bewirtungsaufwendungen sind in Höhe von 4 % der Personalaufwendungen abzugsfähig (Punkt 2 Art. 164 SteuerGB).	Permanente Steuerschuld
23.	Aufwendungen für Unterhaltung, Erholung, Kuren	RLS 10/99 enthält keine Einschränkungen in Bezug auf diese Aufwendungen.	Aufwendungen für Unterhaltung, Erholung, Kuren sind nicht abzugsfähig (Punkt 2 Art. 264 SteuerGB).	Permanente Steuerschuld

Nr.	Sachverhalt	Handelsrecht	Steuerrecht	Auswirkung
24.	Werbeaufwendungen für Preise, für die Teilnahme an Werbeveranstaltungen, sowie weitere Webeaufwendungen mit Ausnahme folgender Aufwendungen: Werbeaufwendungen in Massenmedien (Zeitungen und Zeitschriften, Radio und Fernsehen) sowie Telekommunikationsnetzen, Anfertigung von Reklameschildern, Teilnahme an Ausstellungen, Werbeplakate, Kataloge, Ausstellungsräume, Wertberichtigung von Ausstellungsstücken	uneingeschränkt als Aufwand zu erfassen	Solche Werbeaufwendungen sind in Höhe von 1 % der Umsätze abzugsfähig. Werbeaufwendungen in Massenmedien (Zeitungen und Zeitschriften, Radio und Fernsehen) sowie Telekommunikationsnetzen, Anfertigung von Reklameschildern, Teilnahme an Ausstellungen, Werbeplakate, Katalogen, Ausstellungsräume, Wertberichtigung von Ausstellungsstücken werden uneingeschränkt als Betriebsausgaben gebucht (Punkt 4 Art. 264 SteuerGB).	Permanente Steuerschuld
25.	Einzelwertberichtigung auf Forderungen	Keine Einschränkungen in Bezug auf die Höhe der Einzelwertberichtigungen auf Forderungen.	Die Beträge der Einzelwertberichtigungen auf Forderungen dürfen kumulativ nicht 10 % der Umsätze der Berichtsperiode überschreiten (Punkt 4 Art. 266 SteuerGB).	Permanente Steuerschuld
26.	Garantierückstellungen	Keine Einschränkungen in Bezug auf die Höhe der Garantierückstellungen.	Aufwendungen für Garantierückstellungen sind beschränkt abzugsfähig. Der abzugsfähige Betrag wird wie folgt berechnet: Anteil der Garantieaufwendungen an den Umsatzerlösen der garantiepflichtigen Waren (historischer Wert für die letzten drei Jahre) multipliziert mit den aktuellen Umsatzerlösen dieser Waren. Falls keine historischen Werte vorliegen, sind geplante Werte abzugsfähig (Punkte 3 und 4 SteuerGB).	Permanente Steuerschuld

Nr.	Sachverhalt	Handelsrecht	Steuerrecht	Auswirkung
27.	Rückstellung für Generalinstandhaltungsaufwendungen	Keine Einschränkungen	Diese Rückstellung ist beschränkt abzugsfähig. Sie darf die jährlichen Durchschnittsgeneralinstandhaltungsaufwendungen innerhalb der letzten drei Jahre nicht überschreiten. Eine Ausnahme davon bilden besonders aufwendige und teuere Generalinstandhaltungen, die länger als ein Geschäftsjahr dauern, falls solche Generalinstandhaltungen in früheren Geschäftsjahren nicht vorgenommen wurden. Die Rückstellung darf um den Betrag solcher Aufwendungen erhöht werden (Punkt 2 Art. 324 SteuerGB).	Permanente Steuerschuld
28.	Zinsen außerhalb der so genannten kontrollierten Verschuldung (Thin-Capitalization)	Die Zinsaufwendungen werden periodengerecht gemäß den vertraglich vereinbarten Bedingungen in den Aufwand gebucht (Punkt 14 RLS 15/01).	Die Zinsaufwendungen sind abzugsfähig, es sei denn die Zinsen weichen um über 20 % von den durchschnittlichen Zinsaufwendungen des Quartals (ggf. Monats) bei ähnlichen Darlehensbedingungen ab. Falls keine weiteren vergleichbaren Darlehen vorliegen bzw. nach Wahl des Steuerpflichtigen sind die Zinsaufwendungen in Höhe von 1,1 x der Refinanzierungsrate der Zentralbank der RF (ab dem 19. Juni 2007 10 %) im Jahr für Rubeldarlehen oder 15 %/ Jahr für Devisendarlehen abzugsfähig (Punkt 1 Art. 269 SteuerGB).	Permanente Steuerschuld

Nr.	Sachverhalt	Handelsrecht	Steuerrecht	Auswirkung
29.	Zinsen aus der so genannten kontrollierten Verschuldung (Thin-Capitalization)	Die Zinsaufwendungen sind periodengerecht gemäß den vertraglich vereinbarten Bedingungen zu erfassen (Punkt 14 RLS 15/01).	Die berechneten Zinsen sind durch einen Koeffizienten (Darlehen/Anteil am Eigenkapital)/3 (Banken etc. Faktor 12) zu dividieren. Das Ergebnis ist abzugsfähig. Die positive Differenz zwischen den berechneten und den abzugsfähigen Zinsen wird als Dividende (vGA) betrachtet und entsprechend mit Quellensteuer belegt (Punkt 2 und Punkt 4 Art. 269 SteuerGB).	Permanente Steuerschuld
30.	Freiwillige Beiträge an Sozialorganisationen, Gewerkschaften, Assoziationen usw.	Erfassung im sonstigen Aufwand	Solche Aufwendungen sind nicht abzugsfähig (Punkt 15 Art. 270 SteuerGB).	Permanente Steuerschuld
31.	Unentgeltlich übertragene Vermögensgegenstände, Dienstleistungen, Arbeiten, Vermögensrechte	Erfassung im sonstigen Aufwand	Solche Aufwendungen sind nicht abzugsfähig (Punkt 16 Art. 270 SteuerGB).	Permanente Steuerschuld
32.	Zweckgebundene Finanzierung (durch die öffentliche Hand)	Keine Einschränkungen	Da beim Empfänger nicht steuerpflichtig, sind auch damit getätigte Aufwendungen nicht abzugsfähig (Punkt 17 Art. 270 SteuerGB).	Permanente Steuerschuld
33.	Beiträge an gemeinnützige Einrichtungen und internationale Organisationen	Keine Einschränkungen	Solche Aufwendungen sind nicht abzugsfähig, es sei denn die Beiträge sind eine Voraussetzung für die Ausübung der Tätigkeit des Steuerpflichtigen (Punkt 40 Art. 270 SteuerGB und Punkte 1.29 und 1.30 Art. 264 SteuerGB).	Permanente Steuerschuld

Nr.	Sachverhalt	Handelsrecht	Steuerrecht	Auswirkung
34.	Vergütung der Mitarbeiter	Keine Einschränkungen	Jede Vergütung der Mitarbeiter außerhalb des Arbeitsvertrages, eines Tarifvertrages oder einer Kollektivvereinbarung ist nicht abzugsfähig (Punkt 21 Art. 270 SteuerGB).	Permanente Steuerschuld
35.	Materielle Unterstützung (von Mitarbeitern und deren Familien)	Keine Einschränkungen	Materielle Unterstützung ist nicht abzugsfähig (Punkt 23 Art. 270 SteuerGB).	Permanente Steuerschuld
36.	Sonderurlaub	Keine Einschränkungen	Die Vergütung für Zeiten von zusätzlichem Urlaub außerhalb des Arbeitsvertrages ist nicht abzugsfähig (Punkt 24 Art. 270 SteuerGB).	Permanente Steuerschuld
37.	Rentenzuschüsse	Keine Einschränkungen	Rentenzuschüsse sind nicht abzugsfähig (Punkt 25 Art. 270 SteuerGB).	Permanente Steuerschuld
38.	Verpflegungszuschüsse	Keine Einschränkungen	Verpflegungszuschüsse sind generell nicht abzugsfähig, es sei denn, sie sind gesetzlich oder vertraglich vorgesehen (Punkt 25 Art. 270 SteuerGB).	Permanente Steuerschuld
39.	Reisezuschüsse	Keine Einschränkungen	Die Aufwendungen für die Anreise zum Arbeitsplatz und zurück zum Wohnort (z. B. Monatskarten) sind generell nicht abzugsfähig, es sei denn, ihre Bezahlung ist vertraglich vorgesehen bzw. diese Aufwendungen sind wegen den technologischen Produktionsbesonderheiten in die Herstellungskosten der Produktion einzubeziehen. (Punkt 26 Art. 270 SteuerGB).	Permanente Steuerschuld

Nr.	Sachverhalt	Handelsrecht	Steuerrecht	Auswirkung
40.	Waren für den Eigengebrauch der Mitarbeiter: Preisdifferenzen beim Verkauf der Waren unter dem Marktpreis, Zeitungen und Zeitschriften, die nicht für den Betriebsgebrauch bestimmt sind u. ä.	Keine Einschränkungen	Diese Aufwendungen sind generell nicht abzugsfähig. (Punkte 27 und 29 Art. 270 SteuerGB).	Permanente Steuerschuld
41.	Bezahlung von Studiengebühren der Mitarbeiter	Keine Einschränkungen	Studiengebühren werden nicht als Aufwendungen für die Weiterbildung der Mitarbeiter anerkannt, wenn es sich um eine Hochschul- oder Berufsschulausbildung der Mitarbeiter handelt. Diese Aufwendungen sind dann nicht abzugsfähig (Punkt 3 Art. 264 SteuerGB).	Permanente Steuerschuld
42.	Aufwendungen für die Unterstützung von Bildungseinrichtungen sowie Erbringung von unentgeltlichen Dienstleitungen an Bildungseinrichtungen	Keine Einschränkungen	Solche Aufwendungen sind nicht abzugsfähig (Punkt 3 Art. 264 SteuerGB).	Permanente Steuerschuld
43.	Verluste aus der Forderungsabtretung vor der Fälligkeit der Forderungen (Factoring)	Keine Einschränkungen	Steuerlich abzugsfähig sind die Verluste in Höhe der Zinsen, die der Steuerpflichtige auf den Betrag der erhaltenen Vergütung für die Forderungsabtretung für den Zeitraum zwischen dem Abtretungsdatum und dem Fälligkeitsdatum der Forderungen zahlen würde (Punkt 1 Art. 279 SteuerGB). Bei der Festlegung der Höhe der Zinsen ist das Arm's-Length-Prinzip gemäß Punkt 1 Art. 269 SteuerGB zu beachten.	Permanente Steuerschuld

Nr.	Sachverhalt	Handelsrecht	Steuerrecht	Auswirkung
44.	Verlustvorträge	Keine Einschränkungen	Ab 2007 werden die Verluste im vollen Umfang innerhalb von 10 Jahren vorgetragen (Punkte 1 und 2 Art. 283 SteuerGB).	Permanente Steuerschuld
45.	Wertberichtigungen auf mangelhafte, nicht mehr verkaufsfähige sowie innerhalb der im Punkt 1.44 Art 264 SteuerGB festgelegten Fristen nicht verkaufte (überholte) periodische Literatur (Zeitschriften und Zeitungen) sowie Bücher bei Verlagen und Druckereien	Keine Einschränkungen	Solche Aufwendungen sind in Höhe von höchstens 10 % der entsprechenden Auflage abzugsfähig. Eine zeitliche Einschränkung ist ebenfalls festgelegt: für Zeitschriften und Zeitungen bis zur nächsten Auflage; für Bücher innerhalb von 24 Monaten nach deren Erscheinen; für Kalender bis zum 1. Tag des entsprechenden Kalenderjahres (Punkt 1.44 Art. 264 SteuerGB).	Permanente Steuerschuld
46.	Aufwendungen für den Umtausch von mangelhaften, nicht mehr verkaufsfähigen Exemplare der periodischen Literatur sowie Büchern, die während des Transports und/oder des Verkaufs beschädigt wurden, sowie Ergänzungslieferungen der in den Verpackungen fehlenden Exemplare	Keine Einschränkungen	Solche Aufwendungen sind in Höhe von höchstens 7 % der entsprechenden Auflage abzugsfähig (Punkt 1.43 Art. 264 SteuerGB).	Permanente Steuerschuld

Anlage 8: Latente Steuern – Temporäre Unterschiede

Nr.	Sachverhalt	Handelsrecht	Steuerrecht	Auswirkung
1.	Unentgeltlich erhaltene Vermögensgegenstände	Unentgeltlich erhaltene Vermögensgegenstände werden als sonstige Erträge behandelt (Punkt 8 RLS 9/99). Erhaltene Vermögensgegenstände werden zuerst im Rahmen des PRAP (Konto 98) erfasst. Sobald sie verbraucht werden (z. B. Vorräte, Abschreibung der Sachanlagen, IVG), werden sie als sonstige Erträge erfasst (Anweisungen zum Kontenplan, verabschiedet durch die Anordnung des Finanzministeriums der RF Nr. 96n vom 31. Oktober 2000).	Unentgeltlich erhaltene Vermögensgegenstände gehören mit Ausnahme der Fälle im Art. 251 SteuerGB zu den sonstigen (außer betrieblichen) Erträgen (Punkt 8 Art. 250 SteuerGB).	Latenter Steueranspruch
2.	Behandlung der Vorauszahlungen bei der steuerlichen Realisationsmethode nach dem Zahlungseingang	Erhaltene Vorauszahlungen gehören nicht zu den Erträgen des Unternehmens (Behandlung als Anzahlungen) (Punkt 3 RLS 9/99).	Bei der Realisationsmethode nach dem Zahlungseingang gehören die Vorauszahlungen zu den Erträgen des Steuerpflichtigen (Punkt 2 Art. 273 SteuerGB).	Latenter Steueranspruch

Nr.	Sachverhalt	Handelsrecht	Steuerrecht	Auswirkung
3.	Nutzungsdauer	Die Nutzungsdauer wird vom Unternehmen selbständig bei der Aktivierung der Sachanlage festgelegt (Punkt 20 RLS 6/01). Unternehmen können die Nutzungsdauer der Anordnung des Ministerrates der UdSSR Nr. 1072 vom 22.10.1990 entnehmen. Für Sachanlagen, die nach dem 01. Januar 2002 erworben wurden, dürfen Unternehmen die Nutzungsdauer anhand des Klassenverzeichnisses der Sachanlagen (Verordnung der Regierung der RF Nr. 1 vom 01. Januar 2002) festlegen.	Steuerpflichtige müssen die Nutzungsdauer anhand des Klassenverzeichnisses der Sachanlagen (Verordnung der Regierung der RF Nr. 1 vom 01. Januar 2002) festlegen.	Latenter Steueranspruch oder Latente Steuerschuld
4.	Immaterielle Vermögensgegenstände, deren Nutzungsdauer nicht festgelegt werden kann	Falls die wirtschaftliche Nutzungsdauer der immateriellen Vermögensgegenstände nicht festgelegt werden kann, wird eine Nutzungsdauer von 20 Jahren angenommen (Punkt 17 RLS 14/2000).	Falls die wirtschaftliche Nutzungsdauer eines immateriellen Vermögensgegenstandes nicht festgestellt werden kann, wird eine Nutzungsdauer von 10 Jahren angenommen (Punkt 2 Art. 258 SteuerGB).	Latente Steuerschuld

Nr.	Sachverhalt	Handelsrecht	Steuerrecht	Auswirkung
5.	Unterschiedliche Methoden der Abschreibung für Abnutzung der Sachanlagen und der immateriellen Vermögensgegenstände	Sachanlagen: ■ linear auf der Basis der Anschaffungs- oder Herstellungskosten; ■ degressiv auf den Restbuchwert; ■ Sum of the Digits auf der Basis der Anschaffungs- oder Herstellungskosten; ■ Leistungsabhängig auf der Basis der Anschaffungs- oder Herstellungskosten (Punkt 18 RLS 6/01) IVG: ■ linear auf der Basis der Anschaffungs- und Herstellungskosten; ■ degressiv auf den Restbuchwert; ■ verbrauchsabhängig auf der Basis der Anschaffungs- und Herstellungskosten (Punkt 15 RLS 14/2000).	Sachanlagen und IVG: ■ linear; ■ nichtlinear (Punkt 1 Art. 259 SteuerGB).	Latenter Steueranspruch oder Latente Steuerschuld
6.	Amortisationsprämie	Keine Amortisationsprämie vorgesehen	Ab dem 01. Januar 2006 dürfen Steuerpflichtige bis zu 10 % der Anschaffungs- oder Herstellungskosten der Sachanlagen als Betriebsausgabe abziehen. Dies gilt für alle Sachanlagen sowie nachträgliche Anschaffungs- oder Herstellungskosten von Sachanlagen, bis auf unentgeltlich erhaltene Sachanlagen (Punkt 1.1 Art. 259 SteuerGB).	Latente Steuerschuld

Nr.	Sachverhalt	Handelsrecht	Steuerrecht	Auswirkung
7.	Abschreibungsminderung	Keine Abschreibungsminderung vorgesehen	In Bezug auf Pkw und Lkw mit Anschaffungs- oder Herstellungskosten von über 300.000 Rubel bzw. 400.000 Rubel wird der Faktor 0,5 auf den Abschreibungssatz angewandt (Punkt 9 Art. 259 SteuerGB).	Latenter Steueranspruch
8.	Abschreibungserhöhung	Keine Abschreibungserhöhung vorgesehen	Im Steuerrecht sind erhöhte Abschreibungssätze auf Sachanlagen vorgesehen, die z. B. in der Klimawechsel- und aggressiver Umgebung oder bei mehrschichtiger Produktion eingesetzt werden, im Leasing stehen, von landwirtschaftlichen Betrieben bzw. von Unternehmen, die in Freihandelszonen ansässig sind, genutzt werden. Die Erhöhung beträgt bis zum Dreifachen des Abschreibungssatzes für Sachanlagen im Leasing und bis zum Doppelten des Abschreibungssatzes in den anderen Fällen. Diese Regelung gilt nicht für solche Sachanlagen, die in die erste, zweite oder dritte Abschreibungsgruppen gehören und nichtlinear abgeschrieben werden (Punkt 7 Art. 259 SteuerGB).	Latente Steuerschuld

Nr.	Sachverhalt	Handelsrecht	Steuerrecht	Auswirkung
9.	Untrennbar mit dem Mietgegenstand verbundene Mietereinbauten	Die Nutzungsdauer der Mieterbauten, insbesondere solcher, die untrennbar mit dem Mietgegenstand verbunden sind, ist meistens von der Dauer des Mietvertrages abhängig (Punkt 20 RLS 6/01).	Untrennbar mit dem Mietgegenstand verbundene Mietereinbauten gehören zu den abschreibbaren Vermögensgegenständen, falls der Mieter sie mit der Einwilligung des Vermieters getätigt hat. Solche Mietereinbauten, für die der Mieter vom Vermieter keine Entschädigung erhält, werden über die Restlaufzeit des Mietvertrages und gemäß dem Klassenverzeichnis der Sachanlagen (Verordnung der Regierung der RF Nr. 1 vom 01. Januar 2002) abgeschrieben (Punkt 1 Art. 256 SteuerGB).	Latenter Steueranspruch oder Latente Steuerschuld
			Falls die Restlaufzeit des Mietvertrages geringer ist, als die im Klassenverzeichnis festgelegte Nutzungsdauer, ist der nicht ausgenutzte Abschreibungsbetrag nicht mehr steuerlich abzugsfähig.	Permanenter Steueranspruch beim Mieter, Permanente Steuerschuld beim Vermieter.
10.	Verluste aus der Veräußerung einer Sachanlage	Verluste aus der Veräußerung einer Sachanlage sind in der Berichtsperiode im Aufwand zu erfassen, in welcher der Abgang stattgefunden hat (Punkt 31 RLS 6/01).	Verluste aus der Veräußerung einer Sachanlage sind steuerlich abzugsfähig. Sie sind gleichmäßig innerhalb einer festen Frist im sonstigen Betriebsaufwand zu erfassen. Diese Frist wird als Differenz zwischen der gesamten Nutzungsdauer und der vom veräußernden Steuerpflichtigen bereits tatsächlich in Anspruch genommenen Nutzungsdauer der Sachanlage berechnet (Punkt 3 Art. 268 SteuerGB).	Latenter Steueranspruch

Nr.	Sachverhalt	Handelsrecht	Steuerrecht	Auswirkung
11.	Versicherung von unterwegs befindlichen Sachanlagen und Vorräten	RLS 6/01 enthält eine nicht abschließende Aufzählung der Aufwendungen, die die Anschaffungs- oder Herstellungskosten von Sachanlagen bilden (Punkt 8 RLS 6/01). Die Vorräte werden mit ihren Anschaffung– oder Herstellungskosten aktiviert. Dazu zählen auch Versicherungsaufwendungen (Punkt 6 RLS 5/01).	Versicherungsaufwand gehört zu den sonstigen Betriebsaufwendungen (Punkt 1.5, 2 Art. 263 SteuerGB).	Latente Steuerschuld
12.	Ergebnislose Erschließungsarbeiten	Ergebnislose Erschließungsarbeiten werden gemäß der allgemeinen Regelung im Punkt 19 RLS 10/99 in der Periode erfasst, in der fest steht, dass dem Unternehmer kein wirtschaftlicher Nutzen aus den getätigten Aufwendungen für die Erschließungsarbeiten zufließen wird bzw. keine Aktiva daraus zugehen werden.	Ergebnislose Erschließungsarbeiten sind ab dem ersten des Folgemonats abzugsfähig, nachdem der Steuerpflichtige die föderale Verwaltung für staatliche Bodenschätze (bzw. ihre regionale Abteilung) über die Einstellung der Erschließungsarbeiten benachrichtigt hat. Diese Aufwendungen sind gleichmäßig innerhalb von entweder 12 Monaten oder fünf Jahren abhängig von der Art der Aufwendungen zu erfassen (Punkte 2 und 3 Art. 261 SteuerGB).	Latenter Steueranspruch
13.	Forschungs-, Entwicklungs- und Technologiearbeiten	Die Nutzungsdauer der Ergebnisse der Forschungs-, Entwicklungs- und Technologiearbeiten wird von Unternehmen selbstständig anhand der Dauer des Einfließens des wirtschaftlichen Nutzens festgelegt. Diese Frist darf allerdings fünf Jahre oder die Bestandsdauer des Unternehmens nicht überschreiten. (Punkte 10 und 11 RLS 17/02).	Steuerlich sind die Ergebnisse der Forschungs-, Entwicklungs- und Technologieaufwendungen bis 2007 innerhalb von zwei Jahren und ab 2008 innerhalb von einem Jahr linear abzuschreiben (Punkt 2 Art. 262 SteuerGB).	Latente Steuerschuld

Nr.	Sachverhalt	Handelsrecht	Steuerrecht	Auswirkung
14.	Einzelwertberichtigung	Die Höhe der Einzelwertberichtigung ist durch das Unternehmen anhand der Zahlungsfähigkeit der Schuldner und der Wahrscheinlichkeit der Tilgung ihrer Schulden festzulegen (Punkt 11 RLS 10/99).	Einzelwertberichtigungen werden auf bereits fällige Forderungen gebildet, und zwar i. H. v. 50 % auf Forderungen, die über 45 bis 90 Tage überfällig sind, 100 % auf Forderungen, die mehr als 90 Tage überfällig sind (Art. 266 SteuerGB).	Latenter Steueranspruch
15.	Zinsen auf Darlehen für die Anschaffung von Sachanlagen und Vorräten	Die Zinsen auf Darlehen für die Anschaffung von Sachanlagen sind aktivierungspflichtig, es sei denn die Abschreibung der Sachanlage ist nicht vorgeschrieben. Die Zinsen sind bis zum Zeitpunkt der Aktivierung der Sachanlage aktivierungspflichtig, danach sind sie als Aufwand der laufenden Periode zu erfassen (Punkte 12 und 23 RLS 15/01). Die Zinsen auf Darlehen für die Anschaffung von Vorräten sind ebenfalls bis zum Zeitpunkt ihrer Aktivierung aktivierungspflichtig (Punkt 6 RLS 5/01).	Zinsen auf Darlehen für die Anschaffung von Sachanlagen und Vorräten sind im Aufwand der laufenden Berichtsperiode zu erfassen (Punkt 1.2 Art. 265 und Punkt 3 Art. 318 SteuerGB).	Latente Steuerschuld
16.	Erträge, die innerhalb von mehreren Berichtsperioden erzielt werden	Solche Erträge werden erst im Fall der Erfüllung aller vier Kriterien im Punkt 12 RLS 9/99 erfasst.	Der Steuerpflichtige verteilt die Erträge, die innerhalb von mehreren Geschäftsjahren bzw. Zwischenabrechnungsperioden erzielt werden, selbständig anhand eines modifizierten Matching-Principles (gleichmäßige Verteilung der Erträge und Aufwendungen), falls der Zusammenhang zwischen den Erlösen und Aufwendungen nicht eindeutig festgestellt werden kann, bzw. indirekt ermittelt wird (Punkt 2 Art. 271 SteuerGB)	Latenter Steueranspruch

Nr.	Sachverhalt	Handelsrecht	Steuerrecht	Auswirkung
17.	Erträge aus langfristigen Fertigungsaufträgen	Die Gewinnrealisierung kann auf zweierlei Arten erfolgen: ■ nach dem Fertigstellungsgrad oder ■ am Ende des Gesamtprojektes Die Gewinnrealisierung nach dem Fertigstellungsgrad darf nur dann angewendet werden, wenn das Ergebnis der Arbeiten zuverlässig geschätzt werden kann (Punkt 13 RLS 9/99).	Die Erträge aus den langfristigen Fertigungsaufträgen (d. h. Erstreckung über mehr als eine Zwischenberichtsperiode) werden anhand des Anteils der Aufwendungen der Periode an den geplanten Gesamtaufwendungen der Arbeiten geschätzt, falls solche Aufträge keine teil- oder stufenweise Abgabe der Arbeiten vorsehen (Punkt 1 Art. 272 SteuerGB).	Latenter Steueranspruch
18.	Verluste aus der Forderungsabtretung nach der Fälligkeit der Forderungen (Factoring)	Keine Einschränkungen	Verluste aus der Forderungsabtretung nach der Fälligkeit der Forderungen sind wie folgt abzugsfähig: ■ 50 % der Verluste sind zum Zeitpunkt der Forderungsabtretung abzugsfähig; ■ 50 % der Verluste sind 45 Kalendertage nach der Forderungsabtretung abzugsfähig (Punkt 2 Art. 279 SteuerGB).	Latenter Steueranspruch

Anlage 9: Beispiel eines Abnahmeprotokolls

Auftragnehmer   Auftraggeber

Übernahme–Übergabe Protokoll

Wir, die Auftragnehmerin, die (*Firma*), vertreten durch Herrn/Frau (*Name*), handelnd aufgrund (*Satzung, Vollmacht*), einerseits, und die Auftraggeberin, die (*Firma*), vertreten durch Herrn/Frau (*Name*), handelnd aufgrund (*Satzung, Vollmacht*), andererseits, haben dieses Abnahmeprotokoll darüber unterzeichnet, dass die Auftragnehmerin Leistungen gemäß dem Vertrag Nr. ___ vom (*Datum*) erbracht hat. Die oben genannten Leistungen (*ggf. Beschreibung der Leistungen*) wurden in vollem Umfang und rechtzeitig erbracht. Die Auftraggeberin hat keine Ansprüche betreffend Umfang, Frist und Qualität der ausgeführten Leistungen.

Der Preis der erbrachten Dienstleistungen beträgt (*Betrag*), davon (*Betrag*) USt.

Auftragnehmer   Auftraggeber

(*Unterschrift, Datum, Stempel*)   (*Unterschrift, Datum, Stempel*)

Anlage 10: Ansässigkeitsbescheinigung (deutsch–russisch)

<table>
<tr><td></td><td>Datum
Дата</td></tr>
<tr><td colspan="2" align="center">**Bescheinigung**
Справка</td></tr>
<tr><td align="right">Herr/Frau/Unternehmen
Господин/госпожа/ предприятие</td><td></td></tr>
<tr><td align="right">Anschrift
Адрес</td><td></td></tr>
<tr><td align="right">Steuernummer
ИНН</td><td></td></tr>
</table>

ist/war im Steuerjahr   in der Bundesrepublik Deutschland ansässig im Sinne von Art. 4 des Abkommens zwischen der Bundesrepublik Deutschland und der Russischen Föderation zur Vermeidung der Doppelbesteuerung auf dem Gebiet der Steuern vom Einkommen und vom Vermögen vom 29. Mai 1996.

в налоговый период … … года являлся(ась, ось) / является резидентом Федеративной Республики Германия в понимании статьи 4 Соглашения между Российской Федерацией и Федеративной Республикой Германия об избежании двойного налогообложения в отношении налогов на доходы и имущество от 29 мая 1996 года.

Dies wird hiermit zur Vorlage bei der zuständigen russischen Steuerbehörde bescheinigt.

Данное обстоятельство подтверждается настоящей справкой для представления компетентному налоговому органу России.

<table>
<tr><td>Dienstsiegel
Служебная печать</td><td>Name und Dienstgrad des Unterzeichnungsbefugten
Фамилия и должность подписавшегося лица</td></tr>
</table>

Anlage 11: Glossar

Abwertung einer Finanzanlage	Обесценение финановых вложений
Eine nicht nur vorübergehende Wertminderung, durch die die Finanzanlage unter gewöhnlichen Bedingungen dem Unternehmen weniger wirtschaftlichen Nutzen bringen würde als vorher erwartet. In diesem Fall ermittelt das Unternehmen einen neuen niedrigeren Wert der Finanzanlage als Differenz zwischen dem Buchwert der Finanzanlage und dem Wertminderungsbetrag. Punkt 37 RLS 19/02	
Abzugsfähige temporäre Differenzen	Вычитаемые временные разницы
Abzugsfähige temporäre Differenzen führen zum Ausweis eines latenten Steueranspruches. Der latente Steueranspruch kann bei der Ermittlung der Gewinnsteuer zukünftiger Perioden geltend gemacht werden. Punkt 11 RLS 18/02	
Affiliierte Personen	Аффилированные лица
Natürliche Personen und Gesellschaften, die gemäß dem Gesetz über die Konkurrenz und Begrenzung der monopolistischen Tätigkeit auf den Warenmärkten Nr. 948-1 vom 22. März 1991 einen Einfluss auf die Tätigkeit der natürlichen Personen und Gesellschaften ausüben können. Punkt 4 RLS 11/2000	
Zuzurechnendes Einkommen	Вмененный доход
Das potenziell (theoretisch) mögliche Einkommen des Steuerpflichtigen der betreffenden Steuer auf das zuzurechnende Einkommen, das unter Berücksichtigung einer Gesamtheit der unmittelbaren Einfluss auf die Erzielung dieses Einkommens ausübenden Bedingungen ermittelt wird. Art. 346.27 SteuerGB	
Anlagen im Bau	Незавершенное строительство
Aufwendungen des Bauträgers im Zusammenhang mit den Bauobjekten von Beginn der Bauarbeiten bis zur Ingangsetzung der Sachanlagen. Punkt 2 RLS 2/94	
Anschaffungskosten- oder Herstellungskosten	Первоначальная стоимость
Alle direkt zurechenbaren Aufwendungen, die dazu dienen, den Vermögensgegenstand in den Zustand seiner geplanten Nutzung zu versetzen. Zusammengefasst, Punkt 6 RLS 14/2000, Punkt 8 RLS 6/01	

Arm's-length-Prinzip

Falls die Preise bei bestimmten Geschäften um über 20 % vom Marktpreis für identische oder gleichartige Waren, Arbeiten oder Leistungen abweichen, ist die Steuerbehörde berechtigt, die Steuer sowie Verzugszinsen auf den Preisunterschied zum Marktpreis zu berechnen.

Folgende Geschäfte sind dabei betroffen: Geschäfte zwischen verbundenen Unternehmen, Tauschgeschäfte, Außenhandelsgeschäfte sowie Geschäfte mit Preisschwankungen von über 20 % in beide Richtungen bei identischen oder gleichartigen Waren, Arbeiten und Leistungen innerhalb eines kurzen Zeitraumes.

Art.40 SteuerGB

Asset Deal	Продажа имущественного комплекса (предприятия) или его части

Der Kauf eines Unternehmens als Vermögenskomplex. Siehe unter Vermögenskomplex.

Art. 559 ff. ZGB

Eine Alternative zum Asset Deal stellt der Erwerb von Geschäftsanteilen, der so genannte Share Deal, dar. Darunter wird der Erwerb der juristischen Person verstanden.

Assoziierte Unternehmen	Зависимые общества

Unternehmen, an denen das Mutterunternehmen mehr als 20 % der stimmberechtigten Aktien einer Aktiengesellschaft bzw. mehr als 20 % der Anteile am Stammkapital einer GmbH hält.

Punkt 1.4 Methodische Anweisungen zur Erstellung und Offenlegung konsolidierter Abschüsse, eingeführt durch den Erlass des Finanzministeriums der RF Nr. 112 vom 30. Dezember 1996

Aufgabe von Geschäftsbereichen	Прекращаемая деятельность

Geschäftsbereich (Geschäftssegment und geografisches Segment, ein Teilsegment oder eine Gesamtheit von Segmenten), der betrieblich und für die Zwecke der Rechnungslegung abgegrenzt werden kann und den das Unternehmen einstellt.

Punkt 4 RLS 16/02

Auftraggeber	Заказчик

Siehe Investor

Auftragnehmer (Subunternehmer)	Подрядчик

Eine Person, die – vereinbart in einem Bauvertrag mit einem Bauträger – die Bauarbeiten durchführt.

Punkt 2 RLS 2/94

Aufwendungen	Расходы
Abfluss wirtschaftlichen Nutzens infolge des Abgangs von Vermögensgegenständen (Finanzmittel, andere Vermögensgegenstände) und/oder des Zugangs von Verpflichtungen des Unternehmens, der zu einer Verminderung des Kapitals des Unternehmens führt. Eine Ausnahme davon bildet die Verminderung von Einlagen aufgrund eines Beschlusses der Gesellschafter. Punkt 2 RLS 10/99 Im Sinne des Steuerrechts werden die Aufwendungen des Steuerzahlers als wirtschaftlich begründete und ordnungsgemäß belegte Ausgaben verstanden, die durch den Steuerzahler getragen werden. Punkt 1 Art. 252 SteuerGB	

Aufwendungen der gewöhnlichen Geschäftstätigkeit	Расходы по обычным видам деятельности
Aufwendungen aus der Herstellung und dem Verkauf fertiger Erzeugnisse sowie aus der Anschaffung und dem Verkauf von Handelswaren. Aufwendungen in Bezug auf die Erbringung von Dienstleistungen zählen ebenfalls zu den Aufwendungen aus der gewöhnlichen Geschäftstätigkeit. Punkt 5 RLS 10/99	

Aufwendungen, sonstige	Прочие расходы
RLS 10/99 enthält einen Katalog von sonstigen Aufwendungen eines Unternehmens, wobei weitere nicht ausgeschlossen sind. Punkt 11 RLS 10/99	

Aufwendungen, sonstige (außerbetriebliche)	Внереализационные расходы
Wirtschaftlich begründete Aufwendungen, die nicht direkt mit der betrieblichen Leistungserstellung des Unternehmens verbunden sind. Art. 265 SteuerGB enthält einen Katalog solcher Aufwendungen, z. B. Zinsen, Kursdifferenzen, Aufwendungen in Bezug auf vermietete Vermögensgegenstände, wobei weitere wirtschaftlich begründete Aufwendungen nicht ausgeschlossen sind. Punkt 1 Art. 265 SteuerGB	

Aufwendungen zukünftiger Perioden	Расходы будущих периодов
Aufwendungen, die in der laufenden Berichtsperiode angefallen sind, die sich aber auf zukünftige Berichtsperioden beziehen, werden im Rahmen der Position Aufwendungen zukünftiger Perioden unter den Vorräten abgegrenzt. In der internationalen Rechnungslegung ist diese Position nicht unter den Vorräten, sondern im Rahmen eines aktiven Rechnungsabgrenzungspostens (deferred expenses) ausgewiesen. Zusammengefasst, Punkt 65 RLS 34n	

Außerbilanzielle Konten	Забалансовые счета

Außerbilanzielle Konten haben informativen Charakter und sind für Angaben zu folgenden Geschäftsvorfällen bestimmt:

- Vermögensgegenstände, die sich nur vorübergehend im Unternehmen befinden;
- einige Eventualverbindlichkeiten und Eventualforderungen (insbesondere ausgereichte und erhaltene Garantien);
- Miete und Vermietung von Vermögensgegenständen;
- abgeschriebene Forderungen;
- usw.

Zusammengefasst, Anweisungen zum Kontenplan

Ausgründung	Выделение

Umwandlungsform juristischer Personen. Bei einer Ausgründung entsteht aus einer juristischen Person eine oder mehrere neue juristische Personen, wobei die juristische Person, aus der heraus die Ausgründung erfolgt, weiterhin fortbesteht.

Art. 57 ZGB, Art. 19 Gesetz über Aktiengesellschaften, Art. 55 Gesetz über Gesellschaften mit beschränkter Haftung

Bauträger	Застройщик

Ein Investor oder eine andere juristische oder natürliche Person, die durch den Investor beauftragt ist, die Investitionsprojekte durchzuführen.

Punkt 2 RLS 2/94

Betriebsaufwendungen	Расходы, связанные с производством и реализацией

Der Begriff Betriebsaufwendungen steht im Steuerrecht für die Aufwendungen aus der gewöhnlichen Geschäftstätigkeit im Handelsrecht. Die Betriebsaufwendungen umfassen im Einzelnen:

- Materialaufwendungen;
- Aufwendungen für Löhne und Gehälter inklusive Sozialabgaben;
- Abschreibungen für Abnutzung;
- sonstige Aufwendungen betrieblichen Charakters.

Art. 253 SteuerGB

Betriebsstätte	Обособленное подразделение (один из видов)

Beliebige, räumlich abgesonderte Einheit eines Unternehmens, bei der stationäre Arbeitsplätze eingerichtet sind, unabhängig davon, ob diese Einheit in den Gründungsunterlagen bzw. in anderen Verwaltungsunterlagen des Unternehmens eingetragen worden ist bzw. unabhängig von den Vollmachten dieser Einheit. Ein Arbeitsplatz ist stationär, wenn er für eine Frist von mehr als einem Monat eingerichtet worden ist.

Punkt 2 Art. 11 SteuerGB

Bewertung zu Durchschnittssätzen	Списание по средней первоначальной стоимости

Vorräte:

Eine Bewertungsart, wonach der durchschnittliche Anschaffungspreis eines Vermögensgegenstandes einer Art der Quotient ist, der sich bei der Teilung des Gesamtbetrages durch die Anzahl der Vorräte einer Art ergibt. Der Gesamtbetrag und die Anzahl der Vorräte ergeben sich aus dem Anfangsbestand sowie den Zugängen an Vorräten dieser Art innerhalb des Monats.

Punkt 18 RLS 5/01

Wertpapiere:

Eine Bewertungsart, wonach der Wert der abgegangenen Wertpapiere über die Multiplikation der Anzahl der abgegangenen Wertpapiere mit dem durchschnittlichen Anschaffungspreis eines Wertpapiers dieser Art ermittelt wird. Der durchschnittliche Anschaffungspreis eines Wertpapiers einer Art ist der Quotient, der sich bei der Teilung des Gesamtpreises durch die Anzahl der Wertpapiere ergibt. Sowohl der Gesamtpreis als auch die Anzahl der Wertpapiere beziehen sich auf den Anfangsbestand des Monats sowie die Zugänge der Wertpapiere dieser Art in einem Monat.

Punkt 28 RLS 19/02

Bewertung mit Verbrauchsfolgeverfahren FIFO (First in, First out)	Списание способом ФИФО

Vorräte:

Die Bewertung der Vorräte mit Hilfe des Verbrauchsfolgeverfahrens FIFO basiert auf der Annahme, dass die Vorräte in der Reihenfolge ihrer Anschaffung innerhalb eines Monats bzw. eines anderen Zeitraums verkauft werden. D. h. die Vorräte, die als erste verkauft bzw. in die Produktion übergeben werden, werden mit den Anschaffungskosten der ersten erworbenen Vorräte inklusive des Bestandes zum Monatsanfang bewertet. Die Bewertung des Monatsendbestandes an Vorräten erfolgt anhand der Anschaffungspreise der zuletzt erworbenen Vorräte. In den Anschaffungskosten der abgegangenen Vorräte ist somit der Wert der Anschaffungskosten von früher erworbenen Vorräten berücksichtigt.

Punkt 19 RLS 5/01

Wertpapiere:

Wie bei den Vorräten basiert die Bewertung der Wertpapiere mit Hilfe des Verbrauchsfolgeverfahrens FIFO auf der Annahme, dass die Wertpapiere in der Reihenfolge ihrer Anschaffung innerhalb eines Monats verkauft werden. D. h. die Wertpapiere, die als erste verkauft werden, werden mit den Anschaffungskosten der ersten erworbenen Wertpapiere inklusive des Bestandes zum Monatsanfang bewertet. Die Bewertung des Monatsendbestandes an Wertpapieren erfolgt anhand der Anschaffungspreise der zuletzt erworbenen Wertpapiere. In den Anschaffungskosten der abgegangenen Wertpapiere ist somit der Wert der Anschaffungskosten der früher erworbenen Wertpapiere berücksichtigt.

Der Abgang an Wertpapieren wird mit der Differenz zwischen dem Wert zum Monatsanfang plus Zugänge des Monats und dem Restbuchwert der Wertpapiere bewertet.

Punkt 29 RLS 19/02

Bezugskosten	Транспортно-заготовительные расходы

Alle Aufwendungen des Unternehmens, die neben den Vertragspreisen für Roh-, Hilfs- und Betriebsstoffe unmittelbar mit der Anschaffung der Roh-, Hilfs- und Betriebsstoffe stehen.

Punkt 70 der Methodischen Anweisungen zur Bilanzierung der Vorräte, verabschiedet durch die Anordnung des Finanzministeriums der RF Nr. 119n vom 28. Dezember 2001

Bilanzierungsrichtlinie	Учетная политика

Die Bilanzierungs- und Bewertungsmethoden eines Unternehmens sind schriftlich zusammenzufassen und durch eine Anordnung des Geschäftsführers in Kraft zu setzen.

Unter Bilanzierungs- und Bewertungsmethoden wird die Gesamtheit der Buchführungsmethoden verstanden: der erstmalige Ausweis, Bewertung, Gruppierung und Auswertung der Geschäftsvorfälle.

Punkte 1 und 5 RLS 1/98

Darstellungsstetigkeit	Последовательность применения учетной политики

GoB

Die Darstellung und der Ausweis von Posten im Abschluss sind von einer Periode zur nächsten beizubehalten, es sei denn es liegen im RLS 1/98 vorgesehene Gründe für eine Änderung der Bilanzierungs- und Bewertungsmethoden vor.

Punkt 6 RLS 1/98

Degressive Abschreibungsmethode	Способ уменьшаемого остатка

Der jährliche Abschreibungsbetrag wird auf der Basis des Restbuchwertes der Sachanlage zu Anfang des Berichtsjahres und des Abschreibungssatzes, errechnet anhand der Nutzungsdauer dieser Sachanlage, sowie des Koeffizienten, der das Dreifache nicht überschreiten darf und von der Organisation festgelegt wird, ermittelt.

Punkt 19 RLS 6/01, Punkt 15 RLS 14/2000

Emissionseinkommen einer Aktiengesellschaft	Эмиссионный доход акционерного общества
Der Unterschiedsbetrag zwischen dem Verkaufswert der Aktien bei der Gründung oder bei der Erhöhung des Grundkapitals einer Aktiengesellschaft und dem Nominalwert der Aktien. Anweisung zum Kontenplan, Konto 83 Zusatzkapital	
Ereignis nach dem Bilanzstichtag	Событие после отчетной даты
Ein Geschäftsvorfall, der einen Einfluss auf die Vermögens-, Finanz und Ertragslage des Unternehmens ausübt bzw. ausüben kann, und der zwischen dem Bilanzstichtag und dem Tag eintritt, an dem der Abschluss durch Unterzeichnung freigegeben wird. Der Beschluss über die Dividendenausschüttung für das Berichtsjahr gehört ebenfalls zu den Ereignissen nach dem Bilanzstichtag. Punkt 3 RLS 7/08	
Ereignisse nach dem Bilanzstichtag, berücksichtigungspflichtige oder wertaufhellende	События, подтверждающие существовавшие на отчетную дату хозяйственные условия
Ereignisse, die weitere substanzielle Hinweise zu Gegebenheiten liefern, die bereits am Bilanzstichtag vorgelegen haben. Punkt 9 RLS 7/98	
Ereignisse nach dem Bilanzstichtag, nicht zu berücksichtigende oder wertbegründende	События, свидетельствующие о возникших после отчетной даты хозяйственных условиях
Ereignisse, die Gegebenheiten anzeigen, die nach dem Bilanzstichtag eingetreten sind. Punkt 10 RLS 7/98	
Erfolgsunsicherheiten	Условные факты хозяйственной деятельности
Bedingungen oder Situationen, die zum Stichtag bestehen, deren endgültiges Ergebnis und die Wahrscheinlichkeit des Eintretens unsicher sind, d. h. vom Eintreten eines oder mehrerer künftiger ungewisser Ereignisse abhängen. Punkt 3 RLS 8/01	
Ergebnis je Aktie, unverwässert	Базовая прибыль (убыток) на акцию
Das unverwässerte Ergebnis je Aktie wird durch Division des unverwässerten Jahresüberschusses/Jahresfehlbetrages der Berichtsperiode durch den gewichteten Durchschnitt der Anzahl der während des Geschäftsjahres ausstehenden Stammaktien berechnet. Unter dem unverwässerten Jahresüberschuss/Jahresfehlbetrag wird der Jahresüberschuss/Jahresfehlbetrag bereinigt um die Steuern und die Dividenden der Berichtsperiode, die den Aktionären der Vorzugsaktien zustehen, verstanden.	

Der gewichtete Durchschnitt der Anzahl der in einer Berichtperiode ausstehenden Stammaktien wird durch Division der Summe aller zum ersten jedes Kalendermonats der Berichtsperiode ausstehenden Stammaktien durch die Anzahl der Kalendermonate in der Berichtsperiode ermittelt. Zur Ermittlung des gewichteten Durchschnitts werden die Angaben des Aktienregisters verwendet.

§ 2 Methodische Anweisungen, eingeführt durch die Anordnung des Finanzministeriums der RF vom 21. März 2000 Nr. 29n

Ergebnis je Aktie, verwässert	Разводненная прибыль (убыток) на акцию

Das verwässerte Ergebnis je Aktie zeigt die maximal mögliche Verwässerung des Jahresüberschusses (Jahresfehlbetrages) je Aktie infolge

■ einer Umwandlung aller umwandelbaren Wertpapiere einer Aktiengesellschaft in Stammaktien dieser Aktiengesellschaft;

■ einer Ausübung aller Aktienoptionen, die mit einem Recht ausgestattet sind, die Aktien unter ihrem Marktwert zu erwerben.

Zu den umwandelbaren Wertpapieren zählen Vorzugsaktien sowie weitere Wertpapiere einer Aktiengesellschaft, die ihre Inhaber berechtigen, innerhalb einer bestimmten Frist eine Umwandlung in Stammaktien der Aktiengesellschaft zu verlangen.

§ 3 Methodische Anweisungen, eingeführt durch die Anordnung des Finanzministeriums der RF Nr. 29n vom 21. März 2000

Erlöse aus Betriebsleistung	Доходы от реализации

Umsatzerlöse aus Lieferungen und Leistungen aus eigener Produktion als auch zugekauften Waren und Dienstleistungen sowie Erlöse aus dem Verkauf von Nutzungsrechten.

Punkt 1 Art. 249 SteuerGB

Erlöse aus der gewöhnlichen Geschäftstätigkeit	Доходы от обычных видов деятельности

Erlöse aus dem Verkauf fertiger Erzeugnisse und Handelswaren, Einnahmen im Zusammenhang mit der Erbringung von Arbeiten und Leistungen.

Punkt 5 RLS 9/99

Ersatzwert	Текущая (восстановительная) стоимость

Der Betrag, der im Zeitpunkt der Neubewertung für einen Ersatzvermögensgegenstand bezahlt werden müsste. Er entspricht den AK/HK eines Ersatzvermögensgegenstandes.

Punkt 43 der Methodischen Anweisung zur Anwendung des RLS 6/01, eingeführt durch die Anordnung des Finanzministeriums der RF Nr.91n vom 13. Oktober 2003

Erträge	Доходы
Der Zufluss eines wirtschaftlichen Nutzens infolge des Zuganges von Vermögensgegenständen (Finanzmittel, andere Vermögensgegenstände) und/oder des Abgangs von Verpflichtungen des Unternehmens, der zu einer Erhöhung des Kapitals des Unternehmens führt, mit Ausnahme der Einlagen der Gesellschafter. Punkt 2 RLS 9/99	
Erträge, außerordentliche	Чрезвычайные доходы
Durch den Erlass des Finanzministeriums Nr. 116n vom 18. September 2006 wurde der Begriff „außerordentliche Erträge" den sonstigen Erträgen zugeordnet. Zu den außerordentlichen Erträgen zählen solche, die infolge von außerordentlichen Ereignissen wie Erdbeben, Brand, Havarie, Enteignungen dem Unternehmen zufließen. Es handelt sich dabei i.d.R. um den Marktwert der Vorräte (Baumaterialien), die dem Unternehmen nach dem Abgang von nicht mehr wieder herstellbaren und gebrauchsfähigen Vermögenswerten verbleiben. Punkt 9 RLS 9/99	
Erträge, sonstige	Прочие доходы
Sonstige Erträge sind Erlöse, die nicht durch die gewöhnliche Geschäftstätigkeit des Unternehmens erzielt werden. Sonstige Erträge sind von unregelmäßigem Charakter. RLS 9/99 enthält eine Aufzählung von sonstigen Erträgen, wobei weitere nicht ausgeschlossen sind. Zusammengefasst, Punkt 7 RLS 9/99	
Erträge, sonstige (außerbetriebliche)	Внереализационные доходы
(Steuerliches) Einkommen neben den Erlösen aus Betriebsleistung. Art. 250 SteuerGB enthält einen Katalog von sonstigen (außerbetrieblichen) Erträgen.	
Erträge zukünftiger Perioden	Доходы будущих периодов
Wie bei den Aufwendungen zukünftiger Perioden folgt aus dem allgemeinen Periodisierungsprinzip eine Abgrenzung auch auf der Passivseite. Dies betrifft Einnahmen, die Ertrag nach dem Bilanzstichtag darstellen. In der internationalen Rechnungslegung wird diese Position im Rahmen eines passiven Rechnungsabgrenzungspostens ausgewiesen. Zusammengefasst, Punkt 81 RLS 34n	
Eventualforderungen	Условные активы
Ergebnisse einer Erfolgsunsicherheit, die künftig mit hoher bis sehr hoher Wahrscheinlichkeit zum Zufluss von Ressourcen mit wirtschaftlichem Nutzen führen werden. Punkt 4 RLS 8/01	

Eventualschulden	Условные обязательства

Ergebnisse einer Erfolgsunsicherheit, die künftig mit hoher bis sehr hoher Wahrscheinlichkeit zum Abfluss von Ressourcen mit wirtschaftlichem Nutzen führen werden.

Eine Eventualschuld ist:

a) eine zum Bilanzstichtag existierende Verpflichtung des Unternehmens, die bezüglich ihrer Fälligkeit oder ihrer Höhe ungewiss ist;

b) eine mögliche Verpflichtung des Unternehmens, deren Existenz ausschließlich durch das Eintreten oder Nichteintreten eines oder mehrerer künftiger Ereignisse erst noch bestätigt wird, die nicht durch das Unternehmen beeinflussbar sind.

Punkt 4 RLS 8/01

Faktura-Rechnung	Счет-фактура

Speziell für die Umsatzsteuer relevante Rechnungen.

Art. 169 SteuerGB

Fertige Anlagen	Завершенное строительство

Summe der Aufwendungen des Bauträgers in Bezug auf das in Betrieb gesetzte Bauobjekt.

Punkt 2 RLS 2/94

Firmenwert	Деловая репутация

Differenz zwischen dem Verkaufspreis des Unternehmens als Ganzes und seinem Eigenkapital. Der Geschäfts- oder Firmenwert kann nicht auf den Kauf von einzelnen Aktiva berechnet werden.

Punkt 27 RLS 14/2000

Geldwerter Vorteil	Материальная выгода

Siehe Zurechenbares Einkommen

Generalunternehmer	Генеральный подрядчик

Siehe Bauträger

Geringwertige Wirtschaftsgüter	Früher: малоценные основные средства

Vermögensgegenstände, welche die Kriterien des Punktes 4 RLS 6/01 erfüllen und deren Anschaffungs- und Herstellungskosten innerhalb der in der Bilanzierungsrichtlinie festgelegten Wertobergrenze liegen, maximal aber 20.000 Rubel für jeden einzelnen Vermögensgegenstand betragen.

Punkt 5 RLS 6/01

Geschäftssegment	Операционный сегмент
Teilaktivität eines Unternehmens, die ein individuelles Produkt oder eine Dienstleistung oder eine Gruppe ähnlicher Produkte oder Dienstleistungen erstellt oder erbringt und die Chancen und Risiken ausgesetzt ist, die sich von denen anderer Geschäftssegmente unterscheiden. Punkt 5 RLS 12/2000	
Geschäftswert	Деловая репутация
Siehe Firmenwert	
Gesellschaft des bürgerlichen Rechts (GbR)	Простое товарищество (совместная деятельность)
Zwei oder mehrere Personen (Gesellschafter) verpflichten sich, ihre Anteile gemäß dem Vertrag über die Gesellschaft des bürgerlichen Rechts (GbR) zu vereinigen und gemeinsam Gewinne zu erzielen, ohne dabei eine juristische Person zu gründen. Art. 1041 ZGB	
Gewinnrealisierung nach dem Fertigstellungsgrad	Доход по стоимости работ по мере их готовности
Das Finanzergebnis wird nach dem Abschluss der Bauarbeiten an einem Bauabschnitt als die Differenz zwischen dem vertraglich vereinbarten Preis für diesen Bauabschnitt und den tatsächlich angefallenen Aufwendungen (direkter Weg) oder kalkulatorisch berechneten Aufwendungen in Bezug auf diesen Bauabschnitt ermittelt. Punkt 17 RLS 2/94	
Gewinnrealisierung am Ende des Gesamtbauprojektes	Доход по стоимости объекта строительства
Das Ergebnis wird erst nach der Fertigstellung des Bauobjektes anhand der tatsächlich angefallenen Erträge und Aufwendungen ermittelt. Punkt 18 RLS 2/94	
Goodwill	Деловая репутация
Siehe Firmenwert	
Grundstücksanschaffungskosten	Расходы на приобретение права на земельные участки
Aufwendungen für den Erwerb von bebauten Grundstücken bzw. Bauland, die sich im Eigentum der öffentlichen Hand befinden sowie im Zusammenhang mit dem Abschluss eines Grundstückpachtvertrages mit der öffentlichen Hand. Zusammengefasst, Art. 264.1 SteuerGB	

Gründungsunterlagen	Учредительные документы
Für eine GmbH sind dies die Satzung mit allen Änderungen und der Gesellschaftsvertrag, bei einer Ein-Mann-GmbH nur die Satzung. Für eine AG ist es die Satzung. Art. 89 und Punkt 3 Art. 98 ZGB	

Haushaltsdarlehen	Бюджетный кредит
Hierunter wird eine Art der Finanzierung von Haushaltsaufwendungen verstanden, wobei einem Unternehmen die Mittel entgeltlich und rückzahlungspflichtig zur Verfügung gestellt werden. Art. 6 BudgetGB	

Investitionsvermögensgegenstand	Инвестиционный актив
Ein Vermögensgegenstand, dessen Vorbereitung zur geplanten Nutzung eine beträchtliche Zeit in Anspruch nimmt. Zu Investitionsvermögensgegenständen zählen Sachanlagen, Vermögenskomplexe und weitere ähnliche Vermögensgegenstände, deren Anschaffung und/oder Herstellung längere Zeit in Anspruch nimmt. Vermögensgegenstände, die für den Weiterverkauf bestimmt sind, gehören nicht zu Investitionsvermögensgegenständen, sondern zu den Handelswaren. Punkte 12 und 13 RLS 15/01	

Investor (Bau)	Инвестор (строительство)
Eine juristische oder natürliche Person, die eigene oder fremde Finanzmittel in den Bau oder die Rekonstruktion einer Sachanlage investiert. Punkt 2 RLS 2/94	

Kapitalerhaltungsvorschriften	
Sowohl Aktiengesellschaften als auch GmbH sind verpflichtet, ab dem zweiten Geschäftsjahr bei der Erstellung des Jahresabschlusses mindestens ein Eigenkapital in Höhe des Stamm- oder Grundkapitals auszuweisen. Falls dies nicht der Falls ist, muss das Stamm- oder Grundkapital herabgesetzt werden. Liegt das Eigenkapital unter dem gesetzlich vorgeschriebenen Minimum, unterliegt die Gesellschaft einer behördlichen Zwangsliquidation. Zusammengefasst, Punkte 4 und 5 Art. 35 Gesetz über Aktiengesellschaften, Punkt 3 Art. 20 Gesetz über Gesellschaften mit beschränkter Haftung	

Kapitalinvestitionen	Капитальные вложения
Siehe Langfristige Investitionen	

Know-how	Секрет производства (ноу-хау)

Hierunter werden beliebige Informationen, z. B. produktionsbezogene, technische, wirtschaftliche, organisationsbezogene u.ä., darunter auch die Ergebnisse der wissenschaftlich-technischen Forschung, sowie Informationen über die Art der Ausführung einer beruflichen Tätigkeit, verstanden. Dazu gelten folgende Kriterien:

■ die Informationen stellen wegen ihrer Dritten unbekannten Art einen gegenwärtigen oder potentiellen wirtschaftlichen Wert dar;

■ Dritte haben keinen freien legalen Zugang sowie

■ die Einstufung dieser Information als Geschäftsgeheimnis durch den Inhaber.

Art. 1465 ZGB

Konsistenz	Требование непротиворечивости

GoB

Die Salden des Hauptbuches (so genannte syntetische oder zusammenfassende Konten, Konten der ersten Ebene) und der Nebenbücher (so genannte analytische Konten, Konten der zweiten Ebene) müssen übereinstimmen.

Punkt 7 RLS 1/98

Kontrollierte Verbindlichkeit	Контролируемая задолженность перед иностранной организацией

Eine kontrollierte Verbindlichkeit liegt vor, falls

■ eine ausländische Gesellschaft (Kreditgeber) direkt oder indirekt zu mehr als 20 % am Grund- oder Stammkapital einer russischen Gesellschaft (Kreditnehmer) beteiligt ist oder

■ der Kreditgeber eine russische Gesellschaft ist, die gemäß der russischen Gesetzgebung zu den affiliierten Personen (d. h. Unternehmen im Verbund- und Beteiligungsbereich) einer oben beschriebenen ausländischen Gesellschaft gehört oder

■ entweder unmittelbar die oben beschriebene ausländische Gesellschaft oder die russische Gesellschaft, die gemäß der russischen Gesetzgebung zu den affiliierten Personen dieser ausländischen Gesellschaft gehört, die Rückzahlung des Kredites oder des Darlehens durch die russische Gesellschaft (Kreditnehmer) garantieren.

Punkt 2 Art. 269 SteuerGB

Künftiger wirtschaftlicher Nutzen	Экономические выгоды в будущем

Der einem Vermögenswert innewohnende künftige wirtschaftliche Nutzen repräsentiert das Potential, direkt oder indirekt zum Zufluss von Zahlungsmitteln und Zahlungsmitteläquivalenten beim Unternehmen beizutragen. Ein Vermögensgegenstand kann in folgenden Fällen über das Potential verfügen, dem Unternehmen künftigen wirtschaftlichen Nutzen zu bringen:

a)   der Vermögensgegenstand kann separat oder zusammen mit anderen Vermögensgegenständen für die Leistungserstellung als Teil der laufenden Geschäftstätigkeit des Unternehmens benutzt werden;

b) der Vermögensgegenstand kann gegen einen anderen Vermögensgegenstand eingetauscht werden;

c) der Vermögensgegenstand kann für die Begleichung von Verbindlichkeiten des Unternehmens (Barter) benutzt werden;

d) der Vermögensgegenstand kann unter den Eigentümern des Unternehmens verteilt werden.

Punkt 7.2.1 „Konzept für die Buchführung im Rahmen der Marktwirtschaft in der Russischen Föderation", empfohlen durch den Ausschuss für methodische Fragen der Rechnungslegung beim Finanzministerium der Russischen Föderation sowie vom Institut der professionellen Buchhalter am 29. Dezember 1997

Kursdifferenz	Курсовая разница

Der Unterschiedsbetrag zwischen dem Rubelwert des Vermögensgegenstandes oder der Verbindlichkeit in Fremdwährung zum Bilanzstichtag bzw. zum Zeitpunkt der Bezahlung der Forderung oder der Verbindlichkeit und dem Rubelwert dieses Vermögensgegenstandes bzw. dieser Verbindlichkeit bei ihrem Ansatz bzw. zum vorigen Bilanzstichtag.

Punkt 3 RLS 3/2006

Kursdifferenzen, realisierte	Реализованные курсовые разницы

Kursdifferenzen, die bei Kontenbewegungen entstehen. Dies ist z. B. der Fall, wenn eine Forderung beglichen und davor nochmals gemäß dem RLS 3/2006 umgerechnet wurde.

Kursdifferenzen, unrealisierte	Нереализованные курсовые разницы

Kursdifferenzen, die aus der Umrechnung von Forderung und Verbindlichkeiten zum Bilanzstichtag entstehen, wobei keine Bewegungen der Vermögensgegenstände oder Verbindlichkeiten in Fremdwährung stattfinden. Dies ist z. B. der Fall, wenn eine Forderung zum Bilanzstichtag nicht beglichen wurde, aber gemäß RLS 3/2006 zum Stichtag neu zu bewerten ist.

Langfristige Investitionen	Долгосрочные инвестиции

Aufwendungen in Bezug auf den Bau, die Erhöhung der Anschaffungs- oder Herstellungskosten sowie die Anschaffung von Anlagevermögen mit einer langfristigen Nutzungsdauer (von über einem Jahr), welches nicht für die Weiterveräußerung bestimmt ist. Eine Ausnahme davon bilden langfristige Finanzinvestitionen in staatliche Wertpapiere sowie Wertpapiere, die einen Anteil am Grund- oder Stammkapital anderer Gesellschaften darstellen.

Punkt 1.2 RLS 160

Latente Steueransprüche	Отложенные налоговые активы

Beträge an Ertragsteueransprüchen, die in zukünftigen Perioden die Gewinnsteuerlast verringern. Die latenten Steueransprüche sind in der Berichtsperiode zu erfassen, in der die entsprechenden abzugsfähigen temporären Differenzen entstehen. Es muss dazu auch wahrscheinlich sein, dass das Unternehmen in zukünftigen Berichtsperioden ein zu versteuerndes Ergebnis erzielt, welches ausreichend ist, die latenten Ansprüche abzudecken.

Punkt 14 RLS 18/02

Latente Steuerschulden	Отложенные налоговые обязательства

Beträge an Ertragsteuerverpflichtungen, die in zukünftigen Perioden die Gewinnsteuerlast erhöhen. Die latenten Steuerschulden sind in der Berichtsperiode zu erfassen, in der die entsprechenden zu versteuernden temporären Differenzen entstehen.

Punkt 15 RLS 18/02

Leasing	Лизинг

Die Gesamtheit der wirtschaftlichen und rechtlichen Zusammenhänge, die mit der Umsetzung eines Leasingvertrages, insbesondere mit der Anschaffung eines Leasinggegenstandes, entsteht.

Art. 2 Leasinggesetz

Leasingraten	Лизинговые платежи

Die gesamten Zahlungen aus dem Leasingvertrag innerhalb der Laufzeit des Leasingvertrages. Sie beinhalten die Kompensation der Aufwendungen des Leasinggebers, die im Zusammenhang mit der Anschaffung und der Übergabe des Leasinggegenstandes an den Leasingnehmer sowie mit anderen im Leasingvertrag vorgesehenen Dienstleistungen stehen. Außerdem sollen sie den gesamten Gewinn des Leasinggebers aus dem einzelnen Leasinggeschäft beinhalten. In der Gesamtvertragssumme kann auch ein Restkaufspreis für den Leasinggegenstand vorgesehen werden, falls der Leasingvertrag den späteren Übergang des Eigentumsrechtes auf den Leasingnehmer vorsieht.

Art. 28 Leasinggesetz

Leistungsabhängige Abschreibungsmethode	Способ списания стоимости ропорционально объему продукции

Der jährliche Abschreibungsbetrag wird auf der Basis der Mengenangabe der Leistung in der Berichtsperiode und des Verhältnisses der Anschaffungs- oder Herstellungskosten der Sachanlage zu der voraussichtlichen gesamten Leistung der Sachanlage ermittelt.

Punkt 19 RLS 6/01, Punkt 15 RLS 14/2000

Lineare Abschreibungsmethode	Линейный способ начисления амортизации

Der jährliche Abschreibungsbetrag wird auf der Basis der Anschaffungs- oder Herstellungskosten der Sachanlage bzw. der Anschaffungs- oder Herstellungskosten eines Ersatzvermögensgegenstandes (im Falle einer Neubewertung von Sachanlagen) und des Abschreibungssatzes, errechnet anhand der Nutzungsdauer dieser Sachanlage, ermittelt.

Punkt 19 RLS 6/01, Punkt 15 RLS 14/2000

Marktwert (gegenwärtiger)	текущая рыночная стоимость

Betrag, der bei der Veräußerung eines Vermögensgegenstandes zum Zeitpunkt seiner Bilanzierung erzielt werden kann.

Punkt 29 der Methodischen Anweisung zur Anwendung des RLS 6/01, eingeführt durch die Anordnung des Finanzministeriums der RF Nr. 91n vom 13. Oktober 2003

Beträge, die beim Verkauf von Vorräten erzielt werden können.

Punkt 9 RLS 5/01

Der Preis, der durch die Wechselwirkung von Angebot und Nachfrage auf dem Markt für identische (bzw., beim Fehlen identischer Waren, für gleichartige) Waren und Leistungen unter vergleichbaren wirtschaftlichen Bedingungen zustande kommt.

Punkt 4 Art. 40 SteuerGB

Mindestlohn	Минимальный размер оплаты труда, МРОТ

Im russischen Recht wird oft der Bezugswert „monatlicher Mindestlohn" für die Berechnung unterschiedlicher Werte wie das Grund- oder Stammkapital einer Gesellschaft, aber auch für die Berechnung von staatlichen Gebühren verwendet. Dieser Bezugswert hat wenig mit dem Mindestarbeitslohn zu tun, obwohl er seinen Ursprung in diesem Bereich hat. Für soziale Zwecke wird ein separater monatlicher Mindestlohn festgelegt, der sich an den Lebensverhältnissen und der Preisinflation orientiert. Der oben beschriebene monatliche Mindestlohn für Verwaltungszwecke beträgt zurzeit 100 Rubel.

Art. 4 Gesetz über den Mindestlohn Nr. 82-FZ vom 19. Juni 2000

Neubewertung	Переоценка

Eine Bewertungsmethode der Sachanlagen, entspricht im Wesentlichen der alternativ zulässigen Methode in IAS 16.

Die gesamte Gruppe von Sachanlagen ist zu den Wiederbeschaffungskosten zum Zeitpunkt der Neubewertung korrigiert um angefallene Abschreibungen anzusetzen.

Punkt 15 RLS 6/01

Neutralität	Нейтральность

GoB

Die im Abschluss enthaltenen Informationen müssen neutral sein. Sie dürfen nicht zugunsten einer Gruppe von Adressaten beeinflusst und verzerrt werden. Abschlüsse sind nicht neutral, wenn sie durch Auswahl oder Darstellungsweise von Informationen eine Entscheidung oder Beurteilung beeinflussen, um so ein vorher festgelegtes Resultat oder Ergebnis zu erzielen.

Punkt 7 RLS 4/99

Nicht lineare Abschreibungsmethode	Нелинейный способ начисления амортизации
Eine rein steuerrechtliche Abschreibungsmethode. Sie beinhaltet eine erhöhte lineare Abschreibung in den ersten Jahren und niedrigere ab dem Zeitpunkt, ab dem der Restbuchwert 20 % der ursprünglichen Anschaffungskosten erreicht. Der Abschreibungssatz wird nach der Formel 2/ND x 100 % berechnet und wird auf den Restbuchwert des Vermögensgegenstandes angewandt. ND ist die Nutzungsdauer in Monaten. Sobald der Restbuchwert 20 % der ursprünglichen Anschaffungskosten erreicht, wird der Vermögensgegenstand ab dem Folgemonat und bis zum Ende seiner Nutzungsdauer linear abgeschrieben. Art. 259 SteuerGB	
Nutzungsdauer einer Sachanlage	Срок полезного использования основных средств
Die Nutzungsdauer ist der Zeitraum, in dem die Nutzung der Sachanlage der Organisation wirtschaftlichen Nutzen bringt. Für einzelne Kategorien der Sachanlagen wird die Nutzungsdauer im Zusammenhang mit ihrer voraussichtlichen Produktivität (Produktivitätsvolumen in Naturaleinheiten) bestimmt. Punkt 4 RLS 6/01	
Obligation	Облигация
Ein Wertpapier, welches das Recht ihres Inhabers verbrieft, von dem Emittenten der Obligation den Nominalwert der Obligation bzw. einen Vermögensgegenwert in dem durch die Obligation bestimmten Zeitpunkt zu erhalten. Art. 816 ZGB	
Offshore-Zone	Офшорная зона
Staate und Territorien, die ein vergünstigtes steuerliches Regime anbieten und/oder die Offenlegung und Vorlage der Informationen bei der Durchführung der Finanztransaktionen nicht vorsehen. Eine Liste der betreffenden Staaten wird vom Finanzministerium der RF festgelegt. Punkt 3.1 Art. 284 SteuerGB. Anordnung des Finanzministeriums der RF Nr. 108n vom 13. November 2007	
Outsourcing	Специализированная организация или бухгалтер-специалист
Gestaltungsform der Buchführung, wobei die Bücher der Gesellschaft durch eine spezialisierte Buchführungsgesellschaft geführt werden. Punkt 2 Art. 6 Gesetz über die Buchführung	

Periodenabgrenzung	Временная определенность фактов хозяйственной деятельности
GoB Die Auswirkungen von Geschäftsvorfällen und anderen Ereignissen werden erfasst, wenn sie auftreten, und zwar unabhängig davon, wann Zahlungsmittel eingehen bzw. wann bezahlt wird. Sie werden in der Periode in der Buchhaltung erfasst und im Abschluss ausgewiesen, der sie wirtschaftlich zuzurechnen sind. Punkt 6 RLS 1/98	
Permanente Differenzen	Постоянные разницы
Erträge und Aufwendungen, die den handelsrechtlichen Periodengewinn (Verlust) zwar beeinflussen, die aber nicht in die Steuerbemessungsgrundlage der Gewinnsteuer der laufenden oder auch zukünftigen Berichtsperioden einbezogen werden. Die permanenten Differenzen kehren sich nie um. Zu diesen permanenten Differenzen zählen bspw. steuerlich nicht abzugsfähige Betriebsausgaben. Punkt 4 RLS 18/02	
Qualifizierte Beteiligung	
Unter einer qualifizierten Beteiligung versteht man im Sinne des deutsch-russischen DBA eine mindestens 10-prozentige Beteiligung einer deutschen Kapitalgesellschaft am Stamm- oder Grundkapital einer russischen Gesellschaft, die zugleich zum Zeitpunkt der Investitionsdurchführung mindestens 81.806,7 Euro (160.000 D-Mark) beträgt. Art. 10 Deutsch-Russisches DBA	
Realisationsprinzip	Метод начисления
Ein Verfahren für die Umsatzrealisierung, wonach Erträge oder Einkünfte in der Berichts- bzw. Steuerperiode angesetzt werden, in der sie angefallen sind, unabhängig vom tatsächlichem Geldeingang, bzw. dem Eingang anderer Vermögensgegenstände oder -rechte. Punkt 1 Art. 271 SteuerGB	
Rechnungsabgrenzungsposten, aktiver	Расходы будущих периодов
Siehe Aufwendungen zukünftiger Perioden	
Rechnungsabgrenzungsposten, passiver	Доходы будущих периодов
Siehe Erträge zukünftiger Perioden	
Rechnungslegungspolitik	Учетная политика
Siehe Bilanzierungsrichtlinie	

Register der disqualifizierten Personen	Реестр дисквалифицированных лиц

Ein Register der disqualifizierten Personen wurde 2007 eingeführt. Unternehmen sind seit April 2007 verpflichtet, vor Ernennung des Geschäftsführers zu prüfen, ob der Kandidat in diesem Register geführt wird. Eine disqualifizierte Person kann nicht als Führungskraft angestellt werden. Gleiches betrifft die Mitglieder des Vorstandes und des Aufsichtsrates. Das Register wird vom Innenministerium der RF geführt.

Art. 3.11 und Art. 32.11 OWiGB

Register, handelsrechtliche	Регистры бухгалтерского учета

Handelsrechtliche Register sind für die Systematisierung und Erfassung der in den Primärbelegen enthaltenen Informationen für die nachfolgende Erfassung auf Buchhaltungskonten und im Abschluss bestimmt.

Handelsrechtliche Register werden in Journalen, auf losen Blättern und Karteien, in Form von Drucklisten, die mit Hilfe von EDV-unterstützten Buchhaltungssystemen erstellt werden können, sowie auf Magnetbändern, Disks, Disketten und weiteren Computerdatenträgern geführt.

Punkt 1 Art. 10 Gesetz über die Buchführung

Register, steuerliche	Аналитические регистры налогового учета

Sammelformblätter für die Systematisierung der steuerlich relevanten Angaben für die Berichtsperiode, die gemäß den Anforderungen des Kapitels 25 SteuerGB gruppiert und nicht auf handelsrechtlichen Konten erfasst sind.

Art. 314 SteuerGB

Sachanlagen	Основные средства

Sachanlagen sind solche Vermögensgegenstände, die zugleich folgende Kriterien erfüllen:

■ ein Unternehmen besitzt den Vermögensgegenstand zur Herstellung von Gütern, Lieferungen von Arbeiten und Dienstleistungen bzw. zu Verwaltungszwecken oder zur Vermietung an Dritte;

■ der Vermögensgegenstand wird über längere Zeit genutzt, d.h. länger als 12 Monate bzw. gemäß dem Produktionszyklus des Unternehmens, falls der Produktionszyklus ebenfalls länger als 12 Monate dauert;

■ das Unternehmen beabsichtigt nicht, den Vermögensgegenstand zu veräußern;

■ dem Unternehmen kann ein mit dem Vermögensgegenstand verbundener wirtschaftlicher Nutzen (Einkommen) zufließen.

Punkt 4 RLS 6/01

Segmentaufwendungen	Расходы сегмента

Aufwendungen, die einem Geschäftssegment bzw. einem geografischen Segment direkt zugeordnet werden können. Es handelt sich dabei auch um den relevanten Teil der Aufwendungen, der auf einer nach vollziehbaren Grundlage einem Segment zugeordnet werden kann, einschließlich der Aufwendungen, die sich auf Verkäufe an externe Kunden, und auf Transaktionen mit anderen Segmenten des gleichen Unternehmens beziehen.

Punkt 5 RLS 12/2000

Segment, berichtspflichtiges	Отчетный сегмент

Ein Geschäftssegment oder ein geografisches Segment, für das Segmentinformationen gemäß RLS 12/2000 anzugeben sind.

Punkt 5 RLS 12/2000

Segmentergebnis	Финансовый результат сегмента

Segmenterlöse abzüglich der Segmentaufwendungen.

Punkt 5 RLS 12/2000

Segmenterlöse	Выручка (доходы) сегмента

Erlöse, die einem Geschäftssegment bzw. einem geografischen Segment direkt zugeordnet werden können, und der relevante Teil der Unternehmenserlöse, die auf einer nachvollziehbaren Grundlage einem Segment zugeordnet werden können, darunter Verkäufe an externe Kunden oder Transaktionen mit anderen Segmenten des gleichen Unternehmens.

Punkt 5 RLS 12/2000

Segment, geografisches	Географический сегмент

Teilaktivität eines Unternehmens, die Produkte oder Dienstleistungen innerhalb eines spezifischen, wirtschaftlichen Umfeldes anbietet oder erbringt, und die Chancen sowie Risiken ausgesetzt ist, die sich von Teilaktivitäten, die in anderen wirtschaftlichen Umfeldern tätig sind, unterscheiden.

Punkt 5 RLS 12/2000

Segmentschulden	Обязательства сегмента

Betriebliche Schulden, die aus den betrieblichen Tätigkeiten eines Geschäftssegments oder eines geografischen Segments resultieren.

Punkt 5 RLS 12/2000

Segmentvermögen	Активы сегмента

Betriebliche Vermögenswerte, die von einem Geschäftssegment oder von einem geografischen Segment genutzt werden.

Punkt 5 RLS 12/2000

Staatliche Beihilfe	Государственная помощь

Zufluss wirtschaftlichen Nutzens bei einem konkreten Unternehmen in Folge des Zugangs von Vermögensgegenständen (Geldmittel, andere Vermögensgegenstände) aus dem Staatseigentum.

Punkt 1 RLS 13/2000

Steueragent	Налоговый агент

Person, die gemäß dem SteuerGB verpflichtet ist, Steuern für den Steuerpflichtigen an das Haushaltssystem der Russischen Föderation im Steuerabzugsverfahren zu entrichten (z.B. Lohnsteuer (Einkommensteuer), Quellensteuer (Gewinnsteuer) auf Dividenden und Zinsen oder auch Umsatzsteuer, falls die leistungserbringende ausländische Gesellschaft steuerlich in der RF nicht angemeldet und die Leistung in der RF umsatzsteuerpflichtig ist).

Punkt 1 Art. 24 SteuerGB

Subvention	Субвенция

Darunter werden Haushaltsmittel verstanden, die dem Unternehmen unentgeltlich und nicht rückzahlungspflichtig für zweckgebundene Aufwendungen zur Verfügung gestellt werden.

Art. 6 BudgetGB

Summendifferenzen	Суммовые разницы

Der Begriff ist ab 2007 aus der russischen Rechnungslegungsterminologie entfernt worden. Unter Summendifferenzen wurden die Beträge verstanden, die gebildet wurden, wenn die angesetzten Rubelbeträge der Vermögensgegenstände und Verbindlichkeiten in Fremdwährung sich von den tatsächlich eingegangenen oder bezahlten Rubelbeträgen unterschieden. Mit dem neuen RLS 3/2006 sind sowohl die Summendifferenzen als auch die Kursdifferenzen unter dem einheitlichen Begriff Kursdifferenzen zusammengefasst. Im Steuerrecht wurde der Begriff Summendifferenzen beibehalten.

Punkt 5.1.1 Art 265 und Punkt 11.1 Art. 250 SteuerGB

Sum of the digits Abschreibungsmethode	Способ списания стоимости по сумме чисел лет срока полезного использования

Der jährliche Abschreibungsbetrag wird auf der Basis der Anschaffungs- oder Herstellungskosten der Sachanlage bzw. der Anschaffungs- oder Herstellungskosten eines Ersatzvermögensgegenstandes (im Falle einer Neubewertung) und des Quotienten, dessen Zähler die Anzahl der Jahre bis zum Ende der Nutzungsdauer und dessen Nenner die Anzahl der Nutzungsjahre ist, ermittelt.

Punkt 19 RLS 6/01

Temporäre Differenzen	Временные разницы

Erträge und Aufwendungen, die den handelsrechtlichen Periodengewinn (Verlust) in einer Berichtsperiode beeinflussen, aber in die Steuerbemessungsgrundlage der Gewinnsteuer einer anderen Berichtsperiode einzubeziehen sind. Temporäre Differenzen führen zur Bildung von latenten Steuern.

Punkt 8 RLS 18/02

Theoretischer Steueraufwand (Steuerertrag)	Условный расход (условный доход) по налогу на прибыль

Der theosretische Steueraufwand (Steuerertrag) wird anhand des handelsrechtlichen Periodenergebnisses vor Gewinnsteuern ermittelt. Er ergibt sich aus der Multiplikation des handelsrechtlichen Periodenergebnisses mit dem Gewinnsteuersatz, derzeit 24 %.

Punkt 20 RLS 18/02

Thin-Capitalisation-Regelung	

Falls eine kontrollierte Verbindlichkeit das Dreifache des Eigenkapitals übersteigt, werden die abzugsfähigen Zinsen wie folgt berechnet:

Die berechneten Zinsen sind durch einen Koeffizienten (Darlehen/direkter oder indirekter Anteil am Eigenkapital)/3 zu dividieren. Das Ergebnis ist abzugsfähig. Die positive Differenz zwischen den berechneten und den abzugsfähigen Zinsen wird als Dividende betrachtet und entsprechend besteuert.

Für Banken sowie Leasinggesellschaften ist diese Berechnung mit der Maßgabe anzuwenden, dass die kontrollierte Verbindlichkeit nicht das 12,5-fache des Eigenkapitals übersteigt. Die Banken sowie Leasinggesellschaften berechnen den Koeffizienten wie folgt: (Darlehen/direkter oder indirekter Anteil am Eigenkapital)/12,5.

Punkt 2 und Punkt 4 Art. 269 SteuerGB

Umsatzrealisierung nach dem Zahlungseingang	Определение доходов при кассовом методе

Ein Verfahren der Umsatzrealisierung, wonach die Umsätze mit dem Geldeingang auf Bankkonten bzw. in die Kasse oder mit dem Eingang anderer Vermögensgegenstände bzw. -rechte sowie mit anderweitiger Begleichung der Verbindlichkeit gegenüber dem Steuerpflichtigen angesetzt werden. Unternehmen, die Umsätze nach Zahlungseingang buchen dürfen, müssen die Aufwendungen ebenfalls nach dem Zahlungsausgang ansetzen.

Die Umsatzrealisierung nach dem Zahlungseingang ist nur möglich, falls die Nettoumsatzerlöse des Steuerzahlers im Durchschnitt nicht über einer Million Rubel im Quartal in den letzten vier Quartalen liegen.

Punkte 1 und 2 Art. 273 SteuerGB

Unfertige Erzeugnisse	Незавершенное производство

Erzeugnisse, die nicht alle Produktionsstufen durchlaufen haben, nicht komplett sind, oder noch nicht der technologischen Qualitätskontrollprüfung unterzogen worden sind.

Punkt 63 RLS 34n

Unfertige Leistungen	Незавершенное производство

Summe der Aufwendungen des Auftragnehmers im Zusammenhang mit unfertigen Bauobjekten gemäß dem Bauvertrag.

Punkt 2 RLS 2/94

Unternehmen	Предприятие
Siehe Vermögenskomplex	
Unternehmen, kleine	Субъекты малого предпринимательства
Kleine Unternehmen (und Einzelunternehmer) sind solche, deren durchschnittliche Mitarbeiteranzahl bis einschließlich 100 Personen beträgt. Von den kleinen Unternehmen werden die Kleinst- oder Mikro-Unternehmen (Einzelunternehmer) unterschieden. Das sind Unternehmen und Einzelunternehmer, die weniger als 15 Mitarbeiter beschäftigen. Ein weiteres Kriterium sind die Netto-Umsatzerlöse bzw. die Restbuchwerte der Sachanlagen sowie der immateriellen Vermögensgegenstände. Diese Werte dürfen die Höchstwerte nicht übersteigen, die von der Regierung der RF noch festgelegt werden müssen. Art. 4 Gesetz über die Entwicklung der kleinen und mittleren Unternehmen (KMU) in der Russischen Föderation Nr. 209-FZ vom 24. Juli 2007	
Unternehmen, mittlere	Субъекты среднего предпринимательства
Zu den mittleren Unternehmen (und Einzelunternehmern) zählen solche Unternehmen und selbständige Personen, deren durchschnittliche Mitarbeiteranzahl 101 bis 250 Personen beträgt. Ein weiteres Kriterium sind die Netto-Umsatzerlöse bzw. die Restbuchwerte der Sachanlagen sowie der immateriellen Vermögensgegenstände. Diese Werte dürfen die Höchstwerte nicht übersteigen, die von der Regierung der RF noch festgelegt werden müssen. Art. 4 Gesetz über die Entwicklung der kleinen und mittleren Unternehmen (KMU) in der Russischen Föderation Nr. 209-FZ vom 24. Juli 2007	
Unternehmensfortführung (Going Concern)	Непрерывность деятельности
GoB Es wird von der Annahme der Unternehmensfortführung für einen absehbaren Zeitraum ausgegangen. Es wird angenommen, dass das Unternehmen weder die Absicht hat noch gezwungen ist, seine Tätigkeiten einzustellen oder deren Umfang wesentlich einzuschränken. Punkt 6 RLS 1/98	
Verbundene Personen	Взаимозависимые лица
Verbundene Personen sind natürliche Personen und Unternehmen, deren Wechselbeziehungen einen Einfluss auf die Bedingungen bzw. die Ergebnisse ihrer Tätigkeit bzw. der Tätigkeit der von ihnen vertretenen Personen ausüben können, und zwar wenn	

■ ein Unternehmen direkt und/oder indirekt an einem anderen Unternehmen beteiligt ist und der Gesamtanteil seiner Beteiligung über 20 % beträgt. Der Anteil einer indirekten Beteiligung eines Unternehmens mittels einer Reihe anderer Unternehmen wird als eine Multiplikation der direkten Anteile der Unternehmen dieser Reihe bestimmt;

- eine natürliche Person einer anderen natürlichen Person in der Stellenordnung unterstellt ist;

- natürliche Personen gemäß russischem Familienrecht verheiratet, verwandt oder verschwägert, Adoptiveltern oder Adoptivkinder, sowie Pfleger oder Pflegebefohlene sind.

Punkt 1 Art. 20 SteuerGB

Vereinfachtes Besteuerungssystem	Упрощенная система налогообложения

In Bezug auf Gesellschaften beinhaltet die Anwendung des vereinfachten Besteuerungssystems den Ersatz der Gewinnsteuer, Vermögensteuer sowie der einheitlichen Sozialsteuer durch eine einheitliche Steuer. Die Beiträge zur gesetzlichen (obligatorischen) Rentenversicherungskasse bleiben davon unbetroffen, d. h. sie müssen unabhängig von der Zahlung der einheitlichen Steuer geleistet werden.

Zusammengefasst, Kapitel 26.2 SteuerGB

Vergleichbarkeit	Последовательность содержания и формы отчетности от одного отчетного периода к другому

GoB

Bei der Erstellung der Abschlüsse müssen Unternehmen den Inhalt und die Darstellung der Abschlüsse über die Zeit hinweg stetig halten. Eine Änderung des Inhaltes und der Darstellung der Abschlüsse ist nur in Ausnahmefällen, wie z. B. bei einer Veränderung der Tätigkeit des Unternehmens, zulässig.

Punkt 9 RLS 4/99

Verlässlichkeit und Vollständigkeit	Достоверное и полное представление о финансовом положении

GoB

Der Abschluss soll verlässliche und vollständige Information zur Vermögens-, Finanz- und Ertragslage des Unternehmens liefern. Der Abschluss ist verlässlich und vollständig, wenn er in Übereinstimmung mit den Buchführungsregelungen erstellt ist.

Punkt 6 RLS 4/99

Vermögensabgrenzung	Имущественная обособленность

GoB

Das Vermögen sowie die Schulden des bilanzierenden Unternehmens sollen gesondert vom Vermögen und den Schulden seiner Anteilseigner/Aktionäre oder anderer Unternehmen erfasst werden.

Punkt 6 RLS 1/98

Vermögenskomplex	Имущественный комплекс

Das Unternehmen als Rechtsobjekt wird als Vermögenskomplex definiert, der zur Ausübung unternehmerischer Tätigkeit genutzt wird. Zu diesem Vermögenskomplex gehören alle Vermögenswerte, die zur unternehmerischen Tätigkeit erforderlich sind, einschließlich der Grundstücke, der Gebäude, Einrichtungen, Ausrüstungen, des Inventars, der Roh-, Hilfs- und Betriebsstoffe, fertiger Erzeugnisse, der Forderungen und Verbindlichkeiten sowie aller Rechte, die der Individualisierung des Unternehmens sowie seiner Produkte und Dienstleistungen dienen (Handelsbezeichnung, Warenzeichen, Servicemarke).

Art. 132 ZGB

Verwässerung des Ergebnisses	Разводнение прибыли

Verringerung des Gewinnes (Erhöhung des Verlustes) je Aktie aufgrund der Annahme, dass neue Stammaktien einer Aktiengesellschaft ausgegeben werden, ohne dass die Aktiva der Aktiengesellschaft erhöht werden. Eine Ausnahme davon bildet die Emission von Stammaktien ohne korrespondierenden Mittelzufluss (Aktiensplits, Aktienzusammenlegungen inklusive Emission von Aktien aus Mitteln des Zusatzkapitals, das infolge einer Aufwertung von Sachanlagen zustande gekommen ist).

Punkte 7 und 9 Methodische Anweisungen, eingeführt durch die Anordnung des Finanzministeriums der RF Nr. 29n vom 21. März 2000

Vollständigkeit	Требование полноты

GoB

Die Bilanzierungs- und Bewertungsrichtlinie eines Unternehmens muss die Vollständigkeit der Erfassung aller Geschäftsvorfälle gewährleisten.

Punkt 7 RLS 1/98

Vorgründungsaufwendungen	Организационные расходы

Aufwendungen, die im Zusammenhang mit der Gründung der Gesellschaft getragen worden sind, die gemäß den Gründungsunterlagen ein Anteil des Gesellschafters am Grund- oder Stammkapital einer Gesellschaft sind.

Punkt 4 RLS 14/2000

Vorsichtsprinzip	Требование осмотрительности

GoB

Eine höhere Bereitschaft, Aufwendungen und Schulden im Verhältnis zu Erträgen und Vermögensgegenständen frühzeitig zu erfassen. Diese Vorgehensweise beinhaltet allerdings nicht, stille Reserven zu legen oder Rückstellungen überzubewerten.

Punkt 7 RLS 1/98

Wesentlichkeit	Существенность

GoB

Eine Information ist wesentlich, falls sich ohne ihr Kenntnis die Adressaten des Jahresabschlusses kein verlässliches Bild der Vermögens-, Finanz- und Ertragslage des Unternehmens machen können. Das Wesentliche bezieht sich u. a. auf das quantitative Ausmaß der Information. Ein Unternehmen kann z.B. beschließen, dass wesentliche Ereignisse solche sind, welche mindestens 5 % der entsprechenden Bilanz- oder GuV-Posten ausmachen. Ein solcher Beschluss ist in der Bilanzierungsrichtlinie zu dokumentieren.

Punkt 11 RLS 1/98, Punkt 1 Anweisungen über die Erstellung und Vorlage der handelsrechtlichen Abschlüsse, eingeführt durch die Anordnung des Finanzamtes der RF Nr. 67n vom 22. Juli 2003

Wirtschaftliche Betrachtungsweise („Substance over Form")	Требование приоритета содержания перед формой

GoB

Geschäftsvorfälle müssen gemäß ihrem tatsächlichen wirtschaftlichen Gehalt und nicht allein gemäß der rechtlichen Gestaltung bilanziert und dargestellt werden.

Punkt 7 RLS 1/98

Wirtschaftlichkeitsprinzip (Abwägung von Kosten und Nutzen)	Требование рациональности

GoB

Bücher müssen unter Berücksichtigung der wirtschaftlichen Bedingungen und der Größe des Unternehmens geführt werden.

Punkt 7 RLS 1/98

Zurechenbares Einkommen (geldwerter Vorteil)	Материальная выгода

Besteuerungsgegenstand gemäß Kapitel 23 Einkommensteuer natürlicher Personen. Das zurechenbare Einkommen ist der Nutzen, den die natürliche Person aus drei Quellen ziehen kann:

1. zinsloses bzw. zinsreduziertes Darlehen mit Ausnahmen von zinsfreien Perioden der Kreditkartennutzung, wenn solche im Vertrag über Kreditkartennutzung festgelegt sind; ab 2008 handelt es sich um Bankkarten. Darüber hinaus ist das Einkommen aus niedrig verzinsten Hypotheken ab 2008 ebenfalls von der Steuerbemessungsgrundlage ausgenommen, falls der Steuerpflichtige einen Anspruch auf Steuerabzug gemäß Punkt 1.2 Art. 220 SteuerGB hat;

Die Steuerbemessungsgrundlage ist die Differenz zwischen dem gezahlten Zins (ggf. 0 %) und ¾ des Refinanzierungssatzes der Zentralbank der RF zum Zeitpunkt des tatsächlichen Einkommenszuflusses, zurzeit 10 % Jahreszins (seit dem 19. Juni 2007), d.h. 7,5 % Jahreszins auf Rubeldarlehen. Die Steuerbemessungsgrundlage auf Devisendarlehen ist die Differenz zwischen dem gezahlten Zins (ggf. 0 %) und 9 % Jahreszins.

2. von verbundenen Personen unter dem Marktpreis erworbene Waren und Leistungen;

Die Steuerbemessungsgrundlage ist die Differenz zwischen dem an verbundene Personen für Waren und Leistungen gezahlten Preis und dem Preis, den verbundene Personen unter üblichen Bedingungen von Dritten für identische (gleichartige) Waren oder Leistungen (Marktpreis) verlangt hätten.

3. Erwerb von Wertpapieren.

Die Steuerbemessungsgrundlage ist die Differenz zwischen dem maximalen Marktpreis und dem tatsächlichen Anschaffungskosten der erworbenen Wertpapiere. Das Verfahren für die Feststellung des maximalen Marktpreises ist vom Föderalen Ausschuss für den Wertpapierenmarkt festgelegt worden.

Art. 212 SteuerGB, Anordnung des Föderalen Ausschusses für den Wertpapierenmarkt Nr. 03-52/ps vom 24. Dezember 2003

Zuschuss (BudgetGB)	Субсидия

Haushaltsmittel (staatliche Mittel), die dem Unternehmen zur anteiligen Finanzierung zweckgebundener Aufwendungen zur Verfügung gestellt werden.

Art. 6 BudgetGB

Zu versteuernde temporäre Differenzen	Налогооблагаемые временные разницы

Zu versteuernde temporäre Differenzen führen zu latenten Steuerschulden. Die latenten Steuerschulden erhöhen den Gewinnsteueraufwand zukünftiger Perioden.

Punkt 12 RLS 18/02

Zweifelhafte Forderung	Сомнительный долг

Außenstände des Unternehmens, die in der vertraglich vorgesehenen Frist nicht einbringlich sind und die nicht mit einer entsprechenden Garantie versehen sind.

Punkt 30 RLS 34n

Abbildungsverzeichnis

Tabellenverzeichnis

Stichwortverzeichnis

Über 700 Powerpoint-Vorlagen!

Der einfache Weg
zur fundierten Erstberatung

Gut beraten!

Die Erstberatung ist für den Einstieg in die Bearbeitung des Mandats von außerordentlicher
Bedeutung. Hier werden die rechtserheblichen
Tatsachen erörtert und erste steuerrechtliche
Auswirkungen dargestellt. Das Zusammenspiel
von Gesetzen und Rechtsprechung ist dem Man-
danten oft schwer zu vermitteln.

Mit den Vorlagen von Arndt/Heuel ist dies nun
möglich:

• Sie sind leicht und individuell auf eigene
  Bedürfnisse anpassbar
• Der Mandant wird die Zusammenhänge
  verstehen
• Sie decken viele klassische Beratungsfelder ab
• Sie helfen dem Berater die rechtserheblichen
  Tatsachen zu finden und daraus steuer- und
  gesellschaftsrechtliche Auswirkungen abzuleiten.

Über 400 Vorlagen zu den Kerngebieten des
Steuerrechts

Über 300 Vorlagen zu den Kerngebieten des
Gesellschafts- und Erbrechts.

Stefan Arndt | Ingo Heuel
**Vorlagen für die Erstberatung –
Steuerrecht**
Checklisten und Übersichten
für das Mandantengespräch
2007. 227 S.
Geb. mit CD, EUR 99,00
ISBN 978-3-8349-0443-0

Stefan Arndt | Ingo Heuel
**Vorlagen für die Erstberatung –
Gesellschafts- und Erbrecht**
Checklisten und Übersichten
für das Mandantengespräch
2007. 191 S.
Geb. mit CD, EUR 99,00
ISBN 978-3-8349-0617-5

Änderungen vorbehalten. Stand: Januar 2008.
Erhältlich im Buchhandel oder beim Verlag.
Gabler Verlag · Abraham-Lincoln-Str. 46 · 65189 Wiesbaden · www.gabler.de

GABLER